国家卫生健康委员会“十四五”规划教材
全国高等学校制药工程专业第二轮规划教材
供制药工程专业用

药品生产质量管理工程

主　编　袁干军
副主编　姚日生　刘旭海

编　者（按姓氏笔画排序）

王金涛（江西科技师范大学）
刘旭海（华润江中制药集团有限责任公司）
刘艳飞（中南大学化学化工学院）
杨岩涛（湖南中医药大学）
张军武（陕西中医药大学）
赵思江（四川科瑞德制药股份有限公司）
胡学雷（武汉工程大学）
钟　敏（江西农业大学）
姚日生（合肥工业大学食品与生物工程学院）
秦　勇［燃点（南京）生物医药科技有限公司］
袁干军（江西农业大学）
蒋以号（南昌大学化学化工学院）

人民卫生出版社
·北　京·

图书在版编目（CIP）数据

药品生产质量管理工程 / 袁干军主编. —北京：人民卫生出版社，2024. 7

ISBN 978-7-117-36191-0

Ⅰ. ①药… Ⅱ. ①袁… Ⅲ. ①制药工业 – 工业企业管理 – 质量管理 – 教材 Ⅳ. ①F407. 763

中国国家版本馆 CIP 数据核字 (2024) 第 072832 号

药品生产质量管理工程

Yaopin Shengchan Zhiliang Guanli Gongcheng

主　　编：袁干军
出版发行：人民卫生出版社（中继线 010-59780011）
地　　址：北京市朝阳区潘家园南里 19 号
邮　　编：100021
E - mail：pmph @ pmph.com
购书热线：010-59787592　010-59787584　010-65264830
印　　刷：北京瑞禾彩色印刷有限公司
经　　销：新华书店
开　　本：850 × 1168　1/16　　**印张：**28
字　　数：663 千字
版　　次：2024 年 7 月第 1 版
印　　次：2024 年 7 月第 1 次印刷
标准书号：ISBN 978-7-117-36191-0
定　　价：98.00 元

出版说明

随着社会经济水平的增长和我国医药产业结构的升级，制药工程专业发展迅速，融合了生物、化学、医学等多学科的知识与技术，更呈现出了相互交叉、综合发展的趋势，这对新时期制药工程人才的知识结构、能力、素养方面提出了新的要求。党的二十大报告指出，要“加强基础学科、新兴学科、交叉学科建设，加快建设中国特色、世界一流的大学和优势学科”。教育部印发的《高等学校课程思政建设指导纲要》指出，“落实立德树人根本任务，必须将价值塑造、知识传授和能力培养三者融为一体、不可割裂”。通过课程思政实现“培养有灵魂的卓越工程师”，引导学生坚定政治信仰，具有强烈的社会责任感与敬业精神，具备发现和分析问题的能力、技术创新和工程创造的能力、解决复杂工程问题的能力，最终使学生真正成长为有思想、有灵魂的卓越工程师。这同时对教材建设也提出了更高的要求。

全国高等学校制药工程专业规划教材首版于 2014 年，共计 17 种，涵盖了制药工程专业的基础课程和专业课程，特别是与药学专业教学要求差别较大的核心课程，为制药工程专业人才培养发挥了积极作用。为适应新形势下制药工程专业教育教学、学科建设和人才培养的需要，助力高等学校制药工程专业教育高质量发展，推动“新医科”和“新工科”深度融合，人民卫生出版社经广泛、深入的调研和论证，全面启动了全国高等学校制药工程专业第二轮规划教材的修订编写工作。

此次修订出版的全国高等学校制药工程专业第二轮规划教材共 21 种，在上一轮教材的基础上，充分征求院校意见，修订 8 种，更名 1 种，为方便教学将原《制药工艺学》拆分为《化学制药工艺学》《生物制药工艺学》《中药制药工艺学》，并新编教材 9 种，其中包含一本综合实训，更贴近制药工程专业的教学需求。全套教材均为国家卫生健康委员会“十四五”规划教材。

本轮教材具有如下特点：

1. 专业特色鲜明，教材体系合理 本套教材定位于普通高等学校制药工程专业教学使用，注重体现具有药物特色的工程技术性要求，秉承“精化基础理论、优化专业知识、强化实践能力、深化素质教育、突出专业特色”的原则来合理构建教材体系，具有鲜明的专业特色，以实现服务新工科建设，融合体现新医科的目标。

2. 立足培养目标，满足教学需求 本套教材编写紧紧围绕制药工程专业培养目标，内容构建既有别于药学和化工相关专业的教材，又充分考虑到社会对本专业人才知识、能力和素质的要求，确保学生掌握基本理论、基本知识和基本技能，能够满足本科教学的基本要求，进而培养出能适应规范化、规模化、现代化的制药工业所需的高级专业人才。

3. 深化思政教育，坚定理想信念 以习近平新时代中国特色社会主义思想为指导，将"立德树人"放在突出地位，使教材体现的教育思想和理念、人才培养的目标和内容，服务于中国特色社会主义事业。各门教材根据自身特点，融入思想政治教育，激发学生的爱国主义情怀以及敢于创新、勇攀高峰的科学精神。

4. 理论联系实际，注重理工结合 本套教材遵循"三基、五性、三特定"的教材建设总体要求，理论知识深入浅出，难度适宜，强调理论与实践的结合，使学生在获取知识的过程中能与未来的职业实践相结合。注重理工结合，引导学生的思维方式从以科学、严谨、抽象、演绎为主的"理"与以综合、归纳、合理简化为主的"工"结合，树立用理论指导工程技术的思维观念。

5. 优化编写形式，强化案例引入 本套教材以"实用"作为编写教材的出发点和落脚点，强化"案例教学"的编写方式，将理论知识与岗位实践有机结合，帮助学生了解所学知识与行业、产业之间的关系，达到学以致用的目的。并多配图表，让知识更加形象直观，便于教师讲授与学生理解。

6. 顺应"互联网+教育"，推进纸数融合 在修订编写纸质教材内容的同时，同步建设以纸质教材内容为核心的多样化的数字化教学资源，通过在纸质教材中添加二维码的方式，"无缝隙"地链接视频、动画、图片、PPT、音频、文档等富媒体资源，将"线上""线下"教学有机融合，以满足学生个性化、自主性的学习要求。

本套教材在编写过程中，众多学术水平一流和教学经验丰富的专家教授以高度负责、严谨认真的态度为教材的编写付出了诸多心血，各参编院校对编写工作的顺利开展给予了大力支持，在此对相关单位和各位专家表示诚挚的感谢！教材出版后，各位教师、学生在使用过程中，如发现问题请反馈给我们（发消息给"人卫药学"公众号），以便及时更正和修订完善。

人民卫生出版社

2023年3月

前 言

药品生产质量管理工程是质量管理工程在药品生产中的应用，对保证制药企业生产的药品的质量具有重要作用。正因如此，药品生产质量管理工程课程被定为专业核心课程。本课程旨在帮助学生树立质量意识和成本意识，增强其对药品生产质量管理工程基本知识和方法的认知，提升其运用质量管理工程原理和技术方法分析解决制药过程复杂工程问题的能力，能够形成该专业对“设计 / 解决方案、工程与社会和项目管理”等毕业要求的有效支撑。

本教材将药品生产质量管理作为一项系统工程，按照“目标 - 技术 - 要求”的编撰逻辑与思路，系统性地介绍了药品生产质量管理工程的相关知识和方法，突出了质量意识等基础性工作和制药伦理对药品生产质量管理的重要性，强调了药品质量的经济性；同时，基于“质量源于设计”的理念和质量设计的实施，将药品生产质量的关注点系统性地前移至药品质量设计、新药研发和药厂设计等阶段，并以影响药品生产质量的“5M1E 因素”为主线，系统阐述了药品生产质量的过程管理。构建了从质量管理的基本操作到药品生产质量管理工程的原理、方法及其系统与宏观管控的知识体系。

本教材在对质量管理工程涉及的基本概念、基础性工作、基本工具和方法进行介绍的基础上，按照质量管理工程学科的相关知识，依次组织了质量方针与目标、质量策划、药品质量源于设计、质量控制、质量改进和质量保证等内容；并结合我国 GMP 的相关要求，对药品生产质量的过程管理进行了介绍。全书内容能够支撑药品生产质量管理工程课程的教学目标。

本书不仅可作为全国高等学校制药工程专业本科生的教学教材，也可作为该专业的成人教育和自学教材使用，还可供制药工程相关专业本科生和硕士生，以及从事新药研发、制药工程、药品生产、药品质量管理及相关领域的科研人员、工程技术人员和管理人员学习与参考。

本教材共九章，具体编写分工是：第一章由姚日生、刘旭海编写；第二章由袁干军、姚日生编写；第三章由杨岩涛、秦勇、刘艳飞编写；第四章由秦勇、钟敏编写；第五章由袁干军、姚日生、王金涛、蒋以号编写；第六章由钟敏、胡学雷编写；第七章由刘艳飞、杨岩涛编写；第八章由赵思江、钟敏编写；第九章由刘旭海、张军武编写。全书由袁干军、姚日生、刘旭海统稿。

本教材在编写过程中得到了人民卫生出版社和各编者所在单位的大力支持，并广泛参阅了国内外专家学者的教材、著作和论文。同时，江西农业大学的硕士研究生夏雪雪、严钰、邓贝贝、王奇轩、易文芳博士和博士研究生赵文佳等在图表制作、文字编辑和修正等方面给予了相关支持，在此表示最诚挚的感谢！

由于水平有限、经验不足，本书不可避免地会存在一些不足和错漏之处，有些问题尚需进一步探讨和验证，敬请广大读者在使用过程中提出宝贵的意见和建议；同时，随着制药企业在药品质量管理方面的不断实践，以及各种质量工具的有效应用，更多来自企业的突出案例也可作为本教材持续改进的素材。这些方面将在本教材后续的持续改进中不断地进行修订和完善。

袁干军

2024年1月于江西农业大学

目 录

ER1-1　第一章概述（课件）

第一章　概述

药品是一种特殊商品，其质量直接关系到人们的生命和健康。随着科学技术的不断发展，药品研发、生产和应用的不断实践，人们对药品质量的认识不断提高，监管部门对药品全生命周期的管控也不断完善。与此同时，药品质量也从过去的检验质量阶段发展到全面质量管理时期。药品生产企业依据 ISO 9001 质量管理体系，结合我国《药品生产质量管理规范》（2010 年修订）（Good Manufacturing Practice，GMP）要求，参考 ICH Q10 药品质量体系指南，建立其药品质量管理体系，不断提高其生产药品的质量已势在必行。为此，本章将对药品、质量管理、药品质量管理体系和药品生产质量管理工程的基本概念、理论知识、法律法规等进行介绍。同时，考虑到药品生产的质量问题在某种意义上讲其实质是经济问题，故特别地引入了质量经济性分析的相关概念和理论知识。

第一节　药品与质量管理

一、药品的涵义

《中华人民共和国药品管理法》（2019 年修订）（简称《药品管理法》）中关于药品的定义为：药品是指用于预防、治疗、诊断人的疾病，有目的地调节人的生理功能并规定有适应证或者功能主治、用法和用量的物质，包括中药、化学药和生物制品等。

上述药品的定义包含以下要点。第一，明确了我国《药品管理法》管理的药品是人用药品，它有规定的适应证或功能主治，能在规定的用法和用量下，预防、治疗或诊断人的疾病，调节人的生理功能。因此，其不同于虽有预防疾病或调节人体生理功能作用，而没有适应证或功能主治、性味归经、不良反应和禁忌证等的保健食品，更不同于非人用目的的兽药和农药。第二，规定了药品的范围，它包括中药材、中药饮片、中成药、化学原料药及其制剂、抗生素、生化药品、放射性药品、血清、疫苗、血液制品和诊断药品等。

二、质量管理

（一）质量

ISO 9000：2015《质量管理体系　基础和术语》中将质量（quality）定义为：客体的一组固有特性满足要求的程度。此定义可从以下方面理解。

1. 客体 质量有狭义质量和广义质量之分。狭义质量的客体包括产品、工程和服务；广义质量的客体还包括工作，其范畴扩展至成本、价格、交货期等。

2. 特性 即可区分的特征。特性可分为固有特性和赋予特性。

（1）固有特性：它是客体本来就有的，尤其是那种永久的特性。例如，布洛芬具有解热、镇痛和抗炎的作用，可治疗感冒引起的头痛和发热；六味地黄丸具有滋阴补肾的功效，可用于肾阴亏损、头晕耳鸣、腰膝酸软、骨蒸潮热、盗汗遗精及消渴患者的治疗。

（2）赋予特性：它不是客体固有的，而是完成产品后因不同要求而对产品所增加的特性。例如，原料药布洛芬为适应不同的客户要求，有不同的剂型，既有片剂、糖浆剂、混悬液，也有缓释胶囊；六味地黄丸可制成大蜜丸，也可制成浓缩丸、水丸等，这些不同的剂型就是赋予特性。另外，根据客体的不同，固有特性和赋予特性是可以相互转化的。

3. 要求 可分为明示的、通常隐含的或必须履行的需求或期望。明示的要求是指合同或文件中明确提出的要求。隐含的要求通常是指惯例的、不言而喻的要求。例如，药品必须具有某方面的临床疗效。必须履行的要求是法律法规要求的、所必需的要求。例如，我国《药品管理法》中规定的药品的可追溯性。

（二）质量管理

质量管理（quality management）是指在质量方面指挥和控制组织的协调的活动。其活动包括制订质量方针和设立质量目标，并通过质量管理体系中的质量策划、质量保证、质量控制和质量改进予以实现的全部活动。这些活动的三大目标是：提高顾客满意度、缩短流程和减少缺陷。随着企业在质量管理方面的不断实践，质量管理理论也不断丰富和完善，并经历了一个“点（质量检验阶段）、线（统计质量控制阶段）、面（全面质量管理阶段）、体（标准化质量管理阶段）”的发展轨迹。四个阶段各有其特点，分别介绍如下。

1. 质量检验阶段 20世纪初，人们对质量管理的认识仅局限于产品的质量检验，通过设立专职质量检验，对全部产品进行检验来控制产品的质量。这在当时对出厂产品的质量起到明显的保证作用，但其弱点也非常明显。其一，专职检验属于事后把关，不能起到预防和控制的作用。其二，全部产品检验不适合大规模生产的情况，在经济上也不尽合理；更不适合需要进行破坏性检验和产品质量特性不可能被全数检验的情况，例如药品、武器弹药的生产。其三，强调相互制约，忽略相互配合，出现质量问题时容易出现责任不清的情况。

2. 统计质量控制阶段 第一次世界大战和第二次世界大战早期，随着军工产品的迅猛发展，事后把关的质量检验的弱点越来越凸显，美国一些著名的统计学家和质量管理专家设法运用数理统计学的原理去解决这一质量问题，并成功将质量检验阶段推进到统计质量控制阶段。这一阶段的特征是数理统计方法在质量管理中得到有效应用，解决了事后把关的不足。它的基本特点就是在产品生产过程中广泛采用抽样检验，并利用控制图对产品质量失控情况告警，以便及时采取措施，预防不合格品的再次发生。

统计质量控制阶段聚焦于过程质量，起到了预防和控制作用。但由于过分强调数理统计方法的应用，忽视了组织管理和人的积极作用，使人们产生了“质量管理就是数理统计方法”“质量管理是数理统计学专家的事情”等错误认识，使广大工人感到高不可攀，因而曾一度影响了它的普及和推广。

3. 全面质量管理(total quality management，TQM)阶段 TQM是一个组织以质量为中心，以全员参与为基础，目的在于通过让顾客满意和本组织所有成员及社会受益而达到长期成功的管理途径。它是系统思维和系统管理理论在质量管理上的运用，其特点是“三全一多样”，即全面、全过程和全员参与的质量管理，管理的手段、方法和方式多样。其中，全面质量是指不限于产品质量，还包括服务质量和工作质量等在内的广义的质量。例如，制药企业生产的药品的质量不仅与研发、生产和质量控制部门有关，还与人事部门的工作质量有关，而且在某种意义上起着决定性的作用。全过程是指不限于生产过程，还包括市场调研、产品开发设计、生产技术准备、制造、检验、销售和售后服务等质量环节。全员参与是指不限于领导和管理干部，而是全体工作人员都要参加。

TQM大约起自20世纪60年代，一直延续到今天。其概念由美国质量管理专家费根堡姆(A. V. Feigenbaum)博士首先提出。1961年，费根堡姆在其正式出版的《全面质量管理》一书中对全面质量管理的概念进行了系统的阐述。主要包括以下几方面：①产品质量单纯依靠数理统计方法控制生产过程和事后检验是不够的，强调应综合运用各种方法和手段解决质量问题；②将质量控制扩展至质量形成的全过程，实现整体性的质量管理；③产品质量是同成本连在一起的，应强调质量成本的重要性；④提高产品质量是公司全体成员的责任，而不仅仅是少数专职质量人员的事，应当使全体人员都具有质量意识和承担质量责任的精神。

从费根堡姆提出TQM概念开始，世界各国对它进行了全面深入的研究，使全面质量管理的思想、方法、理论在实践中不断得到应用和发展。但是由于国情不同，各国企业在运用时又加进了一些自己的实践成果，逐渐形成了“美国体系”、“日本体系”和“苏联体系”。进入20世纪80年代，经济全球化趋势增强，世界各国广泛合作，资源自由配置，生产力要素广泛流动。此时全面质量管理在世界范围内以日本的成功经验为借鉴，得到了广泛普及，随后越来越多的企业开始采用这种管理方法。

4. 标准化质量管理阶段 1986年，国际标准化组织(International Organization for Standardization，ISO)在全面质量管理的基础上把质量管理的内容和要求进行了标准化，并于1987年3月正式颁布了ISO 9000系列标准。从ISO 9000系列质量标准包含的内容看，可以大致认为ISO 9000质量标准是全面质量管理理论的规范化和标准化。但两者在内涵和表述方式上有很大区别。在质量管理的标准化阶段，企业进行质量管理主要包括以下工作：标准体系的建立、标准的制订与修改废除、统计方法的运用、技术的积累、标准的运用等。20世纪90年代后，全面质量管理方法演化成六西格玛管理，它要求将可能的失误降到最低限度，是企业为追求卓越采取的一种近乎完美的管理策略。它可使企业做到质量与效率最高、成本最低、过程周期最短、利润最大，全方位地使顾客满意。实施六西格玛管理的企业必须具有较扎实的质量管理基础，拥有素质较高的员工队伍，得到最高管理者的鼎力支持，并具备长远发展规划、准备参与全球竞争。

随着全面质量管理的理论和方法在全世界的广泛传播，世界各国结合自己的国情和实践不断创新和发展。1978年，我国开始推行全面质量管理，并取得了较好成效。20世纪90年代后，我国开始等效采用ISO 9000族标准，尤其是近年来在推广六西格玛工程过程中广泛采用了质量工程技术，取得了越来越多的成功案例，获得了越来越大的经济和社会效益，也促进了我国产品质量的大幅度提高，很多产品质量已达到国际先进水平，有的甚至达到国际领先水平，大量产品进入欧美市场。

三、药品质量特性

按 ISO 9000：2015《质量管理体系 基础和术语》，质量特性是指产品、过程或体系与要求有关的固有特性。药品质量是指药品的一组固有特性满足人们防治或诊断疾病等要求的能力和程度。将这些固有特性转化为有指标的特性，即为药品质量特性。药品质量特性包括安全性、有效性、稳定性和均一性等方面。

（1）安全性（safety）：是指按规定的适应证和用法用量使用药品后，人体产生毒副反应或不良反应的程度。安全性是药品的固有特性，也是药品最基本的质量特性。大多数药物均有不同程度的毒副作用或不良反应，只有具备足够的安全指数（或治疗指数），或有解除和缓解其相应毒副作用的其他药品时，才可能以特定的剂型经过临床试验获批为上市药品。如果某种物质对防治或诊断人体疾病有效，但同时也对人体有致癌和致突变等严重毒副作用，甚至可导致死亡，则该物质一般不能获批为上市药品。另外，药品的安全性可以从两个层次进行理解，即药物本身的安全性和药物制剂的安全性。

（2）有效性（effectiveness）：是指药品可以满足人们对防治或诊断疾病、有目的地调节人体生理功能要求的特性。有效性是药品的固有特性，也是药品基本的质量特性。一方面，药品必须满足人们对防治或诊断疾病、调解人体生理功能方面的要求；没有防治或诊断疾病、调节人体生理功能的效果，自然不能成为药品。同时，药品又只能在规定的适应证和用法用量的条件下应用才能达到其有效的目的，否则不仅可能无效，还可能带来安全方面的问题。有效性在我国常采用“痊愈”、“显效”或“有效”来区别表达，在国外有采用“完全缓解”、“部分缓解”或“稳定”以区别表达。

（3）稳定性（stability）：是指在规定的条件下，药品的质量特性（如安全性和有效性）保持稳定的能力。从生产出满足质量要求的药品至特定人群使用该药品时，必定存在一定的时间间隔，也必然在不同的外部环境中放置，药品只有在这段时间内保证其质量特性的稳定，才能保证药品的安全性和有效性。故足够的稳定性是药品所必需的，也是其本身的固有特性。在现有条件下和规定时间内，无法保证其稳定性的物质肯定无法作为药品上市。

（4）均一性（uniformity）：药品的均一性是指药物制剂的每一单位产品内部及其之间保持其质量特性一致的程度。在智能化的现代制药背景下，原料药的均一性是保证药物制剂均一性的先决条件。尤其是对于药物制剂中含量小、毒副作用大的药效成分，保证原料药和药物制剂的均一性是药品安全有效的重要保障。若药品中药效成分的含量不均一，抽检样品的代表性将减弱；此时，可能因不能及时发现质量问题，导致患者因实际用量的不足而无效，或因实际用量的过大而中毒甚至死亡。因此，均一性是药品安全性和有效性的重要保障，也是在药品生产过程中形成并必须保证的固有特性。

四、药品质量管理

药品是一种特殊商品，药品的应用与人们的生命和健康密切相关。质量不合格的药品流入市场，一方面可能使患者服用后得不到有效的治疗或诊断，导致治疗的延误和病情的恶化；另一方面，还可能会引起严重的不良反应，祸及人们的身心健康，甚至危及生命。因此，确保药品的质量尤为重要。

与此同时，随着社会的不断进步与发展，人们对健康的理念也在发生变化，世界卫生组织提出"健康不仅是躯体没有疾病，还要具备心理健康、社会适应良好和有道德"。这种健康理念促使人们对药品的质量有着更高的要求和期望，传统以"合格"为标准的"符合质量观"已难以满足广大消费者的需求。一方面，抽检样品的检验合格并不能说明全部样品的合格，总会有不合格药品的存在。另一方面，药品的质量标准也不可能包括所有可能的项目，如交叉污染和受认知局限未列入质量标准中影响人们生命健康的物质等。上述不合格药品或质量标准无法反映药品实际存在的风险，很可能会影响甚至危及消费者的健康和生命。因此，逐渐被现代国际社会普遍接受的"适用性"和"满意性"质量观念，恰好与广大患者对药品质量的追求目标吻合，也与我国制药企业快速发展的承受能力和实际情况相符合。而药品的全面质量管理则是现阶段我国制药企业满足人们对药品追求"适用性质量"和"满意性质量"的最佳途径。

药品质量的特殊性决定其实施全面质量管理的重要性和必要性。药品的全面质量管理要求药品生产企业以全方位满足患者及其相关方为中心，做好以下首要工作。

1. 药品生产企业需随时关注客户的需求 这包括对患者及其家属、医生和药店等相关方的需求和期望进行全面全方位的了解、研究，以提供满足，甚至超越其需求与期望的产品和服务。例如，人们对药品既有安全和有效的需求，又有经济方便、并及时提供信息和优良服务的期望。这要求药品生产企业除了保证药品的安全、有效和经济外，还需要从药品的包装、说明书、方便使用、信息反馈和服务等细微处研究顾客的要求和期望，并加以满足。同时，还要培养顾客对该企业及其生产药品的忠诚度。

2. 药品生产企业需全面调动员工的积极性 在企业的所有资源中，人是第一要素，也是企业活力的源泉。药品质量是药品生产企业全体员工工作、药品设计制造过程各环节和各项管理工作的综合反映，与企业的员工素质、技术素质、管理素质和领导素质等密切相关。所以，要保证生产药品的质量必须调动企业员工的积极性，全员参与到质量管理中来，做到"质量管理、人人有责"。由此，在实践中需要做到以下三点。

（1）质量始于教育而终于教育，故要加强质量教育、质量文化建设在药品生产质量管理中的关键作用，全面提升员工的质量意识，科学安排和精心设计对企业员工的培养和培训，包括质量管理的理论知识和方法实践，制药行业的相关专业技能和法律法规等。例如：开展各种形式的质量管理小组（简称 QC 小组）活动，有实质内容的"质量月"活动，相关专业的知识和技能大赛等。

（2）建立质量责任制，明确包括企业各级行政领导人员和各个管理部门的每个人在质量工作中的责任、权限与物质利益。在企业内部形成一个严密有效的全面质量管理工作体系。

（3）制订一套充满活力的激励机制，奖惩分明，鼓励员工的创新精神。

3. 药品生产企业需运用各种质量管理方法预防和解决质量问题 当企业员工的积极性得到提高，质量意识得到全面提升后，就需要企业围绕质量问题的预防和解决，结合其具体的实际情况，通过质量管理各种方法、工具和技术手段的全面、灵活运用，获得药品质量的最优化，质量成本的最小化，即质量效益的最大化。而质量管理的方法、工具和技术手段多种多样，这要求企业必须尊重客观事实和数据，广泛采用科技新成果，注重实效地围绕药品的质量提升、预防质量问题的发生、解决已发生的质量问题等加以灵活运用，且考虑到国家、企业、管理者、员工、顾客、合作者等利益方的获益，达到质量效益的最优化。

第二节 药品质量管理体系

一、质量管理体系

（一）概念

体系是指“相互关联或相互作用的一组要素”，其中的要素是指构成体系的基本单元或组成体系的基本过程。管理体系是指“建立方针和目标并实现这些目标的体系”。由此可知，管理体系的建立首先致力于建立相应的方针和目标；然后为实现该方针和目标，组织应设计一组相互关联或相互作用的要素（基本单元）。由于这些相互关联或相互作用的要素应由一定的组织结构来承担，故需要在组织内明确组织结构及其职责，并提供必要的资源，规定开展各项活动的方法或途径。一个组织的管理体系可以包括若干个不同的管理体系，如质量管理体系、环境管理体系、财务管理体系、职业健康安全管理体系等。

质量管理体系（quality management system，QMS）是指在质量方面指挥和控制组织的管理体系。质量管理体系是组织若干管理体系中的一个组成部分。它致力于建立质量方针和质量目标，并为实现质量方针和质量目标确定相关的过程、活动和资源。质量管理体系主要是在质量方面能帮助组织提供持续满足顾客及其相关方所需求的产品和服务。也就是说，质量管理体系是为保证产品、过程或服务满足顾客及相关方的要求，把企业的组织结构、职责和权限、工作方法与程序、技术力量、业务活动、资金、资源和信息等协调统一起来，所形成的一个有机整体。组织可通过质量管理体系来实施质量管理，包括制订质量方针和质量目标，开展质量策划、质量保证、质量控制和质量改进等活动。如上节所述，质量管理则是指“在质量方面指挥和控制组织的协调的活动”，其中心任务是建立、实施和保持一个有效的质量管理体系并持续改进其有效性。组织的质量目标与其他管理体系的目标，如环境、财务、职业健康安全等目标应是相辅相成的。因此，质量管理体系的建立要注意与其他管理体系的整合，以方便组织的整体管理，其最终目的应使顾客和相关方都满意。

（二）质量管理的七项原则

多年来，国际标准化组织（ISO）吸纳了当代国际最受尊敬的一批质量管理专家在质量管理方面的理念，结合实践经验和理论分析，用高度概括又易于理解的语言，将质量管理的基本原则和思想总结为质量管理的七项原则（ISO 9000：2015 版）。这些原则适用于所有类型的产品和企业，成为建立质量管理体系的理论基础。现将其分别简述如下。

（1）以顾客为关注焦点："质量管理的主要关注点是满足顾客要求并且努力超越顾客的期望"。因此，组织应把满足顾客的需求和期望放在第一位，将其转化成组织的质量要求，采取措施使其实现。同时还应测量顾客的满意程度，处理好与顾客的关系，加强与顾客的沟通，通过采取改进措施，以使顾客和其他相关方满意。由于顾客的需求和期望是不断变化的，且因人因地而异，故组织需要进行市场调查，分析市场变化，以此来满足顾客当前和未来的需求并争取超越顾客的期望，以创造竞争优势。

（2）领导作用：最高管理者具有决策和领导一个组织的关键作用，领导者应建立质量方针和质量目标，以体现组织总的质量宗旨和方向，以及在质量方面所追求的目标。同时，他们应当创造并保持使员工能充分参与实现组织目标的内部环境。领导者应时刻关注组织经营的国内外环境，制订组织的发展战略，规划组织的蓝图；应根据环境的变化，适时改变组织的质量方针，并与组织的宗旨相一致；应将质量方针、目标传达落实到组织的各职能部门和相关层次，让全体员工理解和执行。为了实施质量方针和目标，组织的最高管理者应身体力行，建立、实施和保持一个有效的质量管理体系，确保提供充分的资源，识别影响质量的所有过程，并管理这些过程，使顾客和相关方满意。为使建立的质量管理体系保持其持续的适宜性、充分性和有效性，最高管理者应亲自主持对质量管理体系的评审，并确定持续改进和实现质量方针、目标的各项措施。

（3）全员参与：人是生产力中最活跃的因素，全体员工是每个组织的根本。组织的成功不仅取决于正确的领导，还有赖于全体人员的积极参与。所以，企业应赋予各部门、各岗位人员应有的职责和权限，为全体员工制造一个良好的工作环境，激励他们的创造性和积极性；通过教育和培训，增长他们的才干和能力，发挥员工的革新和创新精神；共享知识和经验，并积极寻求增长知识和经验的机遇，为员工的成长和发展创造良好的条件。

（4）过程方法：将活动和相关的资源作为过程进行管理，可以更高效地得到期望的结果。任何使用资源将输入转化为输出的活动，即可认为是过程。组织为了有效地运作，必须识别并管理许多相互关联的过程，系统地识别并管理组织所应用的过程，特别是这些过程之间的相互作用，这称之为"过程方法"。在建立质量管理体系或制订质量方针和目标时，组织应识别和确定所需要的过程，确定可预测的结果；识别过程与组织职能之间的接口和联系，明确管理过程的职责和权限，识别过程的内部和外部顾客；在设计过程时，还应考虑过程的步骤、活动、流程、控制措施、投入资源、培训、方法、信息、材料和其他资源等。

（5）改进：成功的组织总是致力于持续改进。随着科学技术和生产力的不断进步发展，人们对物质和精神的需求不断提高，顾客的要求越来越高。因此，企业应根据不断变化的环境，调整自己的经营战略，提高组织的管理水平，适应竞争的生存环境。所以，持续改进是企业自身生存和发展的需要。持续改进是一种持续满足顾客要求和增加效益、持续提高过程有效性和效率的活动，它包括了解现状，建立目标，寻找、实施和评价解决方法，测量、验证和分析结果，把它纳入文件等活动，其过程的实质就是教材第三章第三节所述的 PDCA 循环。

（6）循证决策：成功的结果取决于活动实施之前的精心策划和正确决策，而决策的依据应建立在对准确数据和信息的综合分析基础上。循证决策首先应对数据和信息的来源进行甄别，并确保获得充分数据和信息的渠道，且能将其方便传递给使用者，做到信息共享，利用数据和信息进行决策，并采取措施。其次，应坚持用数据说话，以事实为依据，从而增强决策的有效性，减少失误，并有能力评估和改变决策。

（7）关系管理：为了持续成功，组织需要管理与供方等相关方的关系。供方提供的产品对组织向顾客提供满意的产品可产生重要影响。因此，与供方、协作方、合作方形成利益共同体，有利于组织和供方共同获益。这就需要组织识别、评价和选择供方，处理好与供方或合作伙伴的关系；与供方共享技术和资源，加强与供方的联系和沟通，采取联合改进活动，并对其改进成果进行肯定和鼓励。这些都有助于增强供需双方创造价值和对市场变化作出灵活迅速反应的能力，从而达到优化成本和资源的目的。

二、ISO 9000质量管理体系

（一）ISO 9000质量管理体系的发展

ISO 9000质量管理体系是国际标准化组织（International Standardization Organization，ISO）制定的国际标准之一。ISO是国际标准化领域中一个十分重要的非政府组织，其宗旨是在全世界范围内促进标准化工作的发展，以利于国际间产品与服务的交往，并扩大在知识、科学、技术和经济方面的国际合作；主要活动是制定和修订国际标准。在质量管理方面，ISO成立了“质量管理和质量保证技术委员会（TC 176）”，专门负责质量管理和质量保证标准的制定。ISO 9000族标准是ISO/TC 176在总结各国质量管理经验的基础上，经过各国质量管理专家的共同努力和广泛协商，于1987年颁布的一系列质量管理的标准。该标准发布后，很快被各国政府、工业和经济部门所接收和采用。同时，先后于1994年、2000年和2008年进行了三次改版，最新版于2015年9月发布，其包括三个核心标准：ISO 9000《质量管理体系　基础和术语》，ISO 9001《质量管理体系要求》和ISO 9004《追求组织的持续成功　质量管理方法》。

ISO 9000：2015标准的变化幅度较大，特别是在结构、视野、兼容性、适用性及易用性方面；同时引入了一些最新的管理理念和要求，如：风险管理、知识管理等。其主要特点表现如下。

（1）基于风险的思维：它在ISO 9000：2000引入风险思维的基础上，进行了具体化，风险理念在整个体系标准中获得明显体现，由此有利于企业进行风险识别，预防或减少不利影响，促进企业的良性发展。

（2）引入知识管理的思想：它对企业内外部显性和隐性的知识，尤其是对包括隐藏在人大脑中的经验、隐含在企业业务中还没有被发现的知识或经验等隐性知识进行管理。由此，可提升组织的智商和记忆，减少重复劳动，从而促进企业的快速发展。

（3）其他特点：融合了其他一些新的管理理念和方法，提升了质量管理的发展内涵；更加强调了领导的关键作用，而非仅仅是日常管理。

ISO 9000:2015 族质量管理体系标准实质上是指导任何组织建立和运行其质量管理体系的一整套标准和文件。

（二）质量管理体系建立的基本要求

ISO 9000 质量管理体系的所有要求对各种类型、不同规模和提供不同产品的组织都是适用的。当组织需要证实其有能力稳定地提供满足顾客和适用法律法规要求的产品，或通过体系的有效应用以增强顾客满意时，都可依据 ISO 9000 质量管理体系建立组织本身的质量管理体系。

当某组织因其产品的特点等因素而需要考虑对标准中某些不适用的要求进行删减时，应符合以下删减条件。

（1）范围：删减的内容仅限于标准的“产品实现”的范围。

（2）能力：删减后不影响组织提供满足顾客和适用法律法规要求产品的能力。

（3）责任：删减后不免除组织提供满足顾客和适用法律法规要求产品的责任。

组织应积极采用过程方法，按下列过程建立、实施质量管理体系，并改进其有效性，以通过满足顾客要求，增强顾客满意度。所述过程有：①识别质量管理体系所需的过程及其在组织中的应用；②确定这些过程的顺序和相互作用；③确定为确保这些过程的有效运行和控制所需的准则和方法；④确保可以获得必要的资源和信息，以支持这些过程的运行和对这些过程的监视；⑤监视、测量和分析这些过程；⑥实施必要的措施，以实现对这些过程的策划结果和持续改进。

以上这些过程体现了 PDCA 循环方法，它能够应用于所有过程以及整个质量管理体系。组织建立的质量管理体系应满足以下总要求：①应符合 ISO 9000 族标准所提出的各项要求；②应形成文件；③应加以实施；④应加以保持；⑤应持续改进其有效性。

另外，若存在影响产品符合性的外包过程，组织应在质量管理体系中明确对这类外包过程的控制，并确保对外包过程的控制满足 ISO 9000 族标准所提出的相应要求。

（三）ISO 9000 质量管理体系的基本模式

质量管理体系基于过程，ISO 9000 质量管理体系对以过程为基础的质量管理模式如图 1-1 所示。

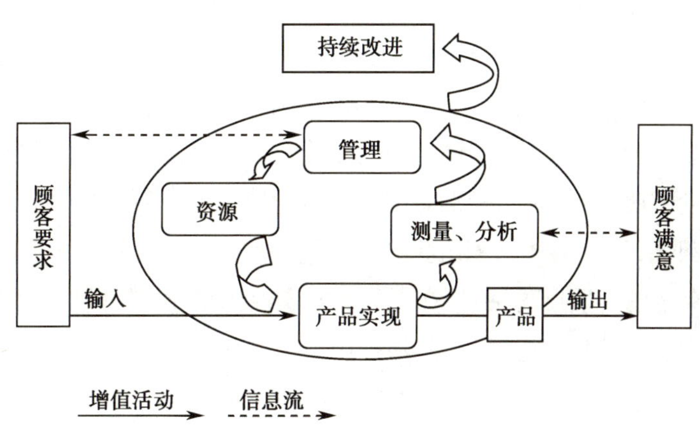

图 1-1　以过程为基础的质量管理体系的基本模式

由上图可知，管理职责、产品实现、资源管理、测量分析及其改进构成了质量管理体系的一个闭环。以产品实现为主过程；对过程的管理构成了管理过程，即管理职责；实现过程所需资源的提供构成了资源管理过程；对实现过程的测量、分析及持续改进构成了支持过程。

（1）管理职责：包括①建立和实施质量管理体系，并持续改进其有效性的承诺；②以顾客为关注焦点；③发布质量方针；④确保建立质量目标；⑤确保质量管理体系策划；⑥确保规定组织的职责和权限；⑦指定管理代表；⑧确保内部沟通；⑨进行管理评价。

（2）资源管理：包括①提供必需的资源，以实施、保持质量管理体系，并持续改进其有效性；②通过满足顾客要求，增强顾客的满意度；③人力资源；④基础设施；⑤工作环境。

（3）产品实现：包括①与顾客有关的过程；②设计和开发；③采购；④生产和服务提供；⑤测量和监视装置的控制。这些过程又包括相应的一系列子过程。

（4）测量、分析和改进：包括①监视和测量，如顾客满意的监视、内部审核、过程和产品的监视与测量；②不合格品的控制；③数据分析；④改进，如持续改进、纠正措施和预防措施。

三、药品质量管理体系的建立

药品的应用关系到人们的生命健康和家庭社会等各方面，确保药品的质量尤为重要。将药品的质量作为一个系统来看，新药的设计与研发、原料药的制备或采购、药物制剂的生产、市场的开发和信息反馈、售后服务等都可看作药品质量管理系统的子系统。按照整体协调的原则，系统中各子系统功能的发挥，以及它们之间的相互关系和相互影响，都要从整体的角度来协调和控制。忽视任何一个环节，都将影响整个药品质量管理体系的正常运行。所以，在人们对药品质量观念向“适应性”甚至“满意性”质量转变之时，制药企业不仅要从观念上加以改变，而且需建立一整套包括药品研发、原料采购、生产管理、营销管理和售后服务等整个环节的药品质量管理体系，实行药品的全面质量管理，以保证药品的质量，持续地满足患者及家属、药店、医院等相关方对药品质量的要求。

（一）ICH

ICH 是英文 The International Council for Harmonization of Technical Requirements for Pharmaceuticals for Human Use 的缩写，它是一个国际性非营利组织，中文通常译为“人用药品技术要求国际协调理事会”。ICH 于 1990 年由美国、欧洲共同体（欧盟前身）和日本三方药品监管部门和行业协会共同发起，2015 年依照瑞士法律正式成立，其宗旨是通过技术要求的国际协调提高公众健康，这些技术标准有利于及时为患者提供新药品，并保证患者可持续获得已获批的上市药品，防止人体临床试验的不必要重复，以高效并兼顾成本效益的方式研发注册和生产安全有效的高质量药品，且在不降低安全性和有效性的前提下尽量少地使用动物实验。我国原国家食品药品监督管理总局于 2017 年正式加入成为人用药品技术要求国际协调理事会成员，并在其下设的药品审评中心设有 ICH 工作办公室。

ICH 协约方在 2003 年 7 月的会议上共同倡议：制定一个可协调的药品质量管理体系

指南，用于药品整个生命周期，以强调质量风险管理和科研一体化。2005 年 11 月，有关起草思路和工作方案等文件得到了 ICH 执行委员会的批准，并确定为继 Q7（原料药生产的 GMP 指南）、Q8（药品研发）、Q9（质量风险管理）后的另一份质量管理文件 Q10（药品质量体系）。

ICH 指导原则融合了 ISO 质量管理体系的质量理念和指导思想，将药品的质量管理和质量保证延伸至药品的全生命周期。ISO 9001 质量管理体系的要求适合于所有行业的质量管理和质量保证，而 ICH Q10 则是 ISO 9001 在药品行业的具体应用。ICH Q10 可看成是基于 ISO 9001 质量管理体系，结合 GMP 在质量管理和质量保证方面的实践，建立的一个完整的适用于药品整个生命周期的质量体系。ICH Q10 较 ISO 9001 更具有行业针对性，是更适合药品行业的质量体系。ICH Q10 对 Q8 和 Q9 进行了必要的补充，它对药品生命周期包括从药品研发到药品退市的不同阶段都提出了质量管理的要求，弥补了 GMP 在药品质量管理方面整体和全局性的欠缺，促进企业从原来较为单一的 GMP 生产管理向一个综合的药品质量管理范畴的提升，从而确保来自企业、管理部门以及患者等各方的质量需求能得到充分的体现和满足。图 1-2 给出了 ICH Q10 药品质量体系的主要特征。

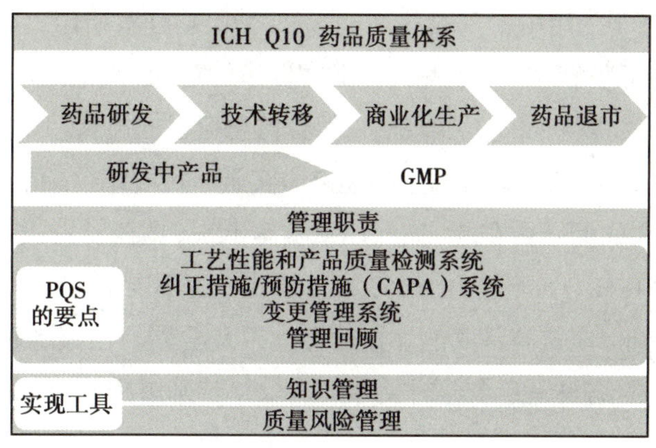

图 1-2　ICH Q10 药品质量体系的模型示意图

ICH Q10 适用于 GMP，且其适用于生产场地的很多内容也在世界各国或区域性的 GMP 要求中有相应规定。但与 GMP 相比存在以下特点。

（1）从涉及范围上看：ICH Q10 涉及药品的全生命周期，包括药物研发、原料药、制剂产品、药品销售及退市等，但研发阶段的基础研究和临床研究阶段不包括在内。而 GMP 则限于原料药采购、药品生产到出厂上市相关活动的质量管理。

（2）从内容上看：ICH Q10 给出了药品质量体系要求的整体框架和指导原则，涉及的内容更广泛，对影响药品质量的所有因素都被考虑在内，包括质量方针、质量目标，强调质量源于设计，以顾客为关注焦点；强调持续满足顾客及相关方对药品质量的要求和期望。以上这些在 GMP 中都很少提及。而 GMP 则对药品生产的厂房、设备等硬件都提出了较为详细的要求，甚至规定了具体技术参数和指标，例如洁净级别、验证项目等，对各种剂型等均有明确的附加要求。因此，GMP 更强调药品生产过程的质量管理和质量保证。

（3）从法律层面看：GMP 具有法律的强制性特点，更像是药品在生产阶段的质量保证；而 ICH Q10 没有法律约束力，更像是一个可供参考采用的适用于药品整个生命周期的质量管理体系。ICH 只有被相应的政府引用并宣布其法律效力后才具有法律的强制性。

（4）从追求的质量观念看：GMP 体现的是“适用性”质量，ICH Q10 彰显的是“满意性”质量，甚至是“卓越”质量。

（二）药品质量管理体系建立的基本原则

质量管理的七项原则体现了质量管理应遵循的基本原则，包括了质量管理的指导思想和质量管理的基本方法，提出了组织在质量管理中应处理好与顾客、员工和供方三者之间的关系，是质量管理体系标准的基础，也是质量管理体系建立与实施的基础。需要强调的是，制药企业在建立药品质量管理体系时，首先必须深刻理解以下基本原则。

（1）领导作用是关键：企业最高管理者通过其领导作用及其所采取的各种措施可以创造一个员工充分参与的内部环境，质量管理体系只有在这样的环境下才能确保其有效运行。领导作用，特别是最高管理者的作用是质量管理体系建立与实施的关键。最高管理者应做出有关建立和实施质量管理体系并持续改进其有效性方面的承诺，并带头以增强顾客满意为目的，确保顾客要求得到确定并予以满足。

（2）全员参与是根本：全员参与是质量管理体系建立与实施的根本，因为只有全员充分参与，才能使他们的才干为组织带来收益，才能确保最高管理者所作出的各种承诺得以实现。组织应采取措施确保在整个组织内提高满足顾客要求的意识，确保使每一位员工认识到所在岗位的相关性和重要性，以及如何为实现质量目标做出自己的贡献。

（3）注重实效是重点：质量管理体系的建立与实施一定要结合药品生产企业自身及生产药品的特点，重点放在如何结合实际、如何注重实施上来，重在过程、结果和有效性；既不要脱离现有行之有效的 ICH Q10 药品质量体系另起炉灶，也不要不切实际地照抄他人的模式而流于形式。不同的企业，应该有不同的质量管理体系及要素。在编制质量管理体系文件时，一定要依据质量策划的结果确定企业对文件的需求。若确需文件，则文件一定是有价值的、适用的。

（4）持续改进求发展：随着社会经济形势的不断变化和发展、科学技术的不断进步、人员素质的不断提高，顾客对产品的要求和期望也在不断变化。企业只有充分发挥其自身优势和有利条件，积极参与市场竞争，增加科技投入，注重产业结构和产品结构的优化，持续改进企业的总体业绩与效率，不断健全和完善质量管理体系，不断提高顾客和其他相关方的满意程度，才能在竞争中保持长久优势。

（三）药品质量管理体系建立的基本步骤

药品生产企业建立质量管理体系的基本步骤如下。

（1）学习标准：企业需组织各级员工，尤其是各管理层认真学习 2015 年版 ISO 9001 质量管理体系、ICH Q7、Q8、Q9、Q10 和我国 GMP。通过学习，端正思想，掌握原则，找出差距，明确方向。

（2）确定质量方针和质量目标：根据企业的宗旨和发展方向确定与其相适应的质量方针，对质量做出承诺，在质量方针提供的质量目标框架内，确定企业的质量目标，以及相关职能和层次上的质量目标，且质量目标应是可测量的。

（3）质量管理体系策划：药品生产企业应依据确定的质量方针、质量目标，应用过程方法，对其准备建立的质量管理体系进行策划，并确保质量管理体系的策划满足质量目标的要求。在质量管理体系策划的基础上，进一步对产品实现过程及其他过程进行策划，确保这些过程的策划满足所确定的产品的质量目标和相应要求。

（4）确定职责和权限：依据质量管理体系策划以及其他策划的结果，确定各部门、各过程及其他与质量工作有关人员应承担的相应职责，赋予相应的权限，并确保其职责和权限能得到沟通。最高管理者还应在管理层中指定一名管理者代表，代表最高管理者负责质量管理体系的建立和实施。

（5）编制质量管理体系文件：依据质量管理体系策划以及其他策划的结果，确定质量管理体系文件的框架和内容，在质量管理体系文件的框架内确定文件的层次、结构、类型、数量、详略程度，规定统一的文件格式，编制质量管理体系文件。

（6）质量管理体系文件的发布和实施：质量管理体系文件在正式发布前应认真听取多方面意见，并经授权人批准发布。质量手册必须经最高管理者签署发布，质量手册的正式发布实施即意味着质量手册所规定的质量管理体系正式开始实施和运行。

（7）质量管理体系文件的学习：在质量管理体系文件正式发布或即将发布而未正式实施之前，认真学习质量管理体系文件对质量管理体系的真正建立和有效实施至关重要。各部门、各级人员都要通过学习，清楚地了解质量管理体系文件对本部门、本岗位的要求，以及与其他部门、岗位的相互关系和要求，只有这样才能确保质量管理体系文件在整个组织内得以有效实施。

（8）质量管理体系的运行：企业所有质量活动都在根据质量策划的安排以及质量管理体系文件的要求实施，企业所有质量活动都在提供证实，证实质量管理体系运行符合要求，并得以有效实施和保持。

（9）质量管理体系的内部审核：企业在质量管理体系运行一段时间后，应组织内审员对质量管理体系进行内部审核，以确定质量管理体系是否符合策划的安排、ISO 9001 和 ICH Q10 的要求，以及企业所确定的质量管理体系的要求，是否得到有效实施和保持。内部审核是企业自我评价、自我完善机制的一种重要手段。企业应每年按策划的时间间隔坚持实施内部审核。

（10）管理评审：在内部审核的基础上，企业的最高管理者应就质量方针、质量目标，对质量管理体系进行系统地评审（管理评审），确保质量管理体系持续的适宜性、充分性和有效性。管理评审包括评价质量管理体系改进的时机和变更的需要，包括质量方针、目标变更的需要。管理评审与内部审核都是企业自我评价、自我完善机制的一种重要手段。通过内部审核和管理评审，在确认质量管理体系运行符合要求且有效的基础上，企业可向质量管理体系认证机构提出认证的申请。

四、药品生产质量管理规范

（一）基本涵义

GMP 是英文 good manufacturing practice 的缩写，我国称其为《药品生产质量管理规范》。

GMP 是现今世界各国普遍采用的药品生产管理方式，它对药品生产实施全过程的质量管理，包括对原材料、厂房、设备、卫生、人员培训和质量管理等均提出了明确要求。GMP 的实施可减少药品生产过程中的污染和交叉污染，确保所生产药品的安全、有效和质量稳定，是保证生产出优质药品的一整套科学的、系统的管理规范，是药品质量管理的重要组成部分和药品质量保证体系的核心。

我国从 20 世纪 80 年代开始实施 GMP，经历了自愿认证阶段，到政府强制认证阶段，并于 2010 年颁发了新版 GMP。2010 年修订版 GMP 借鉴了 ICH 指南中 ICH Q9 的质量风险管理理念。质量风险管理是在整个产品的生命周期中采用前瞻和回顾的方式，对质量风险进行评估、控制、沟通和审核的系统。同时，基于“质量源于设计”的理念，2010 年修订版 GMP 指出“质量保证体系应当确保药品的设计和研发体现本规范的要求”，这与 ICH Q10 药品质量体系涉及药品的全生命周期的原则一致。

随着《中华人民共和国药品管理法》（2019 年修订）和《药品生产监督管理办法》（2020 年颁布）的正式发布，我国全面加强了药品生产活动的监管，明确取消 GMP 的强制性认证，不再受理 GMP 认证和发放药品 GMP 证书，但要求药品生产企业继续严格按照 GMP 的要求实施，践行“四个最严”监管理念的全新监管思路，由此较原有 GMP 强制性认证更强调过程监管。药品监管部门对药品生产企业的监管重点将渗透到药品生产生命周期的各个环节，对企业进行日常跟踪检查和“飞行检查”已成为常态。“飞行检查”是指药品监督管理部门根据监管需要随时对药品生产企业实施的现场检查，即事先不通知被检查企业而对其实施突然的现场检查。在“飞行检查”时代下，全国药品生产企业对药品质量管理更加重视，质量管理的重要性被提升到了更高的层次。由此可见，取消 GMP 认证并不是降低对药品生产质量的监管，而是更加强调对药品生产质量的过程监督和管理。

GMP 经过半个多世纪的发展，已成为国际通行的药品生产质量管理规范，是世界各国药政部门强化药品生产质量管理的重要手段之一，也是制药产业健康发展的保证，更是保证上市药品质量、维护公众用药安全的根本要求。世界上大多数国家对药品生产颁布执行了各种版本的 GMP 要求，其共同的特性和发展趋势如下。

（1）GMP 是保证药品生产质量的基本要求：各国颁布执行的 GMP 是保证药品生产质量的最低标准，是药品生产企业市场准入的基本条件。它并不代表各国医药工业发展的水平，各国也不可能将只有少数企业才能做到的药品生产标准作为强制性要求。所以，各国在制定 GMP 时仅规定了药品生产中需要达到的原则性要求，而没有说明达到要求的具体办法。达到 GMP 要求的办法和手段可以多种多样，不同企业可根据自身情况选择最适合本企业的方法实施 GMP。

（2）GMP 随着社会的发展而不断提高：随着社会的不断进步以及人们对自身健康状况重视的不断加强，社会对药品质量以及生产管理水平的要求也日益提高。同时，随着科学技术的发展，越来越多的新技术、新管理方法被应用于药品生产管理。由此，各国药政管理部门也会根据情况的变化对原有的 GMP 及其条款不断进行补充修订，或颁布新的实施指南，以促进 GMP 的不断完善。

（3）GMP 日益成为各国药政管理的强制性要求：正是因为 GMP 对药品生产质量的严

格管理和对患者用药安全的根本保证，世界各国已日益形成共识，将GMP实施与否作为药品质量有无保证的先决条件。现在除了美国、欧盟成员国等将其作为强制性要求外，越来越多的发展中国家也纷纷把GMP作为市场准入的基本要求和药品生产质量管理的强制要求，在自己国家强制实施。同时，WHO等国际组织也将GMP作为国际采购或招投标的先决条件，由此更加促进了GMP的强制实施。结合我国的实际情况，我国取消GMP认证，但要求药品生产企业继续严格按照GMP要求实施药品生产，同时采取了较GMP要求更严的监管措施，从源头上对药品质量和药品安全进行把关。这必将促进我国医药产业的优化发展和国际化。

（4）GMP日益成为药品生产质量管理的国际化要求：尽管各个国家、国际组织或行业都颁布执行各自的GMP，某些方面的执行细节也有所不同，GMP在各个国家的发展水平更不同步，但在基本内容和要求上完全一致、大同小异。由此说明，世界各国对GMP的认识和研究趋向一致，GMP的国际化和趋同化已成为GMP发展的趋势。

（二）GMP与质量管理体系之间的关系

质量管理包括制订质量方针和质量目标，以及通过质量策划、质量保证、质量控制和质量改进实现这些质量目标的过程。药品生产企业可通过建立和实施一个有效的药品质量管理体系（QMS），并持续改进其有效性，来实现其对药品的质量管理。在建立其自身的药品质量管理体系时，药品生产企业可依据ISO 9001质量管理体系和ICH Q10药品质量体系指南，结合我国现行版GMP的要求进行。由于ICH Q10更具有行业针对性，且它将药品的质量管理延伸至药品的整个生命周期，所以从整体上讲，企业更应注重对ICH Q10的参考和借鉴，尤其是可借鉴GMP中未涉及的知识管理、质量风险管理和变更管理等影响药品质量的重要环节。而GMP的管理思路和原则上与ICH Q10指南中涉及的相关要求一致，且GMP更关注于药品生产过程的质量管理，对生产过程的要求更细节、更具体，故涉及药品生产过程的质量管理可以将GMP作为重要参考。

质量保证（quality assurance，QA）：质量管理的一部分，致力于提供质量要求会得到满足的信任。它强调达到质量要求应提供的保证，涵盖影响产品质量的所有因素。对于药品而已，它是为确保药品符合预期用途，并达到规定的质量要求所采取的所有措施的总和。从这一点讲，GMP是药品质量保证体系（quality assurance system，QAS）的重要组成部分。也正因为如此，GMP对药品生产过程中质量管理的要求较ICH Q10质量体系更详细、更具体，其与GLP（药品非临床研究质量管理规范）、GCP（药品临床试验质量管理规范）和GSP（药品经营质量管理规范）共同组成了药品质量保证体系的重要链环。

质量控制（quality control，QC）：质量管理的一部分，致力于满足质量要求。具体到药品生产的质量控制而言，则是指按照规定的方法和规程，对原辅料、包装材料、中间品和产品进行取样、检验和复核，以保证这些原料和产品的成分、含量、纯度及其他性状符合已经确定的质量标准。由此可知，药品的QC是GMP的组成部分，而QAS则涵盖了GMP。如果说按照GMP进行药品生产可保证其药品的质量满足顾客及相关方的要求，则QC是企业保证药品生产质量的过程监控和直接证明。

第三节　药品生产质量管理工程

一、基本涵义

工程是创造性地将自然科学理论应用到具体工农业生产部门中形成的各种学科的总称。工程不同于科学或技术，工程强调解决实际所需的问题，尤其是规模化生产或建设中需要解决的问题。工程的完成既需要专门的工程技术，也需要经济、管理等方面的有关知识和技术。

1. 质量工程　质量工程（quality engineering）的概念最早于 20 世纪 60 年代由日本质量管理学家提出。国家标准 GB/T 19030—2009《质量工程术语》中定义质量工程为：策划、控制、保证和改进产品的质量，把质量管理理论与相关专业技术相结合而开展的系统性活动。由此显示，质量工程是一项系统工程。

系统工程是一门高度综合性的管理工程技术，涉及自然科学和社会科学的多门学科。它包括人、物、财、目标、机器设备和信息等基本构成要素，各要素之间相互联系、相互制约。系统工程是系统科学在人类社会、生态环境、自然现象、组织管理等各方面的实际应用，采用的方法常有系统分析、系统设计和系统的综合评价（性能、费用和时间等）。它运用数学模型和逻辑模型来描述系统，通过模拟来反映系统的运行，以求得系统的最优组合方案和最优的运行方案。

2. 质量管理工程　质量管理工程是指采用工程的手段从事质量管理活动，以提供满足顾客和社会对产品与服务质量的需求，它是组织与社会就质量所采取的一切相关活动的总和。质量管理工程是对传统质量管理的深化、完善和发展的结果，是现代科学技术与质量管理密切结合的系统工程。它标志着现代质量活动已从过去的以管理职能为中心转向以工程技术为先导，以设计质量控制满足客户需求为目标，更加突出了质量策划与设计、质量检测与控制、质量分析与改进等实践活动的系统性、综合性与工程性，从而使质量管理进入全新的发展阶段。

质量管理工程围绕产品质量的形成过程及其规律，实施质量策划、质量设计、质量控制、质量保证与质量改进的系统工程。它是质量管理与专业技术不断融合与发展的产物，也是传统质量管理在技术职能方面的深化和发展；同时，它始终强调技术与管理并重。质量管理工程的研究对象广泛，面向机械、电子、软件、化工、冶金、航空航天、食品、服务等行业，涵盖产品开发、设计、制造、装配和使用等全过程。

质量管理工程的内容体系包括技术系统和质量系统，如图 1-3 所示。技术系统包括机械工程技术、电气工程技术、电子技术、材料工程技术、化学工程技术、软件工程技术等不同的专业技术。质量系统包括质量技术、方法和工具以及质量管理理论与实践。

3. 药品生产质量管理工程　药品生产质量管理工程是将药品生产的质量管理作为一项系统工程，综合运用系统工程学、药学、管理学、数学及相关学科的理论、方法和技术手段，为满足患者及家属、医生和药店等相关方对药品的需求和期望，对影响药品生产质量的各种因素所采取的一切相关活动的总和，是质量管理工程在药品生产及相关环节上的具体应用。

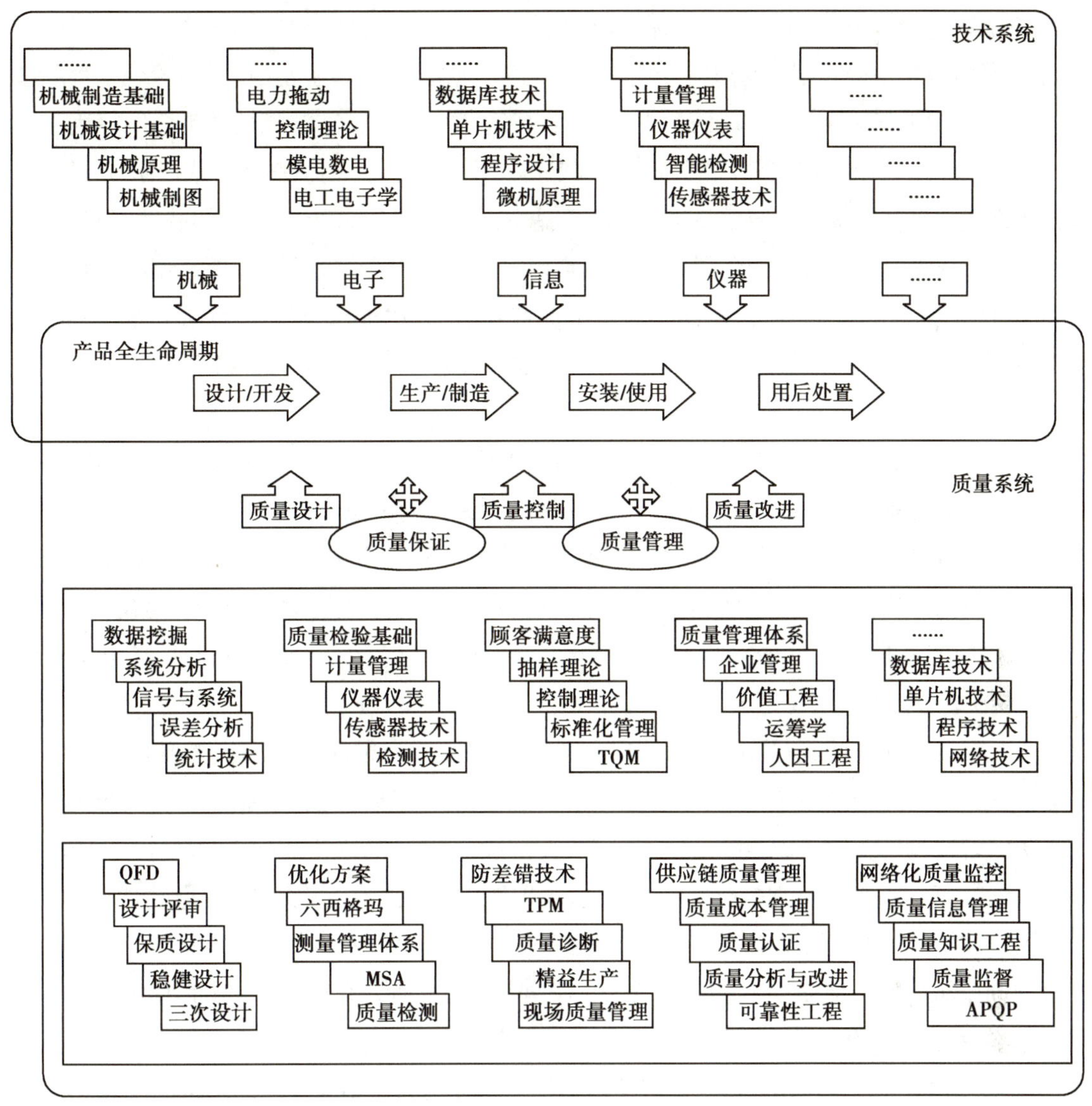

图 1-3 质量管理工程内容体系的总体框架

随着社会的不断发展，人们对药品质量的要求逐渐从“符合性”向“适用性”，甚至“满意性”转变。同时，行业人士也逐渐意识到药品的质量是设计出来的，它通过生产制造来实现，质量检验对药品质量起到了重要作用。由此，ICH Q10 质量体系将药品质量管理的前端延伸至其研发设计阶段，并涉及药品的全生命周期。这些理念的变化也在各国新版的 GMP 要求中得到了较好的体现。

各国药监部门要求制药企业按照 GMP 的基本要求和原则来进行药品生产，以保证其生产的药品满足人们安全用药的需求。但为了持续满足顾客对药品质量的需求，减少缺陷产品的产生，追求“适用性”甚至“满意性”质量，制药企业已经认识到结合本国 GMP 的要求建立药品生产质量管理体系的重要性。同时，生产过程的质量管理和质量保证也由“经验”管理向“验证”管理转变，放行标准也由“成品检验”向“参数放行”转变。因为系统工程学的根本目的是保证用最少的人力、物力和财力在最短的时间内达到系统的目标，完成系统的任务。所以，药品生产质量管理工程的实施既是药品生产企业致力于其产品和服务满足患者及利益相关方需求进行的系统工程，也是药品生产企业追求利润最大化的必然结果。

如上所述，药品生产质量管理工程是将药品生产质量的管理作为一项系统工程，对影响药品生产质量的各种因素所采取的一切相关活动的总和。所以，药品生产质量管理工程除涉及药品质量管理体系外，还涉及药品生产过程中各种学科理论、方法和技术手段的运用。因此，它较ICH指南和GMP要求更涉及各学科的综合运用，更侧重于解决与药品生产质量有关的实际问题，旨在不断提高药品的质量，使药品生产企业、员工、顾客及其利益相关方受益。相同的是，质量管理工程也以质量为关注焦点，所以药品质量管理工程在保证和解决药品生产质量的实际问题时，很多原则和要求又与ICH指南和GMP要求一致。因此，它很大程度可看成是运用系统工程学、数学、经济学和专业工程技术等对实施ICH指南和满足GMP要求的具体化。

此外，将药品生产质量的管理作为一项系统工程，其不仅以保证药品质量符合顾客的要求为目的，更关注企业将各种影响药品生产质量的因素综合考虑，以最少的人力、物力和财力在最短的时间内，去实现药品的高质量。即实现药品质量与成本的最优化，以满足企业和顾客双方的需求与期望。所以，药品质量管理工程和药品质量管理显著不同的特点是：前者更关注质量与成本的最优化、质量成本的最低化；而后者更侧重于药品质量的管理，追求满足患者及相关利益方的需求和期望。

4．相关概念 将药品质量管理作为一项系统工程，必须深入了解质量管理工程学科的相关概念，并在实际工作中使用这些概念。这些概念包括：过程、输出、产品、服务、管理、质量管理、质量策划、质量控制、质量改进、持续改进、质量保证、质量管理体系、质量认证、质量监督、质量检验、抽样检验、统计质量控制、顾客满意、三次设计、稳健性、工序能力、质量经济性、质量诊断、质量信噪比、质量损失函数、可靠性、一致性、符合性、安全性等。ISO 9000：2015对上述概念有明确定义，现对其中的部分概念介绍如下，其他概念及其内涵已在或将在本教材的有关章节进行介绍。

（1）过程（process）：利用输入实现预期结果的相互关联或相互作用的一组活动。产品和服务都是过程的结果。一个过程的输入可是其他过程的输出，而一个过程的输出又可是其他过程的输入。过程可以合并和拆分，两个或两个以上相互关联和相互作用的连续过程也可作为一个过程。组织通常对过程进行策划，使其在受控条件下运行，以增加其价值。而那些不易或不能经济地确认其输出是否合格的过程，常称为“特殊过程”。

（2）输出（output）：过程的结果。例如，以阿司匹林片剂的制备为过程，其输出即为阿司匹林片。

（3）产品（product）：在组织和顾客之间未发生任何交易的情况下，组织能够产生的输出，即实现了产品的生产。而当交易发生的情况下，通常包含服务。一般情况来说，产品的主要元素是有形的，而服务的主要元素是无形的。

（4）服务（service）：至少有一项活动必须在组织和顾客之间进行的组织的输出。通常，服务包含与顾客在接触面的活动，除了确定顾客的要求以提供服务外，可能还包括与顾客建立持续的关系，例如银行、会计师事务所或公共组织（如学校或医院）等。通常，服务由顾客体验。

（5）管理（management）：指挥和控制组织的协调活动。管理可包括制订方针和目标，以及实现这些目标的过程。

（6）质量策划（quality planning）：质量管理的一部分，致力于制订质量目标，并规定必要的运行过程和相关资源以实现质量目标。编制质量计划是质量策划的一部分，质量计划是指对特定的项目、产品、过程或合同，规定由谁及何时应使用程序和相关资源的文件。

（7）质量控制（quality control）：质量管理的一部分，致力于满足质量要求。

（8）质量改进（quality improvement）：质量管理的一部分，致力于增强满足质量要求的能力。质量要求可以是有关任何方面的，如有效性、效率或可追溯性。

（9）持续改进（continual improvement）：提高绩效的循环活动。

（10）质量保证（quality assurance）：质量管理的一部分，致力于提供质量要求会得到满足的信任。

（11）质量认证（quality certification）：质量认证是指由第三方对产品、服务、过程或体系满足规定要求给出书面保证的程序。按认证对象分为产品质量认证和质量管理体系认证。

产品质量认证的对象是特定产品或服务，认证的依据是产品或服务质量要符合指定标准的要求，同时质量管理体系要满足指定质量保证标准的要求。证明获准认证的方式是通过颁发产品认证证书和认证标志，其认证标志可用于获准认证的产品上。产品质量认证又包括安全性产品认证和合格认证，前者是通过法律、行政法规或规章规定强制执行的认证；后者属自愿性认证，是否申请认证，由企业自行决定。

质量管理体系认证的对象是企业的质量管理体系，或者说是企业的质量保证能力。认证的依据是 CB/T 19001 和必要的补充要求。获准认证的证明方式是通过颁发具有认证标记的质量管理体系认证证书。但证书和标记都不能在产品上使用。质量管理体系认证都是自愿性的。不论是产品质量认证，还是质量管理体系认证都是第三方从事的活动，以确保认证的公正性。

（12）质量监督（quality supervision）：质量监督是指为了确保满足规定的质量要求，对产品、服务、过程或体系的状态进行连续的监视和验证，并对记录进行分析。质量监督是一种质量分析和评价活动，监督的对象是产品、服务、质量管理体系、生产条件、有关的质量文件和记录等；监督的依据是各种质量法规和产品技术标准；监督的范围包括从生产、运输、贮存到销售流通的整个过程；监督的目的是保护消费者、社会和国家的利益不受侵害，维护正常的社会经济秩序，促进市场经济的发展。

（13）抽样检验（sampling inspection）：抽样检验又称抽样检查，是从一批产品中随机抽取少量产品（样本）进行检验，据以判断该批产品是否合格的统计方法和理论。抽样检验是根据样本中产品的检验结果来推断整批产品的质量。如果推断结果认为该批产品符合预先规定的合格标准，就予以接收，否则就拒收。所以，经过抽样检验认为合格的一批产品中，还可能含有少量不合格品，其不合格品的多少与样品的均匀性、代表性、抽样方法和统计误差等有关。主要的抽样方法包括简单随机抽样、系统随机抽样、分层随机抽样和整群随机抽样等。

（14）顾客满意度（customer satisfaction index）：顾客满意是指顾客对其明示的、通常隐含的或必须履行的需求或期望已被满足的程度的感受。满意度是顾客对产品或者服务性能满足情况的一种心理体验。顾客满意度是可变的和相对的，一个顾客满意的东西，另一个顾客未必会满意；在一种情况下顾客满意的东西，在另一种情况下顾客未必会满意。

（15）稳健性设计（robustness design）：稳健性，是指质量特性指标对影响因素发生变差的不敏感性。稳健性设计就是使所设计的产品质量稳定、波动小，使生产过程对各种噪声不敏感。目前，稳健设计方法大体上可分为两类：第一类是以经验或半经验设计为基础，例如响应曲面法、双响应曲面法、广义线性模型法等，它们属传统的稳健设计方法；第二类是以工程模型为基础，与优化技术相结合，主要有容差多面体法、容差模型法、随机模型法、灵敏度法、基于“成本 - 质量”模型的混合稳健设计等，称为工程稳健设计方法。

（16）过程能力（process capability）：指处于稳定状态下过程的实际加工能力，即在操作者、机器设备、原材料、操作方法、测量方法和环境等标准条件下，过程呈稳定状态时所具有的加工精度。过程能力用来衡量过程加工的一致性，即稳态下的最小波动。通常用 6 倍的标准偏差（6σ）来表示过程能力的大小。生产能力是指加工数量方面的能力，而过程能力是指加工质量方面的能力。

二、作用和意义

21 世纪是质量的世纪，产品质量影响企业的生存与发展，提高产品质量是企业赢得客户信任和创造利润的最有效途径。质量管理工程的不断深入将大大促进企业产品质量的提升，由此对企业及利益相关方产生重要影响，同时组织本身、员工、客户、供应商和社区也都会从优质的绩效中获益。

（1）员工方面：产品质量的优越，可增强企业员工的成就感，鼓舞员工不断发挥自己的最大潜能。质量的不断提升可确保产品持续地满足客户的需求，强化企业的市场竞争力，增加员工对职位的安全感。优质的产品和服务可以提高员工的工资收入。完善的文化质量体系和过程可为员工不断提高知识技能和自我发展提供机会，进而提高员工的工作效率和对工作的兴趣，减少错误，从而在企业发展中获益。正确而完整的文件资料可以减少错误的发生。高质量运转企业的名誉、声望和形象可以不断吸引新员工；员工可以从积极的企业文化中获益，这会增强其对工作的满意度，辞职的可能性也会较小。

（2）组织方面：质量可使组织获益。例如，高质量的产品和服务过程可以降低返修、返工和保障的成本，赢得组织声誉并在市场上获得更多、持续的订单。反过来，质量低下的产品和服务不仅会使组织失去现有的订单，还会破坏组织的声誉，从而失去未来的订单。同时，质量体系的不足会产生大量的返工、返修和保证行为，从而增加组织的额外费用，影响系统的生产效率。部件的残缺或服务过程的重复，不仅是材料和时间的浪费，还会在缺陷部件上增加额外的产品或服务。不良质量会造成资金的浪费而增加成本，高质量的产品固然需要增加投入，但大多数情况下不良质量的成本超过高质量的成本。所以，高质量的组织会强调持续改进，防范不合格产品和服务的发生，而并非只处理客户的问题和抱怨。这种在管理中提前预防的方法会比只解决问题的方法产生更大的利润，同时也可以大大地提高企业生存和发展的可能性。

（3）客户方面：高质量可提高客户满意度使组织获益，客户满意是“满足或超出客户对产品和服务的特性、价格、时间期限和绩效的要求”。一个具有稳固质量程序的组织提供的产品和服务过程清晰，员工可受到良好的培训，也能遵守更清楚的程序，所以组织提供的产品和服务一般缺陷也较少，缺陷越少意味着客户越满意，抱怨越少。随着组织在改正错误上花费时间的减少，其程序更简化，成本更优化，会更注重与客户的友谊。而客户也会更加相信组织，因为他们知道该组织认真地对待了质量，并提供了更高水平的服务。另外，当销售增加和利润提高普遍被用作衡量成功的正确手段时，高质量的组织都会与客户建立起长期关系，这是因为发展新客户所需要的成本比留住现有客户的成本要多得多。

（4）供应商方面：高质量的组织与供应商联系密切，他们之间通过信息共享来保证供方完全清楚组织的需求，组织了解供方的能力。供应商负责销售、营销、服务的人员应清楚组织的需要，并能够确保潜在问题在变得严重前得到解决。供应商可以在与高质量组织的合作中获益，原因在于供方与组织为达到共同的目标形成了紧密的伙伴关系。

（5）社区方面：每个社区在高质量组织的运作中也会获得收益。成功的员工、组织和供应商都是纳税人，他们都在为社区服务，稳定社区经济。组织和企业的失败可导致社区和地域的经济受损。在高质量的组织中，质量、生产率和竞争力直接影响他们所在社区的活力。社区应充分意识到拥有高质量组织的益处。所以，很多省和地方政府辖区对高质量组织的引进都有各种激励政策。

另外，高质量可使整个社会获益。很多地方的质量委员会运用全面质量管理的原则，设立本社区和本地区生活质量的论坛，带动起其他要素的参与，例如洞察力、领导能力和终身学习，为人们提供合作的机会，为他们的企业争取卓越成就提供工具。通过一个社区质量委员会宣传质量、改进方法与原则的益处在于：成功不会以这些居民的工作为代价，而是一种双赢局面。

三、特点和发展趋势

（一）特点

质量管理工程的目标是不断满足客户需求，确保产品的高质量、高可信性和低成本。它始终强调技术和管理并重，认为专业技术是开展现代全面质量管理的前提和基础，需在技术不断创新的基础上开展科学的质量管理，反对脱离专业技术的空头管理或空谈管理；同时，质量管理工程是以质量为核心的系统管理工程，它要求对质量进行全员、全方位和全过程的系统优化管理。这要求组织不断提高员工素质，加强生产经营过程和销售服务过程的过程网络质量控制；要求质量管理中采用数理统计和非数理统计方法。

从质量管理工程的实践成效来看，它具有广泛的适应性和灵活的扩展性，既适用于硬件或流程性材料产品，也适用于软件与服务产品；既适用于一般的简单产品，也适用于复杂的高科技成套产品。实践中，组织可依据其使用对象的不同，灵活有效地运用。

另外，质量工程认为产品质量首先是设计出来的。因此，质量工程十分重视设计质量控制，要求通过采用以质量功能展开（quality function deployment，QFD）和“三次设计”为主要内容的稳健性设计技术，来保证产品设计和工艺设计质量，从而为获得顾客满意的质量与可靠性提供源头保证。

（二）发展趋势

现代质量管理工程始于 20 世纪 80 年代，经过几十年的发展，质量管理和质量控制技术已相当完善，对保证和提高产品质量起到巨大作用。随着科学技术的不断进步，新管理模式和新生产方式不断出现，质量工程技术也在不断变化。概括起来，现代质量工程技术具有以下几个重要的发展趋势。

（1）面向中、小批量生产的质量控制理论和技术：21 世纪市场动态多变，顾客的需求多种多样的，相同相似产品生产的企业散布全球。因此，顾客的订货需求逐渐从大批量、单品种向小批量、多品种和定单式生产演变。由此，原来面向大批量生产的质量控制技术，尤其是统计质量控制技术，因无法达到可进行统计处理的样本量（如样本数量达不到 30 件以上）已不再适用。此时，将并行工程技术和在线实时控制技术引入到质量控制的实践中，则是中、小批量生产中质量控制的主要研究方向。

（2）重视产品设计阶段的质量控制：根据现代质量管理工程理论，产品质量首先是设计出来的，其次才是制造出来的，质量检验可以剔除废次品，防止废次品流入下一道工序，但并不能提高产品质量。因此，提高设计质量逐渐成为质量管理和质量控制工作的首要问题。因为先天设计不足的产品，在后续的制造过程中无论采用何种措施，也无法保证产品的最终质量。为了提高产品的设计质量，除对设计结果进行评审外，更重要的是采用各种现代设计技术，如可信性设计、质量功能展开、动态设计、健壮设计和仿真技术等。

（3）制造阶段在线质量控制是重点：制造阶段的质量控制可称为“符合性”质量控制，其目的是使零部件和产品的制造质量符合设计提出的要求。而设计阶段的质量控制可看作是“适用性”或“满意性”质量控制。大批量生产中，人们可利用控制图和统计技术进行质量控制。而在中、小批量生产中，在线检测和反馈控制更适合提高产品的质量。

（4）重视管理对质量控制的重要作用：“三分技术、七分管理”，在质量管理工程中，要特别注意提高管理水平，要注意实施 ISO 9000 质量管理体系，这是目前的大趋势。对于药品生产企业而言，应依据 ISO 9000 质量管理体系和 ICH 指南，结合 GMP 要求建立企业的质量管理体系。在实施 ISO 9000 族标准中，应严格按规定办事，防止“走过场”现象，防止为认证而认证。因为质量认证的目的最终是提高本企业的质量管理水平和产品质量。

（5）特别重视全面提高人的素质：要生产出世界一流的产品，必须有一支高素质的职工队伍。为了提高人的素质，包括思想素质、质量素养和业务素质，就应加强培训和教育，这是从质量管理多年实践中总结出来的一条宝贵经验。在未来的生产实践中，更应强调“以人为本”“质量始于教育而终于教育”的质量管理思想。只有这样，才能生产出高质量的产品，提供优质的服务。

（6）加强生产一线工人在质量控制中的重要作用：现代产品的结构愈来愈复杂，生产一线的工人对工艺过程最为了解，最容易发现产品和零部件的缺陷。仅靠少数管理人员和质检人员的努力，无论如何都不可能将产品质量控制在满意的水平。将生产一线工人纳入质量管理和质量控制的队伍，是提高产品质量的根本途径。生产一线工人参与质量管理和控制的有效办法是与“小组化”的工作方式相结合，因为“小组化”是21世纪最常见的工作方式。如某公司生产一线的员工发现问题后，他们会按工作小组的方式集体讨论，连续问“五个为什么”（或称根源质量法），直到找出发生质量问题的最根本原因。这种寻根溯源的查找问题方式，对提高产品质量至关重要。

（7）加强计算机在质量管理和控制中的应用：目前，计算机在质量管理和控制中的应用还不充分，加强计算机技术和人工智能技术在质量管理和控制中的应用，是现代质量管理工程的一个重要发展方向，对提高产品和服务的质量将会产生巨大作用。

第四节　质量经济性

质量问题实际上是一个经济问题，与经济密不可分。质量经济分析和管理是一个企业质量经营追求成功的重要环节，也是衡量一个企业质量管理有效性的重要标志。质量经济涉及利益和成本等诸因素，对企业和顾客都具有重要意义。有效实施质量经济分析和管理，将有力地推进企业提高质量和管理水平。质量经济性研究已成为质量管理学科的一个重要组成部分。

一、概述

质量对企业和顾客而言都有经济性的问题。从利益方面考虑：顾客常常考虑减少费用、改进适用性、提高满意度；企业常常考虑增加市场占有率、增加利润、提高忠诚度。从成本方面考虑：顾客常常考虑安全性、购置费、运行费、保养费、修理费和停机损失以及可能的处置费；企业常常考虑识别顾客需要和设计缺陷，包括不满意的产品返修、返工、更换、重新加工、生产损失、现场修理和担保等发生的费用，以及承担产品责任和索赔风险等。因此，从顾客和企业两个角度看，质量都有其经济性。所以，将药品生产质量管理作为一项系统工程必须考虑质量的经济性。

（一）基本涵义

质量的经济性（quality economy）是人们获得质量所耗费资源的价值量的度量。在质量相同的情况下，耗费资源的价值量越小，其经济性就越好；反之就越差。狭义的质量经济性是指质量在形成过程中所耗费资源的价值量，主要是产品的设计成本、制造成本及应该分摊的期间费用；广义的质量经济性是指用户获得质量所耗费的全部费用，包括质量在形成过程中资源耗费的价值量和在使用过程中耗费的价值量。质量经济性不仅局限于质量成本，还应包括由于质量水平提高或降低带来的收益或损失，以及由高质量或低质量带来的商誉等无形资产的提高或降低。

早在1951年，美国质量管理大师朱兰博士在其所著的《质量控制手册》中提出了质量经济性的概念。20世纪60年代，费根堡姆在其所著的《全面质量管理》中提到质量成本是质量体系的经济基础，提出了人们熟知的质量成本分类方法，并将质量成本的范围扩大到整个产品的寿命周期。随后，日本质量管理专家田口玄一创立了“田口方法”，使产品设计过程的质量管理和过程质量控制比较直接地与经济效益相联系。

1998 年 8 月 1 日颁布的 ISO/TR 10014《质量经济性管理指南》给出了实施质量经济性管理，改进经济效益的层次结构，并给出质量经济管理实施的程序。其后相继被 ISO 10014：2006 和 ISO 10014：2021 修订替代。我国原国家质量技术监督局于 2000 年 1 月颁布的 GB/Z 19024—2000《质量经济性管理指南》给出了如何从质量管理的应用中获取经济效益的指南，随后被原国家质量监督检验检疫总局和国家标准化管理委员会于 2008 年 5 月颁布的 GB/T 19024—2008《质量管理实现财务和经济效益的指南》所替代。该标准为组织的最高管理者如何通过有效地应用 ISO 9000：2005 中的八项质量管理原则（后被修改为 ISO 9000：2015 七项质量管理原则）来实现财务和经济效益提供了指南，并给出了识别每一原则的相关过程，以及有助于应用这些原则的方法和工具的示例。如图 1-4 所示，该标准给出了实现财务和经济效益的整个过程模式的通用表示方法。

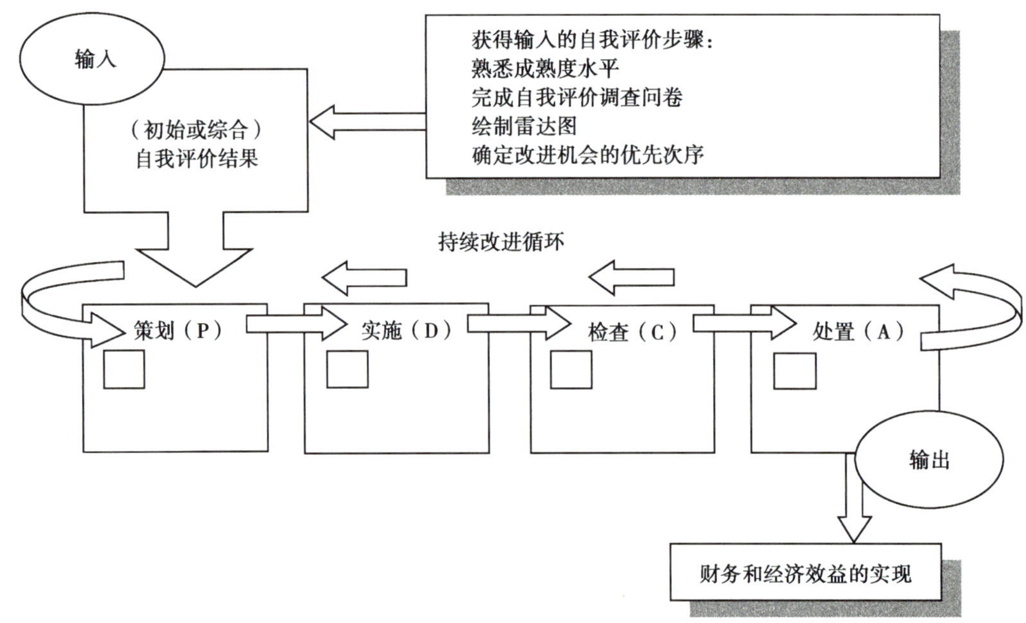

图 1-4　实现财务和经济效益的整个过程模式的通用图示

采用这些质量管理原则是最高管理者的战略性决策，这将加强有效地管理和实现财务与经济效益之间的关系。而使用能确保组织持续成功的方法和工具，将有助于促进与财务和经济目标相一致的系统方法的开发。成功地综合运用这些管理原则取决于过程方法以及“策划（plan）—实施（do）—检查（check）—处置（act）”（PDCA 循环）方法的应用，它将使最高管理者为确定有效性而评价要求、策划活动、配置适宜的资源、实施持续改进活动及对结果做出测量，还能使最高管理者做出正确决策，无论这些决策是涉及经营战略的制订、新产品的开发，还是财务协议的履行。

（二）质量经济性管理的基本原则

质量经济性管理的基本原则体现在：①从企业方面考虑，降低经营性资源成本，实施质量成本管理；②从顾客方面考虑，提高顾客满意度，增强市场竞争能力。

1. 增强顾客满意度方面 可以考虑以下方面。

（1）开发或改进产品和服务：包括开发新产品和服务，以满足顾客不断变化的需求；开发独特的产品和服务，缩短新产品的推出时间，以及时满足顾客的需求；改进现有的产品和服务，以适应不同顾客群体的需要。

（2）改进现有产品和服务的市场营销，它包括：认真考虑顾客的愿望，增强信誉和顾客忠诚度；加强营销策略研究和营销网络建设，采用先进的营销手段，努力扩大市场占有量，为更多的顾客服务。

2. 降低企业的过程成本 可以考虑以下方面。

（1）降低符合性成本：符合性成本是指现有过程不出现缺陷（故障）而满足顾客所有明示的和隐含的需求所耗费的成本。降低符合性成本可通过提高现有的过程能力来提高产品的合格率，降低损失；可提高技能操作人员的操作技能；可重新对过程进行设计，采用新的加工工艺流程和方法，设计新的服务过程，以提高产品和服务的质量，降低损失。

（2）降低不符合性成本：不符合性成本是指现有过程出现缺陷（故障）而耗费的成本。它包括：减少停工所造成的损失，减少顾客退货，减少超支（主要是减少计划外的额外开支），降低能耗和污染损失，等等。

另外，质量经济性应体现企业的宗旨，即提高企业的经济效益；而提高企业的经济效益可从增加收入和降低成本入手。所以，企业管理者可根据成本利润等经济分析，结合企业短期和长期利润，确定是否采取质量改进活动，以及是否规定改进活动。如果改进活动被确定和认可，则企业就可以计划和实施质量改进活动，并通过过程反馈信息来评价结果。反复实施，就可以实现不断改进。因此，通过实施质量经济性管理（图 1-5），企业可以确保过程朝兼顾企业效益和满足顾客需要的方向努力。

二、质量经济性分析

随着质量理念从“符合性”到“适用性”和“满意性”的不断转变，质量经济性分析逐渐成为企业在质量管理中保持质量与效益相对平衡、稳定和发展的重要课题。

质量经济性分析是指以经济方法为手段，以经济效益为目的，通过分析产品质量、成本、利润之间的关系，研究在不同经营条件下质量的经济性，以求得企业和社会最佳经济效益的方法。质量经济性分析又称为“质量经济分析”，它贯穿于产品质量的产生、形成和实现的全过程。

质量经济性分析以用户和社会需求的质量为出发点，从经济的角度分析质量问题，围绕产品的适用性和经济性，寻求质量、成本和利润的最佳组合。从事质量经济分析的目的：①对于企业而言，是以最小的投入生产出能满足用户质量要求的产品；②对于用户而言，是寻找既满足使用要求，又使购置费用和使用费用最小的产品；③对于社会而言，是使产品给社会带来最大的经济效益，而由产品生产、使用和报废处理带来的损失却最小化。

由此可见，质量经济分析就是对产品出厂前的设计制造费用、出厂后用户的使用费用、报废后的处理费用，以及用户发挥产品功能中对生产者、使用者和社会带来的效益和引起的损

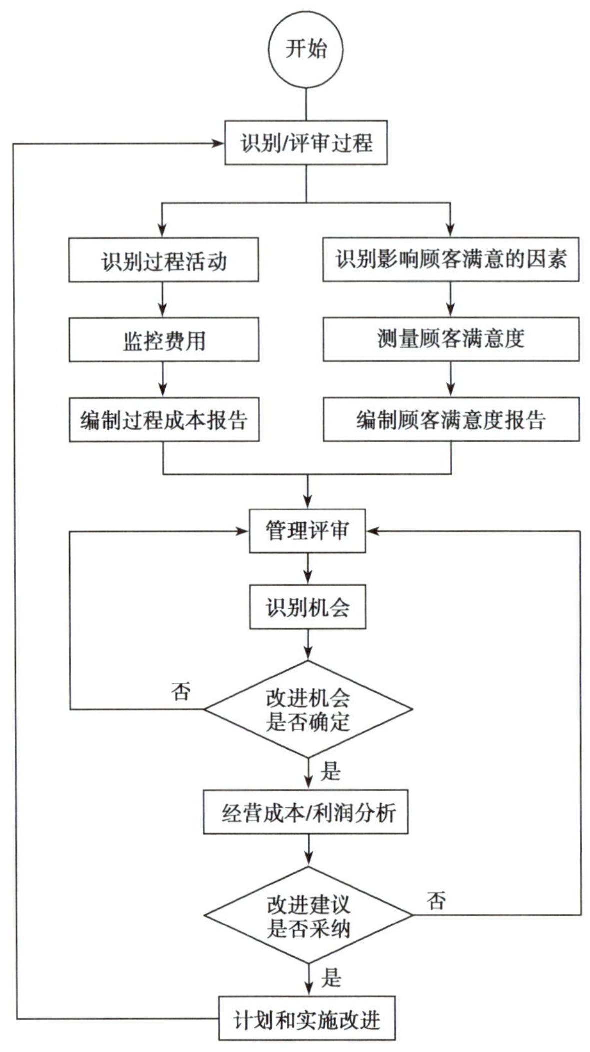

图 1-5　质量经济性管理实施方法的示意图

失进行的综合分析。因此，它必须从生产者、使用者和社会三者的角度来综合考虑。质量经济分析和管理是企业质量经营、追求成功的重要环节。有效地实施质量经济分析和管理可促进企业更加贴近市场与顾客，更好地根据市场、顾客和社会的需求来组织生产，确定产品的档次、价格和质量水平，以提高企业的经济效益；也有利于企业科学地选择质量水平和投入费用的最佳组合方案；更有利于企业资源的整合与利用，使企业以较低的投入和成本取得满意的质量和尽可能大的利润。

（一）质量经济效益的构成

从广义上讲，开展质量活动的总收益的组成如下：①生产者从事质量管理活动带来的总效益，包括由于降低质量成本带来的收益和扩大市场份额带来的效益；②使用者购买和使用高质量的产品带来的总效益，包括由于节约开支带来的效益，可以从事高效率、高质量生产带来的效益，购买和使用性能价格比高的产品带来的效益；③社会效益包括减少报废处理费用的效益，废物利用的效益，减少资源和能源消耗的效益，减少各种事故带来的效益等。

从产品寿命周期的角度看，质量活动总支出是从事质量活动而必须支出的一切费用，包括一切损失费用。一般来说，制药企业开展质量管理活动产生的经济效益为质量活动的总收益与总支出之差，即：质量经济效益为质量活动总收益与质量活动总支出之差。

（二）**质量经济性分析的内容**

质量的经济性不仅仅是质量成本，还应包括由于质量水平提高或降低带来的收益或损失，即由高质量或低质量带来的商家信誉等无形资产的提高或降低。质量经济性分析可分为：质量成本分析、质量损失分析、质量投资分析和寿命周期成本分析。

1. 质量成本 质量成本是指获得顾客满意的质量并对组织外部做出质量保证所发生的费用，以及没有达到顾客满意的质量而造成的损失。

2. 质量损失 质量损失是指企业在生产、经营过程和活动中，因产品的质量问题而导致的损失，包括内部损失和外部损失。质量损失的存在是质量改进的意义和机会所在。质量损失可分有形损失和无形损失两种形式。有形损失指由于内部故障而直接发生的费用；无形损失是指由于顾客不满意而发生的未来销售的损失。无形损失不是实际的费用支出，常难以统计和定量，对组织的影响大且长久，因而是一种很重要的损失。质量损失可以由质量损失函数计算得出。

3. 质量投资分析 质量投资分析是指运用质量净收益法对质量的投资效益进行分析。从财务学角度来看，评价某项事物的效益，除看其成本之外，同时还应看与其相关的收入。所以，用质量收入减去质量成本得到的利润才是评价该事物经济性的主要指标。质量收入指给企业带来的与质量水平相关的收入，其概念的引入和确定为质量改进方案的选择提供依据，弥补了现行质量成本核算的不足。

4. 寿命周期经济分析 包括对产品设计、制造、销售和售后服务等各个环节的质量经济性进行分析，以保证企业在产品设计、制造、销售及售后服务的全过程取得最好的经济效益。其中，①设计过程的质量经济分析就是要做到使设计出来的产品既能满足规定的质量要求，又能使产品的寿命周期成本最小；②产品制造过程的质量经济分析就是力求以最小的生产费用，生产出符合设计质量要求的产品；③销售及售后服务的质量经济分析主要是研究产品质量与产品销售量和售后服务费用之间的关系，它主要涉及广告费用分析和信誉费用分析等。

三、质量成本分析

质量成本分析是质量经济分析的主要内容，它涉及的面比较广，是一个全面综合的质量经济分析问题。传统企业的质量成本常可占到销售收入的 25%～40%。因此，质量成本的高低极大地影响着企业的经济效益，企业可通过对产品质量成本的有效控制和降低使其经济效益得到显著提高。

20 世纪 50 年代初，美国质量管理专家费根堡姆首次提出了质量成本的概念，将质量成本划分为废品损失成本、评价鉴定成本和预防成本等三种类别；同时强调对质量成本的分析和控制，认为那种不计成本的所谓高质量是不合算的。继费根堡姆之后，朱兰等美国质量管理专家又相继提出“水中冰山”和“矿中黄金”等有关质量成本的理念。显然，在同等条件下，质量要求越高，意味着花费的成本也越高。但反过来，高成本却并不一定都能带来高质量。而若采取系统工程学的原理，则可以实现高质量与低成本的平衡和最优化，符合企业追求的目标。

（一）质量成本

质量成本是指为确保和保证满意的质量而发生的费用，以及没有获得满意的质量而导致的有形的和无形的损失。

质量成本的分类和构成如表1-1所示。

表1-1　质量成本的分类和构成

<table>
<tr><th colspan="3">质量成本类别</th><th>质量成本的构成</th></tr>
<tr><td rowspan="4">运行质量成本</td><td rowspan="2">因保证和提高质量而发生的成本</td><td>预防成本</td><td>质量控制管理费、质量培训费、质量评审费、过程质量控制费、质量改进费、质量审核费、质量管理活动费、质量奖励费、质量情报信息费、专职质量管理人员的工资、各种奖励及附加费等</td></tr>
<tr><td>鉴定成本</td><td>进货检验费、过程检验费、成品检验费、检测设备维护和校准费、检测仪器折旧费、存货检验费、质量分级费、实验材料及劳务费、办公费、专职检验人员和计量人员的工资及奖金等</td></tr>
<tr><td rowspan="2">因质量问题引起的成本</td><td>内部故障成本</td><td>废品损失费、返修费用、复试复验费、停工损失费、故障处理费、减产损失费、产品降级/降等损失费等</td></tr>
<tr><td>外部故障成本</td><td>申诉受理费用、保修费、退换产品的损失费、折价损失费、诉讼费等</td></tr>
<tr><td colspan="3">外部质量保证成本</td><td>为提供特殊的附加质量保证措施、程序、数据所支付的费用，产品的验证、试验和评定费用，为满足用户要求进行质量体系认证所发生的费用</td></tr>
</table>

其中，运行质量成本是指企业为保证和提高产品质量而支付的一切费用，以及因质量故障所造成的损失费用的总和。预防成本是指用于预防产生不合格品或发生故障等所需的各种费用。鉴定成本是指评定产品是否满足规定的质量水平所需要的一切费用。内部故障（损失）成本是指产品出厂前，因不满足规定的质量要求而产生的一切费用。外部故障（损失）成本是指产品出厂后，因不满足规定的质量要求，而导致索赔、修理、更换或信誉损失等支付的费用。外部质量保证成本是指为提供满足顾客要求的客观证据（质量保证）所支付的费用。

一般来说，质量成本各类别的费用之间存在着一定的比例关系，其中内部故障成本和外部故障成本占了总成本的大部分。探讨这些费用的合理比例关系，以最大限度降低质量总成本，也即实现质量成本的优化，是质量成本管理的一项重要任务。另外，各类成本之间并不是彼此孤立和毫无联系的，而是相互影响相互制约的。当企业放松检查后，鉴定成本可能很少，但会造成大量不合格品的出厂，一旦在使用中被用户发现，将会产生显著的外部故障成本，从而导致质量总成本的上升。反之，如果在企业内部严格质量管理，加强质量检查，将会使鉴定成本和内部故障成本增加，外部故障成本减少，则可能降低质量总成本。因此增加预防成本，加强过程控制，可能使内部故障成本和外部故障成本，甚至连鉴定成本一起大大降低，从而使质量成本大幅度下降。

从我国当前企业的情况来看，普遍的问题是预防成本偏低，结果使内部和外部故障居高不下，从而使质量总成本过高。因而，在质量成本管理中，如何判明和掌握四类质量成本的合理比例关系以及它们之间的变化规律，针对具体的问题采取措施，减低质量成本，是质量成本管理的一项重要任务。

（二）质量成本曲线

不同企业因产品性能、服务对象、规模以及人数不同，质量成本总额一般也不相同，但质量成本及其组成与质量水平之间存在着一定的关系，反映这种关系的曲线称为质量成本曲线，其基本模型如图 1-6 所示。

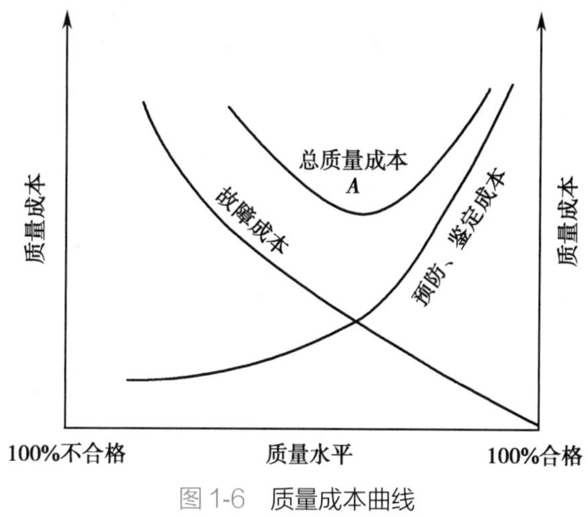

图 1-6　质量成本曲线

如图所示，预防和鉴定成本之和与故障成本的变化趋势是相反的，即随着预防和鉴定成本的增加，故障成本随之减少。因此，两者之和总会存在一个最佳值（*A* 点），此时总质量成本最低，即 *A* 处的质量成本称为最佳质量成本。但考虑到诸如信誉和安全性等问题，经费预算时总希望能适当增加预防成本。如果通过论证，确信某一质量保证活动的实施能为企业带来效益，那么可适当增加鉴定成本。事实表明：用于分析、控制和减少质量损失的费用能在提高质量、增加效益、增强竞争力等方面得到更有利的补偿，所以有效的质量管理可提高企业的经济效益。

一般情况来说，①简单的低公差的工业部门，质量总成本不超过销售总额的 2%；②高精度、高可靠性和高复杂性需求的环境下，质量总成本可能会超过销售总额的 25%；③质量故障成本在质量总成本中比较理想的比例是 50%；④预防成本一般不到质量总成本的 10%，普遍认为接近 10% 较好；⑤消费品工业生产中，质量故障成本一般是几倍于鉴定成本。

（三）质量成本分析

质量成本分析是指分析产品质量与成本的升降因素及其对经济效益的影响程度。质量过高或过低都会造成浪费，不能使企业获得好的经济效益。因此，最佳质量水平和最佳成本水平是企业必然追求的目标。为了使企业产品的质量和成本达到最佳水平，就必须围绕企业的经营目标，分析企业内外各种影响因素对质量成本的影响，以评价质量与收益的关系。

如上所述，质量成本主要是由预防成本、鉴定成本、内部故障成本和外部故障成本构成。提高产品的质量及其可靠性，因需要投入更多的时间、努力和资金等，常会增加预防成本，但可减少鉴定成本和故障成本；同时，还能帮助管理者和员工即时发现质量问题，并立即采取措施解决存在的问题，从而可以保证质量能够持续得到改善，减少质量问题带来的其他成本，尤其是故障成本。另外，很多预防措施可以减少不合格品的产生，从而降低了再加工、材料报废、设备故障、延期交货等带来的成本；更可减少售后保修费用，保持市场份额，避免由于产品低劣导致的人身损害和环境污染等重大事故的发生。

因此，在预防措施上进行一定的投入不仅可使质量和可靠性得到提高，还有可能使企业降低总质量成本，这对企业是很有益的。当然，这取决于管理的注意力是否集中在质量和可靠性上。一般来说，如果管理者提高了质量和可靠性水平，势必预防成本就会增加。但是与此同时，因质量和可靠性提高带来各种浪费减少所获得的收益也是巨大的。这就是众多公司愿意投入大量人力、物力、财力来提高产品质量或服务质量的原因所在。

第五节　制药伦理与《药品管理法》

一、制药伦理

工程伦理是指从事工程活动中工程技术人员（尤其是工程师）的道德观念，其内涵非常广泛，涉及整个工程活动与人类社会之间的相互关系，超出活动预期的利益相关者，以及工程活动中涉及的政治、经济和环境等因素。

制药伦理是工程伦理在制药领域中的应用和深化，其实质是制药行业从业人员的道德问题。药品和人们生命安全密切相关，由于制药工业的特殊性，对从业人才的培养既要坚持技术上的精益求精，又要坚持德居首位。从科学的角度讲，药品与毒害品可谓一步之遥，药品的质量是其保证人类身心健康的关键，而要保证药品质量合格、安全有效及对人类生命和健康有益，就要对生产、研制、开发和经营使用药品的实践人员实行道德教育和控制，增强他们的责任感和使命感，确保其在药学实践中选择正确的道德行为。而制药行业从业人员的责任感和使命感并非一日形成，是一个漫长的教育和潜移默化的陶冶过程。故在制药企业的质量文化建设中要开展制药伦理的教育，这也是企业零元质量（即：道德质量）的必然要求。俗话说得好："基础不牢、地动山摇"，制药企业应深刻地意识到零元质量建设的缺失和弱化将可危及企业的生存和发展。无数事实证明：放松对制药行业人员的道德和伦理教育，就会使他们在实践过程中懈怠自己的责任，甚至放弃自己应尽的义务。近年来，某些制药行业人员的责任心不够，导致多起药害事件的发生，如"梅花 K"事件、"亮菌甲素"事件、"欣弗"事件、"毒胶囊"事件等。这些案例无不反映出部分制药企业盲目追求利润，导致对患者造成无法弥补的伤害。究其原因，是他们缺乏伦理意识。

制药伦理可围绕药品生产从两个方面展开，其一是企业所生产的药品本身对人类身心健康的影响；其二是企业生产药品过程中对自然、生态和环境的影响。前者可因制药行业从业人员的职业道德的缺乏，生产出假药、劣药而造成对人类生命和健康的伤害；其实质是由于从业人员非道德或非可理解的行为因素致使生产上市销售药品的质量不能满足顾客的需求，并由此给患者及家属、医生和药店带来的伤害。后者可因制药企业盲目追求利润，而不顾或放弃社会责任感，在制药企业的行为活动和药品生产过程中造成对自然生态的破坏和环境污染等，或催生的非道德的不正当竞争，或直接对相关利益方和人群的伤害，等等。

（一）药品质量方面的制药伦理

制药伦理与制药道德密切相关，制药行业人员需深入开展制药道德的教育与监督、评价与修养。针对制药行业的不正之风，有的放矢地开展学典范、学先进、批邪风等活动，提高从业人员道德修养水平，促进制药行业的全面发展和进步。同时，制药行业人员需从专业知识、道德和社会责任的角度，深刻认知个人行为将会给药品质量带来的影响，更需知道由此带来对患者及家属、医生等利益相关方的社会影响。知道药品生产过程中哪些行为可以做，哪些行为不能有。道德觉悟是搞好药品生产和服务的动力，专业技能是搞好药品生产和药学服务的基础。道德责任观念的增强又往往是在学习专业知识和研究专业问题的过程中相伴而生的。在加强从业人员的专业知识学习和专业技能培训时，需加强德育思想的教育，做到以知识启发人，以真情感染人，以道德教育人，以理想引导人，不断激励从业人员的制药职业道德，培养从业人员的道德情操和社会责任感，让他们发自内心地感受制药人员的神圣职责和使命。只有如此，才能对制药人才的道德素质教育收到实效。

另外，协调制药领域的各种外部关系和内部关系时，难免会发生某种利害冲突和意见分歧，制药职业道德可以在思想、感情、作风和行为等方面起到能动的调节作用。从业人员在履行自己的职业任务时，应当顾大局、讲原则、守信用、公平竞争、诚实待人、廉洁奉公，并坚决抵制各种歪风邪气。制药企业可将制药伦理的教育融入企业文化建设和企业的质量文化建设，提高制药从业人员的道德素养、社会责任感和使命感。同时还可加强从业人员的专业和技能培训，让他们深刻认识到专业能力的提高对药品质量的重要影响，培养他们良好的工作作风，提高他们的专业技能。

总之，加强制药从业人员的职业道德建设，是现代精神文明建设的一个重要组成部分。制药人员的职业道德直接关系到患者的用药安全和生命安危，关系到现代医药学事业的发展和整体医疗质量的提高。制药伦理在制药工程专业大学生的成长和成才过程中，在制药人才的综合素质形成过程中，具有十分重要的意义和不可替代的作用。无论在内容上还是在教育的途径与方法上，制药伦理教育和教学坚决不能动摇，同时也应与时俱进、不断创新。要坚持理论联系实际，用理论的内容和对知识的理解指导制药人员的具体实践，以确保制药为人类的健康和长寿服务。

（二）非药品质量方面的制药伦理

制药行业是我国国民经济的支柱产业。其中，化学合成制药在制药行业中一直独占鳌头，但化学制药工业因三废多而严重危害环境。虽然很多制药企业通过了各种认证，并严格按照 GMP 规范和 ICH 指南实施生产，但少数企业为了经济利益，对环境保护的工作方面做得很少。而环境是我们人类生存和发展的基本前提，因此很有必要通过培养制药从业人员的工程伦理意识，强化可持续发展观念。另外，有些制药企业在追逐市场和效益时，不顾抗生素耐药性在全球不断传播的事实，极力向医生推销其抗生素产品，而不顾抗生素合理用药的全球倡导。需要明确的是，抗生素多重耐药菌将导致某些感染无药可用，同时过度使用抗生素将使其产品很快出现耐药菌，并可由此造成对患者、企业和社会的直接伤害。中药的疗效在中华民族的繁衍生息中起到了极大的推动作用，尤其是在新冠疫情期间显示出独特的疗效，但在中药制药行业蓬勃发展的同时，制药企业也应注意中药资源的巨大需求虽然可促进中药种植业的快速发展，但如若不注意，将可导致物种资源的退化和某些生物资源的灭绝。

由此可知，制药企业是“社会—经济—自然复合生态系统”的子系统。在复合生态系统中，制药企业与其他子系统无时无刻不在发生关系。制药企业可从自身生态理念的设计出发推进清洁生产，加强环境管理，促进制药产业链和生态链的耦合，以实现其与整个复合生态系统的协调发展。任何子系统都不能脱离外界而独自生存和发展，制药企业也不例外。这就要求制药企业应该承担相应的社会责任，建立企业与利益相关方的共生关系和相应的社会责任模式。从利益相关方的角度来看，制药企业的社会责任应由基础性责任和高层次责任两部分构成，具体内容如表 1-2 所示。

表 1-2　制药企业社会责任体系及其具体内容

制药企业社会责任层次	社会责任体系	社会责任的具体内容
制药企业基础性责任	对消费者的责任	包括消费者生命和身心健康的责任、药品质量和价格责任、药品信息责任和药品结构责任等
	对所有者的责任	包括投资回报责任（如投资回报率）、信息披露责任等
	对员工的责任	包括员工的安全保障责任和福利责任等
	对供应者的责任	包括合同责任与信誉责任
	对中间商的责任	包括对药房、医院、药品代理商的责任，宣传信息责任和企业信誉责任等
制药企业的高层次责任	对政府的责任	包括纳税责任和经济增长责任等
	对社区的责任	包括对所在社区及城市的就业责任和社区建设责任等
	对竞争者的责任	包括公平竞争的责任和维护市场秩序的责任等
	对公众的责任	包括真诚对待公众、遵守伦理道德、参与慈善事业的责任等
	对环境的责任	包括开发绿色药品、实施清洁生产、减少排放与污染、保护生态环境以及共生共荣的责任等

由表 1-2 可知，制药伦理不仅关系到人民群众的生命与健康，还关系到制药产业的健康、持续与和谐发展。制药企业应从维护相关方的利益和保护自然生态环境的角度出发，建立履行社会责任的长效机制，并融入企业文化建设和质量文化建设。制药企业伦理道德建设不是一蹴而就的，其社会责任意识与内容体系的形成也是一个由认知、感化、接受、到自觉自律的过程。制药企业应继承中华优秀传统文化，弘扬传统伦理道德，牢记“医者仁心”“救死扶伤”“悬壶济世”“众生平等”等传统伦理观念，要更加尊重生命、珍爱生命、保护生命，提高履行社会责任的意识与能力，以攀登制药企业履行社会责任、促进可持续发展的成功阶梯。同时，也应深刻认知履行社会责任、促进持续发展和生态和谐，必将获得丰厚的社会回报。例如，我国生产中成药的某制药企业，1998 年即实现销售 1.2 亿元，利润 2 469 万元，人均利税 13.7 万元。随着企业经济效益的快速增长，公司于 2001 年兴建了全厂废水处理工程。该废水处理站工程总投资约 300 万元。运行成本主要是动力费、固定资产折旧费、设备维修费、材料费、人工费等，设计阶段估算的废水处理成本为 0.45 元 /m^3。经济效益方面，虽然废水处理站的建设花费了企业的大笔资金，而且运行时仍需要企业不断地资金投入，但废水处理站的成功运行可以每年为企业节省因超标排污而交纳的十几万元费用，且利用处理后的回用水还可以为企业节约部分自来水费。在环境效益和社会效益方面，该中药制药企业废水处理站的建成和投入运行结束了该公司废水直接排放的历史，废水经处理后出水清澈，水质指标大多优于相关的排放标准，出水排放到厂区附近的小河沟后未对周围环境产生不良影响，有效地保护了当地的环境质量，也给该企业赢得了良好的社会声誉。

二、《药品管理法》

药品直接关系到人们的健康和生命，仅有伦理的约束不足以保证人们的用药安全，必须通过国家法律的强制性约束人们进行药品的研发、生产和经营等行为。为此，国家对涉及药品的各个环节颁布了药品管理的行政法规和规章，以加强对药品的监督管理，保证药品质量和用药安全，维护人民的身心健康。1984 年，我国颁布了第一部全面的、综合性药品法律——《中华人民共和国药品管理法》，以下简称《药品管理法》。随着我国社会经济的不断发展和药品监管的不断实践，《药品管理法》不断修改和完善。现行版《药品管理法》由中华人民共和国第十三届全国人民代表大会常务委员会第十二次会议于 2019 年 8 月 26 日修订通过，以中华人民共和国主席令（第三十一号）予以公布，并自 2019 年 12 月 1 日起施行。现行版《药品管理法》声明立法目的是加强药品管理，保证药品质量，保障公众用药安全和合法权益，保护和促进公众健康。适用范围是在中华人民共和国境内从事药品研制、生产、经营、使用和监督管理活动。要求从事药品研制、生产、经营、使用活动，应当遵守法律、法规、规章、标准和规范，保证全过程信息真实、准确、完整和可追溯。同时，第三条至第六条依次指明了我国发展药品的方针是：①药品管理应当以人民健康为中心，坚持风险管理、全程管控、社会共治的原则，建立科学、严格的监督管理制度，全面提升药品质量，保障药品的安全、有效、可及；②国家发展现代药和传统药，充分发挥其在预防、医疗和保健中的作用；国家保护野生药材资源和中药品种，鼓励培育道地中药材；③国家鼓励研究和创制新药，保护公民、法人和其他组织研究、开发新药的合法权益；④国家对药品管理实行药品上市许可持有人制度，药品上市许可持有人依法对药品研制、生产、经营、使用全过程中药品的安全性、有效性和质量可控性负责。

另外，现行《药品管理法》第四十三条，要求从事药品生产活动，应当遵守药品生产质量管理规范，建立健全药品生产质量管理体系，保证药品生产全过程持续符合法定要求。第四十五条，要求生产药品所需的原料、辅料，应当符合药用要求、药品生产质量管理规范的有关要求。由此表明，国家虽然自 2019 年 12 月 1 日起，取消了药品 GMP 认证，不再受理 GMP 认证申请，不再发放药品 GMP 证书，但仍然要求药品生产企业按照 GMP 要求规范生产，并建立健全药品生产质量管理体系，以更高和更严格的要求保证生产药品的质量。

与此同时，国家市场监督管理总局于 2020 年 1 月 22 日通过第 28 号总局令颁布了新修订的《药品生产监督管理办法》，自 2020 年 7 月 1 日起施行。同时，2004 年 8 月 5 日原国家食品药品监督管理局令第 14 号颁布的《药品生产监督管理办法》废止。鉴于上述《药品管理法》和《药品生产监督管理办法》在与药事管理相关的教材中有详细阐述，本教材不做进一步介绍。

ER1-2　第一章　目标测试

（姚日生　刘旭海）

第二章　基础性工作

ER2-1　第二章
基础性工作（课件）

将质量管理作为一项系统工程，开展全面质量管理，需要抓好质量教育与文化建设、标准化、计量管理、质量检验、现场管理、药品质量信息、质量责任制等基础性工作。尤其是对于关系到人民生命和健康的药品而言，不仅要将药品质量管理作为一项系统工程，更应高度重视其基础性工作的开展，并深刻意识到这些基础性工作对药品生产质量及其质量管理的关键作用。

第一节　质量教育与文化建设

在药品质量的形成过程中，人是最为关键的因素。对于药品生产企业来说，即便有很好的硬件和完善的软件，如果没有高素质的人去实施，或者由于人的因素而实施不好，也不能很好地发挥其作用。现有资料表明，因人为错误造成药品质量问题的比例最高。而质量教育与文化建设工作则能够改善员工对药品质量的认知水平和行为态度，弥补员工质量知识和技能的不足。从当前制药企业的质量教育和文化建设工作来看，很多还处于不成熟的阶段，该方面工作的不足仍然是制药企业 GMP 实施欠佳的一个重要原因。

一、质量教育

所谓质量教育，就是围绕质量管理及相关活动进行的教育和培训。“以人为本”是质量管理的基本思想之一，在企业人、财、物等各种资源中，人力资源是企业各种活动的前提条件，直接关系到企业竞争的成败。长期的质量管理实践表明，企业的质量管理应始于教育，终于教育。制药企业应把质量教育工作视为质量管理的首要任务，全面提升员工的质量意识、质量知识与专业素养，为药品生产质量管理各项工作的有序推进提供基础性保障。质量教育包括以下三个方面。

1. 质量意识教育　质量意识是指人们在生产经营活动中，对品质（包括产品质量和工作质量）以及与之相关活动的主客观看法和态度，也就是对保证和提高产品品质的认识程度、重视程度，以及对提高产品品质付诸行动的决心和愿望。有效地开展质量意识教育可全面提升员工的质量意识，这将使企业从最高领导到一线员工对解决各种职责范围内的质量问题有一种责任感和使命感，从而使企业围绕质量管理的各种活动得以有效实施，真正提高产品的质量、降低质量成本，增强企业的竞争力。

企业质量教育工作的首要任务是质量意识教育，提高质量意识是质量管理的前提，而领导的质量意识更是直接关系到企业质量管理的成败。质量意识教育的主要目的是使企业所有员工内心牢固树立“质量第一”“用户至上”“质量是企业的生命”等思想。人的思想意识决定行为，行为决定工作质量，工作质量决定产品质量。由此可见，质量意识教育在质量管理方面的重要性。

质量意识教育的重点是要求各级员工理解本岗位工作在质量管理体系中的作用和意义，理解其工作结果对过程、产品甚至信誉的影响，以及采用何种方法才能为实现与本岗位直接相关的质量目标做出贡献。质量意识教育的方式灵活多样，内容因人而异，主要内容包括：质量的概念，质量法律、法规，质量对组织、员工和社会的意义和作用，质量责任，等等。

我国制药企业的质量意识经历了一个从被动觉醒到主动作为的发展过程。起初，企业对质量的要求和意识处于混沌状态；随着市场的逐步发展，企业逐步意识到产品质量在市场竞争的重要作用；随后企业意识到必须采取行动，尝试性地开展质量管理活动。当企业发现运用部分质量工具和方法进行质量改进可降低产品成本、获得较强的竞争优势时，便进一步寻求系统质量管理工程方法和工具的运用，思考、制订和实施战略性的质量改进计划，开展以客户需求为目标的持续质量改进，全面质量管理的思想和意识也就随之被每个员工所接受和采纳。

2. 质量管理知识教育 质量教育工作其次包括质量管理知识教育。现代质量管理强调预防为主，要求产品生产质量处于可控状态，保证产品质量的零缺陷。因此，各种数理统计方法和工具在质量控制和质量保证中的应用受到极大重视，因为它们的应用可对生产各环节的产品质量进行科学合理的预判和确定，从而确保产品质量的完全可控。而要想使每位员工，特别是质量管理的骨干能够将质量管理的基本思想、理论和方法灵活运用到各自的工作中，必须普及现代质量管理的知识、理论和方法。

企业应对所有从事与质量工作有关的员工进行不同层次的培训。在识别培训需要的基础上，应本着分层施教的原则，对不同层次的对象提出不同的要求，规定不同的内容，编写不同的教材，切忌“一刀切”。例如，高层管理者的培训内容应以质量法律法规、经营理念、决策方法等为主；管理人员和技术人员的培训内容应以质量管理理论和方法为重点；而一线员工的培训内容则以本岗位质量控制和质量保证所需的知识为主。

3. 专业技术培训 质量教育工作的最后一项内容是专业技术培训。要将质量意识和质量管理知识运用到药品生产的质量管理，最后还取决于员工队伍的专业技能水平。通过各种专业技术培训，使员工掌握制药相关的各种基础知识和操作技能，从而提高员工的专业素质，适应新技术、新设备等客观环境的要求，保证生产出优质产品；同时，通过专业技术和知识的融合沟通，减少质量隐患，较早发现质量问题，经济、有效地解决药品生产中的质量问题。

企业开展专业技术培训的形式多样，可以是进修培养、专题培训、宣传教育、现场观摩学习、开展质量管理交流会和专题会、组织参加质量事故案例专题会议、开展质量知识竞赛等。虽然岗位不同所需的技能不同，但对各层次人员的培训要求大致相同。对技术人员，主要进行专业技术的更新和补充，学习新方法，掌握新技术；对一线工人，应加强基础技能的训练，熟悉产品特性和工艺，不断提高操作水平；对于管理层，除应熟悉专业技术外，还应掌握管理技能。

我国 GMP 规定："从事药品生产操作及质量检验的人员应经专业技术培训，具有基础理论知识和实际操作技能"；"对从事药品生产的各级人员应按 GMP 的要求进行培训和考核"。其基本培训包括 GMP 培训和岗位、操作技能培训。新员工需要接受入职培训，内容包括：企业的概况和基本管理制度、企业文化及其核心价值观、GMP 基本知识培训、微生物学基础和个人卫生习惯的教育、岗位培训、岗位实习、产品知识培训等。培训的方式多种多样，如：新员工培训、阅读材料、研讨会或报告会、行为模式训练、案例讨论等。

质量管理和制药企业 GMP 的实践告诉我们，随着质量管理知识、方法和制药技术的不断更新和发展，培训并非一劳永逸，而是永无止境的。由此需要企业结合生产实际和行业发展，加强继续培训，不断变换培训方式与形式，充实新的内容，对各层次的员工进行定期的再培训，以更新知识，提高认识。尤其值得注意的是：药品生产过程中的质量偏差以及企业内部质量审计过程中发现的偏差可作为很好的培训素材，培训教员可对这些材料加以提炼总结，编写成适用的教材对员工进行培训和考核。这种理论联系实际的培训，更能够为员工所理解和接受，员工的印象更为深刻。

二、质量文化

所谓质量文化是指企业在长期的生产经营活动中，由企业管理层特别是主要领导倡导、职工普遍认同并逐步形成且相对固化的群体质量意识、质量价值观、质量观念、质量精神、质量方针、质量目标、质量规范、质量奖惩制度、采样原则、检测方法和手段等围绕质量问题及相关活动的文化总和。由此，质量文化建设可从以下几方面考虑。

（1）质量意识方面：从内心意识到质量是企业的生命，产品质量关系到企业的生存和全体员工的切身利益。而要将企业的各项质量活动付诸实施，必须通过全体员工的参与、规范的管理等，才能实现持续的质量改进，达到增强顾客满意度的目的，为顾客提供持续、稳定且满足需求的产品质量。

（2）质量的价值观方面：以顾客为关注焦点，满足并争取超越顾客及相关方的需求和期望，这是企业全体员工对产品质量符合社会发展的价值取向，更是企业生存发展的出发点和回归点。

（3）质量观念方面：使产品质量从适用性转向顾客满意度，而这种满意度是建立在兼顾顾客、社会、组织三者之间利益、风险和成本原则基础上的。

（4）质量精神方面：质量的持续改进是企业永恒的主题，企业应挖掘内在潜能，不断创新，追求卓越的产品质量。

（5）质量规范方面：以质量方针和质量目标为先导，以质量管理体系为依托，以质量审核评价为手段，开展规范化的质量管理。

（6）质量内部环境方面：建立起以顾客为中心，以领导为核心，以员工为主体，内外沟通、交流和协调，工作有条、运作有序的运作机制。

质量意识是前提，质量价值是核心，两者支配企业质量观念、质量精神的形成；行为准则是质量价值取向的具体反映，员工的行为、精神面貌和企业的质量规章制度、产品或服务则是企业质量形象的外在表现形态。可见，企业员工的精神面貌、质量行为及产品质量无不打上企业的质量烙印。所以，企业质量任何外在的形式和内容只有与内在的精神实质相一致时，才会产生共鸣，形成企业上下一致的质量信念，并转化为全体员工自觉的行动。

1. 质量文化的金字塔结构 质量文化有其独特的结构化特征。通过对质量文化结构化特征的分析和研究，可以建立质量文化的定性定量评价的基本框架或机制。从时间来看，其由物质层面、行为层面、制度层面和道德层面构成，呈现质量文化的金字塔结构（图 2-1），物质层面和行为层面具有较高的易感受性，属于质量文化中的基础、较浅层面，而制度层面和道德层面具有较低的易感受性，属于质量文化中的较高、较深层面。

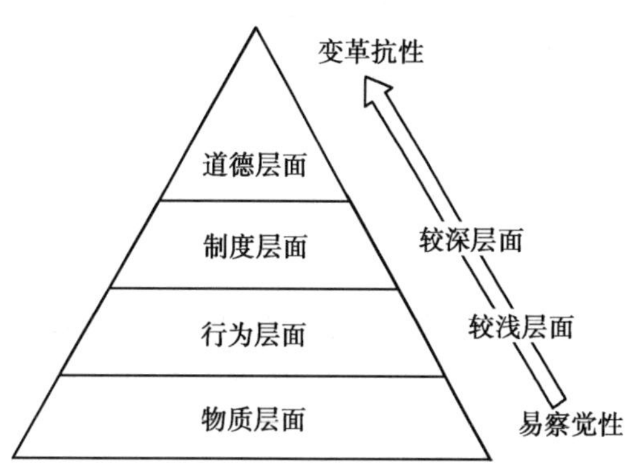

图 2-1 质量文化的金字塔结构

（1）物质层面：物质层面是构成质量文化金字塔的基座，由国家或地区经济中的现有物质性因素构成，包括财富的数量和质量、财富的结构、科技水平、人力资源的状况等。一般来说，某一国家或地区经济中物质性因素水平决定着该国或该地区质量文化的基本实力，物质层面相对薄弱的地区，其质量文化的强度也相对较弱。物质层面是质量文化其他层面的基础，但建立在特定物质层面上的质量文化的其他层面反过来又能够促进经济的持续、快速和健康的发展，从而推动经济进入一个更高的物质层面，这就使得质量文化得以建立在不断提高的物质层面之上。

（2）行为层面：质量文化的行为层面建立在其物质层面之上，物质层面是行为层面的基础。行为层面体现为群体使用物质层面的因素创造财富的行为模式。在同样的物质层面之上，不同的行为模式将导致不同的质量文化强度。然而，与物质层面相比，行为层面对质量文化的影响更大。从地区经济的角度看，在物质层面水平基本相同的城市之间存在的质量文化强度的差异，通常归因于群体的行为模式差异。

（3）制度层面：质量文化的制度层面是塑造行为层面的主要机制，涉及标准化与规范体系、奖励制度和法律体系三个方面。其中，标准化与规范体系提供了对行为及其结果的指导与评价体系，揭示了质量实践活动的基本要求与目标，满足了既定的需要或期望。奖励制度体现出不同群体对行为模式的激励与导向作用，并传达出国家或地区管理当局的政治倾向和价值取向。例如，20 世纪 80 年代中期，美国政府意识到其经济竞争力正在减弱，于是通过立法程序设立了马可姆·鲍德里奇国家质量奖，希望借此重振美国经济。而法律体系则是行为层面的强制性塑造机制。法律体系对质量文化的影响力依赖于 3 个方面，即执法的公正性、执法的及时性和质量法律体系的健全性。

（4）道德层面：质量文化的道德层面位于质量文化金字塔的顶层，既是质量文化的核心内容和最高境界，也是质量文化建设的最终目标。它表现为群体积极主动地尊重与维护顾客主权的价值取向和精神追求，涉及尊重顾客主权；积极主动地维护社会质量文化的权威；追求行为结果的社会效益与完美主义；以及以连续与持久的眼光看待经济资源，倡导社会的可持续发展理念等4个群体价值取向。

2. 企业质量文化的建设 企业质量文化的建设方式多样，可以对员工开展质量文化的思想灌输和培训，进行深入的质量教育，灌输企业新的质量价值观、质量意识和观念，以员工看得见、体会得到的方式在行动上体现，并贯穿整个生产经营活动；通过质量管理体系的实施过程，不断地强化质量文化的培育。质量文化的形成不是一日之功，而需经过较长时期的努力自觉形成。因此，企业领导应有长期的思想准备，身体力行，积极倡导质量文化建设，并结合质量管理体系中对质量文化的要求，从思想、行动、制度、措施、员工精神面貌、产品质量上落实到位。

3. 企业文化、质量文化和企业质量文化 企业文化通常是指企业内大多数成员的共同价值观和行为模式，它体现为企业全体员工所普遍接受和共同遵循的理想追求、价值观念和行为准则。从范畴上看，企业文化研究的重点是塑造企业的核心价值观念，它可能是质量取向的，也可能是非质量取向的；质量文化研究的重点是国家、地区或企业范围内的质量文化建设。毫无疑问，质量文化涉及的范围更宽、包含的层次更多、产生的影响更大。而企业质量文化是从组织层面研究企业的质量实践活动的，既是企业文化的一个子范畴，也是质量文化的一个子范畴。

第二节　标准化工作

质量管理与标准化归属两个不同的学科，但两者关系非常密切。标准化是进行质量管理的依据和基础，其活动贯穿于质量管理的始终。标准化与质量管理都是现代科学技术与现代科学管理相结合的综合性学科，它们的学科基础以及与社会学、经济学、环境学等的交汇点有许多相同之处。因此，进行质量管理应掌握必要的标准及标准化知识。

一、我国标准的体制

我国国家标准 GB/T 20000.1—2014《标准化工作指南第1部分：标准化和相关活动的通用术语》对标准化和标准有明确的定义。标准是指通过标准化活动，按照规定的程序经协商一致制定，为各种活动或其结果提供规则、指南或特性，供共同使用和重复使用的文件。标准化是指为了在既定范围内获得最佳秩序，促进共同效益，对现实问题或潜在问题确立共同使用和重复使用的条款以及编制、发布和应用文件的活动。标准的体制主要包括标准分级和标准性质。

1. 标准分级 标准分级是指按照标准的适用范围，将其划分为若干不同的层次。标准分级有助于标准的贯彻实施，也有利于加强对标准的管理和维护。按《中华人民共和国标准化法》规定，我国标准分为国家标准、行业标准、地方标准和企业标准四级。此外，为适应某些领域标准化发展快和变化快等特点，国家标准化行政主管部门在四级标准之外增设了一种“国家标准化指导性技术文件”，作为对四级标准的补充，其代号为“GB/Z”。

（1）国家标准：指由国家官方标准化机构或国家政府授权的有关机构批准和发布的，在全国范围内统一和适用的标准。对需要在全国范围内统一的技术要求，应当制定国家标准。我国国家标准由国务院标准化行政主管部门编制计划和组织草拟，并统一审批、编号、发布。国家标准的代号为“GB”，推荐性国家标准的代号为“GB/T”。国家标准的编号由国家标准的代号、国家标准发布的顺序号和国家标准发布的年号三部分构成。

（2）行业标准：指国务院有关主管部门编制计划，组织草拟，统一审批、编号、发布，并报国务院标准化行政主管部门备案的标准。对没有国家标准又需要在全国某个行业范围内统一的技术要求，可以制定行业标准，作为对国家标准的补充。行业标准在相应国家标准实施后，自行废止。行业标准代号由国务院标准化行政主管部门规定。行业标准的编号由行业标准代号（例如，机械行业标准的代号为“JB”）、标准顺序号及年号组成。

（3）地方标准：指在某个省、自治区、直辖市范围内需要统一的标准。对没有国家标准和行业标准，又需要在省、自治区、直辖市范围内统一的工业产品的安全和卫生要求，可以制定地方标准。地方标准由省、自治区、直辖市人民政府标准化行政主管部门编制计划，组织草拟，统一审批、编号、发布，并报国务院标准化行政主管部门和国务院有关行政主管部门备案。地方标准不得与国家标准、行业标准相抵触，在相应的国家标准或行业标准实施后，地方标准自行废止。地方标准的编号由地方标准代号“DB”、省（自治区、直辖市）行政区划分代码前两位数、斜线、顺序号和年号共同组成。

（4）企业标准：是指企业所制订的产品标准，及在企业内需要协调统一的技术要求、管理要求和工作要求所制定的标准。企业生产的产品在没有相应的国家标准、行业标准和地方标准时，应当制定企业标准，作为组织生产的依据。在有相应的国家标准、行业标准和地方标准时，在不违反相应强制性标准的前提下，国家鼓励企业制定充分反映市场、用户和消费者要求的，且严于国家标准、行业标准和地方标准的企业标准，在企业内部适用。企业标准由企业法人代表或法人代表授权的主管领导批准、发布，由企业法人代表授权的部门统一管理。企业的产品标准，应在发布后30日内办理备案。一般按企业隶属关系报当地标准化行政主管部门和有关行政主管部门备案。

另外，符合下列情况之一的项目，可制定指导性技术文件：①技术尚在发展中，需有相应的文件引导其发展，或该技术具有标准化价值，但尚不能制定为标准的项目；②采用国际标准化组织、国际电工委员会及其他国际组织（包括区域性国际组织）的技术报告的项目。指导性技术文件仅供使用者参考。

2. 标准性质 按性质（或属性），标准可分为强制性和推荐性，对应为强制性标准和推荐性标准。《中华人民共和国标准化法》规定，国家标准、行业标准分为强制性标准和推荐性标准。保障人体健康、人身和财产安全的标准和法律以及行政法规规定强制执行的标准是强制性标准，其他标准是推荐性标准。同时还规定省、自治区、直辖市标准化行政主管部门制定的工业产品的安全和卫生要求的地方标准，在本行政区域内是强制性标准。

（1）强制性标准：是指具有法律属性，在一定范围内通过法律、行政法规等强制手段加以实施的标准。强制性标准必须执行，不符合强制性标准的产品，禁止生产销售和进口。由此可见，违反强制性标准就是违法，就要受到法律制裁。强制性标准的强制作用和法律地位是由国家有关法律赋予的。

强制性标准可分为全文强制和条文强制两种形式。标准的全部技术内容需要强制时，为全文强制形式；标准中部分技术内容需要强制时，为条文强制形式。强制性内容的范围包括：①有关国家安全的技术要求；②保障人体健康和人身财产安全的要求；③产品及产品生产、储运和使用中的安全卫生、环境保护、电磁兼容等技术要求；④工程建设的质量、安全、卫生、环境保护要求及国家需要控制的工程建设的其他要求；⑤污染物排放限值和环境质量要求；⑥保护动植物生命安全和健康的要求；⑦防止欺骗消费者，保护消费者利益的要求；⑧国家需要控制的重要产品的技术要求。

（2）推荐性标准：是指生产、交换、使用等方面，通过经济手段调节而自愿采用的一类标准，又称自愿性标准。除了强制性标准以外的标准都是推荐性标准，国家鼓励企业自愿采用推荐性标准。违反这类标准，不承担经济或法律方面的责任。但是一经接受采用，或各方面商定同意纳入商品和经济合同之中就成为各方共同遵守的技术依据，具有法律上的约束力，各方必须严格遵照执行。

二、企业标准化

企业标准化是指以提高经济效益为目标，以搞好生产、管理、技术和营销等各项工作为主要内容，制定、贯彻实施和管理维护标准的一种有组织的活动。在企业开展标准化工作就是围绕标准的制定和实施，以及根据实施情况和环境条件的变化对标准及时进行修订的过程。标准是企业生产活动和管理活动的重要依据，标准化是质量管理体系建立和运行的重要基础，也是保证其运行质量的关键。企业标准化是一切标准化的支柱和基础，搞好企业标准化对建立和运行质量管理体系、提高药品生产企业的质量管理水平和保证药品质量有着重要作用和意义，也是企业管理走向科学化和现代化的重要基础性工作。

企业标准体系以技术标准为主体，也包括管理标准和工作标准。

1. 技术标准 技术标准主要包括技术基础标准、设计标准、产品标准、工艺标准、原材料及半成品标准、检验和试验方法标准、采购技术标准、包装和储运标准、设备技术标准、零部件和器件标准、工装标准、能源和公共设施技术标准、信息技术标准、安全技术标准、职业卫生和环境保护标准等。

这类标准是企业进行各项生产活动和确认产品质量水平的技术尺度，某些是直接用以衡量产品质量的依据，如产品标准、工艺标准、原材料及半成品标准、检验和试验方法标准等。其中最重要的是产品标准，它是对产品结构、性能、规格、质量和检验方法所作的统一技术规定，是组织生产和检验产品质量、进行质量管理的主要依据。企业的技术标准主要是有关国际标准、国家标准和专业标准的具体化，但有些企业的标准水平优于国际标准、国家标准和专业标准的水平，目的是确保其在行业竞争中的优势。

2. 管理标准 管理标准主要包括管理基础标准、设计与开发管理标准、生产管理标准、采购管理标准、设备管理标准、产品验证管理标准、不合格品纠正措施管理标准、质量成本管理标准、营销管理标准、人员管理标准、环境保护和卫生管理标准、安全管理标准和能源管理标准等。

这类标准是企业为保证各项经营管理活动的正常化和规范化，并确保工作质量而制定的各种基本规定和各项业务准则。管理标准是衡量工作质量的主要依据。国际标准化组织制定的质量管理体系标准，正是由于反映了管理的标准化而在全世界得到广泛推广和应用。

企业的标准化工作技术性强，工作量大，涉及各种专业知识和社会科学知识。因此，企业要做好标准化工作，需要组织企业各部门的人员开展工作，没有企业领导的充分重视和组织上的保证就很难做好。同时，企业标准的制定，特别是产品质量标准的制定，要做到技术先进、经济合理、安全可靠。要深刻理会达到标准的合格品不一定是用户满意的产品，努力提供满足顾客需求的产品，以增强企业的竞争实力，抢占国际市场。应尽量采用国际标准或高于国际标准的要求。另外，企业标准化工作中要注意各类标准的协调和配套，内容要明确，要求要具体。在标准的实施过程中，要严格执行，走群众路线，以通过各种反馈信息，总结经验和教训，为标准的修订积累资料，为质量管理中标准化工作的PDCA循环提供条件。

三、国际标准的采用

国际标准是指国际标准化组织（ISO）、国际电工委员会（International Electrotechnical Commission，IEC）和国际电信联盟（International Telecommunication Union，ITU）制定的标准，以及国际标准化组织确认并公布的其他国际组织制定的标准。国际标准在世界范围内统一使用。采用国际标准是指将国际标准的内容，经过分析研究和试验验证，等同或修改转化为我国标准（包括国家标准、行业标准、地方标准和企业标准），并按我国标准的审批发布程序审批发布。企业为确保行业的竞争优势，常采用国际标准或建立高于国际标准的企业标准。

1. 国际标准采用的原则 国际标准是世界各国进行贸易的基本原则和基本要求。《中华人民共和国标准化法》规定："国家鼓励积极采用国际标准"。采用国际标准的原则如下。

（1）采用国际标准，应符合我国有关法律、法规，遵循国际惯例，做到技术先进、经济合理、安全可靠。

（2）制定（包括修订）我国标准应当以相应国际标准（包括即将制定完成的国际标准）为基础。对于国际标准中通用的基础性标准、试验方法标准应当优先采用；采用国际标准中的安全标准、卫生标准、环境保护标准制定我国标准时，应当以保障国家安全、防止欺骗、保护人体健康和人身财产安全、保护动植物的生命和健康、保护环境为正当目标；除非这些国际标准，由于基本气候、地理因素或者基本的技术问题等原因而对于我国无效或者不适用。

（3）采用国际标准时，应当尽可能等同采用国际标准。由于基本气候、地理因素或者基本的技术问题等原因需要对国际标准进行修改时，应当将与国际标准的差异控制在合理、必要并且是最小的范围之内。

（4）一个标准应当尽可能采用一个国际标准。当一个标准必须采用几个国际标准时，应当说明该标准与所采用的国际标准的对应关系。

（5）采用国际标准制定我国标准，应当尽可能与相应国际标准的制定同步。

（6）采用国际标准，应当同我国的技术引进、企业的技术改造、新产品开发、老产品改进相结合。

（7）采用国际标准的我国标准的制定、审批、编号、发布、出版、组织实施和监督，同我国其他标准一样，按我国的有关法律、法规和规章规定执行。

（8）企业为了提高产品质量和技术水平，提高产品在国际市场上的竞争力，对于贸易需要的产品标准，如果没有相应的国际标准或者国际标准不适用时，可以采用国际上的先进标准（也包括我国的标准）。

2. 国际标准采用的一般方法 ISO/IEC 在其出版的指导原则中规定国家标准采用国际标准的六种方法是：认可法、封面法、完全重印法、翻译法、重新起草法和包括（引用）法。

3. 采用国际标准的程度和表示方法 我国标准采用国际标准的程度分为等同采用和修改采用两种。

（1）等同采用：是指与国际标准在技术内容和文本结构上相同，或者与国际标准在技术内容上相同，只存在少量编辑性修改。

（2）修改采用：是指与国际标准之间存在技术性差异，并清楚地标明这些差异以及解释其产生的原因，允许包含编辑性修改。修改采用不包括只保留国际标准中少量或者不重要条款的情况。修改采用时，我国标准与国际标准在文本结构上应当对应，只有在不影响与国际标准内容和文本结构进行比较的情况下，才允许改变文本结构。

我国标准采用国际标准时，等同采用，用符号“≡”表示，程度代号为 IDT（identical）；修改采用，用符号“=”表示，程度代号为 MOD（modified）。两种采用程度在我国国家标准封面和首页上的表示方法分别为：GB××××—××××（idt ISO××××：××××）和 GB××××—××××（mod ISO××××：××××）。

第三节　计量管理工作

计量属于国家的基础事业，它不仅为科学技术、国民经济和国防建设的发展提供技术基础，而且有利于最大程度地减少商贸、医疗、安全等各领域的纠纷，维护消费者权益。企业的计量工作是指运用科学的计量方法和手段，为实现计量量值的统一和标准量的正确传递所进行的全部技术工作和管理工作。计量工作是确保技术标准的贯彻和执行，保证零部件具有互换性，产品质量符合技术标准要求的重要手段。从某种意义上说，没有准确无误的计量工作，就无法测定产品质量的实际水平和生产过程的状态；而对于药品生产企业来说，也就不可能有高质量的药品。因此，计量工作是药品生产企业的一项长期的基础性工作，也是其全面质量管理的基础。《药品生产质量管理规范》（2010 年修订）第五章第五节对于设备校准提出的具体要求，也能体现这一点。而要做好计量工作，计量管理是基础。

一、计量基础知识

（一）计量的内容和特点

计量是指实现单位统一，保障量值准确可靠的活动。随着科技、经济和社会的发展，计量的内容也在不断扩展和充实，通常概括为六个方面：①计量单位与单位制；②计量器具（或测量仪器），包括实现或复现计量单位的计量基准、计量标准与工作计量器具；③量值传递与溯源，包括检定校准、测试、检验与检测；④物理常量、材料与物质特性的测定；⑤测量不确定度、数据处理、测量理论及其方法；⑥计量管理，包括计量保证与计量监督等。

企业计量工作的主要内容包括：①保证各种计量器具处于良好的技术状态，示值准确一致；②做好计量器具的保管、领用、检定、修理和报废等管理工作，确保计量器具配备齐全，完好无损；③积极采用现代化的计量技术和先进的计量方法，不断提高计量的精度和速度。在开展计量工作时，很有必要了解计量的四个特点：准确性、一致性、溯源性和法制性。

（1）准确性：是指测量结果与真值的一致程度。由于实际上不存在完全准确无误的测量，在给出测量值时，必须给出适应于应用目的或实际需要的不确定度或误差范围。所谓测量值的准确性，是在一定的测量不确定度、误差极限或允许误差范围内，测量结果的准确性。

（2）一致性：是指在统一计量单位的基础上，无论在何时、何地、采用何种方法，使用何种计量器具，以及由何人测量，只要符合有关的要求，测量结果应在给定的区间内一致。也就是说，测量结果应可重复、可再现、可比较。

（3）溯源性：是指任何一个测量结果或测量标准的值，都能通过一条具有规定不确定度的不间断的比较链与测量基准联系起来的特性。这种特性使所有的同种量值，都可以按这条比较链通过校准向测量的源头追溯，即溯源到同一个测量基准（国家基准或国际基准），从而使其准确性和一致性得到技术保证。否则，量值出于多源或多头，必然会在技术上和管理上造成混乱。

实现量值溯源的最主要的技术手段是校准和检定。校准是指在规定的条件下，为确定测量仪器和测量系统的指示量值，或实物量具所代表的量值，与对应测量标准所复现的量值之间关系的一组操作。校准的依据是校准规范或校准方法，目的是确定示值误差，得出标称值偏差的报告值。同时，调整测量仪器或对其示值加以修正，给标尺标记赋值或确定其他特性值，或给参考物质的特性赋值，从而实现可溯源性。检定是指查明和确认测量仪器是否符合法定要求的程序，它包括检查、加标记和／或出具检定证书。检定具有法制性，根据检定的必要程度和我国对其依法管理的形式，可分为强制检定和非强制检定两类，两者都受法律的约束。若不按规定进行周期检定，要承担相应的法律责任。检定的依据是按法定程序审批公布的计量检定规程，任何企业和其他实体是无权制定规程的。检定的对象是法制管理范围内的测量仪器，按照经济合理的原则，就近就地进行。

过去，常用检定作为实现单位统一和量值准确可靠的主要方式。随着经济的快速发展和产品市场的全球化，在强化检定发展的同时，对大量非强制检定的测量仪器，为达到统一量值的目的，已逐步以校准为主，其在量值溯源中的地位也已逐步确立。

（4）法制性：是指计量必需的法制保障方面的特性。由于计量涉及社会的各个领域，量值的准确可靠不仅依赖于科学技术手段，还要有相应的法律、法规和行政管理保障。特别是对国计民生有重要影响，涉及公众利益和可持续发展，或需要特殊信任的领域，必须由政府起主导作用，建立计量的法制保障。如《中华人民共和国计量法》及其配套的计量行政法规和规章。

由此可见，计量不同于一般的测量。测量是以确定量值为目的的一组操作。一般不具备、也不必完全具备上述特点。计量属于测量但又严于一般的测量，其是与测量结果的置信度和测量不确定度有关的一种规范化的测量。

（二）计量单位

计量单位是指为定量表示同种量的大小而约定的定义和采用的特定量。例如，长度的计量单位为“米”。法定计量单位是指由国家法律承认、具有法定地位的计量单位。为给定量值按给定规则确定的一组基本单位和导出单位，称为计量单位制。我国《计量法》规定：“国家采用国际单位制。国际单位制计量单位和国家选定的其他计量单位，为国家法定计量单位”。国家选定的作为法定计量单位的非国际单位制单位，是我国法定计量单位的重要组成部分，具有与国际单位制单位相同的法定地位。国际标准或有关国际组织的出版物中列出的非国际单位制单位（选入我国法定计量单位的除外），一般不得使用。若某些特殊领域或特殊场合下有特殊需要，可以使用某些非法定计量单位，但应遵守相关的规定。有关计量单位的详细阐述，可参阅相关书籍，本教材不做进一步介绍。

（三）测量仪器

1. 定义 测量仪器是指单独或连同辅助设备一起用以进行测量的器具，又称计量器具。其中，使用时以固定形态复现或提供给定量的一个或多个已知值的测量仪器称为实物量具，简称量具。例如砝码、量块、参考物质、标准电阻线圈等。实物量具不同于一般的测量仪器，量具本身所复现或提供的已知量值（即给定量）是其本身量值的实际大小，而一般测量仪器所指示的量值往往是一种等效信息。例如：体温计能指示出温度，但本身并不能提供实际温度，而只能指示出人体温度的一种等效信息。

2. 分类 测量仪器按其结构和功能特点可分为四种。①显示式测量仪器：又称为指示式测量仪器，它能直接或间接显示出被测量的示值。例如：千分尺、温度计、密度计、转速计、弹簧式压力表、电流表等。这类测量仪器按其给出示值的形式，又分为模拟式、数字式和记录式三种。②比较式仪器：它能使被测量具与标准量具相互比较。例如：天平、光度计、电位差计等。③积分式测量仪器：它通过一个量对另一个量的积分来确定被测量值。例如：家庭用的电能表、皮革面积测量仪。④累积式测量仪器：它通过对来自一个或多个源中，同时或依次得到的被测量的部分值求和，来确定被测量值。例如：累积式皮带秤等。

按其计量学用途或在统一单位量值中的作用，测量仪器可分为测量基准、测量标准和工作用测量仪器三种。

3. 测量系统与测量设备 相对于单个测量仪器来说，工作中常涉及测量系统和测量设备。测量系统是指为实现特定的测量目的，由全套测量仪器和有关的其他设备组装起来所形成的一个系统。例如：半导体材料电导率测量装置、体温计校准装置。测量设备则是指测量仪器、测量标准、参考物质、辅助设备以及进行测量所必需的资料的一种总称。测量设备不仅包含一般的测量仪器，而且包括各等级的测量标准，各类参考物质和实物量具，与测量设备连接的各种辅助设备，以及进行测量所必需的软件和资料（如高效液相色谱仪）。对测量设备进行管理和控制，是企业质量管理的重要内容。

4. 测量仪器的计量特性 测量仪器影响测量结果的一些明显特征，称为测量仪器的计量特性，它包括测量范围、偏倚、重复性、稳定性、分辨力、鉴别力（如检测限或灵敏度）和示值误差等。为了达到测量的预定要求，必须选用符合规范要求的计量学特性的测量仪器。首先，要确定测量仪器的特性是否符合相关技术法规中规定的要求，即测量仪器控制。这种控制可包括对测量仪器的型式批准、检定和/或检验。符合官方的测量仪器控制后，再对测量仪器的其他计量特性进行考察。

（1）标称范围、量程和测量范围：标称范围是指测量仪器的操纵器件调到特定位置时可得到的示值范围。标称范围的上限与下限之差的绝对值，称为量程。例如：某温度计的标称范围为（-30～80）℃，则其量程为110℃；某电压表的标称范围为（0～100）V，则其量程为100V。

测量范围，又称工作范围，是指在正常工作条件下，能确保测量仪器规定准确度的被测量值的范围。若超出测量范围使用，示值误差就将超出允许极限。有些测量仪器的测量范围与其标称范围相同，如体温计、电流表、压力表、密度计等。但有的测量仪器处在下限时的相对误差会急剧增大，如地秤。所以，测量范围总是等于或小于标称范围。而示值范围则是指测量仪器标尺或显示装置所能指示的范围。

（2）额定操作条件、极限条件和参考条件：额定操作条件是指测量仪器的正常工作条件。只有在规定的范围或额定值下使用，测量仪器才能达到规定的计量特性或规定的示值允许误差值，才能保证测量结果的准确性和可靠性。例如：工作压力表测量范围的上限为10MPa，则压力的最大值只能加到10MPa。测量仪器不受损坏和不降低准确度所允许的极端条件，称为极限条件。参考条件是指测量仪器在性能试验或进行检定、校准和比对时的使用条件，即为确定测量仪器本身计量性能所规定的标准条件，要求最严。

（3）示值误差和最大允许误差：测量仪器的示值是测量仪器所指示的被测量值，示值误差则是测量仪器示值与真值之差，又称测量仪器的误差。示值误差是测量仪器最主要的计量特性之一，反映了测量仪器的准确性。示值误差越大，则其准确度越低；反之，则准确度越高。

为确定测量仪器的示值误差，当接受高等级的测量标准对其进行检定或校准时，该测量标准器复现的量值即为约定真值（实际值、校准值或标准值）。所以，指示式测量仪器的示值误差＝示值－实际值，实物量具的示值误差＝标称值－实际值。

例如：被检电流表的示值为20A时，用标准电流表检定，其电流实际值为21A，则示值20A的误差为-1A。即该电流表的示值比其实际值小1A。

又如：某工作玻璃量具的容量的标称值为 1 000ml，经标准玻璃量具检定，其容量实际值为 999ml，则该量具的示值误差为 1ml。即该量具的标称值比其约定真值大 1ml。

确定测量仪器的示值误差，是为了判定测量仪器是否合格，并获得其示值的修正值。

最大允许误差是指技术规范（例如：标准、检定规程、校准规范）所规定允许的误差极限值，它可用于判定测量仪器是否合格。而示值误差则可用以评价测量仪器是否满足最大允许误差的要求，从而判断其是否合格，或者是否需要修正以提高测量结果的准确度。但两者都是相对于测量仪器而言，可对测量仪器的上述误差进行修正，以提高测量仪器的准确度。而测量不确定度则是表征测量结果分散性的一个参数，说明被测量值以一定概率落于一定范围，它是相对于测量结果本身，无法对测量结果进行修正。对于一台测量仪器，根据规定的最大允许误差，通过检定、校准确定其示值误差显然是具有现实意义，也是质量管理工程中计量管理的一项基础工作。

（4）灵敏度：测量仪器响应的变化除以对应的激励变化，称为灵敏度。如果被测量变化很小，而引起的示值改变很大，则该测量仪器的灵敏度很高。灵敏度是测量仪器重要的计量特性之一。灵敏度的选择应与其测量目的相适应，并不是越高越好。例如，为了方便读数，需及时使示值稳定下来，有时还需要特意降低灵敏度。

（5）分辨力：显示装置能有效辨别的最小的示值差，称为分辨力。它反映显示装置中对其最小示值的辨别能力。分辨力高可以降低读数误差，从而减少由于读数误差引起对测量结果的影响。

（6）稳定性和漂移：稳定性是指测量仪器保持其计量特性随时间恒定的能力。对测量仪器，尤其是测量标准或某些实物量具，稳定性是重要的计量特性之一。测量仪器产生不稳定的因素很多，主要有元器件的老化、零部件的磨损，以及使用、储存、维护工作不细致等所致。对测量仪器进行周期检定或定期校准，即是确保和考核其稳定性的一种活动。

漂移是测量仪器计量特性的慢变化，它反映了在规定的条件下，测量仪器计量特性随时间的慢变化，以及保持其计量特性恒定的能力。例如高效液相色谱仪进行分析时的基线漂移，漂移往往是由于温度、压力、湿度等外界变化所致，或由于仪器本身性能的不稳定所致。测量仪器使用前的预热，或预先在实验室内放置一段时间与室温等温，就是减少漂移的一种常用措施。

5. 测量仪器的选用 获悉测量仪器的计量特性，是为了根据实际需要选用合适的测量仪器以达到特定的测量目的。选用测量仪器应从技术性和经济性出发，使其计量特性适当地满足预定的要求，既要够用，又不宜过高。

从技术上讲，①选择测量仪器的最大允许误差时，通常应为测量对象所要求误差的 1/5～1/3；若条件不许可，也可为 1/2；②选择测量仪器的测量范围时，应使其上限与被测量值相差不大而又能覆盖全部量值；③选择灵敏度时，应注意灵敏度过低会影响测量准确度，过高又难于及时达到平衡状态；④在正常使用条件下，测量仪器的稳定性很重要，它表征测量仪器的计量特性随时间长期不变的能力；⑤选择测量仪器时，还应注意该仪器的额定操作条件和极限条件，以使测量仪器的计量特性处于规定的极限之内；同时，还应尽量选用标准化、系列化、通用化的测量仪器，以便于安装、使用、维修和更换。

从经济性上讲，测量仪器的成本包括基本成本、安装成本及维护成本，其中基本成本一般是指设计制造成本和运行成本。综合起来看，一般应考虑和选择易于安装、容易维修、互换性好、校准简单的测量仪器。另外，测量准确度的提高，通常伴随着成本的上升。如果提出过高的要求，采用超越测量目的的高性能测量仪器，而又不能充分利用所得的数据，那将是很不经济的，也是毫无必要的。此外，还应考虑选用误差分配合理的测量仪器来组成测量装置。

（四）测量结果、测量误差和测量不确定度

测量仪器获得的测量结果可反映仪器性能和测定方法的优劣，常涉及的评价指标有准确度、精密度（包括重复性、再现性）、测量误差和测量不确定度。

1. 测量准确度 测量准确度是指测量结果与被测量真值之间的一致程度。测量准确度是一个定性的概念，不宜将其定量化。准确度有高低、等级或准确度符合某某标准等表达，但不宜将其与数字直接相连。另外，测量准确度常可用测量结果对约定真值的偏移来估计。例如：药物分析中常通过加样回收率来反映分析方法的准确度，高、中、低三个浓度所得加样回收率越接近100%，且相对标准偏差符合要求，说明该方法的准确率越高。

2. 测量精密度 测量精密度是指在规定条件下获得的各个独立观测值之间的一致程度。它反映测定结果的分散性或波动性，也即因随机效应所致的测量结果的波动或不可重复性，由随机误差，常用相对标准偏差来反映。而准确度则是指在随机效应和系统效应的综合作用下，测量结果与真值的不一致。

精密度常可通过测量的重复性和再现性来反映。测量结果的重复性是指在相同测量条件下，对同一被测量进行连续多次测量所得结果之间的一致性。常用重复条件下对同一量进行多次测量所得结果的分散性来表示，如常用测量结果的相对标准偏差来反映。这些相同条件包括测量程序、人员、仪器和环境等，或在短时间内的重复测量。测量结果的再现性（又称复现性或重现性）是指在改变测量条件下，对同一被测量的测量结果之间的一致性。在给出再现性时，应详细地说明测量条件改变的情况，包括测量原理、测量方法、观测者、测量仪器、参考测量标准、地点、使用条件及时间等其中的一项、多项或全部。例如：药物分析方法评价中不同人员测量结果的中间精密度、不同实验室测量结果的再现性。

由此可知，测量结果的重复性和再现性都是指同一被测量的测量结果之间的一致性，但重复性是在测量条件保持不变的情况下，连续多次测量结果之间的一致性；而再现性则是指在测量条件改变了的情况下，测量结果之间的一致性。

3. 测量误差和测量结果修正 测量误差是指测量结果减去被测量的真值所得的差。由于真值不能确定，故常将通过校准或检定得出的某特定量的值，或由更高准确度等级的测量仪器测得的值，或根据多次测量结果所确定的值，视为被测量的约定真值。测量结果的误差可分为系统误差和随机误差两大类。随机误差是指在重复性条件下，测量结果与对同一待测量进行无限多次测量所得结果的平均值之差。随机误差具有随机性特点，可通过增加平行测定次数的办法减小。系统误差是指在重复性条件下，对同一被测量进行无限多次测量所得结果的平均值与真值之差。系统误差具有可重复性、单向性和可测性特点。如果能找出其产生的原因，并设法测定出其大小，则可通过校正的方法予以减小。

对系统误差进行修正后的测量结果，称为已修正结果。用代数方法与未修正测量结果相加所得的修正值，可以补偿其系统误差的值，但这种补偿是不完全的，因为修正值含有不确定度。测量结果修正后的系统误差的绝对值会比修正前减小，但不可能为零，也即修正值只能对系统误差进行有限程度的补偿。

4. 测量不确定度 测量的目的是确定被测量的量值，而测量结果的质量则需用测量不确定度来定量表征和评价。测量不确度是衡量测量结果可信程度的最重要的依据，测量结果的可用性很大程度上取决于其不确定度的大小。所以，测量结果的表述只有同时包含被测量的量值和与该量值相关的测量不确定度，才完整且有意义。

与测量结果相联系，表征合理地赋予被测量量值分散性的参数，称为测量不确定度。测量不确定度是由于测量误差的存在，而对被测量值的不能肯定的程度。但它又不同于误差，测量不确定度是通过对测量过程的分析和评定得出的一个区间。测量误差则是表明测量结果偏离真值的差值。经过修正的测量结果可能非常接近于真值（即误差很小），但由于认识不足，人们赋予它的值却落在一个较大区间内（即测量不确定度较大）。测量不确定度分为标准不确定度和扩展不确定度。

（1）标准不确定度：用标准偏差表示的测量不确定度称为标准不确定度，通常用符号 u 表示。引起测量结果的不确定度的原因很多，对每个不确定度来源评定的标准偏差，称为标准不确定度分量。用对观测列进行统计分析的方法来评定标准不确定度，称为 A 类不确定度评定；所得标准不确定度称为 A 类不确定度分量，用符号 u_A 表示。用不同于对观测列进行统计分析的方法来评定标准不确定度，称为 B 类不确定度评定；所得标准不确定度称为 B 类不确定度分量，用符号 u_B 表示。当测量结果是由若干个其他量的值求得时，测量结果的标准不确定度等于这些其他量的方差和协方差适当和的正平方根，称为合成标准不确定度，用符号 u_C 表示。方差是标准偏差的平方，协方差是相关性导致的方差，协方差的引入会扩大合成标准不确定度。

（2）扩展不确定度：用标准偏差的倍数或说明了置信水准的区间的半宽表示的测量不确定度称为扩展不确定度，通常用符号 U 表示。扩展不确定度确定的是测量结果的一个区间，合理地赋予被测量之值的分布大部分可望包含在此区间内。实际上，扩展不确定度是由合成不确定度的倍数表示的测量不确定度。它是将合成标准不确定度扩展了 k（包含因子）倍得到的，即 $U=ku_c$。

实际工作中，为了提高测量结果的质量和可靠性，很有必要对测量不确定的来源进行了解。测量过程中有很多原因可带来测量的不确定，概括起来可能来自以下方面。

1）对被测量的定义不完整或不完善：例如，定义被测量是一根标称值为 2m 的铜丝的长度。若要求测准到微米级，则被测量的定义就不够完整，因为此时被测量铜丝的长度受温度和压力的影响非常明显。由于定义的不完整，将使测量不确定度因温度和压力的影响而增加。完整的定义应是：标称值为 2m 的铜丝在 25.0℃和 101 325Pa 时的长度。这时因温度和压力引起的不确定度将大大减小。

2）实现被测量定义的方法不理想：同上例，被测量的定义完整后，若测量时温度和压力实际上达不到定义的要求（如温度和压力的测量本身存在不确定度），也可使测量结果中引入不确定度。

3）取样的代表性不够：即被测量的样本不能代表所定义的被测量。

4）对被测量过程受环境影响的认识不全面（或对环境条件的测量与控制不完善）：同样以上述铜丝为例，不仅温度和压力可影响其长度，湿度和铜丝的支撑方式也可影响其长度，故也会引入不确定度。

5）对模拟仪器的读数存在人为偏差：模拟式仪器在读取其示值时，由于观测者的位置和观测习惯不同等原因，可能对同一状态下的显示值会有不同的估值，这种差异将产生不确定度。

6）测量仪器的分辨力或鉴别力不够：分辨力不够是数字式测量仪器测量结果不确定度的重要来源之一。即使指示为理想重复，其引起的测量不确定度也不为零。

7）赋予测量标准和标准物质的值的不确定度：例如，用天平测量时，测得质量的不确定度中包括了标准砝码的不确定度。

8）用于数据计算的常量和其他参量的不确定度：例如，在测量铜丝的长度随温度变化时，要用到铜的线热膨胀系数。而从有关数据手册查出或计算出所需值的不确定度同样是测量结果不确定度的一个来源。

9）测量方法和测量程序的近似性和假定性：例如，被测量表达式的近似程度，自动测试程序的迭代程度，电测量中由于测量系统不完善引起的绝缘漏电、热电势、引线电阻上的压降等均会引起测量结果的不确定度。

10）表面看来完全相同的条件下被测量的重复观测值的变化：例如，我们经常可以发现，无论怎样控制环境条件以及各类对测量结果可能产生影响的因素，多次测量的结果并不完全相同。这也会给测定结果引入不确定度。

为对测量控制体系中测量设备进行计量确认，在确定测量设备特性中一项重要的工作就是测量不确定度的评定。测量不确定度的分类和测量不确定度评定的流程分别如图 2-2 所示。

（3）不确定度的评价实例：测量不确定的评价涉及概率学和统计学的概念，可参考相关书籍，下面以某制药企业生产中高值电阻的测量为例进行介绍。

在某制药企业的生产中，需要使用 1MΩ 的高值电阻，设计要求其最大允许误差应在 ±0.1% 以内。为此，需要对选用的高值电阻进行测量，以确定其电阻值是否满足预期的使用要求。

1）测量方法：用一台数字多用表对被测电阻器的电阻直接进行测量。

2）测量仪器：使用 5 位半的数字多用表一台，经检定合格并在有效期内。该数字多用表测量电阻的技术指标如下。

最大允许误差为 ±（0.005%× 读数 +3× 最低位数值）；测量时所用档的满量程值为

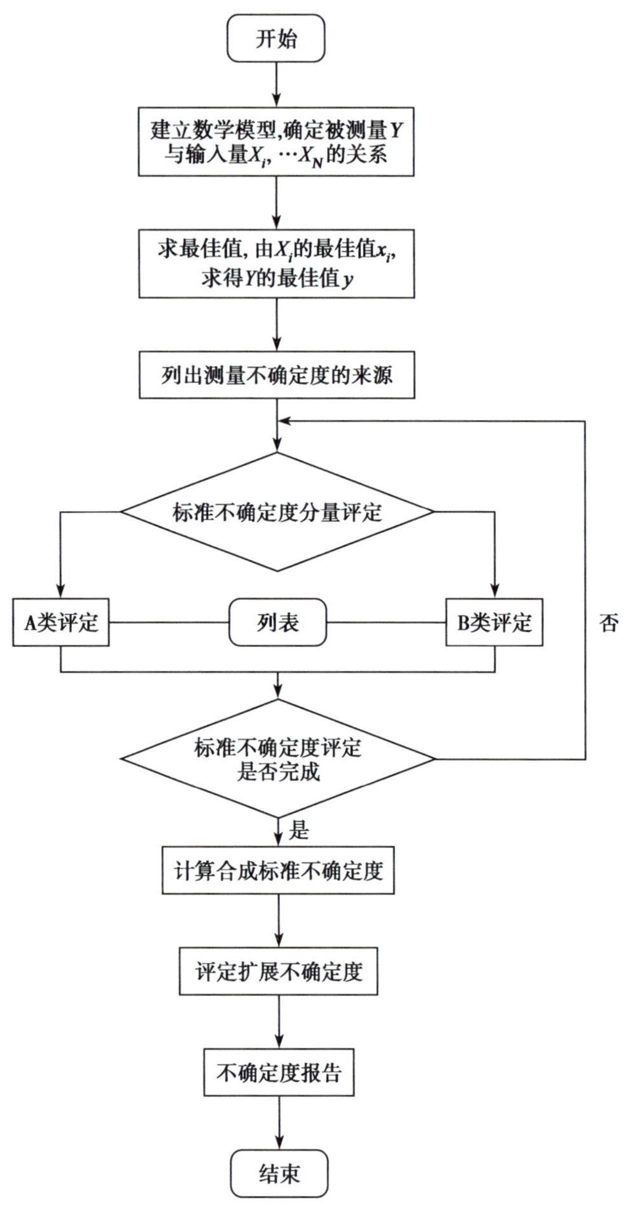

图 2-2　测量不确定度评定的总流程

1 999.9kΩ，最低位数值为 0.01kΩ；当环境温度为（5～25）℃时，可以忽略温度系数的影响。

3）实测记录：在室温（23±1）℃下，用该数字多用表重复测得的显示值 R_i 列于表 2-1。

表 2-1　多次测量的 R_i 值

第 i 次	读数 R_i/kΩ	第 i 次	读数 R_i/kΩ
1	999.31	7	999.14
2	999.41	8	999.06
3	999.59	9	999.92
4	999.26	10	999.62
5	999.54	平均值 $\bar{R}$	999.408
6	999.23		

测量次数 n=10，测量结果为：

$$R=\sum_{i=1}^{n}\frac{R_i}{n}=999.408\text{k}\Omega$$

4）测量不确定度评定：具体过程为①测量模型，电阻器的电阻值就等于数字多用表的电阻显示值 R_i；②标准不确定度分量，其中 A 类分量——由实测数据估算平均值的实验标准差 $s(R)$为：

$$s(R)=\sqrt{\sum_{i=1}^{n}\frac{(R_i-R)^2}{(n-1)}}=0.261\text{k}\Omega$$

所以，标准不确定度分量 $u_1(R)$为：

$$u_1(R)=\frac{s(R)}{\sqrt{n}}=\frac{0.261\text{k}\Omega}{\sqrt{10}}=0.082\text{k}\Omega$$

B 类分量——根据数字多用表的技术指标，确定其最大允许误差区间的半宽 a 为：

$$a=0.005\%R+3\times0.01\text{k}\Omega$$

设测量值在该区间内为均匀分布（矩形分布），由数字多用表不准引入的标准不确定度分量 $u_2(R)$为：

$$u_2(R)=\frac{a}{\sqrt{3}}=\frac{0.005\%\times999.408\text{k}\Omega+3\times0.001\text{k}\Omega}{1.73}=0.046\text{k}\Omega$$

③合成标准不确定度——由于上述两项标准不确定度分量之间不相关，所以合成标准不确定度 $u_c(R)$为：

$$u_c(R)=\sqrt{u_1^2+u_2^2}=\sqrt{(0.082\text{k}\Omega)^2+(0.046\text{k}\Omega)^2}=0.094\text{k}\Omega$$

④扩展不确定度——取包含因子 k=2，故扩展不确定度 U 为：

$$U=ku_c(R)=2\times0.094\text{k}\Omega=0.188\text{k}\Omega\approx0.2\text{k}\Omega$$

5）测量结果报告：电阻器的电阻值为 R=（999.4±0.2）kΩ，扩展不确定度为 U=0.2kΩ，包含因子 k=2。由此可知，该电阻器符合电阻器的设计要求（1 000±1）kΩ，可用于某制药企业的生产中。

二、测量控制体系

测量控制体系是指为实现测量过程连续控制和计量确认所需的一组相关的或相互作用的要素。测量控制体系的目标在于控制由测量设备和测量过程产生的不正确测量结果，及其对产品质量影响的风险。有效的测量控制体系，可以保证测量设备和测量过程始终满足其预期的用途，从而保证产品的质量。测量控制体系所采用的方法不仅包括测量设备的校准或检定等，还包括统计技术在测量过程中的应用。随着药品生产在线质量控制的发展，越来越多的过程分析技术应用于药品生产过程的连续控制，因此测量控制体系的计量工作显得越来越重要。

测量控制体系由测量设备的计量确认和测量过程实施的控制两部分组成。为保证满足规定的计量要求，测量控制体系中所用的全部测量设备都应经确认，且体系中的测量过程都应受控。

（一）测量设备的计量确认

计量确认是指为了确保测量设备与预期使用要求一致而进行的一组操作。所有的设备在用于特定的测量过程前必须确认满足规定的计量要求，并且在所要求的受控条件下使用，以保证测量结果的有效性。同时，由于不同测量过程的计量要求不同，它可能不能用于其他的测量过程。一般情况，计量确认过程（图 2-3）有两个输入（用户计量要求和测量设备特性）和一个输出（测量设备的确认状态）。

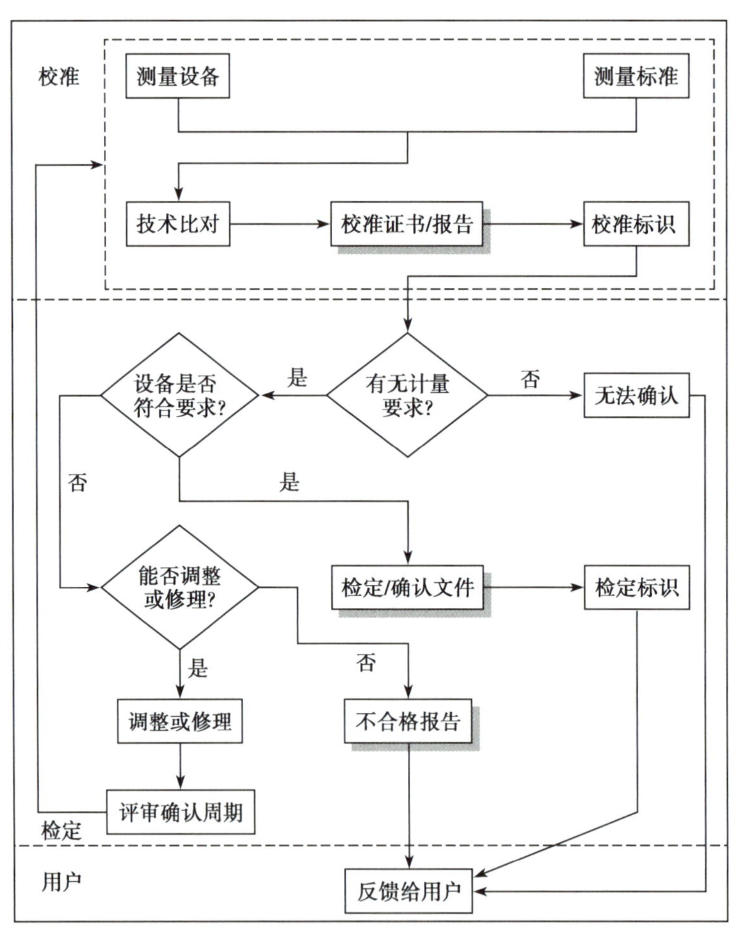

图 2-3　计量确认过程的流程图

1. 用户计量要求　用户计量要求是指用户根据相应生产过程所规定的测量要求，它需要根据被测量的实际情况而定。这种要求通常可用最大允许误差、测量范围等技术指标来表述。

由于这项工作常需要对产品的生产过程有深刻的认识，同时涉及非常专业的计量学知识，还要结合专业知识和产品的生产工艺等考虑发生测量错误的风险，及其对相关产品质量的影响，用户可组织相关人员完成，也可委托具有相应技术能力和资格的专业人员或组织机构代为完成。

例如，某个过程要求反应器的压力控制在（150～200）kPa 范围之内。为此，用户可根据该生产过程的综合要求，将这一要求转换并表述为对压力测量设备的计量要求。如：测量范围为（100～250）kPa，最大允许误差为 1kPa，测量不确定度为 0.2kPa（不包括与时间有关的效应），在规定时间周期内漂移不大于 0.1kPa。然后，用户可将此要求与设备制造厂商提供的设备指标（直接的或隐含的）进行比较，选出最为匹配的测量设备和测量程序。如：用户最后选定某厂家生产的准确度等级为 0.2%、测量范围为（0～300）kPa 的压力计。

2. 测量设备特性 测量设备特性通常是由一次或多次校准或检定决定的。其中，评价使用该设备测量过程的不确定度是非常重要的设备特性。同时，由于测量不确定度不仅取决于设备，还与测量环境、测量程序、操作者的技能和经验等有关。所以，在选择测量设备时，将测量过程的各种设备特性作为总体来考虑是非常关键的。校准后，可将测量设备特性（如测量不确定度、示值误差等）与用户计量要求（如测量不确定度、最大允许误差）进行比较，以确保测量设备符合预期的使用要求。

如上述反应器的例子，假设通过校准发现，在 200kPa 时压力计的示值误差为 2kPa，校准不确定度为 0.2kPa。显然，该仪器不满足最大允许误差的要求。经过调整之后重新递交校准，发现示值误差为 0.5kPa，校准不确定度为 0.2kPa。这样设备就已经满足了最大允许误差的要求，假如还可以证明它符合漂移要求的话，就可确认该压力计可以使用。应当注意的是，在压力计重新递交确认时，应将第一次校准结果通知用户，因为在重新校准之前，该压力计已经使用了一段时间，可能需要对这段时间内生产的产品采取适当的纠正措施。

（二）测量过程的实施

在测量过程的实施中，不仅需要对测量过程的预期用途所要求的特性进行确定，还需要对测量不确定度、稳定性、最大允许误差、重复性、再现性，以及操作者的技能水平进行监测或控制。为确保测量控制系统能够及时检测到过程中出现的问题，并迅速采取改进措施以防止与预期要求的偏离，被控制的过程应按照规定的程序和间隔进行监控。另外，可通过控制图分析、趋势图分析、后续检验、实验室间比对、内部审核、顾客反馈等一系列的活动来发现测量控制系统的失控，并探究其原因。特别是可采用统计分析技术进行测量控制体系的分析，即测量系统分析。

（三）测量系统的分析

在日常生产中，我们常根据获得的过程加工部件的测量数据去分析过程的状态和能力，监控过程的变化。为确保分析结果的正确，一方面要确保测量数据的质量，另一方面要确保使用的数据分析方法合适。前者即是需要使用测量系统分析对获得测量数据的测量系统进行评估。

测量系统分析（measurement systems analysis，MSA）是指采用统计分析的手段，对构成测量系统的各种影响因子进行统计变差分析和研究，以得出测量系统是否准确可靠的结论。这些统计分析手段常为统计过程控制领域中一些行之有效的原理、方法和工具，既可是数值分析技术，也可是图形技术。正确的测量永远是质量改进的第一步。如果没有科学的测量系统评价方法，缺少对测量系统的有效控制，质量改进就失去了基本的前提。因此，测量系统分析是企业实现连续质量改进的必经之路，已逐渐成为企业质量改进中的一项重要工作，企业界和学术界都对测量系统分析给予了足够的重视。IATF 16949 质量管理体系就对测量系统的质量保证作了相应的要求，要求企业有相关的程序对测量系统的有效性进行验证。

实际工作中，人们对测量结果的分析处理以及由此得出的结论通常是假定测量是准确的，而测量系统中实际存在的影响测量结果的变异性往往被忽视。测量系统分析要回答的三个最基本问题是：①测量系统是否具有足够的分辨力；②是否随时间保持统计稳定性；③是否与预期范围一致，且满足过程分析或控制的要求。其目的是分析测量系统所带来的变异相对于工序过程总变异的大小，以确保工序过程的主要变异源于工序过程本身，而非测量系统，并且测量系统的能力可以满足工序要求。故常在新测量设备的采用、测量设备之间的比较、评价性能可疑的设备、设备维修前后的比较、计算过程变差和确定生产过程可接受水平所要求的某个分量时，需要开展测量系统分析。

测量系统的质量只能通过它在稳定条件运行下生成数据的统计特性来确定，测量后能够给出连续性测量数值的为计量型测量系统，而只能定性地给出测量结果的为计数型测量系统，最常见的是计量型测量系统。计量型测量系统分析包括两类，一类是关于测量数据相对于参考值或标准值（约定真值）位置的特性，包括测量系统的稳定性、偏倚和线性；另一类是关于测量数据分布范围的特性，即测量数据的分散程度，包括测量系统的重复性和再现性，又称为测量系统的 R&R。

一般来说，测量系统的分辨力应为获得测量参数的过程变差的十分之一。测量系统的偏倚和线性由量具校准来确定；测量系统的稳定性可由重复测量相同部件的同一质量特性的均值极差控制图来监控。测量系统的重复性和再现性由 Gage R&R 研究来确定。

1. 分辨力 测量系统的分辨力是指测量系统识别并如实反映被测量微小变化的能力。测量系统的分辨力不够高，就无法正确识别过程的变异性。另外，分辨力还会影响测量系统分析和控制活动，若系统分辨力无法测定过程的变异性，它就不能用于分析；若无法测定特殊原因的变异性，则它就不能用于控制活动。在这种情况下，应考虑选用更好的测量技术。

测量系统的分辨力常可通过极差图来反映。当极差图显示，在控制限内只有小于或等于 3 个可能的极差值，或者在控制限内有 4 个可能的极差值且四分之一以上的极差为零时，表明测量的分辨力不足。图 2-4 所示（a）和（b）是从相同数据得出的两组控制图。控制图（a）所示的是准确到千分之一英寸的原始测量值；而控制图（b）所示的是化整为百分之一英寸的数据。从图可知控制图（b）失控，同时图中等于 0 的极差是数据化整的结果，而不是子组变差的真实反映。另外，从控制图（b）可知：控制限内只有两个可能的极差值（0.00 和 0.01），由此可确定失控的原因是分辨力不足。

2. 稳定性 稳定性是指测量系统保持其计量特性随时间恒定的能力。测量系统的稳定性可用该测量系统定期地对测量标准器（量具）或标准件进行重复测量，并绘出测得值的平均值和极差控制图来得出结论。若测量系统出现失控信号时，则表明测量系统需要校准。但在非系统原因出现失控信号的情况下进行校准，反而可能增大测量系统测得值的变差，因为失控信号的出现可能是因为测量标准器或标准件变脏等导致的。无论哪种情况，对控制信号中所包含信息的解释取决于对过程的了解。

只有在测量系统达到稳定后，我们才能结合其他知识，比较直观地以偏倚的变化量来评

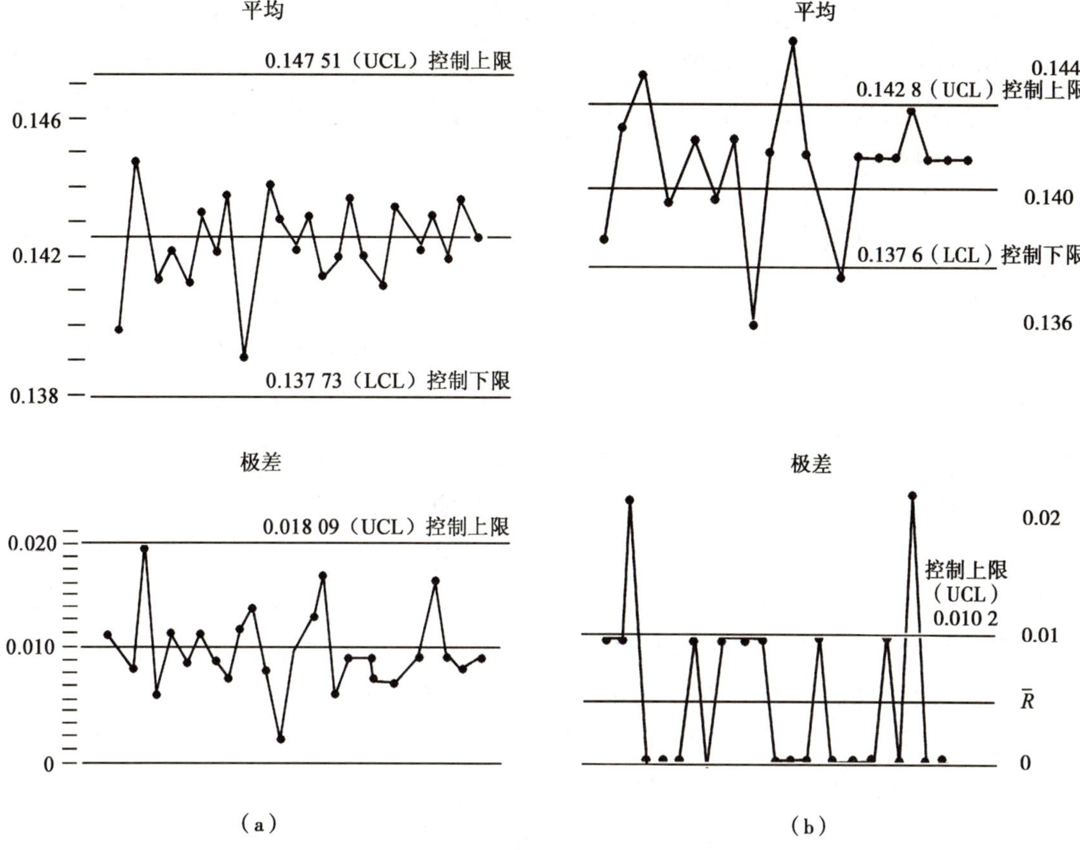

（a）数据最小单位为 0.001 英寸的控制图；（b）数据最小单位为 0.01 英寸的控制图。

图 2-4 不同分辨力的过程控制图

价测量系统的稳定性，才能预测未来的过程性能。否则，重复性和再现性等只能用来描述所得的数据，而对未来的过程性能没有任何意义。也就是说，在不知测量系统稳定性状态的情况下，去评价该系统的重复性、再现性等，可能弊大于利。

3. 偏倚 偏倚是测量平均值与参考值（或标准值）之差。所以，为确定过程范围内某一特定位置上测量系统的偏倚，首先必须确定参考值。参考值可以是通过校准或检定获得的值，或由更高准确度等级的测量仪器测得的值，或由多次测量结果的平均值所确定的值。如果偏倚相对较大，可从下列几方面查找发生的原因：①标准器是否存在误差；②部件是否磨损；③测量仪器的特性是否有误；④测量仪器是否给予正确校准；⑤操作人员的使用是否得当。

4. 重复性 如前所述，重复性是指在相同测量条件下，对同一被测量进行连续多次测量所得结果之间的一致性。一般来说，重复性误差产生的原因可能为测量仪器自身引起的测量变异性，或被测对象在测量仪器中位置变化导致的测量变异性。这两种变异性都可通过重复测量的子组极差来反映，所以可用极差图来研究测量过程的一致性。若极差图失控，则表明测量过程的一致性有问题，此时应查找原因，并加以纠正；若极差图受控，则表明测量仪器的变异是一致的，且在研究的时间期限内，测量过程是一致的。

5. 再现性 也称复现性或重现性，是指在测量条件改变的情况下，对同一被测量的测量结果之间的一致性。改变的测量条件包括测量原理、测量方法、观测者、测量仪器、参考测量标准、地点、使用条件及时间等。其中，最为重要的是不同观测者对测量系统一致性的影响，即不同操作人员采用相同测量仪器对同一被测量进行测量时，测量平均值的变差。具体做法为：先确定每位操作人员的总体平均值，然后将其中的最大值减去最小值，所得出的极差，即反映系统的再现性。

三、计量管理

计量管理是指计量部门对所有测量方法和手段，以及获得测量结果的条件进行的管理。企业计量工作的主要目的是保证各种计量器具处于良好的技术状态，示值准确一致。我国GMP（2010年修订）第九十三条至九十八条对计量校准工作规定：对生产和检验用衡器、量具、仪表、记录和控制设备以及仪器，应使用标准计量器具，按照操作规程和校准计划定期行校准和检查，以确保其所得数据的准确可靠。同时，要求其校准和检查过程应保存相关记录，校准的量程范围涵盖实际生产和检验的使用范围；标明所用标准计量器具的名称、编号、校准有效期、计量合格证明及编号，确保标准计量器具可溯源到国际或国家标准器具。经过校准的，应有明显的标识，标明其校准有效期。超出校准合格标准的不得使用。另外，对生产、包装、仓储过程中使用的自动或电子设备，应按操作规程定期进行校准和检查，确保其操作功能正常，同样校准和检查应有相应的记录。

因此，药品生产企业需做好计量器具的保管、领用、检定、修理和报废等各种管理工作，以确保计量器具配备齐全，完好无损；并不断地采用现代化的计量技术和先进的计量方法，提高计量的准确度和精确度。同时，应加强以下几方面的计量管理工作。

1. 建立计量组织机构，配备足够的计量人员 企业可按照其生产规模、技术要求和计量工作量，在企业主要技术负责人的领导下建立相应的计量机构，全面开展计量工作。计量人员应从熟悉专业计量技术和计量管理业务，并具有一定生产技术知识的人员中合理配备，其人员数量可根据使用计量器具的总数、工作量的大小和测试所需要的技术水平确定。企业计量人员一般包括计量管理人员、计量检定测试人员和计量器具维修人员等。

2. 建立健全计量管理制度 包括建立计量人员的岗位责任制，计量标准使用维护管理制度，计量器具的周期检定制度，计量技术资料和档案管理制度，量值溯源管理制度，计量器具的维护保养制度，计量原始数据、统计报表、证书标志管理制度，事故报告制度，计量室的工作制度，计量器具保管的环境条件及设施管理制度，等等。

3. 定期进行计量器具的检定 / 校准 企业必须对所有的计量器具按照有关规定进行检定 / 校准，以保证计量器具的质量和标准量的正确传递。为此，企业应拥有相应的技术装备、检定 / 校准装置和计量标准。同时，还要在建立计量标准和标准量传递系统的基础上，认真制订计量器具周期检定 / 校准计划，委托政府计量部门或自行对计量器具进行检定 / 校准。

4. 正确合理地使用计量器具 对计量器具的合理使用、正确操作和科学管理是保证计量准确、量值统一的关键。企业应通过对计量工作人员进行教育和培训，提高他们使用计量器具的技能和技术水平，让他们深刻领会到正确使用和精心维护计量器具以保持其准度和精度的重要意义。同时企业还需正确制订，并严格执行有关计量器具使用和维护方面的规章制度。

5. 对计量器具进行妥善保管、及时修理和报废 计量器具的保管、存放等环境条件要符合技术要求，如适当的温度、湿度条件，周围无腐蚀物，无剧烈震动，无强电磁场等。磨损的计量器具要及时检定，并根据检定结果按照损坏的程度及时进行处理，该报废的报废，该修理的修理。修复后的计量器具必须再次检定，合格后方可使用。

第四节 质量检验

质量检验是指采用一定检验测试手段和检查方法测定产品的质量特性，并把测定结果与规定的质量标准相比较，以判断每项质量特性合格与否的一种活动。质量检验的主要职能是通过检验来确认和保证产品质量，保证不合格的原材料不投产，不合格的零件不转下一道工序，不合格的产品不出厂；同时收集和积累反映质量状况的数据资料，为测定和分析过程能力、监督工艺过程和改进质量提供信息。

如前所述，药品的质量是设计出来，通过制造来实现的。但这并不否定质量检验在产品质量形成中的重要作用，质量检验在企业质量管理中的地位也不容低估。质量检验是全面质量管理的重要组成部分，而全面质量管理也是在质量检验的基础上发展起来的。全面质量管理的管理内容和范围更广泛、应用方法更科学，但推行全面质量管理不能缺少质量检验工作。质量检验是药品生产质量管理工程中的一项基础性工作，没有原料、中间体和药品等的质量检验，也就没有药品的全面质量管理。由此，在推行全面质量管理过程中，结合我国药品质量管理工作的实际情况，“药品的质量源于设计，通过制造来实现，检验起到重要作用”的观点，是符合我国国情，又具有科学性的观点。鉴于质量检验工作的基础性和重要性，且属于质量控制的范畴，故其内容将在本教材第六章“质量控制”中介绍。

药品的质量是通过制造实现的，与生产过程的每个环节有着密切关系。故除对终级产品要按照质量标准进行严格分析、检验和把关外，更有必要建立从原料（包括辅料）到产品生产的全过程的质量控制体系。随着科学技术的发展，特别是各种传感器和计算机技术的快速发展，尤其是过程分析技术（process analytical technology，PAT）的迅猛发展及其在制药工业中的广泛应用，现代制药工业已可以对药品生产的全过程实现实时监测和自动化质量控制，由此更大程度地确保了药品质量的均一和稳定。鉴于 PAT 技术在现代药品生产质量管理中的广泛应用和对药品生产质量控制所起的重要作用，本教材将在第九章“药品生产质量的过程管理”的第六节进行介绍。

第五节 现场管理

一、基本涵义

现场是指企业为顾客设计、生产、销售产品和服务，以及与顾客交流的地方。广义的现场是指企业用来从事生产或经营的所有场所。如产品设计的开发部门、厂区、车间、仓库、办公室以及营销场所等。狭义的现场是指企业内部直接从事基本或辅助生产过程的场所，主要指生产车间和库房等，是生产系统布置的具体体现。

现场管理是指对现场进行计划、组织、指挥、协调、控制和改进的活动。现场管理的直接对象是现场加工的产品和提供的服务，主要目的是控制产品和服务的质量特性，以确保其符合规定的要求。产品或服务的质量特性符合要求的程度是由过程（或加工）能力决定的，而过程能力又取决于影响过程的诸因素，即5M1E［人（man）、机（machine）、料（material）、法（methods）、测（measurement）、环（environment）］。因此，现场管理包括：人员（工人和管理人员）的管理，机器设备（设备、设施、工具、工位器具）的管理，物料（原材料、半成品、成品、次品、废品）的管理，方法（加工方法、检测方法）与工艺纪律的管理，检测设备和计量器具的管理，过程运行环境的管理，信息的管理等。

现场管理就是采用科学的思想、方法和手段对生产现场各生产要素进行合理有效的计划、组织、协调、控制和检测，使其处于良好的结合状态，以达到优质、高效、低耗、均衡、安全、文明生产的目的。现场管理是生产第一线的综合管理，是生产管理的重要内容，也是生产系统合理布置的补充和深入，其重要性主要表现在以下方面。

（1）现场管理是企业管理的核心组成部分和企业发展的基础：企业管理活动中，无论在资金、人员和设备上哪方面出现问题，随着生产过程的推进，问题就会变得越来越突出，甚至使企业出现生产停顿或生产经营活动陷于瘫痪。因此，企业要维持长期的正常运作，就必须使资金、人员、设备等所有资源处于良好的平衡状态，加强现场管理，以有限的资源获得最佳的经济效益。

（2）现场是企业管理活动的缩影及展示企业管理水平和良好形象的重要手段：无论我们走进企业的哪个现场，都能比较清楚地知道该企业的管理水平，从而知道企业的生产和经营状况。

（3）现场是问题萌芽和产生的场所：企业的主要活动都是在现场完成的，现场能提供活动的大量信息，绝大多数问题都是直接来自现场的。出现问题时，如不及时采取措施，放任自流而任其发展，向着好的方向发展的概率要比向着坏的方向发展的概率要小得多。

（4）现场最能反映出员工的思想动态：人是有感情、有思维的，一个人所做的不一定是他认为最理想、最顺心的工作。如果他感到不称心，就可能产生抗拒心理而意气用事。这有意识或无意识地会反映到他的工作上，都会直接或间接地影响产品和生产效率。若能积极采取措施、改善工作环境等，则可促进全员参与。

总之，到了现场才能清楚地了解现场的实际情况，一个企业管理水平的高低，就看其现场管理是否为完成总经济任务而设定了各项阶段性和细化了的具体目标，是否很好地引导广大员工有组织、有计划地开展工作，是否经济合理地完成了目标。现场是企业所有活动的出发点和终结点，不重视现场管理的企业终究是要衰败的。

二、现场管理的工具

现场管理工具很多，常用的如下。

（1）6S 管理：6S 管理是通过推行“整理（seiri）”“整顿（seiton）”“清扫（seiso）”“安全

(security)”来强化管理，再用“清洁(seitketsu)”来巩固效果，通过上述 5 个“S”来规范员工的行为，改变员工的工作态度，使之成为员工的习惯(素养，shitsuke)，最后形成优秀的企业文化。鉴于其在现场管理的重要性，后面将对 6S 管理进行详细介绍。

(2) 目视化管理：目视化管理是利用形象直观、色彩适宜的各种视觉感知信息来组织现场生产活动，从而提高劳动生产率的一种管理手段，也是一种利用感官视觉来进行管理的科学方法。例如将相关的管理事项转化为浅显易懂的颜色、文字、图片、图表、照片、视频等方式，从而达到提醒、控制、警示、预防的作用与目的。如生产车间的安全警示牌、不同颜色标示不同的管道等。所以，目视管理是一种以公开化和视觉显示为特征的管理方式，它综合运用管理学、生理学、心理学、社会学等多学科的研究成果。

(3) 看板管理：看板管理是把希望管理的项目用各类管理看板展示出来，使管理状况众人皆知的管理方法。看板管理通过各种形式(如标语、现况板、图表、电子屏等)把文件上、头脑里或现场等隐藏的情报在管理看板上揭示出来，以便任何人都可以及时掌握管理现状和必要的情报，从而能够快速制订并实施应对措施。因此，通过管理看板可非常有效且直观地发现问题和解决问题，使其成为优秀的现场管理必不可少的工具之一。由此而开展的看板管理则更是一流现场管理的重要组成部分，它可给客户信心及在企业内部营造竞争氛围，提高管理的透明度。

(4) 标准操作规程(standard operating procedure，SOP)：SOP 是指以文件的形式描述操作人员在生产过程中的操作步骤和应遵守的事项。它是指导操作人员正确操作的指导书，也是指导检验人员开展检验工作的依据。

(5) 全面生产维护(total productive maintenance，TPM)：TPM 是一种维修程序。它将维修变成了企业中必不可少和极其重要的组成部分，维修停机时间也成了工作日计划表中不可缺少的一项，而维修也不再是一项没有效益的作业。在某些情况下可将维修视为整个制造过程的组成部分，而不是简单地在流水线出现故障后进行，其目的是将应急的和计划外的维修最小化，以减小其带来的计划外的停工和停产。

(6) 防差错设计：防差错设计的主要目的是从技术上尽可能消除产生人为差错的可能性，以有效地遏止因差错而导致的产品质量和安全问题。根据差错可能出现的时间段，可以将防差错设计分为：面向产品实现过程的防差错设计、面向产品使用过程的防差错设计、面向产品维修过程的防差错设计。

1) 面向产品实现过程的防差错设计，主要是针对产品生产、装配、包装等过程中可能出差错的地方提出针对性的措施，如防差错装置(Poka-Yoke)设计。

2) 面向产品使用过程的防差错设计，主要是防止产品使用者出现差错，如磁盘反方向插入会导致损坏，设计时就可考虑反方向插不进去的措施。

3) 面向产品维修过程的防差错设计，则强调要从设计上防止维修出错。

(7) 新旧 QC 七大工具：新旧 QC 七大工具(QC 手法)由日本企业总结和提出。旧 QC 七大工具偏重于统计分析，针对问题发生后的改善；新 QC 七大工具偏重于思考分析过程，主要是强调在问题发生前进行预防。新旧 QC 七大工具是企业质量管理中常用的质量管理工具，本教材将在第三章第四节对其进行介绍。

(8) 价值流图：价值流是指从原材料转变为成品，并给它赋予价值的全部活动，包括从原材料购买、加工成产品、到交付给客户的全过程。完整的价值流包括增值的和非增值的活动，如从原料到产品的物质转换过程、物料的运输、生产计划的制订和安排等。企业内、企业与供应商和客户之间的信息沟通形成的信息流也是价值流的一部分。

价值流图可帮助企业考虑整个产品价值流的流动，从而使企业能够对其整个价值流进行持续的系统化改进，提高企业的效益和市场竞争力。利用价值流图分析技术，不仅能够消除浪费，还可消除浪费产生的根源，使之不至于卷土重来。价值流图分析技术已为全球很多企业所接受和采用，且对实施精益生产具有良好的效果。

（9）工厂布局规划：工厂布局规划是工厂生产过程组织的一项先行工作。质量源于设计的理念同样适用于工厂的规划和布局，布局合理与否在很大程度上就决定了生产效率的高低。布局规划工作实质上是管理水平和技术水平的综合反映。布局工作的要求，简单地说就是从原材料进厂直至成品出厂的生产过程中人员、材料、机器和设备等能安排在最适宜的位置上，使生产能以最短的流程、最少的操作、最快的周期和最低的成本得以实现。精益布局的目标是使作业流程中的浪费最小、物流速度最快、物流距离最短、在制品最少、面积的使用率最大，并增强现场的目视沟通，以提高作业效率。工厂的厂房设计阶段是新工厂布局最佳介入时间，在厂房建好后再介入就可能受到一定的制约。

（10）模块化设计：模块化设计（modular design）就是将产品的某些要素组合在一起，构成一个具有特定功能的子系统，将这个子系统作为通用性的模块与其他产品要素进行多种组合，构成新的系统，产生多种不同功能或相同功能不同性能的系列产品。模块化设计是绿色设计方法之一，现已从理念转变为较成熟的设计方法。它将绿色设计思想与单元设计、模块化设计方法结合起来，可同时满足产品的功能属性和环境属性。一方面，模块化设计可以缩短产品研发与制造周期，增加产品系列，提高产品质量，快速应对市场变化；另一方面，它还可以减少或消除对环境的不利影响，方便重复使用、升级和维修，以及产品废弃后的拆卸、回收和处理。

三、6S 管理

（一）基本概念

6S 管理是现场管理中最重要的方法之一。它包括整理、整顿、清扫、清洁、素养和安全，由日本企业先后提出，以保持现场的整洁，减少现场物品所占的空间，保证作业空间、生产和品质控制，提高生产的安全性。因这 6 个单词的日本发音都以 S 开头，故称为 6S 管理。

（1）整理（seiri）：区分要与不要的物品，现场只保留必需的物品（一般只保留一周内需要的物品），将暂时和长期不要的东西清理掉，其目的是将现场空间腾出来，保证作业空间，活用空间，防止空间误用，塑造清爽的工作场所。

（2）整顿（seiton）：将留下来的必用物品按照规定的方法定位、分类摆放整齐，并标示明确，其目的是减少寻找物品和搬运物品的时间浪费，营造整齐舒适的工作环境，提高工作效率。

（3）清扫（seiso）：清扫现场内的脏污，防止污染的发生，目的是消除脏污，保持现场干净、明亮，发现异常现象，发现安全隐患，以保证品质稳定，减少工业伤害。

（4）清洁（setketsu）：将整理、整顿和清扫进行到底，并制度化和规范化，目的是创造明朗现场，通过制度来维持上面3S成果。

（5）素养（shitsuke）：通过其他5S的实施改变员工的工作态度，使其依规定行事，目的是提升员工的“品质”，培养员工的良好习惯和对任何工作都讲究认真的态度。

（6）安全（security）：重视对员工的安全教育，在工作现场营造良好的安全环境，目的是确保人和企业财产的安全，减少安全隐患和环境灾害，将一切安全事故消除在苗头。

（二）6S管理的推行与实施

在现场推行“6S”活动，可以提高产品质量、增强自信心、降低成本、提高效率、延长设备寿命、减少浪费、减少安全事故的发生、提升员工素质、提高顾客满意度。

企业在现场推行“6S”活动时，要做好下列事项。

（1）“整理”的推行内容：对现场进行全面检查；区分必需品和非必需品；整理必需品；对非必需品进行处理；对非必需品实行红牌作战；每天循环整理是做好“6S”的关键步骤之一；每天自我检查。

（2）“整顿”的推行内容：分析目前的现状；对物品进行分类；进行定量管理；使用色彩或挂牌进行目视管理；每天自我检查。

（3）“清扫”的推行内容：做好清扫的准备工作；制订清扫的标准；清扫工作场所和机器设备；分析污染的发生源；解决问题的产生点；落实区域责任制；每天自我检查。

（4）“清洁”的推行内容：进一步提高“6S”意识；整理工作的自我检查和抽查；清扫工作的自我检查。

（5）“素养”的推行内容：素养是指一个人的素质和教养，培养人人都有“6S”的习惯，自觉遵守各种规章制度，形成一种团队精神，产生荣誉感和自豪感。事实上，良好的素养是推行前四步的必然结果。为此，企业要根据自己的经营战略，制订各种行之有效的规章制度，规范全体员工的行为准则。全体员工应不断学习各种规章制度，并自觉遵照制度执行，以形成企业文化。

（6）“安全”的推行内容：做好上班前的准备工作；上班前做好“6S”工作；现场有SOP；做好安全预防工作；做好消防工作；下班时做好“6S”工作。以保障员工人身不受到伤害，企业财产不受到损失。

以上“6S”加上“学习（study）”就是“7S”；再加上“节约（saving）”就是“8S”；再加上“服务（service）”就是“9S”，再加上“客户满意度（satisfaction）”就变成了“10S”。

6S管理的对象、意义、目的、推行方法、使用工具和目标总结归纳如ER2-2所示。

ER2-2　6S管理的对象、意义、目的、推行方法、使用工具和目标

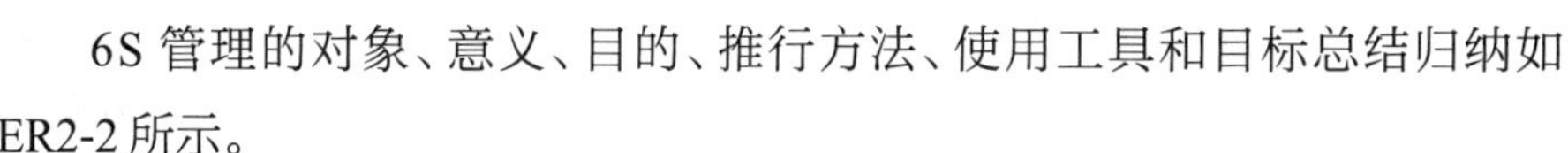

第六节　质量信息工作

随着计算机技术的飞速发展及其在企业管理和生产中的广泛应用，人们开始将计算机技术引入到质量管理和质量控制中，先后发展了计算机辅助质量管理（computer aided quality management，CAQM），计算机集成质量信息系统（computer integrated quality information system，CIQIS）和计算机集成制造系统（computer integrated manufacturing system，CIMS）环境下的质量信息系统（quality information system）等，使质量管理进入了数字化质量管理阶段。但要真正实现数字化质量管理，必须做好质量信息工作。

从本质上讲，整个企业的管理活动就是信息流动的过程。信息是各项生产经营活动的基础和依据，而质量信息则是企业提高质量、满足用户需求、增强竞争力的重要资源。从质量管理的角度来看，通过收集各种质量信息，可为新产品开发的决策、质量方针及具体改进措施的制订提供依据。从质量保证的角度看，质量信息是向用户证明质量保证能力、进行质量管理体系认证的客观证据。从质量控制的角度看，质量信息是反馈控制的基础和前提。因此，质量信息工作在企业的质量管理、质量保证和质量控制等方面都起着至关重要的作用，是质量管理的耳目，更是全面质量管理的重要基础性工作。

一、质量信息

（一）基本涵义

质量信息是指反映产品质量和企业产、供、销、人、财、物以及服务等各环节质量活动中的各种数据、原始记录、资料和文件，以及产品使用过程中反映出来的各种信息资料等。这些质量信息不但可以帮助人们发现问题，寻找解决问题的途径，也可作为质量管理的依据和基础。

产品的形成中存在着两种运动过程：物流和信息流。物流是由原材料等资源转化成产品而进行形态和性质变化的过程。信息流则是伴随物流而产生的，它反映了物流状态，通过它可控制、调节和改进物流。一个组织的质量管理，从某种意义上说，就是物流和信息流的管理。其中，信息流包括以下几方面。

（1）信息源：在质量管理信息中，信息源是指数据或信息的产生者。它可以是产生于组织内部产品实现过程和体系运行过程的内部信息源，也可以是产生于相关方、社会和外部环境等组织外部的外部信息源。组织应收集对过程控制和体系有效运行起作用的数据，至少包括：①顾客满意度的评价；②产品的符合性；③过程能力和产品质量现状，以及其发展趋势；④纠正、预防措施和持续改进。

（2）信息传递：信息传递要求完整（数据完整并可追溯）、准确、及时。信息传递是指在信息系统中将信息按照规定的方式和途径，经过一定的载体从一处传到另一处的过程。从质量管理角度来看，“记录”是最重要的信息载体，它是阐明所取得的结果或提供完成活动证据的文件。

（3）信息处理：信息处理是指将原始数据（信息）通过一定的手段和方法，“加工”成有意义的信息的过程。其目的在于产生可用于控制、改进和决策的有用信息。

（4）信息反馈：质量信息不仅需要及时传递，而且要做到及时反馈，才能使信息被利用和共享成为可能。信息反馈是双向的，即将处理后的信息作为二次信息源，反馈给提供信息的人员和部门。二次信息的质量直接影响到新一次信息源的质量及其传递。

（二）质量信息的分类

质量信息是在质量形成过程中发生的与质量有关的信息，涉及工作质量、工序质量、产品质量和质量管理等的信息。

（1）工作质量信息：包括①上级有关质量问题的各种指令、文件、法令、计划和任务；②企业的各项规章制度、岗位职责和经济责任制；③各项工作标准、技术标准和各种工艺文件；④各类质量报告；⑤5M1E因素（即人、机、料、法、环、测）的各项管理制度、内容和工作方法；⑥供应商的有关资料；⑦检验与测试手段及其制度等与工作质量有关的信息。

（2）工序质量信息：包括①工序及工序质量管理资料；②5M1E因素的定量分析资料；③关键、特殊工序的能力分析资料；④工序能力审核资料等与工序质量有关的信息。

（3）产品质量信息：包括①产品的国际标准、国外的先进技术标准及近期先进事物样品的实测指标；②产品的技术水平、性能、质量指标、可靠性、安全性、可维修性和耐用性等指标，在国内和国际同行中的地位等资料，合格率、废品率和返修率等指标；③成本及消耗资料；④产品的技术改造规划；⑤市场调查、销售服务及客户反馈的资料；⑥零部件及外协外购件的实用质量资料；⑦产品设计图纸、各种技术文件、档案和使用说明书；⑧新产品和新工艺开发计划；⑨新产品试制、实验、检测、鉴定、小批及批量生产资料等与产品质量有关的信息。

（4）质量管理信息：包括①国家有关质量管理工作的各项规定、条例和办法；②公司方针、方针展开及实施计划、方案和考核等资料；③问题点的具体情况及定量分析资料；④企业质量管理规划、制度及标准化、效能资料；⑤质量管理体系资料；⑥全员性质量管理活动和质量管理小组资料；⑦质量管理培训教育计划、规划及实施资料；⑧TQM骨干人员情况资料等与质量管理工作有关的信息。

根据上述质量信息的作用，质量信息又可分为：质量动态信息、质量指令信息和质量反馈信息。

二、工作内容

在企业经营环境日趋复杂、市场竞争日趋激烈的今天，质量信息对企业越来越重要，企业对质量信息工作的要求也越来越高。因此，企业应建立其质量信息中心，制订质量信息制度和责任制；并建立从信息收集开始，经过加工、汇总、传递、储存、分析、提供等全过程的信息反馈系统，以加强质量信息的管理，保证质量信息的准确、及时、全面、系统和具有可追溯性。同时，应建立相应的考核制度，对信息应用的效果应进行评估，以保证信息系统的正常运行。

1. 质量信息中心的建立 质量信息管理必须有组织方面的保证。企业可以在质量管理部门的领导下建立质量信息中心，负责全企业质量信息的管理工作，制订相应的质量信息责任制，并及时向企业领导和管理部门提供准确、全面的质量信息，辅助他们进行决策。同时，还应制订质量信息制度，通过质量信息的全局化管理，实现全企业、全过程的闭环质量信息反馈，明确信息的传递路线和沟通渠道，保证信息的处理和流通及时准确，充分发挥质量信息的作用。

2. 质量信息的收集分类、整理分析和储存 企业的质量信息主要来源于产品在设计和制造过程中的质量信息、产品在使用过程中的质量信息、国内外同类产品的质量信息等三个方面。质量信息的收集是质量信息管理的首要环节，必须做到可靠、及时、全面。为此，要不断完善质量信息的收集制度，使信息的收集在时间期限、数量、频次、基本用语和计算公式等方面都有统一的规定。收集到的质量信息（数据）只有经过分析处理才能真正成为对决策者和管理者有用的信息。在企业内，质量信息的载体主要是企业生产活动中有关质量的各种原始记录、数据和报表等。为了便于信息的分类、整理和分析，必须制订各种原始记录、数据报表、文书等的统一格式。这不仅可提高信息整理分析的效率，同时还可为计算机化的质量信息管理奠定基础。另外，为了系统地积累和保管质量信息，还要通过建立质量信息档案以存储质量信息，便于重复利用和参考查询。档案的建立要注重信息内容的系统化和分类的代码化，以提高检索效率，并为计算机化的质量信息管理创造条件。

3. 质量信息工作的持续改进 为了不断提高质量信息收集、整理、分析、传递、存储和检索等工作的科学化和现代化水平，企业要运用计算机技术和管理信息系统理论，建立计算机集成质量信息管理系统，并持续改进质量信息工作，以实现质量信息管理的现代化。

第七节 质量责任制工作

一、基本涵义

1. 定义 质量责任制是明确规定企业各部门、各环节以及每个人在质量工作上的具体任务、责任、要求和权利的一种责任制度，以此确保产品和服务的质量。质量责任制是搞好质量管理的一项重要的基础性工作，一般有企业各级行政领导责任制、职能机构责任制以及车间、班组和个人责任制。企业质量责任制的表达形式主要有以企业规章制度形式颁布实行和以企业标准形式发布实施。随着企业管理标准化工作的推行，许多企业采用了后一种形式，并取得了较好的效果。

2. 作用及意义 建立质量责任制是企业开展全面质量管理的一项基础性工作，也是企业建立质量体系中不可缺少的内容。它要求明确规定企业的每个部门、每个职工在质量工作上的具体任务、责任和权力，以便做到事事有人管，人人有专责，办事有标准，考核有依据，把同质量有关的各项工作同广大职工的积极性和责任心结合起来，形成一个严密的质量管理工作系统。一旦发现有产品质量问题，就可以迅速进行质量跟踪，追溯质量责任，总结经验教训，以更好地保证和提高产品质量，在企业内部形成一个严密有效的全面质量管理工作体系。

实践证明，为了使所有影响质量的活动受到恰当而连续的控制，且能迅速查明实际或潜在的质量问题，并能及时采取纠正和预防措施，必须建立和实施质量责任制度。只有实行严格的质量责任制，才能建立正常的生产技术工作程序，才能加强对设备、工装、原材料和技术工作的管理，才能统一工艺操作，才能从各个方面有力地保证产品质量的提高。实行严格的责任制不仅可提高与产品质量直接相联的各项工作质量，还可提高企业各项专业管理工作的质量，从而从各方面把隐患消灭在萌芽之中，杜绝产品质量缺陷的产生。另外，实行严格的责任制可使工人知道自己该做什么、怎么做、做好的标准是什么……同时，通过技术培训可使工人掌握操作的基本技能，熟练地排除生产过程中出现的故障，取得生产的主动权。由此为产品质量的提高提供基本保证。

二、质量责任

凡是推行全面质量管理的企事业单位，都应根据国家关于全面质量管理和质量责任的有关法规以及 GB/T 19000 系列标准要求，制订本单位的质量责任制度。企业的质量责任制内容主要是规定各级领导干部和部分与产品或服务质量直接有关的职工以及部门的质量责任。

（1）总经理的质量责任：①认真执行“质量第一”及其他国家有关质量工作的方针、政策、法规，领导和推行全面质量管理，制订本企业的质量方针；②组织制订质量管理的中期和远期发展规划，制订质量目标及实施计划，如积极采用国际标准和国外先进标准，配备先进检测手段等，使产品质量精益求精、物美价廉、适销对路、用户满意；③设计和建立质量管理组织体制，配备质量活动过程所需的资源，建立和完善质量体系，并认真进行管理评审，检查落实各级质量责任制和质量奖励制度的执行，促进质量体系的有效运行；④迅速掌握质量信息，及时处理质量问题，总结质量管理中的经验与教训，并将其纳入企业标准，付诸实施；⑤重视和控制质量成本，减少质量损失，提高质量管理水平和效益等。

（2）总工程师（或技术总监、质量副总经理）的质量责任：①在总经理领导下，对产品研制、开发、设计制造等过程中的技术工作负责；②组织制订和实施企业产品的质量创优升级规划和质量改进计划；③坚决贯彻有关技术标准，组织制订和实施各类企业技术标准等。

（3）总会计师（或财务总监、财务经理）的质量责任：①协助总经理制订年度质量成本计划，并认真组织实施，以不断降低质量成本，提高经济效益；②认真、及时、准确地对质量成本进行分析和控制；③参加企业质量管理成果的评审，审定质量管理措施所取得的经济效果等。

另外，质量责任制还要对其他企业领导成员、企业各职能部门（科、处、室）、各车间的质量责任，以及企业直接从事质量管理工作（如：设计、采购、工艺、设备、质检、计量检测、标准化等）人员的质量责任做出明确具体的规定。同时，还需对各种质量活动之间的接口控制与协调措施做出清晰、明确的规定，以防止相互扯皮和推诿。

总之，质量管理是涉及各个部门和全体职工的一项综合性的管理工作，而不是一个管理部门单独的任务。为了确保产品质量，企业各级行政领导人员、各个管理部门甚至每个工人，都必须对自己的质量责任十分明确，都要积极完成自己的质量任务。因此，在建立质量管理机构的同时，要建立和健全企业各级行政领导、职能机构和工人的质量责任制，明确各自职责及其相互关系。这是质量管理工程建设中一项重要的基础建设。

《中华人民共和国药品管理法》（2019 年修订）明确规定，药品上市许可持有人的法定代表人、主要负责人对药品质量全面负责，应当建立药品质量保证体系，配备专门人员独立负责药品质量管理；应当对受托药品生产企业、药品经营企业的质量管理体系进行定期审核，监督其持续具备质量保证和控制能力。药品上市许可持有人、药品生产企业、药品经营企业委托储存、运输药品的，应当对受托方的质量保证能力和风险管理能力进行评估，与其签订委托协议，约定药品质量责任、操作规程等内容，并对受托方进行监督。

我国GMP（2010年修订）对企业负责人、生产管理负责人、质量管理负责人和质量受权人的质量责任也做出了明确规定。规定企业负责人是药品质量的主要责任人。为确保企业实现质量目标并按照本规范要求生产药品，企业负责人应当负责提供必要的资源，合理计划、组织和协调，并保证质量管理部门独立履行其职责。质量管理负责人和生产管理负责人不得互相兼任。质量管理负责人和质量受权人可以兼任。企业应当制订操作规程以确保质量受权人独立履行职责，不受企业负责人和其他人员的干扰。对生产管理负责人、质量管理负责人、质量受权人的质量责任的相关规定可见我国GMP（2010年修订）第二十二条至第二十五条。同时规定：企业应当设立独立的质量管理部门，履行质量保证和质量控制的职责。质量管理部门可以分别设立质量保证部门和质量控制部门。质量管理部门应当参与所有与质量有关的活动，负责审核所有与本规范有关的文件。质量管理部门人员不得将职责委托给其他部门的人员。

此外，药品生产企业在进行质量责任制建设中还需要注意以下几点：①必须明确质量责任制的实质是责、权、利三者的统一，切忌单纯偏重任何一个方面；②要按照不同层次、不同对象、不同业务来制订各部门和各级各类人员的质量责任制；③规定的任务与责任要尽可能做到具体化、数据化，以便进行考核；④在制订企业的质量责任制时，要由粗到细，逐步完善；⑤为切实把质量责任制落到实处，企业必须制订相应的质量奖惩措施。

三、质量否决

质量否决权是指国家对企业、企业对职工考核必须坚持“质量第一”，质量指标不达标，其他考核项目得分再高，也要按质量指标水平拉下来。也就是说，质量指标的考核起着决定性的否决作用。这是一项有利于质量责任制实施的重要措施，可对增强企业领导和广大职工的质量意识、提高工作质量和产品质量起到显著的推动作用。

实施质量否决权的前提是要有一套科学合理的考核标准，即考核指标体系。因此，质量责任制必须具体，并尽量有定量指标。实施质量否决权的关键是要有一支公正、无私、精通业务的考核队伍，实行严格的考核和奖惩。只有严格考核并奖惩分明，才能使质量责任制持久地执行下去。

ER2-3　第二章　目标测试

（袁干军　姚日生）

ER3-1 第三章 质量管理工程方法（课件）

第三章 质量管理工程方法

质量管理工程方法是质量管理工程领域认识和实践过程中采用的各种方法、技术和工具。系统研究这些方法及其性质、特点、内在联系、变化与发展，可使药品生产企业在严格实施 GMP 保证药品生产质量的基础上，持续改进药品的生产和管理，不断提高生产药品的质量，满足患者对药品的需求和期望。质量管理工程方法主要包括质量管理工程学科的三大活动（质量策划、质量控制和质量改进）、典型科学方法（数学方法和系统分析法）、一般方法（问题管理法、数理统计方法和 PDCA 法）和常用工具（新旧七种 QC 工具和质量管理工程的五大工具）等。其中，三大活动主要是介绍质量管理的认识和实践过程，其余内容则是介绍贯穿于认识和实践过程中解决问题所采用的方法和工具。

第一节 三大主要活动

质量管理工程的三大主要活动为：质量策划、质量控制、质量改进，即朱兰提出的质量管理三部曲。本章节主要介绍这三大活动的基本涵义及相关知识，其具体实施及方法将分别在本教材第四章、第六章和第七章进行介绍。

一、质量策划

质量策划源于设计理论、面向策划过程，包括定义和公理、分析、分解、配置、合成、试验设计、优化、评审、规范、标准、结果的解释等。它可作为建立和理解质量管理工程所依据的质量准则，其研究内容的基本特征是：立足于质量的内涵，通过主动实施质量策划和质量设计，使产品或服务的各种质量特征、特性及其保证方法规范化，并最大限度地满足顾客及相关方的需求。

1. 基本涵义 质量策划是质量管理的一部分，致力于制订质量目标、并规定必要的运行过程和相关资源以实现质量目标。质量策划包括：①产品策划，即对质量特性进行识别、分类和比较，并建立其目标、质量要求和约束条件；②管理和作业策划，即对实施的质量体系进行准备，包括组织和安排；③编制质量计划和做出质量改进的规定；等等。

为满足产品、项目或合同规定的质量要求，供方应针对特定的产品、项目或合同，从人员、设备、材料、工艺、检验和试验技术、生产进度等方面做出全面的质量策划。ISO 9000 族质量体系标准提出的基本工作方法是：首先制订质量方针，然后根据质量方针设定质量目标，再根据质量目标确定工作内容、职责和权限，确定程序和要求，最后才付诸实施，这一系列过程就是质量策划的过程。

质量管理是指导和控制与质量有关的活动，通常包括质量方针和质量目标的建立、质量策划、质量保证、质量控制和质量改进。在质量管理中，质量策划的地位低于质量方针的建立，致力于质量目标的制订和实现，高于质量保证、质量控制和质量改进。质量保证、质量控制和质量改进只有经过质量策划，才可能有明确的对象和目标，才可能有切实的措施和方法。因此，质量策划是质量管理诸多活动中不可或缺的中间环节，是连接质量方针和具体的质量管理活动之间的桥梁和纽带。

2. 组织形式 质量策划是一种高智力的活动。一般来说，涉及组织层次的质量策划，应由最高管理者负责，由相关管理人员组成相应的质量策划委员会或小组，通过会议的召开，由大家共同来完成质量策划。如果质量策划的内容涉及的范围很大，还可以召开多次会议或多层次会议来进行质量策划。

为了使质量策划会议更有效率，也可以由最高管理者自己或委托他人，根据质量策划的输入材料，事先草拟质量计划的草案，然后交由质量策划会议讨论、删减和修改。这种形式实际上是由某个人或某几个人先进行了一次质量策划，由此可提高质量策划效率和质量。

3. 质量策划的输入 质量策划实际上是一个过程，也有其输入和输出的特殊要求。质量策划是针对具体的质量管理活动进行的。在进行质量策划时，力求将涉及该项活动的信息全部搜集起来，作为质量策划的输入。其内容包括但不仅限于以下几方面：①质量方针或上级质量目标的要求；②顾客和其他相关方的需求和期望；③与策划内容有关的业绩或成功经历；④存在的问题点或难点；⑤过去的经验教训；⑥质量管理体系已明确规定的相关要求或程序。

在进行质量策划时，必须尽力搜集与策划内容有关的输入，最好能有形成文件的材料。这些材料应尽早交与参与策划的所有人员。

4. 质量策划的输出 质量策划完成后都应形成文件输出，质量计划文件就是质量策划的结果之一。将质量策划内容用文字表述出来就是质量计划。一般来说，质量策划输出应包括以下内容。

（1）开展质量策划的原因：为什么要进行质量策划或为什么要制订该项质量计划（将质量策划的输入进行简单表述），适当分析现状（问题点）与质量方针或上一级质量目标要求、以及与顾客和相关方的需求和期望之间的差距。

（2）通过质量策划设定质量目标。

（3）确定各项具体工作或措施：也即确定达到目标所需要的过程。这些过程可能是链式的，从一个过程到另一个过程，直至最终目标的实现；也可能是并列的，各个过程的结果共同指向目标的实现；还可能是上述两种方式的结合，既有链式的过程，又有并列的过程。事实上，任何一个质量目标的实现，都需要多种过程。因此，在质量策划时，要充分考虑所需要的过程。

（4）确定负责部门或人员以及他们的职责和权限：质量策划是对相关的过程进行一种事

先的安排和部署，而任何过程必须由人员来完成。质量策划的难点和重点就是落实质量职责和权限。如果某一个过程所涉及的质量职能未能明确，没有文件给予具体规定（这种情况事实上是常见的），就会出现推诿扯皮现象。

（5）确定所需的资源：包括人员、设施、材料、信息、经费、环境等。然而，并不是每次质量策划都需要确定这些资源，只有那些新增的、特殊的、必不可少的资源，才需要纳入到质量策划中来。

（6）确定实现目标的方法和工具：一般情况下，具体的方法和工具可以由承担该项质量职能的部门或人员去选择。但如果某项质量职能或某个过程是一种新的工作，或者是一种需要改进的工作，那就需要确定实现目标所使用的方法和工具。

（7）确定其他的策划需求：包括质量目标和具体措施完成的时间、检查或考核的方法、评价其业绩成果的指标、完成后的奖励方法、所需的文件和记录等。一般来说，完成时间是必不可少的，应当确定下来；而其他策划要求则可以根据具体情况而定。

二、质量控制

质量控制源于控制理论，面向实施过程，是质量管理的一部分，致力于满足质量要求。它主要包括质量检验与数据采集方法、统计过程控制、受控、异常、预测、诊断、调整、监控、结果分析等，其目的是通过预防性的质量监控等手段保证质量的符合性。

1. 基本涵义　质量控制是通过监视质量的形成过程，消除质量环上所有阶段中引起不合格或不满意效果的因素，以达到质量要求，获取经济效益，而采用的各种质量作业技术和活动，以保证质量符合要求。

企业之间的竞争离不开“产品质量”的竞争，产品的质量关系到企业的生存和发展。而产品的质量是最容易发生问题的地方，小则退货赔钱，大则客户流失，甚至导致企业倒闭。因此，如何对质量形成过程的各环节进行有效控制，以确保和提升产品质量，是使企业不断发展、赢得市场、获得利润的核心。

2. 质量控制点的选择　可根据质量形成过程中各环节的重要性及其对产品质量的影响程度，以合理、经济、有效的原则，设置质量控制点以对各环节的质量进行有效的控制。

要保证产品质量，必须加强对生产过程的质量控制。无论是零部件产品还是最终产品，它们的质量都可以用质量特性围绕设计目标值波动的大小来描述，反映控制过程产品质量波动情况的指标为过程能力指数（C_p）。产品质量的波动越小，则过程能力指数越大，也即质量水平越高。但波动是随机的，所以我们必须对生产过程进行质量控制，经济、适当地提高过程能力指数，以最大限度地减少产品质量的波动。

同时，我们应牢记：在现代质量工程技术质量控制的三个阶段中，最重要的是质量设计阶段，即产品开发设计的质量控制阶段，这与“质量源于设计”的理念相吻合；其次是在制造中对生产过程的监测，即质量监控阶段；再次才是以抽样检验来控制质量的事后质量控制阶段。对于那些质量水平较低、过程能力不佳的生产工序，事后检验是必不可少的。当质量设计科学合理、过程能力充分（过程能力指数大于1.33，甚至大于1.67）时，事后检验可根据情况予以取消。这在高度重视质量管理的少数企业中可以实现，尤其是对产品质量和可靠性要求很高的军工企业。

3. 质量控制的一般步骤 质量控制大致可以分为 7 个步骤：①选择控制对象；②选择需要监测的质量特性值（或质量指标）；③确定规格标准，并详细说明质量特性；④选定能准确测量该特性值或对应过程参数的监测仪表，或其他测试手段；⑤进行实际测试，并做好数据记录；⑥分析实际测试值与规格值之间存在差异的原因；⑦采取相应的纠正措施。当采取相应的纠正措施后，仍然要对过程进行监测，以将过程能力保持在新的水平上。一旦出现新的影响因素，则需要重新测量数据，开展分析，必要时予以纠正和改进。

在上述 7 个步骤中，最关键是质量控制系统的设计、质量控制技术和工具的选用。质量控制常用的技术和工具有矩阵图、过程决策程序图、因果图、排列图、散布图、直方图和系统图等，这些技术和工具将在后续相关章节进行详细介绍。

4. 注意事项 质量控制需要注意以下几方面的事项。

（1）重视新客户的开发：对于订单量比较大、开发价值良好的客户，应根据试单产品或样品的研制情况，做好相应的订单评审工作，确定生产工艺路线及要求。

（2）严格执行文件要求做好产品的首检与抽检工作：首检的目的是通过产品的首件确认，在无质量异常的情况下投入批量生产，防止不良发生。而抽检是确定工序的稳定性，通过抽检进一步掌握产品的质量动态，并根据其波动情况对生产工艺进行适当调整，最终保证产品的质量。

（3）合理地进行过程质量控制：对于生产产品的质量控制应做好相应的监督和检查工作，不能由生产部门自行把握，应有质量管理部门的参与。

（4）重视发生的质量问题：在出现产品质量问题时，不仅要分析原因、采取控制措施，以防止第二次质量事故的发生。

（5）人为的工作习惯、经验不能作为生产操作的标准和依据：仅靠习惯和经验做事，而走不出习惯和经验的人，其生产的产品质量将得不到有效的保障。

三、质量改进

质量改进源于工程学、面向工程问题，是质量管理的一部分，致力于增强满足质量要求的能力。它主要包括缺陷、问题、错误、不符合、纠正措施、预防措施、追溯、评估、验证等，用以发现、求解与改善质量问题，推进产品和工作质量的持续改进。

1. 基本涵义 质量改进是为提高活动和过程的效果与效率，在组织内所采取的各种措施，以向本组织及其顾客提供增值效益。

质量改进的对象包括产品质量和工作质量两个方面。前者如制药企业生产的药品质量，后者如制药企业中供应部门的工作质量、车间计划调度部门的工作质量等。因此，质量改进的对象是全面质量管理中所叙述的广义质量概念。

质量改进的效果在于突破，提供超过顾客的需求和期望。美国质量管理大师朱兰博士认为：质量改进的最终效果是按照比原计划目标高得多的质量水平进行工作，由此得到比原来目标高得多的产品质量。质量改进与质量控制效果不一样，但两者是紧密相关的，质量控制是质量改进的前提，质量改进是质量控制的发展方向。控制意味着保证其质量水平，改进则是提高或突破现有的质量水平。

质量改进是一个突破现有质量水平的过程，该过程也必然遵循 PDCA 循环的规律，是永无止境的。突破现有的质量水平必然会遇到来自技术和文化两个方面的阻力。因此，了解并消除这些阻力，是质量改进的先决条件。

2. 典型策略 世界各国均重视质量改进的实施策略，方法各不相同。根据其对质量改进阶段的划分和改进目标效益值的大小不同，可分为递增式和跳跃式两种典型的策略。

递增式质量改进的特点是：改进步伐小，改进频繁。由于它将质量改进列入日常的工作计划中，且改进的目标不高，课题不受限制，所以其优点是：可保证改进工作不间断地进行，且具有广泛的群众基础。但它缺乏计划性，力量分散，故不适用重大的质量改进项目。

跳跃式质量改进的特点是：两次质量改进的时间间隔较长，改进的目标值较高，而且每次改进均须投入较大的力量。该策略认为，当客观要求需要进行质量改进时，企业的领导者就要做出重要决策，并集中最佳的人力、物力和时间来完成这一工作。所以，其优点是：能够迈出相当大的步伐，成效较大。但它不具有“经常性”的特征，难以养成在日常工作中不断改进的观念。

由于质量改进的项目非常广泛，改进对目标值的要求又相差悬殊，所以企业可综合两种策略，根据实际需要适时开展质量改进工作。当企业想在全体人员中树立不断改进的思想，使质量改进具有持久的群众性时，可采取递增型式策略；而当面对某些具有竞争性的重大质量项目时，又可采取跳跃式策略。

3. 一般步骤 质量改进是一个过程，故一般采用 PDCA 循环实施质量改进，具体可分成如下 7 个步骤：①选择课题；②掌握现状；③分析问题原因；④拟定对策并实施；⑤确认效果；⑥防止再发生和标准化；⑦总结。

4. 质量改进项目的选择 质量改进项目的选定对开展质量改进的意义和效果非常重要，企业应该根据项目本身的重要程度、缺陷的严重程度、企业的技术能力和经济能力等方面综合分析后决定。几种常见的选择方法如下。

（1）统计分析法：该方法首先运用数理统计方法对产品缺陷进行统计，得出清晰的数据报表；然后利用这些资料进行分析；最后根据分析的结果，选定改进项目。常用的有：缺陷的关联图分析和缺陷的矩阵分析等。该方法的特点是：目光注视企业内部，积极搜寻改进目标。

（2）对比评分法：该方法是运用调查、对比和评价等手段，将本企业产品的质量与市场上主要畅销的同类产品的质量进行对比评分，从而找出本企业产品质量改进的重点。该方法的特点是：放眼四方，达到知己知彼的境地，从而制订出最有利的改进项目。

（3）技术分析法：该方法是首先收集科学技术情报，了解产品发展趋势，了解新技术在产品上应用的可能性，了解新工艺及其实施的可能效果等；然后通过科技情报的调查与分析；最后寻求质量改进的项目和途径。该方法的特点是运用新工艺等硬技术抢先使产品获得高科技水平，从而占领市场。

（4）质量改进的经济分析法：该方法是首先运用质量经济学的观点选择改进项目，并确定这些项目的改进顺序；然后运用用户评价值概念，计算出成本效益率；最后以成本效率的数值来选择质量改进项目。用户评价值是指当该项质量特性改进后，用户愿意支付的追加款额。成本效益率就是用户评价值与质量改进支出费用的比值，该值大者优先进行质量改进，该值小于 1 者无改进价值。该方法的特点是以企业的收益大小作为标准来进行质量改进项目的选择。

5. 质量改进与质量控制的区别和联系 质量控制与质量改进是不同的，主要有以下区别和联系。

（1）定义的区别：两者都是质量管理的一部分，质量改进致力于增强满足质量要求的能力；质量控制致力于满足质量要求。质量控制是消除偶发性问题，使产品质量保持在规定的水平，即质量维持；而质量改进是消除系统性问题，是在控制基础上对现有质量水平的提高，从而使质量达到一个新的高度和水平。

（2）实现手段的区别：当产品或服务质量不能满足规定的质量要求时，质量改进可以提高质量水平，满足质量要求；当产品质量已满足规定要求时，质量改进的作用是致力于满足比规定要求更高的质量，以不断提高顾客的满意程度。质量改进是通过不断采取纠正和预防措施来增强企业的质量管理水平，使产品的质量不断提高；而质量控制主要是通过日常的检验、试验调整和配备必要的资源，使产品质量维持在一定的水平。

（3）两者的联系：质量控制的重点是防止差错或问题的发生，充分发挥现有的能力，而质量改进的重点是提高质量保证的能力。只有搞好质量控制，充分发挥现有控制系统的能力，使全过程处于受控状态，才能在控制的基础上进行质量改进，使产品从设计、制造、服务到最终满足顾客要求达到一个新的水平。没有稳定的质量控制，质量改进的效果也无法保持。

质量专家朱兰提出的质量管理三部曲：质量策划、质量控制和质量改进，其模式如图 3-1 所示，它就很好地反映了质量控制和质量改进之间的区别和联系。

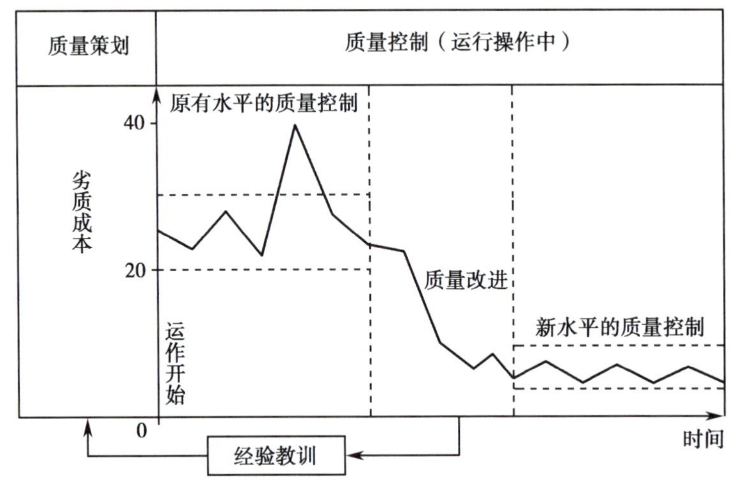

图 3-1 朱兰质量管理三部曲的模式图

由图 3-1 可知：质量控制是日常进行的工作，可以纳入操作规程中加以贯彻执行；质量改进则是一项阶段性的工作，达到既定目标之后，该项工作即已完成，通常它不纳入操作规程，只纳入质量计划中加以贯彻执行。

第二节　典型科学方法

质量管理工程的典型科学方法包括数学方法和系统分析方法等。

一、数学方法

1. 基本涵义　数学方法是指以数学为工具进行科学研究的方法，该方法用数学语言表述事物的状态、关系和过程，并加以推导、演算和分析，以形成对问题的解释、判断和预言。数学方法具有三个基本特征：一是高度的抽象性和概括性；二是精确性，即逻辑的严密性及结论的确定性；三是应用的普遍性和可操作性。这些特征使得数学方法可与各种领域和专业结合，催生出大量的解决实际问题的方法和工具，其中质量管理的很多方法和工具就是建立在数学的基础上。例如：试验设计、统计质量控制、测量系统分析、稳健设计、质量诊断、可靠性工程等都是依据一定的数学原理得以创建的。

无论自然科学、技术科学或社会科学，为了对所研究对象的“质”获得比较深刻的认识，都需要对之做出“量”方面的表述，这就需要借助于数学方法。对不同性质和不同复杂程度的事物，运用数学方法的要求和可能性是不同的。总的来看，一门科学只有当它达到了能够运用数学表达时，才算真正成熟了。在现代科学中，运用数学的程度，已成为衡量一门科学的发展程度，特别是衡量其理论成熟与否的重要标志。

在科学研究中成功地运用数学方法的关键在于针对所要研究的问题提炼出一个合适的数学模型，这个模型既能反映问题的本质，又能使问题得到必要的简化，以利于展开数学推导。建立数学模型是对问题进行具体分析的科学抽象过程，因而要善于抓住主要矛盾，突出主要因素和关系，撇开那些次要因素和关系。建立模型的过程还是一个“化繁为简”与“化难为易”的过程。当然，简化不是无条件的，合理的简化必须考虑到实际问题所能允许的误差范围和所用数学方法要求的前提条件。对于同一个问题可以建立不同的数学模型，同时在研究过程中不断检验、比较，逐渐筛选出最优的模型，并在应用过程中继续加以检验和修正，使之逐步完善。从一个特殊问题抽象出来的数学模型常常具有某种程度的普遍性，这是因为一个特殊的数学模型可以发展成为描述同一类现象的共同数学模型。已经获得广泛应用并且卓有成效的数学模型大体上有两类：一类称为确定性模型，即用各种数学方程如代数方程、微分方程、积分方程、差分方程等描述和研究各种必然性现象，在这类模型中事物的变化发展遵循确定的力学规律性；另一类称为随机性模型，即用概率论和数理统计方法描述和研究各种偶然性现象，事物的发展变化在这类模型中表现为随机性过程，并遵从统计规律，而且具有多种可能的结果。客观世界的必然性现象和偶然性现象并不是截然分开的。有些事物主要表现为必然性现象，但是当随机因素的影响不可忽视时，则有必要在确定性模型中引入随机因素，从而形成随机微分方程这样一类数学模型。20 世纪 70 年代以来，还陆续发现在一些确定性模型中，如某些描述保守系统或耗散结构的非线性方程，并不附加随机因素，但却在一定的参数范围内表现出“内在的随机性”，即出现分岔和混沌的随机行为。这类现象的机制及其数学问题已引起数学家和科学家的重视，正在研究中。

数学本身是不断发展的，对各种量、量与量之间以及量的变化之间关系的研究也在日益深入，新的数学概念、新的数学分支在不断出现，新的数学方法同样在相应地孕育和萌生。随着数学日益广泛地向各门科学渗透，与各种对象和各种问题相结合，人们正在从中提炼出各种新的数学模型，创建各种新的数学工具。尤其是电子计算机的运用使数学方法显示出新的生机，出现了所谓“数学实验方法”。这种方法的实质是不在实际客体上实验，而在其数学模型上“实验”，这种“实验”的操作就是在电子计算机上实现大量的数值运算和逻辑运算。这就使以往由于工作量大而难以进行的试算课题有可能完成。数学方法在这方面的发展前景是非常可观。

2. 数学方法的分类 数学方法有很多类别，经常用到的基本数学方法大致可以分为以下三类。

（1）逻辑学中的数学方法：包括分析法（包括逆证法）、综合法、反证法、归纳法、穷举法等。这些方法既要遵从逻辑学中的基本规律和法则，又因为运用于数学之中而具有数学的特色。

（2）数学中的一般方法：包括建模法、消元法、降次法、代入法、图像法（也称坐标法）、比较法、放缩法、向量法、数学归纳法（与逻辑学中的不完全归纳法不同）等。这些方法极为重要，应用很广泛。

（3）数学中的特殊方法：包括配方法、待定系数法、消元法、公式法、换元法（也称中间变量法）、拆项补项法、因式分解诸方法，以及平行移动法、翻折法等。这些方法在解决某些数学问题时也起着重要作用。

二、系统分析方法

1. 基本涵义 质量管理工程是以质量为核心的系统管理工程。凡是质量问题都是综合性和系统性问题。七大质量管理原则之一的过程方法也是从系统的角度去解决质量问题，而不是“头痛医头，脚痛医脚”。所以，对于质量问题都宜采用系统分析方法加以解决。

系统分析方法（system analysis method）是指用系统科学的理论和观点，把研究对象放在特定的系统中，从整体和全局出发，依据系统与要素、要素与要素、结构与功能以及系统与环境的对立统一关系，对研究对象进行考察、分析和研究，以得到最优化的处理与解决问题的一种科学研究方法。

系统分析方法来源于系统科学。系统科学是从系统的着眼点或角度去考察和研究整个客观世界。它的产生和发展为人类认识和改造世界提供了科学的理论和方法，标志着人类科学思维的一个划时代突破。我们可以把质量问题看作为一个系统工程，通过系统目标分析、系统要素分析、系统环境分析、系统资源分析和系统管理分析，准确地诊断问题，深刻地揭示问题的起因，有效地提出解决质量问题的方案，满足客户的需求。

2. 具体步骤 系统分析方法包括如下具体步骤。

（1）界定问题：系统分析的核心内容是找出问题及其原因、提出解决问题的最可行方案。界定问题是系统分析的起点，也是关键一步。如果问题界定出错，提出解决问题的方案就不可能达到满意的效果。而界定问题就是要明确问题的本质或特性、问题存在的范围和影响程度、问题产生的时间和环境、问题的症状和原因等。在界定问题时，要注意区别症状和问题，探讨问题原因不能先入为主；同时要判别哪些是局部问题，哪些是整体问题，问题的最后确定应该在调查研究之后。

（2）确定目标：根据客户的要求和对需要解决问题的理解确定系统分析的目标，如有可能应尽量通过指标表示，以便进行定量分析。对不能定量描述的目标也应该尽量用文字说明清楚，以便进行定性分析和评价系统分析的成效。

（3）调查研究、收集数据：调查研究和收集数据应该围绕问题的起因进行，一方面要验证界定问题阶段形成的假设，另一方面要探讨产生问题的根本原因，为下一步提出解决问题的备选方案做准备。调查研究常有阅读文件资料、访谈、观察和调查等四种方式。收集的数据和信息包括事实、见解和态度；同时要对收集的数据和信息进行去伪存真、交叉核实，以保证其真实性和准确性。

（4）备选方案的提出和评价标准：通过深入调查研究，最终确定待解决的问题，明确问题产生的主要原因，并基于此提出两种以上解决问题的备选方案。然后，根据问题的性质和客户的需求，提出备选方案评价的约束条件和评价标准，以便对其进行评估和筛选。

（5）备选方案的评估：根据上述约束条件或评价标准，对解决问题的备选方案进行综合性评估。评估时，既要考虑技术因素，也要考虑社会经济等因素。同时，评估小组应具有一定的代表性，要吸收项目组成员外的组织内的其他代表和客户代表参加。最后，根据评估结果确定最可行方案。

（6）提交最可行方案：最可行方案是在约束条件之内，根据评价标准筛选出的最现实可行的方案，它不一定是解决问题的最佳方案。如果客户满意，则系统分析的目标达到。如果客户不满意，则要与客户协商调整约束条件或评价标准，甚至重新界定问题，开始新一轮系统分析，直到客户满意为止。

3. 具体方法 系统分析方法的核心是将研究对象看成一个整体，力争系统的整体优化。它遵循整体性、综合性、动态性、模型化和最优化 5 个原则。具体方法包括质量管理体系、三次设计方法、质量功能展开、整体优化方法、综合评价方法等。现对前三种方法作简单介绍，详细内容将在本教材其他章节叙述。

（1）质量管理体系：质量管理体系是实施全面质量管理的一个有效的具体措施。按 ISO 9000 族质量体系标准建立、实施、保持和持续改进企业的质量管理体系有如下作用：①通过关注企业的主要过程，为企业提供不断增值其活动和提升其绩效的机会，有利于提高产品质量，保护顾客及相关方的利益；②可为提高组织的运作能力提供有效方法；③有利于增进国际贸易，消除技术壁垒；④有利于组织的持续改进和持续满足顾客的需求。

（2）三次设计方法：三次设计是日本质量专家田口玄一（Taguchi）提出的产品设计思路。它是以顾客的要求为设计目标，采用系统设计、参数设计、容差设计等方法优化设计，在设计阶段做好质量管理，把问题消除在设计阶段，以最经济的手段获得高质量、高可靠性和稳健的产品。

三次设计（田口方法）是一种低成本、高效益的质量工程方法，它强调产品质量的提高是通过设计，而不是通过检验，这一点与“质量源于设计”的理念吻合。它的基本思想是把产品的稳健性设计到产品及产品的制造过程中，通过控制源头质量，来抵御大量来自下游生产或顾客使用中的噪声或不可控因素的干扰，这些因素包括制造误差、材料老化、环境湿度、零件间的波动等。三次设计不仅提倡充分利用廉价的元件来设计和制造出高品质的产品，而且还鼓励使用先进的试验技术来降低设计试验的费用，从而为企业增加效益指明了一个新方向。

三次设计的目的在于，使所设计的产品质量稳定、波动性小，使其对生产和使用过程中的各种噪声不敏感。同时，它要求在产品设计过程中，利用质量、成本、效益的函数关系，在低成本的条件下开发出高质量的产品。该方法认为产品开发的效益可用企业内部效益和社会损失来衡量，企业内部效益体现在功能相同条件下的低成本，社会效益则以产品进入消费领域后给人们带来的影响作为衡量指标。所以，三次设计恰能在降低成本和减少产品波动上发挥作用。

（3）质量功能展开：质量功能展开（quality function deployment，QFD）法是一种系统性的决策技术。在设计阶段，它可保证将顾客的要求准确无误地转换成产品的要求；在生产准备阶段，它可保证将反映顾客对产品的要求准确无误地转换为产品制造工艺过程的要求；而在生产加工阶段，它又可保证制造出的产品完全满足顾客的需求。

第三节　一般方法

质量管理工程学科研究中，除了数学方法和系统分析方法以外，还会用到很多一般的研究方法，比如：问题管理方法、PDCA 方法、数理统计方法等。

一、问题管理方法

（一）基本涵义

问题管理法是指为维持企业的发展、实现企业的目标，根据事物之间相互联系、相互制约的原理，把问题作为切入点，以挖掘问题和有效解决问题为核心的管理方法。

问题管理法是我国著名企业管理学家、经济学家、五行管理学创始人寇北辰提出的，是五行企业管理的重要方法之一，也是企业管理的基本方法，对企业管理实践有着深刻的意义，对企业目标的实现有极大的促进作用。其独特之处在于具有强烈的针对性和趣味性。针对性地体现在每次问题管理都以一个存在的问题为出发点，着力于其本质的原因分析，寻找其根本的解决方法，最终以解决这个问题为落脚点的，这是其他方法所不及之处。趣味性表现在它总是以问题的形式刺激人的思维，把枯燥的工作变成一种趣味的探索，在层层询问和回答的过程中解决问题。

问题管理既是一种管理理念，也是一种管理技术。组织和个人在发展过程中总要面对各种困难、矛盾和冲突，这种在发展中的困难、现实中的矛盾和冲突、工作中的不足以及对标中的差距，都应该成为关注的问题。而管理的实质就是面对缺陷、差距和不足等问题的实践过程。问题管理就是通过主动发现问题、勇于面对问题、认真分析问题，来圆满解决问题，并预防问题的再次发生，以达成问题驱动下的管理提升。因此，问题管理是借助问题导向管理、优化管理的过程。

（二）问题管理的流程

问题管理的经典流程如图 3-2 所示，包括 5 个核心环节，3 个备选环节。

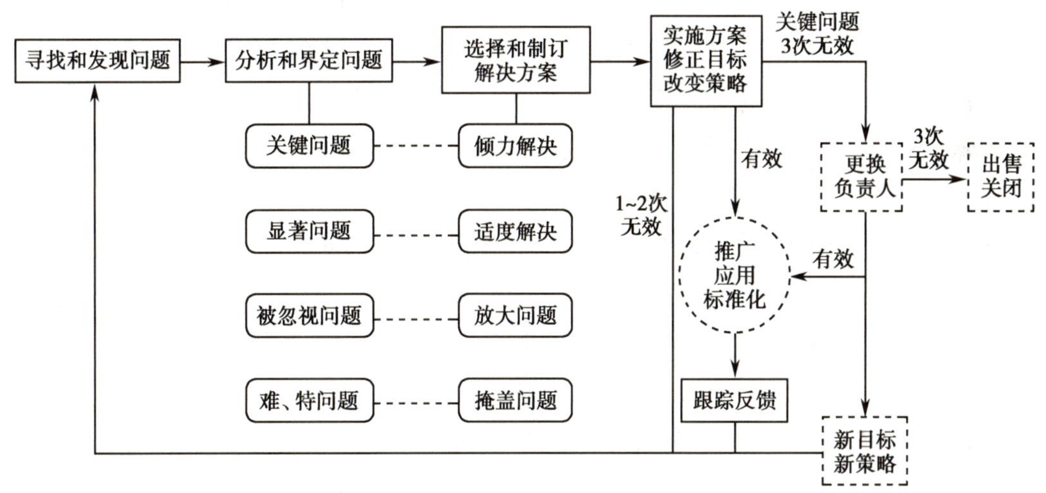

图 3-2 问题管理方法的流程示意图

1. 核心环节 问题管理方法流程的 5 个核心环节分别为寻找和发现问题、分析和界定问题、选择和制订解决方案、实施方案、跟踪和反馈。

（1）寻找和发现问题：采用问题管理法的前提是找到问题，故要全面的寻找和发现问题，并把各类代表性问题罗列出来。为此，企业需采取质量教育和激励措施，提高全体员工的积极性和参与性，以寻找和及时发现问题。问题有显性和隐性问题，显性问题容易发现，隐性问题难于发现，且技术性强，此时责任人、上级部门或高层管理应主动作为。

（2）分析和界定问题：问题界定的正确与否将直接影响此方法解决问题的成效。为此，首先应正视问题，分析问题产生的各种原因及其实质，并对问题进行正确界定，确定哪些是关键问题，哪些是显著问题，哪些是容易被忽视的问题，哪些又是难以解决或其他特殊的问题。问题界定如下：①关键问题，是指处于问题因果关系的上游，带有一定的原发性，而且关系性强、影响力大的问题；②显著问题，是指员工或客户反映多、批评多，但不影响企业的根本利益或关键优势的问题；③被忽视的问题，是指本来比较重要，但领导或相关人员未加重视的问题；④难解决或其他特殊的问题，是指现阶段难以解决，或本行业普遍存在而企业又难以解决的问题。

（3）选择和制订解决方案：针对界定的问题，应采取不同的态度和方式处理，并制订相应的解决方案。解决方案包括对原有做法的改进、重新设定目标、采取新的战略或策略从头再来等。如图 3-2 所示，对于关键问题，要倾力解决；对于显著问题，要适度投入人力和财力解决；如果解决问题投入的代价太大，甚至超过解决问题带来的总体效益，则可以先把问题监控起来，暂时不解决，或采取临时性解决办法。对于被忽视的问题，可以采取把问题放大、小题大做的方法，引起领导或相关人员的重视。对于难以解决的问题和特殊问题，可采用“掩盖”问题的方法。

（4）实施方案：实施制订的方案就是决策的执行。解决方案能否有效实施，取决于决策是否正确、制度是否合理、氛围是否良好、员工是否认真负责和进取心是否强等。解决方案实施后如果有效，一定要推广、应用，或者把解决方案融入规章制度，这样可以放大问题管理的成效。

（5）跟踪和反馈：问题与发展伴随，问题管理也是永无止境的。同时，众多问题的复杂性和关联性，也常会出现旧问题的解决带来新问题的产生；解决问题的方案也不一定都有效，即使有效，也不一定能完全地执行。所以，解决方案实施中或实施后，都需要跟踪和反馈。

2. 备选环节 如图 3-2 所示，在问题管理方法流程中还有更换负责人、新目标和新策略、出售或关闭业务 3 个备选环节。

一项业务（一个企业）的负责人对这项业务的成败有很大的影响。5 个核心环节实施后如果有效，则不需要这 3 个备选环节；如果无效，可以重新进行问题管理流程。这样的问题管理流程如果实施了 2～3 次都无效，则说明这项业务的负责人不适合担任这一职位，应该更换负责人。

负责人更换后，新负责人常会根据自己的“施政纲领”重新设定目标，采取新的战略或策略，并开启新问题的问题管理流程。在新负责人“施政纲领”下制订的解决方案实施后仍然无效的，可以再次更换负责人；如果 2～3 个不同的负责人主持下，解决方案都无效，那说明动作这项业务的时机或条件还不成熟，在这种情况下只能出售或关闭这项业务了。

3. 主要特点 问题管理的主要特点如下。

（1）问题祛小化大：一般来说，危机也是问题，是相对较大的问题，是问题深化的结果。问题管理的特点是在问题没有演变成危机的时候，及时发现并解决它，从而可以避免危机的产生。

（2）一对一提高效率：问题管理中一个问题对应一个解决方案，一切从问题出发，具体问题具体分析，并且加以解决。由此，它比从基础理论和目标开始的管理更有针对性、更有助于提高工作效率。

（3）以问题激励发展：对企业的发展来说，从现实到目标有很多问题，问题管理具有强烈趣味性，每个问题的解决过程都可培养员工积极的学习方法和工作态度，每个问题的解决更是对员工努力工作的认可，可激励员工不断进步和企业不断发展。

问题管理是一个连续的、持续的过程。有步骤，但不能有间断；有节点，但不能有截断。随着对问题认识和意识的到位，问题管理的水平和成效也将逐步提升。在质量管理工程的实践中，问题管理最需要的是重视问题、坚持问题导向和不断解决问题，而不能是“做样子”和

"一阵子"。

4. 主要作用 问题管理的主要作用如下。

（1）有利于形成追求卓越的理念和氛围：问题管理以问题为导向，其寻找问题、发现问题、分析问题和解决问题的过程是对目标实现的一种主动追求和自我修正的过程，可形成追求卓越的理念和氛围。

（2）有利于有针对性地加强精细化管理：有问题意味着还有差距和不足，问题管理可以增强管理的精细化程度，不积痾成疾，不放任自流，不断提高工作的针对性和有效性。

（3）有利于提升管理能力和管理水平：通过发现问题、解决问题，有助于提高管理者的责任意识、预判能力、思考能力和管理能力，不断提升管理者的管理水平。

当然，问题管理由于以问题为导向，所以具有一定的迟后性，解决问题也具有相对的被动性。这在某种程度上对关系到人们身体健康和生命安全的药品的质量管理而言，存在一定的不足。但可通过全面质量管理的实施和质量教育的开展加以克服、弥补，积极发现生产过程中影响药品质量的各种问题，尤其是隐性问题，并采取有效的方案去解决问题，祛小化大，防微杜渐。

二、PDCA 循环

PDCA 循环是任何一项质量改进都要遵循的原则。它由美国质量管理专家 Walter A. Shewhart 首先提出的，再经戴明采纳、宣传、普及，所以又称戴明环。PDCA 循环是将质量管理分为如图 3-3 所示的四个阶段，即策划（plan）、实施（do）、检查（check）和处置（act）。在质量管理活动中，它要求把各项工作按照策划、实施、检查实施效果依次开展，然后将成功的纳入标准，不成功的留待下一个循环去解决。这一工作方法是质量管理的基本方法，也是企业管理各项工作的一般规律。

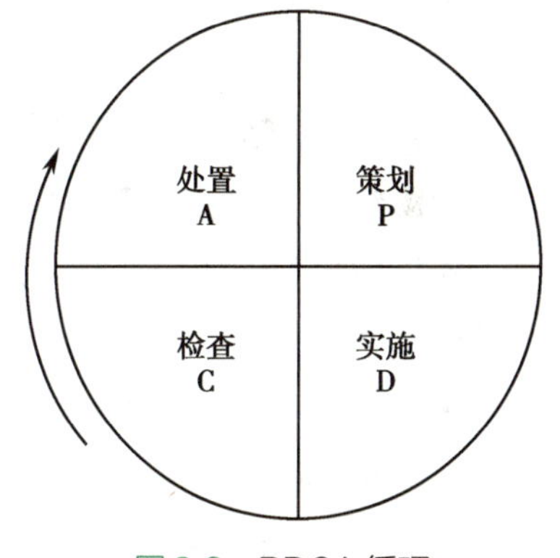

图 3-3 PDCA 循环

1. PDCA 循环的程序 PDCA 循环由 4 个阶段组成。

（1）策划：包括方针和目标的确定，计划书以及活动规划的制订等。

（2）实施：实施行动计划，包括设计具体的方法、方案，进行具体的运作，实现策划中的内容。

（3）检查：对策实施后，评估实施后的效果。

（4）处置：总结成功的经验，实施标准化，按标准执行和进一步推广。

没有解决的问题转入下一轮 PDCA 循环，为制订下一轮质量改进计划提供资料。

以上四个过程周而复始地进行，一个循环完了，解决一些问题，未解决的问题进入下一个循环，这样阶梯式地上升。全面质量管理活动的全部过程就是质量计划的制订、组织和实现的过程，这个过程所应遵循的科学程序就是 PDCA 循环，它不停地周而复始地运转。所以，PDCA 循环是全面质量管理的思想基础和方法依据。

2. PDCA 循环的特点 PDCA 循环具有如下特点：① PDCA 循环的四个阶段一个也不能少；②大环套小环，在 PDCA 循环的某一阶段也会存在策划、实施计划、检查计划实施效果和处理的小 PDCA 循环，如图 3-4 所示；③ PDCA 是循环前进，阶梯上升的过程，如图 3-5 所示。按 PDCA 顺序，每循环一次，产品、过程或工作的质量就提高一步，在新的水平上再进行 PDCA 循环就会再达到一个更高的水平。

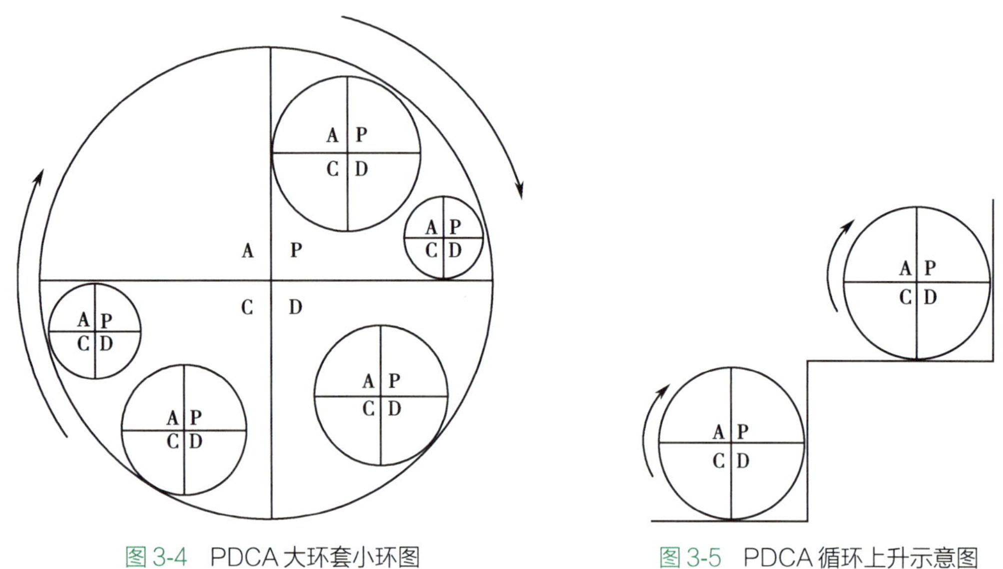

图 3-4　PDCA 大环套小环图　　图 3-5　PDCA 循环上升示意图

3. PDCA 的作用 PDCA 循环是全面质量管理的思想基础和方法依据，它具有如下作用。

（1）PDCA 循环是能使任何一项活动有效进行的一种合乎逻辑的工作程序，特别在质量管理中得到了广泛的应用。

作为质量管理的基本方法，PDCA 循环不仅适用于整个工程项目，也适应于整个企业和企业内的科室、工段、班组以及个人。通过循环可把企业上下或工程项目的各项工作有机地联系起来，彼此协同，互相促进。

（2）PDCA 循环是开展所有质量活动的有效方法。

（3）PDCA 循环的管理模式是体现科学认识论的一种具体管理手段和一套科学的工作程序。它不仅在质量管理工作中可以运用，以改进与解决质量问题，赶超先进水平；也适合于其他各种管理工作。同样，它也可在我们日常工作和生活中广泛应用，对提高工作效率和生活质量大有益处。

三、数理统计方法

数理统计在相关书籍中有详细介绍，本教材仅对相关的方法、知识和理论作简明扼要的介绍。

（一）概率论与数理统计

在统计学问题中，研究对象的全体称为总体，构成总体的每个成员称为个体。如一批产品可以看成是一个总体，组成这一批产品中的每个产品称为个体。从总体中抽取部分个体组成的集合称为样本。样本的个数称为样本容量或样本量，常用 n 表示。

从总体中抽取样本的目的是通过样本推断总体。如药品抽样检验的目的是通过对抽取样品的质量检验，推断整批药品的质量特性。为使这种统计推断有所依据，推断结果有效，抽取的样品应具有代表性，满足随机性和独立性的原则。所以，样本的抽取必须有严格的程序和要求，这在现行版《中华人民共和国药典》（以下简称《中国药典》）中均有详细规定。只有按照规定的程序抽样，获得的样本才能很好地反映实际总体的状态。抽样切忌干扰，特别是人为干扰。某些人的倾向性会使所得样本的代表性不够，从而使最后的统计推断失效。抽样的详细描述将在第六章第三节中介绍，在此不展开叙述。

样本来自总体，因此样本中包含了有关总体的丰富信息，但是这些信息是分散的。为了把这些分散的信息集中起来反映总体的特征，需要对样本进行加工。图和表是对样本进行加工的一种有效方法。另一种有效的方法就是构造样本的函数，不同函数可以反映总体的不同特征。

不含未知参数的样本函数称为统计量。常用的统计量可分为两类，一类是用来描述样本的中心位置，如样本的平均值、中位数和众数；另一类用来描述样本的分散程度，如样本的极差、方差、标准差、相对标准差（又称变异系数）等。统计量的分布称为抽样分布。当样本来自某个正态分布的总体时，随机抽取的样本也为正态分布，即称正态样本。正态样本的均值、方差和标准偏差等呈正态分布；来自同一总体的两个独立的正态样本的方差分布为 F 分布，F 分布的概率密度函数在正半轴上呈偏态分布。以上这些抽样分布在统计学中的区间估计、假设检验和方差分析中经常使用。

产品性能一般具有随机性，检验得到的质量数据也是随机数据，因此产品性能指标是个随机变量，描述样本的统计量也是个随机变量，有其分布规律。由统计学的中心极限定理可知：当样本量足够大时（通常 $n \geqslant 50$），多个相互独立随机变量的平均值（仍然是一个随机变量）将服从或近似服从正态分布。由此，为通过抽取样本的质量信息获得总体的质量特性提供了理论依据。

概率论是数学方法的一个分支，它所研究的内容一般包括随机事件的概率、统计独立性和更深层次上的规律性。通常把产品的质量特性指标当作随机变量，每一次试验或观察，其质量特性值会呈现出偶然性。例如，在同一工艺条件下生产的药品，其主药的含量参差不齐；同一工艺条件下生产的不同批次中药，批接收概率不确定等。

数理统计是伴随着概率论的发展而发展起来的一个数学分支。它是以概率论为基础，从实际观测资料出发，研究如何有效地收集、整理、分析在随机事件下获得的随机数据，以对所考虑的问题做出统计分析、推断和预测，从而为某种决策和行动的实施提供依据或建议。更具体地说：采用数理统计学的方法，可从一定总体中随机抽取样本，然后通过对样本某些性质的观测数据进行统计分析和处理，以此对所研究总体的性质做出推测性判断。数理统计方法包括抽样、参数估计、假设检验、方差分析、回归分析等内容。

（二）误差理论与数据处理

产品质量特性指标的检验结果中必然存在误差，这些误差将直接影响质量数据的可靠性。认识误差的性质，分析误差产生的原因，采取有效措施减小和控制误差，是质量控制和质量改进时经常面对的一项重要工作。

产品质量的检验误差通常包括随机误差、系统误差和粗大误差。根据检测次数的多少，选用 3σ 准则（拉依达准则）、罗曼诺夫斯基准则和格拉布斯准则等去检验测量数据中是否含有粗大误差的测量值，一旦发现需要将其从测量结果中删除。再采用实验对比法、残余误差校核法、不同公式计算标准差比较法、秩和检验法和 t 检验法等去发现测量数据中是否含有系统误差。若有，则可根据系统误差的类型分别采用从误差根源上消除系统误差，或采用修正法、抵消法、交换法、对称法和半周期法等消除系统误差。而测量结果中随机误差通常因随机因素引起，可通过增加重复测定次数，采用数理统计的方法进行分析。

（三）参数估计

参数估计（parameter estimation）是根据从总体中抽取的随机样本来估计总体分布中未知参数的方法。它是统计推断的一种基本形式，可分为点估计和区间估计两者形式。

1. 点估计 设 θ 是总体 X 的一个未知参数，从总体 X 中随机抽取容量为 n 的样本，那么用来估计未知参数 θ 的样本统计量称为 θ 的估计量。被估计的总体参数可以是总体 X 的分布的参数，也可是均值、方差和概率。常采用矩法估计，即用样本的均值、方差和标准差来估计总体的均值、方差和标准差，且分布不限于正态分布。矩法估计的优点是不要求知道总体的分布，缺点是估计不唯一。

点估计的优劣常用无偏性和有效性来评价。样本均值和样本方差分别是总体均值和总体方差的无偏估计，而样本标准差是总体标准差的有偏估计。

参数 θ 的无偏估计往往有多个，而其优劣又通常采用有效性评价。有效性是指对两个无偏估计的方差进行比较，其中方差较小的意味着波动较小，稳定性也较好，所以要选用方差较小的无偏估计。同时，我们应毫不怀疑地使用全部数据的平均值来估计总体均值，因为它是最有效的。

正态分布总体均值的无偏估计有两个，分别为样本均值和样本中位数。其中，样本均值比样本中位数更有效，所以实际中应优选样本均值来估计正态分布总体的均值。有时在现场，为了简便快捷，也有选用样本中位数去估计正态分布总体均值的情况，如统计过程控制中的中位数图。

正态分布总体方差的无偏估计常用的只有一个，它就是样本方差 s^2。

正态分布总体标准差的无偏估计有两个，一个是对样本极差 R 进行修偏而得的 σ_R，另一个是对样本标准差 s 进行修偏而得 σ_s。具体如下式：

$$\sigma_R = \frac{R}{d_2} = (x_{(n)} - x_{(1)}) / d_2 \qquad 式（3\text{-}1）$$

$$\sigma_s = \frac{s}{c_4} = \sqrt{\frac{1}{n-1}\sum_{i=1}^{n}(x_n - \bar{x})^2} / c_4 \qquad 式（3\text{-}2）$$

其中，d_2 与 c_4 是与样本容量 n 有关的常数，与样本无关，它可从 ER3-2 中查到。

ER3-2 计量控制图系数表

对正态标准差来说，σ_s 更有效。因此在应用中，应优先选用 σ_s 估计正态分布的标准差。有时在现场，为了简便快捷，也有选用 σ_R 估计正态分布的标准差。如在统计过程控制（statistical process control，SPC）中的极差图就是其应用，平均极差经修偏后常用来估计过程的标准差。

20 世纪 60 年代，随着电子计算机的普及，参数估计有了飞速的发展。参数的点估计有多种方法，其中最基本的方法是最小二乘法和极大似然法。最小二乘法主要用于线性统计模型中的参数估计。最大似然估计法则是利用样本分布密度构造似然函数来求出参数的估计值。

2. 区间估计 区间估计（interval estimation）是依据抽取的样本，根据要求的正确度与精确度，以适当区间的形式作为总体分布未知参数的真值所在范围的估计。例如人们常说的有百分之多少的把握保证某个值在某个范围内，即是区间估计的最简单的表述。

设 θ 是总体的一个未知参数，其一切可能的取值组成参数空间。从总体中抽取容量为 n 的样本，对给定的 α（$0<\alpha<1$），若未知参数的值在置信水平为 $1-\alpha$ 时均落在随机区间 $[\theta_L, \theta_U]$ 的范围内，则称 $[\theta_L, \theta_U]$ 是 θ 置信水平为 $1-\alpha$ 的置信区间，简称 $[\theta_L, \theta_U]$ 是 θ 的 $1-\alpha$ 置信区间。其中，θ_L 和 θ_U 分别称为 $1-\alpha$ 的置信下限和置信上限。$1-\alpha$ 置信区间的含义是：置信区间 $[\theta_L, \theta_U]$ 能涵盖未知参数 θ 的概率为 $1-\alpha$，α 即为不涵盖的概率。如果 $P(\theta<\theta_L)=P(\theta>\theta_U)=\alpha/2$，则称这种置信区间为等尾置信区间，如正态分布总体参数的置信区间及比例 P 的置信区间。

（1）正态分布总体参数的置信区间：设总体分布为 $N(\mu, \sigma^2)$，从总体中抽取的样本为 $x_1, x_2, \cdots, x_n$，样本均值为 $\bar{x}$，样本方差为 s^2，样本标准差为 s。若该总体呈正态分布，则其总体均值、方差和标准差的 $1-\alpha$ 置信区间如下。

1）当总体标准差 σ 已知时，总体均值 μ 的 $1-\alpha$ 置信区间为：

$$\bar{x}-u_{1-\alpha/2}\sigma/\sqrt{n} \leqslant \mu \leqslant \bar{x}+u_{1-\alpha/2}\sigma/\sqrt{n} \qquad \text{式(3-3)}$$

2）当总体标准差 σ 未知时，总体均值 μ 的 $1-\alpha$ 置信区间为：

$$\bar{x} \pm t_{1-\frac{\alpha}{2}}(n-1)\frac{s}{\sqrt{n}} \qquad \text{式(3-4)}$$

3）当总体均值 μ 未知时，总体方差 σ^2 的置信区间为：

$$\left[\frac{(n-1)s^2}{\chi^2_{1-\frac{\alpha}{2}}(n-1)}, \frac{(n-1)s^2}{\chi^2_{\frac{\alpha}{2}}(n-1)}\right] \qquad \text{式(3-5)}$$

4）当总体均值 μ 未知时，总体标准差 σ 的置信区间为：

$$\left[\frac{s\sqrt{n-1}}{\sqrt{\chi^2_{1-\frac{\alpha}{2}}(n-1)}}, \frac{s\sqrt{n-1}}{\sqrt{\chi^2_{\frac{\alpha}{2}}(n-1)}}\right] \qquad \text{式(3-6)}$$

（2）比例 p 的置信区间：假设总体 $X \sim b(1, p)$，大样本为 $x_1, x_2, \cdots, x_n$，样本之和为 k，则样本的均值为 $\bar{x}=k/n$，这便是比例 p 的点估计。当样本容量 n 较大时，由于 $\bar{x}$ 的近似分布为 $N(p, p(1-p)/n)$，此时 p 的 $1-\alpha$ 置信区间为：

$$x \pm u_{1-\alpha/2}\sqrt{\bar{x}(1-\bar{x})/n} \qquad \text{式(3-7)}$$

（四）假设检验

假设检验（hypothesis testing），又称统计假设检验，是用来判断样本与样本、样本与总体的差异是由抽样误差引起还是本质差别造成的统计推断方法。显著性检验是假设检验中最常用的一种方法，也是一种最基本的统计推断形式，其基本原理是先对总体的特征做出某种假设，然后利用样本资料选用特定统计方法计算出有关检验的统计量，并依据一定的概率原理（如 $P<0.05$），以较小的风险来判断估计数值与总体数值（或者估计分布与实际分布）是否存在显著性差异，从而对假设做出拒绝还是接受的推断。

在质量管理工作中经常遇到两者进行比较的情况，例如：采购原材料的验证时，抽样获得的数据在目标值两边波动，波动有大有小，如何判断这些原料是否达到我们规定的要求呢，即这些波动是抽样误差带来的，还是本质上就不符合我们规定的要求。再如药品质量检验时，怎么判断两种检验方法的优劣或等同，两批药品的合格率有无显著变化，这都需要我们使用假设检验，来比较抽样获得的数据，才能做出两者是否相等、等同和优劣等差异的判断；同时也表明做出这样的结论时，你所承担风险的概率。常用的假设检验方法有 u 检验法、t 检验法、χ^2 检验法、F 检验法、秩和检验法等。

1. 基本思想 假设检验的基本思想是"小概率事件"原理，其统计推断方法是在一定概率下的反证法。统计学认为："小概率事件"在一次试验中是不会发生的。反证法是先提出检验假设，再用适当的统计方法，利用"小概率事件"原理，确定假设是否成立。也即，为了检验一个假设 H_0 是否正确，首先假定 H_0 正确，然后根据对样本观察值的统计学分析，做出对假设 H_0 接受或拒绝的判断；如果"小概率事件"发生了，就应拒绝假设 H_0，否则就应接受假设 H_0。

假设检验中认为"小概率事件"在一次试验中不发生，但概率小到什么程度才能算作"小概率事件"；显然，"小概率事件"的概率越小，否定原假设 H_0 就越有说服力。这个概率值常记为 $\alpha(0<\alpha<1)$，也称为检验的显著性水平。一般认为，事件发生的概率小于 0.05 或 0.01 等，即可认为是"小概率事件"。

2. 基本步骤 假设检验的基本步骤如下。

（1）提出假设，设定检验水平：先提出检验假设 H_0 和备择假设 H_1。H_0：假设样本与总体、样本与样本间的差异是由抽样误差引起的。H_1：假设样本与总体、样本与样本间存在本质差异。设定检验的显著性水平，通常取 α 为 0.05 或 0.01。

（2）选定统计方法进行分析：根据资料的类型和特点，可选用 u 检验法、t 检验法、χ^2 检验法、F 检验法、秩和检验法等，再由样本的观察值按相应的公式计算出统计量的大小，如 u 值、t 值等。

（3）做出假设成立与否的判断：根据统计量的大小及其分布，确定假设成立的可能性 P 的大小，并做出假设成立与否的判断。若 $P>\alpha$，则按显著性水平 α，接受 H_0，认为差异是由于抽样误差造成的。若 $P\leqslant\alpha$，则按显著性水平 α，拒绝 H_0，接受 H_1，即认为差异是由实验因素导致的。P 值的大小一般可从相应的界值表中查到。

需要注意的是，①作假设检验之前，应注意资料本身是否有可比性；②当差别有统计学意义时，应注意这样的差别在实际应用中有无意义；③根据资料类型和特点，选用正确的假设检验方法对结果的正确判断非常重要；④应根据专业实际和经验，确定是选用单侧检验还是双侧检验；⑤判断结论时不能绝对化，应注意无论接受或拒绝检验假设，都有判断错误的可能性。

3. 两类错误 假设检验的基本思想是利用"小概率事件"原理做出统计判断，而"小概率事件"是否发生与一次抽样所得的样本及所选择的显著性水平 α 有关。由于样本的有限性、随机性和选择显著性水平 α 的不同，检验结果与真实情况也可能不吻合，由此导致假设检验可能犯的错误有如下两类：①第一类错误（拒真错误），即当假设 H_0 正确时，小概率事件也有可能发生，此时我们会拒绝假设 H_0，犯这类错误的概率为 α，又称为显著水平；②第二类错误（取伪错误），即当假设 H_0 不正确时，小概率事件未发生，这时我们会接受 H_0，犯第二类错误的概率为 β。

理论上，我们希望犯这两类错误的概率都很小。当样本容量 n 固定时，α、β 不能同时都小，即 α 变小时，β 就变大；而 β 变小时，α 就变大。只有当样本容量 n 增大时，才有可能使两者都变小，但实际中样本容量的增加是有限的，过多的增加也是不科学、不经济的。所以，实际应用的一般原则是：控制犯第一类错误的概率，即给定 α（通常取 α 为 0.05），然后通过适当增大样本容量 n 来减小 β。这种重点对第一类错误加以控制的假设检验称为显著性检验。

（五）方差分析

方差分析（analysis of variance，ANOVA），又称"变异数分析"或"F 检验"，是 R. A. Fisher 发明的，用于两个及两个以上样本均数差别的显著性检验。

方差分析认为不同处理组的均数间的差别基本来源有两个：其一是实验条件的不同导致的，即不同的处理造成的差异，称为组间差异，记为 SS_b。其二是随机误差造成的，如测量误差造成的个体间的差异，称为组内差异，记作 SS_w。总偏差平方和 $SS_t=SS_b+SS_w$。组内 SS_w、组间 SS_b 除以各自的自由度（设 n 为样本总数，m 为组数，组内自由度为 $n-m$，组间自由度为 $m-1$），得到其均方和 MS_w 和 MS_b。当差异来源于随机误差时，两者相近，即处理没有作用，各组样本均来自同一总体；当差异来源于处理时，组间的 MS_b 将明显大于组内的 MS_w，即处理有作用。各样本来自不同总体，组间均方和是随机误差和不同处理共同作用的结果，那么 MS_b 比 MS_w 大到什么程度时，可认为具有统计学意义呢，这就是涉及临界值问题。当 MS_b 与 MS_w 的比值（F 值）在给定的检验水平下（如 $P\leqslant0.05$）比临界值大时，即可认为差异来源于不同的处理；反之，来源于组内。

由此可知，方差分析的基本思想是通过分析不同来源的变异对总变异的贡献大小，从而确定总变异的来源是由于随机误差导致，还是由外加的可控因素导致。具体分析步骤可参考相关统计学书籍，在此不做展开。

（六）回归分析

回归分析（regression analysis）是确定两种或两种以上变量之间相互依赖的定量关系的一种统计分析方法，运用十分广泛。回归分析按照涉及的自变量的多少，可分为一元和多元回归分析；按照自变量和因变量之间的关系类型，可分为线性和非线性回归分析。如果在回归分析中，只包括一个自变量和一个因变量，且二者的关系可用一条直线近似表示，这种回归分析称为一元线性回归分析。如药物分析中建立的标准工作曲线，即是利用峰面积（或吸收度等）与药物浓度之间的一元线性关系。如果回归分析中包括两个或两个以上的自变量，且自变量和因变量之间是线性关系，则称为多元线性回归分析。

在质量管理中经常需要研究两个变量间的相关关系。为此，首先要收集数据，数据可从生产实践中收集，也可从文献中查阅。为了研究两者间存在的关系，可以先画一张图，把每一对(x, y)看成直角坐标系中的一个点，在图中标出n个点，这张图称为散布图。再根据散布图建立两个变量的可能关系。

相关分析研究的是现象之间是否相关、相关的方向和密切程度，一般不区别自变量或因变量。而回归分析则要分析现象之间相关的具体形式，确定其因果关系，并用数学模型来表现其具体关系。如从相关分析中可以得知“质量”和“用户满意度”变量密切相关，但是这两个变量之间到底哪个是自变量，哪个是因变量，则需要通过回归分析方法来确定。

一般来说，回归分析是通过规定因变量和自变量来确定变量之间的因果关系，建立回归模型，并根据实测数据来求解模型的各个参数，然后评价回归模型是否能够很好地拟合实测数据；如果能够很好的拟合，则可以根据自变量作进一步预测。应用回归分析预测时应注意：首先要用定性分析判断变量之间是否存在相关关系，如果变量之间不存在相关关系，对这些变量进行回归分析就会得出错误的结果。其次是避免回归分析的任意外推。

第四节　常用工具

产品的质量特性指标需要用具体的数值来体现，用各种检测手段测得的这些数值称为质量数据。这些数据是否可靠，如何通过分析这些数据来寻找影响产品质量特性指标的原因，都要用到质量管理工程的统计分析方法和工具。

质量管理工程实践中的方法和工具很多，简单归纳起来为七套七种工具，如表3-1所示。其中，有的质量工具可能同属两种不同的类别。例如，用于项目的工具“甘特图”和“控制图”，也可分别用于管理和质量。

表3-1　质量管理工程的常用工具

工具类别	七种工具
质量工具	调查表、分层法、排列图、因果图、直方图、散布图、控制图
管理工具	PDPC法、亲和图、关联图、系统图、矩阵图、矩阵数据分析法、甘特图
设计工具	稳健性设计、QFD、TRIZ、Pugh概念选择、FMEA、FTA、容差设计
统计工具	析因实验、过程能力分析、回归分析、多变量分析、假设检验、概率图、测量系统分析
项目工具	甘特图、项目章程、关键质量特性、系统图、能力分析、费效分析、控制图
精准工具	标准化、浪费分析、瓶颈分析、流程图、供应链矩阵、装配时间分析、彩色标志分析
顾客工具	卡诺模型、需求构造、质量屋、损失函数、顾客访问、顾客调查、相关分析

一、七种质量工具

七种质量工具即通常所说的老七种 QC 工具，主要有调查表、排列图、散布图、因果图、分层法、直方图和控制图。

（一）调查表

调查表又称为检查表、核对表、统计分析表，它是记录、收集原始质量数据的一种表格。作为统计图表的一种，它可用来系统地收集资料（数字与非数字），确认事实，并对资料进行粗略整理和分析。如：记录原始数据，调查原因，纠正措施有效性的调查，设备检查，安全检查等。

调查表的种类很多，格式多样。常用的调查表有不合格项目调查表、不合格原因调查表、缺陷位置调查表、过程质量调查表、废品分类统计表等。如表 3-2 所示阿司匹林片的不合格项目调查表。

表 3-2　阿司匹林片的不合格项目调查表

批次	成品量/箱	抽样量/片	不合格项目					不合格品数/片	不合格率/%
			外观	重量差异	脆碎度	溶出度	含量均匀度		
1	10	500	1	2	0	1	1	5	1.0
2	10	500	0	1	0	1	1	3	0.6
3	10	500	1	3	1	2	2	9	1.8
总计		1 500	2	6	1	4	4	17	1.1

调查者：李 ××

日期：×××× 年 ×× 月 ×× 日

地点：阿司匹林片制剂车间

（二）分层法

在进行质量因素分析时，有时来自多方面的因素交错在一起，数据杂乱无章，无法直接进行分析得出结果，此时需要一种统计工具对错综复杂的各种因素进行分类。应用分层法可以较好地解决此问题，并常与调查表结合使用。

分层法，又称分类法、分组法、数据分层法，是整理数据、分析影响产品质量因素的一种重要方法，它能将杂乱无章的数据和错综复杂的因素按不同的分类目的、性质、来源等加以分类，使之条理化和系统化，并将总体分为若干层次，分别加以研究。以便抓住主要影响因素，采取相应的对策。

分层法可根据实际情况按多种方式进行。例如，按不同时间、班次、使用设备的种类、原材料的进料时间、原材料成分、检查手段、使用条件、不同缺陷项目等进行分层。但在确定分层依据时，应使同一层内的质量数据在性质上的差异尽可能小，而各层之间的差异尽可能大。在分析影响产品质量因素时，一般可按以下几种原则进行分层。

（1）按时间分层：如按不同日期、不同班次分。

（2）按操作者分层：如按男员工、女员工、新员工、老员工、不同工龄分。

（3）按操作方法分层：如按不同工艺方法分。

（4）按原材料分层：如按不同进货时间、不同供应商、不同原材料成分分。

（5）按使用设备分层：如按不同设备类型、不同设备型号分。

（6）按检测手段分层：如按不同测量仪器、不同测量人员、抽样方法分。

（7）按操作环境分层：如按噪声情况、清洁程度、采光等分。

（8）其他分层：如按部位、过程、故障项目等分。

（三）因果图

导致过程或产品问题的原因可能有很多因素，通过对这些因素进行全面系统地观察和分析，可以找出其因果关系。因果图就是一种简单易行的方法。

因果图又称特性要因图，因其形状似“鱼刺”，故常又称为鱼刺图、鱼骨图。因果图通过把握现状、分析原因和寻找措施来促进问题的解决，是用于分析质量问题与其可能影响因素之间关系的有效工具，不仅可用于解决产品的质量问题，也在其他领域得到了广泛的应用。

1. 因果图的分类 因果图分为问题型、原因型及对策型三类。

（1）问题型：其特点是沿着研究“为什么会发生这样的结果”这一课题，进行层层解析。这种因果图的优点是由于对问题进行了分解，可以系统地掌握因素间的相互关系；其缺点是容易遗漏或忽视某些平行的问题。

（2）原因型：请参与分析的人毫无限制地自由发表意见，并把所有观点和意见都罗列出来，然后系统整理它们之间的关系，绘制成因果图。这种方式由于可经过充分的思考和讨论，发挥众人的智慧，不但不会把重要的原因漏掉，还有利于问题的深化讨论与研究解决。它的缺点是需要发动的人多，工作量大。

（3）对策型：这种因果图的做法是首先按工序的流程，把各工序作为影响产品质量的平行主干原因，然后把各工序中影响产品质量的原因填写在相应的工序中。这种方式简单易行，但缺点是相同的因素会多次重复出现，也难以表现数个原因交织在一起影响产品质量的情况。

2. 因果图的绘制 解决问题的关键在于找到产生问题的原因，所以质量问题能否顺利得到解决，绘制因果图是关键。例如：药品的某质量特性存在问题，通过“头脑风暴法”可以找出这些原因，而这些原因主要涉及“人、机、料、法、测、环”等导致质量问题的六大因素，所以我们可将这些原因与特性值一起，按它们的相关性整理成层次分明、条理清楚、并标出重要因素的因果图（图 3-6）。图中主干线表示需要解决的药品质量问题；“人、机、料、法、测、环”等表示造成药品质量问题的六大因素，称为大原因（主骨）；每个大原因可能包括若干个中原因（中骨）；中原因可能还有小原因（小骨）或更小的原因等。采用因果图分析影响产品质量问题的原因时，一般细分到能采取措施为止。

因果图方法的显著特点是包括两个活动：找出原因和系统整理这些原因。查找原因时，要求开放式的积极讨论，最有效的方法是“头脑风暴法”，尽可能找出所有可能会影响结果的因素。

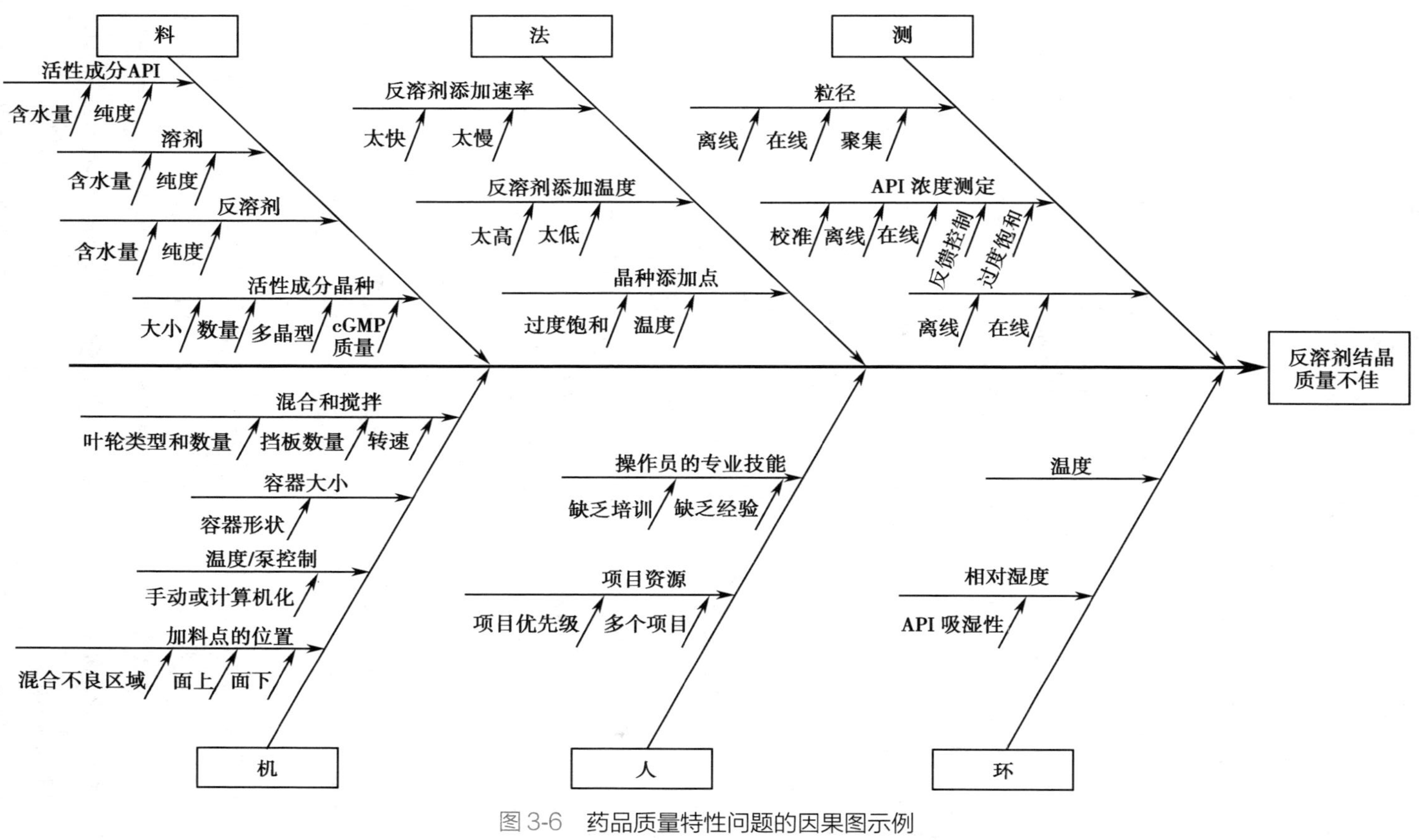

图 3-6　药品质量特性问题的因果图示例

绘制因果图时，可采用逻辑推理法和发散整理法。确定结果和第一层次原因（主骨）、大骨、中骨和小骨之间关系的方法，称之为“逻辑推理法”；将影响结果的原因从小骨到中骨、从中骨到大骨进行系统整理归类的方法，称为“发散整理法”。绘制完因果图后，应将认为对质量特性有显著影响的重要因素标记出来，并在因果图上记录必要的有关信息，如产品、工序或小组的名称，参加人员名单，日期等。

3. 绘制因果图的注意事项 绘制因果图时应注意如下事项。

（1）确定原因时应通过大家集思广益，充分发扬民主，以免原因分析展开不充分。因此，绘图前必须让有关人员都参加讨论，这样可能的因素才不会疏漏。同时，必须确定对结果影响较大的因素。

（2）确定原因应尽可能具体，针对性要强，否则对解决问题用处不大。

（3）一个质量特性画一张图，不要将多个质量特性画在一张因果图上。例如，同批药品的片重和溶出度都存在问题，必须分别用两张因果图分析片重波动和溶出度波动的原因，若许多因素用一张因果图来分析，势必使因果图大而复杂，无法管理，问题解决起来也很困难，无法“对症下药”。

（4）要想改进有效果，问题得到有效解决，原因必须细分至能采取措施为止，不能采取措施的因果图只能算是练习。

（5）查找原因时，一定要注意重要的因素不要遗漏；绘制因果图时，不重要的因素不绘制；最终的因果图越小，通常越有效。

4. 使用因果图的注意事项 使用因果图时应注意如下事项。

（1）在数据的基础上客观地评价每个因素的重要性：基于获得的数据，每个人都要根据自己的技能和经验来客观地评价每个因素的重要性，但不能凭主观意识或印象来评价各因素对质量问题或质量特性的重要程度。

（2）因果图使用时要不断加以改进：质量改进时，因果图可以展示各因素影响质量问题的重要程度，但随着事物的发展变化和我们对客观因果关系认识的深化，各因素的重要程度必然会发生变化和转换。因此，我们必须根据事物的变化不断改进因果图。例如：进行必要的删减、修改或增加，不断改进因果图，以得到真正有用的因果图来有效地解决问题。同时，因果图的不断改进也有利于提高技术熟练程度，增加新的知识和解决问题的能力。

（四）排列图

质量问题常是以质量损失（不合格项目和成本）的形式表现出来的。在质量管理领域，美国的质量专家朱兰博士指出：在很多情况下，多数不合格及其引起的损失是由相对少数的原因引起的，并用“巴雷特分析法”将质量问题分为“关键的少数”和“次要的多数”。一旦明确了这些“关键的少数”，消除这些原因，就可避免由此所引起的大量损失。而运用排列图法就可有效地实现这一目的。

排列图，又称帕累托图（Pareto chart）、主次因素分析图，它是为了对发生频次从最高到最低的项目进行排列而采用的简单图示技术。排列图的理论基础是“20/80”原则，“20/80”原则的启示是“避免将时间花在琐碎的多数问题上，而应该将时间花在重要的少数问题上，因为掌握了这些重要的少数问题，只需要花 20% 的时间，即可取得 80% 的成效”。其目的是通过区分“关键的少数”（最重要的原因）和“次要的多数”（较次要的原因），用最少的努力获取最佳的改进效果。利用排列图可找到主要质量问题或影响质量的主要原因。

1. 排列图的绘制 排列图绘制前，首先需确定要调查的问题及如何收集数据，它包括调查问题（不合格因素、损失金额、事故等）、调查日期、调查数据的确定，数据的分类、收集方法（常采用检查表）和收集时间等，并将不常出现的项目归到“其他”项目。再根据检查表和数据分类情况，制作排列图用的数据表，最后根据数据表制作排列图，并在图上记入有关的必要事项，如排列图名称、数据、单位、作图人姓名以及采集数据的时间、主题、数据合计数等。

排列图按影响程度的下降顺序显示出每个因素（例如不合格项目）在整个结果中的相应作用。相应的作用包括发生次数、有关每个因素的成本或影响结果的其他指标。用矩形的高度表示每个因素相应的作用大小，用累计频数表示各个因素的累计作用。如某加工车间废品的不合格项目排列图示例（图 3-7），由一个横坐标、两个纵坐标、若干个矩形柱和一条折线组成。左边的纵坐标表示质量缺陷发生的频数或损失金额；右边纵坐标表示累积频数（累积百分比）；横坐标表示影响产品质量的各种项目（或各种不良因素），并按发生的频数由高到低依次排列；矩形柱高度对应该因素发生的频数；折线表示各因素累积频数曲线。

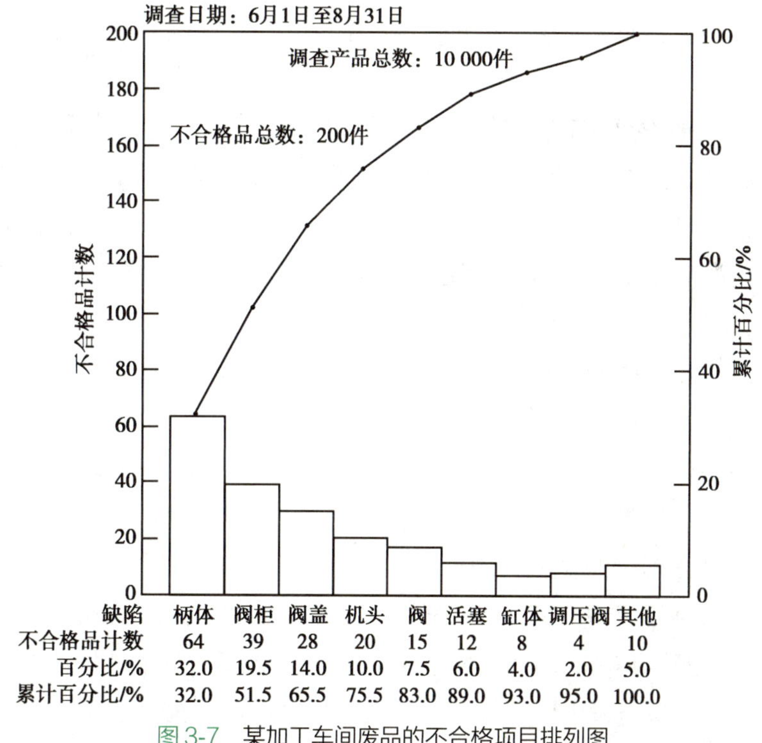

缺陷	柄体	阀柜	阀盖	机头	阀	活塞	缸体	调压阀	其他
不合格品计数	64	39	28	20	15	12	8	4	10
百分比/%	32.0	19.5	14.0	10.0	7.5	6.0	4.0	2.0	5.0
累计百分比/%	32.0	51.5	65.5	75.5	83.0	89.0	93.0	95.0	100.0

图 3-7 某加工车间废品的不合格项目排列图

通常可把影响产品质量的因素分为三大类。

（1）A 类因素：也称为主要因素，是指在排列图中的累积频率为 0～80% 的因素，它们的数量不多，是影响产品质量的关键。

（2）B 类因素：也称为次要因素，是指在排列图中的累积频率为 80%～90% 的因素。一般情况下，B 类因素数量较 A 类多，但对质量的影响较 A 类小。

（3）C 类因素：也称为一般因素，是指在排列图中的累积频率为 90%～100% 的因素。通常它们的数量较多，但对质量的影响极小。

2. 排列图的分类 排列图是用来确定“关键的少数”的方法，其根据用途可分为分析现象用排列图和分析原因用排列图。分析现象用排列图与不良结果有关，如质量方面的不合格、故障、顾客抱怨、退货、维修等；成本方面的损失总数、费用等；交货期的存货短缺、付款违约、交货期拖延等；安全方面的发生事故、出现差错等。分析原因用排列图与过程因素有关，如操作者（人）的班次、组别、年龄、经验、熟练情况以及个人本身因素；机器方面（机）的机器、设备、工具、模具、仪器；原材料方面（料）的制造商、工厂、批次、种类；以及作业环境（环）、工序先后、作业安排、作业方法（法）等。

3. 制作排列图的注意事项 分类方法不同，得到的排列图不同。实际中应从不同的角度观察问题，把握问题的实质，用不同的分类方法进行分类，以确定“关键的少数”。为确定“关键的少数”，如前所述，可按影响产品质量的程度将各种因素分为 A、B 和 C 三大类。如果排列图中“其他”项所占的百分比很大，则说明分类不够理想，这时应考虑采用另外的分类方法。

4. 使用排列图的注意事项 如果希望问题能简单地得到解决，必须掌握正确的方法。引起质量问题的因素会很多，排列图的目的在于有效解决问题，基本点就是要求我们抓住“关键的少数”即可。如果某项问题相对来说不是“关键的”，我们可以采取简单的措施解决就行。

排列图可用来确定采取措施的顺序。一般地，把发生率高的因素减低一半要比发生问题的因素完全消除更为容易。因此，从排列图中矩形柱高的因素着手采取措施能够事半功倍。

对照采取措施前后的排列图，研究组成各个因素的变化，就可以对实施措施的效果进行验证。利用排列图不仅可以找到一个问题的主要原因，而且可以连续使用，依次类推，找出复杂问题的最终原因。

5. 排列图和因果图的结合使用 因果图常先采用“头脑风暴”的方法，要求所有相关人员参与，以充分查找导致问题的原因。而排列图的目的旨在发现各种因素影响质量问题的程度，找到“关键的少数”。故在解决质量问题时，从理论上看将排列图和因果图联合使用，可能获得特别的效果。

例如，某药品生产企业的某复方中药片的制备过程，收集了两个月的不合格品数据，用排列图确定主要不合格因素，并对其进行了分类，发现复方中药片中甘草酸含量不合格的数量最大，占不合格品总数的 48%，因此就把重点放在减少中药复方片中甘草酸含量的不合格上。

车间所有人员都参与讨论片中甘草酸含量波动的原因，画出了因果图，并调查了所有影响波动的情况，以评价各因素对不合格的影响程度。然后，将 3 月 1 日至 4 月 30 日的不合格品进行不合格原因的排列图分析，发现药材浸提的时间对不合格发生次数影响最大。尽管工艺操作规程中规定了药材浸提的时间，但从一线员工了解到，提取液放料时，常会因药材粒度大小不一而有不同程度的堵塞，导致实际浸提的时间有较大波动，由此造成甘草酸在浸膏粉中的含量出现较大波动。于是，车间人员通过进一步试验严格规定了药材切割破碎时的粒度大小，并规定提取罐底部筛网应选用合适的孔径大小，从而使放料时出现堵塞的情况大大减少；同时对堵塞情况下在规定时间的放料做了预案。

改进后，收集6月1日至7月31日的数据，制作排列图进行改进措施效果的比较，如ER3-3所示。由此表明：经过改进，该复方中药片中甘草酸含量的不合格和波动明显减少。基于此，相关质量管理部门将其改进内容进行了标准化，写入复方中药片的制备工艺流程中。

ER3-3 改进前后复方中药片不合格原因的排列图

（五）散布图

散布图又称相关图，是用来研究两个变量之间是否存在相关关系的一种图形。在质量问题的原因分析中，常会碰到要了解各质量因素之间关系的情况。散布图则可将两个非确定性变量的数据对应列出，用圆点标记于坐标图上，以观察它们之间是否存在相关关系。

散布图是用来观察成对数据之间是否有相关性的一种图表，这种成对的数据可以是"特性-要因"、"特性-特性"或"要因-要因"。也就是说，散布图可确定一个质量特征和另一个质量特性或可能原因因素之间的相关性。判断相关关系的强弱常可通过相关系数 r 来描述，$0 \leqslant |r| \leqslant 1$，$|r|$ 越大则相关性越强。若 $r=\pm 1$，则表明两个变量呈强正相关；$r=0$ 则表明两个变量不相关。

散布图是回归分析中必用的基本工具，其目的在于确定变量之间是否存在相关关系。如果确定两个变量相关性很强，则可通过回归分析建立起两个变量之间的函数关系，实现一个变量预测另一个变量，由此不仅可得出定性的结论，而且可以通过观察剔除异常数据。在质量管理中，可用散布图判断各种因素对于产品质量有无影响以及影响的程度，并可根据因素的变化做出对质量特性值变化的预测。

典型的散布图如图3-8所示。图3-8（a）为强正相关，两变量 x 和 y（产品质量）表现为明显的线性相关关系；图3-8（b）为弱正相关，表示两个变量之间的相关趋势不太明显，说明还有其他影响产品质量的因素；图3-8（c）表示两个变量之间不相关，说明该因素对产品质量几乎没有影响；图3-8（d）为强负相关；图3-8（e）和图3-8（f）表示两个变量之间为曲线相关。

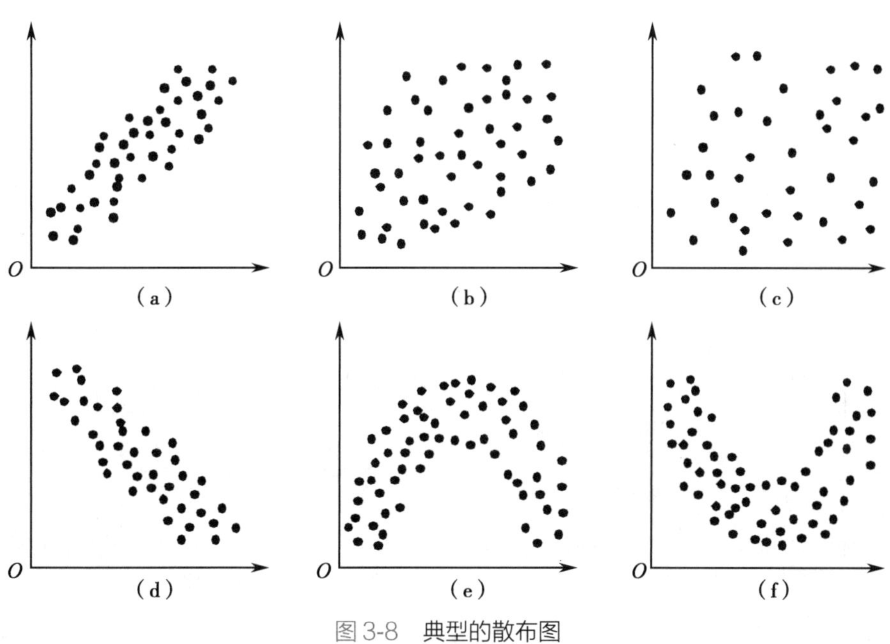

图3-8 典型的散布图

需要注意的是，①在使用散布图观察两个因素之间的相关关系时，应尽可能固定对这两个因素有影响的其他因素（控制变量法），才能保证通过散布图得出比较准确的结果；②两组变量的成对数应至少在 30 个以上，最好 50 个，100 个最佳；③通常情况下，横坐标用来表示原因或自变量，纵坐标表示效果或因变量；④对散布图进行分析时，需要观察是否有异常点或者离群点出现，或是有没有必要再做更准确的分层分析；⑤散布图反映的只是一种趋势，对于获得的定性结果还需要结合问题实际进行具体分析，最好作进一步的调查。

（六）直方图

在质量管理中，直方图是应用很广的一种统计分析工具。直方图法是从总体中随机抽取样本，将从样本中获得的数据进行整理后，用一系列等宽不等高的长方形来表示数据。宽度表示数据范围的间隔，高度表示在给定间隔内数据出现的频数，变化的高度形态表示数据的分布情况。

作直方图的目的是研究产品质量的分布状况，所以在画出直方图后要对它开展进一步的观察和分析。一方面，通过直方图的形状分析可掌握过程的波动情况，判断生产过程是否正常。通常，直方图有如图 3-9 所示的几种类型。

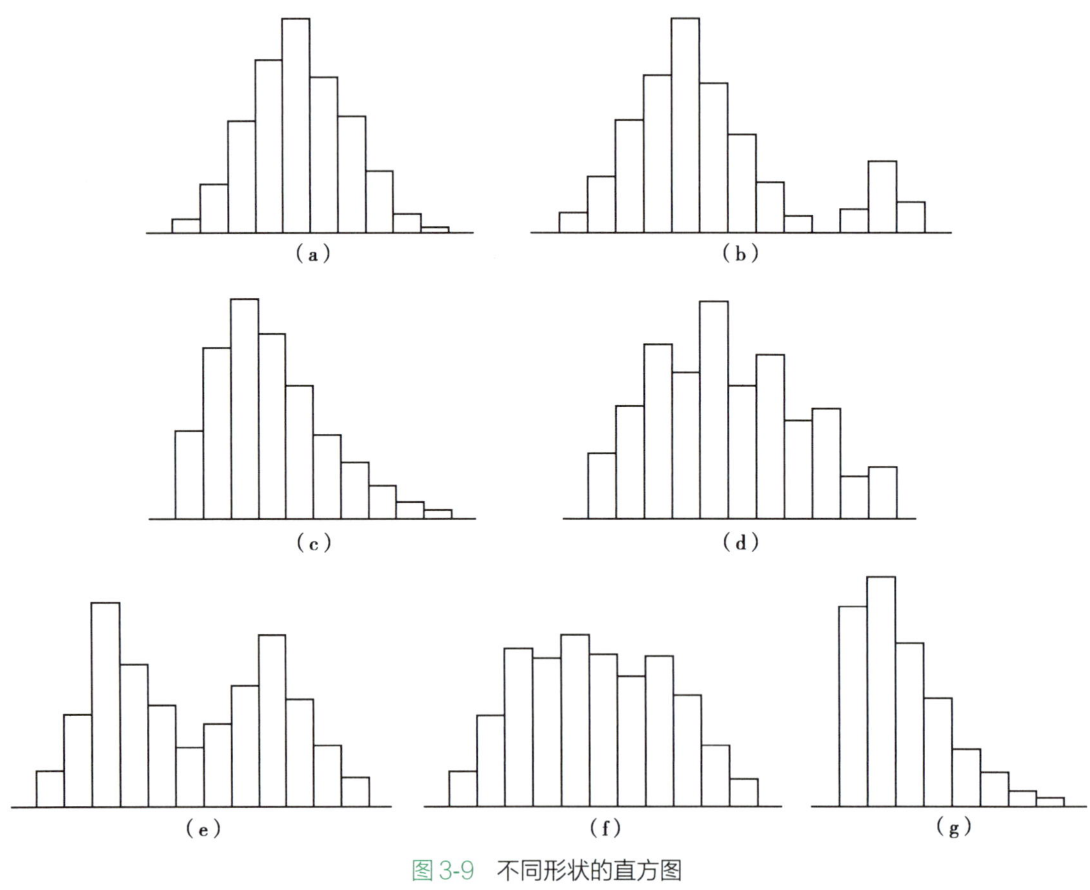

图 3-9　不同形状的直方图

（1）标准型（正常型）：如图 3-9（a）所示，直方图呈正态分布，表明生产过程正常，过程处于稳定状态。

（2）孤岛型：如图 3-9（b）所示，标准型直方图的一侧有一个“小岛”，通常是过程中有异常原因，夹杂了其他分布的少量数据，如工艺条件发生突然变化、原料发生变化、不熟练的新工人替人加班、测量错误等。

（3）偏峰型：如图 3-9（c）所示，数据的平均值位于中间值的左侧（或右侧），形状不对称，表示操作者的倾向性加工；或操作者的心理因素所致（当下限或上限受到公差等因素限制时）。

（4）锯齿型：如图 3-9（d）所示，直方图出现凹凸不平，常常是由于作频数分布表时分组过多、测量方法有问题、测量仪器误差过大或观测数据不准确等造成的，此时应重新收集数据和整理数据。

（5）双峰型：如图 3-9（e）所示，靠近直方图中间值的频数较少，两侧各有一个"峰"，表示质量数据来源于两种不同的总体或两个分布的数据混合在一起，如两个不同条件生产的产品混在一起，或者两种有一定差别的原料所生产的产品混合在一起，此时应当加以分层。

（6）平顶型：如图 3-9（f）所示，常是由于过程中有缓慢变化的异常因素在起作用，或者由于多个总体、多种分布混在一起。

（7）陡壁型：如图 3-9（g）所示，直方图像高山的陡壁向一边倾斜，当过程能力不足或产品质量较差时，为找出符合要求的产品，进行全数检查，剔除不合格的产品，再利用剩余产品的数据作频数直方图时，容易产生这种陡壁型；或者过程中存在自动反馈调整时，也常出现这种形状，它是一种非自然形态。

另一方面，运用直方图可以诊断生产的质量状况，预测生产过程的质量。将直方图与公差范围相比较，看直方图是否都落在公差要求的范围之内，可以提高生产的质量状况。这种对比大体上存在图 3-10 所示的五种情况。

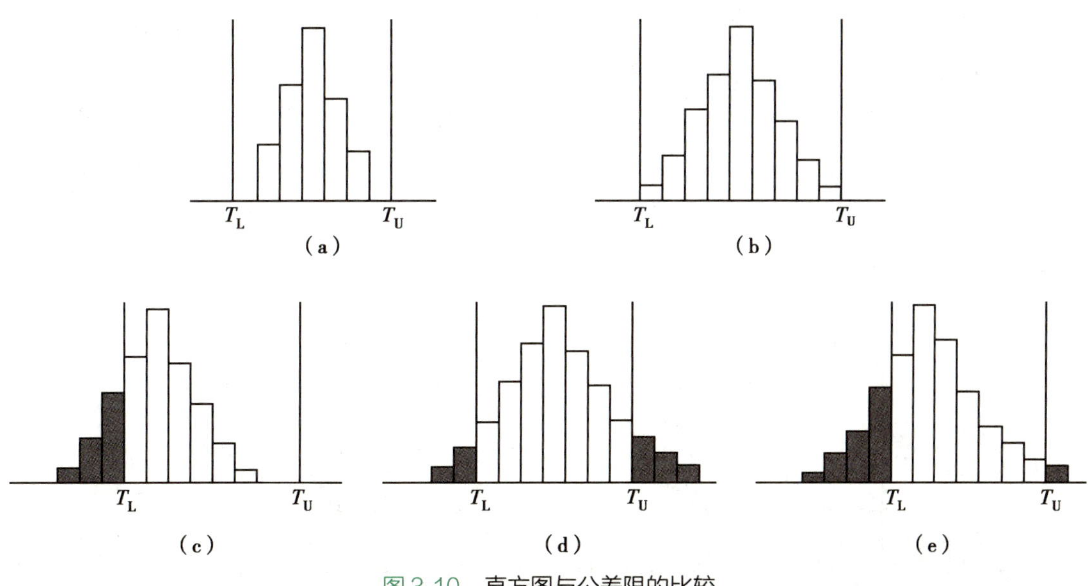

图 3-10　直方图与公差限的比较

（1）当直方图符合公差要求时：图 3-10（a）表示现在的状况不需要调整，因为直方图充分满足公差要求；在保证生产正常的某些情况下，可考虑结合经济因素放宽某些成本过高的措施。图 3-10（b）表示直方图能满足公差要求，但不充分、波动太大；应考虑采取措施适当缩小分布、减少波动。

（2）当直方图不满足公差要求时：图 3-10（c）表示过分偏离公差中心，可能造成废品；必须采取措施，使平均值接近规格的中间值。图 3-10（d）表示容易出现废品，应采取措施调整，以减少波动。图 3-10（e）表示已经产生废品，应停产检查；要同时采取图 3-10（c）和（d）情况所需采取的措施，既要使平均值接近规格的中间值，又要减少波动。

制作直方图时，应注意抽取的样本数量过小，将会产生较大误差，可信度低，也就失去了统计的意义。因此，数据量应在 100 个以上，至少应在 50 个以上。分析直方图时，应着眼于图形的整体形状，对直方图有些参差不齐的情况不必太在意。

（七）控制图

控制图是用于分析和判断过程是否处于稳定状态所使用的一种带有控制界限的图。它可用来区分质量波动究竟是偶然因素（正常波动）还是系统原因（异常波动）引起的，并能提供系统原因存在的信息。

控制图是现场质量管理中重要的统计工具和科学管理中不可或缺的管理工具。运用控制图的目的之一是通过观察控制图上产品质量特性值的分布状况，分析和判断生产过程是否发生了异常，一旦发现异常就要及时采取必要的措施加以消除，使生产过程恢复稳定状态。

1. 控制图的分类 控制图按用途可分为两类：一类是供分析用的控制图，用来监控生产过程中有关质量特性值的变化情况，了解过程是否处于稳定的受控状态；另一类控制图主要是用于发现生产过程是否出现了异常情况，以预防产生不合格品。另外，也可通过应用控制图来使生产过程达到统计控制稳态。

按绘制控制图使用的统计变量的性质，常规控制图又可分为：计量值控制图（如单值控制图、平均数和极差控制图、中位数和极差控制图）和计数值控制图（如不合格品数控制图、不合格品率控制图、缺陷数控制图、单位缺陷数控制图等）两类。

2. 控制图的基本形式 控制图的基本形式如图 3-11 所示。横坐标表示时间（刻度为样本号），纵坐标表示要被控制的质量特性值。控制图在应用过程中，必须按规定的时间间隔抽样检验（全数检验）来获取加工过程质量的变化信息，为了提高控制图判别的可靠性，一般至少要获取 25 组数据。

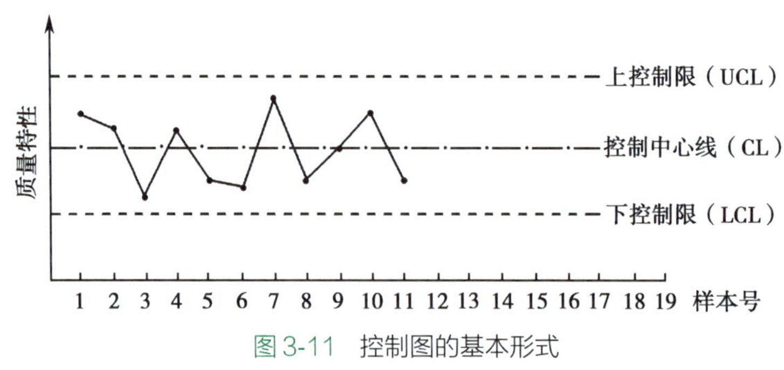

图 3-11 控制图的基本形式

从图 3-11 可以看出，控制图中有三条平行于横坐标的控制界限。中间一条点划线为控制中心线，简称中线，符号记为 CL（central line），表示质量特性指标的标准值。上下两条虚线分别为上控制限（upper control line，UCL）和下控制限（lower control line，LCL），上下控制界限反映了质量控制范围。实际检验得到的质量特性值用点描在控制图相应的位置上，从而得到一系列坐标点，再将这些点用线连接起来，即获得一条能反映质量特性值随时间波动状况的折线。通过分析这条折线的形状、变化趋势以及折线与三条控制线之间的关系，便可以知道过程的质量状态。

由于控制图的相关内容与过程控制密切相关，其内容将在本教材的第六章第四节详细介绍。

二、七种管理工具

七种管理工具即通常所说的新七种 QC 工具，主要包括关联图、系统图、亲和图、矩阵图、矩阵数据分析法、过程决策程序图法和箭条图等。除此之外，质量管理过程中还经常会用到一些简易图表，如折图、柱状图、饼分图和雷达图等。

（一）亲和图

亲和图，又称 KJ 法，是由日本的 Kawakita Jiro 在质量管理实践中总结、归纳出来的一种新方法。该方法是针对某一问题，充分收集各种事实、经验、知识、想法、意见等语言和文字资料，通过亲和图进行汇总，并按其相互亲和性（相近性）进行归纳整理，使问题明确起来，求得统一认识和协调工作，以利于问题解决的一种方法。

亲和图适合解决那些需要时间来慢慢解决、不容易解决而非解决不可的问题，不适用于简单的、需要迅速解决的问题；特别适合问题复杂、起初情况混淆不清、牵涉部门众多、检讨起来各执一词的情况。亲和图的主要用途在以下几方面。

（1）认识新事物（新问题、新办法），整理归纳思想。对未知的事物或领域，认真收集实际资料，从杂乱无章的资料中整理出事物的相互关系和脉络，就某件事情达成一致。

（2）从现实出发，打破现状，提出新方针和新理论。有时候，以往的经验和固有的观念会阻碍事物的发展，这时候就要打破旧框框，创造新思想。而固有的观念体系一经破坏、崩溃，思想观念又处于混沌状态，这时就可用亲和图法，重新确立新的思想，提出新的方针。

（3）促进协调、统一思想。不同观点的人们集中在一起，很难统一意见，此时最好能由相互理解的人员组成计划小组。为着共同的目标，小组成员提出自己的经验、意见和想法，然后将这些资料编成卡片并利用亲和图法进行整理。

（4）贯彻方针，使上级的方针变成下属的主动行为。向下级贯彻管理人员的想法，靠强迫命令不会取得好结果。利用亲和图则可以帮助人们举行讲座，充分讨论，集思广益，从而将方针自然地贯彻下去。

在全面质量管理活动中，亲和图法是寻找质量问题的重要工具，可用于制订和推行全面质量管理的方针和目标；制订发展新产品的方针、目标和计划；用于产品市场和用户的质量调查；促进质量管理小组活动的开展；协调各部门的意见，共同推进全面质量管理；调查合作企业的质量保证活动状况。

资料收集是亲和图的绘制中的重要环节。收集语言文字资料的方法应基于客观事实，按照亲和图所用的用途和目的收集，如表 3-3 所示。

表 3-3　语言和文字资料的收集方法

目的	直接观察法	文献调查法	面谈阅读法	头脑风暴法	回忆法	内省法
认识事物	●	○	○	○	◎	×
归纳思想	●	◎	●	◎	◎	●
打破常规	●	◎	◎	●	●	●
贯彻方针	×	×	×	●	◎	◎
参与计划	×	×	×	●	◎	◎

说明：●经常使用；◎使用；○不常使用；× 不用。

上表中所述各种收集方法介绍如下。

（1）直接观察法：是指亲自到现场去听、去看，亲手去摸，直接掌握情况，增强感性认识。亲和图非常强调掌握事实的重要性，所以用直接观察法收集语言资料是非常重要的。

（2）文献调查法和面谈阅读法：这两种方法包括查阅文献资料、直接征求别人的意见、以及启发多数人新构思的集体创造性思考方法。因为直接到现场去接触实物是有限度的，故为广泛收集情况，可采用征求别人的意见或新构思的方法以间接的方式获得资料。

（3）头脑风暴法：是指采用会议的方式，引导每个参加会议的人围绕某个中心议题广开言路，激发灵感，在自己的头脑中掀起思想风暴，毫无顾忌、畅所欲言地发表独立见解的一种集体创造思维的办法。

（4）回忆法和内省法：又称"个人头脑风暴法"，是指个人对自己过去的经验进行回忆，探索自己内心的状态和方法；采用这种方法时，要边思考、边把想到的东西记在笔记本上，然后再反复阅读所记的笔记，以它作为扩展思路的触媒。

另外，语言资料也可根据亲和图的不同用途和目的选择采用，如表 3-4 所示。

表 3-4　语言资料的选择采用

目的	事实资料	意见资料	设想资料
认识事物	●	×	×
归纳思想	◎	●	●
打破常规	●	◎	●
贯彻方针	○	●	◎
参与计划	○	●	○

说明：●经常使用；◎使用；○不常使用；× 不用。

根据收集的语言文字资料，按内容进行分类，并用简洁、独立的语言制成卡片，并将卡片综合整理，然后绘制亲和图。亲和图绘制完后，可反复观看和组内轮流讲解，还可以就亲和图的内容写成报告，以达到亲和图的使用目的。

（二）矩阵图

矩阵图是一种通过多因素综合思考探索问题的方法。它是从多维问题的事件中找出成对的因素，分别排列成行和列（即矩阵图），然后根据矩阵图来分析问题，找出行与列的相关性或相关程度大小，并在"着眼点"（相关程度高）处做相应符号标记，以确定问题关键点的方法。

在分析质量问题的原因、整理用户需求和分解质量目标时，成对的因素常有质量问题-质量问题的原因、用户需求-用户需求转化的质量目标、质量目标-针对质量目标提出的质量措施。在"着眼点"处表示成对因素之间相关性的强弱时，常用：◎表示密切相关，○表示有关系，△表示可能有关系。由于成对因素之间的关系容易掺入评价者的主观见解，所以更合理的做法是在得到多数有经验者的一致意见后再进行确定。

在寻求问题的解决手段时，若目的（或结果）能够展开为一元性手段，则可用系统图法（树图法）。然而，当具有两个以上目的或结果时，则较为合适的是采用矩阵图法进行多维思考，逐步找到手段和措施。在矩阵图法中，按矩阵图的型式可将其分为L型、T型、X型和Y型等四种主要类型，如图3-12所示。其中，最基本的矩阵图是L型，即二元排列的图形。还有一种三维立体的C型矩阵图，但实际使用过程中，通常将其分解成几张平面矩阵图联合分析。

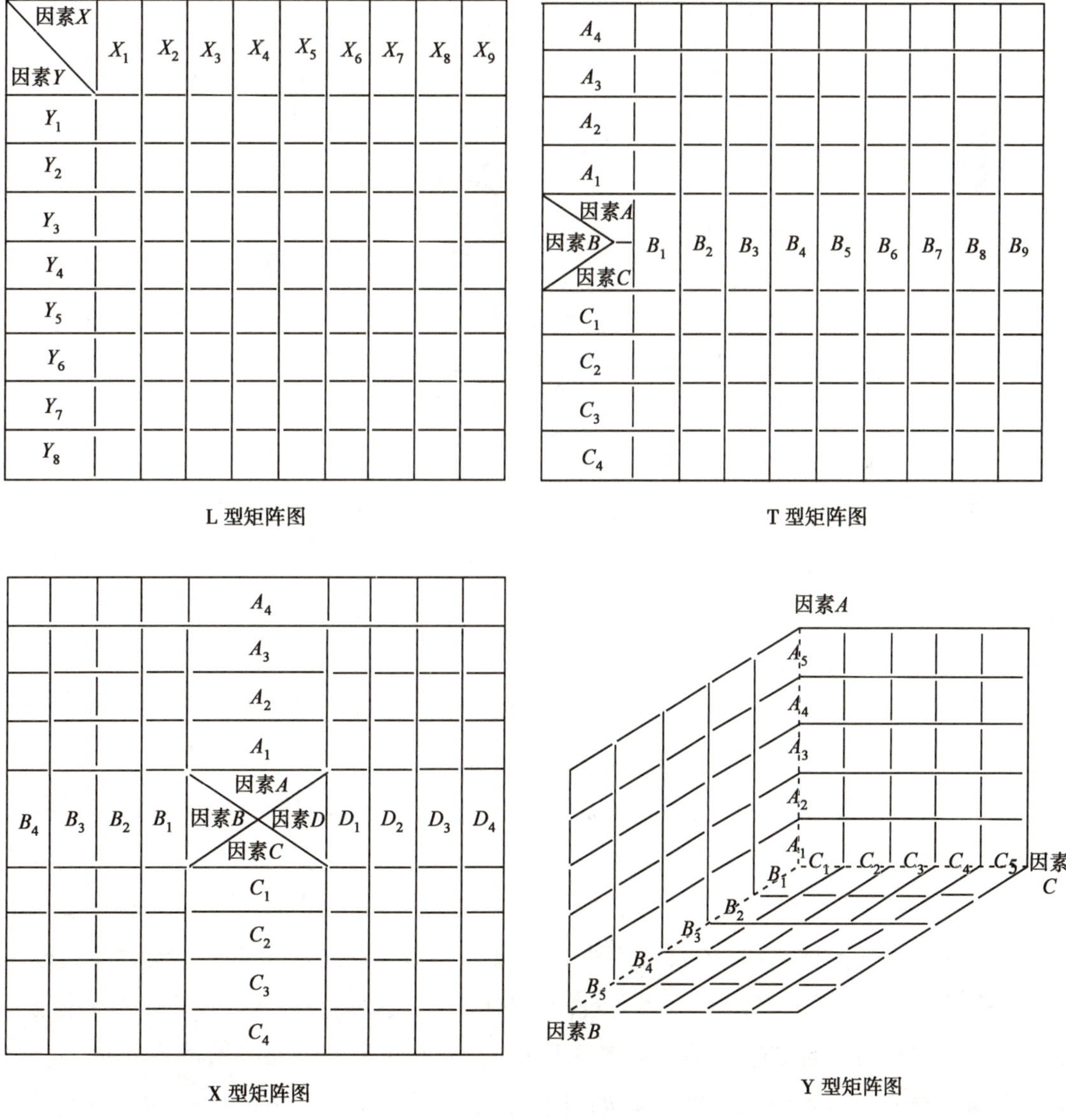

图3-12　矩阵图的四种主要类型

矩阵图的主要用途有：①确定系统产品开发和改进的着眼点；②用于产品的质量展开和其他展开，被广泛应用于质量功能展开（QFD）之中；③系统核实产品的质量与各项操作乃至管理活动的关系，便于全面地对工作质量进行管理；④发现制造过程不良品的原因；⑤了解市场与产品的关联性分析，制订市场产品发展战略；⑥明确一系列项目与相关技术之间的关系；⑦探讨现有材料、元器件、技术的新应用领域。

（三）关联图

关联图法是用关联图来整理分析和解决在原因与结果、目的与手段等方面存在的复杂关系问题的一种方法。它是质量管理的"新七种工具"之一，能抓住问题的核心，提供有效解决问题的方法。

关联图是用带箭头的连线把存在事物因果关系的因素联系起来的图，如图 3-13 所示。其中圆圈中是文字说明部分，箭头由原因指向结果，由手段指向目的。文字说明力求简短，内容确切易于理解，重点项目及要解决的问题要用双线圆圈或双线方框表示。

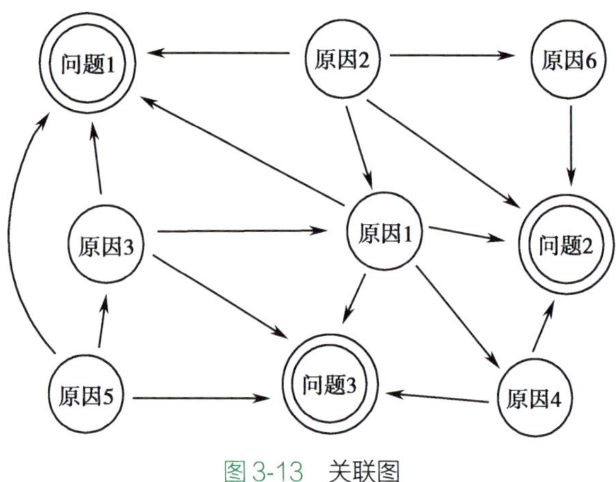

图 3-13　关联图

关联图的形式是很灵活的，分析者可以根据自己的需要和问题的特征，创造性地绘制出相应的分析图形式。普遍使用的类型一般有以下三种。

（1）中央集中型（单一目的型）：这种图的特点是把重要项目和需解决的问题尽量放在图中央，而把关系密切的诸因素尽量排在它的周围。

（2）单向汇集型（单一目的型）：这种图的特点是把待解决的问题放在图形的一侧，把各主要因素按因果关系先后从待解决的问题端向另一端排列。

（3）关系表示型（多目的型）：这种关联图的特点是着重简明地表达各因素间的因果关系，故可以自由地排列。

关联图法可以用来分析和解决企业活动乃至社会活动中的许多复杂问题，分析影响产品质量各因素之间的因果关系。在质量管理中，主要用在以下几方面：①推行全面质量管理工作从何处入手、怎样深入；②制订质量保证的方针和目标；③拟定质量管理计划；④寻求改进产品质量和工作质量的措施；⑤促进质量管理小组活动的深入开展；⑥从大量的质量问题中，找出主要问题和重点项目；⑦研究解决如何用工作质量来保证产品质量问题；⑧制订改进其他各项工作的计划和措施等。

应用关联图法时，应明确对象（问题），充分吸取各种意见，集思广益，列出所有因素，确定主要因素，再用箭头把文字之间的因果关系有逻辑地联系起来。

与因果图相比，通常关联图解决的关系更复杂，因素之间又有相互关联的“原因与结果”或“目的与手段”等单一或多个问题。

（四）矩阵数据分析法

矩阵图中的符号标记用数据来表示，就可以对这些数据进行解析运算，得到具体的量化结果，这种方法称为矩阵数据分析法。它是新七种质量工具中唯一用数据来分析问题的方法，但其结果仍然用图形来表示。该方法的原理是在矩阵图的基础上，把各个因素分别放在行和列，然后在行和列的交叉点中用数量来描述这些因素之间的对比，再进行数量计算和定量分析，确定哪些因素是相对比较重要的。矩阵数据分析法与矩阵图法类似，其区别在于：它不是在矩阵图上填符号，而是填数据，形成一个分析数据的矩阵。最简单的数据矩阵就是 0-1 矩阵，即用“0”表示无关或弱相关，“1”表示有关或强相关。

数据矩阵分析法的主要方法为主成分分析法（principal component analysis），主成分分析法是一种将多个变量转化为少数综合变量的一种多元统计方法，利用此法可从原始数据中获得许多有益的信息。矩阵数据分析法虽然是品质管理的新七大手法之一，但由于过程比较烦琐，往往需要借助计算机来进行分析，且计算复杂，故在品质管理活动中应用较少。

（五）系统图

系统图是表示某个质量问题与其组成要素之间的关系，以便寻求实现目标所应采取最适当的手段和措施的方法，因绘出的图形为树枝状，故又称为树图。它把要实现的目的与需要采取的手段或措施，按顺序进行系统展开，逐步绘出表示目的和手段关系的一系列方块图。其优点是：纵观全局、目标明确、重点突出、职责清晰、措施具体、考核方便。

如图 3-14 树图的概念图所示，在计划与决策过程中，为达到某种目的，就需要选择和考虑所采取的手段，而为了采取这一手段，又需要考虑它下一级的相应手段。这样，上一级手段成为下一级手段的行动目的。如此把要实现的目的和所需的手段按顺序层层展开，直到可以采取措施为止，绘制成系统图。由此，就能对问题有一个全面的认识，然后从图形中找出问题的重点，提出实现预定目标的最佳手段或措施。

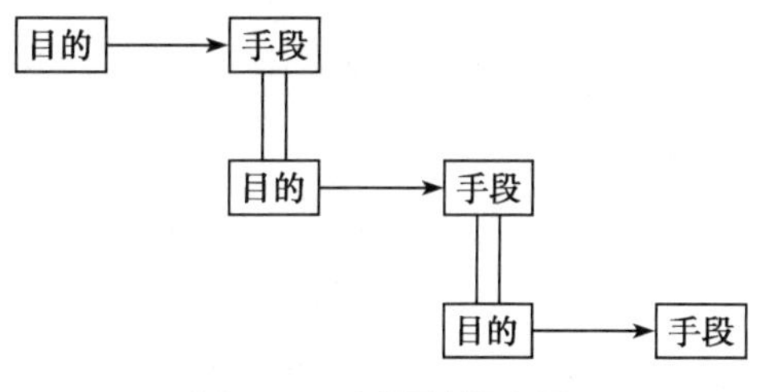

图 3-14　树图的概念图

在系统图法中，所用的系统图大体上可分为两大类：一类是按组成事项展开，称为“构成因素展开型”；另一类是把为解决问题和实现目的（目标）所采取的手段或措施加以展开，称为“措施展开型”。

系统图的主要用途在于：①新产品研制过程中设计质量的展开；②制订质量保证计划，对质量保证活动进行展开；③方针、目标、实施事项的展开；④明确部门职能和管理职能；⑤对解决企业有关质量、成本、交货期等问题的创意进行展开。

（六）箭条图

箭条图法又称为矢线图法、网络图法，是安排和编制最佳日程计划，有效地实施进度管理的一种科学的管理方法。它可针对某质量管理的实施进程，经过小组讨论后建立最佳的日程计划，明确管理的关键，进行质量管理的进度控制，以使其能顺利地完成。箭条图法的工具是箭条图。

箭条图是把推进计划所必需的各项工作，按其时间顺序和从属关系，用网络形式表示的一种“矢线图”。一项任务或工程，可以分解为许多作业，这些作业在生产工艺和生产组织上相互依赖、相互制约，箭条图可以把各项作业之间的这种依赖和制约关系清晰地表示出来。如图 3-15 所示某施工项目管理的箭条图。

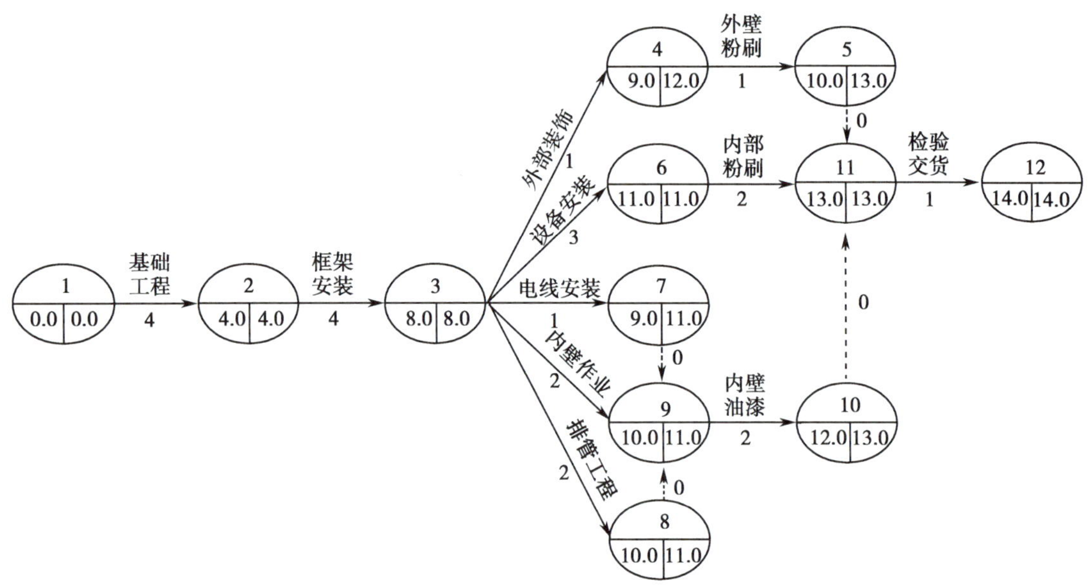

图 3-15 某施工项目管理的箭条图

在日程计划与进度方面，人们常使用甘特图（Gantt chart）。但是甘特图不反映各项工作之间的逻辑关系，因而存在如下缺点：①在计划阶段不便于反复推敲与思考；②难以给出极详细的计划；③设计规模稍大，难以掌握计划全貌；④难以确定某项工作推迟对完成工期的影响；⑤当实际进度与计划有偏差时也难以调整；⑥难以判断进度上的重点；⑦一项工作什么时候开始，什么时候结束，需要通过计算来实现，甘特图并没有给出好的算法。而通过箭条图则能找出影响工程进度的关键和非关键因素，因而能进行统筹协调，合理地利用资源，提高工作效率与经济效益。这些具体体现在箭条图具有如下优点：①各项工作能不能如期完成，以及对整体计划能否如期完成的影响关系，箭条图表现得相当清楚；②各项工作提早或延后完工对整个计划的最终完成日期有多少改变，立即可以得到量化；③对计划的安排有条不紊。

箭条图常可用于以下方面：①制订详细的计划；②可以在计划阶段对方案进行仔细推敲，从而保证计划的严密性；③进入计划实施阶段后，对于情况的变化和计划的变更都可以做出适当的调整；④能够具体而迅速地了解某项工作工期延误对总体工作的影响，从而及早采取措施。同时，计划规模越大，越能反映出该工具的作用。

箭条图在实施计划的过程中，可利用时差不断改进和优化箭条图，以达到工期最短、资源利用最有效和费用最少的最佳方案。从箭条图上可以看出各过程的时差，时差越大，表明机动时间越多，优化的潜力就越大。通过时差的计算和利用，可为计划进度的安排提供更多选择的空间。因此，在计划的实施过程中，可利用时差，进一步挖掘潜力，求得计划安排和资源分配的最合理方案。

（七）过程决策程序图法

企业管理中，为达到目标或解决问题，总是希望事物按原定的计划和步骤推进。质量管理中遇到的问题往往也是这样。但是，当初拟定的计划往往因各方面情况的变化需要临时改变。尤其是解决困难的质量问题，经常需要修改原定的计划。过程决策程序图（process decision program chart，PDPC）法就是为应对这种意外事件而提出的一种有助于使事态向理想方向发展的解决问题的方法。

PDPC 法是运筹学中的一种方法，它是指为了完成某个任务或达到某个目标，在制订计划阶段或系统地进行方案设计时，事先预测可能出现的障碍（不理想事态或结果），从而设计出一系列应变计划和措施以最大可能引向最终目标（达到理想结果）的一种方法。在计划执行过程中遇到不利情况时，仍能按第二、第三或其他计划方案进行，以便达到预定的计划目标。该法可用于防止重大事故的发生，故又称为重大事故预测图法。

PDPC 法的工具是 PDPC 图，它可通过顺向思维和逆向思维展开。制订计划时，不一定能把所有可能发生的问题全部考虑进去。所以 PDPC 实施时，随着工作的进展，原来没有考虑的问题逐渐暴露出来，或者原来没有想出的办法、方案也逐步形成。此时，应根据新出现的问题和情况，定期召开有关人员会议，检查 PDPC 的执行情况，重新考虑增加新的方案和措施，如此不断修订 PDPC 图，直至问题解决。

PDPC 法的概念如图 3-16 所示，并具有如下特征：①PDPC 法可对系统状态和方案措施做出全局性的判断和把控；②可按时间先后顺序掌握系统的进展；③可密切注意系统进程的动向，在追踪系统运转时，能掌握产生非理想状态的原因；④可从某一输入出发，依次追踪系统的运转，找出“非理想状态”；⑤当出现过去没有想到的情况时，可不断补充和修订计划措施。

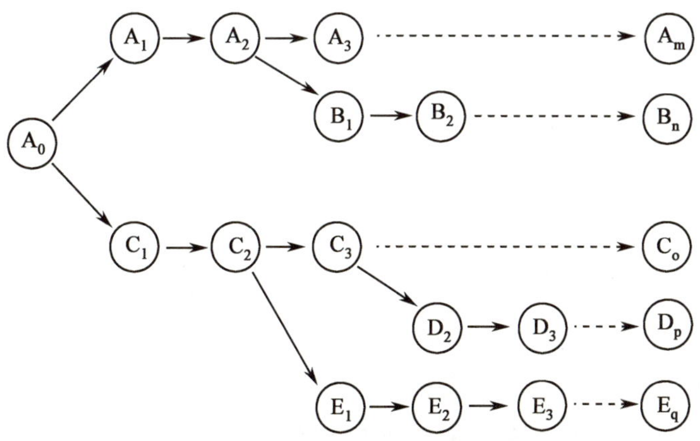

图 3-16　PDPC 法的概念图

在质量管理中，用 PDPC 法有助于在解决问题过程中，恰当地提出所有可能的手段或措施；在实施过程中若碰到困难，又能迅速采取对策。其具体用途如下：①围绕质量方针和质量目标制订实施计划；②制订科研项目的实施计划；③对整个系统实施的重大事故进行预测；④制订控制过程的措施。

三、质量管理工程的五大工具

质量管理工程的五大工具分别为产品质量先期策划、生产件批准程序、统计过程控制、测量系统分析和失效模式与影响分析。在质量管理工程中，产品质量先期策划、生产件批准程序、失效模式与影响分析三大工具多在质量策划阶段使用，故将在本教材的第四章第三节对其进行介绍。测量系统分析属质量控制的范畴，但在计量工作中常需对其进行评价，故其概念已在本教材的第二章第三节介绍，而其具体过程将在第六章第一节介绍。

统计过程控制属于生产过程的质量控制范畴，但也是生产过程质量改进时问题切入和改进后效果的评价时常需使用的工具，故本章对其进行简要介绍，详细内容将在本教材的第六章第四节统计过程控制中介绍。

统计过程控制（statistical process control，SPC）主要是指应用统计分析技术对生产过程中的各个阶段进行评估和监察，科学的区分出生产过程中产品质量的正常波动与异常波动，从而对生产过程的异常趋势提出预警，以便生产管理人员及时采取措施，消除异常，恢复过程的稳定，从而达到提高和控制质量的目的。

在生产过程中，产品质量特性的波动是不可避免的，它是由人、机器、材料、方法和环境等基本因素的波动影响所致。波动分为正常波动和异常波动，正常波动是偶然性原因造成的，它对产品质量影响较小，在技术上难以消除，在经济上也不值得消除，根据情况可适当缩小分布；异常波动是由系统原因（异常因素）造成的，它对产品质量影响很大，但能够采取措施避免和消除。过程控制的目的就是消除和避免异常波动，使过程处于正常波动状态，保证产品质量的均匀性。

统计过程控制是一种借助数理统计方法的过程控制工具。它对生产过程进行分析评价，根据反馈信息及时发现系统性因素出现的征兆，并采取措施消除其影响，使过程维持在仅受随机性因素影响的受控状态，以达到控制质量的目的。由于过程波动具有统计规律性，当过程仅受随机因素影响时，过程特性一般服从稳定的随机分布，处于统计控制状态（简称受控状态）；当过程存在系统因素影响时，过程分布将发生异常波动，处于统计失控状态（简称失控状态）。SPC 正是利用过程波动的统计规律性对过程进行分析控制的。因而，它强调过程在受控和有能力的状态下运行，从而使产品和服务稳定地满足顾客的要求。

SPC 所应用的统计技术很多，但主要依据是控制图。SPC 实施的两个阶段分别为分析阶段和监控阶段，两者所使用的控制图分别为分析用控制图和控制用控制图。分析阶段主要是检验生产过程是否处于统计稳态，以及过程能力是否足够。如果任何一个不能满足，则必须寻找原因，进行改进，并重新准备生产及分析，直到达到分析阶段的两个目的，方可进入 SPC 监控阶段。监控阶段主要是使用控制用控制图进行过程监控。将生产过程的数据及时绘制到控制上，密切观察控制图中点的波动情况，并根据分析阶段确定的控制界限，判断和预测过程的受控或失控情况。如果发现失控，必须寻找原因并尽快消除其影响。监控充分体现了 SPC 的预防控制作用。在企业实施 SPC 的实际中，每个控制项目都必须经过以上两个阶段；必要时，会重复进行这样从分析到监控的过程。

用于过程分析和过程控制常用的统计方法有常规控制图、验收控制图、累积和控制图、通用控制图、直方图、正态概率纸、预控图、过程能力指数、过程能力分析与计算等。

ER3-4　第三章　目标测试

（杨岩涛　秦　勇　刘艳飞）

ER4-1 第四章
质量方针目标与
质量策划(课件)

第四章 质量方针目标与质量策划

第一节 质量方针与目标

一、质量方针

(一)基本涵义

质量方针是指由组织的最高管理者正式发布的该组织总的质量宗旨和方向。对企业来说,质量方针是企业质量行为的指导准则,它可反映企业最高管理者的质量意识,也可反映企业的质量经营目的和质量文化。从某种意义上来说,质量方针就是企业的质量管理理念。

质量方针是企业总方针的组成部分,通常质量方针与企业的总方针相一致,并为企业质量目标的制订提供框架。不同企业可以有不同的质量方针,但都必须具有明确的号召力。例如,“以质量求生存,以品种求发展”“质量第一,服务第一”“赶超世界或同行业先进水平”等。这些质量方针很适于企业对外的宣传,然而对企业内部而言,需要加以明确和具体化,才能指导质量活动。

(二)内容和要求

质量方针是组织建立质量目标的框架和基础,质量目标是质量方针的展开与落实,故质量方针应提供制订质量目标的框架,并与组织的总方针相一致。“以顾客为中心”的管理原则要求其质量方针应包括供方的组织目标、顾客的要求和相关方的利益;同时需明确最高管理者在建立质量方针和质量目标的职责。具体包括以下几方面。

1. 最高管理者的职责 全面质量管理非常重视最高管理者在质量管理中的关键作用,要求其在制订质量方针时应确保:①质量方针与组织的宗旨相适应;②满足要求和持续改进的承诺,包括给顾客明示的、习惯上隐含的、适用的法律法规所规定承担的责任与义务,以及组织对顾客的承诺;③质量方针提供制订和评价质量目标的框架;④在组织的适当层次上得到沟通与理解;⑤在持续的适宜性方面进行评审;⑥质量方针应形成文件,并按文件控制要求对其制订、批准、评审和修改等环节予以控制;⑦在相关职能和各层次上建立质量目标,以确保质量目标可以测量;⑧建立质量目标的展开与评价体系,以确保其得到充分展开和有效实施;⑨质量目标的内容应与质量方针提供的框架保持一致,以确保质量方针与宗旨相适应。

2. 产品设计质量 确定企业产品所要达到的质量水平,例如:①产品设计质量跃居领先水平,在国际市场上具有竞争能力,在一段时间内可以高价出售,即优质优价,使企业获得超额利润;②产品具有较高的可靠性,在国内市场具有竞争能力,与竞争对手的售价相同时,则以提高服务质量使销售额超过竞争对手;③产品保持一定的质量水平,大幅度降低制造成本,适当降低销售价格，以求薄利多销；④产品质量水平一般，则兼有其他多种功能，以满足用户多方面要求。

每个企业必须根据市场需求信息和本企业的人员素质、技术、资源、环境和生产能力等条件，确定应当采取的设计质量方针。

3. 同供应商关系 确定与供应商的合作形式，例如：①供货验收方法；②为长期合作的供应商提供各种技术与物资的援助；③协助供应商开展质量保证活动，定期对其质量保证能力进行调查和评价等。

4. 质量活动的要求 企业质量活动的一般要求包括：①各个环节均应贯彻以预防为主、为用户服务的原则；②技术部门必须向质量控制部门提供解决质量关键、改进产品质量的方案和具体措施；③建立制订和落实质量目标、质量计划所需的质量保证的组织机构及其职能；④各部门对其承担的质量职能应提出书面的工作程序和做法；⑤协调各种质量活动；⑥定期检查各种技术组织实施的完成情况等。

5. 售后服务 确定销售和为用户服务的总则，如企业的经营方针、接受订货和销售方式、技术服务要求、产品的“三包”与“三保”等。

6. 制造质量、经济效益和质量检验的要求 包括：①规定提高合格率或降低废品率的要求；②质量成本分析与控制的要求；③适应性判断的程序与权限；④对制造成本和价格及利润的提高水平等进行计算；等等。

7. 其他 如关于质量管理教育培训等。

（三）作用与意义

随着人们质量意识的不断提高，质量方针在企业总方针中的重要地位也日益凸显。质量是企业的“生命”，企业在设立目标、制订战略、进行各种质量活动策划时，常常都离不开企业质量方针的指导。企业质量方针常被认为是企业所有行为的准则，其具体体现在以下几方面。

1. 企业质量方针是企业质量文化的旗帜 企业的一切工作，人是最关键的因素。员工质量意识水平的高低对过程质量有着关键作用，可直接影响企业质量管理体系的有效运行，并最终在所生产产品的质量中体现。在没有企业质量方针作指导时，企业员工的努力目标不明确，质量意识参差不齐，生产的产品难以满足顾客的需求和期望。因此，唯有通过质量方针树立企业质量文化的旗帜，统一企业员工的思想，并通过质量文化的不断建设提高员工的质量意识，才能有效地运行其质量管理体系，提供满足顾客需求和期望的产品，并最终实现企业的各项质量目标和总方针。

2. 企业质量方针是企业解决质量问题的出发点 企业在生产经营过程中，质量问题无处不在，如产品是否合格，不合格产品的处理，工作是否有序推进等。在解决质量问题时，不同的人看法不同，处理问题也各有所异。此时，质量方针及体现质量方针的有关文件就能统一大家的认识，成为解决质量问题的依据和出发点。也即，符合质量方针的事情和做法就对，不符合质量方针的事就不能做，更不允许与质量方针长期抵触和背离情况的发生。同时，质量方针在企业生产经营中也能协调生产管理部门、销售部门和质量部门之间的争执和关系，统一各部门的认识。

3. 企业质量方针是制订和评审企业质量目标的依据 质量方针是制订质量目标的框架和基础，质量目标是在质量方针的指导下建立起来的，也是质量方针的展开与落实。所以企业质量目标的制订是否科学合理，质量目标是否能达到以及达到的程度，其评价的依据是要看其是否符合质量方针的要求。

4. 企业质量方针是企业建立和运行质量管理体系的基础 质量方针是企业运行的行动纲领，是企业建立质量管理体系的指导思想，企业进行质量职能分解、组织机构设置、过程的确定、资源的分配等都要根据其所发布的质量方针统一进行。可以说，质量方针是检验质量管理体系是否有效运行的最高标准。

二、质量目标

（一）基本涵义

质量目标是指组织在质量方面为满足要求和持续改进质量管理体系有效性方面做出的承诺和追求的目标。质量目标的理论依据是行为科学和系统理论，其以行为科学中的“激励理论”为基础而产生，但又借助系统理论向前发展。质量目标的核心思想是以系统论思想作为指导，从实现企业总的质量目标为出发点，去协调企业各个部门乃至每个人的活动。

（二）质量目标的制订

一般情况，质量目标依据组织的质量方针制订，且常对组织的相关职能和层次分别规定质量目标。企业建立质量目标可为企业全体员工指明其在质量方面关注的焦点，帮助企业有目的地、合理地分配和利用资源，以达到策划的结果。一个有魅力的质量目标可以激发员工的工作热情，引导员工自发地为实现企业的总体目标而努力，对提高产品质量和改进作业效果的作用是其他激励方式不可替代的。

质量目标按时间可分为中长期、年度和短期质量目标；按层次可分为企业、各部门以及班组和个人的质量目标；按项目可分为企业总的质量目标和项目、专门课题的质量目标。要制订合理的企业质量目标，首先要对质量目标涉及的问题进行综合考虑，如深度分析客户和用户等相关市场的要求，明确企业存在什么问题，知道企业的强项和弱项等。然后，再充分考虑企业的现状及未来，制订企业的质量目标。具体步骤如下。

（1）找出企业现存的弱项和存在的问题：可以通过顾客投诉、质量审核结果、管理评审结果、统计分析结果、不合格出现的情况、纠正或预防措施等来发现企业的问题，找出企业现存的弱项，并由此找出质量目标所要解决的问题。

（2）对问题进行分析以确定其范围：将问题的轻、重、缓、急及其对企业的影响程度进行全面分析，并考虑这些问题所影响的时间、人员以及资源配置情况。然后，将那些对企业影响大、重要程度高、必须解决的问题找出来，列入企业质量目标的制订范围。

（3）由存在的问题导出质量目标：依据企业存在的问题而制订的质量目标才具有针对性和挑战性，在实施过程中也更具有可操作性。

（4）质量目标制订的要求：为使企业的质量目标真正地符合企业的实际情况，便于实施并真正起到作用，制订的质量目标必须满足以下要求①确保质量目标与质量方针保持一致；

②满足产品要求所需的内容，包括顾客和法律法规规定的质量要求；③质量目标应是可测量的，只有这样才可对质量目标的完成情况进行有效考核和评价；④质量目标应具有一定的挑战性，才能使其成为促进持续改进的动力，实现其“增值”作用；⑤要考虑企业管理评审的结果，以提出纠正的措施，改进质量目标。

（三）质量目标的展开和实施

企业的质量目标制订后，就需将其分解落实到各职能部门和各级人员，使他们明确各自的质量目标，并充分调动他们的积极性，以确保各自质量目标的完成，并最终实现企业的总质量目标。

质量目标展开后，具体实施的部门及负责人对每项质量目标应编制实施计划或实施方案。在计划书或措施计划表中，应详细列出实现其质量目标存在的问题、当前的状况、必须采取的措施、将要达到的目标、完成时间和谁负责执行等，从而使质量目标的实现步骤一目了然，以确保其实现。

质量目标以行为科学中的“激励理论”为基础，企业激励员工常需通过绩效考核才能实现，所以质量目标实施后必须对其进行绩效考核，并注意以下三方面工作。

（1）教育在先：绩效考核能否成功的关键点在于全体员工的思想是否过关，所以企业在进行绩效考核前，要通过上下的内部沟通，多方面多层次的教育培训，使大家首先意识到绩效考核是企业和员工双赢的好事，让广大员工正确理解制订质量目标、实施质量目标绩效考核的目的和意义，只有在此基础上所进行的绩效考核才有可能获得成功。

（2）绩效考核应考虑正负激励同行：激励应考虑员工多层次的需求和期望。从我国制药企业来看，绩效管理体系运转良好的并不多，很多企业基本上还处于老板的人治状态，这样的企业要想按照企业意愿来实现其目标体系是不可能的。

（3）企业的高层管理者应加强这方面思想理念的修养：绩效考核的内容很多是由企业的最高管理者来决定的，因此企业主要领导者要加强培训和学习，提高相关素质和意识；否则，企业质量目标绩效考核的目的就难以实现的。

第二节　方针目标管理

一、基本涵义

1. 概念　方针目标管理是企业为实现以质量为核心的中长期和年度经营方针目标，充分调动职工积极性，通过个体与群体的自我控制与协调，以实现个人目标，进而保证实现共同成就的一种科学管理方法。方针目标管理在日本称为方针管理，在西方国家称为目标管理（management by objective，简称 MBO）。

这里所说的“个体”是指个人、岗位；“群体”是指企业、部门、分厂（车间）、工段、班组；“自我控制”是指根据目标的要求，调整自己的行为，以促使目标的实现；“共同成就”是指企业目标和部门、车间、班组目标。

2. 特点 作为一种科学管理的方法，方针目标管理具有以下特点。

（1）强调系统管理：方针目标管理通过在企业的总方针目标下层层设定目标，建立目标体系，并围绕企业方针目标将对策措施、组织机构、职责权限、奖惩办法等组合为一个网络系统，再按PDCA循环原则展开工作，重视管理设计和整体规划，进行综合管理。

（2）强调重点管理：方针目标管理不代替由标准、制度或计划（如生产计划）所规定的业务职能活动，也不代替日常管理，而是重点抓好对企业和部门发展有重大影响的重点目标、重点措施或事项。重点目标主要指营销、能耗、效益、安全、质量改进、考核等。

（3）注重措施管理：要切实将目标展开到能采取措施为止，然后对具体措施实施管理，而不是停留在空泛的号召上。

（4）注重自我管理：企业要发动广大职工参与方针目标管理的全过程，集中职工群众的合理化建议，使职工感到自己是企业的主人，并能在参与管理过程中提高、充实自己。同时，企业要为各级各类人员规定具体而明确的目标，使工人到管理人员都纳入目标管理。从而使他们能发挥固有潜力，为实现企业的方针目标而努力调整自己的行为，实行"自我管理"。

3. 原理 方针目标管理的理论依据是行为科学和系统理论，其基本原理是运用行为科学的激励理论来激发、调动人的积极性，对企业实行系统管理。主要表现在：以物为中心转变为以人为中心，从监督管理转变为自主管理，从家长式专制管理转变为民主管理，以纪律约束转变为激励管理。这就要求在实施方针目标管理的全过程中，要牢牢抓住系统管理和调动人的积极性这两条主线。

心理学研究表明，人的需要可分层为生理需要、安全需要、社会需要和自我实现四个层次。其中，生理需要和安全需要是基本层面的需要，获得满足后，人们将会把策动力的重心转移到社会需要、尊重需要和自我实现方面上。企业的经营者和管理者要注意满足人们这种比较高级的需要，并以此激励和调动员工的积极性，以目标来统一全体员工的意志，引导全体职工走向自我实现，激发全体职工的共同努力。

4. 作用 方针目标管理在企业管理中主要有以下几方面的作用。

（1）是企业实现经营目的、落实经营决策的根本途径：方针目标管理的目的就是实现以质量为核心的经营方针目标；同时，方针目标的确定也需要企业分析其现状、调查其所处的内外环境、分析其面临的发展机会和威胁，以确定其中长期经营方针目标，并研究确定实现经营方针目标的可行性方案。

（2）是调动职工参与管理积极性的重要手段：方针目标管理以行为科学中的"激励理论"为基础，将以物为中心的管理转变为以人为中心的管理，充分发挥广大职工的主观能动性和积极性，以目标来统一全体员工的意志，引导全体职工在参与方针目标管理的过程走向自我实现、自我成就。因此，方针目标管理的制订和实施过程，就是发动群众参与管理、调动群众积极投身管理、依靠群众开展民主管理的过程。

（3）是提高企业整体素质的有效措施：方针目标管理通过建立目标管理体系，以目标把企业的力量集中起来，充分发挥全体职工的积极性和主观能动性；通过激励理论上的自我管理和全企业自上而下的层层保证，形成组织协调良好和指挥有效的企业运行状态；再通过PDCA循环原则开展工作，并采用责、权、利相结合的经济责任制考核手段，确保方针目标管理全过程的实现。由此，使企业各项管理工作有很强的向心力和凝聚力，最终使企业经营达到目标明确、重点突出、措施具体、高效推进、管理有序的运行佳态，从而实现企业工作的高效化、系统化和标准化，企业整体素质的不断提高。

二、方针目标管理的实施

企业的方针目标管理的实施包括方针目标的制订、展开、动态管理和考评四个环节。

（一）方针目标的制订

1. 方针目标制订的要求 企业在制订方针目标时，应注意以下方面。

（1）企业方针目标是由总方针、目标和措施构成的有机整体。其中，总方针是指企业的导向性要求和目的性方针；目标是指具有激励性的量化目标值；措施是指相应目标的具体对策。企业在制订方针目标时应包括总方针、目标和措施三个方面，并使各项措施支撑相应目标、各种目标归结为方针，三者相互联系、有机统一。

（2）企业方针目标的内容较多，包括质量品种、利润效益、成本消耗、产量产值、技术进步、安全环保、职工福利、管理改善等。企业在制订方针目标时，需根据实际情况，选择对企业和部门发展有重大影响的重点和关键项目作为目标。

（3）目标和目标值应有挑战性，即应略高于现有水平，至少不低于现有水平。

（4）要体现“既要兼顾企业的长远目标和当前目标，又要注重社会效益和企业效益并行，还需注重发展生产和提高职工福利双赢”的总体思想和原则。

2. 方针目标制订的依据 企业制订方针目标的依据主要有以下几个方面：①顾客需求和市场状况；②企业对顾客、公众和社会的承诺；③国家的法令、法规与政策；④社会经济的发展动向和有关部门的宏观管理要求；⑤行业竞争对手的情况；⑥企业中长期发展规划和经营目标；⑦企业的质量方针；⑧上一年度未实现的目标及存在的问题点。

3. 方针目标制订的程序 企业制订方针目标一般按以下程序开展。

（1）宣传教育，提出思路：组织学习、研讨方针目标管理的理论知识和兄弟企业的先进经验，分析企业的形势及资源现状，以初步找出问题点，提出制订方针目标的思路。

（2）搜集资料，提出报告：由有关部门围绕上述要求和依据搜集资料，分别提出专题报告，如经营销售部门提出市场形势和预测的报告、竞争对手的情况报告；生产计划部门提出上年度计划执行情况的报告（包括存在的问题点），以及上级指令性或指导性计划的估计值。

（3）确定问题点：一般有两类问题点，一类是未实现规定目标和标准的问题点，其中包括未达到国家法令法规、安全质量监督和行业标准中所规定事项（如环保、工业卫生等）的要求等；另一类是企业长期规划和发展需要可能出现的问题点，包括来自顾客需求、竞争对手、开拓新产品和新市场中可能出现的问题点。

（4）草案建议：企业最高管理者召集专题讨论会，提出方针目标设想，各专业口提出具体的目标草案；然后通过论证、分析和协调；最后由归口管理部门起草方针目标的建议草案。

（5）组织评议：组织广大职工对方针目标的建议草案进行评论，汲取各方面意见后，修改建议草案。

（6）审议通过：按照决策程序，经企业的决策机构审议通过后发布。

4. 方针目标的修改 如果主、客观环境变化导致原定的方针目标和措施无法完成或无法如期完成，可以修改方针目标或措施，但必须遵循一定的程序，并有一定的时间要求，不可带随意性。

（二）方针目标的展开

方针目标展开是指把方针、目标、措施逐层进行分解、加以细化和具体落实。方针目标展开时，应注意：①方针、目标和措施三个层次的衔接和对应，即用措施保证目标，用目标来保证方针；②按管理层次，结合实际情况与问题点，依次纵向展开，按责任部门、关联部门和协调部门等横向展开共同承担的目标；③坚持用数据说话，目标值尽可能量化；④一般方针展开到企业和部门（或车间）两级，目标和措施展开到考核层为止；⑤每一部门要结合本部门的问题点展开，立足于改进。

方针目标展开时，一般遵循以下程序。

（1）第一步：横向展开。采用矩阵图，把涉及企业领导、部门、车间之间关系的重大目标和措施排列成表，明确责任（负责、实施、配合）和日期进度要求。企业方针目标实施的对策表（展开表）常采用表4-1所示的格式。

表4-1 企业方针目标实施的对策表

企业方针	目标	现状与问题点	目标值	对策措施	完成期限	企业负责人	负责横向展开部门	实施部门	
								负责部门	协助部门

（2）第二步：纵向展开。如图4-1所示，纵向展开一般采用系统图方法，自上而下地逐级展开，以落实各级人员的责任。从系统图4-1可知：只要班组一级的手段（措施）得到落实，基层管理得到保证，就能依次向上层层保证，最终实现企业的方针目标。

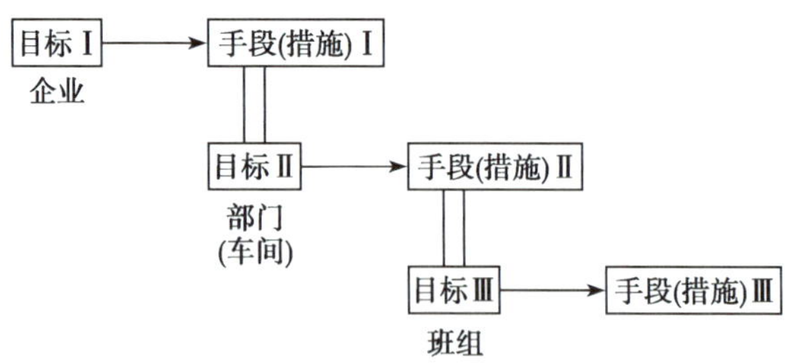

图4-1 目标展开的系统图

企业方针目标纵向展开依次包括四个层次：①从最高管理者到管理层（含总工、总质量师、管理者代表）；②管理层到各分管部门（车间）；③部门（车间）到班组或岗位（含管理人员）；④班组或岗位目标展开到措施为止。

班组是企业最基本的基层单位，班组目标管理的开展是企业方针目标管理的基础环节，所以应首先抓好班组目标的展开。同时，应围绕班组目标，组织开展班组建设、民主管理、自主管理和质量管理小组(QC小组)活动。

(3)第三步:开展协调活动。方针目标展开中,可通过召开“方针目标报告会”和填写“方针目标协调单”等方式,充分协调各部门、车间和人员之间的关系,统一意见。

(4)第四步:规定方针目标实施情况的经济考核办法。经济责任制的考核内容必须与方针目标的实施活动相符合,才能有效促进方针目标的实现。

(5)第五步:举行签字仪式。各级负责人与目标项目的责任人在目标管理实施文件上签字确认。

(三)方针目标的动态管理

企业方针目标的动态管理包含多方面的工作,主要应抓好以下几项。

(1)下达方针目标计划任务书:依据企业的具体情况下达一定时间跨度的方针目标计划任务书,如月度计划或季度计划。计划任务书应当包括:①方针目标展开的项目,即重点实施的项目;②协调项目,即需要配合其他部门或车间完成的项目;③随着形势的变化而变更的项目。

(2)建立跟踪和分析制度:在方针目标的实施过程中,应建立跟踪和分析制度,以了解目标项目的动态进展、状况和发展趋势;并对其在生产过程中的变化情况进行动态分析,采取对策或进行管理措施的优化,以确保目标的实现。

(3)抓好信息管理:保证信息的及时准确和信息流的畅通是动态管理最重要的环节,所以企业要建立信息中心,负责收集、整理、分析、处理和反馈信息。

(4)开展管理点上的QC小组活动:为实现对方针目标的动态管理,应围绕方针目标实施中的难题和问题点,组织开展QC小组活动,并掌握QC小组的活动情况,以管理点上质量攻关活动的成功,保证方针目标的顺利实现。

(5)加强人力资源的开发和管理:方针目标管理是“以人为中心”管理理论的具体体现。因此,实施中应注意加强人力资源的开发和管理,充分调动人的积极性,以保证方针目标的实现。

(四)方针目标的考评

1. 方针目标管理的考核 对方针目标的完成情况进行考核,是实施方针目标管理的重要环节。它旨在通过对上一时段的成果和部门、职工做出的贡献进行考查核定,借以激励职工,为完成下一时段的目标而奋进。

考核的对象包括企业的基层单位、职能部门、班组和个人。考核的内容通常包括:①根据目标展开的要求,对目标和措施所规定进度的实现程度、工作态度和协作精神的考核;②根据为实现目标而建立的规范和规章制度,对其执行情况的考核。考核一般可按月度或季度进行。

方针目标管理的考核都应与经济责任制或经营责任制挂钩,并作为单位、部门和个人业绩的重要依据。

2. 方针目标管理的评价 方针目标管理的评价是指通过对本年度(或半年)完成成果的审核,评定企业、基层单位、部门和个人为实现方针目标管理所做的工作,借以激励职工,为进一步推进方针目标管理和实现方针目标而努力。方针目标管理的考核是在执行过程中进行的，而评价是把全过程的综合情况与结果联系起来，进行综合评价。

评价内容主要包括：①对方针及其执行情况的评价；②对目标（包括目标值）及其实现情况的评价；③对措施及其实施情况的评价；④对问题点的评价，包括对方针目标展开时考虑和未考虑到而在实施过程中又出现的问题点的评价；⑤对各职能部门和人员协调工作的评价；⑥对方针目标管理主管部门工作的评价；⑦对整个方针目标管理工作的评价。由于方针目标在实施过程中常有修订的情况，故对上述内容进行评价时还应考虑将完成情况和原定目标（或修订后的目标）进行对比，做出评价。评价原则上可以在每年年终进行一次。对目标及其实施情况做出评价时，不仅要考虑到目标的完成情况和实现程度，还要考虑制订或修订本身的正确性，也要考虑实现各项目标的困难复杂程度和实现过程中的主观努力程度等。

3. 方针目标管理的诊断 方针目标管理的诊断是指对企业方针目标的制订、展开、动态管理和考评四个阶段的全部或部分工作的指导思想、工作方法和效果进行诊察，提出改进建议和忠告，并在一定条件下帮助实施，使企业的方针目标管理更加科学和有效。其主要内容包括：①实地考察目标实现的可能性，采取的应急对策和调整措施；②督促目标的实施，加强考核检查；③协调各级目标的上下左右关系，以保持一致性；④对部门方针目标管理的重视和实施程度做出评价，提出整改建议。

它与方针目标管理的考核、评价既有联系又有区别。三者的共同点都旨在提高方针目标管理的有效性。不同的是，诊断侧重于调查、分析和研究企业方针目标管理中的问题，提出改进建议，并帮助解决，诊断对象是方针目标管理本身。考核侧重于核查方针目标按原定计划的实施情况，对其执行结果做出鉴定意见和奖罚决定，考核对象是实施过程和执行结果。评价侧重于对单位、部门和个人为实现方针目标所作的贡献和工作绩效做出评价，考核对象是相关人员的贡献和绩效。

第三节 质量策划

一、基本涵义

任何一项质量管理活动，不论其涉及的范围大小、内容多少，都需要进行质量策划。无论是何种专业技术领域的产品和服务，在进行生产和提供服务之前，为提高产品和服务的质量，都必须进行产品和服务质量的策划。

质量策划是质量管理的一部分，致力于制订质量目标并规定必要的运行过程和相关资源以实现质量目标。如前所述，它是质量管理工程的三大活动之一，其源于设计理论，面向策划过程。

1. 质量策划的类型 一般来说，质量策划包括以下几种类型。

（1）有关质量管理体系的策划：这是一种宏观的质量策划，应由企业的最高管理者负责进行，根据质量方针确定的方向设定质量目标，确定质量管理体系要素，分配质量职能等。在组织尚未建立质量管理体系而需要建立时，或虽已建立却需要进行重大改进时，就需进行这种质量策划。

（2）有关质量目标的策划：组织已建立质量管理体系，虽不需要进行重大改变，但却需要对某一时间段（例如中长期、年度、临时性）的业绩进行控制，或者需要对某一特殊的、重大的项目、产品、合同和临时性的、阶段性的任务进行控制时，就需要进行这种质量策划，以便调动各部门和员工的积极性，确保策划的质量目标得以实现。例如，每年进行的综合性质量策划，其结果是形成年度质量计划。这种质量策划的重点在于确定具体的质量目标和强化质量管理体系的某些功能，而不是对质量管理体系本身进行改造。

（3）有关过程的策划：针对具体的项目、产品、合同进行的质量策划，同样需要设定质量目标，但重点在于规定必要的过程和相关的资源。这种策划包括对产品实现全过程的策划，常用的工具是产品质量先期策划；也包括对某一过程（如设计和开发、采购、运作过程）的策划；还包括对具体过程（如某一次设计评审、某一项检验验收过程）的策划。也就是说，有关过程的策划是根据过程本身的特征（大小、范围、性质等）进行的策划。

（4）有关质量改进的策划：质量改进虽然也可视为一种过程，但却是一种特殊的、可能脱离了企业常规的过程。因此，更应当加强质量策划。如果说有关过程的策划一旦确定，这些过程就可以按策划规定重复进行的话，那么质量改进则是一次策划只可能针对一次质量改进课题（项目）。因此，质量改进策划可以是经常进行的，而且是分层次（组织及组织内的部门、班组或个人）开展的。质量改进策划越多，说明组织越充满生机和活力。

2. 质量策划的输入 质量策划是一种高智力的活动，可由最高管理者负责，相关管理人员组成相应的质量策划小组，通过召开会议的形式共同来完成质量策划；也可由最高管理者委托他人完成。质量策划是针对具体的质量管理活动进行的，故实际上也是一个过程，有其输入和输出。

质量策划的输入包括但不仅限于以下方面：①质量方针或上级质量目标的要求；②顾客和相关方的需求和期望；③与策划内容有关的业绩或成功经历；④存在的问题点或难点；⑤过去的经验教训；⑥质量管理体系已明确规定的相关的要求或程序。在进行质量策划时，必须尽力搜集与策划内容有关的全部信息，最好能有形成文件的材料。这些材料应尽早交与参与策划的所有人员。

3. 质量策划的输出 将质量策划的内容用文字表述出来，即形成质量计划。质量计划以文件的形式输出，即为质量计划文件。质量计划形成后，应经负责该项质量策划的管理者批准后发布实施，组织一级综合性的或重大的质量策划的管理者应是最高管理者。

一般来说，质量策划输出应包括以下内容：①为什么要进行质量策划或为什么要制订该项质量计划（将质量策划的输入进行简单表述），适当分析现状（问题点）与质量方针或上一级质量目标要求，以及顾客和相关方的需求与期望之间的差距；②通过质量策划设定的质量目标；③确定的各项目的具体工作或措施以及负责部门或人员；④确定的资源、方法和工具；⑤确定的其他内容，其中质量目标和各项措施的完成时间必不可少。

质量策划需要用到相应的工具，其常用的工具包括质量管理工程五大工具之中的三种工具，它们分别为：产品质量先期策划、生产件批准程序、失效模式与影响分析。下面对其内容进行具体介绍。

二、产品质量先期策划

产品质量先期策划 APQP（advanced product quality planning），或称产品质量先期策划和控制计划，是 IATF 16949 质量管理体系的一部分。产品质量策划是一种用来确定和制订确保某产品使顾客满意所需步骤的结构化、系统化的方法。它通过按时间进度有条不紊地进行产品和过程的设计与开发，以预防为主要特征，促进对问题的早期识别，旨在建立一套完善的适用于每个项目的设计开发体系，使公司产品开发充分满足顾客要求，提高产品质量。有效的产品质量策划依赖于高层管理者对努力达到使顾客满意这一宗旨的承诺。

作为 IATF 16949 质量管理体系的重要子系统，APQP 以满足顾客要求为目标，要求不断改进，具有目标明确的优点。开展产品质量先期策划可引导资源使顾客满意，促进对所有更改的早期识别，避免晚期更改带来的低效率和高成本，从而以最低的成本及时提供优质产品。

（一）产品质量策划循环

产品质量先期策划以满足顾客要求为目标，其不断改进的过程构成了产品质量策划循环。如图 4-2 所示，产品质量策划循环其实质是 PDCA 循环理念在产品质量策划中的应用，其重点是持续改进。它包括从产品的概念设计、设计开发、过程开发、试生产到生产，以及全过程中的信息反馈、纠正措施和持续改进活动。

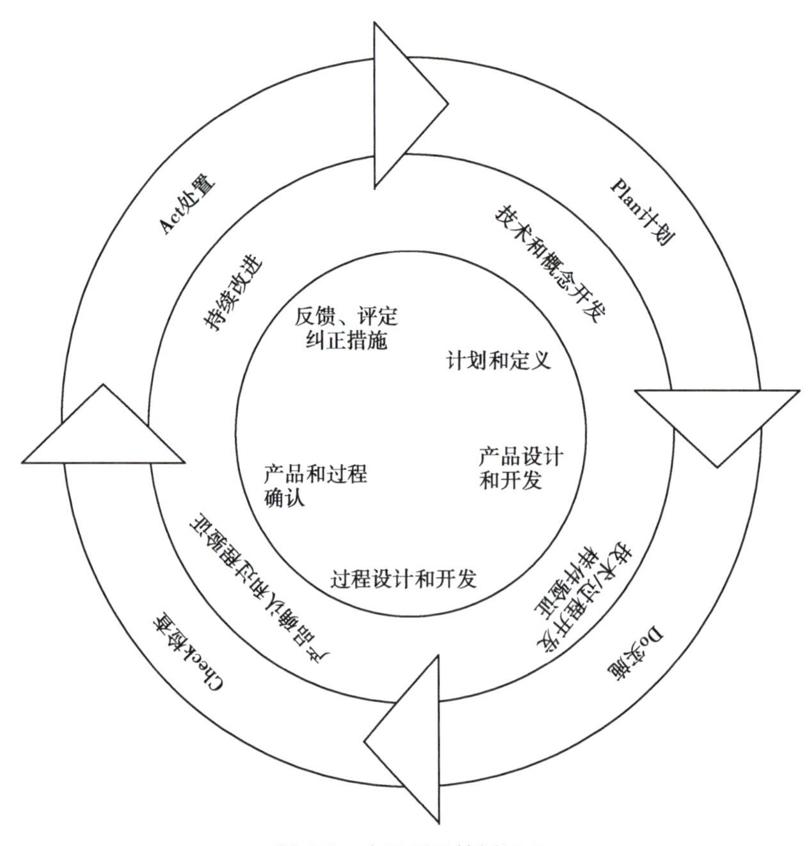

图 4-2　产品质量策划循环

如图 4-2 所示，产品质量策划循环是一个典型的计划图，各个阶段依次排列以表示所述功能阶段的有序推进。其中，循环的前三个阶段为产品和过程确认的前期产品质量策划阶段，它包括计划和定义、产品设计和开发、过程设计和开发；循环的产品和过程确认，以及反馈、评定和纠正措施为输出阶段，其功能表现在决定顾客是否满意和追求持续改进的依据。将产品质量策划描述为一个循环显示其追求持续改进的永无止境，这种改进是将在前一个项目获取的经验和结果应用到下一个项目的方式来实现的。

（二）APQP 的五个阶段

图 4-2 所示的产品质量策划循环的五个阶段与具体项目的实施过程在内容和时间上存在交错和层叠之处，为明确五个阶段的内涵，对其循环作进一步的线性展开。

（1）第一阶段：计划和定义，指从产品概念提出到项目批准阶段。

（2）第二阶段：产品设计和开发，指从项目批准到样件完成阶段。

（3）第三阶段：过程设计和开发，指从样件完成到试生产阶段。

（4）第四阶段：产品和过程确认，指从试生产到正式量产阶段。

（5）第五阶段：反馈、评定和纠正措施，指从量产、交付到客户反馈阶段。

上述五个阶段中，有设计责任的组织应遵循全部五个阶段；无设计责任的组织可省略第一和第二阶段，但仍应从第二阶段的可行性评估开始执行。

（三）产品质量策划的基本原则

（1）组织小组：产品质量策划小组又称横向职能小组，是 APQP 实施的组织。产品质量策划中，供方的第一步是成立产品质量策划小组，授权确定小组的职责。有效的产品质量策划不仅需要质量部门的参与，还可包括技术、制造、材料控制、采购、质量、销售和市场服务等的代表，以及分承包方和顾客方的代表。

（2）确定范围：在产品项目的最早阶段，产品质量策划小组必须召开会议，识别顾客需求和期望，确定小组负责人、各成员职责、内外部顾客、顾客的要求、需要来自顾客的帮助、文件化过程和形式，以及成本、进度和限制条件；理解顾客的要求和期望；评定所提出的设计和性能要求以及制造过程的可行性。其中，对产品质量策划小组而言，最重要的是识别顾客的需求和期望。

（3）小组间的联系：通过举行定期会议的方式建立顾客、内部、组织及小组内的子组之间的沟通渠道和联系方式，联系的程度可以根据需要解决问题的数量来决定。

（4）培训：APQP 的成功取决于有效的培训计划，培训的内容包括了解顾客的需求和期望，全部满足顾客需求和期望的开发技能，例如：APQP、生产件批准程序（production part approval process，PPAP）、失效模式与影响分析（failure mode and effects analysis，FMEA）、测量系统分析（measurement systems analysis，MSA）、质量功能展开（quality function deployment，QFD）、开发技术等。

（5）顾客和供方参与：主要顾客可以和供方共同进行质量策划，但供方有义务建立横向职能小组管理质量策划过程，供方应同样要求其分承包方。

（6）同步工程：同步工程是指横向职能小组同步进行产品开发和过程开发，以保证可制造性和装配性，并缩短开发周期，降低开发成本。

同步技术是横向职能小组为某一共同目标努力的过程，它取代了以往逐级转递的方法，目的是尽早使高质量产品实现生产。

同步工程的顺利实施需要网络技术、数据交换等相关技术、面向产品生命周期各 / 某环节的设计（design for X，DFX）技术和 QFD 技术的支持。此外，还经常用到三元设计法、FMEA 和 SPC 等技术。

（7）控制计划：控制计划是对控制零件和过程的系统的书面描述。每个控制计划包括样件、试生产和生产三个阶段。样件是指对发生在样件制造过程中的尺寸测量、材料与性能试验的描述；试生产是指对发生在样件之后，全面生产之前的制造过程中的尺寸测量、材料和性能试验的描述；生产是指对发生在批量生产过程中的产品及过程特性、过程控制、试验和测量系统的综合描述。

（8）问题的解决：在质量策划过程中，小组将会遇到产品设计或加工过程的问题，APQP 的过程实质上是解决这些问题的过程。这些问题可用规定职责和时间进度的矩阵表来形成文件。遇到困难的情况下，推荐使用多方论证的方法解决，也可借助因果图、特性矩阵图、实验设计 DOE、防差错系统 Poka-Yoke、QFD 等技术来解决。

（9）产品质量先期策划的时间计划：APQP 小组成立后的第一件工作是制订时间计划，时间计划的制订需要考虑产品类型、复杂性和顾客的期望等因素，并注意以下方面：①小组成员应取得一致意见；②时间计划图表应列出任务、职责分配及其他有关事项；③供策划小组跟踪进度和设定会议日期的格式应统一；④每项任务应有起始日期、预计完成时间，并记录实际情况；⑤把焦点集中于确认要求特殊注意的项目，通过有效的状况报告活动支持对进度的监控。

（10）与时间计划图表有关的计划：项目的成功依赖于通过及时且经济的方式满足顾客的需求和期望。APQP 时间表和产品质量策划循环要求横向职能小组竭尽全力于预防缺陷。由此来看，APQP 过程是采取防错措施不断降低产品风险的过程，其缺陷预防由产品设计和制造技术的同步工程推进。横向职能小组应准备修改产品质量计划以满足顾客要求和期望，并有责任确保进度满足或提前于顾客的进度计划。

（四）APQP 五个阶段的实施

产品质量先期策划的五个阶段可以看作是五个过程，故都有其相应的输入和输出，如图 4-3 所示。

（1）第一阶段：计划和定义项目。

此阶段为 APQP 的初始阶段，该过程的任务和要点有：①如何确定顾客的需要和期望，以计划和定义质量大纲；②确认顾客的需要和期望已经十分清楚；③做一切工作必须把顾客牢记心上。本过程所有的工作都应考虑到顾客，以提供比竞争对手更能满足顾客需求的产品和服务。

（2）第二阶段：产品设计和开发。

该过程的任务和要点有：①讨论将设计特征发展到最终形式的质量策划过程诸要素；②小组应考虑所有的设计要素，即使设计是顾客所有或双方共有的；③样件的制造，以验证产品或服务满足顾客的需求和期望；④设计既需要满足生产量和工期的要求，又要考虑质量、可靠性、投资成本、重量、单件成本和时间目标等要素；⑤除基于工程图纸和规范的要求外，可行性研究和控制计划要尽可能利用各种分析工具获取有价值的信息，以进一步确定和优先考虑可能需要特殊的产品和过程控制的特性；⑥保证全面、严格地评审技术要求和有关技术资料；⑦开展初始可行性分析，以评审制造过程可能发生的潜在问题。

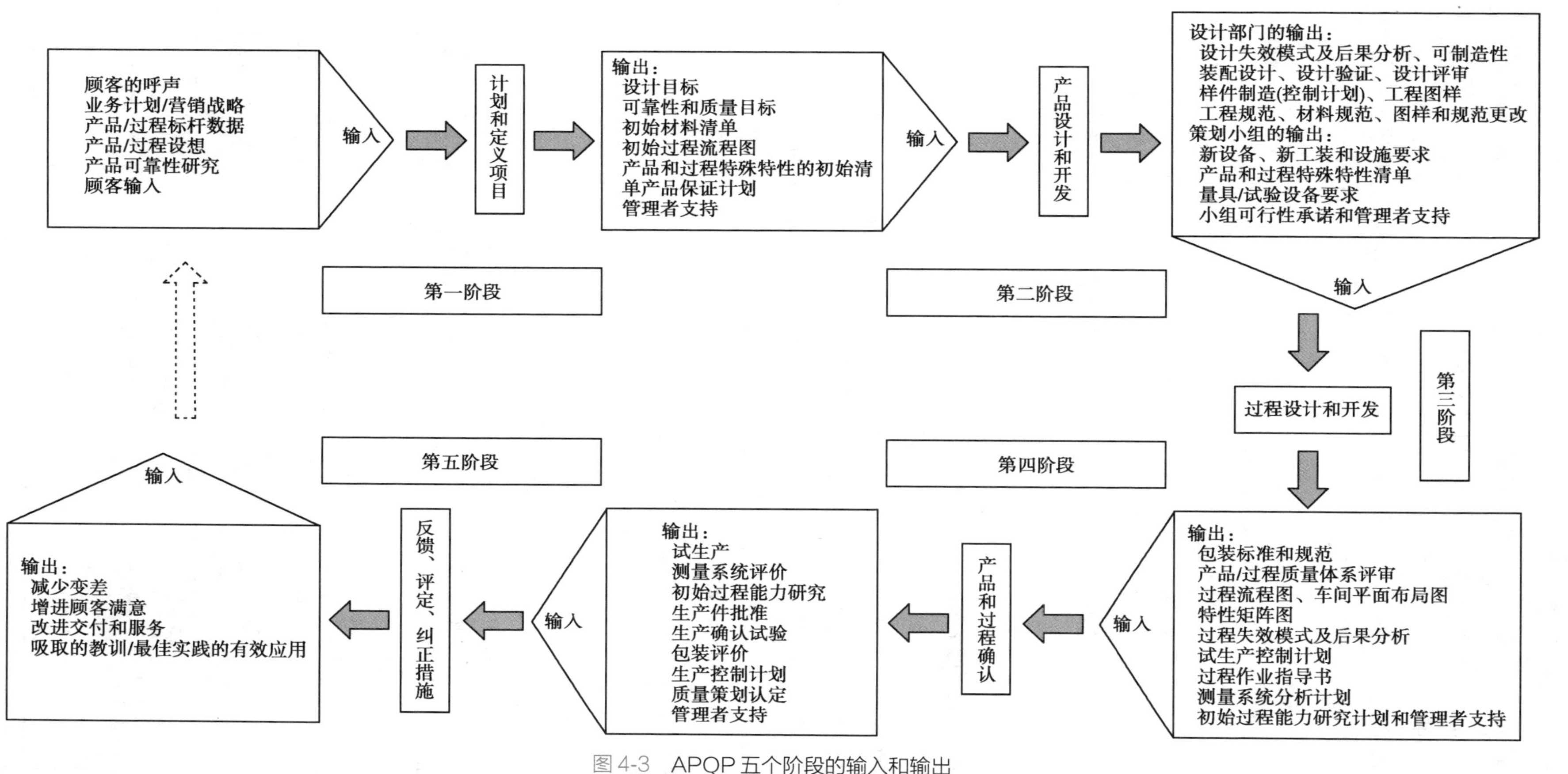
顾客的呼声
业务计划/营销战略
产品/过程标杆数据
产品/过程设想
产品可靠性研究
顾客输入
输入
计划和定义项目
输出：
设计目标
可靠性和质量目标
初始材料清单
初始过程流程图
产品和过程特殊特性的初始清单
产品保证计划
管理者支持
输入
产品设计和开发
设计部门的输出：
设计失效模式及后果分析、可制造性
装配设计、设计验证、设计评审
样件制造(控制计划)、工程图样
工程规范、材料规范、图样和规范更改
策划小组的输出：
新设备、新工装和设施要求
产品和过程特殊特性清单
量具/试验设备要求
小组可行性承诺和管理者支持
输入
第一阶段
第二阶段
过程设计和开发
第三阶段
第五阶段
第四阶段
输出：
包装标准和规范
产品/过程质量体系评审
过程流程图、车间平面布局图
特性矩阵图
过程失效模式及后果分析
试生产控制计划
过程作业指导书
测量系统分析计划
初始过程能力研究计划和管理者支持
输入
产品和过程确认
输出：
试生产
测量系统评价
初始过程能力研究
生产件批准
生产确认试验
包装评价
生产控制计划
质量策划认定
管理者支持
输入
反馈、评定、纠正措施
输出：
减少变差
增进顾客满意
改进交付和服务
吸取的教训/最佳实践的有效应用
输入
图 4-3　APQP 五个阶段的输入和输出

（3）第三阶段：过程设计和开发。

该过程的任务和要点有：①保证开发一个有效的制造系统，保证满足顾客的需求和期望；②讨论为获得优质产品而建立的制造系统的主要特点，以及与其有关的控制计划。

（4）第四阶段：产品和过程确认。

该过程的任务和要点有：①讨论通过试生产运行评价对制造过程进行验证的主要要点；②应验证是否遵循控制计划和过程流程图，产品是否满足顾客的要求；③应注意正式生产前有关问题的研究和解决。

（5）第五阶段：反馈、评定和纠正措施。

该过程的任务和要点有：①在产品的制造阶段，与质量策划存在变差的特殊原因和普通原因将会全部表现出来，所以，这个阶段对输出的评价也是对质量策划工作有效性的评价，其反馈性的评价和纠正措施的确定更是质量策划下一步持续改进的依据；②在此阶段，生产控制计划是评价产品和服务的基础；③采用 SPC 手册中所描述的有关措施开展计量型和计数型数据的评估。

三、生产件批准程序

生产件批准程序（production part approval process，PPAP）规定了包括生产和散装材料在内的生产件批准的一般要求。它也是质量管理工程的五大工具之一，其目的是用来确定供应商是否已经正确理解了顾客工程设计记录和规范的所有要求，以及供应商的生产过程是否具有潜在能力在实际生产过程中按规定的生产节奏满足顾客要求的产品。

1. 生产件批准程序的流程 生产件批准程序的过程流程如图 4-4 所示。需要说明的是，图中所示全部活动并不是每次都必须出现。

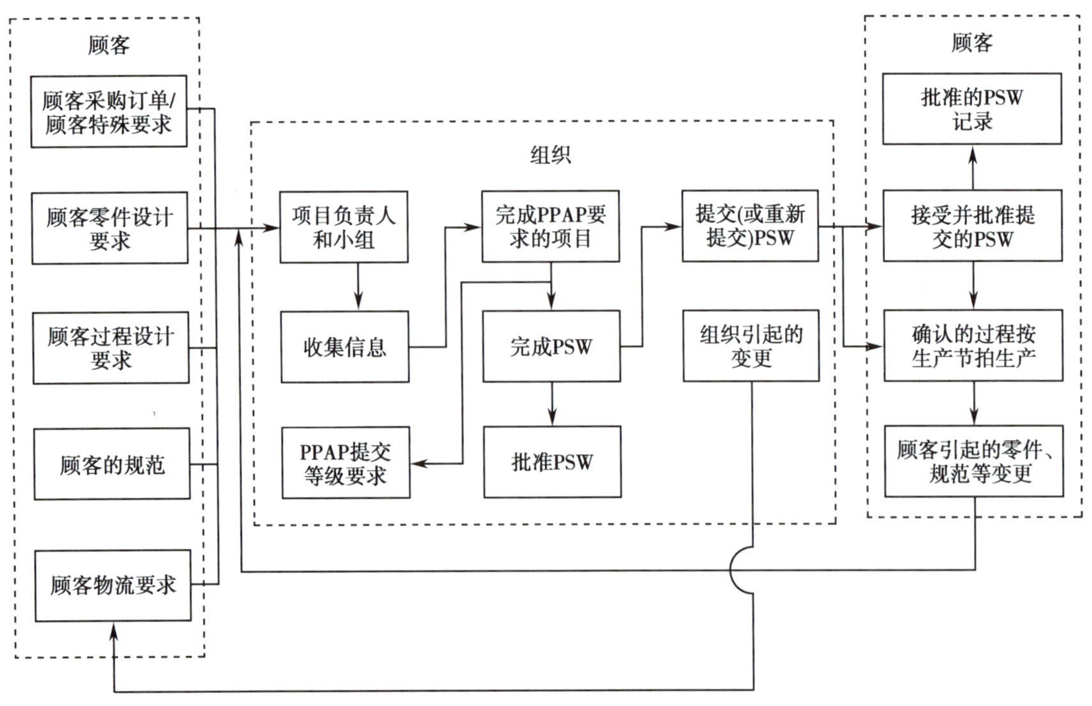

图 4-4 PPAP 过程流程的示例图

2. **生产件批准程序的适用范围** PPAP 适用于提供散装材料、生产材料、生产件或维修零件的内部和外部供应商现场。对于散装材料，除非顾客要求，PPAP 可不做要求。

在下列情况，供应商必须获得顾客产品批准部门的完全批准：①新零件或产品（以前从未提供给顾客的特殊零件、材料或颜色）；②对以前提交零件的不符合之处进行了纠正；③由于设计记录、技术规范或材料方面的工程更改所引起的产品更改；④顾客通知和顾客提交要求的任何一种情况。

3. **PPAP 对生产件的要求** 用于 PPAP 的产品（生产件）必须取自有效的生产过程。所谓有效的生产过程需要符合以下条件：① 1～8 小时的生产；②至少为 300 件连续生产的部件，除非顾客授权的质量代表另有规定；③使用与生产环境同样的工装、量具、过程、材料和操作工进行生产；④每一独立生产过程制造的零件都必须进行测量，并对代表性的零件进行试验。

4. **PPAP 的要求** PPAP 必须提交的项目和资料共有设计记录、工程变更文件、零件提交保证书（part submission warrant，PSW）等 18 项。

（1）设计记录：供应商必须具备所有的可销售产品的设计记录。无论谁负责设计，任何可售产品、零件或部件将只有一份设计记录，设计记录可以引用其他文件，并使之成为设计记录中的一部分。

（2）授权工程更改文件：未在设计记录上体现，但已在产品零件或工装上体现的一切更改，供应商必须获得授权工程更改文件。

（3）顾客的工程批准：在设计记录有规定时，供应商必须具有顾客工程批准的证据。

（4）设计失效模式与影响分析：如果供应商负责设计，应进行设计失效模式与影响分析（设计 FMEA）。

（5）过程流程图：供应商必须以特定格式设计一份过程流程图，并能清晰地描绘出生产工艺步骤和顺序，且满足特定顾客的需求和期望。

（6）初始过程研究：对于顾客或供应商指定的所有特殊特性，必须在提交之前确定其初始过程能力或性能是可接受的。如经顾客和供应商都同意的过程能力或性能的评价指数分析。

（7）过程失效模式与影响分析（过程 FMEA）：供应商必须遵循有关要求进行过程失效模式与影响分析（process failure mode and effects analysis，PFMEA）。

（8）控制计划：供应商必须制订一份控制计划来规定所有过程控制内容。

（9）材料性能研究：供应商必须保存设计记录或控制计划中规定的材料和 / 或性能试验结果记录。

（10）合格的实验室文件：供应商必须有一份实验室范围和说明所使用的实验室遵循相关要求的证明文件。

（11）测量系统分析研究：供应商必须对所有用于生产的新量具、修正量具、试验设备进行适当的测量系统分析研究。

（12）全尺寸测量结果：提供尺寸验证已经完成及其结果表明符合规定要求的证

据，包括：①标明设计记录的日期、更改等级和全尺寸测量结果清单、经批准的工程更改文件；②在所测量的零件中指定一件为标准样件；③在所有的辅助文件上记录更改的等级、绘图日期、供应商名称和零件编号；④供应商必须提供每个独立的加工过程尺寸结果。

（13）外观批准报告：如果在设计记录上，某要求提交的零件或零件系列有外观要求，则必须完成该产品/零件一份单独的外观批准报告（appearance approval report，AAR）。

（14）生产件样品：供应商必须按照顾客的要求及提交要求所规定的内容提供生产件样品。

（15）标准样品：供应商必须保存一件标准样品，保存时间与生产件批准记录保存时间相同。

（16）检查辅具：如果顾客提出要求，供应商必须在提交 PPAP 的同时提交零件特殊装配辅具或部件检查辅具。供应商必须确定检查辅具的所有内容与零件尺寸要求一致。提交时，供应商必须将纳入检查辅具的工程设计更改形成文件。供应商必须在零件寿命期内，对任何检查辅具提供预防性维护。

（17）顾客的特殊要求：供应商必须有与所有适用顾客特殊要求相符合的记录。对于散装材料，在散装材料要求的检查清单上必须对所有的顾客特殊要求形成文件。

（18）零件提交保证书：圆满完成所有要求的测量和试验后，供应商必须填写零件提交保证书（PSW）。对于每一个零件编号都必须完成一份单独的 PSW，除非顾客同意采用其他的形式。

供应商必须在 PSW 上记录要发运的零件重量。除非顾客另有规定，否则一律使用千克（kg）表示，并精确到小数点后 4 位。重量不能包括运输时的保护装置、装配辅具或包装材料。为了确定零件重量，供应商必须随机选择 10 个零件分别称重，然后计算并报告其平均重量。

5. PPAP 提交时的注意事项 PPAP 提交时，应注意以下方面：①组织必须满足上述 18 项规定的要求，还必须满足顾客规定的其他 PPAP 要求；②生产件必须符合所有顾客工程设计记录和工程规范要求（包括安全性和法规的要求）；③任何零件若未达到规范要求，组织必须书面记录解决问题的方案，并联系经授权的顾客代表，以决定适当的纠正措施。

值得说明的是，并不是每个组织的每个零件都必须提交上述 18 项规定的项目和资料，具体应提交哪些应该参考设计记录，例如：零件图纸、相关的工程文件或技术规范等。

四、失效模式与影响分析

失效模式与影响分析（failure mode and effect analysis，FMEA）是指在产品设计阶段和过程设计阶段，通过对产品和过程各组成部分的事前分析，发现、评价产品和过程中所有潜在的失效模式，并分析其起因和机理、发生的可能性以及对系统的影响度，从而预先采取必要的措施，以提高产品的质量和可靠性的一种系统化的活动。有时候，FMEA 又译为故障模式与影响分析。其中，故障等同于失效，故障模式等同于失效模式，后果分析等同于影响分析。

FMEA也是质量管理工程的五大工具之一，它可评价、确定产品和过程中的潜在失效以及该失效的后果，找到能够消除或减少潜在失效发生可能的措施，并将全部过程形成文件。所以，有效的实施FMEA可在产品设计或生产真正实现之前发现产品的弱点，在原形样机阶段或在大批量生产之前确定产品缺陷，从而可缩短开发时间、减少开发费用，并有效地改进产品的质量、可靠性与安全性。

1. FMEA的类型和应用情形 由于产品失效可能与设计、制造过程、使用、承包商、供应商以及服务有关，因此FMEA又可细分为体系FMEA（system failure mode and effect analysis，SFMEA）、设计FMEA（design failure mode and effect analysis，DFMEA）、过程FMEA（process failure mode and effect analysis，PFMEA）和设备FMEA（equipment failure mode and effect analysis，EFMEA）。其中，DFMEA和PFMEA最为常用。总体说来，FMEA的应用情形如下。

（1）引入新设计、新技术或新过程时：通常在新产品设计时要做完整的DFMEA分析；在新技术引入时要做全部的新技术FMEA分析；在设计新的制造过程时要做完整的PFMEA分析。

（2）对现有设计或过程进行修改时：假设现有设计或过程已做了FMEA分析，当对现有的产品做设计上的修改时，要对修改的部分以及由于修改所产生的相互影响做FMEA分析；当对现有的制造过程进行修改时，同样要对修改的过程做FMEA分析。

（3）将现有设计或过程用于新的环境或场所时：当现有设计或过程应用于另一个新的环境或场所时，应对现有的设计或过程在新环境中或新场所上的影响进行FMEA分析。

从以上三种情形可知，FMEA不是一劳永逸的事，而是随着产品或过程的更改不断修订的。从另一角度讲，FMEA也是围绕提高产品质量、减少产品缺陷以满足顾客和相关要求的问题上，对设计和过程中所用技术的一种持续改进。

2. 两种FMEA类型的时间顺序 如上所述，FMEA分类中DFMEA和PFMEA最为常用。DFMEA常用在产品交付至生产前阶段，重点分析由设计缺陷引起的产品潜在失效模式；而PFMEA则常用在分析制造与装配过程阶段，重点分析由制造或装配过程缺陷引起的潜在失效模式。

DFMEA在早期的图样完成、但任何工装的制造和生产设备的开发与采购还未开始时完成；PFMEA开始于基本的操作方法讨论时，在生产计划制订和生产批准之前完成。

3. FMEA的内容及逻辑顺序 为便于理解FMEA的过程，图4-5以表格的形式对FMEA的内容及逻辑顺序进行了展开，以便消除风险并策划适宜的控制方法以确保顾客满意。

为更深入地理解FMEA的内容及逻辑顺序，下面对图4-5的各环节进行简要说明。

（1）项目/功能：用尽可能简明的文字来说明被分析的项目满足设计意图的功能，包括与该系统运行环境（规定的温度、压力、湿度范围和设计寿命等）相关的信息。如果该项目有多种功能且有不同的失效模式，应把所有功能单独列出。

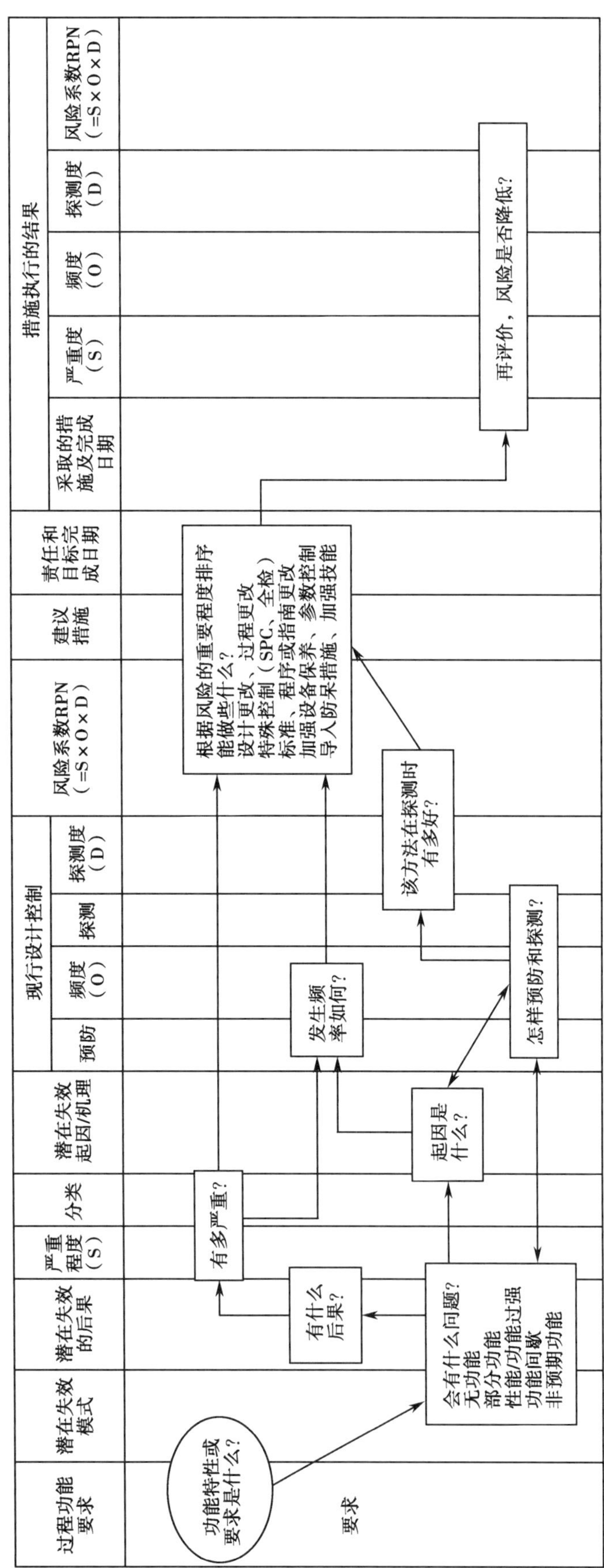

图 4-5 FMEA的内容及逻辑顺序

（2）要求：填入需要分析的每一个功能的要求（基于顾客的要求和小组的讨论）。如果在不同的失效模式下，功能有一个以上的要求，需要单独列出每一项要求。

（3）潜在失效模式：失效模式是产品和过程未满足设计目的或过程要求的方式或状态。失效可能发生，也可能不发生。失效的定义应简明且易于理解，以使分析集中在关注点上。潜在失效模式应当用专业的技术术语来描述，不要描述成顾客可感知到的现象。如果某单一的要求被识别了大量的失效模式，则说明此定义的要求不够简洁和准确。

（4）识别潜在后果：失效的潜在后果需按照顾客感知的失效模式的影响来定义。失效的后果或影响应根据顾客可能发现或经历的情况来描述。顾客可以是内部顾客，也可以是最终用户。潜在影响的确定包括失效后果分析和后果的严重性分析。

（5）识别潜在原因：失效潜在原因是描述失效是如何发生的。它应被描述为可以纠正、控制的事情。失效的潜在原因可能显示出一个设计的不足，它的后果就是失效模式。在识别失效模式的根本原因时，要尽可能详细，便于确定适当的控制和措施计划。如果有多个原因，就要对每个原因进行独立分析。

（6）识别控制：控制是指预防或探测失效原因或失效模式的活动。在识别控制活动时，重要的是应明确哪里出了问题，原因是什么，怎样来预防或者发现问题。控制适用于产品设计或制造过程。

（7）识别与评估风险：组织需要知道顾客对风险评估的要求。风险评估是 FMEA 的重要步骤之一，它包括严重度（severity）、发生频度（occurrence）和探测度（detection）三个方面。严重度是评估失效对顾客影响的严重程度；发生频度是指一个失效原因发生失效的频率；探测度是评估产品和过程控制对失效原因或失效模式的探测能力。

按照 ER4-2 所示的规则，对上述三方面进行评分，三者评分的乘积，即为风险系数（risk priority number，RPN）。RPN 值在 1～1 000 之间，其值越高就说明越需要采取措施降低 RPN 值。一般情况下，RPN 值超过 100 就需要采取相应的措施。另外，抛开 RPN 值，严重度（severity）高于 8 时，也需要采取改善对策。

0402

ER4-2 现行控制的几个评分表

（8）建议措施和结果：建议措施的目的在于降低整体风险和失效模式发生的可能性，即降低严重度和发生频度，提高探测度。

为确保采取的措施适当，可以采用但不限于以下方式：①确保达成了设计要求（包括可靠性）；②评审工程图纸和工程规范；③确定在装配和制造过程的组织；④评审 FMEA、控制计划和操作指导书等。

措施完成后，需要进行效果验证，重新进行风险评估，即再次进行严重度、发生频度和探测度的评分，并计算 RPN 值。

（9）FMEA 跟踪：承担责任的工程师负责确保所有的建议措施都已经实施或充分说明。FMEA 是一份动态文件，应该始终反映出最终的评估，以及最终的适当措施，包括那些在开始生产之后所发生的措施。

（10）管理者职责：管理层是 FMEA 过程的拥有者，有选择和应用资源以及确保有效风险管理过程的最终责任。管理层职责也包括通过进行评审、消除障碍和总结教训等方式为小组提供直接支持。

ER4-3　第四章　目标测试

（秦　勇　钟　敏）

第五章　药品质量源于设计

ER5-1　第五章药品质量源于设计（课件）

“产品的质量首先是设计出来的”是质量管理工程学科的重要特点。随着质量源于设计理念在各领域的不断推广和应用，“药品的质量源于设计，通过制造实现，检验起到了重要的把关作用”在制药行业也逐渐被广泛接受。药品的质量源于设计，但其设计的质量能否通过制造实现不仅取决于新药研发阶段，还与商业化生产过程密切相关。因此，本教材在介绍药品质量源于设计的基础上，还将对药品质量设计的内涵与实现药品设计质量的新药研发（包括制药工艺的持续改进）、药厂设计和质量成本等重要环节进行介绍。

第一节　质量设计与质量风险评估

一、质量源于设计

（一）基本涵义

随着产品质量管理实践的不断深入和发展，人们逐渐意识到质量检验可以剔除废次品，防止废次品流入下一道工序，但并不能提高产品质量。同时，先天设计不足的产品，在后续的制造过程中无论采取何种措施，也无法保证产品的最终质量。由此，在质量管理经历了由检验质量阶段到全面质量管理阶段的发展后，产品质量源于设计，而非检验出来的理念也逐渐酝酿产生。

质量源于设计（quality by design，QbD）是基于充分的科学知识和质量风险管理，以预设的目标产品质量特性为起始，强调产品与工艺的理解及过程控制的一种系统开发方法。它需要从顾客和市场的需求出发，预先确定产品的质量目标，然后基于科学知识和质量风险管理对目标质量功能进行逐级展开，以实现对产品质量特性、零部件特性（物料和中间产品特性）、生产工艺及其过程控制等之间的充分沟通，由此保证生产工艺在良好的过程控制状态下实现目标产品质量特性的设计目的。

最早提出 QbD 相关概念的是日本质量专家 Toyota，此概念经过在汽车、通信、航空航天等领域的应用发展后，逐渐得到其他行业的日益重视和普遍接受。QbD 以终为始，坚持主动地持续改进，致力于消除因对产品和工艺设计理解的不深刻、不充分而导致对最终产品质量带来的不利影响，以从风险管理的角度有效地控制产品的质量。与传统模式的区别在于：它强调产品设计阶段的质量控制，在产品设计阶段即对产品的工艺过程进行有效控制，避免设计出先天不足的产品，以保证最终产品的质量。

（二）药品质量源于设计

在长期的药品研发和生产实践中，行业人士已逐渐意识到药品质量在很大程度上源于药品研发时赋予的各项功能和特性，药品开发时设计的先天不足将严重影响药品的全生命周期、药品的质量及其提升空间，然而未上升到理论高度。随着 QbD 理念在质量管理应用效果的日益凸显，2004 年美国食品药品管理局（Food and Drug Administration，FDA）在《21 世纪制药 cGMP—基于风险的方法》中首次提出了药品 QbD 的概念，并将其引入到制药行业的药品研发、生产和流通等领域。随后，ICH 在其 Q8（新药开发）和 Q9（质量风险管理）中定义了 QbD 的相关内容，并在此后发布的 Q11《原料药开发与制造》（化学实体和生物技术 / 生物制品实体）中指出原料药的开发可按照传统方法、QbD 方法或两种方法联合的方式进行。我国在 GMP（2010 年修订）中也引入了 QbD 概念，强调药品批准上市后，企业在进行药品生产时，必须将与药品注册有关的安全、有效和质量可控的所有要求系统地贯彻到药品生产、控制及产品放行、贮存、发运的全过程中，以确保所生产的药品符合预定用途和注册要求。美国 FDA 则宣布 2013 年后不再接受无 QbD 要素的注册文件。由此可知，QbD 的理念已逐渐被药品研发和生产领域所接受，制药行业实施 QbD 已势在必行。

1. 药品 QbD 的涵义 药品 QbD 就是 QbD 在药品（包括中药、化学药和生物制品）全生命周期中的具体应用和实施。它要求从患者及相关方的需求出发，以预设的目标药品质量特性为起始，基于中药学、药学、生物学及相关学科领域充分的科学知识和质量风险管理，通过对药品、起始物料和中间产品、生产工艺及其过程控制之间的理解和沟通，达到从源头保障药品质量的目的，为患者及相关方提供低成本和高质量的药品。药品 QbD 包括以下基本内容。

（1）描述目标产品质量概况（quality target product profile，QTPP）：即对药品的质量特征进行前瞻性概括。生产出来的药品如果具备了这些质量特征，才能确保预期的药品质量，满足患者对药品安全性和有效性等的需求。由此可知，它应该包括药品的质量标准，但不仅限于质量标准。

（2）识别关键质量属性（critical quality attributes，CQAs）：指药品的某些物理、化学、生物学或微生物学特性，且这些特性必须在一个合适的限度、范围或分布时，才能确保预期的药品质量。

（3）明确关键物料属性（critical material attributes，CMAs）：对关键质量属性有明显影响的输入物料（包括起始物料或中间产品）的物理、化学、生物学或微生物学特性，且这些特性必须在一个合适的限度、范围或分布时，才能确保输出物料（包括中间产品或产品）的预期质量。

（4）识别关键工艺参数（critical process parameters，CPPs）：指那些参数波动将会对关键质量属性产生明显影响的工艺参数。在生产过程中，必须对这些工艺参数进行有效监控，使其在可接受的区间内运行，以确保通过此工艺产生预期的质量。有些参数虽然会对关键质量属性产生影响，但不一定是关键工艺参数，这取决于工艺的耐受性，即正常的操作区间与可接受区间之间的相对距离。

（5）开发设计空间（designspace）：在综合考虑物料属性、工艺环境和条件等多因素影响下，建立工艺稳定且能满足药品性能的设计空间。该设计空间是经过验证能保证药品质量的物料属性和工艺参数等相互作用的多维组合。药品生产只要在通过验证的设计空间内运行，就不会造成对药品质量的实质性影响。

（6）建立控制策略并持续改进：根据设计空间，基于质量风险管理，建立药品质量控制策略，通过合理的过程监控以保持药品质量的稳定。同时，不断加强目标药品质量特性与工艺的理解，采用新知识、新方法和新技术，调整或再定义设计空间，以实现持续的改进，不断提高药品的质量水平。

由此可知，实施 QbD 可通过将药品质量控制的基础管理点前移至药品的设计研发阶段，消除因药品及其生产工艺设计不合理而可能带来对药品质量的不利影响。需要注意的是，质量源于设计作为一种系统开发方法，它可在药品研发阶段对药品全生命周期进行质量设计与开发；其所包含的产品开发理念，也可在药品全生命周期的不同阶段针对不同项目实施设计与运用。

2. 药品生产企业实施 QbD 的意义 QbD 是基于充分的科学知识和质量风险管理，通过设计空间的开发建立质量控制策略，可从源头上提高和保证上市药品的质量，从而使企业、患者及相关方和全社会受益。其实施的意义如下。

（1）可减少社会资源的浪费和规避可能的质量风险：实施 QbD 可使潜在重大质量风险或无明显市场优势的药品开发止于研发设计阶段，避免企业和社会后续人力、物力和财力投入的浪费，更可避免潜在重大质量隐患的药品上市及上市后给患者和社会造成意外损失，甚至可避免重大质量事件的发生及给企业带来倒闭关停的风险。

（2）可保障上市药品的高质量水平：QbD 在新药研发设计阶段就强调对药品与工艺的理解及过程控制，并以此开发输入物料和工艺参数的设计空间。这样生产工艺只要在设计空间内运行就可保证预期的药品质量，从而为后续药品生产的质量控制储备了较大的操作空间，提高了生产工艺的效能，减少了企业的药品生产成本和产品质量的异常波动，降低了废品率和销售药品的质量风险，从源头上尽可能地避免了因药品质量问题而可能给企业、患者和社会带来的损失。

（3）可使优质的新药尽早惠及患者和社会：实施 QbD 可提高具有上市潜能药品被获批上市的成功率，增加首轮准许的机会，缩短药品开发时审批的时间，减少企业在人力、物力、财力和时间上的浪费。同时，QbD 在全球各国的普遍实施将使药品开发上市的流程在全球规范化，由此可加快我国药企新推药品在他国的上市，降低企业药品开发的综合成本，提高市场占有率，使良好的药品惠及全球患者。

（4）可增强药品生产工艺的操控性和减少生产工艺的变更申请：实施 QbD 构建的设计空间，还可减少工艺变更带来可能的药品变更申请与审批。新药一经获批上市，短期内即使科学技术有很大进展，绝大部分制药企业也不愿意改进工艺和管理规程。因为这很可能涉及工艺的变更申请，既耽误时间，又会带来相关风险。实施 QbD 获批上市的药品生产，在设计空间内运行的工艺参数变更时，无须向药品监管部门提出申请；只有超出设计空间的变更，以致影响到药品的关键质量属性时，才需要进行变更申请。由此，在保证药品质量的情况下，既提高了企业生产的灵活性，又降低了生产的综合成本，还减少了监管部门的监管投入，而患者可获得同样的药品质量。

（5）可增强企业创制新药的能动性和给社会带来更大的受益：良好的药品设计质量可延

长上市药品生命周期中的商业化生产，为企业带来更大的盈利时间和空间，从而为药品生产企业、患者、相关方和全社会带来更多的受益。

由此可知，药品 QbD 的实施可改变传统药品研发、审评、生产和监管之间结合不严密的状况，它通过药品研发设计与生产之间的良好沟通，给药品生产企业带来了灵活的操作空间，且仍能保障药品的质量及其质量的稳定。同时，监管部门对企业实施 QbD 进行药品研发信息和文件的共享，也可增强药监部门在保障药品质量方面的信心，减轻了监管部门的监管压力。所以，实施 QbD 可使药品生产企业、患者及相关方和全社会受益。

随着 QbD 实施在提高和保障药品质量方面效果的日益凸显，在 ICH 和 FDA 的强力推动下，QbD 的理念已逐渐被制药行业广泛接受。实施 QbD 可促进我国制药企业严格按照现行版 GMP 进行生产，建立符合自身的质量管理体系。长远来看，还将有利于我国药品研发和制药行业质量水平的整体提升，增强我国制药业在国际上的竞争力。

3. 实施 QbD 的注意事项 质量源于设计，而设计质量对 QbD 实施能否真正达到提高和保障药品质量的目标至关重要。为此，企业在实施 QbD 时应注意以下几方面。

（1）正确合理地确定目标药品质量特性：产品质量以满足顾客及相关方的需求为准则。所以，实施药品 QbD 应从满足顾客和市场需求出发，预设目标药品质量特性。因此，企业需要进行充分的市场调研，以深入了解和理解顾客和市场的需求，并将顾客和市场的需求完整准确地转化成药品的技术要求，即预设的目标产品质量特性，这是成功实施 QbD 的关键。

此外，在确定目标药品质量特性时，需要综合考虑企业现有的技术水平、质量方针政策和实力，坚持人无我有、人有我优、人有我有特色或成本最低等原则。

（2）兼顾药品的质量成本：药品开发上市及生产销售的最终目的是企业、患者和全社会受益。因此，在药品质量设计时，要兼顾药品的质量成本，即在保证药品质量的预设目标下，使药品的生产技术准备费用、制造费用和使用费用等降至最低，保证药品有较强的市场竞争能力。

（3）重视设计小组的质量：实施 QbD 必须基于充分的科学知识和质量风险管理，且强调产品与工艺的理解及过程控制，并以此构建设计空间及涉及的知识空间。因此，实施 QbD 是高智力活动，人的因素是第一位，这需要设计小组整体具备药学（中药学）、生物学、工程学及其相关学科领域的知识和实践经验。所以，从某种意义上讲，设计小组的质量（包括知识能力和实践水平）直接决定了开发上市药品的质量和全生命周期。为此，企业实施 QbD 一定要高度重视设计小组的人选，同时应通过设计小组联合相关部门开展药品的质量设计。

（4）企业应具备良好的药品生产过程控制能力：只有根据设计空间，建立合理的药品质量控制策略，实施有效的过程监控，才能保障药品质量符合预设的目标，并保持质量的稳定和一致。所以，实施 QbD 需要企业建立质量控制体系，具备良好的药品生产过程控制能力，这样才能达到预期的实施效果。

（5）持续改进：QbD 的实施可视为一个过程，所以它也遵循 PDCA 循环的工作原则。企业应根据 QbD 实施后的效果、相关知识的更新和突破，不断完善或重新再定义设计空间，从而实现持续的改进。同时，药品全生命周期的不同阶段，同一阶段的不同项目，很多情况下都可按照 QbD 的理念去尝试解决。

二、质量设计

药品质量源于设计，而药品开发的设计质量直接关系到药品全生命周期的质量、成本和各项工作活动的空间等，并最终影响到企业、顾客及相关方和全社会的受益。药品经过先期质量策划后，即进入质量设计阶段，而要如何开展药品的质量设计，提高药品的设计质量，则很有必要了解质量设计的相关概念、工具与方法。

（一）概述

1. 基本涵义 质量设计（design for quality，DFQ）是指在产品的开发和设计过程中，根据一定的准则和方法将顾客的各种需求转化为产品的质量特性（包括产品的性能、可信性、安全性、适合性、经济性和时间性等），并确定其质量水平或质量等级，选择主要的性能参数，规定各种性能参数经济合理的容差，或制订公差标准和其他技术条件。

质量设计也可认为是产品在开发和设计阶段的质量控制过程，提高设计质量已成为质量管理和质量控制工作的首要问题。通过质量设计应使将来生产的产品满足以下基本需求：①产品的性能满足顾客对功能的需求；②产品在使用过程中满足安全和对环境影响（振动、噪声等）的要求；③产品能适应各类顾客在不同状态下的需求；④产品便于运输、安装、调试及修复。为实现这些目标，产品开发和设计小组在 DFQ 过程中需运用一系列的方法和工具，对顾客的需求和产品的特征进行综合考虑，为获得顾客满意的质量及其可靠性提供源头保证。

2. 质量设计的工具和方法 DFQ 所涉及的方法和工具通常可以分为如下三大类。

（1）面向目标的工具：这类工具可帮助产品开发小组系统地将顾客需求转化为产品的技术特征和技术规范。典型的代表性工具是质量功能展开。

（2）综合工具：这类工具可帮助设计者在进行概念设计和详细设计时，综合考虑多方面的因素。常用工具包括三次设计和稳健性设计等。

（3）验证工具：这类工具可用来评价和验证已设计的产品结构、性能、规范是否符合质量要求。常用工具包括故障模式与影响分析 FMEA、故障树分析和设计评审等。

采用上述相关的方法和工具，通过质量设计应在产品的设计阶段保证：①产品的功能质量，即要求所设计的新产品达到技术上规定的功能目标；②产品的价值质量，即要使产品的生产技术准备、制造和使用等费用最低，以在确保产品质量的情况下有较强的价格优势和市场竞争能力；③产品的图纸（或配方）质量，即要能够正确反映设计思想和用以指导生产的技术要求，避免因图纸（或配方）设计不周而造成产品质量低劣和其他各种损失。

（二）质量功能展开

质量功能展开（quality function deployment，QFD）是在充分倾听顾客声音的基础上，把顾客的要求转化为设计要求、零部件特性、工艺要求、生产要求的多层次演绎分析方法。QFD 通过各种技术的集成把顾客的要求转化为产品开发和生产中每一个阶段的适当要求，体现了其以市场为导向，以满足顾客要求为产品开发唯一依据的指导思想。从而使产品的全部研制活动与满足顾客的要求紧密联系，这不仅可增强产品的市场竞争能力，还可保证产品开发的一次性成功。

对于特定产品，产品策划需要将顾客要求转化为相应的控制特性或设计要求，而 QFD 提供了将顾客要求转化为规定的最终产品和过程控制特性的通用方法。所以，QFD 可看作是质量策划过程的组成部分，特别是 QFD 的第一阶段。

在稳健设计的方法体系中，QFD 起着举足轻重的作用，它是开展稳健设计的先导步骤。通过 QFD 的实施，可以确定产品研制的关键环节、关键零部件和关键工艺，从而明确了稳健性优化设计的对象和具体实施方向。

1. 基本原理 质量功能展开是采用规范化的方法将顾客需求的特性转化为一系列的工程特性。其优越性在于，顾客需求的许多有形和无形的要素在产品或服务设计成为蓝图之前就已经引进，从而可使产品的质量融入生产和服务及其工程设计之中。因此，QFD 是实践先行的方法，它是一种系统化的技术方法，旨在提高顾客满意度的"顾客驱动"式质量管理方法。

质量功能展开通过各种展开表中常见的树状展开和从顾客需求到生产现场的全体性展开，可实现质量信息从顾客需求向技术世界的传递，并进一步向子系统、零部件和生产等不同侧面和不同层次的传递。

2. 质量功能展开的作用 质量功能展开依次将顾客要求转化为产品设计要求，将设计要求转化为合适的部件、过程和生产要求等。它具有如下作用：①可增加满足顾客呼声的保证；②可减少因工程知识引起的更改数量；③可识别相冲突的设计要求；④可将企业的各种活动集中于以顾客为关注焦点的目标上；⑤可缩短产品的开发周期；⑥可减少工程、制造和服务的成本。

另外，QFD 以一系列系统的、科学的设计工具为基础，可使企业产品的开发和设计由单纯满足性能指标的阶段，迈入总体优化前提下对诸多特性和全生命周期进行综合权衡设计的新阶段，从而显著提高企业产品开发的水平和能力。

3. 质量屋 质量屋（house of quality，HOQ）是实施 QFD 的一种非常有用的工具，由于其形状像房屋的图形，故称为质量屋。质量屋是 QFD 方法的核心，它可确定顾客需求与相应产品或服务性能之间的联系，其结构如图 5-1 所示，主要由以下几方面组成。

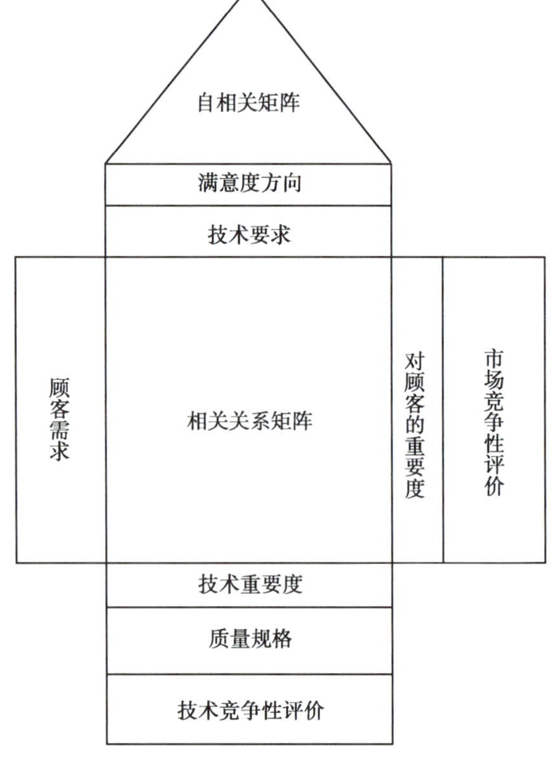

图 5-1 质量屋的结构示意图

（1）左墙：表示顾客需求，即质量需求。

（2）右墙：表示市场竞争性评价，即顾客需求被满足的程度；同时，各项需求特性对顾客的重要度也应被列出。

（3）天花板：表示将顾客需求转化而成的技术要求（或工程技术特性），即质量特性。

（4）房间：表示顾客需求与技术要求之间的相关关系矩阵（关系矩阵）。

（5）屋顶：表示各项技术要求之间的相关关系矩阵（自相关矩阵）。

（6）地板：技术要求的重要度和目标值（质量规格），在技术要求的目标值方面应考虑该项技术实现的难度、重要性及经济性等因素。

（7）地下室：技术竞争性评价。

如有必要，还可在图中加入专家意见、公司技术规章、市场份额等列项作为间接工程技术特性，用以观察这些因素对竞争能力的影响。

由此，在质量屋中既有顾客需求特性及其重要性的信息，又有与顾客需求特性相关的技术要求信息，及各项技术要求之间的相互关系信息；再加上对顾客需求特性和技术要求的竞争性评价，就可以借此分析判断企业技术要求的规范是否符合顾客要求，同时也可确定质量改进的机会和重点所在。

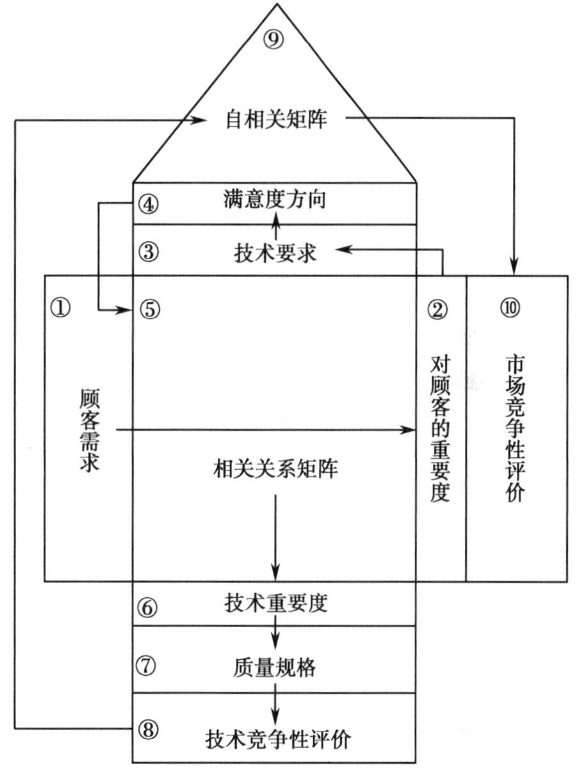

图 5-2 建造质量屋的技术路线

建造质量屋的技术路线如图 5-2 所示，现对各步骤分别叙述如下。

（1）调查顾客需求：可采用询问法、观察法或实验法等调查顾客需求，同时应全面深入地理解顾客的需求。其中，实验法是采用理化实验方法获得产品的可靠性、安全性、可维护性等性能或品质，可拆卸性、可降解性、噪声、废弃物排放、振动等环境属性，以及全生命周期成本和可制造性。

（2）测评各项需求对顾客的重要度：达到或超过顾客的满意是产品设计的首要原则。顾客满意是顾客对其要求已被满足程度的主观感受，实际效果与事前期望相符合，则感到满意；超过事前期望，则很满意；未能达到事前期望，则不满意或很不满意。

顾客满意是各种需求集成的结果，而各种需求对顾客的重要度不同，即对顾客满意的贡献不同。故企业应对顾客进行广泛的调查，并在充分考虑顾客意愿的基础上确定全部顾客需求特性的相对重要性。

（3）把顾客需求转换为技术要求：此步由市场调查人员和工程技术人员共同把顾客的需求特性转换为能被工程技术人员准确把握的技术要求，且设计出来的技术要求可被定量地表示和合理地确定。

（4）确定技术要求的满意度方向：具体到某一产品，可通过满足产品的技术要求来满足顾客需求。有的技术要求的指标值越大，顾客越满意；而有的技术要求的指标值越大，顾客越不满意。因此，在产品开发时应确定这种满意度的方向，以便为后来调整质量规格提供参考。

（5）填写相关关系矩阵表：技术要求是由顾客需求转换来的，所以，每项技术要求应与顾客需求有关系。根据关系的紧密程度可分为关系紧密、关系一般、关系弱三个等级，并分别赋予 9、3、1 的分值。所填写的相关关系矩阵表为确定技术的重要度提供了依据，是顾客世界向技术世界转换的纽带。

另外，关系矩阵有助于人们清晰地了解顾客需求和质量特性之间的复杂关系，并可依此反复交叉检查。如果发现某项质量特性与任何一项顾客需求特性都没有关系，那么这项质量特性就可能是多余的，或者设计小组在设计时漏掉了一项顾客需求特性。如果某项顾客需求特性与所列的任何技术要求都没有关系，就有可能要增加产品的技术要求，并应在工程技术上加以满足。

（6）计算各项技术要求的重要度：通过相关关系矩阵表与各项需求对顾客的重要度的加权平均可计算得到各项技术要求的重要度。通过计算转化，可将顾客的各项需求分别转变为特定的量值。此后，开发人员就可把精力集中在技术重要度指标值大的那些技术要求上。

（7）设计质量规格：此步由工程技术人员和质量管理人员共同完成。设计质量规格就是在技术经济分析的基础上确定各项技术要求的理化指标。

（8）技术竞争性评价：此步由开发人员主导，顾客参与。产品技术能力评价的结果是各项技术要求满足顾客需求的能力。这可将企业开发的样品同市场上知名度较高的几个品牌的产品进行比较。技术要求之间常会有冲突，难以全部兼顾，即使不计成本，也难以使各项技术能力都达到最高。此时，常需要作些调整，调整时应力保重要度高的那些技术要求。

（9）确定自相关矩阵：根据正负强弱关系，各项技术要求之间的关系可确定为四类，即强正相关、弱正相关、强负相关以及弱负相关。确定自相关矩阵的目的是把顾客满意度方向作量化处理，其结果可用于调整质量规格。

（10）市场竞争性评价：此步由顾客来主导，开发人员参与。市场竞争性评价的结果是产品满足顾客各项需求的能力，其评价的方法与技术竞争性评价的方法相同，不同的是评价对象为顾客的各项需求。同样的，顾客需求之间也常会有冲突，难以全部兼顾，调整时也应依据各项需求对顾客的重要度，最大限度地满足重要度高的那些顾客需求。

从质量屋建造的技术路线可知：上述每步都考虑了顾客的需求，体现了“充分倾听顾客声音”的核心理念。因此，只要严格按照 QFD 各个开发阶段的要求去做，所开发的产品就是顾客真正需要的产品。

4. 质量功能展开的四个阶段 通常，QFD 涵盖如图 5-3 所示的四个阶段。用 4 个矩阵对四个阶段进行分解，即可得出产品的工艺和质量控制参数。实际上，每个阶段都是一个完整的质量屋。

这四个阶段分别是：

（1）产品规划阶段：将关键顾客需求转化为产品质量特性。

（2）零部件规划阶段：将关键产品质量特性转化为零部件特性。

（3）工艺规划阶段：将关键零部件特性转化为工艺特性（过程特性）。

（4）生产规划阶段（即工艺 / 质量控制规划阶段）：将关键工艺特性转化为生产要求（生产控制点）。

通过上述四个阶段，顾客需求特性就可转化为技术要求，进而转化成产品的生产要求，并得知产品的工艺和质量控制参数。由此，企业就可按照生产要求组织产品生产，进行生产过程控制及质量控制等，并最终确保生产的产品满足顾客的需求。

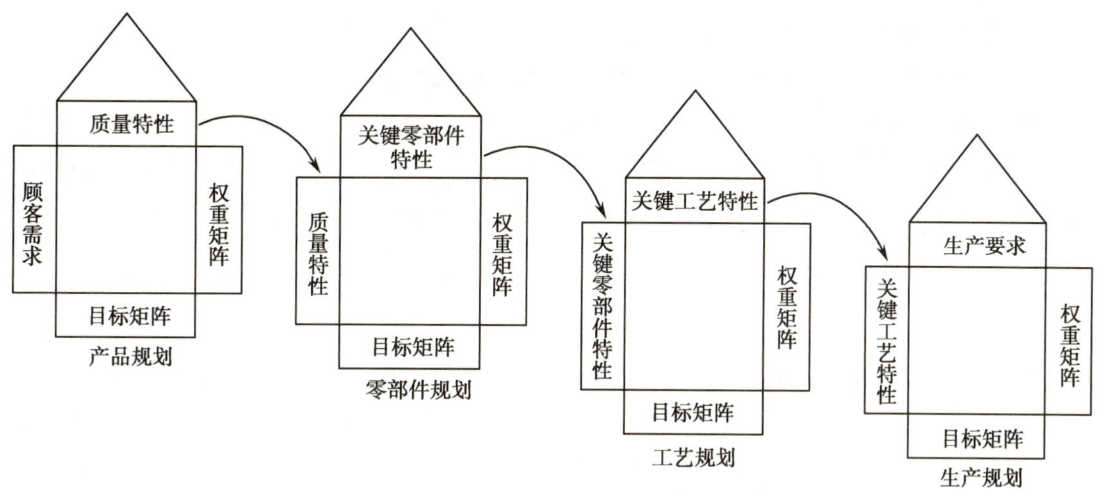

图 5-3　质量功能展开的四个阶段

质量功能展开是一种集成的产品开发技术，涉及很多定量方法的应用，如模糊聚类分析法、层次分析法、线性空间等理论与知识。它之所以可以取得很好的效果，在于它强调“团队”工作方式，提供了各种比较严格规范的方法和工具，使得各方面的专家可以按照一定的工作程序一步步地实现“要求”和“措施”之间的映射，并获悉应重点进行质量控制的项目。

（三）三次设计

三次设计是统计质量管理的基本概念之一，它是指产品设计（包括生产工艺设计）所经历的三个阶段，即系统设计、参数设计、容差设计。其中，参数设计是核心，基本思想是通过选择系统中所有参数的最佳水平组合，使所设计的产品抗干扰性强，产品质量特性值波动小，稳健性好。

传统的参数设计是先追求产品参数的目标值，通过元器件的筛选来减少波动，以此获得一级品的器件，但由于各参数的搭配不佳容易导致整机性能的不稳定。三元设计则先追求产品的稳定性，通过分析质量特性与元器件之间的非线性关系（交互作用），找出使稳定性达到最佳水平的所有参数组合，并强调可以降低元件的品级以增强产品对各种非控制因素的不敏感，从而达到提高产品整体稳定性的目标。三次设计方法能从根本上解决内外干扰引起的质量波动问题，设计出的产品质量好、价格便宜、性能稳定。

1. 系统设计（一次设计）　系统设计是根据顾客的需求和企业的实际能力提出产品的初步方案，该阶段需要把产品的参数大致确定下来，以使产品具备基本的特性。它是整个设计的基础，可为选择需要考察的参数和待定的水平提供了依据。一般地，系统设计是依据技术文件进行的。例如：化学药品生产过程选择什么样的起始原料和合成工艺路线；中药复方制剂生产时采取什么样的提取工艺、干燥方法，整个复方制剂的制备工艺是什么等。系统设计的质量取决于专业技术的高低。但对于某些系统复杂、涉及参数和质量特性较多的产品，要全面考虑各种参数的综合效应时，仅凭专业技术常难以做到经济、合理地确定各种参数的最佳组合。尽管系统设计存在这方面的不足，但有时囿于时间限制，不可能对所有系统进行研究，只能根据专业技术人员的直觉或预测，从各个系统中挑选几个重要的系统进行研究。此时，专业技术人员的技术水平和实践积累对系统设计的质量起到了非常重要的作用。

2. 参数设计（二次设计） 在系统设计的基础上，接下来就是确定这些系统中各参数值的最优水平及最佳组合。实践表明：整机质量的好坏既取决于产品整体的设计，又取决于零部件的质量；一个系统的功能很大程度上取决于系统本身的结构，最佳的参数组合并不一定是每个零部件的最优，而是一种不同档次、不同质量水平的低成本高质量组合。由于产品设计中的波动情况是复杂的，且很多产品的输出特性与因素组合之间并不是线性关系。所以，系统设计中凭专业知识推定的待考察因素和水平，无法综合考虑减小质量波动和降低成本等因素。

参数设计即设计参数的中心值，是一种非线性设计。它常常通过综合运用正交试验、均匀试验、方差分析等方法来研究各种参数组合与输出特性之间的关系，以找出特性值波动最小的最佳参数组合。因此，参数设计也称参数组合的中心值设计。

参数设计的目标是使产品的特性稳定，不容易受到干扰，或当干扰去除后能很快回到稳定状态，以实现低成本高质量的设计要求。现举例说明参数设计的优越性。

例如，有一晶体管稳压电源，输入为交流 220V，要求输出目标值为直流 110V，波动范围必须控制在 ±2V。决定稳压电路输出特性的主要因素是晶体管的电流放大倍数 h_{FE}（其输出特性呈非线性关系）以及调节电阻 R 的大小（电阻的输出呈线性关系）。

通常专业设计人员看到电路输出与目标值发生偏离时，大多是调整晶体管 h_{FE} 的工作点，使输出达到目标值，但由此将产生输出电压波动偏大的问题。具体分析如：原稳压电源的晶体管 h_{FE} 工作点在 A_1（A_1=20），对应的输出电压为 95V。这时，设计人员常会把 h_{FE} 从 A_1 调整到 A_2（A_2=40），以使输出电压为 110V。但是，晶体管的 h_{FE} 总会有一定范围的波动。假定 h_{FE} 的波动范围为 ±20，当选定 A_2=40 为设计中心值时，h_{FE} 就将在 20～60（A_1～A_3）之间波动，对应的输出目标的波动范围将是 95～120V。过去为解决这一问题，常是进一步严格挑选更优的元件，以减小 h_{FE} 的波动范围，这样势必增加制造成本。

这种情况就可以运用参数设计的原理来优化设计以减少系统的波动，获得低成本高质量的设计。假设当工作点在 A_4=80 时，对应的输出特性曲线变化为平坦区。现在仍采用 h_{FE} 波动为 ±20 的晶体管，但工作点选在 A_4=80，此时输出电压的波动范围为 120～122V 之间，波动幅度大大减小。但这时的输出电压为 121V，比目标值 110V 存在 +11V 的偏差。那么参数设计则可利用线性元件电阻来校正这个偏差，即通过改变电阻的大小来调整输出电压使其达到 110V。通过上述参数设计，找到了晶体管与电阻的最佳参数组合为 A_4B_4（B_4 为与 A_4 对应的电阻 R 的取值）。

在产品开发的参数设计中，各参数的关系常常是未知的，而非像上例中的关系那样明确。所以，参数设计常常需要借助正交设计、均匀设计和方差分析等数理统计学工具和方法，通过试验的办法，以较少的试验次数找出符合设计目标值且稳定性很高的参数组合。

3. 容差设计（三次设计） 系统参数的中心值确定后，就可开始这些参数波动范围的容差设计。经过参数设计后，某些输出特性的波动范围仍然较大，若想进一步控制波动范围，就得考虑选择较好的原材料和配件，这样自然会提高成本。因此，有必要将产品的质量和成本进行综合平衡。而容差设计就是通过研究容差范围与质量成本之间的关系，对质量和成本进行综合平衡的设计方法。其中，容差就是从经济性的角度考虑允许质量特性值的波动范围。

容差设计是在参数设计确定最佳参数组合的中心值后，根据质量损失函数，在综合平衡质量和成本的情况下，确定各参数合适的容差，选定各参数合理的公差范围。其基本思想是：根据各参数的波动对产品质量特性贡献（影响）的大小，从经济性的角度考虑有无必要对影响大的参数给予较小的容差。例如，可将那些对产品输出特性影响大而成本低的零部件的容差选得严一些，将那些对产品输出特性影响小而成本又很高的零部件选得松一些。由此，一方面可以进一步减少质量特性的波动，提高产品的稳定性，减少质量损失；另一方面，也不会因为提高了某些元件的质量等级，而使产品的成本提高过多，因为它可通过降低其他对质量特性影响小而成本高的元件的质量等级而得到成本的回补，这有时候甚至可以保持成本不变或使成本减少。但无论成本如何变化，这要求容差设计在质量和成本之间权衡利弊得失，采取最佳决策。因此，必须要引入一个质量损失函数来评价质量波动所造成的经济损失，以确定各参数最合理的容差，使总损失（质量与成本之和）最小。常用于容差设计的主要工具是质量损失函数和正交多项式回归。

容差设计与参数设计相辅相成。按照参数设计的原理，每一层次的产品，尤其交付顾客的最终产品都应尽可能减少质量波动，缩小容差，以提高产品质量，增强顾客满意；但另一方面，每一层次的产品均应具有很强的承受各种干扰的能力，即应容许其下级零部件有较大的容差范围。对于下级零部件可通过容差设计确定科学合理的容差，以作为生产制造阶段符合性控制的依据。但应指出，此处的符合性控制与传统质量管理的符合性控制有两点不同。第一，检验工序不能只记录通过或不通过，还应记录质量特性的具体数值；不能只给出不合格率，还要按照质量损失的理论制订科学的统计方法来给出质量水平的具体数据。第二，采用适应参数设计的在线质量控制方法（如先进的 SPC 方法等），实时监控产品质量波动的情况，通过反馈进行工艺参数的调整；同时，针对存在的问题，不断地采取措施改进工艺设计，提高产品质量，在减少总损失的前提下使质量特性越来越接近目标值。尤其值得注意的是，一旦条件具备，应及时减少容差范围。

三、质量设计的评审

药品的质量源于设计，而药品的设计质量将直接影响到药品质量能否达到预设的目标，即能否满足患者对药品安全性和有效性等的需求。统计资料表明：产品总成本的 70%～90% 由设计决定，而设计成本的比例仅占总成本的 20% 左右；如果进行科学的设计，则可使产品总成本降低 25%～40%。因此，为保证药品的质量和降低药品的总成本，必须对药品的质量设计进行评审，以及早地发现、防止和弥补设计本身的缺陷。因此，在药品开发设计过程中各个阶段的决策点上，均应对药品质量设计及可能出现的缺陷进行评审，以及时查出和补救设计中的不足，防止把设计中的质量缺陷带到生产中去而影响药品的制造成本、使用性能和效果等。与此同时，还应大力加强药品设计过程的质量管理，建立设计开发全过程的质量保证体系，以确保药品开发设计的质量。

设计评审是对一项设计进行正式的、按文件规定的、系统的评估活动，由不直接涉及开发工作的人执行。设计评审就是对设计是否满足顾客的所有要求进行的评估，也可采用向设计组提出建议或帮助的形式进行评论。设计评审是确保设计质量的重要环节，在产品开发阶段通常需多次进行设计评审。

最终的设计评审，即设计终止之前的评审，其性质是建议性的，结果可采用推荐和建设性建议的形式。其目的在于尽可能早地在开发阶段确认设计中的因素和工艺会不会造成最终产品的质量偏差。对设计评审中发现的问题是否采取措施进行处置，形成的结论是否选择，完全由设计组自行决定。

一旦设计结束，且原型样机（或通过验证的工艺生产的药品样件）已被检验，应指定一个小组承担一次综合性设计评审以证实该原型样机是否全部满足了顾客明确的和暗示的要求。该设计评审组可包括其他功能团组的人员，例如营销、制造、质量保证部门，他们有资格从各自角度对设计进行评论。该设计评审应对有关的问题给予优先考虑，例如：

（1）该设计满足产品全部规定或服务要求吗？

（2）考虑了安全吗？

（3）该设计满足功能和运行的要求（即性能、可靠性、可维修性目标）吗？

（4）选择了合适的材料和设施吗？

（5）材料和元器件或服务要素的兼容性有保证吗？

（6）该设计能满足全部预期的环境和负载条件吗？

（7）元器件或服务要素是否标准化，提供了互换性吗？

（8）包装设计与产品或客户的要求相一致吗？

（9）就设计实施，例如采购、生产、检查检验、适应技术进行计划了吗？

（10）能顺利实现公差和规定的性能等级吗？

（11）在已使用计算机的场合，就设计计算机化、模型或分析有相应的检验软件（和它的技术状态控制）吗？

（12）软件的输入和输出有相应的验证和文件吗？

（13）在设计过程中是否推断出其有效性？

设计评审不是一次外部审核或挑错的活动，它不应作为其他功能组代表评论或挑剔设计组缺点的一次机会。评审组应主动积极地与设计组充分讨论，并客观地对设计组的观点给予应有的重视。当双方观点不同时，双方的观点均应写在设计评审报告中，并向主管领导报告。

四、质量风险评估

风险评估是质量风险管理的重要组成部分。由质量源于设计的定义可知，其实施过程中常需进行质量风险评估，以识别关键质量属性、明确关键物料属性、确定关键工艺参数、开发设计空间和建立过程控制策略等。随着 ICH Q9 质量风险管理的推出，质量风险管理在制药行业的应用越来越广泛。我国 2017 年正式加入 ICH，质量风险管理自然会越来越受到药品监管部门的重视，并在制药行业得到广泛实施。

（一）质量风险管理

1. 质量风险 风险是危害发生的概率及所造成后果的严重性的组合。风险的有无及大小本身是客观的，但风险的识别需基于科学知识和经验，所以对特定的人来说，个人对风险的认知、感受和体会又是主观的。将风险的概念引入质量领域，就形成了质量风险的概念，ICH Q9 对质量风险的定义是某质量事件发生的可能性和其发生所造成后果的严重性的组合。

2. 质量风险管理 ICH Q9 定义：质量风险管理（quality risk management，QRM）是质量管理方针、程序及规范在评估、控制、沟通和回顾风险时的系统应用。质量风险管理的目的是通过掌握足够的知识、事实和数据等，前瞻性地推断未来可能发生的质量事件，并由此采取适宜的风险控制策略和措施，以避免危害的发生。质量风险管理的实施原则是：①质量风险的评估应以科学知识和经验为基础，并始终与保护患者相联系；②兼顾成本和效益，即风险工作的付出、正式程度应与所要解决质量风险问题的水平相适应。

质量风险管理包括风险评估、风险控制、风险审核和风险沟通等，其流程图如图 5-4 所示。

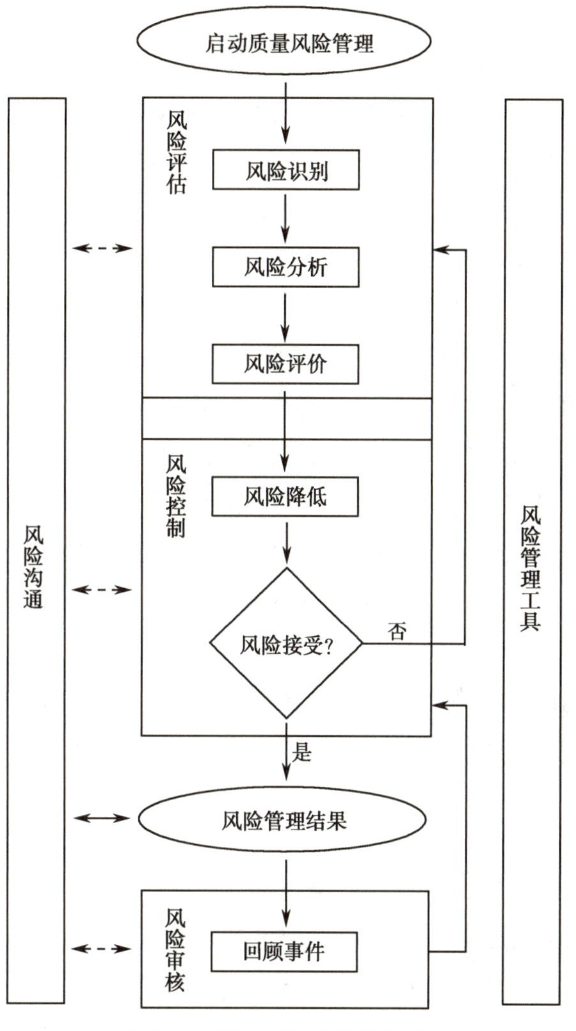

图 5-4 质量风险管理的流程图

其中，风险评估包括风险识别、风险分析和风险评价，此阶段主要包括识别潜在的危害，分析危害发生的频度、发生后的严重性和危害的可识别性，对风险进行评价以确定风险的定性或定量等级。风险控制包括风险降低和风险接受，即当质量风险经评估认定为超过可接受的水平时，先采取措施降低质量风险，包括降低风险发生的频度及发生后的严重性，或提高发现质量风险的能力；随后再确定质量风险是否降低到可接受的水平。

（二）质量风险评估和风险控制

实施药品 QbD 需要基于充分的科学知识和质量风险管理，以识别关键质量属性、明确关键物料属性、确定关键工艺参数、开发设计空间和建立药品质量控制策略等。由此可知，质量风险管理对 QbD 的成功实施非常重要，尤其是其中的风险评估和风险控制。

1. 药品质量风险 药品质量风险是指药品在使用过程中给患者和社会带来的可能的危害，既包括来自药品质量标准和不良反应的风险，又包括来自管理方面的风险。

（1）来自药品质量标准的质量风险：新药研发过程中，由于研究资料的不够全面和深入，或受当时技术水平和科学认识的限制，或审批不够严格等，导致所制订的质量标准不够完善，缺少控制潜在质量风险的相关指标，以致使潜在质量风险处于非受控状态或非有效控制状态。例如反应停事件、缬沙坦事件。因此，药品生产企业需要根据相关科学知识的更新发展、技术水平的提高或药品生产使用过程中的反馈信息，适时地完善或提升已有的药品质量标准，以更全面地消除或控制潜在的质量风险。同时，新药审批部门也应加大对药品质量标准及支撑材料和药品质量风险的审核。

药物的作用具有两重性，药品在正常用法、用量的情况下也会发生与治疗目的无关的各种不良反应。这种风险是药品与生俱来的，任何一种药品都有的。例如：氨基糖苷类抗生素可导致耳肾毒性，非甾体抗炎药对胃肠道的刺激性。这些风险的避免，一方面要求企业在研发阶段对药物进行全面、系统、严格的研究，以尽可能多地获知药品的质量风险和触发风险的机制等，并采取相应的防范措施，如在说明书中明示、严格生产等；同时，药品注册审批部门也要严格把关，加强对与质量风险有关研究材料的审查，以降低上市药品的质量风险。另一方面，需要监管部门加强动态监管和程序化管理，以及时发现药品质量风险，并采取停止使用或修改说明书等措施，防止药品不良反应的重复发生。例如我国对批准生产的新药设立监测期，继续监测该新药的安全性；监测期内的新药，药品生产企业应开展药物的配伍使用和禁忌研究，并经常考虑生产工艺、质量、稳定性、疗效及不良反应等情况，同时每年向监管部门报告。如果批准上市的药物在此阶段被发现有严重质量问题、严重的或非预期的不良反应，企业及相关单位部门必须及时向监管部门报告，监管部门应当立即组织调查，并根据调查的结果，对新药采取强制要求加注警告说明或修订使用说明书，甚至撤市的管理措施。例如默克公司的抗关节炎药物 Vioxx 因增加心血管疾病风险于 2004 年“主动”撤离市场。我国《药品不良反应报告和监测管理办法》的颁布和实施，药品监督管理局药品评价中心（国家药品不良反应监测中心）的成立，即是对药品不良反应和药物滥用等的监测。

（2）来自管理的质量风险：它包括来自药品生产全过程和临床使用方面的风险。虽然管理风险涉及的因素很多，但最关键的因素是人。例如“欣弗”事件和“齐二药”事件，两者均是管理不善带来的药害事件，最终的原因都与人这个核心因素有关。要解决人为因素引起的质量风险，需要企业加强质量教育和质量文化建设，对员工进行专业技能、职业道德和制药伦理等方面的教育培训，增强员工的职业素养和质量风险意识等，以尽可能地减少人为因素带来的药品质量风险。

2. 风险评估的基础 根据 ICH Q9，风险评估是“识别危害并对暴露于这些危害的风险进行分析和评价”，它包括风险识别、风险分析和风险评价。而这些任务的完成都需以中药学或药学、生物学和工程学及相关学科领域的科学知识作为风险评估的基础，坚持科学性原则，做到一切以数据说话、以事实为依据，并始终与保护患者相联系。

3. 风险评估 风险评估包括风险识别、风险分析和风险评价。

（1）风险识别：是确定风险的潜在根源，只有这样才可能对风险进行分析、评价和控制，所以它是风险评估的前提。风险识别需要系统、全面和深入地利用各种知识、数据和经验，确认法律法规、环保、工艺、设备、系统、操作等涉及药品生命周期各方面存在的可能风险。同时，需采用头脑风暴、流程图、因果图、实地调查、主题专家采访等工具，列出所有发生错误和失败的可能。

（2）风险分析：是对所识别出的风险发生的可能性、后果的严重性、发生的可识别性进行分析。即根据已制订的赋值方法，对所有识别的风险发生的可能性、后果的严重性和发生的可识别性进行打分。打分的结果取决于企业质量风险管理规程对赋值方法的定义，并与制订赋值方法人员的知识、水平和经验等密切相关。因此，这需要有相当经验的技术人员和质量相关人员共同完成，同时需要确保涉及的所有相关部门都参与评估。

（3）风险评价：是根据预先确定的风险标准，对已经确认并分析的风险进行评价，以确定风险的等级，并做出风险是否可以被接受的决定。风险的等级是可能性、严重性、可识别性的组合，它可以采用定性描述，如"高"、"中"或"低"；也可采用定量描述，如具体数值。尤其需要注意的是，总体风险可否被接受，有时候还需要考虑风险发生后的严重性。例如，对总体风险可接受，但发生后严重性很高的风险，也可根据情况做出不接受的决定。

4. 风险控制 风险评估过程中识别出的不可接受的风险必须进行风险控制。风险控制包括风险降低和风险接受。

（1）风险降低：是指通过技术、工程、机械、电子、材料等手段将所识别出的风险发生的可能性及后果的严重性降低，或提高发现质量风险的能力，从而降低或避免风险的发生。降低风险的措施很多，包括人员培训、验证、改进工艺、替换材料等。在降低风险措施实施后，总体风险是否达到可被接受的水平，需要重新进行风险评估，这是因为在措施实施的过程中可能引入新的风险，或引起关联风险的增加。另外，风险降低的过程中可结合排列图的应用来发现优先需要降低的风险，以抓住关键的少数。

（2）风险接受：风险控制的目的是要将风险降低到可接受的水平。风险接受是指降低风险措施实施后，对残余风险接受的过程。风险是否被降低到可被接受的程度或水平取决于事先确立的可接受标准。

（三）质量风险评估的工具

采用正确的质量风险管理工具和规范化的步骤，对于确保质量风险管理的成功实施至关重要。ICH Q9 列出了常用的质量风险管理工具，现将这些工具分别简要介绍如下。

1. 预先危险分析（preliminary hazard analysis，PHA） PHA 是利用以前的经验和知识来进行风险分析的工具。它包括辨识风险发生的可能性，定性评价可能导致的健康伤害或损害程度，组合风险的严重性和可能性对危险因素进行相对排序，辨识可能的补救措施。

PHA 可作为其他质量风险管理工具的前期研究，为后续进一步的分析评估打下基础。在可以使用已经有技术，而无须使用更深入的技术的情况下，预先危险分析对已有系统进行分析或对危险因素进行排序非常有用。

2. 危害分析和关键控制点（hazard analysis and critical control point，HACCP） HACCP 是一种前瞻性和预防性的系统工具，可用来确保产品的质量、可靠性和安全性。它可分析、评价、预防和控制因产品设计、开发、生产和使用中的风险因素及带来的风险，常用于对物理、化学和生物因素所引起的风险识别和管控。需要注意的是，只有在对产品和工艺过程进行全面充分理解的基础上，使用HACCP才能获得可靠的效果。

实施HACCP的基本步骤是：①对工艺过程进行危险分析，并辨识每个步骤的预防性措施；②确定工艺中的关键控制点（critical control point，CCP）；③针对每个CCP的预防措施建立关键限度；④建立对关键控制点实施监控的监控体系，并实行监控；⑤建立关键限度出现偏离时的纠正措施；⑥建立证实HACCP在有效运转的程序；⑦建立记录保存和文件程序。实施HACCP的输出是一系列保证产品质量的监控措施。

3. 危险与可操作性分析（hazard and operability analysis，HAZOP） HAZOP认为风险事件是由偏离设计和操作所造成的。它常将带有偏离含义的词汇（如多、少、缺、高、低等）与工艺参数（如温度、压力、湿度等）结合起来，以识别与正常设计、工艺或使用操作的偏离。此工具的使用需要对产品的设计、工艺和使用操作等有详尽了解的专家，因为只有他们才了解什么是正确的操作、什么是偏离正确的操作，以及偏离正常操作会引起什么样的后果。

4. 故障树分析（fault tree analysis，FTA） FTA是通过预见方法对一个产品的某个功能失效进行分析的一种方法。预见的功能失效被称为顶端事件。FTA通过对产品某个功能形成中所包含可能的系统或过程失效进行逐个评价，将所有可能导致顶端事件发生的相关失效事件进行识别，然后根据这些事件的逻辑关系将它们导致顶端事件发生的逻辑路径以图形化的形式表现出来，形成故障模式以展示由基本事件引发顶端事件失效的可能路径。其中，基本事件是指不能再进一步拆分的事件或状态；可能导致顶端事件发生的相关失效事件的逻辑关系包括“和门”、“或门”和“转移门”等。FTA依赖于专家对产品功能形成的过程或工艺的了解，对分析多个因素如何影响一个给定的问题非常有效。

5. 失效模式与影响分析（FMEA） FMEA是质量管理工程的五大工具之一，可用于识别产品、过程或工艺中潜在的失效模式以及这些失效模式所产生的后果对产品性能、过程或工艺的影响，从而预先采取风险降低措施来消除、控制或降低这些潜在的失效模式。其内容已在本教材的第四章第三节介绍，此处不再讲述。

6. 其他方法 在质量风险管理中常用到的流程图、因果图、排列图和分布图等质量管理工具，均可用来组织资料、分析过程和工艺、进行简单决策等以支持所进行的风险评估。若将上述质量风险评估工具与这些质量管理工具结合，将更有助于提高质量风险管理工具应用的灵活性和有效性。

另外，常用的还有风险排序及过滤（risk ranking and filtering，RR&F），失效模式、影响与危害度分析（failure mode，effects and criticality analysis，FMECA）等。风险排序是指通过风险比较，对风险的大小进行排序的理论方法；其确定风险大小的依据是风险的均值和方差。失效模式、影响及严重性分析是针对产品所有可能的失效，并基于对失效模式的分析，确定每种失效模式对产品性能的影响，找出单点失效（single point failure，SPF），并按失效模式的严重度及其发生概率确定其危害性。

（四）质量风险管理工具的选择

科学合理地选择上述质量风险管理工具，对确保质量风险评估的正确至关重要，同时也有助于更好地理解风险。这些工具的选择使用如表5-1所示。

表 5-1　质量风险评估中不同工具的选择使用

使用情形	PHA	HACCP	HAZOP	FTA	FMEA	鱼骨图	RR&F
对工艺 / 产品 / 系统的了解有限，如生命周期早期阶段	√	×	√[1,2]	√[1]	×	√	√[2]
对工艺 / 产品 / 系统有充分了解，如生命周期的后期阶段	×	√	√	√	√	√	√
如果问题描述简单，或者只需简练评估	√	√[2]	√[2]	√	√[2]	√	√
如果问题描述高度复杂，或者要求详细评估	×	√	√[1]	√[1]	√	×	×
如果要求风险评级	√	×	×	×	√	×	√
如果检测风险的能力受限	△	√	△	√	×	√	△
如果数据的性质更加定性化	√	×	√[2]	√	×	√	√
如果数据的性质更加定量化	√	√	√	√	√	×	√
如果要求证明风险控制的有效性	×	√	×	×	√	×	×
如果风险的识别具有挑战性，或者需要揭示隐藏的风险，或者要求结构化的头脑风暴	×	×	√	√	×	√	×

√ 工具是合适的，并可用于质量风险分析。

× 工具不适用，相对于所需要处理的风险，可能要么过于复杂，要么过分简单。

△ 工具可能适用。

[1] 工具的头脑风暴能力可能特别有益。

[2] 可以缩减以适应定性的或更简单的评估。

第二节　药品质量设计与新药研发

质量源于设计的实施以充分的科学知识和质量风险管理为基础，强调产品与工艺的理解及过程控制。同时，质量风险管理也离不开对充分科学知识和相关经验的把握。因此，药品质量源于设计的实施离不开对相关科学知识的把握与沟通，这直接影响到药品的设计质量。在药品的全生命周期中，很多因素会影响到药品的设计质量，但从本质上讲主要是三方面，一方面是来自药品自身的因素，主要与新药研发、药品生产工艺与过程控制及其持续改进有关；另一方面，来源于药品生产和储存的环境因素，主要与药厂设计等有关，包括药厂选址规划、设施布置、设备等；再就是，来自市场的因素，主要与质量成本和生产成本等有关。但上述三方面中对药品设计质量起着源头性决定作用的是新药研发阶段，它不仅影响到药品的质量空间，还影响其他两方面的各种决策。

依据 2020 年版《药品注册管理办法》，我国药品注册按照中药、化学药和生物制品等进行分类注册管理，因此分别对应中药、化学药和生物制品所涉及的科学知识体系。这三类药品的新药研发各有其侧重点，但从开发思维和设计思路上讲，化学药和生物制品的新药研发相似，中药新药研发则差异较大，故本教材将中药新药研发中的质量设计单独介绍，而将化学药和生物制品新药研发中的质量设计一起介绍。

一、中药的质量设计与新药研发

质量源于设计，而药品的质量设计首先要将患者及相关方的要求转化为药品的目标质量特性，以使生产的药品最终能满足患者及相关方的要求，即保证药品的安全性、有效性、稳定性和一致性等。按照质量源于设计的理念，中药的质量设计需基于中药学、生物学、化学、工程学等学科领域的相关知识和经验，在中药的目标产品质量概况中必须包括保证其安全、有效的质量特性，并在后续产品与工艺的理解及其过程控制中始终从风险管理的角度与保护患者相联系。

（一）中医药理论体系蕴含中药质量设计的目标质量及其保障措施

中药及中医药理论体系是在长期的临床用药实践基础上建立和发展起来的，中药发展的历史，就是与患者不断沟通、充分理解患者需求的历史，所建立的中药功效和用药理论体系就是为保证患者对中药安全性和有效性等需求转化而来的技术要求。其辨证施治的基本原则更是体现了中医人与患者充分沟通、深入理解患者需求，并将其转换为用药施治的技术要求的精准把握。其“药以毒为能，是药三分毒”的观念不仅体现了中医人对中药安全性和有效性的辩证认识，也体现其在追求治病救人（有效性）的同时，时刻谨记保护患者的风险意识（安全性）。其对药材产地道地性的讲究、采集时间的拿捏、炮制方法及火候的把握，用药配伍、禁忌、剂量、煎药方法、用法等一系列原则性的把控，无不体现中医药理论体系对中药（方药）及其制备工艺的理解和过程控制，并最终体现在满足患者对有效性和安全性等方面的多种要求上。所以，中医药理论体系蕴含质量源于设计中以满足顾客要求为最终目的的设计目标，同时也基于充分的中医药理论知识，从保护患者的角度确定了各种保障措施，体现了质量风险管理的思维。

1. 中药药性与功效　中药多种多样的性质和作用统称为中药的性能，也即中药药性。它包括四气五味、升降浮沉、归经、有毒与无毒等方面，是前人在长期用药实践中对大多数中药各种性质和治疗作用的概况和总结。中药功效通过其药性得以发挥，并体现在治疗作用的偏重和治疗部位的选择上。中药药性理论体现了中药在满足不同患者对有效性需求上的多样性选择，而其中的有毒与无毒则是对保护患者的风险评估和考虑，同时“药以毒为能”的辩证观点也显示其对药物作用两重性的认识。

2. 中药配伍理论与方剂　每味中药都有各自的偏性，其功用各有所长，也各有所短。中药通过君臣佐使的配伍原则组成方剂，可达到调其偏性、制其毒性，增强或改变原有功用，消除和缓解其对人体的不利影响，发挥其相辅相成或相反相杀的综合作用，使各药味组合成一个新的有机整体，以适应比较复杂病症的治疗需要，并最终达到满足特定患者或人群对中药有效性和安全性等方面的要求，即实现中药治病救人的目标质量。

方剂的组成必须遵循“方从法出”及君臣佐使的组方原则，而具体药味的选择，配伍关系的安排，药量的大小，以及剂型、服用方法的选择等，又可根据病症的变化、体质的强弱、年龄的大小、四时气候等具体情况，进行药味的随证加减、药量的改变、剂型的更换等。由此，在满足患者治病需求的同时，也为中药的灵活用药设计了足够的空间，更体现了其满足患者要求的精准把握。

3. 中药炮制理论 炮制是中药应用或制成剂型前对新鲜药材的独特加工过程。新鲜采集的药材大多是生药，必须经过特定的炮制处理，才能充分发挥药效，更好地符合治疗的需要。正如前人所说："不及则功效难求，太过则性味反失"，炮制是否得当，直接关系到药效的发挥；对于毒性和烈性中药的炮制，更是确保用药安全的重要措施。通过炮制，可去除药材杂质和非药用部位，保证药材的纯净和用量准确；还可改变药材的功效和性能，使其更能符合病情的需要；更可消除或降低药材的毒性、烈性或副作用，达到安全有效的应用目的。同时，通过炮制，还有利于中药的贮藏、调剂、制剂和服用等，从而使中药最终达到治病救人、满足患者各方面要求的质量目标。

4. 中药的产地、采收与贮藏 除少数人工制品外，中药绝大部分来源于天然的动物、植物和矿物。中药的产地、采收和贮藏直接影响药材的质量，前人对其均有严格要求。中药的产地讲究道地性，而道地药材又以保证疗效为首要标准。中药采收时，对采收的时节、方法和入药部位均有明确记载和要求。同时，中药的贮藏条件和时间也有各种要求，除从贮藏本身考虑外，为获得较好的功效、降低中药的毒性和烈性，有的中药甚至对贮藏有明确的要求，如大黄、陈皮。由此凸显前人对中药的用药时刻考虑保护患者的风险意识。随着中药科技的发展，现代对中药材及中药饮片的贮藏和养护，如贮藏的温度和湿度、干燥的方式和方法等有了更精细的要求和管理，同时结合现代的科学、经验和要求，可更好地保证中药的安全性和有效性。

值得注意的是，随着人们健康观念的改变，全球对中药的需求日益增加，野生中药资源早已不能满足市场的需求。由此，中药种植在 21 世纪得到了日益强劲地发展，但种植的与野生的中药在有效性和安全性等方面肯定不完全相同。因此需尽可能地采用原生态种植中药，以尽量地等效于原野生中药的质量，否则种植的中药是否与原有野生中药的质量相同或相仿可能需要重新评估。另外，中药种植可以看作一个过程，其输入为种子，输出为药材，种子和种苗的质量、种植环境、种植工艺（包括采收和贮藏）及过程控制等均将对生产药材的质量产生直接影响。因此，如何使种植中药还原野生药材的质量，同样可采用质量源于设计的理念和 PDCA 循环的原则开展工作。

5. 中药的应用 中药用药的配伍禁忌、妊娠禁忌和服药时的饮食禁忌等，以及根据患者的年龄、体质强弱、病程久暂、所用中药的性能和功效强弱、用药时节等具体情况综合确定相似功效药味的选择、给药的剂量等。例如，同是发汗解表药，就有"冬用麻黄，夏用香薷"的药味选择提醒。这反映出中医药理论体系将患者的要求精准转化为中药用药的技术要求（目标质量）的科学性。

同时，中药剂型的选择有"汤者荡也、丸者缓也"等各种考虑；煎煮时，有用具、用水和火候的把握，及先煎、后下、包煎、另煎、烊化、冲服等方法的选择；服药时，能根据方剂所治疗病症和患者的不同情况，选择不同的时间节点（如饭前饭后、睡前、凌晨五点、晨起空腹）、服药间隔、服药温度等。这些均反映中药用药充分满足患者要求的质量目标，更能反映其对患者全方位和无微不至的情感关怀。

总之，中药及中医药理论体系发展的历史，就是中医药人不断与患者沟通、全方位提升其满足患者要求、并旨在将患者要求精准转化中药用药的技术要求的过程。其蕴含着中药质量设计的出发点和目标质量，并在满足患者的要求中涉及质量风险管理和各种控制措施与策略，也体现了中药治病救人时对患者的情感关怀。同时，中医药理论体系，结合现代中药研究与实践的持续发展，及与药学、生物学、化学、工程学、管理学等学科领域相关知识的融合，共同构成了中药治病救人、满足患者要求的知识体系和知识空间，由此为中药新药开发的质量设计积累了所需的科学知识和风险管理依据。

基于中医药独特的理论体系和明显的临床优势、巨大的国内外市场需求及中药注册审评有障碍的现状，国家在 2019 年 10 月发布的《中共中央国务院关于促进中医药传承创新发展的意见》中明确：加快构建中医药理论、人用经验、临床试验相结合的中药注册审评证据体系，简称"三结合"的中药注册审评证据体系。

（二）中药的新药研发

中药在其发展历程中积累了大量的经方、验方和名方，这些中药方剂流传至今是因为其满足了特定患者和人群的要求，具有确切的临床疗效。所以，中药的新药研发具有明显的临床优势。但在现代化生产模式和生活节奏下，这些中药方剂在满足患者的非有效性需求方面存在很多期待解决的问题；同时，因中药的复杂性和个性化用药，使其在新药研发上市及其国际化道路上也存在诸多方面的挑战。例如：①怎样确保在现代制药工艺下具有确切疗效的中药方剂在满足患者要求的目标质量的等效，及其信息的不减少、不丢失；②怎样在满足患者对中药安全性和有效性要求的同时，解决患者的顺应性问题；③怎样进一步发展中医药理论体系，不断更新和发展中药学、中药炮制学等学科的理论知识，并与药学、化学、生物学、工程学等学科领域的相关知识交叉融合，以持续改进其满足患者对中药安全性和有效性等方面的要求；④怎样建立药效和安全性关联的质量标准，科学合理地确定中药方剂的目标质量特性，识别其关键质量特性，确定其关键物料属性等问题；⑤在现代化批量生产模式下，怎样准确识别其关键工艺参数，并基于充分的科学知识和风险评估，开发设计空间，建立其质量控制策略，以最终实现大批量生产的过程控制，保证生产中药的安全性、有效性、稳定性和均一性等。

在现代中药新药研发和生产的实践中，针对中药产业化的实际情况，逐步形成了三种主要开发思路和方向，分别是中药经典名方的开发、中药复方制剂的开发与二次开发、中药组分和单体的开发。

1. 经典名方的开发模式　这种开发模式主要用于古代经典名方、名老中医验方、临床经验方等的开发。中华民族在与疾病作斗争和维护人体身心健康的历史长河中，积累了大量的经方、验方和名方。其中，很多方剂疗效确切、应用广泛、组成和制法相对固定，成为相应适应证的首选方剂，被誉为经典名方。经典名方是几千年中药临床应用实践经验的结晶，更是护卫中华民族繁衍生息的瑰宝，它们不仅疗效确切、安全风险较低，更对中医药理论体系起着重要的支撑作用。为此，国家十分重视对中医药及其所包含经典名方的稳步发展，先后于 2016 年颁布了《中华人民共和国中医药法》、2019 发布了《中共中央国务院关于促进中医药传承创新发展的意见》，并由国家中医药管理局会同国家药品监督管理局制定和分批颁布了《古代经典名方目录》。同时，要求中医药传承精华、守正创新，强调加强古典医籍进化的梳理和挖掘，以促进中药新药研发和产业高质量快速发展。

经典名方具有确切的疗效和较好的安全性，按照质量源于设计理念，其质量设计已满足患者对有效性和安全性的需求，并已将患者的需求较好地转化成其用药时的技术要求，只需要家庭式的煎药服药方式，但其从药材采收、到处方、服药等整个过程均有严格细致的要求和控制。所以，如何结合古今应用实际，将其制备方式方法规模化、标准化，以保证原有质量信息传递的完整性和准确性，是经典名方开发的关键。为此，可开展以下几方面的工作。

（1）保证经典名方原有质量信息传递的完整性和准确性：即根据现代工业生产和用药习惯下，对经典名方的应用进行准确传承。按照质量源于设计的理念，首先需要科学合理地确定中药经典名方的关键质量属性，即研究和制定中药经典名方物质基准的标准。这对经典名方开发时保证其原有质量信息传递的完整和准确、确保其预期疗效和安全性来说至关重要，因为质量信息传递的准确与否涉及与物质基准（如标准汤液）的比较。

其次，需要对中药经典名方涉及药材的基源、产地、采收和炮制等进行考证、研究和分析，以确定产品的关键物料属性。同时，还需通过对药材的采收时节和炮制工艺、处方的组成和剂量、经典名方制剂的制备工艺等进行研究和分析，以确定其关键工艺参数。最后，基于中医药理论体系的科学知识和质量风险管理，开发物料和工艺参数的设计空间，采用可保证经典名方质量信息准确传递的现代生产方法替代传统家庭式的煎煮方法，并建立质量控制策略和过程控制方法。

（2）适当开展经典名方的安全性研究：随着医学和生命科学的不断发展，人们对外源性物质给人体身心健康带来危害的认识更加全面、深入，对药品的安全性也更加关注。经典名方应用广泛、时间长久，安全风险一般很小。但对其长期毒性或因不合理应用给人们带来的可能伤害应持谨慎态度，并开展必要的安全性研究。《中华人民共和国中医药法》规定："生产符合国家规定条件的来源于古代经典名方的中药复方制剂，在申请药品批准文号时，可以仅提供非临床安全性研究资料"。由此表明：在肯定经典名方确切疗效和较好安全性的同时，应从质量风险管理的角度，对其安全性持谨慎态度。

另外，在研发阶段的质量设计时也可考虑根据患者病症与中药经典名方适应证的微弱偏差，患者体质、年龄、性别等的不同，按照中医药理论体系，对其开发产品的适应证、用药方法及注意事项等给出适当的操作空间和风险提示。

（3）充分考虑满足患者非安全性和非有效性方面的要求：质量设计需将患者的要求转化为产品的技术要求。中药经典名方开发时，可在保证患者对安全性和有效性的基本要求上，根据市场和适应人群的具体情况，充分考虑满足患者在携带、储存和服药等非安全性和非有效性方面的要求。

（4）确保经典名方适应证的设计准确：每个经典名方均有其特定的适应证，在病证不适合的患者身上用药不仅不能获得预期的疗效，反而可能给患者带来身体上的伤害。这要求在中药经典名方开发时，以中医药理论对其适应证进行表述，因为用西医理论对其进行表述时难以对其进行准确的临床定位，质量设计无法确保将患者的要求精准地转化为对中药经典名方开发的目标质量和技术要求。

这一点也可从国家对中药处方的规定和要求得到体现，规定要求：对于中药，中医类别医师应当按照《中成药临床应用指导原则》和《医院中药饮片管理规范》等，遵照中医临床基本的辨证施治原则开具中药处方。其他类别的医师，必须经过不少于 1 年系统学习中医药专业知识并考核合格后，遵照中医临床基本的辨证施治原则，方可以开具中成药处方；取得省级以上教育行政部门认可的中医、中西医结合、民族医学专业学历或学位的，或者参加省级中医药主管部门认可的 2 年以上西医学习中医培训班（总学时数不少于 850 学时）并取得相应证书的，或者按照《传统医学师承和确有专长人员医师资格考核考试办法》有关规定跟师学习中医满 3 年并取得“传统医学师承出师证书”的，既可以开具中成药处方，也可以开具中药饮片处方。

2. 中药复方制剂的开发与二次开发 这种开发模式主要为改良新药、同名同方（相当于“中药仿制药”）等的开发。对于中药复方制剂的开发与二次开发，需视情况给予开发思路上的不同；总体来说，可充分按照“三结合”的中药注册审评证据体系的思路和指导原则进行开发。

对于疗效确切、应用广泛长久，尤其是出自名典医籍、但未列入经典名方目录的中药复方制剂的开发，可按照类似经典名方的开发思路进行开发，但需基于中药学、方剂学等相关学科领域的科学知识和质量风险管理，重点关注其安全风险，识别关键质量特性、确定关键物料属性和关键工艺参数，开发设计空间，建立质量控制策略和过程控制方法。另外，可充分考虑满足患者非安全性和非有效性方面的需求。

对于具有确切疗效，但应用时间较短、使用患者较局限或不清楚其应用的广泛程度和时间长短的中药复方制剂，如验方、秘方、新配伍的方剂等，进行开发或二次开发时，其质量设计应从满足患者对安全性和有效性等要求出发，进行质量设计。按照质量源于设计的理念，其基本内容如下。

（1）明确临床定位和目标产品质量概况：根据已有的临床应用和充分的实验研究，确定其准确的临床定位，概括其目标质量特征，如剂型、规格、剂量、微生物限度等。

（2）确定关键质量属性：即对制剂成品的质量产生重要影响的质量特性，这些质量特性的波动超出一定的范围将直接影响到该产品的安全性和有效性等患者要求。基于充分的科学知识、实验研究和风险识别，关键质量属性可包括产品的某些物理或化学性质、生物学和微生物学特性、重金属和农药残留等。

（3）识别关键物料属性：即对产品质量产生明显影响的输入物料的理化性质、生物学和微生物学特性、重金属和农药残留限度等。这些属性包括但不限于药材、中间产品和制剂的质量标准。输入物料可能是处方中某几味药或整个处方药材的提取物、挥发油等中间产品，也可能是处方中的某些药材或全部药材，还可能是某些药材的炮制品、制剂所需的辅料。输入物料是中药材时，其属性还包括药材的基源。

（4）确定关键工艺参数、开发设计空间：关键工艺参数是指一旦发生偏差就会对产品质量产生很大影响的工艺参数。这些工艺参数涉及以下各环节：①处方中各味药材的种植、产地、采收时节及加工炮制；②中间产品的制备工艺，包括部分或全部药材的提取及后处理等；③制剂成型工艺；④分装和成品的储存环境等。关键工艺参数的确定需基于中医药理论体系及相关学科领域的科学知识、经验和质量风险评估，对上述各环节进行深入的试验研究，以提供识别关键工艺参数的充分依据。同时，基于对产品和工艺的理解，构建物料和参数的设计空间，并根据相关知识和技术的发展，结合药品全生命周期中对工艺和过程理解的继续深入，不断改善和再定义设计空间，提高过程控制能力和产品质量。

其中，试验研究包括但不限于以下方面：①处方中各味药材的基源、种植、产地、采收及加工炮制的考证与研究；②各药味化学成分及其理化性质的研究，化学成分与临床定位相关生物活性之间的研究与沟通，即药效成分的确定；③处方中部分或全部药材的提取及纯化等工艺研究，药材和中间产品的质量标准研究，工艺参数的优化等；④制剂成型的工艺研究，包括剂型的选择，制剂处方设计及辅料选择，制剂工艺及参数优化研究，制剂中间产品的质量标准研究等；⑤制剂的质量标准研究；⑥制剂稳定性及包装材料的选择等研究，稳定性研究包括影响因素试验研究、加速试验研究及长期稳定性研究等内容；包装材料的选择研究主要指药物与直接接触的包装材料（或容器）的相容性研究等。

（5）建立质量控制策略和确定过程控制方法：根据物料和参数的设计空间，采用适合的离线或在线过程控制技术，建立产品质量控制策略，以对生产产品的质量进行过程控制。

由于中药及复方制剂的复杂性，受方法、技术和试验条件的限制及对中药认知的不足，中药及复方制剂的有效成分难以在短时间内明确，目前理解的有效成分可能具有片面性和较大的局限性。如果不能确保药材质量，即使对中间产品制备和制剂工艺等过程进行很好的控制，也很可能会使临床安全有效的中药复方成为无效或存在安全隐患的制剂。由此，对于疗效确切中药复方制剂的开发，短时间内与其希望通过化学成分的研究揭示其物质基础，不如寄希望于质优药材基础上的过程控制来保证中药复方制剂质量的均一性和稳定性，以达到控制中药复方制剂质量的目的。所以，中药复方制剂的开发时，质量设计更应在确保药材质量的同时，从保证产品均一性和稳定性的角度开展相关研究，以确保过程控制的技术稳态。

3. 中药的单体成分或活性组分开发 即从中药的功效出发，以中药为资源开展活性单体成分或活性组分的新药开发。

（1）中药单体成分的新药开发：随着中药现代化进程的不断推进和科学技术的不断发展，越来越多的中药单体成分被开发成新药。例如：从黄花蒿、麻黄、鱼腥草、穿心莲、黄连、葛根、甘草、延胡索中分别发现的青蒿素、麻黄碱、鱼腥草素、穿心莲内酯、小檗碱、葛根素、甘草酸、延胡索乙素等。这些单体成分的开发思路类似于化学药的开发，例如从柳树、鸦片、古柯树、长春花、喜树中分别发现的水杨酸、吗啡、可卡因、长春碱、喜树碱，从茄科植物发现阿托品、东莨菪碱、山莨菪碱和樟柳碱等。所以，基于中药所含活性单体成分的新药开发，可按照化学药的开发思路。但不同的是，中药的功效流传已久，借助中医药文献对中药用药的记载，不仅可提高新药发现的概率，还可加快新药开发的速度，有时候还能得到关键性的启发，例如从黄花蒿发现青蒿素的过程。所以，中药单体成分开发时，质量设计、质量功能展开和质量风险评估可借助中医药理论的启发和指导，按照化学药的新药开发方法和思路进行。

（2）中药活性组分的新药开发：相当于中药提取物新药的开发。中药的功效是中药作为一个整体对机体的作用，中药的复杂性决定从中药所含活性组分的新药开发相对复杂。在中药现代化不断推进的进程中，尽管很多中药的活性成分不断被发现，但随着中药研究的不断深入和相关科技的不断发展，现阶段对中药有效成分认识的局限性和片面性也逐渐体现。所以，现有认知下所述某味中药活性组分或部位标志的临床药效、安全性，虽然与该中药的功效和安全性存在较大交集，但并不能代表该中药的整体临床功效和安全性。由此，从该中药获得的活性组分或部位的临床功效、安全性需重新评价，临床定位需重新确定。当然，原有中药的功效、安全性或用法等可给其开发提供强有力的指导和启发，这也是其思路类似于化学药的开发，但又不同于化学药的开发之处。由此，按照质量源于设计的理念和质量功能展开的原则，中药活性组分的新药开发既要考虑中药复方制剂开发时需要考虑的药材基源、产地和采收等问题，又需要对组分中所含的化学成分及其比例、组分的药效学和安全性进行系统深入地研究和评价，方可明确关键质量属性、关键物料属性和关键工艺参数，开发设计空间，建立质量控制策略，实施有效的过程控制。

中药活性组分开发成功的案例有不少，现对众多银杏叶制剂的中间产品银杏叶提取物的开发思路介绍如下。按照质量源于设计的思路，基于对银杏叶化学成分、生物学活性和安全性等方面的系统深入研究，从满足患者对安全性和有效性的需求出发，银杏叶提取物的活性组分包括银杏总黄酮醇苷、萜类内酯（包括银杏内酯 A、B、C 和白果内酯），严重影响安全性的组分是银杏酚酸，并规定银杏总黄酮醇苷不少于 24.0%，银杏萜类内酯不少于 6.0%，且要求银杏酚酸的含量不超过 5ppm，最佳为小于 1ppm，以此确保银杏叶制剂中关键物料银杏提取物的质量特性，从而保证银杏叶制剂的安全性和有效性。上述银杏总黄酮醇苷：萜类内酯的比例 24：6 是经过严格试验研究确定的，其比例过高或过低均不能达到预期的质量目标。为此，在进行银杏叶提取物的制备工艺中，需要考虑以下方面的问题：①银杏叶的基源、产地、采收和贮藏等，以确保后续银杏叶提取、纯化工艺在较大的物料和参数设计空间内获得符合要求的银杏叶提取物的质量特性，因为不同来源、不同采收时间的银杏叶中的银杏总黄酮醇苷和萜类内酯的比例将直接影响到后续提取、纯化工艺的灵活度和参数空间，甚至影响其是否能在较低的成本下获得符合要求的银杏叶提取物；②银杏叶的提取工艺，包括提取前药材的前处理、大小尺寸（破碎度），提取溶剂及含水量，提取时间、温度以及两者的过程曲线，放料筛网、离心方式、浓缩方式及设备，浓缩温度、时间、真空度和浓缩程度，浓缩液比重等；③银杏叶提取物纯化工艺，包括是采用萃取，还是柱层析，或是其他纯化方式等；若选择柱层析纯化，选择何种填料；通过试验确定选择的填料后，具体的纯化工艺如何等；④上述银杏叶提取和纯化工艺的综合考虑及交互优化，以确定最佳的提取纯化工艺路线；而判断工艺路线的标准是所得产品符合预期质量，工艺路线简单易控，控制参数的空间较大，质量风险较小或很小，最终成本最低等；⑤银杏叶提取物的干燥工艺，包括干燥方式的选择，设备的选型，干燥工艺等；⑥综合考虑银杏叶来源、前处理、提取工艺、纯化工艺和干燥工艺等，从满足甚至超过预期质量、质量风险最小、成本最低等角度确定最佳银杏叶提取物的制备工艺及方法。通过上述银杏叶提取物的制备工艺及方法研究，基于质量风险管理，确定其关键质量特性，识别其关键物料属性和关键工艺参数，开发设计空间，并采用适合的质量控制策略和过程控制技术进行产品生产过程的质量控制。同时，根据后续对产品和工艺的理解、科学技术的发展，持续完善和再定义设计空间，以保证和不断提高产品的质量。

（三）中药新药研发实施质量设计的注意事项

1. 一切以满足患者对药品安全性和有效性的要求为出发点 中药开发的思路很多，手段各异，但无论如何开发，都必须从满足患者的要求出发，保证药品的安全性和有效性，这是患者的基本要求。疗效确切、应用广泛已久的中药及复方制剂即可满足上述要求。在不完全清楚其真实世界的时候，可采用先进的过程控制技术，对生产及相关过程进行有效的控制，以保证药品质量的稳定性和一致性，并科学地开展其安全性方面的研究和评价，从而更好地保证药品的安全性和有效性。同时，在保证安全和有效的前提下，还应提供满足患者其他方面要求的质量设计。需要注意的是，对于这些方剂的开发，切忌的盲目挺进、舍本逐木，必须坚持守正创新。

2. 中药新药开发的目标是使企业、患者和全社会受益 中药新药开发的选题，需根据市场和满足患者要求的角度出发，选择中药有突出治疗效果和市场优势，而化学药或生物制品治疗效果不佳、不能治愈，或虽然治疗效果好但存在严重安全性问题，以及疾病初期或亚健康状态而不宜使用化学药和生物制品干预的疾病等临床定位的中药及复方制剂进行新药开发。例如，临床定位为常见病、多发病、感染性疾病、功能紊乱性疾病、免疫性疾病、按西医理论目前说不清道不明的疑难杂症等疾病的治疗，其中包括心脑血管疾病、肿瘤、病毒性感染疾病、神经和免疫性疾病、胃肠道疾病等的治疗。同时，考虑新药在全生命周期的成本和收益，以使中药的新药开发给企业带来利润、使患者的疾病得到治疗和有效控制、并有力地促进社会的和谐发展。

3. 确保中药药材的质量 上述中药新药开发的思路中，除中药活性单体成分的开发可能与中药材的整体质量无对等关系外，其他开发思路均需保证中药药材的质量，否则难以获得预期的设计质量。所以，确保中药药材的质量是实施中药新药开发的先决条件和首先要解决的问题，也是确保整个新药开发中关键物料属性的问题。中药材质量包括有效性和安全性，原有的中药材主要为野生，随着中药材的大量种植，能否保证其原有的有效性和安全性应持谨慎态度，宜重新评估。因为中药在大规模种植模式下的生长环境与野生环境毕竟不同，同时各种人为因素还会导致同一中药材化学成分真实世界的改变，很多时候还会引入了新的质量风险因素，如重金属和农药残留超标等问题。

4. 确保良好的过程控制能力 如前所述，很多中药复方制剂的临床疗效确切、应用广泛久远，完全可以满足患者的要求，其关键是把这种满足患者要求的质量信息精准地转化成中药新药开发的技术要求和目标质量，并将目标质量信息完整准确地传递至研发设计和生产的各个环节，实现中药方药从原有的家庭式煎煮方式精准地转换为大规模提取生产方式。质量源于设计，而设计质量的实现是以良好的过程控制能力为先决条件的。要使中药新药开发时预设的质量目标在最终的产品中得以实现，药品生产企业必须具有良好的过程控制能力，并不断提升过程控制能力的水平。

5. 重视安全性方面的研究 中医药理论体系对中药的毒性非常重视，明确“药以毒为能、是药三分毒”，强调“治未病”、辨证施治、对症治疗、无病不吃药等，并在炮制理论、配伍理论和用药禁忌等方面时刻从保护患者的角度考虑。但受对人体生理认识的阶段性局限，中药用药有可能存在因不良反应不明显而潜在安全风险的情况，这种短时间的隐性不良反应又没有引起医患双方的察觉而记载下来，有的也可能在停药后自行恢复。所以，从满足患者对安全性要求的角度考虑，中药新药开发需重视安全性方面的研究，尤其是中药长期用药的安全性研究。同时，还可考虑正常情况下的安全性研究和带病情况下的安全性研究。

6. 关注患者非安全性和非有效性方面的要求 满足患者的要求是新药研究的出发点和落脚点，在满足患者对安全性和有效性的要求后，还可考虑满足其在“三效、三小、五方便”等方面的要求，结合现今和未来患者的生活方式和用药习惯进行创新性的剂型和服务模式开发。

二、化学药的质量设计与新药研发

按药品质量源于设计的理念，企业需根据自身的方针和目标，结合市场的需求和自身涉足的领域，确定新药研发的方向和临床定位，然后进行市场调研，并与拟开发药品所治疗疾病的患者进行深入沟通，以准确获悉患者对药品的各种要求，包括安全性、有效性、患者的用药习惯和用药特点等，并将患者的要求转化为拟开发药品的技术要求和目标质量。

除安全性和有效性外，患者的其他需求有时候在疾病的治疗中也发挥了重要作用。例如：放化疗的肿瘤患者常易呕吐，这时止呕药盐酸昂丹司琼开发的剂型选择上常选用口腔崩解片，这种剂型可使患者服药时不需要水或其他液体，直接将药片置于舌面，数秒内即可崩解溶化，然后随唾液吞咽口服，以满足患者常常吞水即呕或卧病在床不方便用水吞服的情况。所以，若开发治疗肿瘤患者呕吐的新药时，就可将患者不需要用水吞服以防止呕吐的这种要求转化为产品的技术要求；而在质量设计时，按照质量功能展开，就可将这种技术要求转化为剂型的选择要求。其他如精神病、阿尔茨海默病、心绞痛、糖尿病等方面的用药，不同人群如儿童、孕妇和老年人的用药等也常需重视患者对药品非安全性和非有效性方面的要求。

精准地将患者的要求转化为新药的技术要求和目标质量后，按照质量功能展开的步骤逐级将目标质量展开，从而将由患者要求转化而来的质量信息依次传递至新药研发、生产和过程控制等各环节。由此，按照确定的生产工艺、参数的设计空间、建立的质量控制策略开展生产，即可实现产品的预设目标质量，满足患者对药品质量的要求。下面根据新药研发的主要环节，对化学药的新药研发与质量设计进行简要的沟通。生物制品研发与质量设计之间沟通的思路相似。

（一）先导化合物的发现及其质量评价

先导化合物是新药研发的出发点，它的发现也是新药研发的重要阶段，其质量将直接决定后续可能新药研发的成功概率。从某种意义上讲，它将决定上市药品的全生命周期及其质量控制和质量风险，甚至影响到企业、患者和全社会的受益。先天设计不足的新药，即使进入Ⅲ期临床，也可能导致药品研发的失败；或即使上市，在后续生产过程中，无论采用何种措施也无法保证产品的最终质量；还有可能因药品设计的不足造成重大质量事件的发生而被撤市。例如，“反应停”和抗关节炎药物万络（Vioxx）的撤市。先天设计不足的最终原因虽然是不能满足患者对安全性和有效性的要求，但与先导化合物的发现和确定有重要关系。同时，阶段性对人体生理和疾病认识的局限、相关科技发展的不够和风险评估的不足等也是设计质量不足的重要原因。反过来，这些新药研发的失败和上市药品因重大质量事件的撤市，又推动着人们对人体生理和疾病认识的不断深入、新药注册审批程序的不断完善、安全风险评估的不断深入和严格。

新药研发是一项系统性工程，不仅涉及药物化学、药理学、毒理学、分子生物学、分子药理学、生物信息学、计算机化学、药物分析、药剂学、制药工艺学等多学科领域，还涉及管理学和工程学等相关内容。因此，企业需要成立专门的研发设计小组，研发设计小组应由具有相关专业知识和学科领域背景的专家组成。设计小组的经验、水平将决定设计小组的质量，并最终影响到先导化合物的质量、新药开发的成功和上市药品的全生命周期。

1. 先导化合物的发现 发现先导化合物（简称先导物）的途径很多，包括：①从自然界的植物、动物、微生物等生物资源中发现先导物，其中包括中药、民间或民族用药，例如青蒿素、紫杉醇、青霉素等；②从人体内源性活性物质发现先导物，例如肾上腺素、孕酮、可的松等；③以现有药物作为先导物，其中包括从现有药物的副作用和代谢产物发现先导物，例如从磺胺类药物的副作用发现磺酰胺类利尿药和磺酰脲类降血糖药，从地西泮的代谢产物发现奥沙西泮，以奥美拉唑为先导物发现兰索拉唑等药物；④利用组合化学和高通量筛选、合理药物设计和计算机虚拟筛选等发现先导物；⑤利用计算机辅助药物设计发现先导物，包括直接药物设计和间接药物设计，例如分子对接法、从头设计法和基于药效团模型法等；⑥采用先导物发现的新策略，包括基于靶点相似性的“结构再利用”、基于优势结构片段的“活性再开发”和基于靶点杂泛性的“功能再评估”等。

先导物的发现途径不同，其成功发现的概率也不同，发现后对先导物进行结构优化的侧重点也会有差别。我国拥有丰富的自然资源，尤其是拥有前人通过临床实践已明确功效的中药资源宝库，这为我国新药研究时先导物的发现提供了研究资源和对象上的方向引导，从而大大地提高了先导物的发现概率和质量，可以且需要大力挖掘。例如，从黄花蒿中发现了抗疟疾的先导物——青蒿素。

2. 先导物的质量评价 如上所述，先导物的质量对后续新药开发及可能上市药品的质量和生命周期将产生源头性的重要影响。因此，需对先导物的质量进行评价。先导物不是最终的临床候选药物，同时先导物成药性的不足可能在后续的结构优化中或制剂的剂型选择方面得到弥补、改善或彻底去除。所以，先导物的质量评价无统一标准，也难以给出非常肯定的结论，对它的质量评价主要是方向性的、主体性的和潜在性的，是对后续可能临床候选药物的前瞻性质量评价。具体评价可依据先导物化学结构、理化性质、药理学和毒理学的系统研究结果，按照满足患者对药品安全性和有效性等要求出发，进行如下评价。

（1）有效性方面：一般地，先导化合物应具有较强的生物学活性，明确的作用机制、方式和环节；应存在剂量（浓度）与生物活性的相关性，且量效关系明确；应建立明确的构效关系，以表明药理活性的特异性，并可指导后续先导物的结构优化。

其中，生物学活性的评价可涉及分子和细胞水平，但至少应包括整体动物水平的评价。另外，药理作用机制的研究结果有时候还可作为药效潜能和潜在安全风险评价的依据。例如：①从胃酸分泌的机理来讲，抑制质子泵的药物可能比拮抗 H_2 受体的药物具有更大的抗溃疡潜能；②从作用于细菌代谢途径来讲，作用于细胞壁合成的先导物及衍生药物，很可能相对作用于蛋白质或核酸合成的先导物及衍生药物有较小毒副作用；因为人体细胞无细胞壁，而这又恰好与先导物的骨架结构有关。此外，药物作用的选择性和两重性也应成为评价先导物满足患者对药品安全性、有效性和其他方面要求的重要参考。

（2）安全性方面：可根据毒理学研究结果预测其对人体可能的危害，及后续结构优化对安全性的改善空间。因此，先导化合物应具有一定的安全指数（LD_5/ED_{95}）和明确的毒理机制，并建立明确的构毒关系。

通过毒理机制与药理机制之间的沟通，可获悉毒性和药效的相关性及相关程度，尤其是了解两者是不是伴随的；同时，通过构毒关系的明确，也可获知化学结构与毒性之间的关系，以此为先导物的安全性评价及后续可能在安全性和有效性方面的改造方向和改造空间提供依据。例如：非甾体抗炎药的作用机制和毒理机制具有明显的相关性，其对引起炎症反应的环加氧酶的抑制作用，可带来明显的胃肠道不良反应，而这种不良反应与其作用机制直接相关；同时，选择性 COX-2 酶抑制剂改善了因抑制 COX-1 引起的不良反应，但也失去了 COX-2 对血管内皮细胞合成前列环素（PGI_2）以及保护肾脏的作用，潜在心血管方面的高质量风险，由此导致该类药物易发生重大质量风险事故，如尼美舒利事件。另外，有些上市药物如罗非昔布、伐地昔布也因重大质量风险相继撤市；2020 年我国也注销了羟布宗片的药品注册证书。因此，对于先导物毒性与药效的相关性及相关程度的了解，有助于降低新药研发的风险、预知可能的质量风险及后续可能需要采取的质量控制措施，也可作为企业和监管部门对药品进行风险评估的依据。

需要说明的是，毒理机制、药理机制与化学结构之间的沟通也可扩展至先导物的全部不良反应。例如：青霉素类药物引起的过敏反应与其骨架结构有关，而骨架结构又是青霉素作用于细菌细胞壁合成不可缺少的结构，故基于青霉素为先导物的新药，均可能在上市后的用药中需要进行皮试，并且可预知可能过敏或交叉过敏事件的发生。但同样是 β- 内酰胺类抗生素，头孢菌素类药物的过敏反应主要与化学结构的侧链有关，所以交叉过敏的概率大为减少，质量风险事故的发生自然减少。这些信息在新药开发的质量设计时，都可作为其风险评估和质量成本的参考依据。

（3）化学结构和理化性质：先导物的化学结构或结构类型应具有新颖性，利用化学筛选或分子探针获得的分子符合预期目标。一般地，要求先导物具有一定的稳定性，含有 1～5 个脂肪或芳香环，2～15 个可旋转的柔性键，氢键供体不超过 2 个，氢键受体不多于 8 个；相对分子量宜低于 400，以给后续的结构改造和优化保留较大空间；同时，具有适宜的脂水分配系数 $\lg P$ 或分布系数 $\lg D$，以保证其在体液中具有一定的溶解性和较好的跨膜特性。由此，确保先导物及潜在结构优化物具有较好的药代动力学特性，以保证给药后药物分子能到达病灶部位，且能保持足够的药效浓度。当然，上述要求不是绝对的，仅供一般情况下参考，事实上临床应用的很多天然药物的分子结构就不满足上述要求。

另外，评估先导物与受体结合能力的配体效率（ligand efficiency，LE）也可作为先导物质量评价的参考。配体效率是指苗头、先导物等配体中每个原子对结合能的贡献，用以比较活性化合物的质量，评价化合物的成药性。其计算方法是先将复合物的结合常数转化为在温度

300K 时的结合自由能（ΔG），然后将除ΔG以非氢原子数即得。具体公式如下：

$$\Delta G = -RT\ln K_d = 1.37\text{p}K_d \qquad \text{式(5-1)}$$

式中，R 为气体常数；T 为热力学常数；ΔG 为结合自由能（kcal/mol）。

$$\text{LE} = \Delta G/N（N \text{ 为非氢原子数}） \qquad \text{式(5-2)}$$

先导物宜具有较高的配体效率，而相对分子量较低、结构简单的化合物往往具有较高的配体效率，结构优化时提高活性的潜能也较大。

（4）药代动力学：安全有效的药物要发挥治疗作用，必须保证其在病灶部位达到足够的药效浓度，并维持一定的时间。这要求先导物的 ADME，即吸收（absorption）、分布（distribution）、代谢（metabolism）和排泄（excretion）满足基本要求。一般地，除给药途径为静脉注射外，口服生物利用度宜大于 10%，以确保口服的吸收；消除不宜太快，消除半衰期大于 30 分钟，静脉注射的清除率低于 35ml/（min·kg），大鼠肝细胞的清除率低于 14μl/（min·kg），即有足够的代谢稳定性；分布容积大于 0.5L/kg，与血浆蛋白的结合率低于 99.5%，以避免发生药物的相互作用，增加用药的风险。

同时，通过 ADME 的研究结果，既可以结合药效学试验，预判可能药物的药效潜能；又可结合毒理学研究，对先导物及后续可能药物的潜在质量风险进行前瞻性评价，还可作为后续可能药物进行临床定位和剂型选择等的前期参考。当然，上述这些情况的评价，也应根据先导物的有效性、可能的临床定位和给药途径来综合判定。

需要注意的是，评价先导物的质量时，需要综合考虑上述四个方面对满足患者安全性和有效性等要求的现有和潜在能力，尤其是要通过先导物的现有研究结果，前瞻性地预测后续可能结构优化对先导物安全性和有效性的改善程度和空间，预估可能的质量风险。现有科学认识的不足或设计小组的专业能力和经验可能影响到先导物评估的合理性，致使潜在的质量缺陷难以被发现，所以先导物的质量评估应基于充分的科学知识和质量风险评估。总之，先导物的质量将直接影响后续可能上市药品的质量，先导物的质量缺陷将很可能传递到后续可能上市药品的生产和质量控制，并最终影响到企业、患者和社会的受益，且可能引发重大的药害事件。所以，先导物的活性不一定要求很强，但必须潜在足够的提升空间；同时，不宜潜在严重的安全性风险，尤其是难以通过结构优化或制剂选择获得大幅度改善的毒副作用，或不能通过严格用药避免的不良反应。

（二）先导物的优化和候选药物的确定

先导物的评价是前瞻性的、方向性的，主要评价的是先导物在安全性和有效性方面满足患者要求的总体情况和潜在改善空间。所以，很多情况下先导物的安全性和有效性等需要进一步通过结构优化加以改善和提高，以得到与先导物结构类似，但活性更强、毒副作用更小、选择性更符合要求、药代动力学特性更符合临床定位和临床应用的候选药物。

1. 先导物的优化 先导物优化的主要目的是增强其满足患者安全性和有效性等方面要求的能力，常包括：①降低毒副作用，其中包括提高选择性，例如将氮芥优化得到环磷酰胺，氨磺丁脲修饰获得氯磺丙脲；②提高生物学活性，例如将萘啶酸优化获得诺氟沙星；③改善药代动力学特性，例如将依那普利拉制成前药依那普利，以改善其生物利用度；④增加药物的代谢稳定性或延长药物作用时间，例如将羧苄西林修饰成卡茚西林，雌二醇修饰成雌二醇脂肪酸酯衍生物；⑤增强患者的顺应性，例如将奎宁修饰制成无味奎宁，以满足儿童的用药需求；⑥扩大抗菌谱，例如将青霉素修饰获得阿莫西林。

2. 候选药物的确定 候选药物是在先导物的基础上为更好地满足患者要求而确定的供新药开发的目标化合物。基于先导物进行结构优化获得的一个或多个化合物，需要对它们在满足患者安全性和有效性等要求，甚至质量风险和成本等方面进行全面综合的评价与相互比较，尤其是相对先导物质量的改善或提升程度是否达到预期的质量要求。若未能达到预设的质量要求，则需进一步优化或改变优化的策略，直至达到预期候选药物的要求或放弃先导物的进一步研发。如果能满足患者的要求，达到预设的质量要求，则可确定为候选药物，开启其新药研究。值得注意的是，对确定候选药物的上述评价需尽可能全面系统，尤其要考虑并防止结构优化后引入新的安全性风险和其他不适合因素，以免导致顾此失彼的优化发生。

理论上，候选药物若能经过严格的质量评审，可在进入程序性的新药研发前尽可能地降低研发风险。但从新药开发的程序、研究内容和技术要求来看，其新药研发和注册审批的过程，也是按照严格程序对候选药物进行系统研究和评价的过程。最后的结果一是注册获批新药证书，二是不能通过审批。从某种意义上讲，候选药物一旦确定，若能成功获批上市，候选药物也就从客观上决定了将来上市新药所能达到的最佳质量状态（也即质量空间）。后续的新药研发、新药上市、药品生产及储运过程则是尽最大可能地使药品质量达到候选药物作为活性药物成分（active pharmaceutical ingredient，API）生产成药品所能达到的最佳质量状态的过程。当然，为实现候选药物客观决定的这一最佳质量状态，后续原料药制备、剂型选择、制剂处方、成型等新药研发过程，及获批上市药品的生产、过程监控和储运等过程对能否达到候选药物客观决定的最佳质量状态及达到何种程度将产生直接和重要影响。反过来，对后续这些过程的持续改进和优化，从另外一个角度讲，也可认为是药品质量不断提升的过程，其最终目的是达到该候选药物作为活性药物成分（API）生产成药品所能达到的最佳质量状态。

另外，若将新药开发上市的过程看作为药品的质量设计及设计评审的过程，则候选药物的确定、原料药的制备、剂型选择、制剂处方及成型等新药开发过程在很大程度上决定了药品的设计质量。新药上市后药品的生产及过程监控和储运等则主要是实现药品设计质量的过程，并最终决定了生产药品的质量。而监管部门对新药能否满足患者的要求，能否获批上市起着决定性的评判作用。因此，监管部门应对新药的注册研究和注册资料等进行严格的审评审批，并要求企业充分展示其药品的设计质量，尽可能地揭示其可能的质量风险，使企业尽可能地提升新药的设计质量，满足患者的用药要求。

（三）新药研发

候选药物确定后，即可按照新药开发的基本程序、研究内容和注册的技术要求，开展临床前的药学、药理学、毒理学和临床研究，以获得充分的研究资料和支持数据，阐明其有效性和安全性，充分揭示其可能的安全风险，并通过剂型选择、制剂处方及成型等增强满足患者对药品安全性、有效性及其他方面的需求；同时应时刻注意因原料药制备和制剂工艺中新引入影响药品安全性的质量风险因素，以免顾此失彼降低药品的安全性，达到最大限度地保证上市药品的安全、有效及质量的稳定和可控。下面以化学药为例，对新药研发阶段的相关质量设计进行有限介绍。

1. 新药研发的内容与质量设计 在新药研发阶段，从质量源于设计的角度看，新药的质量空间已在候选药物确定时基本形成，后续影响新药质量的因素不是来自候选药物（原料药的化学实体）本身，而是来自原料药的制备工艺过程、外源性物料、剂型选择、制剂处方与工艺、药品试样制备等各种相关因素。因此，新药研发的过程也可以看成是如何充分实现和揭示候选药物在满足患者及相关方要求所能达到的最佳质量状态，并按规定的程序和要求，获得其有效的证据与数据支撑、科学合理的评价，受到严格审核与监管的过程。

（1）药学研究：候选药物作为原料药的化学实体，其本身的安全性和有效性是客观确定的。但在原料药的制备过程中，又因其制备原料、工艺和制备条件等相关因素的不同导致不同企业获得原料药的质量有所不同，而原料药质量的不同又常会给药品试样或上市药品的质量带来有效性和安全性方面的影响。

1）中药单体成分的制备方面：中药材的重金属和农药残留超限，常可导致所得原料药的重金属和农药残留超标，且即使工艺改进也很难控制这些有害杂质的含量。而这时要达到原料药的预期质量，要么另外开发独特的工艺，要么在工艺中增加去除这些有害杂质的工序。后者无疑增加了质量成本、降低了原料药的市场竞争力；前者若可行则既可能去除这些有害杂质，又能保证原料药的其他质量属性不受影响，由此不仅可能不会增加质量成本，还可能扩大中药材的选择空间，但这种情况非常难得。事实上，若从一开始就对中药材种植的选址和管理进行源头设计，就不仅可避免后续工艺开发的难度和复杂性，还可能扩大原料药制备工艺参数的设计空间，达到能够控制、容易控制的目的。

另外，单体成分的提取分离过程中所用溶剂常可导致溶剂残留的超标，这要求在提取分离工艺的设计中，考虑尽量避免 ICH 规定的一、二类溶剂的使用，尤其是在最后步骤中应禁止该类溶剂的使用，以防止具有较大毒性的溶剂在原料药中残留而带来安全风险；同时，尽量设计采用水和药用级乙醇作为工艺中使用的溶剂。

值得注意的是，药材除含有待提取分离的目标单体外，也可能含有某些可引起机体不良反应的有机杂质，这些杂质的去除若能在目标单体的制备工艺中一起设计考虑，则可达到既分离目标单体，又去除有毒杂质的目的。

2）化学和生物制品原料药的制备方面：化学原料药的制备过程中影响安全性和有效性的杂质的引入主要与制备工艺有关。这些杂质包括无效晶型、无效或毒性异构体、可引起不良反应的特殊杂质、重金属、溶剂残留等，它们的引入与起始物料和工艺路线的选择、工艺路线中溶剂试剂的选择和过程参数的确定、生产用设备管道的材质等直接相关。所以，在化学原料药制备工艺的设计时若能对各种可能引入质量风险的因素进行考虑，并加强原料药与工艺之间的理解，就可能提高原料药制备工艺的设计质量。

生物制品或采用生物技术生产的原料药中常会引入热源、细菌内毒素、抗生素残留、外源性 DNA 或蛋白质，或引入可引起过敏反应、异常毒性和血压下降等杂质。这些杂质的引入与菌种的选择、发酵工艺的详细参数、分离纯化工艺等密切相关。所以，若基于充分的生物技术上下游的相关科学知识和质量风险管理，并加强产品与制备工艺的理解，则可提高此阶段的设计质量，尽可能地减少和避免后续可能的质量风险。

3）药物制剂方面：药物制剂中给药途径的确定、剂型的选择、制剂的处方和工艺流程等可影响新药的药代动力学特性，其中包括药物的靶向选择性、在靶标部位的浓度和维持时间。同时，制剂过程中也可能因药物的降解和聚合而产生影响药物安全性的杂质。这些都可影响到新药的设计质量，即影响新药满足患者对药品安全性、有效性、顺应性和其他方面的要求。若通过试验研究，并基于质量风险评估，对这些影响满足患者要求的因素给予充分考虑，则可提高新药的设计质量。例如满足卧病在床、不宜饮水患者对口腔崩解片的要求，满足冠心病、高血压、高血脂、高血糖等患者对长效或缓控释制剂的要求，等等。

制剂用辅料的使用和质量也可影响新药的安全性和有效性。例如，原“鱼腥草素钠注射液”的处方中因使用增溶剂聚山梨酯 80 而导致了严重不良反应的发生。再如，“亮菌甲素注射液”事件的发生，虽然是由于人为使用假的辅料二甘醇造成的，不属于制剂处方中辅料本身的原因，但从质量设计的角度，若采用防差错设计，在制剂的处方中尽量不用与二甘醇存在相似理化性质的辅料，或对使用这类辅料时采取严格的质量控制和风险管控措施，则可避免该类事件的发生或再度发生。

4）质量标准和稳定性方面：原料药及其制剂的质量控制方法研究包括质量标准研究、标准物质研究和质量稳定性研究等。新药满足患者要求转化而来的技术要求的目标值即为新药的目标质量，研究制订的质量标准通常并不会完全等同于目标质量，但应充分体现新药的目标质量，这关系到新药的设计质量能否得到最后把关性的保证。所以，研发阶段应基于新药安全性和有效性等质量特性，科学合理地建立质量标准。同时，结合原料药和制剂的制备工艺研究结果，开发设计空间，建立科学的质量控制策略，以保证新药设计质量的实现。稳定性的研究结果则不仅可为制备工艺的参数空间提供参考，还可为药品有效期的制订及药品的储存和运输环境的确定提供依据和数据支撑。

药品的制备工艺不同，所含的特殊杂质等也可能不同，整个药品的真实世界及其安全性、有效性等质量特性也可能不一样。为保证药学、药理学和毒理学研究所使用药品质量的一致性，并符合预期的质量要求，药学研究应起始于临床前研究的初期，从而使药学、药理学和毒理学的研究结果可得到科学、有效的沟通，以更充分地实现和揭示新药的设计质量。

（2）药理学研究：这里主要指临床前药效学和药代动力学研究，主要目的是揭示候选药物的主要药效作用及其影响因素和一般药理作用，并通过了解药物在动物体内的 ADME 过程，为候选药物给药途径和剂型的选择、制剂处方和工艺的评价、后期临床定位和临床试验提供可靠依据。

其中，临床前药效学研究对候选药物的设计质量无影响，但可更充分地揭示候选药物的设计质量，尤其是可通过一般药理学研究获得主要药效学以外的广泛药理作用，获得涉及药物安全性和不良反应的信息，甚至发现新的药理作用。

而临床前药代动力学研究则可为药效学、毒理学和临床试验提供参考资料，更可为候选药物给药途径和剂型的选择等提供依据，从而直接影响候选药物有效性的发挥、安全性的获得和设计质量的提高，甚至影响到候选药物的临床定位。另外，临床前药代动力学研究还可提示可能的毒性靶器官或靶组织，有助于揭示候选药物的安全性及毒性作用机制；同时，还可评价不同制剂处方和工艺的合理性及其制剂的质量，有利于充分提升候选药物的设计质量。

（3）毒理学研究：毒理学研究的目标是充分揭示候选药物的毒性、潜在危害及危害程度，判断毒性的可逆性，寻找解救措施。其结果可作为决定是否进入临床试验或确定安全使用条件的依据，还可为新药开发的质量风险评估提供直接依据。基于毒理学研究的临床前安全性评价必须充分，并力求与药效学和药代动力学研究结果相互验证、互为补充；同时，还应基于质量收益、风险和成本对药品满足患者及相关方要求的情况进行科学、全面的综合评价。

2. 制备工艺的研究与质量设计 影响药品设计质量的因素主要来自原料药和制剂的制备过程，与原料药的提取分离、合成或发酵制备的工艺流程、参数和设备等，及其给药途径的确定、剂型的选择、制剂处方和制剂工艺等密切相关。所以，要尽最大可能地提高药品的设计质量，就必须重点对此过程进行充分的试验研究。

（1）原料药的制备工艺研究：先导物的发现和优化时，强调获得所需要的化合物，此时化合物的制备方法不是关注的重点。与其不同的是，原料药的制备工艺研究侧重于制备方法研究，它要求基于充分的科学知识、经验和风险分析，设计各种制备工艺，借助各种研发工具和试验设计方法，对原料药的小试工艺进行研究与优化，并经中试放大和工艺验证，达到对制备工艺和过程的逐级理解。然后，再基于风险评估，确定关键质量属性、关键物料属性、关键工艺参数，开发参数的设计空间，以此为原料药质量标准的制定和质量控制策略的建立提供依据，以最大程度地降低原料药制备过程中各种质量风险因素的引入。然而，原料药无论是经化学合成，还是由中药提取或生物发酵，再经分离纯化制备，均可能引入影响新药有效性和安全性的因素；还可能因制得原料药的晶型种类或比例、结晶水的含量及其所含非目标异构体的产生或增加等，影响满足患者对原料药安全性和有效性等方面的要求，降低原料药的设计质量。

1）起始物料：起始物料可通过商业化获得，也可由企业自制。其制备可以采用化学合成方法，也可从植物中提取或通过生物发酵，再经分离纯化制得。一般地，企业对用于药物合成的起始物料都有相应的质量标准及其分析方法，以能对其进行定性鉴别、定量测定和杂质检查等质量控制，也能根据所含杂质对后续合成及最终产品质量的影响制订合理的限度要求。由于起始物料的杂质信息会在原料药的合成过程中逐级消减，所以其对原料药质量的有效性影响一般较小，主要影响原料药的安全性，尤其是可能将潜在重大质量风险的杂质传递至原料药中，影响原料药的质量。原因如下：①起始物料杂质谱的研究不一定充分，某些未明确且潜在安全风险的少量杂质不一定能在其质量标准中全部体现，虽然其杂质信息在原料药的合成中会逐渐消减，但并不一定能全部消除，尤其是原料药合成步骤少的情况，而有的杂质含量极微小时就可引起严重的不良反应；②起始物料的某些杂质本身无安全风险，但通过原料药的制备过程后，这些杂质可能产生极微量存在安全风险的杂质，并且残留在原料药中；③同一起始物料可有不同的制备方法和工艺路线，在各种制备方法的成本无明显竞争优势的情况下，可经合成，也可从植物提取或通过生物发酵制备，由此增加了起始物料质量的复杂性和杂质的不确定性，从而增加了起始物的质量风险；④另外，起始物料供应商的变更和生产工艺的优化等均可带来起始物料质量特性的变化，可能引发潜在的质量风险。所以，全面质量管理要求企业把供应商等纳入质量管理体系，并与其建立利益共享、技术共享的合作伙伴关系。

另外，起始物料不同，制得原料药所含杂质的种类及其潜在的安全风险等各有差别；同时，不同起始物料，原料药的合成工艺及工艺的复杂程度也不同，关键物料属性、关键工艺参数及其设计空间也各异。因此，基于风险评估建立的质量控制策略也将完全不一样，这将最终影响药品的质量特性和质量成本。所以，起始物料的选择不仅可能影响药品安全性、有效性和稳定性等；从某种意义上讲，还可能影响企业的生产、管理及其成本和收益等方方面面，甚至有可能影响到企业的生存和发展。

2）工艺研究：原料药的工艺研究是对从起始物料制备成原料药过程的工作、方法和技术等进行详细的试验研究。基本程序是基于充分的文献理解、专业知识和经验、先导物发现及优化过程中对候选药物制备工艺的理解，借助实验设计和优化工具，对药物制备工艺的每个步骤的工艺技术和参数进行详细的研究，并进行综合考虑和风险评估后确定其制备工艺。同时，通过对原料药和中间体制备工艺的理解，应识别原料药和中间体的关键质量属性、确定其关键物料属性，明确其关键工艺参数，开发其设计空间，建立相应的质量控制策略，以最终保证生产出符合预期质量要求的原料药。

工艺研究前期工作需要研发小组在充分掌握和理解文献的基础上，根据自身的专业知识与经验，设计多条工艺路线，并通过试验设计对各种工艺路线进行研究和适当优化。然后，根据其研究结果，综合考虑工艺路线制备样品的质量、成本、风险（包括生产、质量和环保等）、放大难度、可控易控性等，确定优先考虑的工艺路线和依次备选的工艺路线。候选药物确定后，不同工艺路线可能得到原料药的最佳质量状态（包括有效性、安全性、稳定性等）即已经确定。所以，工艺路线一旦确定，其工艺研究的可能空间基本确定，原料药的质量空间、质量控制策略的空间也随之形成。而多条工艺路线的设计和确定与工艺研发小组对文献的把握、小组成员的专业知识和经验直接相关。因此，从这个意义上讲，工艺研发小组的人员组成和质量对原料药的质量起到了决定性作用，它决定了原料药能否达到候选药物所能达到的最佳质量状态。

确定最佳工艺路线后，通过原料药样品的小量试制，就可考察原料药样品的质量与预期质量的符合度及其可靠性，工艺的稳定性和耐用性，原料药制备中可能的“三废”问题、所用溶剂试剂对中试设备和管道的可能腐蚀，安全生产的条件要求等。尤其要注意的是，在原料药的制备过程中杂质信息的传递，包括杂质的生成、走向（如杂质的消减和杂质经反应后生成的新杂质）和去除（如杂质低于检测限或彻底去除的情况），各杂质间的相互关系，杂质的控制策略等。这可充分揭示原料药潜在的质量风险及这些风险的来源，保证原料药的安全性。

原料药小量药品试制成功后，即可按程序进行中试放大，以不断解决放大过程中发现的新问题，加深对原料药、中间体与工艺的理解；同时关注工艺参数对原料药质量形成的影响，并开展质量风险评估，进一步识别关键物料属性、明确关键工艺参数，开发工艺参数的设计空间，建立质量控制策略。随后，在中试规模或生产规模下，至少连续生产三批质量符合要求的原料药。一方面，以此验证确认原料药的生产工艺及其各项参数的有效性，并全面评价工艺的耐用性和过程控制的有效性，确保其在设计空间内运行具有良好的重现性，能保证原料药的质量及其质量的稳定性和可靠性。另一方面，为药理学、毒理学研究提供所需的质量合格的原料药样品，以尽可能地保证质量信息的完整、准确传递。

另外，原料药的制备工艺研发时还需考虑物料、溶剂和试剂的回收套用，这涉及质量成本的综合优化。工艺路线的设计和选择也必须时刻考虑对安全生产和环境保护的显性和隐性影响，避免选择那些可能导致重大质量风险事件发生的工艺路线。

（2）制剂工艺研究：药物必须制成适宜的剂型才能使药物以适宜的方式进入体内、到达病灶部位，并在规定给药剂量下达到有效的药物浓度，以最终保证满足患者对药品安全性和有效性等方面的要求。药物的制剂不仅影响药物的安全性和有效性，而且可以解决原料药在满足患者要求不足方面的某些缺陷，并可解决患者的其他要求。例如，降低或消除原料药的毒副作用，提高药物的生物利用度和疗效，提高药物的稳定性，改变药物的作用性质，改善患者用药的顺应性，产生靶向性作用等。从这方面讲，原料药通过制剂可以增加满足患者要求的能力；从另一角度看，也可认为是原料药通过制剂及其优化设计在不断缩小其与候选药物质量空间之间的差距。所以，制剂工艺的研究在满足患者的要求方面占有十分重要的地位。

药物剂型的种类很多，给药途径和剂型的选择常需从满足患者的要求出发，结合药物的理化性质和生物学性质，综合分析确定。因患者要求的多样性，所以同一药物可选择多种剂型来满足患者的各种要求。制剂工艺研究包括适宜剂型的选择，制剂处方的设计、筛选与优化，工艺研究及其有效控制和重现性研究，直接接触药品的包装材料的选择等一系列工作。其目的是保证药品的安全、有效、稳定、可控以及患者良好的顺应性等。原料药到制剂成型的过程中，主要有两方面对药品质量有重要影响。一方面，原料药制成各种剂型可以尽可能地满足患者的要求，使药品的质量得以提升，其质量的提升情况可通过制剂的质量评价获知；另一方面，制剂工艺中特殊杂质含量的增加或/和新杂质的产生、工艺过程中的污染等又将导致药品的质量下降，这方面与制剂的工艺、方法技术、生产设备和环境等密切相关。以上两方面对质量的影响可在制剂的质量评价项目（表5-2）上得到体现。

表5-2　部分剂型的质量评价项目

剂型	质量评价项目
片剂	性状、重量差异、硬度、脆碎度、崩解时限、溶出度或释放度、含量均匀度、微生物限度、有关物质、含量
胶囊剂	性状、水分、装量差异、溶出度或释放度、含量均匀度、微生物限度、有关物质、含量
颗粒剂	性状、粒度、水分、干燥失重、溶化性、装量差异、装量、微生物限度、有关物质、含量
散剂	粒度、外观均匀度、水分、干燥失重、装量差异、装量、无菌、微生物限度、有关物质、含量
注射剂	性状、装量、装量差异、可见异物、不溶性微粒、无菌、细菌内毒素、热源、重金属和有害元素残留量、pH、渗透压摩尔浓度、有关物质、含量
眼用制剂	无菌、pH、可见异物、粒度、沉降体积比、金属性异物、装量、装量差异、渗透压摩尔浓度、有关物质、含量
半固体制剂	性状、物理性质评价、刺激性、稳定性、粒度、装量、无菌、药物释放和穿透及吸收、微生物限度、有关物质、含量
栓剂	重量差异、融变时限、膨胀值、溶出度、微生物限度、有关物质、含量

1）处方前研究与剂型选择：制剂工艺研究的过程中，处方前研究应获得药物的理化性质和生物学性质等。这是药物剂型选择、处方设计和工艺研究等的重要基础和依据，且有助于加深对药品与制剂工艺的理解。同时，按照质量源于设计的理念，药品开发的第一步是确定目标产品质量概况，而其中就包括根据药物的理化性质、生物学特性和临床治疗的需要综合考虑各种因素确定药物的剂型。所以，充分开展制剂的处方前研究非常重要。

2）处方设计与评价：药物的剂型确定后，预期的制剂质量能否实现，处方的设计、筛选和优化至关重要。处方设计与制剂质量研究、稳定性试验、安全性和有效性评价等密切相关，它不仅是制订制剂生产过程控制参数的依据，也是制剂质量标准制订的依据。除考虑药物和制剂成型需要的基本辅料外，对于某些稳定性差的药物，处方设计中可考虑使用适量的抗氧化剂和金属离子络合剂等，以增强药物的稳定性；对难溶性药物，还可考虑使用适量的改善药物溶出度的辅料。

设计多种处方后，可通过制剂基本性能评价（评价的项目如表 5-2 所示）、稳定性评价、临床前和临床评价，对处方进行筛选和优化，以确定优选的处方，并发现对制剂质量、药品有效性和稳定性有重要影响的因素，为制剂工艺中关键物料属性的识别、关键工艺参数的明确和设计空间的开发提供重要依据。在完成主要稳定性试验和有关临床研究后，可根据结果对制剂处方进行适当调整，但需要通过试验证明其合理性，这些试验包括但不限于体外比较试验（如溶出曲线比较）、稳定性考察等。必要时，还可进行有关临床研究，如生物等效性试验等。由此在新药研发阶段从源头确保药物制剂的设计质量。

3）工艺研究：制剂成型常需根据剂型的特点，结合药物及辅料的理化性质和稳定性等，并考虑制剂技术和设备条件，对优选处方的制剂工艺进行研究，初步确定实验室样品的制备工艺，并建立相应的过程控制指标。再在逐级放大及验证的过程中，对处方、工艺和设备等进行适当的调整。

其中，制剂技术和设备条件可能对制剂的成型工艺，以及所使用辅料的种类和用量产生很大影响。所以，应科学合理地正确选用，并应尽可能考虑采用先进的制剂技术以及相应的制剂设备，提高制剂的水平和产品的质量。

制剂工艺研究中，首先可考察工艺过程各主要环节对药品质量的影响，以分析确定工艺过程中影响制剂质量的关键环节。随后，根据剂型和制剂工艺的特点，研究工艺条件、操作参数、设备选型等对制剂质量的影响，并结合药物、剂型和工艺的特点，识别影响质量的关键物料属性，确定关键工艺参数。再在制备工艺的逐级放大过程中不断加强对工艺的研究、理解和完善，并根据最终确定的放大工艺或生产工艺的相关数据，建立关键工艺环节的控制指标及其合理范围。

一般地，对确定好的生产工艺需要进行重现性研究，即对至少连续三批样品的制备过程进行考察，详细记录制备过程的工艺条件、操作参数、生产设备选型等，以及各批样品的质量检测结果，以证明确定的制剂工艺具有良好的重现性。最后，根据制剂工艺研究过程提供的大量数据和丰富信息，开发工艺参数的设计空间，建立相应的质量控制策略，实施良好的过程控制，以保证制剂工艺的稳定可控，且在良好的控制状态下生产出符合预期质量目标的药物制剂。

（四）持续改进

按照 QbD 的理念，生产工艺的改进在药品的全生命周期是持续进行的。随着对药品和工艺理解的不断深入，新知识、新方法和新技术的发展应用，药品生产过程中经验的不断积累，需定期评估工艺的性能和质量风险，并采取相应的措施，不断提高生产工艺水平和过程控制能力，改进设计空间的适合性和过程控制策略的有效性，以提高药品生产的质量水平，并保证药品的质量及质量的稳定性和一致性。

药品是特殊商品，实施 QbD 获批药品的生产，在设计空间内对参数和工艺的变更一般不会对药品质量产生实质性的影响，无须监管部门的审批。但随着科学技术的发展，生产过程中对产品和工艺理解的不断深入，企业持续改进工艺和参数（小试和中试水平）带来可预见质量、成本和收益的优势将日益凸显，原有工艺经过一段时间生产后，提升或改变原有工艺水平的期待也必然会逐渐增强。此时，若变更原有生产工艺及参数的设计空间将可能引起药品质量的实质性改变，所以需要监管部门审批。这常会给企业带来额外的时间和资源成本，同时也可能引起设备的更换和设施的重新布置。而从质量风险和成本的角度来看，企业在新药获批后的相当长的时间内一般不愿意实施这种变更，除非有来自顾客和市场的压力。所以，新药开发时，应通过各种试验尽可能多地获得数据和信息，并基于充分的科学知识和质量风险管理，提高新药的设计质量，充分地且带有前瞻性的开发设计空间，把各种可能的情况考虑在新药获批之前，以防止短期内给企业药品生产带来变更的纠结。

第三节　药品生产质量与药厂设计

在药品的全生命周期中，很多因素会影响到药品的质量，但从本质上讲主要是三方面，一方面是来自药品自身的因素，主要与新药研发、药品生产工艺与过程控制及其持续改进有关；另一方面，来源于药品生产和储存的环境因素，主要与药厂设计与建造等有关，包括药厂选址规划、设施布置、设备等；第三方面，则来自市场的因素，主要与质量成本和生产成本等有关。其中，对药品设计质量起着源头性决定作用的是新药研发阶段，它不仅影响到药品的质量空间，还对药品生产的药厂设计、厂房设施设备和系统、制药工艺和质量成本等各方面的决策有着至关重要的影响。

药品质量源于设计，一旦新药获得批准，其设计质量能否实现，涉及药品生产过程的各个环节。这不仅与良好的质量管理体系、质量保证体系、新药研发阶段确定的制药工艺与过程控制等软件方面有关，还与药品生产和储存直接相关的厂房、设施、设备、环境因素等硬件方面关系密切。按照质量源于设计的理念，这些药厂硬件设施的设计和选择，包括药厂选址与总图布置、工艺流程设计、车间布置、设备选型、管道布置、生产环境的系统设计等，对药品设计质量的实现起着非常重要和关键的作用。

一、概述

药品生产在实现其设计质量的同时，也会面临诸多影响药品质量的风险，例如污染、交叉污染、差错和混淆等。这些风险因素中很多与药厂设计密切相关，例如，厂房设施建造的不规范；设备选型的不合理，性能指标的不达标；动力辅助系统的不完善；生产场所空间狭小、布局不合理，物流路线交叉反复，环境温度、湿度、照度或新风设置不合理；等等。总体说来，要避免这些因素对药品质量产生的不利影响，一方面，要严格按照确定的制药工艺科学合理地进行药厂设计，以为药品设计质量的实现提供条件保障；另一方面，在药厂设计和建造时，必须始终将控制微粒和微生物作为重要考虑目标，以最大限度地防止微粒和微生物污染，同时合理地设计厂房空间、符合工艺路线的人流和物流、足够的操作与储存区域、完善的环境保障设施等，以创造一个洁净、安全、可靠和受控的生产环境，避免药品生产过程中的污染、交叉污染、差错和混淆。因此，作为药品的生产场所，制药企业的厂房设施在确保按照制药工艺实现新药研发阶段设计的目标质量的同时，需特别关注对实现过程中污染源和引起差错或混淆因素等的有效预防和控制，以尽可能地避免因污染、差错或混淆等给药品带来的质量风险。

药品污染是指药品生产过程中混入了不需要的物质，或这些物质超过了规定的限度。药品生产过程中的污染来源多种多样，主要包括微生物、外来异物、人、空气、昆虫和动物等。

1. 微生物 微生物是一群体形细小、结构简单、肉眼看不见，必须借助显微镜才能观察到的微小生物。微生物的种类繁多，包括非细胞型、原核细胞型和真核细胞型三类，少数为人体致病菌或条件致病菌。它们分布十分广泛，在土壤、水和空气中均有微生物的存在，空气中微生物主要来自尘埃和土壤。一般情况下，微生物在空气中不繁殖，但药品被微生物污染后可带来如下质量风险。

（1）医源性感染：病毒、病菌进入人体内，轻则引起局部炎症，重则病原体随着血液扩散到全身，引起败血症，导致生命危险。

（2）热原反应：引入细菌性致热物质，如革兰氏阴性菌的内毒素，可导致患者发冷、寒战和发热，严重者高热达 40～41℃。

（3）药物降解变质：被微生物污染的药品，其活性成分可被微生物分解而导致药效的减弱或丧失；甚至有可能在微生物分解过程中产生某些有毒物质，造成患者的机体反应，引发疾病甚至危及生命。

2. 外来异物 药品中的外来异物是指在药品的成分或构成中，除工艺设计旨在获取的目标物质外的所有其他物质。例如，可见异物、不溶性微粒、重金属、溶剂残留、农药残留等。外来异物可在药品的临床使用时给患者造成额外的伤害，例如大输液产品的不溶性微粒会造成患者的血管栓塞；也可引起药品的降解变质，加速药品的失效和特殊杂质的增加，甚至可能产生某些有毒物质，给患者带来严重的伤害，甚至危及生命。

3. 空气 空气本身并不产生污染，但空气中存在着大量的颗粒，若预先处理不当、或不符合要求，进入药品的某生产环节，不仅可带来微生物的污染，也可引入外来异物。同时，生产过程中的操作也可产生颗粒引起药品的污染，例如，制粒、分装等操作。

4. 人员 生产人员活动于各种生产车间和环境，是重要的微生物污染来源，也是最难控制的污染源。在生产活动中人的头发脱落、皮肤、呼吸、咳嗽、衣着散落的纤维等均可成为药品微生物和外来异物的污染源。另外，生产人员未按照要求穿工作服、工作服设计不合理、洁净室操作人数超过规定限度或操作人员的动作幅度过大等均有可能造成污染。

5. 昆虫和动物 制药过程中，蚊子、苍蝇、飞蛾、蟑螂、蚂蚁等虫类，尤其是飞蛾，其季节性和夜间活动的生活习性很突出，喜欢在光亮处聚集飞舞，容易在夜间有生产活动的车间和仓储区形成虫害，导致物料、中间体、药品和环境的污染。另外，各种鼠类、鸟类等也容易成为微生物和外来异物污染的来源。

从质量源于设计的角度考虑，药品污染均和药厂选址与总图布置、工艺流程设计、车间布置、设备选型、管道布置、生产环境、人员及其操作等生产过程要素直接相关。所以，为防止各种可能的污染，就需要针对各种因素，采取有效的措施防控和减少污染和交叉污染；而对于生产过程中的差错和混淆，则除与上述因素有关外，最重要的影响因素是生产人员及其操作。对上述各种污染及污染源的防控，就需对药厂设计、厂房设施、设备系统等各环节和药厂建造的各阶段（尤其是设计阶段）提出各种要求。我国《药品生产质量管理规范》（2010 年修订）和《中华人民共和国药品管理法》（2019 年修订）等即对上述各过程要素在法律、法规和条例等方面做出了具体要求和规定。

二、药厂选址和总图布置

药厂的选址和布局直接关系到药品的质量及其提升空间、生产成本等，甚至关系到制药企业的生存和发展，应非常重视，并结合企业的长远发展、国家和地区的相关政策与发展趋势，做出前瞻性的设计和考虑。好的选址不仅可为企业药品生产质量的保证打下坚实基础，还可降低药品的生产成本，提高生产的安全性，增强企业的市场竞争力。

（一）药厂选址

我国《药品生产质量管理规范》（2010 年修订）对制药企业洁净厂房的选址有两个“最大限度”的要求：①厂房的选址、设计、布局、建造、改造和维护必须符合药品生产要求，应当能够最大限度地避免污染、交叉污染、混淆和差错，便于清洁、操作和维护；②应当根据厂房及生产防护措施综合考虑选址，厂房所处的环境应当能够最大限度地降低物料或产品遭受污染的风险。也即是要求厂房的选址在按照制药工艺实现设计质量和保证生产安全的同时，强调其应尽可能地避免污染、交叉污染、混淆和差错等质量风险，强调自然环境对药品生产质量的重要影响。

（1）空气：大气的污染源主要是尘埃、浮游菌和有害气体等，因此药厂应选址在大气含尘和含菌浓度较低、大气条件良好、周围无严重污染源的地区。当难以远离空气污染源时，应选择在其全年最小频率风向的下风侧，以尽可能减少污染源对制药企业的影响。另外，为尽量减少道路扬尘破坏空气质量，洁净厂房应尽量远离城市交通主干道，并至少保持 50m 的距离，同时应尽量减小扬尘对洁净空调系统的不利影响。

（2）水：水是药品生产不可缺少的要素。虽然生产用水均可经过制水系统处理来满足不同要求的用水需要，但原水的质量直接决定了制水的效率和成本，也减少了制水系统填料或膜等更换的频率，有时候还可能影响到制水系统的可靠性。所以，药厂的水源应靠近水量充沛和水质良好的地区，远离水土污染严重的地区。

（3）气候和地质：全年空气湿度、温度等气候条件和地质情况也是药厂选址需考虑的因素。例如，有些药物合成需要在无水条件下反应操作，相应的原料和试剂也要求无水，环境湿度也要适当控制，才能保证反应的顺利进行。此时，药厂选址在湿度较小的省（区、市）及工业园区就是药品生产和实现设计质量需要考虑的因素。所以，药厂选址的气候和地质因素是某些特殊的制药工艺需要考虑的。

（4）综合配套和要求：根据药品生产配套设施的需要，厂址应优先选择在公用工程和生活设施等具有良好协作条件的地区，例如：交通方便、配套完善、环境优良、绿化良好，且远离污染源的工业园区或经济开发区等。同时，还应前瞻性地注意与环保、健康和安全等国家和地区法律相适应的建设与投资考虑。另外，药厂选址时一定要尽可能地咨询相关管理部门，找到当地的控制性详细规划图，对周边已建、在建、待建企业的情况和环境进行了解，以尽可能地防止建厂后邻近新污染源的出现。

（二）总图布置

一般地，制药工厂包括生产、仓储、质量控制、辅助、行政和生活等功能区，企业应根据工厂所处地块的大气环境、水文地质、药品及其制药工艺的具体情况，以尽量避免污染、交叉污染、混淆、差错为原则，满足生产、安全、环保和发展规划等要求进行各功能区的总体布局。药厂总图布置的平面示意图如图 5-5 所示，总体布局应当合理，各功能分区之间既保持有效的联系，又不得互相妨碍，厂区和厂房内的人流、物流走向应当合理，以确保生产的正常与高效运行。这些在我国《药品生产质量管理规范》（2010 年修订）中对制药工厂的总图布置、厂区环境和各功能区的布置均做出了相关规定和设计要求。

1. 功能区的布置 各功能区的布置和设置，一方面应符合生产的要求，另一方面要划分明确、间隔清晰、衔接合理、组合方便。总体布局上，应按照药品生产的实际情况，设计各区的比例，留有足够的绿化面积，做到流程通畅快捷，通道规范整洁，环境宜人美观。

2. 通道设计 为减少扬尘产生，厂区内地面、路面铺设的材料宜首选产尘量低、不易开裂、耐磨的材料，如沥青路面或水泥路面。为避免污染和交叉污染，厂区的主要道路应规则、宽敞、径直短捷，且考虑消防通道；厂区的人流和物流道路应尽量分开，物流道路应固定走向。为防止混淆和差错，原料物流和成品物流之间应尽可能避免交叉；若有条件的话，原料和成品的出入门应分开设置。

3. 厂区绿化 树木对污染的气体和污染物质有过滤作用，且能减小风速，可有效降低空气中的尘埃，减少污染的发生。为防止扬尘的产生，药品生产企业的厂区内不应有裸土，应建立以建筑物为中心，以草坪为围护，以乔灌木为点缀，在含尘浓度、温度、湿度上有别于厂区外环境的隔离带。为防止植物花粉、绒毛、粉尘的生产，种植树木以常青树为主，绿地宜种植草皮为主，不宜种花。为防止厂区及设施成为新的污染源，厂区应有对不同废弃物的处理区域与设施，并能得到有效控制。

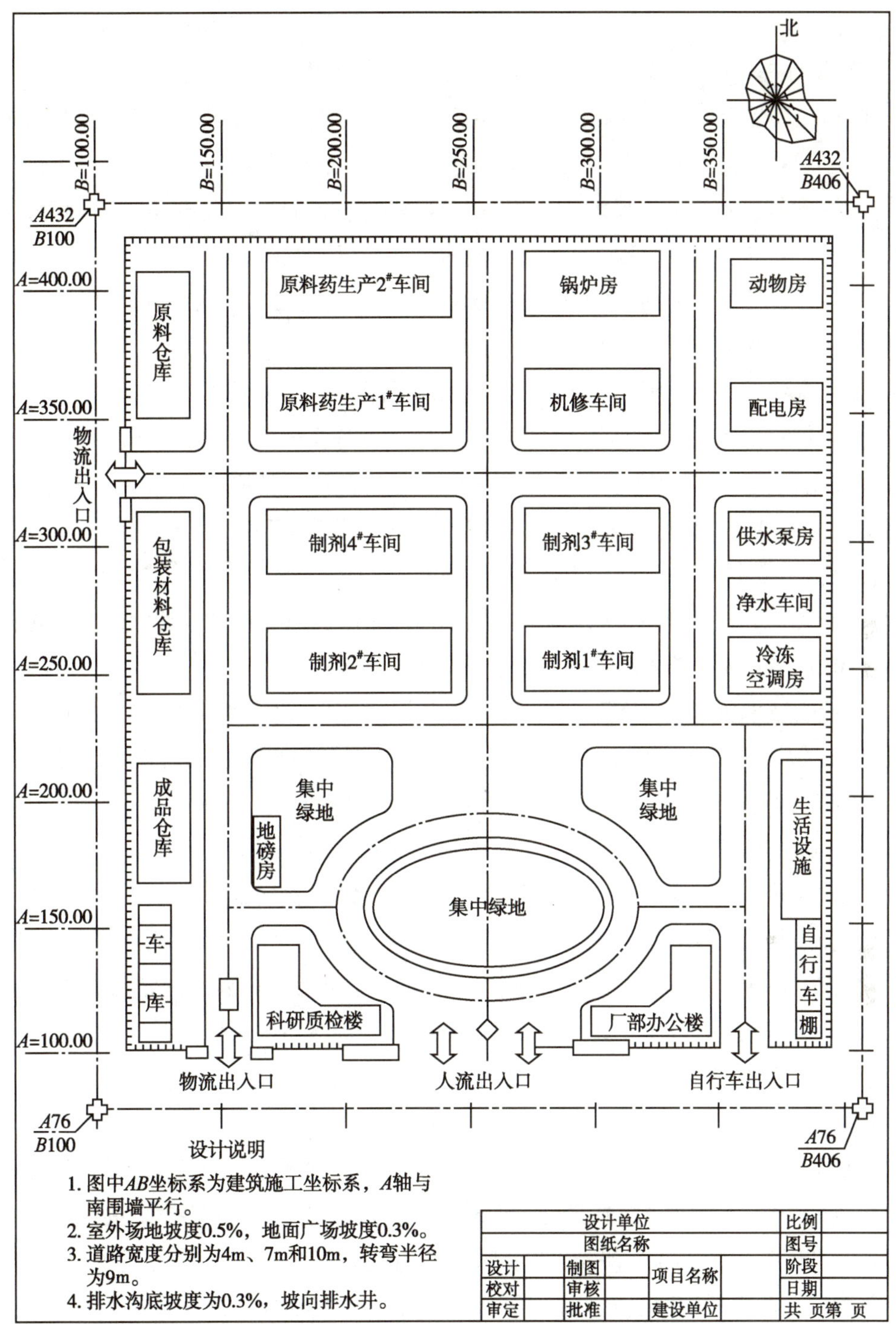

图 5-5 药厂总图布置的平面示意图

三、工艺流程设计

药厂选址和总图布置后，即可开展车间工艺设计，包括工艺流程设计、三算（物料衡算、能量衡算、设备选型及工艺计算）、二布置（车间布置、管道布置）及非工艺条件设计等。其中，工艺流程设计是车间设计的最重要和最基础的设计步骤，它的可靠性、合理性和先进性将对后续的物料衡算、能量衡算、设备选型及工艺计算、车间布置、管道布置和将来的药品生产等一系列工作起着决定性作用，并最终影响企业生产的药品质量和经济效益。所以，应充分重视工艺流程设计在车间工艺设计和药品生产中的关键核心作用。

1. 概念 药品工艺流程设计是指按照制药工艺将起始物料或原料通过一系列过程和设备，经过化学或物理的处理与变化，逐步变成所需药品的流程设计。

2. 设计任务 工艺流程设计的任务应充分体现其对药品生产、安全、环保和经济等多方面要求的满足，主要包括：①确定工艺流程的组成；②确定载能介质的种类、技术规格和流向；③确定生产工艺操作方法、条件和控制方法；④确定安全技术措施；⑤确定“三废”的治理方法；⑥绘制不同深度的工艺流程图。

3. 工艺流程设计的原则 为实现生产药品的目标质量，保证生产的安全、环保和高效，工艺流程设计通常要遵循以下原则：①保证产品质量符合规定的标准或预设的目标；②确保生产的安全；③尽可能地减少生产能耗和“三废”排放量；④具有可预见的良好经济效益；⑤尽可能地采用成熟、先进的技术和设备；⑥具备开车、停车条件，生产过程易于控制；⑦具有宽泛性，即在不同条件下（如进料组成和产品要求改变）能够正常操作的能力；⑧遵循人流物流协调、工艺流程协调、洁净级别协调的原则，正确划分生产区域的洁净级别，确保按工艺流程合理布置，避免生产流程的迂回、往返、人流与物流的交叉等。

4. 设计的技术要求和持续改进 工艺流程设计应以工业化实施的可行性、可靠性和先进性为基点，使设计的流程满足生产、安全、环保、经济等多方面要求，并持续改进，不断优化，以保证将来药品生产的高效、绿色、低耗及生产药品的质优。

（1）根据生产规模、产品品种、设备能力等确定生产线数目。

（2）根据物料性质、反应特点、生产规模、工业化条件是否成熟等因素，决定是采用连续的或间歇的，还是采用两者联合的操作方式。一般地，连续生产的产能大、品质稳定、机械化和自动化程度高、生产成本较低，但生产适应能力和灵活性较差。因此，当药品的生产规模较大、生产水平要求较高、品种单一、计划产量较稳定时，应尽可能采用连续生产方式。对于生产规模小、品种多、更新快、生产工艺复杂的生物制品的生产时，宜采用装置简单、操作方便、适应性强的间歇生产方式，尤其是小批量、多品种的生产。

（3）根据主要设备的生产能力综合设计，提高设备的利用率。药品的生产过程由一系列单元操作或单元反应过程组成，在工艺流程设计中，应保持各工序处理能力的匹配和平衡，以提高设备的利用率。必要时，可设置中间储罐进行缓冲，以实现主要设备之间的衔接和匹配。

（4）根据企业不同品种在生产流程上的共用性和企业未来的发展规划等具体情况，设计考虑必要的全工艺流程的弹性和扩展性。

（5）以制药单元反应为中心，合理设计各单元操作，从全系统最优出发，确定各单元的流程方案和设备选型等，以完善生产过程。

（6）根据制药工艺研究时确定的各种物料或副产物的回收和循环利用方案，结合“三废”处理的资源化考虑，设计物料回收和循环套用的流程，以降低原辅料的消耗，提高产品的实际收率。同时，充分考虑能量的回收与利用，以提高能量的利用率，降低能量单耗，实现尽可能降低药品生产成本的企业目标。

（7）完善与简化工艺流程设计，全面检查分析各过程的操作技术、手段和控制方法及相互衔接的情况，并考虑非正常生产状态下的预警和防护措施。

（8）结合专业知识和工程技术等要求，对设计流程中各个设备、装置在单独和整体正常运转及开车、停车、检修等非正常运转情况下可能产生的安全风险进行仔细全面地评估，设计制订切实可靠的安全技术措施，以确保工艺流程的安全设计。

四、设备设计与选型

在企业的药品生产中，设备是物料从投入到转化成产品的工具或载体。美国 FDA 在对大容量注射剂频频导致患者败血症和热原反应事件的调查中发现制剂被污染的原因是灭菌柜的设计不合理，其将温度显示仪安装在灭菌柜上部的设计，致使显示的温度不能反映灭菌柜内各部位的实际温度，而设备在使用前又未经验证和确认。由此可知，设备的质量将直接影响药品的质量，并关系到能否真正实现药品的目标质量。所以，必须对设备的设计与选型等进行严格的质量控制。我国《药品生产质量管理规范》（2010 年修订）也明确规定：设备的设计、选型、安装、改造和维护必须符合预定用途，应当尽可能地降低产生污染、交叉污染、混淆和差错的风险，便于操作、清洁、维护以及必要时进行的消毒或灭菌。按照质量源于设计的理念，设备的设计和选型在影响药品生产质量的设备因素中将起着非常关键的作用，它是先进工艺流程能否实现的保证。

（一）设备设计

车间工艺设计中涉及的主要制药设备包括原料药机械及设备、饮片机械及设备、制剂机械及设备、制药用水系统设备、药品在线检测设备、药用粉碎设备、药品包装设备、与制药机械连用的计算机系统等。原料药生产以机械设备和化工设备为主，药物制剂生产以制药专用设备为主。设备设计可由企业自行完成，也可委托完成。但无论何种方式，设备设计必须满足药品生产工艺及其质量控制的需要，并尽可能地减少污染、交叉污染、混淆和差错等，且符合 GMP 的要求。

设备的设计应结合企业生产药品的特性、剂型、工艺要求与特点、生产方式与规模、可能的变化与发展、适应性与灵活性等多方面进行综合考虑。具体的设计要求如下。

1. 适用性 即满足通过生产工艺实现药品目标质量的要求，包括符合药品生产工艺和过程质量控制的要求。设备设计应根据特定的制药工艺和工艺流程设计，充分考虑药品生产过程中的特点与要求，从药品生产的角度考虑，保证其生产的药品达到预设的目标质量，并保持药品生产质量的稳定和一致。如设计时应考虑设备的均质能力、加工全过程的精度稳定性、工艺参数的灵敏性、过程操控的准确实现能力等。

2. 良好的抗污防污要求 即满足尽可能减少污染和交叉污染的设计要求，包括设备本身引起的污染和物料引起的交叉污染等。

（1）抗污要求：要求设备本身不对药品或物料造成污染。正如我国《药品生产质量管理规范》（2010 年修订）规定：生产设备不得对药品质量产生任何不利影响，与药品直接接触的生产设备表面应当平整、光洁、易清洗或消毒、耐腐蚀，不得与药品发生化学反应、吸附药品或向药品中释放物质。因此，药品生产设备的设计要根据将来可能的生产工艺选择合理的材料制作，以避免设备材料对药品或物料造成可能的污染。如设备的材料应具有良好的安全性、可辨识性、足够的使用强度和物理化学稳定性；与药物、物料和介质等长期接触时不发生反应、不释放微粒或物质。尤其是应严格选用与药品或物料直接接触和工艺条件控制部位的材料等。

（2）防污要求：要求设备的清洁方便、有效，及尽可能地减少或不产生对药品生产环境的污染或交叉污染。设备设计时，与药品或物料直接接触的部位应能够方便、安全、有效地拆洗或清洗；应减少不易清洁的部分，提高设备自身的清洁功能；应尽量提高设备暴露部分的光洁度，尤其是要提高和保证与药品或物料直接接触部位的光洁度和完整性；应尽量减少或消除加工时药品或物料的暴露，增加密闭性；应尽量减少加工的流转环节，增加联动作用；应尽量减少设备在使用过程中的散尘、散热及散废气、水和汽等。另外，我国《药品生产质量管理规范》（2010年修订）还规定：药品生产企业应当选择适当的清洗、清洁设备，并防止这类设备成为污染源；设备所用的润滑剂、冷却剂等不得对药品或容器造成污染，应当尽可能使用食用级或级别相当的润滑剂。

3. 安全保护功能 除安全生产的设计要求外，安全保护功能的设计还包括防水、防过热、防爆、防渗入、防过载、异物剔除等，以避免生产在非控制状态下造成药物品质的改变。安全保护功能的设计应提倡使用自动化控制，以及时实现设备操作中的预警、显示和处理等。

4. 方便性 即设备应满足操作、维修、保养方便的要求。例如，操作简便、安全；问题或状态易于识别、检查和判断，维修便利又安全，且具有防止维修差错的设施；保养快捷又不产生污染；润滑部位与设备和药品（物料）所接触的部位分开；润滑剂应尽量选用无毒的；等等。

（二）设备选型

设备的设计和选型直接决定了选用设备的质量，影响到先进工艺流程能否实现满足患者要求的药品的制造。同时，科学合理的设备设计和选型还可尽可能地防止药品或物料的污染、交叉污染，避免人为因素造成混淆和差错的发生。所以，设备的选型它不仅影响着药品的质量，而且关系到药品的预设目标质量能否实现。因此，企业在设备选型时应根据设备设计的要求，遵循合理性、先进性、安全性和经济性的原则，科学合理地进行设备的选型。一般地，选型要求举例如下。

1. 适用性 制药设备首先是满足药品生产的需要，所以应符合以下特点。

（1）设备的选型应与药品的具体生产工艺相适应，保证生产药品的预期质量，且可适应品种变化，同时应符合GMP的要求。

（2）设备成熟可靠，操作方便，生产能力应与批量相适应，有合理的温度、压强、流量、液位的检测和监控系统，能经济、合理、安全地运行，且运行能耗低，价格便宜。

（3）用于制剂生产的配料罐、混合槽、灭菌设备及其他机械设备，用于原料精制、干燥包装的设备，其容量应尽可能与批量相适应，以尽可能减少批次、换批号、清场和设备清洗等。

（4）宜选用双扉式的灭菌柜，并且灭菌柜应设有对温度、压力、蒸汽进行自动监控和记录的装置，其容积应与生产规模相适应。

（5）尽可能地采用智能制造和计算机化系统管理，以更好地保证生产药品质量的稳定和一致；同时，尽可能选用先进的设备，以提高制造过程的密闭化、自动化、隔离化，以及在线清洗和灭菌功能等。

2. 防污抗污性能 设备在满足药品生产需要的同时，应能尽可能地减少污染和交叉污染。

（1）设备内表面应平整光滑无死角及砂眼，易清洗、消毒或灭菌。外表面应光洁，易清洗。

（2）凡与药物直接接触的设备部位应采用不与药物反应、不释放微粒或物质、不吸附药物、消毒或灭菌后不变形变质的材料制作。凡与药物直接接触的容器、工具、器具应表面整洁，易清洗消毒，不易产生脱落物，制作材料非竹、木、藤等。

（3）应选用卫生型设备及管道、管件、阀门和仪表，设备所用的润滑剂、冷却剂等不会对药品或容器造成污染。

（4）生产中发尘量大的设备，如粉碎、过筛、混合、制粒、干燥、压片、包衣等设备，应选用自身除尘能力强、密封性好的设备，必要时局部可加设防尘、捕尘的装置或设施。

（5）与药物直接接触的设备、与内包装容器接触的压缩空气和洗瓶分装、过滤用的压缩空气均应经除油除水、过滤等净化处理。

（6）灌装中填充的惰性气体应经净化。流化制粒、干燥、气流输送、起模、泛丸、包衣等工艺设备所用空气均应净化，尾气应除尘后排空，出风口应有防止空气倒灌装置。

（7）用于加工处理活生物体的生产设备应便于清洁和去除污染，能耐受熏蒸消毒。

（8）禁止使用含有石棉的过滤器材及易脱落纤维的过滤器材，过滤器材质不得吸附药液中的组分或向溶液中释放异物，以免影响药品的质量。

3. 安全性 设备有足够的强度和刚度，可靠的密封性及良好的耐腐蚀性；用于易燃、易爆、有毒、有害物质生产的设备和设施，或生产中使用易燃、易爆、有毒、有害物质的设备和设施均应符合国家有关规定。

4. 方便性 设备应便于安装、操作、维修和保养。

五、车间布置设计

车间布置设计是车间工艺设计的重要环节，其主要任务是对厂房的配制和设备的排列做出合理安排。合理有效的车间布置不仅可获得车间内人、设备和物料在空间上的最佳组合，使药品生产能以最短的流程、最少的操作、最快的周期和最低的成本得以实现；还可使作业流程中的物流距离最短、在制品最少，提升空间的利用效率，增强现场的目视沟通等。由此可实现更安全、有序、高效的生产，更能减少污染和交叉污染、防止混淆和差错的发生。因此，车间布置是否合理是管理水平和技术水平的综合反映，它不仅影响后续药品生产及生产的安全、管理和效率，还将直接影响生产药品的质量。

（一）车间布置设计的基本要求

企业生产规模、生产特点以及厂区面积和地质地形的不同，车间布置设计的形式不同。但是，为保证药品生产的质量，车间布置设计均应基于工艺流程设计、生产方案分析与安排、物料衡算、能量衡算、工艺设备设计和选型等结果，按照基础设计的资料收集、确定车间的防火等级、确定车间的洁净等级、初步设计、施工图设计的一般程序，进行细致而周密的考虑。

一般地，车间布置设计的基本要求如下。

1. 满足生产及工艺的要求 药品车间布置设计及建造的首要目的是在车间和厂房内按照确定的生产工艺实现药品的生产，获得所需的药品及其设计质量，并尽可能地保持生产的高效和绿色，所以车间布置设计首先应符合生产工艺的要求。重要的相关措施举例如下。

（1）根据生产工艺的要求和厂区地形、地质、地势、位差等条件，对各功能车间进行合理布置，高效利用车间的建筑面积和土地；并根据企业的长远发展规划，留有足够的发展空间，以适应可能的车间扩建。

（2）生产工艺、规模和产能等决定了设备的设计和选型，而设备的高度、设备安装检修所需的高度、生产工艺对设备位差、重量、运行环境的要求、设备运行时的噪声、振动等对设备安置所需厂房和车间的形状、宽度和高度等提出了各种适合性要求。所以，各功能区的厂房设计和车间布置必须考虑设备自身的要求和工艺对设备安置的要求。

（3）车间内设备的布置设计应尽可能保持与工艺流程一致，尽可能避免不同物料、中间产品和产品的传送或生产出现交叉往返的情况；同时，应尽可能设计上下工序间设备的物料出口和进口的相对高度（位差），使物料以自流的方式进行传送。

（4）操作中相互有联系设备的布置设计应彼此靠近、空间间距适当、操作方便，并考虑设备间可能的模块组合，以便设备的生产操作、维修、保养和灵活生产，并易于清洗、消毒或灭菌，且能有效防止因设备布置不当使流程交叉迂回造成不必要的污染、混淆和差错。

（5）布置设计生产区和储存区的面积、空间应合理，并满足所需的环境要求，以确保物料、中间产品、待包装产品和产品等的有序存放和存放安全，避免不同物料或产品的混淆，并保证其在存放期间的质量稳定。

（6）人是生产活动和生产质量管理中最关键的因素，为保证工作人员的身心健康，提高劳动生产率，防止混淆和差错的产生，厂房设计和车间布置必须考虑到人员工作时对环境舒适度的要求，这需要车间布置时给予适当的照明、温度、湿度和通风等设计，同时这些环境因素也会影响到相关设备的性能，并直接或间接地影响生产和储藏药品的质量。

2. 尽量减少直接对药品质量有不利影响的要求 车间布置设计应尽可能地避免污染和交叉污染，防止混淆和差错的产生。其中，避免污染时除需考虑车间内、不同车间之间及车间与行政生活设施之间的污染，药品目标质量对不同生产车间洁净级别的要求外，还需要考虑厂址所在区域的气象、水文和地质等条件产生的外源性污染和不利因素等。车间内、不同车间之间及行政生活设施应联系方便、短捷、不交叉折返，人流、物流通道应独立分开。针对上述这些要求所采取的重要措施在现行版 GMP 及其指南中均有相关规定。所以，车间布置设计应符合现行版 GMP 要求。

3. 满足生产安全的要求 车间布置除需设计一般性的安全防护措施外，还应根据确定的生产工艺，分析可能的安全风险，采取相应的劳动保护及防火、防爆、防腐蚀、防窒息等安全防护措施，以保证操作人员和生产的安全。例如，根据生产工艺中可能产生或泄漏粉尘、有毒物质、易燃易爆气体、易窒息气体等情况，合理设置报警装置或报警系统，配备必要的防护设施；同时根据这些物质或气体的逸出量及在空气中的爆炸极限或 / 和人体允许的浓度极限，确定车间的通风换气需求情况，布置设计强制通风或加强自然对流的措施。

4. 满足生产方便的要求 即满足设备的安装、检修、维护和保养的方便，生产时设备操作、清洁和清场的方便，生产管理的方便等。

（二）洁净车间的布置设计

不同药品有不同的理化性质和生物学特性，有的药物本身就有抗微生物作用，有的药物在生产过程中一旦被微生物污染，容易导致药品的降解失效或产生毒性物质，或微生物死亡后释放热源性物质等，这些均可能影响到药品的有效性和安全性。因此，药品的目标质量对微生物的有无及其限度均会做出具体规定和要求。对微生物限度的要求越高，其防控微生物污染的措施越严，需投入的成本势必越大。企业常会从质量的经济性考虑，根据特定药品的微生物限度要求，优化质量成本，布置设计各功能车间的洁净级别。因此，洁净车间的布置设计除考虑前述车间布置设计的基本要求外，还需根据生产药品的目标质量特性、生产工艺的条件和要求，遵循科学合理、经济实用的原则，布置各功能车间的洁净级别及其相关的温湿度条件，并设计相应的方法和措施，以获得满足药品生产所需的环境，防止药品因尘埃、扬尘、人流、物流带来尘粒和微生物的污染、交叉污染。

1. 满足洁净度的基本要求 为达到防止污染和交叉污染的目的，车间布置设计时应对环境中的尘粒及微生物数量进行相应的控制。按照车间环境中微生物数和悬浮粒子数由少到多的控制状态，我国《药品生产质量管理规范》（2010 年修订）将空气洁净度依次分为 A、B、C、D 四个级别，并规定了各级别每立方米空间中悬浮粒子和微生物的最大允许数，具体见表 5-3 和表 5-4。企业可根据药品特性、目标质量和生产工艺等因素，设计确定各种药品制剂生产环境所需的洁净度级别，但至少应符合 GMP 的要求。

表 5-3 洁净室（区）空气洁净度级别对悬浮粒子的控制要求

洁净度级别	悬浮粒子最大允许数 / 立方米			
	静态		动态	
	≥0.5μm	≥5.0μm	≥0.5μm	≥5.0μm
A 级	3 520	20	3 520	20
B 级	3 520	29	352 000	2 900
C 级	352 000	2 900	3 520 000	29 000
D 级	3 520 000	29 000	不做规定	不做规定

表 5-4 洁净室（区）空气洁净度级别对微生物监测的动态标准

洁净度级别	浮游菌 /（cfu/m³）	沉降菌（φ 90mm）/（cfu/4h）	表面微生物	
			接触（φ 55mm）/（cfu/ 碟）	5 指手套 /（cfu/ 手套）
A 级	<1	<1	<1	<1
B 级	10	5	5	5
C 级	100	50	25	—
D 级	200	100	50	—

（1）工艺及制剂对洁净度的要求：洁净区的布置设计首先可结合制剂工艺、工艺操作及条件的具体情况，以防止污染和交叉污染为原则，按照按工艺对空气洁净度的要求由高到低、由里及外进行房间或区域的布置，使空气从工艺对洁净度要求高的关键区或更清洁区流向对洁净度要求低的环绕区或低级别区域进行空调机房和功能房间与区域的布置。

总体来说，工艺对空气洁净度要求高的房间或区域宜布置在靠近空调机房，且人最少到达的地方；工艺对空气洁净度要求相同的房间或区域宜相对集中，以便合理布置通风。同时，工艺和操作上相互联系的房间或区域之间需设计防止污染的措施，如气闸室、缓冲间、传递窗等。另外，若为有窗厂房，一般应将洁净级别较高的房间布置在内侧或中心部位，以更合理地进行通风布置，更有效地防止污染和交叉污染的产生。

一般地，口服液体和固体制剂、腔道用药（含直肠用药）、表皮外用药品等非无菌制剂生产的暴露工序区域及其直接接触药品的包装材料最终处理的暴露工序区域，可按照 D 级洁净区的要求布置设计；同时，根据药品特性和质量标准对该区域采取适当的微生物监控措施。

法定药品标准中列有无菌检查项目的无菌制剂，根据药品及其在制剂中的热稳定性等，生产中有的可经最终灭菌工艺制备，称为最终灭菌的无菌制剂；有的热不稳定或无法对半成品进行灭菌处理，需要部分或全部工序采用无菌生产工艺制备，称为非最终灭菌的无菌制剂。这类制剂一般是直接注入人体或与人的眼睛、创伤面等直接接触的制剂，其质量标准中常有无菌、无热原、澄清度、pH、稳定性等检测的特殊要求，所以其生产对空气洁净度的要求相对严格。另外，最终灭菌和非最终灭菌的无菌制剂因工艺不同，前者不能含有活的细菌，但可含有灭活的细菌；而后者不能含有活的和灭活的细菌。所以相对来说，两者的车间布置基本相似，但后者对空气洁净度的要求更加严格。

为实现上述工艺及制剂对洁净度的要求，企业应当根据药品的品种、生产操作要求及外部环境状况等配置空调净化系统，保持生产区的有效通风，有温度、湿度控制和空气净化过滤，并配有防尘、防污染、防虫、防鼠等设施，以保证药品的生产环境符合要求。同时，洁净区与非洁净区之间、不同级别洁净区之间的压差应当不低于 10Pa。必要时，相同洁净度级别的不同功能区域（操作间）之间也应当保持适当的压差梯度。

（2）防止产生内部污染的布置设计要求：即保持洁净度的布置设计要求。根据生产药品的特性、工艺流程及操作条件，在保证满足相应洁净度级别要求的环境下，对洁净车间内设备和设施的布置与其他车间布置类似，但在布置设计时应重点考虑对洁净环境的保持，以防止因布置设计不合理而导致空调净化系统营造的环境洁净度的下降，造成污染或交叉污染的风险。布置设计时常需考虑如下要求。

1）生产辅助用室的合理布置：生产辅助用室常有备料室、称量室、设备及容器具的清洗室、无菌服的整理和灭菌室、洁净工作服的洗涤和干燥室等。这些房间的布置以满足工艺要求，不降低周围房间的洁净度，不造成环境污染为原则，并参考生产辅助过程对减少生产环境影响的实际可能限度进行设计。例如：①根据生产工艺要求，设在洁净室（内）内的称量室和备料室，其要求的空气洁净度应与其应用的生产区域要求一致，并设有捕尘设施和防止交叉污染及室外空气倒流的装置；②工艺需要在洁净区内清洗的设备及容器具，所设清洗室的空气洁净度等级应与本区域相同，但根据设备和容器具清洗所能保持环境洁净度的实际限度，在洁净级别要求较高环境下（如A级和C级区）使用设备及容器具的清洗室宜设在本区域外，其洁净级别可低于生产区一个级别；③无菌服的整理和灭菌室，其洁净级别宜与所使用的生产区相同；④洁净工作服的洗涤和干燥室，其洁净级别可低于所使用的生产区一个级别；⑤如有必要，设在洁净区内清洁工具的洗涤、存放室，其空气洁净度等级应与本区域相同。

2）防止物料存放引起的混淆：为防止不同物料、中间产品和药品之间的混淆和交叉污染，避免生产或质量控制操作发生遗漏或差错，洁净区内应设置与生产规模相适应的原材料、半成品、成品存放区等，并应分别设置待验区、合格品区和不合格区，以确保有序地存放设备、物料、中间产品、待包装产品和成品。洁净室使用的原辅料、包装材料及成品的待检仓库应与洁净室布置在一起，根据工艺流程，在仓库和车间之间应分别设置原辅料的输入口和成品的输出口，并使运输距离最短。

3）保持洁净度对建筑和设施的设计要求：为保持生产工艺要求的空调净化系统所提供的洁净度，需对环境中尘粒及微生物数量进行控制的房间（区域），其建筑结构、装备及其使用应当能够减少该区域内污染物的引入、产生和滞留。因此，洁净区的内表面（墙壁、地面、天棚）应当平整光滑、无裂缝，接口严密、无颗粒物脱落，以避免积尘，便于有效清洁和必要的消毒处理；门应平整光滑、易清洁；窗应尽量采用大玻璃制作，且严密性好，以减少积灰或积尘；各种管道、照明设施、风口和其他公用设施的设计和安装应当避免出现不易清洁的部位；排水设施应大小适宜，并安装防止倒灌的装置，且应尽可能避免明沟排水，不可避免时，明沟宜浅，以方便清洁和消毒；等等。

4）特殊压差的布置要求：产尘操作间应保持相对负压或采取专门的措施，防止粉尘扩散，避免交叉污染，并便于清洁。当使用或生产某些致病性、剧毒、放射性或活病毒、活细菌的物料和产品时，空气净化系统的送风和压差应适当调整，防止有害物质外溢；必要时，生产操作的设备及该区域的排风应作去污处理，如排风口安装过滤器。

2. 防止外来因素引起污染的布置设计 洁净车间通过空调净化系统处理形成一个满足生产要求的环境后，其污染、交叉污染主要来源于外来因素。可引起洁净室污染的外来因素主要是生产人员、物料等。所以，为尽可能地减少外来因素带来的污染，保持洁净室的空气洁净度级别，布置设计时应考虑相关措施和设施。

（1）人员净化设施的基本要求：为防止人员因素带来的污染、交叉污染及其缩短空气过滤器的使用寿命，必须布置相应的设备设施对进入洁净室的人员进行净化。人员净化设施应包括雨具存放、换鞋、存外衣、更换洁净工作服等房间。而空气吹淋室、气闸室、工作服洗涤和干燥间等其他用室，以及可能的生活用室，企业可根据生产要求和具体实际情况确定是否设置。

一般地，人员净化设施通常设在洁净厂房的人员入口处，并遵循空气洁净度等级的要求，由外至内逐步提高空气的洁净度。例如：净鞋措施应设在人净用室的入口处；存放外衣和更换洁净服的房间应分别设置，洁净工作服更衣室通常与空气吹淋室紧邻布置，且宜集中挂在带有空气吹淋的洁净柜内；空气吹淋室应设置在紧邻洁净室的人员入口处。当设气闸室时，气闸室应设置在洁净室人员入口处，前后两道门应设有连锁装置以保证非同时开启的控制状态。

（2）物料净化设施的基本要求：为防止物料将污染物带入洁净室引起环境的污染，企业应根据进入房间的空气洁净度等级和产品生产的要求，设置相应的物料净化设施，对所有送入洁净室的各种物料、原辅料、设备、工器具、包装材料等进行逐级净化。例如：物料进入洁净区前，应有专门的脱外包间，脱外包间应配有清洁、消毒和灭菌等设备设施，以便物料脱外包时的必要清洁、消毒和灭菌；脱外包间和生产区要有缓冲间，缓冲间要有连锁装置；如果物料是通过传递窗进入生产区的，传递窗要有连锁和消毒灭菌装置。

物料传送带不得从非无菌室直接进入无菌室或穿过不同空气洁净度等级的房间、洁净区与非洁净区。当生产工艺要求必须穿过时，应该采取相应的技术措施或在传递窗两边分段输送。对进入C级区域的容器具需进行外表面擦洗，进入D级区域的容器具需在缓冲间内用消毒水擦洗，然后通过传递窗或气闸，并经紫外线照射杀菌；对于无菌药品生产或其他要求无菌作业的还必须进行无菌处理。

物料净化用室和净化设施应根据产品生产特点、设备和物料的性状等进行设置，例如：外包装清理室或更换外包装材料、运输器具的房间应设置在洁净区的物料入口；容器清洗、干燥和贮存室等设在洁净室内。根据实际布置情况和清理对象，这些房间的空气洁净度等级通常应与相邻房间的洁净等级一致。

（3）净化通道与设施的基本要求：为防止污染和交叉污染，不同洁净度级别要求的房间或区域之间常设置缓冲设施，包括风淋室、气闸室、缓冲室和传递窗等。人员净化后进入洁净生产区间前应经过风淋室、气闸室或缓冲室。

风淋室还可设置在大输液灌装间和片剂车间的入口处，风淋室的门应配有连锁和自动控制装置。目前设计中，一般在C级洁净区入口设风淋室；在D级洁净区入口处设风淋室或气闸室；在A级垂直平行流洁净室入口处，风淋室可改为气闸室。

气闸室是为保持洁净区的空气洁净度和正压控制而设置的缓冲室，也是人、物进出洁净室时控制污染空气进入洁净室的隔离室。气闸室必须有两个以上出入门，并有连锁装置。当洁净度要求高时，可采用有洁净空气幕的气闸室。

缓冲室是为防止进门时带入污染而设置的设施。它位于两间洁净室之间，配有连锁装置，必须送洁净风，使其洁净度达到即将进入洁净室的洁净度级别。

传递窗是在洁净室内外或之间传递物件时，暂时起隔断气流贯穿作用的装置，以防止污染随着物件的传递而传播。传递窗一般在操作面积较小的厂房中使用，厂房面积足够大时，可用空气锁来代替。传递窗（柜）的布置需满足以下要求：①两侧门上设窗，能看见内部和两侧，两侧门上设连锁装置，确保两侧门不能同时开启；②传递窗内尺寸应与传递物料的大小和重量相适应，传递窗的气密性好并有必要的强度；③根据用途的不同可设置室内灯和杀菌设施。

3. 公用工程的布置设计 除上述布置设计要求外，为满足生产工艺要求和操作的正常进行，避免污染、交叉污染、混淆和差错的发生，制水供水系统、排水系统、采暖通风系统、供热供气系统、供电系统等公用工程的布置设计也应给予足够的重视。洁净室内适当的光线照度、温度湿度和通风，不仅是药品生产所需要的，还可提高人的视力和辨识速度，使人愉快、兴奋，由此对人员身心健康和生产安全有重要意义，更能减少混淆和差错的发生，提高劳动生产率和药品质量；同时，制药生产过程中各种仪表和自动化控制系统的良好运行对保证生产正常、安全生产、设备设施的运行维护及药品质量也起着重要作用，而供电系统设计的合理性也将直接影响上述各种环境条件和操作控制的状态。所以，供电系统和采暖通风系统等公用工程的布置设计均将对药品质量产生直接或间接的影响，有时候甚至是关键性的。

另外，制药工业生产还常需配置包括压缩空气系统、氮气系统和蒸汽系统等其他共用工程系统，它们的布置设计也将对药品质量产生直接或间接的影响。

压缩空气系统常用于设备驱动，对无洁净度要求的情况，一般采用普通压缩空气（环境温度和 0.6MPa 压力）即可，如气动仪表的供气系统；对生物制药中生物发酵、酶催化及细胞组织培养等过程的压缩空气要求无菌和无杂质的净化空气；无菌产品需要使用清洁的压缩空气，并在进入无菌生产区或与无菌容器、物料接触前经可靠的除菌过滤，如在使用点经过 0.22μm 孔径的终端气体过滤器过滤除去可能的微生物和微粒。

氮气是制药常用的惰性气体，主要用于将产品与空气中的氧气隔离以提高产品的稳定性或增强产品耐受热处理的能力。作为与药品或原料药直接接触的氮气应采取有效措施去除其中可能的微生物和微粒。无菌生产工艺使用的氮气也需在使用点经过 0.22μm 孔径的终端气体过滤器过滤除去可能的微生物和微粒。

蒸汽系统产生的蒸汽因其具有高温高压的特点，常是最有效的供热介质；同时又因其本身具有较好的灭菌效果，是较洁净的气体。所以，蒸汽在制药企业中使用普遍、通用。

（三）仪表及自动化控制设计

制药过程中的仪表是操作人员的耳目，没有它们则药品生产的过程操作和控制将是盲目的，缺乏依据。能否科学合理地设计和选用仪表以确保仪表的生产适用且经济、指示精准且可靠、量程合规且合理，将直接影响药品生产的正常进行和药品目标质量的最终实现。若设计和选用不合理，则不仅可能影响药品的生产和质量，还可能造成设备与生产装置的破坏等，甚至造成燃烧爆炸及人身伤害在内的各种重大安全事故的发生。因此，计量仪表的管控也是生产过程中技术与经济管理的重要手段。

现代科技的进步使仪表由单一的检测功能进化为检测、自动调控直至计算机程序控制，从而实现了对生产过程的自动控制。自动控制是在生产过程中用机器、仪表及其他自动化装置代替人工进行生产操作及管理，使产品生产按期望规律或预定程序自动进行的过程管理办法。执行和完成过程的自动控制的系统即为自动控制系统，其由控制对象（如机器、设备）和自动化装置（实现自动化的工具）两大部分组成。自动化控制突出的优点是减少生产过程中人员因素造成对药品质量的影响和波动，有利于保证相同生产工艺下药品质量的稳定，即保证同一药品不同批次的质量稳定，防止药品质量出现较大波动；同时也可减少药品生产对人员可能造成的直接伤害。另外，自动控制还可全面提高药品的生产效率、降低生产成本，并最终提高经济效益。

1. 工业仪表设计 按照信息获得、传递、反应和处理的不同，工业仪表分为检测仪表、单元组合仪表、执行器和集中控制装置。其中，检测仪表主要用来测量或指示生产过程中的各种参数，如温度、压力、流量、流速、液位、密度、pH 等。为确保药品的正常生产，减少对生产药品的质量及其过程控制的影响，下面以检测仪表为例对工业仪表的设计选型要求进行介绍。

（1）温度测量仪表：温度测量仪表可分为接触式和非接触式测量仪表两大类。其设计与选型主要从量程范围、精度、响应时间、可维护性、卫生要求、价格等方面考虑。

单个温度测量仪表最高测量值一般为仪表满量程的 90%；多个温度测量共用同一测量仪表的设计选用要考虑其量程、精度及其介质，其使用范围一般为满量程的 20%～90%；压力式温度计正常的使用示值范围为量程的 1/2～3/4。

（2）压力测量仪表：压力测量仪表主要有液柱式、普通弹簧管式、膜片式、特种压力表等。压力表的设计与选型主要从量程、精度及介质的性质和使用条件等方面考虑。

量程选用的考虑：对于稳定压力，选用 1/3～1/4 的上限量程；对于交变压力，选用不大于 2/3 的上限量程；真空情况选用全部量程。精度选用的考虑：工业用取 1.5 级和 2.5 级；实验室或校验用取 0.4 级和 0.25 级以上。介质性质的考虑：对腐蚀性介质，选用防腐型压力计或加防腐隔离装置；对黏性、结晶、易堵介质，选用膜片式压力计或加隔离装置。使用条件的考虑：在防爆区域，使用防爆式压力计；在高温蒸汽下使用，需加隔热装置。

（3）流量测量仪表：流量测量仪表可分为体积流量计和质量流量计两大类。流量测量仪表主要从仪表性能、流体特性、安装条件、使用环境、经济性等方面，根据所需的测量范围、管径、工作压力、工作温度、测量精度等级等考虑设计选用。另外，制药企业中流量计的材质选择还需符合 GMP 的要求。

（4）物位测量仪表：物位测量仪表常用于容器中所贮物料的体积和质量的测量，容器内物位的监测控制或对上下极限位置的报警，或根据物位来调节进料和出料等。物位测量仪表的种类多样，例如直接式液位计、差压式液位计、浮力式液位计、电气式液位计、超声波式液位计等，其设计选用主要从测量范围、精度、被测介质的物理化学性质、使用环境、安装条件、卫生要求等方面考虑。

（5）过程分析仪表：按使用目的可分为生产过程监控仪表、装置和人身安全检测仪表，按工作原理可分为近红外分析仪、紫外分析仪、电化学分析仪、光电式分析仪、磁导式分析仪、工业色谱仪等。过程分析仪表的设计选用主要根据生产过程的使用目的、分析精度、可靠性、响应时间、线性度等方面考虑。

总体来说，仪表的设计选型还需考虑如下因素：①选用符合工艺控制精度和稳定性要求的仪表；②尽量选用可靠性强、稳定性高、免维护或维护周期长的仪表，以方便维护管理；③尽量选择有现场显示的仪表，以方便现场检修；④选用适应现场使用工况和环境的仪表；⑤在易燃易爆环境下，选用具有防爆性能的仪表；⑥要求与物料直接接触时，尽可能选用非接触式或卫生型的仪表，以预防污染和交叉污染。

2. 自动控制设计　在自动控制设计中，首先应根据生产工艺的要求，分析生产过程中各个变量的性质及其相互关系，分析被控对象的特性和控制目标要求，选择合理的自动控制策略和自动控制方案；然后根据各方面的约束条件，合理地进行自控系统和设备的选型，构建合理的控制系统硬件结构，实施应用软件的设计开发，并最终达到预期的控制目标。设计中，自动控制策略和自控方案设计是最主要的，合理的自控策略和自控方案是建立在对被控对象深入了解的基础上。因此，自动控制系统要求设计人员真正了解不同形式的自动控制系统的特点和内容，依据可靠性、实用性、经济技术合理性、先进性和合规性，并考虑到药品质量关乎人民生命安全和健康的设计原则，进行科学合理的设计。

自动控制系统必须具备自动监测、自动报警、自动保护、自动操作和自动调节等功能。因其通过自动化程序来实现药品生产过程的自动化运行和对生产安全的自动化监控，所以自动控制系统的可靠性要求尤其严格，其设计和自动化仪表的选型必须符合 GMP、《良好自动化生产实践指南》（good automated manufacturing practice，GAMP）等法规的要求，同时可将《美国联邦法规》第 21 篇“食品与药品”第 11 部（Code of Federal Regulations，Title 21-food and drugs，Part 11，21CFR Part11）作为重要参考和依据，达到 GAMP 对计算机系统验证的要求，并在药品制造的商业化生产前进行确认和验证。

六、管道布置设计

在药品生产过程中，各种生产用水、蒸汽和流体物料等通常采用管道进行输送。科学合理的管道布置设计不仅可减少和避免污染、交叉污染、混淆和差错等影响药品质量的风险事件的发生，还能降低装置的基建投资，保障建成后的正常生产及生产安全、便利操作和有效管理，从而获得较好的质量成本。

1. 概述 一般地，企业进行管道设计前应获得如下资料：①施工流程图；②设备平面和立面布置图；③设备施工图；④物料衡算和热量衡算；⑤地区气候条件及工厂地质情况；⑥水源、锅炉房蒸汽压力和压缩空气压力等其他资料。开展设计时，需要基于上述资料选择和确定管道、管件及阀件的规格和材料，确定管沟的断面尺寸和位置、管道的支撑间距和方式、管道的热补偿与保温、以及管道的平面和立面位置等基本要求，以最终获得管道平面布置图和立面布置图、管架图、楼板和墙的穿孔图、管架预埋件位置图、管道综合材料表及管道设计概算等资料。

从影响药品质量的角度考虑，管道设计除可给药品生产、安全和管理等带来对药品质量的直接或间接影响外，管道、阀件和管件等在空间布置、外观和内部造型设计、管径大小等方面的不合理也容易带来积尘、清洗不便、物料残留、介质倒流等不利影响，造成对环境和物料的污染、交叉污染等；管道、阀件和管件材质选择的不合理，或因本身释放物质，或因腐蚀生锈等也可带来对输送水、物料等的可溶性或不溶性外来异物的污染和交叉污染，并因腐蚀生锈等带来对生产环境的污染。因此，在对管道设计时，需要对管道、管件和阀件的规格、材质、造型及其布置等进行重点考虑。

2. 管道、阀门和管件的选择 管道、阀门和管件的选择应以尽可能地减少外表积尘、不给物料造成污染和交叉污染为原则，满足生产工艺、生产规模和产能的要求，便利互换、维护和清洗的需要进行选择和确定。另外，一般地还应从装管工程的标准化（主要体现在公称压力和公称直径上）角度考虑，对管道、阀门和管件进行选择，以便零件的互换。

（1）管径、管壁厚度的计算和确定：增加管径可降低动力消耗、方便清洗、加快物料传送，但投资成本相应增加，占用空间加大。一般地，管径的计算需考虑生产的规模、产能和设备等因素，结合物料衡算和热量衡算，可采用化工工艺设计手册上的算图，获得最经济的管径；也可根据流体在管内的常用速度及流量求取管径。确定管径后，即可根据管径和各种公称压力范围，查阅化工工艺设计手册获得管壁的厚度。

（2）管道的选材：企业应根据药品的生产工艺及参数，确定输送物料的温度、浓度、黏度、浑浊度、流动性、酸碱性及所含阴离子（如氯离子）情况等理化性质，判断输送物料或清洗消毒时所需承受的温度、压力和可能的腐蚀情况，以防止污染、交叉污染和腐蚀等为原则，综合采购来源和价格等因素考虑决定管道材质的选择。一般要求管道表面应光洁平整，易清洗或消毒，耐腐蚀，不与药品发生化学反应，不吸附药品，本身不向输送流体物料中释放所含物质。例如，引入洁净室的明管的材料应采用不锈钢，输送纯化水、注射用水、无菌介质和成品的管道材料宜采用低碳优质不锈钢，以减少材质对药品和工艺水质的污染。我国《药品生产质量管理规范》（2010 年修订）规定，纯化水、注射用水储罐和输送管道所用的材料应当无毒、耐腐蚀，储罐的通气口应当安装不脱落纤维的疏水性除菌滤器。另外，制药工业中各种管道常用的规格、材料及适用温度可查阅化工工艺设计手册。

（3）阀门的选择和选材：企业应根据药品的生产工艺及参数、所需阀门的功能、输送物料的理化性质和流动性等综合考虑，确定选择阀门的结构形式与材质，以适应不同的使用特性、使用场合和安装要求。制药工业中阀门的选用一般原则可参考化工工艺手册，同时也应考虑不积液的原则，选用便于清洗消毒的旋塞、球阀、隔膜阀或卫生蝶阀等。阀门接触物料的法兰和螺纹的密封应采用聚四氟乙烯，药液输送管道阀门处的密封垫宜采用硅橡胶等材料。

3. 管道的布置 管道的布置应根据生产的需要，考虑简洁、方便清洗或消毒，减少对环境、物料等的污染和交叉污染，减少对生产、安全及节能降耗等带来的不利影响。主要管道及连接设备的主要固定管道的设计应径直，并标明管内物料名称、流向等信息。

（1）洁净区管道整体设计的要求：因提供适宜温度、要求的洁净度、制药用水和物料等生产需要，洁净厂房内的管道复杂多样，为减少可能的污染和交叉污染，常需设计技术夹层、技术夹道或技术竖井来进行管道的布置。例如：进入洁净室的管道与墙壁或天棚的连接部位均应密封；引入洁净室的支管宜暗敷；各种明设管道不得出现不易清洁的部位；供水管道宜竖向布置在靠近用水设备附近，但尽量不要在设备的上方横向引入；排水竖管不应穿过洁净度要求高的房间；管道弯曲半径宜大不宜小。

（2）便于清洗、清洁和消毒的要求：为避免出现不易清洗的部位，管道布置设计应尽可能减少支管、管件、阀门、死角和盲管；需清洗和消毒的零部件要易于拆装，不便拆装的要设清洗口；无菌室管道要适应灭菌需要；输送无菌液体物料的管道应布置设计灭菌措施，或采用卫生薄壁可拆卸式管道。

（3）安全、节能的设计要求：蒸汽管道或冷却系统管道宜采取绝热或保温措施，洁净室管道应视其温度及环境条件确定绝热条件，冷保温管道的保温层外壁温度不得低于环境的露点温度。管道绝热和保温层表面必须平整、光洁，不散发颗粒，绝热或保温性能好，材料易施工，并宜用金属外壳保护。

七、生产环境设计

要实现药品的设计质量，除需考虑防止药品污染和交叉污染的前述各种设计选型外，还需考虑满足药品生产各阶段所需相应空气洁净度的设备设施和技术要求。不同生产阶段对空气洁净度的要求不同，其技术方面的考虑和设备设施的设计选型涉及诸多方面，而空调净化系统的可靠性设计和合理选型是其中非常重要的环节。医药工业空调净化系统的主要任务是通过各种设备设施的合理设计、布置与建造，按药品生产技术的要求对相应区域内的悬浮微粒及微生物数量进行严格控制（包括满足不同洁净室对环境指标的要求、带走空气中的悬浮微粒和微生物等），以避免药品在生产过程中的污染和交叉污染。另外，送入洁净室的空气不但有洁净度的要求，还要有温度和湿度的要求，所以空调净化系统还包括各种加热或冷却、加湿或去湿等设备设施及技术要求。

（一）空调净化系统的设计要求

1. 对洁净度的要求 医药工业洁净厂房应根据产品特性、工艺和设备等因素，确定无菌药品生产用洁净区的洁净级别要求（A、B、C 或 D 级），然后根据药品品种、生产操作要求及外部环境状况等配置空调净化系统，使生产区有效通风，并有温度、湿度控制和空气净化过滤，以保证药品的生产环境符合要求。口服液体和固体制剂、腔道用药（含直肠用药）、表皮外用药品等非无菌制剂生产的暴露工序区域及其直接接触药品的包装材料最终处理的暴露工序区域，应当参照“无菌药品”附录中 D 级洁净区的要求设置，企业可根据产品的标准和特性对该区域采取适当的微生物监控措施。每一步生产操作的环境都应当达到适当的动态洁净度标准，尽可能降低产品或所处理的物料被微粒或微生物污染的风险。

2. 对压差的要求 压差控制是维持洁净室洁净度等级、减少外部污染、防止交叉污染的最重要、最有效的手段。洁净室内一般应保持正压，但当洁净室内工艺生产或活动使得室内空气含高危险性的物质，如青霉素等高致敏性药物、高传染性高危险的病毒、细菌等，洁净室压差需保持相对负压。保持洁净室静压差的作用有：①洁净室门窗关闭时，可防止周围环境的污染由门窗缝隙渗入洁净室内；②洁净室门窗开启时，保证足够的气流速度，以保证门窗开启和人员进入时的气流方向，以避免或尽量减少瞬时间气流从洁净级别较低的区域进入洁净级别较高的区域，从而把引入的污染减小到最低程度。

我国《药品生产质量管理规范》（2010 年修订）要求：洁净区与非洁净区之间、不同级别洁净区之间的压差应当不低于 10Pa，必要时，相同洁净度级别的不同功能区域（操作间）之间也应当保持适当的压差梯度。从药品生产安全和防止交叉污染的角度考虑，医药工业洁净室的压差控制要求更高，因此，在医药工业洁净室的设计过程中，广泛采用 10～15Pa 的设计压差。关键工艺性房间与相邻同洁净度级别房间、不同洁净度级别相邻房间之间应设置压差表或压差传感器，压差值应被记录，并设置报警系统。

3. 对温湿度的要求 洁净区的温度和相对湿度应与药品生产工艺相适应，满足产品和工艺的要求，并满足人体舒适的要求。除有特殊要求外，A 级、B 级洁净区的温度一般应为 20～24℃，相对湿度一般应为 45%～60%；C 级、D 级洁净区的温度一般应为 18～26℃，相对湿度一般应为 45%～65%。

生产工艺对温度和 / 或相对湿度有特殊要求时，洁净区的温度和相对湿度应根据工艺要求具体确定。例如：①血液制品在生产过程中需要在不同的温度下进行分离提纯操作，有时需要低温操作；②疫苗类产品在培养阶段需要保持较高的温度，且要求温度恒定，培养之后的冻胚阶段又需要较低的控制温度，一般为 2～8℃；③冻干粉针产品在冻干后需要维持房间较低的相对湿度，有时要求≤30%；④软胶囊要求存放在相对湿度较高的条件下，过低的相对湿度会使胶囊壳干掉，不利于保存；⑤片剂、硬胶囊等产品在生产过程中要求较低的相对湿度，以避免黏结。总之，各种工艺都可能对生产环境的温湿度有特殊要求，因此，在进行空调净化系统设计之前，在考虑原辅料、中间产品和产品的理化特性的同时，一定要先明确生产工艺对温湿度的要求。

4. 对新风量的要求 洁净区内应提供一定量的新鲜空气，具体空气量的大小取决于下列两项中的最大值：①补偿室内排风和保持正压所需的新鲜空气量；②保证人员舒适性所需的新鲜空气量应大于 $40m^3/(人 \cdot h)$。

5. 其他特殊要求 避孕药品的生产厂房应与其他药品的生产厂房分开，并装有独立专用的空调净化系统。生产激素类、抗肿瘤类化学药品应避免与其他药品使用同一设备和空调净化系统；不可避免时，应采用有效的防护措施和必要的验证。放射性药品的生产、包装和储存应使用专用的、安全的设备，生产区排出的空气不得循环使用，排气中应避免含有放射性微粒，且符合国家关于辐射防护的要求与规定。

（二）空调净化系统的空气处理措施

1. 空气过滤器 洁净区内的污染源按来源分为内部污染源和外部污染源。空调净化系统就是要通过各种技术手段消除污染源或降低其水平，而过滤技术是最主要的技术手段。常用的净化空调用过滤器按我国标准可分为粗效（初效）过滤器、中效过滤器、高中效过滤器、亚高效过滤器和高效过滤器五类，如表 5-5 所示。空调净化系统内过滤器的选用既要考虑控制区域的洁净度级别，又要考虑生产工艺、生产情况以及节能运行等。

表 5-5 空气过滤器的分类（我国标准）

类别	额定风量下的效率 /%	额定风量下的初阻力 /Pa	备注	类别	额定风量下的效率 /%	额定风量下的初阻力 /Pa	备注
粗效	人工尘计重效率≥10 以及粒径≥2μm，$\eta \geqslant 20$	≤50	除注明外，效率为大气尘计数效率	高效 B 类	粒径≥0.5μm $99.99 \leqslant \eta < 99.999$	≤220	A、B、C 三类效率为钠焰法效率；D、B、F 类效率为计数效率。D、B、F 类出厂要检漏
中效	粒径≥0.5μm $20 \leqslant \eta < 70$	≤80		高效 C 类	粒径≥0.5μm $\eta \geqslant 99.999$	≤250	
高中效	粒径≥0.5μm $70 \leqslant \eta < 95$	≤100		高效 D 类	粒径≥0.1μm $99.999 \leqslant \eta < 99.999\ 9$	≤250	
亚高效	粒径≥0.5μm $95 \leqslant \eta < 99.9$	≤120		高效 E 类	粒径≥0.1μm $99.999\ 9 \leqslant \eta < 99.999\ 99$	≤250	
高效 A 类	粒径≥0.5μm $99.9 \leqslant \eta < 99.99$	≤190		高效 F 类	粒径≥0.1μm $\eta \geqslant 99.999\ 99$	≤250	

同时，各个国家过滤器规格分类的方法各不相同，欧洲标准将过滤器分为G1、G2、G3、G4、M5、M6、F7、F8、F9、E10、E11、E12、H13、H14、U15、U16和U17等规格。在空气洁净技术中，通常将几种效率不同的过滤器串联使用，其配置原则是相邻二级过滤器的效率适宜，即不能太接近，否则后级负荷太小，但也不能相差太大，这样会失去前级对后级的保护。

高效过滤器对细菌等微生物的过滤效率基本上是100%的，通过高效过滤器的空气可视为无菌。为提高对微小尘粒的捕集效果，需采用较低的滤速（cm/s），故滤材需多层折叠，使其有效过滤面积为过滤器截面积的50～60倍。高效过滤器分为有隔板和无隔板两种形式，现在应用较多的是无隔板式高效过滤器。

2. 空气处理系统 空调净化系统一般采用全空气系统，按照回风方式可分为一次回风系统、二次回风系统、全新风系统、全循环系统等形式。

（1）一次回风系统：一次回风系统是最为常见的空气处理形式，室外新风和室内回风直接混合，经过表冷、加热、加湿等处理送入室内。新风出口处一般设置防虫滤网和/或可清洗式粗效过滤器，机组内设置粗、中效过滤器。其中，中效过滤器设置在风机正压段，送风末端设置高效过滤器。

（2）二次回风系统：由于一次回风系统夏季使用表冷盘管进行除湿，需要将全部空气处理到比较低的机器露点，然后采用再热器来解决送风温差受限制的问题。但这样就产生了“冷热相消”的问题，不利于节能，而二次回风系统则很好地解决了这一问题。房间的部分回风与新风混合之后，经表冷盘管处理至机器露点，然后再与其余的回风混合，送入室内。

（3）全新风系统：基于某些药品生产工艺的考虑，如青霉素类等高致敏性产品的生产车间、疫苗生产车间、高毒性产品（如抗肿瘤药）等的生产车间、有特殊气味的生产车间等的回风无法利用，此时需要采用全新风的空气处理系统。

（4）全循环系统：因为新风负荷会对空调系统的控制精度造成较大影响，所以对于部分温湿度的控制精度要求很高，但室内较少有人员的房间（如储存物品、药品的恒温室），则可采用全循环系统。全循环系统也称为封闭式系统，全循环系统能耗较少且控制精度高，但卫生条件较差，当室内有人长期停留时不宜采用全循环系统。

（5）新风集中处理：新风集中处理是指多台空气处理机组的新风经同一新风机组集中处理。一般新风机组内设置预热、预冷以及过滤等功能段，通过热湿处理及过滤处理，新风的含尘量降低，温度、湿度比较稳定，利于空调系统温湿度的控制。

3. 排风系统 排风系统对空气净化系统的稳定运行和维护、空气洁净质量的保障有着重要影响，并可最终影响到生产药品的质量。排风系统按照其作用，可分为热湿排风、除尘排风和消毒排风等多种形式。

（1）热湿排风：当房间有大量的热、湿负荷时，一般房间可设置排风系统，以排除热、湿，减小空调系统负荷，如清洗间、灭菌间、有较大散热量的工艺房间等。

（2）除尘排风：对于产生大量粉尘的房间应设置除尘排风，如固体制剂的粉碎、过筛、制粒、干燥、整粒、混粉、压片等房间，中药材的筛选、切片、粉碎等房间，物料的称量间、取样间、轧盖间等。

（3）消毒排风：对于设置臭氧消毒、甲醛消毒、气化过氧化氢消毒等空气消毒的空气处理系统，其消毒后一般需要将室内残留的较高浓度的臭氧、甲醛、过氧化氢等排出室外，因此需要设置消毒排风系统。

（4）其他：排风除了以上几种排风系统外，对于有异味的房间，也需设置排风（包括局部排风）；对于系统内洁净度级别较低且产尘量较大的房间（如换鞋间、外清间等）一般也应设置排风；此外，如果系统内所有房间没有热湿排风或除尘排风要求，而系统又需要一定量的新风，必要时也需设置排风系统，以利于新风进入系统。

排风系统一般设置中效过滤器，以避免室外空气倒灌对室内洁净度产生影响以及防止对室外环境的影响。对于青霉素等高致敏性或高毒性的生产车间，其排风系统应设置高效过滤器，必要时需采用安全更换型过滤器，也称为 BIBO（bag-in-bag-out，袋进袋出方案），以保护操作人员。

4. 洁净区气流组织 洁净区气流组织为了特定目的而在室内造成一定的空气流动状态与分布，通常叫做气流组织。良好的气流组织可更有效地保证洁净区（室）洁净度的区（室）内均匀性和实际洁净效果，以更有效地避免药品的污染和交叉污染。一般来说，空气自送风口进入房间后首先形成射入气流，流向房间回风口的是回流气流，在房间内局部空间回旋的则是涡流气流。为了使工作区获得低而均匀的含尘浓度，洁净室内组织气流的基本原则是：①最大限度地减少涡流；②使射入气流经过最短流程尽快覆盖工作区，并希望气流方向能与尘埃的重力沉降方向一致；③使回流气流有效地将室内灰尘排出室外。洁净区的气流组织分单向流和非单向流两种。

（1）单向流洁净室：单向流洁净室原称层流洁净室，但由于室内气流并非严格的层流，现改称为单向流洁净室。单向流是指沿单一方向呈平行流线并且横断面上风速一致的气流。单向流洁净室的出现，使空气洁净技术发生了飞跃，使创造高洁净度的环境成为可能。单向流洁净室按气流方向又可分为垂直单向流和水平单向流两大类，图 5-6 所示为典型的垂直单向流洁净室。

（2）非单向流洁净室：凡不符合单向流定义的气流则称为非单向流。习惯上非单向流洁净室也称为乱流洁净室，如图 5-7 所示。乱流洁净室的作用原理是将含尘浓度水平较低的洁净空气从送风口送入洁净室，迅速向四周扩散、混合，同时把房间空气从回风口排走，用洁净空气稀释室内含尘浓度水平较高的空气，直至达到平衡。

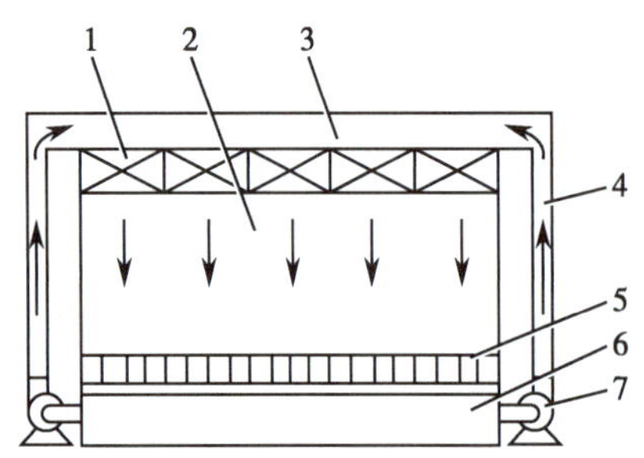

1. 高效过滤器；2. 洁净室；3. 送风静压箱；4. 循环风道；5. 格栅地板及中效过滤器；6. 回风静压箱；7. 循环风机。

图 5-6 典型的垂直单向流洁净室

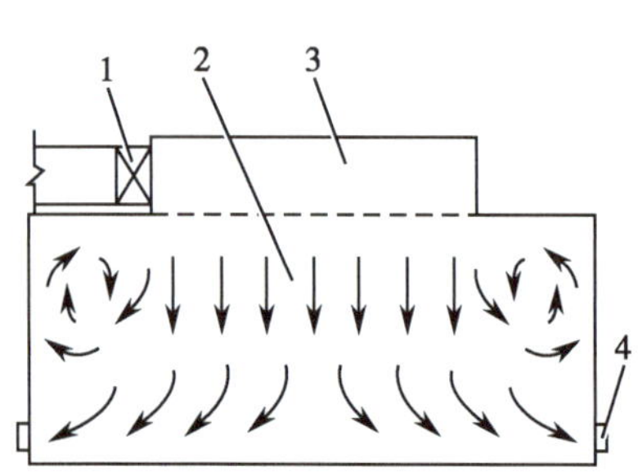

1. 高效过滤器；2. 洁净室；3. 静压箱；4. 回风口。

图 5-7 典型的乱流洁净室

在气流组织中，送风口应靠近洁净度高的工序；回风口应布置在洁净室下部，易产生污染的设备附近应有回风口；非单向流洁净室内洁净工作台的布置应远离回风口；洁净室内局部排风装置应设在工作区气流的下风侧。表 5-6 所示为《医药工业洁净厂房设计规范》要求的不同等级洁净室的气流组织要求。

表 5-6 不同等级洁净室的气流组织形式要求

医药洁净室空气洁净度等级	气流流型	送风、回风方式
A 级	单向流	水平、垂直
B 级	非单向流	顶送下侧回、上侧送下侧回
C 级	非单向流	顶送下侧回、上侧送下侧回
D 级	非单向流	顶送下侧回、上侧送下侧回、顶送顶回

（3）局部净化：为降低造价和运转费，在满足工艺条件下应尽量采用局部净化。局部净化是指使室内工作区域特定的局部空间的空气含尘浓度达到所要求的洁净度级别的净化方式。局部净化比较经济，可采用全室空气净化与局部空气净化相结合的方法，最为常见的是在 B 级或 C 级的背景环境中实现 A 级。如图 5-8 所示为侧部送风（a）和顶部送风（b）的局部净化工作室。

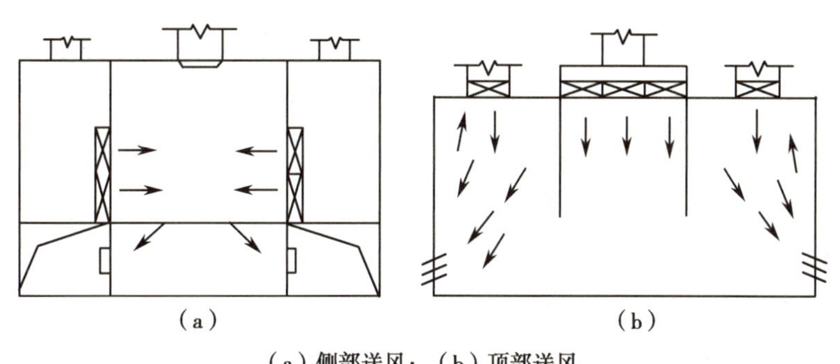

（a）侧部送风；（b）顶部送风。

图 5-8 局部净化示意图

（4）隔离器及 RABS：隔离器通过采用物理屏障的手段将受控空间与外部环境相互隔绝，从而在内部提供一个高度洁净、持续有效的操作空间。它能最大限度降低微生物、各种微粒和热原的污染，实现无菌制剂生产全过程以及无菌原料药的灭菌和无菌生产过程的无菌控制。隔离器的高度密闭性可降低其布置处对周边环境的洁净度要求，最低可至 D 级，但隔离器的采购成本较高。与隔离器相比，限制进出屏障系统（restricted access barrier system，RABS）是一种介于传统洁净室和隔离器之间的技术，它的成本和要求相对较低，形式也更多。RABS 可分为被动型、主动型和封闭型等形式，其特点是单向流、屏障、可干预，被认为是目前很先进的无菌隔离装置，有效且相对经济。

（三）空调净化系统的设计

1. 空调净化系统的划分 多数制药工业的洁净厂房可能由多个车间组成，而每个车间又可能由多个工艺和过程组成，因而区域面积大，且室内设计条件的要求各不一致。因此，为满足不同洁净区（室）和车间对洁净度的要求，在尽可能地避免药品生产过程中的污染和交叉污染的同时，空调净化系统必须布局科学合理、运行经济有效。为此，空调净化系统的划分应遵循如下基本原则。

（1）生产的要求：使用规律和使用时间不同的洁净室宜分设系统，否则将造成资源的浪费和运行成本的提高；生产过程中散发的物质对其他工序和设备会产生交叉污染，对药品质量或操作人员的健康、安全有影响的系统也应分开设置；产尘量大、有害物多、噪声大的洁净室宜单独设系统；有剧毒和易燃易爆的甲、乙类洁净室应单独设系统，且应为不回风的直流系统；混合后会产生剧毒、引起火灾和爆炸的房间不得合设为一个系统。

（2）洁净度的要求：一般不同洁净度级别的区域不宜采用相同的系统。

（3）温湿度的要求：不同温湿度控制要求的区域应采用不同的系统。温湿度控制要求包括控制基准值和精度，温湿度基准值和精度要求差别大的洁净室应分设系统，否则可能抬高投资成本和运行费用。但如果采用末端空调设备，温湿度控制要求不同的区域也可采用相同的系统。

（4）热、湿负荷特性的要求：相同系统的洁净室的热、湿负荷不宜相差太大。洁净室内工艺发热量相差悬殊的系统应分开设置，否则将可能带来资源的浪费和运行成本的提高。

（5）风量的要求：风量过大的系统应分开设置，因为风量过大所需的空气处理设备也将过大，噪声、回风管道及其所占空间和面积均大，使用也不灵活；新风量特别大，室内湿度要求高时，应独立设置新风系统。

（6）经济节约和运行维护的其他要求：空调净化系统与一般空调系统应分开设置，因一般空调系统无须洁净度要求，空气也不需要经过三级过滤；同一空调净化系统的控制区域不宜太大，否则将导致机组过于庞大，不利于安装，也不便调试和运行维护；空调净化系统划分时送风管、回风管、排风管以及水、电、气等管线的布置应尽量做到合理短捷、方便使用管理和尽量减少交叉重叠。

2. 空调净化系统的设计 厂址的不同气候条件、洁净区（室）的不同洁净度和不同温湿度控制要求等都会对空调净化系统的设计产生影响，并提出不同的要求。设计方案要满足所有室内控制要求。如前所述，医药工业洁净厂房的空调系统大多采用全空气式空调系统，全空气式空调系统由空气处理机组、风管系统、风口等组成。设计方案的核心是要确定采用何种形式的空气处理机组、何种风管系统、何种风口等。其中，需要重点考虑的因素主要包括室内设计参数、空气过滤器的选用、空气的处理形式、气流的组织形式、排风方案及其设备选择等。

第四节　制药工艺设计与环境和安全风险

从设计角度来看，新药研发中候选药物的确定、剂型的选择、制药工艺的设计与确定、药厂设计等对药品设计质量的实现起着关键性作用。如前所述，质量问题的实质是经济问题，而最终确定的制药工艺和药厂设计必将对企业实现药品设计质量的投入成本起着重要的决定性作用。所以，在质量设计阶段引入对药品质量经济性和质量成本的考虑将使新药研发和药厂设计更加科学合理，更能使企业、患者和社会等多方受益。

新药研发阶段中制药工艺的设计与确定不仅会对前述药厂设计、车间设计和设备设施布局产生直接影响，更可能影响到制药过程中“三废”的处理和成本，及可能承担的相关法律风险，影响到将来药品生产的潜在安全风险及其防范措施。而这些在新药研发阶段时容易被忽视，但如果不在源头设计时将其纳入质量成本的考虑范围，极有可能造成对制药工艺路线评价和选择的不合理，并最终导致质量成本的增加，还有可能导致重大生产安全事故的发生和法律风险的产生，甚至可能危及企业的生存和发展。为此，本节将从质量源于设计的理念出发，对新药研发中制药工艺的设计与确定可能给将来制药过程中带来环境和安全的风险及其防范进行介绍。

一、制药工艺设计与环境风险

根据质量守恒定律，对药品的整个生产过程或某工艺过程、设备进行物料衡算，就可获悉进入与离开整个药品生产过程、某工艺过程或设备的各种物料的数量、组分以及组分的含量等，其中包括“三废”（废气、废渣、废水）的各种信息。制药工艺不同，其所产生的“三废”也不一样。所以，新药研发阶段制药工艺的设计与确定直接决定了后续“三废”的产生及其处理的难易和方法，并最终影响到企业药品生产的质量成本。因此，制药工艺的设计、研究和评价不仅需要考虑其生产的药品是否符合设计的目标质量，还需要考虑获得目标质量所需的成本，其中包括按照制药工艺进行药品生产所产生的“三废”的处理，即需对制药工艺的环境成本和风险进行评估。

（一）概述

制药工业的“三废”包括中间产品、原料药和药品等在生产过程中产生的废气、废渣和废水。我国是药品中间产品和原料药生产大国，生产量大且品种多，产生的“三废”复杂多样，对环境的污染严重。所以，制药行业是环保监测的重点对象之一。国家对制药工业污染物的排放有强制性标准，并规定只有环境评价合格的药品生产才能建厂、投产和运行。一般地，对“三废”的处理应遵循“减量化、资源化、无害化”原则，即首先应采取各种可能的措施，尽最大可能地从“源头”上减少“三废”的产生；其次是考虑对不可避免产生的“三废”进行回收 / 循环利用和综合利用；最后，对无法再利用的“三废”，必须采取适当的方法进行无公害化处理。

制药过程中，无论是化学合成，或是生物发酵，还是中药或植物提取等，投入物料的转化率相对较低，产生“三废”的回收经济性不高，难以资源化利用，且处理成本高。这常可引起药品生产质量成本的大幅度增加，致使从质量角度评价较好的制药工艺因“三废”处理问题而得不到有效的投产运行，或即使投产也会使生产成本大幅度增高，导致某些质量优良的药品也难以全面满足企业对利润、患者对价廉质优药品、社会对环保三方的要求。因此，制药“三废”处理对制药工艺的评价具有重要意义，需要企业在新药研发阶段的制药工艺设计时，结合自身的实际情况，考虑制药的“三废”问题。例如，尽可能从清洁生产的角度进行制药工艺的设计，工艺研究时尽可能减少工艺过程中“三废”的产生，并考虑如何对“三废”进行回收 / 循环利用或综合利用，以尽可能地减少药品的质量成本。

（二）制药工艺设计对“三废”的减量化考虑

在“三废”处理的“减量化、资源化、无害化”原则中，最能体现新药设计质量的是减量化。

现在倡导的清洁生产（cleaner production）便体现了从减量化原则考虑，将环境战略应用于产品的生产过程，预防性地从“源头上”减少“三废”对人类和环境的风险。对于制药领域而言，清洁生产主要包括清洁生产工艺和使用清洁能源，它要求制药企业采用先进的生产工艺和设备，淘汰高能耗、高水耗、高污染、低效率的落后工艺和设备，而这些与特定的制药工艺密切相关。所以，减量化考虑，必须在制药工艺的设计、研究、评价、选择和确定阶段开始引入，甚至在候选药物确定时加以考虑。

1. 制药途径的选择 为获得足够量的候选药物及制剂用于临床前和临床研究，需要对制药工艺进行确定和验证，且新药获批后其生产工艺不能随意改动。但有时候企业受市场竞争需要或潜在利润可期的驱使，又需要对已有的生产工艺进行技术上的改进，而这种改变常会带来程序上的变更申请，并给企业带来时间上的消耗、资本资产方面的投入及其风险。所以，为避免新药上市后短时间内因改变工艺而带来平衡投入与产出方面的纠结，在制药工艺研究时，需要对候选药物的制备途径进行全面综合考虑，即包括对成本、质量、法律环保等方面的综合考量，以更好地兼顾满足企业、患者和社会等多方的需求。

某些药物的原料药既可通过合成，也可从中药或植物中提取，还可通过生物发酵或生物技术获得，更可能通过这些制备途径的组合运用获得。而不同的制备途径，所得同一原料药的质量（尤其是安全性）和成本不相同，其制备过程中产生的“三废”及其对环境的影响也大相径庭。因此，企业在制药工艺确定之前，需要根据其自身的实际情况和未来科学技术的发展，从技术的可行性、生产原料药的质量及其成本、生产过程的安全风险、“三废”的处理及成本、法律法规风险等多方面进行综合评价，开展可能的研究试验，并据此做出前瞻性的判断，选定较佳的制备途径，回答是采用全合成、半合成，还是从中药或植物中提取，或是通过生物发酵，或是通过生物技术，或是各种制备方法的组合运用等获得。举例如下。

（1）原料药辅酶 Q_{10} 的制备：辅酶 Q_{10} 可以从废次的烟叶中提取茄尼醇、再经半合成制得，也可通过生物发酵的方式取得，还可以通过合成的手段获得，但具体通过哪种途径制备较佳，需要根据公司的具体情况而定。若以辅酶 Q_{10} 为主要产品的企业，综合考虑后可能选择生物发酵；而从事与烟草生产相关的企业若想对废次烟草进行综合利用，则可能选择从烟草中提取、再经半合成的方法获得。但无论如何选择，原则上都是在满足产品质量的前提下，兼顾成本、收益、法律和安全等多方面综合考虑后作出的抉择。

（2）维生素 C 的制备：传统的维生素 C 的生产采用莱氏合成法，其间歇式酮化和次氯酸钠氧化的生产周期长，使用的化工原料多，易造成严重的污染，防治污染的质量成本也很高。改进的莱氏法将酮化步骤由间歇式改为连续式，在节能、减污方面取得了一定程度的改善，但防污成本仍然较大。而若采用生物发酵，则可通过细菌发酵和树脂交换，使山梨糖直接生成 2- 酮基古龙酸，从而避开了莱氏法中的酮化和氧化两个合成工段，使污染大幅度下降，防污及相关的质量成本也显著下降。由此，原料药维生素 C 的价格也下降，并最终使企业、患者和社会三方受益。

（3）川芎嗪的制备：中药川芎的活性成分川芎嗪的生产，从中药中分离川芎嗪需要消耗大量的中药资源和能源、产生大量的废渣和废水，若不综合利用，质量成本较高。但若根据其分子内的对称性，结合杂环吡嗪的合成方法，以3-氨基-2-丁酮为原料，经互变异构、烯醇缩合，再氧化即可制得，路线简短，产能大大提高，治污成本大大减小，质量成本较小，具有明显的生产优势。

一般地，除采用先进的绿色合成技术外，化学合成常在高温、高压、强酸或强碱的条件下进行，可产生大量的废气、废水和废渣，甚至产生一些有毒的副产物，容易导致环境的高污染。从中药中提取分离活性成分或组分又依赖于特定的中药资源，尤其是含量很低的情况下需要消耗大量的中药资源，如不加以综合利用，则可产生大量的废渣，而且生产的质量成本受中药生产的地域也波动较大。相对来说，生物技术制药具有能耗低、效率高和不依赖特定原料等优点，尤其是其中的酶工程技术，在简化工艺、降低设备投资与生产成本、提高产品的质量与收率、节约原料与能源以及改善劳动力条件、减少环境污染等方面，具有特定的优势。例如：①利用酶的立体专一性，可用于手性拆分和不对称合成；②利用酶解功能，用于半合成青霉素类、半合成头孢菌素类、达托霉素等药物的制备；③用酶、酶系统、代谢体系或包含该体系的细胞来催化某些药物的合成反应，可化繁为简，例如可的松的生产如果采用化学合成法需要经过多个步骤才能完成，且立体选择性不高，若借助酶法或部分借助酶法则可大大简化合成工艺。当然，生物技术法也存在一些不足，例如酶不易回收，稳定性差，固化酶技术有待进一步产业化发展；若利用微生物发酵，则也会产生大量的废水和废渣，其产品质量还需引入热源和内毒素等方面的评价。所以，化学合成、中药或植物提取、生物发酵或生物技术方法等制药途径各有其优缺点，企业需根据其自身的实际情况，在保证产品质量的情况下，综合考虑，单一或组合运用。

2. 化学合成工艺的设计和评价 药品的生产过程也是污染物的产生过程，制药工艺的选择决定了污染物的种类、数量、毒性等及可能导致的污染，并最终影响药品的质量、成本及生产的安全。在新药研发阶段的合成工艺设计和评价中，减量化除应考虑反应条件温和、步骤少，操作简便安全、设备少，污染尽可能少或没有，“三废”处理简易，总收率高且稳定，化学立体选择性强等工艺评价指标外，P. T. Anastas 和 J. C. Waner 提出的绿色化学（green chemistry）12条原则也可作为合成工艺设计、评价和选择的依据。其内容如下。

（1）防止废物的生成比在其生成后再处理更好。

（2）设计的合成方法应使生产过程中所采用的原料最大量地进入产品之中。

（3）设计合成方法时，只要有可能，不论原料、中间产物和最终产品，均应对人体健康和对环境无毒、无害（包括极小毒性和无毒）。

（4）化工产品设计时，必须使其具有高效的功能，同时也要减少其毒性。

（5）应尽可能避免使用溶剂、分离试剂等助剂，如不可避免，也要选用无毒无害的助剂。

（6）合成方法必须考虑过程中能耗对成本与环境的影响，应采用可再生资源代替消耗性资源。

（7）最大限度地使用可更新原料。

（8）在可能的条件下，尽量不用不必要的衍生物。

（9）合成方法中采用高选择性的催化剂比使用化学计量助剂更优越。

（10）化工产品要设计成在其使用功能终结后，不会永存于环境中，要能分解成可降解的无害产物。

（11）进一步发展分析方法，对危险物质在生成前实行在线监测和控制。

（12）选择化学生产过程的物质，使化学意外事故（包括渗透、爆炸、火灾等）的危险性降至最低程度。

绿色化学，又称为环境无害化学，是尽可能地减少那些对人类健康、社区安全、生态环境有害的原料、催化剂、溶剂试剂、产物和副产物等的使用或产生的先进化学技术和方法。它是一门从源头上阻止环境污染的新兴学科，其目标是不再使用有毒、有害物质，不产生废物，不需要处理废物。从“三废”控制的等级来说，绿色化学技术属于防污的优先级，标志着防污工作由被动转向主动，因此与传统的“末端治理”相比具有更深远的意义。绿色化学的前瞻性防污思想与质量源于设计的理念一致，在化学原料药的合成工艺设计中可充分考虑，同时在中药及天然药物和生物制药的工艺设计中也可充分采用。

绿色化学最理想的是采用“原子经济”反应，实现反应的绿色化，即原料分子中的每一原子都转化成产品，不产生任何废物和副产物，实现废物的“零排放”。但是，要真正实现废物的“零排放”是非常困难的，当前的“原子经济”反应所取得的成果与绿色目标还有相当的距离。但其 12 条原则折射的思想值得借鉴应用，这在一些具有环保、经济特点的化学反应中也得到了较好的体现，例如，一锅法反应（one-pot reaction）和点击化学（click chemistry）等。

另外，由于不同起始物料的工艺路线肯定不同，产生的“三废”及其处理方式与方法也不同，所以在化学合成工艺的设计、评价和选择时，需要认真地考虑起始物料的选择。有时候，从生产产品的质量评价，某工艺路线不一定是最优的，但其生产的产品既能满足患者对质量的要求，又能保证企业综合成本的最低化，还能满足国家对环境保护的强制性要求，这样从满足企业、患者和社会三方受益的角度来看，是最佳的工艺路线。

3. 中药提取或生物发酵及产物分离 除绿色化学的 12 条原则可供参考外，从减量化角度考虑，中药活性成分的提取宜采用动态、微波、超声或超临界萃取等低污染、低能耗提取技术；也可采用酶法进行破壁处理，还可采用酶法去除中药所含的淀粉、果胶或蛋白质等杂质，以提高有效成分的提取效率，降低提取的能耗。另外，可采用双水相萃取法、液膜法、膜分离法、大孔吸附树脂等技术对提取液进行分离纯化；采用膜浓缩、多效浓缩等技术进行浓缩或溶剂的回收；采用微波干燥、真空带式干燥、喷雾干燥等技术进行物料的干燥；等等。同样，生物发酵后的产物经细胞破碎和固液分离后，也常可采用膜浓缩、膜分离等技术，实现对发酵液的浓缩和发酵产物的分离纯化；还可采用双水相萃取、大孔吸附树脂等技术对发酵产物进行分离纯化，以减少有机溶剂的应用。

4. 制药工艺相关的减量化考虑 制药工艺中尽量开发和采用清洁工艺技术，改消极被动的末端污染防治为积极主动的源头污染控制。清洁工艺就是不断地、全面地采用环境保护战略，降低生产过程和产品对人类和环境的危害。清洁工艺要求在从原料到产品最终处置的全过程中减少其对环境的影响，它对工艺技术的要求中包括节约原料和能量，消除有毒原料，减少所有非目标产物的数量和毒性。例如，将原料转化为产品可由多个合成工艺，清洁工艺技术则是基于对污染源以防为主、防重于治的角度考虑，从工艺技术着手，将污染的减少和清除控制在生产工艺过程之中；同时，在选择少废和无废的工艺技术时，又兼顾环境效益和经济效益的统一。

另外，相关的减量化考虑包括：采用酶法、生物转化、膜和结晶等环保节能的关键共性产业化设备，优化生产设备选型；采用密闭设备、密闭物料输送管道等密闭式操作；采用放料、泵料或压料等技术进行投料操作，不采用真空抽料，以减少有机溶剂的无组织排放；有机溶剂的回收系统宜选用密闭、高效的设备，以减少有机溶剂的排放；等等。

（三）制药工艺设计对“三废”的资源化考虑

在制药工艺设计和研发阶段，对“三废”的处理首先考虑减量化，但考虑减量化的同时或之后，也可对工艺中产生“三废”的回收 / 循环利用和综合利用进行先知先觉的考虑，变“废”为宝。这不仅可降低生产的质量成本，还可减少“三废”的排放，起到一箭双雕的作用，有利于企业、患者和社会的三方受益。

1. 物料的循环使用 化学合成的转化率均低于 100%，所以为充分利用原料，降低原料的消耗，制药企业在生产中常会将未反应的原料与产品分离后，循环返回至原料进料处，与新鲜原料一起再进入反应器反应。这种物料的循环利用考虑主要是以下情况：①对有贵重或稀缺物质参加的化学反应，在原料配比时，常将其他原料的投料大于化学计量系数，此时大比例的原料转化率低，可考虑循环使用；②对需加入稀释剂或催化剂的化学反应，稀释剂或催化剂可考虑循环使用；③反应、提取、萃取、层析、结晶等提取分离和纯化过程中的溶剂可回收利用；④溶液吸收、发酵处理液等可考虑回收套用。

（1）化学合成中物料的循环利用：通过化学合成的工艺设计和研究，可使某些化学反应的产物中含有反应的起始物料，这时可将其循环使用。这样不仅可提高反应的效率，还可降低有毒有害产物的排放，达到清洁工艺的效果。例如，对硝基苯胺的生产，传统的工艺采用硝化氯苯进行取代反应，再与氨反应制得。由于氯原子不在产品中出现，因此该工艺产生的废水中含有相当数量的无机氯和微量的有机氯，废水处理的难度很高。科学家 Monsanto 发现在碱性条件下通入分子氧，苯甲酰胺与硝基苯可反应生成 4- 硝基苯甲酰苯胺，此化合物再在甲醇中与胺反应生成苯甲酰胺和对硝基苯胺（图 5-9）。此合成工艺中，苯甲酰胺既是反应的起始物料之一，又是反应的产物之一，可以设计将其循环回到第一步继续参与反应。这样从总体上讲，该合成工艺就是硝基苯与氨和氧的反应，所得产物为对硝基苯胺（产物）和水，从而达到了清洁工艺的效果。

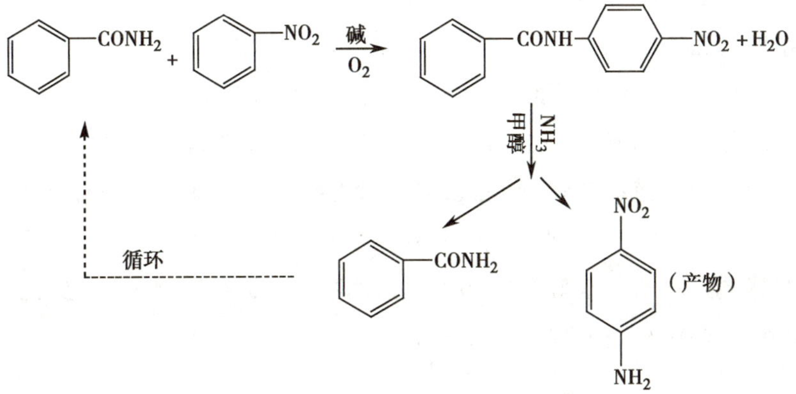

$-CONH_2$ + $-NO_2$ $\xrightarrow[O_2]{碱}$ $-CONH-$ $-NO_2 + H_2O$

NH_3 甲醇

$-CONH_2$ 循环

NO_2 （产物） NH_2

图 5-9 对硝基苯胺的绿色生产工艺

（2）发酵废液的循环利用：随着生物化学工业的发展，尤其是生物发酵规模的日益大型化，生物制药工艺中若能将发酵废液回收再利用，则不仅可基本上消除发酵废液对环境的污染，还可利用废液中的有用成分，并节约大量的生产用水。由此，不仅可降低生产的质量成本，还可获得较好的环境效益。国内对酒精厂酒糟的处理进行一系列研究后，成功地实现了薯干酒糟和玉米酒糟的固液分离，并对过滤清液在发酵中的循环使用进行了试验，结果证明这一方法是可行的。

发酵废液中含有许多适合于生物繁殖和生长需要的营养物质，同时也含有能抑制某些微生物生长的物质，这些抑制物在发酵废液中达到一定浓度之后，将可能抑制所要培育微生物的生长。所以，必须去除或使其限制在一定的浓度范围内，否则就不可能循环利用。发酵废液进行固液分离时，有部分抑制物随滤饼去除，但大部分仍残留在过滤液中。如将此滤液循环使用，则抑制物将在过程中积累。若循环滤液中的这些物质不参与发酵反应，则每次循环后产生的抑制物是一定的，滤液中的抑制物随循环次数增加而增加，同时被滤饼带走的抑制物也会增加，当两者达到动态平衡时，滤液中抑制物的浓度将不再增加。如果在此浓度下，微生物的生长不受抑制，则滤液在理论上可以无限循环使用。否则，需在循环一定次数后进行排除抑制物的处理。

当发酵废液经过滤除去不溶性物质并将滤液反复使用于发酵过程时，如果滤液中的可溶物和抑制物不参与发酵反应，且发酵过程仍能照常进行时，滤液中的可溶物和抑制物将趋于某一定值。只要在此浓度下，发酵过程仍能保持生产的产品质量和产能，滤液就可能真正达到无限次循环使用的目的，且对生物发酵的生产不会产生不利影响。

2. “三废”的回收利用 制药工艺设计和研究时，将“三废”的回收利用纳入工艺的设计、研究和评价，可从源头上减少或消除“三废”的产生，从而使制药工艺的设计和评价更科学合理，更具可行性。可考虑的情况如下。

（1）废水的回收利用：化学制药过程中常会排出各种含酸或碱、含盐、含有机物的废水。在含酸或碱的废水中，以含酸性的废水居多。对于含酸浓度高的废水可在工艺设计中尽量考虑回收利用或综合利用。例如，废硫酸可制作磷肥等。对于含酸（碱）1% 以下没有回收价值的废水，可考虑用企业其他来源含碱（酸）的废水进行中和处理。例如，设备洗涤用的碱水可用来中和生产工艺中产生的无回收价值的废酸水，再视情况进行处理；也可考虑用于废水中含有少量酯类物质的水解及水解产物的中和处理。

对较高浓度的无机盐废水也可首先考虑回收利用或综合利用。例如，对含重金属离子的废水，若企业在分离纯化和水处理系统中用到阳离子交换树脂，可考虑用废树脂对重金属加以吸附，流出的酸或低价金属盐可回收利用或进行其他方面的综合处理；含锰废水经一系列化学处理后，可制成硫酸锰或高纯碳酸锰；较高浓度的硫酸钠废水可考虑浓缩结晶后回收硫酸钠。

对含有机物的废水的处理比较复杂，这类废水中所含的有机物一般为原辅料、产物和副产物等，应尽可能考虑回收和综合利用，具体如何回收利用应根据企业的实际情况和相关条件等。

（2）废气的回收利用：制药工艺设计和研究时，含有氯化氢、氨气、二氧化硫、氮氧化物、硫化氢、氯气或氰化氢等废气，可选择适宜的吸收剂和吸收装置进行回收处理。例如，用水吸收废气中的氯化氢可获得一定浓度的盐酸；含二氧化硫、硫化氢、二氧化氮等酸性气体，一般可采用氨水吸收，根据吸收液的情况可分别用作农肥或进行其他综合利用等；用水或稀硫酸吸收废气中的氨气可得到一定浓度的氨水或铵盐溶液，也可用作农肥。

对含有机污染物的废气，可考虑采用吸收法回收获得一定量的有机化合物。例如，用水或乙二醛水溶液吸收废气中的胺类化合物；用稀硫酸吸收废气中的吡啶类化合物；用水吸收废气中的醇类和酚类化合物；用亚硫酸氢钠溶液吸收废气中的醛类化合物等。另外，废气中含有可燃烧的有机污染物，且浓度较高或热值较高时，可考虑采用燃烧法回收一定的热量。

（3）废渣的回收利用：制药工艺设计和研究时，对药物合成中产生的废活性炭，可尽量回收再利用；对于生物发酵的菌渣，可开发再利用技术和综合利用技术。对于中药提取物生产过程中产生的药渣，可作为有机肥料或燃料，也可发酵产生沼气以能量的形式回收利用，而发酵物又可作为农肥。但值得注意的是，中药含有各种具有经济价值的单体成分，对其药渣的处理可优先考虑综合利用。

3. 中药药渣的综合利用 中药所含有的化学成分是其可以加以综合开发利用的内在原因。每味中药都含有各种类型的成分，不同成分和成分类型，有着不同的经济价值，同一成分和成分类型有着不同的用途和开发方向。有的成分可以开发成药物，如生物碱类、强心苷类、萜类、黄酮类、多糖类等；有的成分可以开发成保健食品或食品添加剂，如植物蛋白、多糖、寡聚糖、多酚类、萜类等；有的成分还可以开发成化妆品，如甘草中的美白成分光甘草定；对于单体成分或组分难以综合利用的药渣，还可以开发成动物饲料、有机肥料等。所以，在中药提取后的药渣中含有大量的非目标成分，对这些非目标成分就可以根据企业的实际情况加以综合利用。

在中药研发的制备工艺研究阶段，设计考虑中药的综合利用，将非常有利于中药生产过程中后续“三废”的资源化。这不仅可满足患者对中药质量的需求，还可降低企业的质量成本，并借此抢占市场，同时还能带来额外的经济效益和社会效益。一种中药含有多种成分及成分类型，是全部开发，还是开发其中的某个、某几个或某类，以及能不能产业化开发，还要看其能否满足企业行为的要求，是否适应市场发展的趋势和社会的需求，也就是将给企业带来多大的利润和潜在多大的风险。

一般情况下，中药活性成分的开发应有主次和侧重，综合利用可给企业带来多方面的经济效益和社会效益，最直接的是分摊企业购买中药材的费用、降低生产的成本。中药的综合开发利用涉及成分的分离纯化，而某个或某类成分的分离纯化，势必会带来另类成分含量的提高，从而起到一举多得的作用，由此既减少了产品单独生产的原料费用、生产环节和生产成本，又能达到节约资源和保护环境的要求，更符合企业追求利润最大化的目的。

中药及药渣的综合利用可以满足企业、患者和社会的需求，但在开发利用上能否实现企业、患者和社会需求的和谐统一，关键在于能否获得所需的工艺技术。中药新药开发时，产品的生产工艺有很多，需采取哪种生产工艺，必须结合很多因素。例如，中药材原料的产地；主产品的质量要求；次要产品的质量要求；主产品与次产品之间利润分配和市场容量；产品的发展趋势和生命周期；等等。只有考虑了各方面的因素，采取合适的生产工艺，才能达到上述目标。否则综合利用开发反而可能增加企业的生产成本，带来诸多的负面效应。而要达到主产品和次产品生产工艺上的有机结合、“废弃物和垃圾”的综合利用、以及满足产业化、环保和节约型社会的要求，技术创新是一个永恒的话题。只有通过技术创新才可能实现中药药渣的综合利用，降低企业的成本，提高企业的竞争力。

二、制药工艺设计与安全风险

（一）概述

安全泛指没有危险、不出事的状态，它是一个相对的概念，世界上没有绝对安全的事物，任何事物都包含不安全的因素，潜在安全风险。安全生产是指生产过程中不发生工伤事故、职业病、设备和财产损失。它是企业有效运行和发展的前提，生产的安全性不仅影响企业的经济效益，还关系到企业的生存和发展。制药企业只有保证生产的安全，才能真正满足企业、患者和社会对药品的需求，实现自身的持续发展。

制药工业涉及中药提取分离、化学合成制药、生物发酵制药、天然药物分离纯化以及各种药物制剂成型等过程，工艺复杂多样，涉及高温、高压、腐蚀、易燃、易爆、有毒、有害等条件、物质或产物，存在着大量的安全隐患。因此，在进行厂房设计、车间设计、设备设施的布置时需考虑防火、防爆、防雷、防静电、防泄漏和噪声控制等要求，并合理布置生产工序，而这些又与制药工艺密切相关。

制药工艺不同，药品的生产、厂房的设计和设备设施的布置也不同，其生产过程将面对的安全风险也不同。因此，制药工艺的选择和确定将直接影响到药品生产的安全。同时，特定的制药工艺在实现药品的设计质量时，除前述污染防治将带来质量成本的增加外，生产安全风险的防范也会带来质量成本的增加。所以，为了保证企业生产人员及其财产的安全，满足企业、患者和社会等多方受益，在制药工艺的设计和研究阶段，很有必要将工艺的安全性和设计中对安全风险的防范纳入考虑范围，作为其固有属性的一部分和工艺评价的重要内容。同时，制药工艺的设计、研究和评价时，应时刻保持工艺与其安全性之间的联系，据此设计和确定的制药工艺才可能更加科学合理、切实可行。

（二）制药工艺的安全性

安全风险防范胜过事后补偿，在制药工艺的设计和研发阶段，将安全风险的防范纳入评价内容，以尽可能地减少工艺中潜在的安全风险，可体现珍惜生命、预防为主的安全风险意识。而将安全风险的防范作为制药工艺评价的一项重要内容，并与质量成本联系起来，又与质量源于设计的理念一致，也与先进安全设计追求的内在更安全的设计思路一致。反过来，对安全风险防范的考虑也可影响制药工艺的设计、研究和评价，并最终影响制药工艺的选择和确定。

先进的安全设计要求制药工艺具有内在的安全性，并在工艺设计和研究时，尽可能地减少过程的危害源，且遵循以下基本策略：①避免或尽可能少的使用危害性物质；②若不可避免使用危害性物质，尽量使用危害性小的物质；③尽可能考虑选择生成中间体和副产物无危害或危害性小的工艺路线；④尽可能选择无危害或危害性小的操作条件和设备设施，反应条件尽可能温和；⑤通过简化设计消除工艺中不必要的环节，避免操作失误的发生，同时通过设计弥补可能出现的失误。这里说的危害性物质包括但不限于有毒物质、易燃物质、易爆物质、有刺激或腐蚀的挥发性物质等。

因此，若将先进的安全设计要求融入制药工艺的设计和研究，则需考虑尽量少或避免设计选用高温、高压、超低温和剧烈反应的工艺路线，尤其是国家安全总局先后公布的两批重点监管危险化工工艺目录中的工艺；减少密闭环境下的操作、粉尘产生、有机溶剂使用；多使用无毒无害或低毒少害的原辅材料，避免或减少有毒、有害原辅材料的使用；尽量避免或减少强酸和强碱、强氧化剂和强还原剂在制药工艺的同一步骤或相邻步骤中的使用；等等。例如，在药物合成过程中，加氢反应时多采用常压，尽量避免高压，以降低爆炸危险；药物合成或萃取分离中尽可能避免使用乙醚等醚类溶剂，以防止可能的过氧化物因局部过热引起的爆炸；片剂包衣时，多用水分散体作为包衣液，少用乙醇溶液，以消除有机溶剂燃爆的危险。

另外，安全和风险并存，安全性是特定个人的相对感受，识别安全风险的能力与个人的科学知识和专业经验等密切相关。所以，工艺设计、研究和评价等人员需增强制药工艺中随处潜在安全风险的意识，不断提高自己的专业水平、专业经验和识别工艺中潜在安全风险的能力。

（三）制药工艺潜在风险引发的安全事故案例及分析

在药品生产过程中，导致安全事故的原因很多，与制剂工艺明显相关的常有反应过于剧烈而引起的燃烧爆炸，过氧化合物生成和制剂车间粉尘引起的爆炸，病原体或病毒带来的感染事故，采用原料或反应过程产物含有剧毒物或易燃易爆物的工艺，采用在高温高压下进行反应的工艺，等等。这些制药工艺本身潜在较大的安全风险，若重点参数监控不严，防控措施和方案不足时，容易导致安全事故的发生。

1. 抗艾滋病药物依氟瑞恩的中间体环丙基乙炔的合成 原生产工艺以乙酰环丙烷为原料，在吡啶存在下与五氧化磷进行氯化合成环丙基二氯乙烷，再在氢氧化钾碱性条件下消除脱氯得环丙基乙炔。由于副产物磷酸盐污染大、难处理。受企业委托，某大学开发了利用三光气（六氯代碳酸二甲酯，熔点 81～83℃）替代五氧化磷进行乙酰环丙烷氯化的制备工艺，处理简单、产品收率高，且具有清洁生产的特点。但该工艺技术到企业进行第一次放大时，在用丙酮（150L）溶解三光气（75kg）的过程中发生了剧烈反应，导致冲料、爆炸，造成现场操作员工和周边 100 多名居民不同程度的光气中毒。原因可能是丙酮与乙酰环丙烷一样，可重排成烯醇式结构，从而与三光气反应生成碳酸酯、氯甲酸三氯甲基酯和光气，并放热，由此使反应速度急剧加快，导致冲料、爆炸。

如果工艺设计和研究人员利用相应的化学知识对工艺设计的安全风险进行严格评价，并在试验过程中时刻保持工艺研究与其安全性评估之间的联系，则可能通过小试研究中的现象记录和用心感受，再根据专业知识和实践经验，推测出工艺放大时可能存在的安全风险。同时，在中试放大时采取相应的预防措施，并严格逐级放大的程序，则可能及时发现工艺潜在的安全风险，从而有可能避免此工艺因潜在安全风险引发的事故。

2. 抗肿瘤药吉西他滨的中间体 2- 脱氧 -2，2- 二氟 -D- 呋喃核糖 -3，5- 二苯甲酸酯（$2\alpha/\beta$）的合成 某企业在进行其合成的工艺改进时，以一定比例的无水乙醚和四氢呋喃混合作为反应溶媒，用四氢锂铝还原后，抽滤时用乙醚洗涤滤饼，有机层依次用 5% 碳酸氢钠溶液、水洗涤。操作人员在对有机层进行溶剂回收后，连瓶一起放置在天平上称量时，发生爆炸，造成操作者面部严重损伤，所幸操作时带了防护眼镜，周围近距离无其他工作人员，否则将可能造成更加严重的后果。究其原因可能是有机层洗涤次数较少，四氢呋喃在有机层含量较多，致使有机溶剂浓缩回收时温度稍高，且忽略醚类溶剂回收操作时应注意的事项，造成有机层中醚类溶剂所包含的少量过氧化合物局部过热，从而导致爆炸。

若操作者在进行该步骤操作时，采取相应的安全防范措施，如使用新鲜的无水乙醚、四氢呋喃进行反应，或对醚类溶剂进行过氧化物的检测和去除处理；洗涤时用水尽量洗去所含的四氢呋喃，浓缩时注意控制温度，保持室温浓缩（冷却管中的冷却液降至 -10℃以下），浓缩至干时注意可能过氧化物因局部过热带来的潜在安全风险等，则可能避免事故的发生，尤其是可避免对人员的伤害。但是，此工艺潜在的安全风险仍然存在，故采用此工艺制备时要严格制备过程中的参数监控、安全控制要求、控制方案及相关措施。另外，按照清洁工艺的要求，可继续改进工艺，或改变合成路线和合成策略。

ER5-2　第五章　目标测试

（袁干军　姚日生　王金涛　蒋以号）

ER6-1　第六章
质量控制
（课件）

第六章　质量控制

药品完成设计与研发，按照新药审批办法，经主管部门审批获得试生产批准文号后，即可进入试生产阶段，即为验证产品能否满足技术规范的全部要求所进行的型式试验（type test）。我国新药审批办法规定：对批准为试生产的新药，在试生产期内应继续考察药品质量、稳定性及临床疗效和不良反应（应完成符合要求的Ⅳ期临床的阶段性试验），新药试生产期满，经国家药品监督管理局审批符合规定者，试生产转为正式生产，并发给正式生产批准文号。正式生产后，在药品的生产过程中需要对药品的质量特性指标进行监测和控制，以及后续可能的质量改进和注册变更。

第一节　质量检测技术与测量系统分析

一、质量检测技术

检测技术是人类认识自然、改造自然的重要工具和手段，检测技术广泛应用于日常生活、机械制造、电子信息等领域。检测技术就是利用各种物理化学效应，选择合适的方法和装置，将生产、科研、生活中的有关信息通过检查与测量的方法赋予定性或定量结果的过程。

药品的质量检测技术不仅可通过对药品质量特性指标的检测，判断其质量是否合格；还可通过这些参数的检查和测量来检查、控制和监督药品的生产过程或最佳过程的工艺参数。换句话说，药品的质量检测技术就是药品或药品生产过程质量的检查和测量技术。通过对检测获取的质量数据进行统计分析，检查药品的质量状况，找出影响药品质量的主要原因，并针对主要原因采取改进措施，从而生产出更高质量的药品。对涉及药品质量特性的常见检查项目和方法，《中国药典》（2020年版）给出了详细的描述，现对其常用的药品质量检测技术进行简要的介绍。

感官分析是质量检测技术发展的初级阶段，也是质量检测技术的重要组成部分。随着人类对客观世界认识广度和深度的不断发展和深入，质量检测技术也得到不断发展，如生物显微镜及电子显微镜的产生，使人们能观察生物细胞、材料结构等微观世界；而随着物理、化学、数学、生物学、材料学等学科的不断发展，新的检测理论、检测方法和检测技术不断产生。按检测的原理或对象来说，现有的质量检测技术总体可分为如下类别。

1. 感官分析　即利用感官进行分析，它主要是利用检测者对药品及其生产过程中可能物料、中间产品等的外观形状、颜色、气味、触觉进行辨识来分析其内在质量的方法。

外观的改变、颜色气味的异常是药物内在质量的表象，感官分析虽然看似“原始”，但有时候可快速发现药品、物料或中间产品等存在的可疑质量问题，其在中药的性状鉴定、药物制剂的外观检查（片剂的污点、裂缝，注射剂的澄清度、可见异物等）、原料药和药品生产中各种物料的质量控制等方面发挥着重要作用，有时候甚至可作为过程参数的控制手段，具有简易、快速、直观、经济等特点，是现代仪器分析方法所不能替代的，需善于且充分利用。

需注意的是，感官分析具有主观性和经验性，必要时可通过多个检测者参与得以弥补。为克服人为因素带来的上述不足，随着科技的发展，模拟人的感官的检测仪器（如电子鼻）在药物的质量检测中也正在进行尝试。

2. 物理分析　利用物理原理，分析物料、中间产品、药物及其制剂质量的相关技术，常涉及的物理分析技术或分析对象如下。

（1）物理常数的测定技术：包括 pH、熔点、旋光度、相对密度、馏程、凝点、折光率、黏度、电导率等的测定技术。

（2）光谱分析技术：包括紫外 - 可见光谱、红外光谱、近红外光谱、拉曼光谱、荧光光谱、核磁共振波谱、质谱、X- 射线衍射、原子吸收光谱等分析技术。

（3）热重分析技术：在程序控制温度下，测量物质的质量与温度关系的一种方法技术。

（4）药物制剂的检查技术：包括脆碎度、融变时限、溶出度与释放度、含量均匀度、最低装量、黏附力、堆密度、休止角、比表面积等检查技术。

（5）显微技术：例如中药显微鉴别、微生物的菌落计数等均可采用显微技术，利用显微镜进行观察。

3. 化学分析　利用化学原理，分析物料、中间产品、药物及其制剂质量的相关技术，常涉及的化学分析技术或分析对象如下。

（1）容量法：采用滴定技术，通过记录滴定液的体积，并以此计算被测药物含量的方法，包括酸碱滴定、氧化还原滴定、沉淀滴定、络合滴定等。

（2）重量法：利用适宜的沉淀反应，通过称量恰当物质的质量，并以此计算被测药物含量的方法。

（3）药物的限量检查：利用化学反应，进行药物一般杂质的检查技术，如氯化物、硫酸盐、硫化物、砷、氰化物、铁盐、重金属、砷盐、炽灼残渣等的检查技术。

（4）药物的鉴别反应：包括呈色反应、沉淀反应、生产气体反应、焰色反应等。

4. 物理化学分析　利用物理化学原理，分析物料、中间产品、药物及其制剂质量的相关技术，常涉及的物理化学分析技术或分析对象如下。

（1）色谱法：包括平面色谱和柱色谱两大方法，平面色谱包括纸色谱、薄层色谱法、电泳法等；柱色谱法包括高效液相色谱、气相色谱、分子排阻色谱、毛细管电泳、离子色谱、超临界流体色谱等。

（2）色质联用技术：气相 - 质谱联用、高效液相 - 质谱联用、超高效液相 - 质谱联用等。

（3）电位滴定法与永停滴定法。

5. 生物学分析　利用药物的生物学特性，分析物料、中间产品、药物及其制剂质量的相关技术，常涉及的生物学分析技术或分析对象如下。

（1）动物水平的检测技术：包括异常毒性、热原、细菌内毒素、升压物质、降压物质、过敏反应等检测的技术。

（2）离体组织水平的检测技术：组胺类物质等。

（3）细胞和分子水平的检测技术：溶血与凝聚、抗生素效价、酶活、免疫印迹、免疫斑点、免疫电泳等检测技术和方法。

6. 其他分析技术 为满足在线过程控制的需求，近年来新的过程控制技术不断发展，呈现以下特点。

（1）采用新材料、新工艺、研制高性能优良的新型传感器，实现传感器的微型化和集成化，解决一些难以检测的问题。

（2）光电结合、超声、微波等无损检测技术的推广应用，促进了非接触检测技术的发展，实现了无干扰检测或对一些无法接触对象的检测。

（3）以计算机为工具的检测方法的建立与发展，帮助完成了多参数检测，快速在线检测，以及大量检测数据的存储、处理和分析等。

总体说来，药品生产过程中的物料、中间产品、药物及制剂等质量检测技术非常多，而中药、化学药物和生物制品关注的质量特性各有不同，即使采用相同的检测技术检测同一项目，其样品处理和检测程序也可能各异，原料药和制剂检测的复杂程度和干扰因素也各不相同。所以，检测技术的选用应根据具体的检测对象、质量特性和检测要求等的实际情况进行选择和评价。

二、测量系统分析

在药品生产过程中，为了解和控制药品质量，常要对药品的各项质量特性指标进行监测从而得到数据。这些数据的质量如何，不仅直接影响到药品的质量控制，还可为质量改进采取的相应对策提供依据。因此，在药品的质量管理过程中，采集数据所用测量系统的质量特性对药品的质量控制显得尤为重要，由此对测量系统进行分析评价（尤其是可靠性分析）具有重要意义。

一个完整的测量系统包括测量人员、被测对象、量具（英文 gage，包括测量仪器、设备）、测量程序（标准、方法、软件）和测量环境以及上述 5 部分的交互作用。测量系统分析的目的在于分析测量过程对产品质量特征值变异影响的规律及大小，找出影响测量精度的因素，以减少测量系统上述各因素的波动或为不合理因素引起测量数据的变异指明努力方向。因此，测量系统分析属于过程质量变异分析的范畴，是质量改进的重要工作对象，也是企业实现连续质量改进的必经之路。

（一）测量系统的质量特性

测量系统的质量特性主要包括测量成本、测量的容易程度和统计特性，其中最重要的是统计特性。测量系统常用的统计特性包括分辨力、稳定性、偏倚、重复性、再现性、线性。

测量系统常用统计特性的相关概念已在第二章第三节讲述，在此不做进一步介绍。为保证测量系统的可靠性，以获得能真实代表药品质量特征的数据，对该测量系统的统计特性的基本要求有以下几点：①测量系统必须处于统计受控状态的前提下；②测量系统的变异必须小于制造过程的变异；③测量系统的变异应小于公差带；④测量精度应高于过程变异和公差带两者中精度较高者，一般地，其变异应不超过精度较高者变异的十分之一；⑤测量系统统计特性随被测项目的改变而变化时，其最大的变差应小于过程变差和公差带中的较小者。

（二）测量系统的分析评定及程序

1. 测量系统的分析评定 它包括两个阶段，第一阶段是验证测量系统能否满足其设计规范要求，包括：①确定该测量系统是否具有所需要的统计特性，此项必须在测量系统使用前进行；②发现哪些环境因素对测量系统有显著影响，例如温度、湿度等，以决定其使用空间及环境。第二阶段是验证测量系统能否持续保持符合要求的统计特性，通常采用测量系统的重复性和再现性分析（又称 Gage R&R 分析）。当一个测量系统被认为是可接受的时候，应验证其持续具有恰当的统计特性。

2. 测量系统分析评定的程序 测量系统的分析评定可按以下程序进行。

（1）准备工作：①先编写测量系统分析计划，选用要使用的方法；②确定评价人的数量、样品数量及重复读数，其中关键尺寸需要更多的零件和/或试验；大或重的零件可规定较少样品和较多试验；③从日常操作该仪器的人中挑选评价人；④样品必须从过程中选取并代表其整个的工作范围；⑤仪器的分辨力应至少为直接读取特性的预期过程变差的十分之一；⑥确保测量方法（包括评价人和仪器）是按照规定的测量步骤测量特征尺寸。

（2）测量顺序：①测量应按照随机顺序；②做到盲测，即评价人不应知道正在检查零件的编号；③研究人员应知道正在检查零件的编号，并记下相应数据，如评价人 A、零件 2、第三次试验等；④读数取至最小刻度的一半；⑤研究工作应由知其重要性且仔细认真的人员进行；⑥每一位评价人应采用相同的方法（包括所有步骤）来获得读数。

（三）测量系统分析

质量数据按质量特性值可分为计量值数据（或计量型资料）和计数值数据（或计数型资料），分别对应计量值数据的测量系统分析和计数值数据的测量系统分析。另外，还有破坏性试验的测量系统分析等。测量系统分析的主要内容是分析整个测量系统的准确性（准确度）和精密性（精密度）。准确性主要有偏倚、稳定性和线性三个指标评价。精密性主要由重复性和再现性来表征。测量系统的准确性可通过对仪器设备的定期校准得到保证，而精密度则较为复杂，是测量系统分析的主要内容之一，其常可通过 Gage R&R 分析来评价，其含义是测量系统的波动所占过程总波动的百分比。通常，Gage R&R 分析的可接受评定准则为：①当 Gage R&R＞30% 时，测量系统不可接受；②当 10%＜Gage R&R≤30% 时，测量系统尚待改进，在规定条件下可接受；③当 Gage R&R≤10% 时，测量系统能力充分，可接受。必要时，上述准则应获得顾客认可。其中，Gage R&R 的相关计算可借助计算机软件实现对数据的自动处理，如 Minitab 软件等。

药品质量控制的药品检验中，原始试验数据的获得离不开“称”和/或“量”两个操作过程，其完成需要分别采用符合相应精度要求的量具。而日常称量所使用的量具能否满足试验所需的精度要求，则需要通过测量系统分析对其进行评价。现以药品检验中常用的测量仪器 - 天平为例，对计量数据的测量系统分析进行详细阐述。

1. 分析计划的制订 通常，在制订计划时需考虑影响测量系统准确度和精密度的各种因素，并可结合日常工作中测量系统的应用情况，对测量对象（产品）和应用的量具开展更有针对性的测量系统分析，即特别注意要符合测量系统分析所要求的准备条件，如评价人、产品和过程等的选择要求。

例如，某制药企业实验室有 1 台天平（测量范围 1～50g），专用于约 2g 左右固体样品的称量。为检测这台天平测量的准确度和精密度是否符合要求，需对其测量系统进行分析。本次分析选用规格为 2g 的砝码 10 个作为称量对象进行测量系统分析，由 3 个日常经常操作的人员进行操作，测量时重复称重 5 次，并记录检测结果；获得的数据属于计量型数据，拟采用均值与极差分析法和上述可接受的评定准则，对测量系统的重复性和再现性进行分析。

2. 分析前的准备 测量系统的重复性和再现性（Gage R&R）分析的前提是测量系统经过校准为合格，即其稳定性、偏倚和线性已经过评价且其评价的结果是可接受的。为此，须先对该天平进行稳定性、偏倚和线性分析评价，简要过程如下。

（1）稳定性分析：稳定性是指测量系统保持其计量特性随时间恒定的能力，即偏倚随时间变化的程度。基本程序是：①任意选取一砝码，评价人每次测量重复 5 次，得到 5 个观测值组成 1 组数据。每周测 2 天，持续 10 周，得到 20 组数据；②采用 Minitab 软件，将所有观测值按操作员和砝码号绘制量具运行图以评估不同操作员和砝码间测量值的差异；③绘制均值控制图和极差控制图；④计算均值和极差控制限，采用控制图分析方法，评价测量系统的稳定性。稳定性可接受的原则是：①量具运行图中的点在水平方向随机分散；②根据控制图差异准则，均值控制图和极差控制图显示测量过程受控。

（2）偏倚分析：偏倚是指同一零件同一特性的测量值的平均值与真值的差。该天平偏倚分析的基本程序为：①选取一个质量为 2g 的砝码，连续测量 10 次，将测量数据填入偏倚分析表中，同时根据数据画出直方图并进行评价，确定不存在特殊原因或异常点后继续分析；②计算出 10 次读数的平均值，即“观测平均值”，并根据观测平均值和基准值（2g）计算出偏倚量；③计算重复性标准差，进而计算偏倚量的 t 统计值；④计算偏倚量的（$1-\alpha$）的置信区间，若 0 落此置信区间内，则表明偏倚在 α（常为 5%）的水平上是可以接受的，即满足要求。

（3）线性分析：线性分析的基本程序为：①选取质量为 0.5g、1g、2g、5g、10g 的砝码，直接取其标准值为基准值；②操作人员对每个砝码测量 10 次，测量时应注意随机选择被测砝码，做到盲测，以减少评价人在测量过程中的主观影响；③将测得的数据填入线性分析表中，计算各砝码的观测平均值，再计算各砝码的偏倚均值；④以基准值为横坐标，偏倚均值为纵坐标，根据 5 个数据点拟合一条直线来反映偏倚量随基准值的变化规律；⑤计算偏倚量的 95% 包含概率，在线性分析时，若“0 偏倚线”完全位于此包含概率内，则表明测量系统的线性是可以接受的。

3. 天平重复性与再现性（Gage R&R）分析 测量系统分析的重复性和再现性一般可采用极差法、均值 - 极差法、方差分析法三种方法进行评价。此处，采用常用均值 - 极差法对天平进行测量系统分析，其优点是可以把系统的重复性和再现性分别求出，而不仅是它们的交互作用。此测量系统 Gage R&R 分析的详细数据、相关系数表及控制图，如 ER6-2 所示。

（1）重复性与再现性实验：按以下步骤进行天平的重复性与再现性分析。①确定 3 名测试评价人 A、B、C，选用质量为 2g 的小钢丸（模拟丸剂）10 个，并编号为 1～10，评价人不能看到这些数字；②每个评价人以随机方法在此天平上称量所有小钢丸的质量，每个小钢丸重复称量 3 次，记录所有数据（ER6-2A）。

ER6-2 天平测量系统的重复性和再现性（Gage R&R）分析、相关系数表及控制图

（2）重复性与再现性计算：计算过程为①求出三个评价人均值（$\overline{X}_a$、$\overline{X}_b$、$\overline{X}_c$），并计算出三个评价人测定每个小钢丸极差的平均值（$\overline{R}_a$、$\overline{R}_b$、$\overline{R}_c$）；②计算出每个小钢丸的平均值$\overline{X}_{p1}$，$\overline{X}_{p2}$，…，$\overline{X}_{p10}$；③计算出小钢丸平均值的极差 R_p=max（$\overline{X}_{p1}$，$\overline{X}_{p2}$，…，$\overline{X}_{p10}$）−min（$\overline{X}_{p1}$，$\overline{X}_{p2}$，…，$\overline{X}_{p10}$）；④计算出三个评价人测得每个小钢丸极差的总平均值$\overline{\overline{R}}$ =（$\overline{R}_a$+$\overline{R}_b$+$\overline{R}_c$）/3；⑤从 ER3-2 所示计量控制图系数表查得 n=3 时，系数 D_3、D_4 分别为 0、2.574，进而求得极差控制上限（$UCL_{\overline{R}}=D_4\times\overline{\overline{R}}$）和下限（$LCL_{\overline{R}}=D_3\times\overline{\overline{R}}$）；⑥计算所有测量数据的总平均值$\overline{\overline{X}}$ =（$\overline{X}_a$+ $\overline{X}_b$+ $\overline{X}_c$）/3；⑦从 ER3-2 所示计量控制图系数表查得 n=3 时，系数 A_2，进而求得平均值控制上限（$UCL_{\overline{X}}=\overline{\overline{X}}+A_2\times\overline{\overline{R}}$）和下限（$LCL_{\overline{X}}=\overline{\overline{X}}-A_2\times\overline{\overline{R}}$）；⑧计算评价人均值的极差$\overline{X}_{\text{diff}}$=max（$\overline{X}_a$，$\overline{X}_b$，$\overline{X}_c$）−min（$\overline{X}_a$，$\overline{X}_b$，$\overline{X}_c$）；⑨从 ER6-2B 中 GR&R 分析用 K 值表，查得系数 K_1、K_2、K_3 分别为 0.590 8、0.523 1、0.314 6，并分别计算出重复性变差 EV、再现性变差 AV、重复性与再现性变差 R&R、小钢丸间变差 PV、总变差 TV；⑩最后求出各变差占总变差的百分比。上述计算过程及详细数据见 ER6-2A。

（3）重复性与再现性分析与讨论：根据上述计算结果，绘制均值 - 极差控制图，如 ER6-2C 所示，以用于测量结果的分析。

极差控制图显示测量的程序是否稳定。如果所有的点均落在控制上、下限之间，则测量的程序稳定。即操作员使用天平的一致性很好。如果有些点落在控制上、下限以外，则表示某些操作员在使用量具时稳定性很差，这时需进一步研究造成失控的原因，以进行改进。从此天平测量系统分析的极差控制图可以看出，所有的点均落在控制上、下限之间，表明操作人员的操作一致性较好。

均值控制图的控制上、下限代表测量误差的幅度。因为测量系统的误差必须比小钢丸之间的差异小才可以评估小钢丸（药丸）之间的差异，所以在均值控制图上，越多的点落在控制界限外，则表示此天平越适合评估小钢丸之间的差异性，这与传统的 SPC 的想法不同。如果只有少量的子组均值（一般情况下少于 50%）落到控制限外，则认为该测量系统无法反映出被测量对象之间的差异。从小钢丸天平测量系统分析的均值控制图可以看出，有近 80% 的子组平均值落在均值控制上、下限之外，表明该测量系统具有足够的分辨力，测量小钢丸（药丸）的相对能力能满足要求。

根据再现性变差和重复性变差的计算结果，可以对测量系统做出采取可能措施的决定。当重复性变差大于再现性变差时，说明量具的结构需再设计，或者量具的运行环境需要改善，或者量具需要保养。当再现性变差大于重复性变差时，操作员对量具的操作方法及数据读取方式应加强教育，操作规范应再明确制订或修订，以增强操作员使用量具的一致性。由 ER6-2A 可知，R&R 方差对整个过程变异的贡献率为 29.24%，小于 30%；而天平测量系统的重复性变差约为再现性变差的 17 倍，推断天平的运行环境和保养等方面需要改进，以缩小重复性变差至 R&R 方差≤10%，方可接受此天平用于 2g 左右药丸的称量。但根据中药丸剂的质量要求和生产的实际情况，在规定的条件下也可接受。

第二节　质量检验

一、基本涵义

（一）概念

检验就是通过观察和判断，适当时结合测量、试验所进行的符合性评价。质量检验（quality inspection）是指对产品、过程或服务的一项或多项质量特性进行观察、测量、检查、试验或估量，并将结果与规定质量要求进行比较，以判断每项质量特性是否符合规定质量标准要求所进行的一类活动。

药品质量检验是指依据药品质量标准或检验规程，借助特定的检测手段，对药品原料、中间产品和成品等进行测量或试验，包括可能的定性鉴别、定量测定、特殊杂质检查、一般杂质检查和制剂检查等，并将结果与规定的质量标准比较，最终判断被检测对象是否符合质量标准的质量控制活动。其基本要点如下。

（1）药品不仅要满足患者的需求，也要符合政府法律、法规的强制性规定，所以需对其安全性、有效性、均一性和稳定性等多方面做出规定，这些规定即组成药品的质量特性。

（2）药品的质量特性一般都需转化为具体的技术要求并在药品标准或检验规程中明确规定，成为药品质量检验的技术依据和检验后比较检验结果的基础。经对照比较，可确定每项检验的特性是否符合标准和文件规定的要求。

（3）药品的设计质量在制造过程中实现，它不仅与药品制造所用的起始物料、原料、辅料、中间产品等的质量密切相关，也与其实现过程中的人员水平、所采用的专业技术、设备能力甚至环境条件密切相关。因此，不仅要对过程的作业操作人员进行技能培训与合格上岗，对设备能力进行核定，对环境进行监控，并明确规定制备工艺方法，对工艺参数进行监控，还需要对产品进行质量检验，判定产品的质量状态。

（4）药品质量检验需要针对药品的一个或多个质量特性，通过物理、化学和其他学科的技术手段和方法进行观察、试验、测量，取得证实药品质量的客观证据。因此，需要有适用的检测手段，包括各种计量检测器具、仪器仪表、试验设备等，并对其实施进行有效监控，以持续保持其所需的准确度和精密度。

（5）质量检验的结果，要依据与药品标准的对比和过程文件的审核等，确定每项质量特性是否合格，从而对批生产药品的质量进行判定。

（二）质量检验的功能

质量检验是质量管理体系的一个要素，即使是实施全面质量管理的企业，质量检验也起着十分重要的作用，主要有以下功能与作用。

（1）鉴别功能：即可通过药品的质量检验，判定其质量是否符合规定的要求。鉴别是质量检验起到“把关”作用的前提，不进行鉴别就不能确定产品的质量状况，也就难以实现质量“把关”。鉴别主要由专职检验人员完成。

（2）“把关”功能：质量“把关”是质量检验最重要、最基本的功能。药品质量的实现过程是一个复杂过程，影响质量的各种因素（如 5M1E）都会在这个过程中发生变化和波动，各过程不可能始终处于等同的技术状态，质量波动是客观存在的。因此，必须通过严格的质量检验，剔除不合格品并予以“隔离”，实现不合格的原材料不投产，不合格的原辅料及中间产品不转序、不放行，不合格的成品不交付，严把质量关，实现质量检验的“把关”功能。

（3）预防功能：现代质量检验不单纯是事后“把关”，还可同时起到预防的作用。主要体现在以下方面：①通过过程能力的测定和控制图的使用，获悉过程能力或过程异常，及时调整或采取有效措施，从而起到预防作用；②通过过程作业的首检与巡检起预防作用；③广义的预防作用，如对各种物料和中间产品的检验，既可起到把关作用，又可起预防作用；尤其是应用现代数理统计方法对检验数据进行分析，就能找到或发现质量变异的特征和规律，利用这些特征和规律就能改善质量状况，预防不稳定生产状况的出现。

（4）报告功能：为使相关的管理部门及时掌握药品制造过程中的质量状况，评价和分析质量控制的有效性，把检验获取的数据和信息，经汇总、整理、分析后形成报告，为质量控制、质量改进、质量考核以及管理层的质量决策提供重要信息和依据。

因此，我国《药品管理法》规定：药品生产的企业必须对其生产的药品进行质量检验，不符合国家药品标准的不得出厂。也就是说，药品生产企业的原辅料和成品药的质量检验是保证药品质量、保障公众用药安全的必然要求。

（三）质量检验的方式与制度

1. 质量检验的分类与方式 根据不同产品的特点和要求，质量检验的分类和方式各有不同，常见的如下。

（1）按检验的数量分为：全数检验、抽样检验。

（2）按质量特性值分为：计数检验、计量检验。

（3）按检验技术方法分为：感官检验、理化检验、光谱检验、色谱检验和生物检验等。

（4）按检验后检验对象的完整性分为：非破坏性检验、破坏性检验等。

（5）按检验的地点划分为：固定检验、流动检验等。

（6）按检验目的分为：生产检验、监督检验、验证检验、验收检验、仲裁检验等。

（7）按供需关系分为：第一方检验、第二方检验、第三方检验。

2. 企业的质量检验制度 目前，企业常采用三检制的质量检验制度，即实行操作者的自检、工人之间的互检、专职检验人员的专检。

（1）自检：指生产者对自己所生产的产品，按照图纸、工艺和合同中规定的技术标准自行进行检验，并做出合格与否的判断。通过自我检验，可使生产者充分了解自己生产的产品在质量上存在的问题，并开动脑筋寻找问题的原因，进而采取改进措施。它是工人参与质量管理的重要形式。

（2）互检：指生产工人相互之间进行的检验。主要有下道工序对上道工序流转过来的半成品进行抽检；同一机床、同一工序轮班或交接班时进行的相互检验；小组质量员或班组长对本小组工人加工出来的产品进行抽检等。

（3）专检：指由专职检验人员进行的检验。在现代生产中，检验已成为专门的工种和技术，专职检验人员对产品的技术要求、工艺知识和检验技能都比生产工人熟练，所用检测仪器也比较精密，检验结果比较可靠，检验效率也比较高。所以，自检和互检不能取代专职检验，而且三检制必须以专职检验为主导。

（四）质量检验与全面质量管理

药品生产过程的质量检验与全面质量管理存在着十分密切、不可分割的关系。从质量管理的各个发展阶段来看，都包含着质量检验的内容。质量检验在质量管理初期曾发挥过主导作用，在统计质量管理阶段统计质量的数据均是从质量检验中得来的；同样，全面质量管理又是在质量检验和统计质量管理的基础上逐步建立和完善的。由于质量检验在生产过程中是一个不可缺少的环节，每一个生产过程都离不开质量检验，故质量检验是企业质量管理的基础。企业的质量管理强调以预防为主，而预防和控制所需要的信息和数据，则需要由质量检验来提供。例如，中间品的检验既是对本过程的把关，又是对下一道工序的预防。质检人员从原辅料购进、投料、半成品至成品的整个生产过程的质量检验中获取数据信息，随后及时反馈到有关部门和工序，再经分析，找出质量问题的原因，并及时采取改进措施，由此形成质量控制和质量保证体系的基本过程。

同样，各种药品均有其特定的稳定性特征，在经营、贮运等过程中，常会受到温度、湿度和光照等环境因素的影响，往往会发生降解而引起质量变化。为了保障药品的安全与有效，药品在流通和经营过程中，必须注意严格按照药品规定的条件进行贮运和保存，定期对药品进行必要的质量检验以考察其质量的变化，进而改进贮藏条件和管理办法。

总之，药品的质量检验在药品全面质量管理中，发挥着“眼睛”的重要作用。企业对药品进行全面的分析研究，确立药品的质量规律，即可建立合理有效的药品质量控制方法和标准。然后，结合质量检验的“眼睛”和“把关”作用，通过全面质量管理的实施保证良好药品质量的稳定和可控，并最终保障药品的安全和有效。

二、质量检验程序

药品质量检验工作需根据检验的目的和相应品种的质量技术标准，通过实验得出结果和结论，基本的工作程序如下。

1. 检验的准备　熟悉检验标准（如现行版《中国药典》）和技术文件规定的质量特性、检测方法和具体内容，选择精密度、准确度适合检验要求的计量器具和测试、试验及理化分析用的仪器设备，并确定测量和试验的条件。

确定检验实物的数量，对批量产品还需要确定批的抽样方案。将确定的检验方法和方案用技术文件形式做出书面规定，制订规范化的检验规程、检验指导书，或绘成图表形式的检验流程卡、过程检验卡等。在检验的准备阶段，必要时要对检验人员进行相关知识和技能的培训和考核，确认其能否适应检验工作的需要。

2. 取样 取样是指从整批药品中抽出一部分具有代表性的供试样品供检验、分析和留样观察之用。取样必须具有科学性、真实性和代表性，并遵循均匀、合理的原则。为了达到这一要求，《中国药典》对各种样品的取样量和取样方法都有特定的要求，取样时必须遵循这一抽样指导原则执行。否则，不仅失去了检验的意义，更有可能得出错误的检验结果和结论，误导药品生产过程的质量控制，产生严重的质量问题，所以取样环节对药品的质量检验来说至关重要，需严格按照相关要求和程序执行，保证取样的代表性。为此后续将有相关章节对取样的原理和要求进行详细介绍。

受检的样品必须检验目的明确、包装完整、标签批号清楚、来源确切。常规检品收检的数量为一次全项检验用量的三倍，数量不够不予收检。特殊管理的药品和贵重药品应由委托单位加封或当面核对名称、批号、数量等后方可收检。

3. 检验 按已确定的检验方法和方案，对药品的质量特性（如性状、鉴别、检查和含量测定等）进行定量或定性的观察、测量、试验，得到相应的量值和结果。需要注意的是：测量和试验前后，检验人员要确认检验仪器设备和被检物品试样的状态正常，保证测量和试验数据的正确和有效。

4. 记录 对测量的条件、测得的数据和观察得到的技术状态需用规范化的格式和要求予以记载或描述，作为客观的质量证据保存下来，这是判定药品质量、问题追溯的原始依据。质量检验记录是证实产品质量的证据，因此数据要客观、真实、完整，字迹要清晰、整齐，不能随意涂改，需要更改的要按规定程序和要求办理。质量检验记录的内容一般包括供试品名称、来源批号、数量、规格、取样方法、外观性状、包装情况、检验目的、检验方法及依据，收到日期、检验日期及班次、报告日期、检验中观察到的现象、检验数据、检验结果、结论等；检验人员应签名，且由复核人复核，做到无缺页缺损，妥善保存，以便于质量追溯，明确质量责任。

5. 报告 检验报告是药品质量检验结果的证明书，要求内容完整、无缺页损角，文字简洁、字迹清晰、结论明确。检验报告的主要内容一般包括：检品名称、批号、规格、数量、来源、包装情况、检验目标、检验项目（定性鉴别、检查、含量测定等）、标准依据、取样日期、报告日期、检验结果（应列出具体数据或检测结果）、检验结论等内容。最后必须有检验人、复核人及有关负责人签名或盖章。记录和报告应妥善保存 3 年及以上，以便备查。

三、质量检验计划

（一）基本涵义

1. 质量检验计划的涵义 质量检验计划就是对检验涉及的活动、过程和资源及相互关系做出的规范化的文件规定，用以指导检验活动正确、有序、协调地进行。

检验计划是产品生产者对整个检验工作进行的系统策划和总体安排的结果，确定检验工作何时、何地、何人（部门）、做什么以及如何做的技术和管理活动。一般地，检验计划以文字或图表形式明确地规定检验站（组）的设置、资源的配备（包括人员、设备、仪器、量具和检具）、检验方式与方法的选择、工作量的确定。它是指导各检验站（组）和检验人员工作的依据，也是产品生产者质量管理体系中质量计划的一个重要组成部分，为检验工作的技术管理和作业指导提供依据。

2. 编制质量检验计划的目的 检验活动是由分散在各生产组织的检验人员完成的，这些人员需要熟悉和掌握产品及其检验工作的基本知识和要求，掌握如何正确进行检验操作。因此，需要以文件的形式编制检验计划来阐述这些信息和资料，以指导检验人员完成检验工作，保证检验工作的质量。

同时，现代化的药品生产活动也是一个有序、复杂的过程，它涉及不同部门、不同工种、不同人员、不同过程、不同的材料物资等。这不仅要求这些部门、人员和过程需要协同配合、有序衔接，而且检验活动和生产过程也需要密切协调、紧密衔接。而这些就需要通过编制检验计划来予以保证。

3. 质量检验计划的作用 质量检验计划是对检验活动带有规划性的总体安排，它具有以下重要作用。

（1）可按照药品生产及物流的流程，充分利用企业现有资源，统筹安排检验站、点（组）的设置，以降低质量成本中的鉴别费用，并最终降低药品成本。

（2）可根据药品和制备工艺要求合理地选择检验项目、方式和方法，合理配备和使用人员、设备、仪器仪表和量检具，有利于调动每个检验人员的积极性，提高检验的工作质量和效率，降低物质和劳动的消耗。

（3）可对药品不合格严重性进行分级，并实施管理，以充分发挥检验职能的有效性，在保证药品质量的前提下降低药品的检验和制造成本。

（4）可使检验工作逐步实现规范化、科学化和标准化，使产品质量能够更好地处于受控状态。

4. 质量检验计划的内容 质量检验部门可根据生产活动相关部门的有关计划及产品的不同情况来编制检验计划，其基本内容包括：①编制检验流程图，确定适合作业特点的检验程序；②合理设置检验站、点（组）；③编制药品原辅料、中间产品及成品的质量特性分析表，制订产品不合格严重性分级表；④对关键和重要的原辅料、中间产品编制检验规程、检验指导书、细则或检验卡片；⑤编制检验手册；⑥选择适宜的检验方式、方法；⑦编制测量工具、仪器设备明细表，提出补充仪器设备及测量工具的计划；⑧确定检验人员的组织形式、培训计划和资格认定方式，明确检验人员的岗位工作任务和职责等。

5. 编制检验计划的原则 根据药品生产的复杂程度、制备工艺、生产规模、特点、批量的不同，质量检验计划可由质量管理部门或质量检验的主管部门负责，由检验技术人员编制，也可以由检验部门归口会同其他部门共同编制，并考虑以下原则。

（1）充分体现检验的目的：即防止产生和及时发现不合格品，保证检验通过的产品符合质量标准的要求。

（2）对检验活动能起到指导作用：检验计划必须对检验项目、检验方式和手段等具体内容有清楚、准确、简明的叙述和要求，且应能使与检验活动相关的人员有同样的理解。

（3）关键质量应优先保证：对药品的关键物料、关键质量特性要优先考虑和保证。

（4）综合考虑检验成本：制订检验计划时要综合考虑质量检验成本，在保证药品质量的前提下，尽可能地降低检验费用。

（5）进货检验、验证应在采购合同的附件或检验计划中详细说明检验、验证的场所、方式、方法、数量及要求，并经双方共同评审确认。

（6）检验计划应根据药品生产过程中物料、中间产品及成品的质量要求或制备工艺的变化做出相应的修改和调整，以适应生产作业过程的需要。

（二）检验流程图

1. 流程图的基本知识 与药品生产过程有关的流程图有工艺流程图和检验流程图等，其中工艺流程图是检验流程图的基础和依据。

（1）工艺流程图：工艺流程图是用简明的图形、符号及文字组合形式表示的工艺过程中各过程输入、输出和过程形成要素之间的关联和顺序。药品生产的工艺流程图可将从药物生产的起始物料和原辅料等投入开始，直至成品的全过程中所有的作业程序，用规范的图形和文字表示，以便于企业的作业组织和管理。它根据设计文件将工艺过程的名称和实现方式与方法表示为具体的流程顺序、工艺步骤、加工制作的方法和要求，如图 6-1 所示为冻干制剂的工艺流程图。

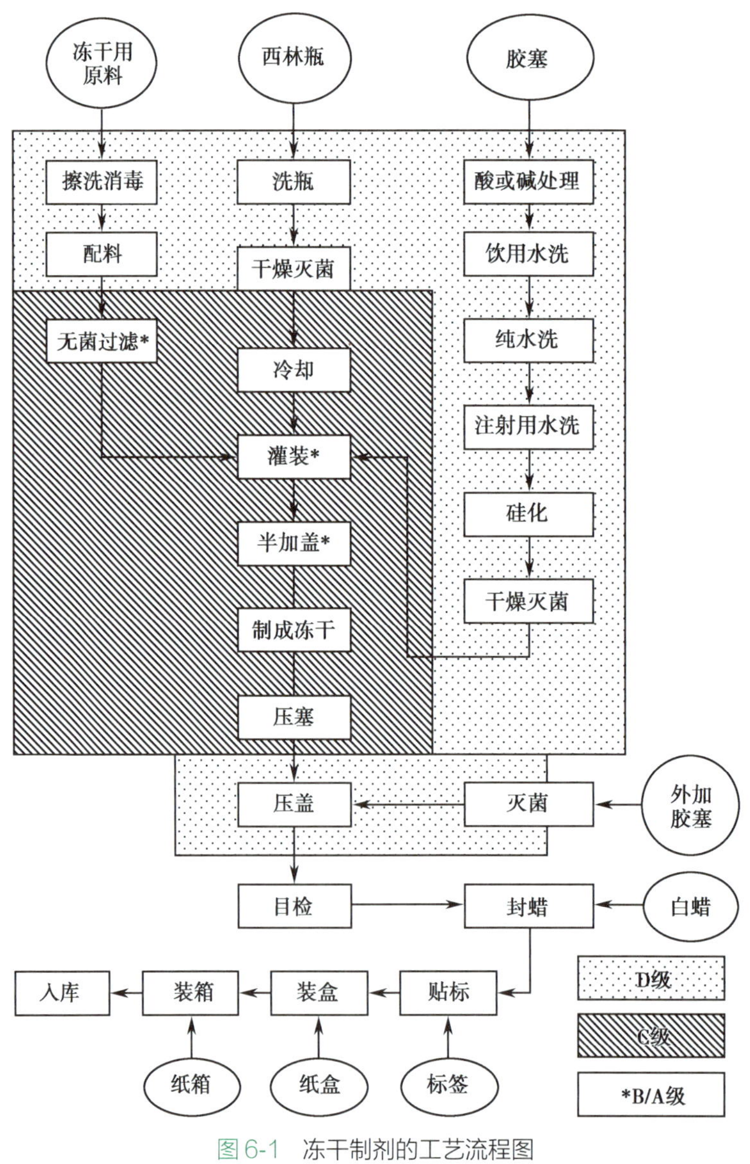

图 6-1 冻干制剂的工艺流程图

（2）检验流程图是用图形、符号及文字组合形式简洁明了地表示检验计划中确定的特定产品的检验流程（过程）、检验工序、位置设置和选定的检验方式、方法及相互顺序的图样。它是检验人员进行检验活动的依据。检验流程图和其他检验指导书等一起，构成完整的检验技术文件。

较为简单的产品可以直接采用工艺路线图，并在需要质量控制和检验的部位、处所插入表示检验的图形和文字，必要时标明检验的具体内容和方法，同样可起到检验流程图的作用和效果，如图 6-2 和图 6-3 所示。

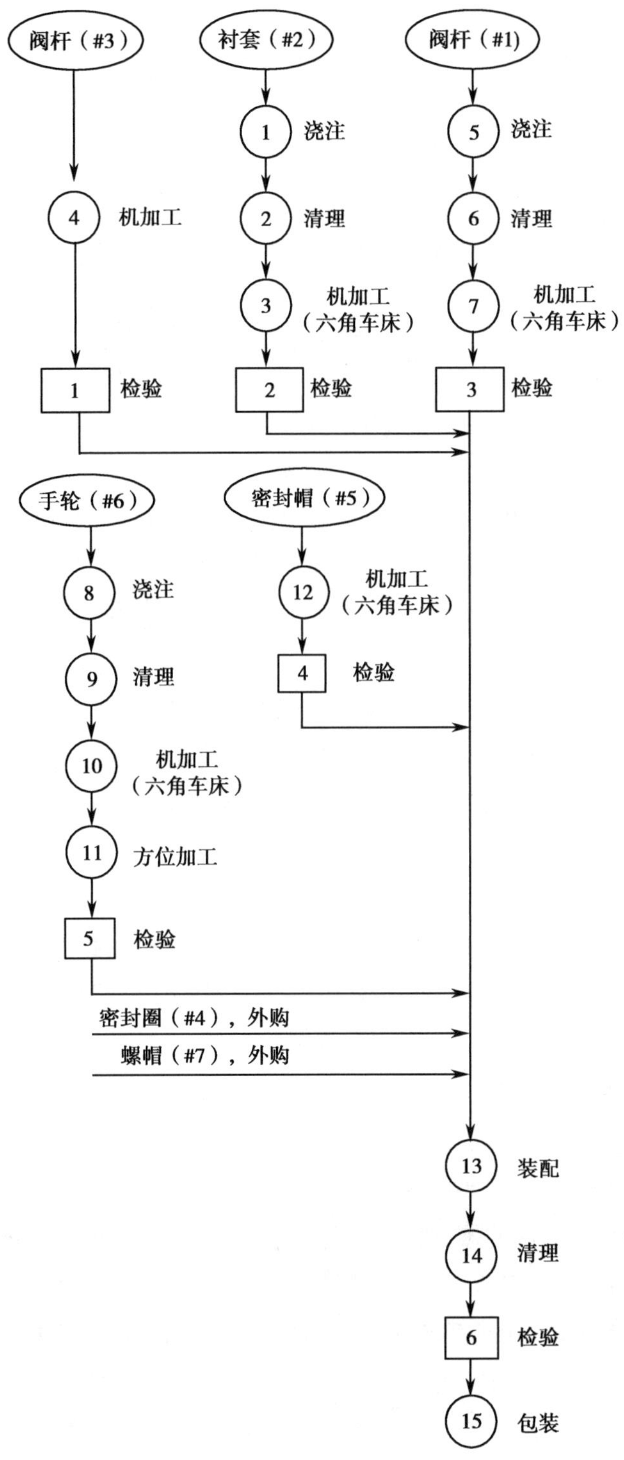

图 6-2　检验流程图示例

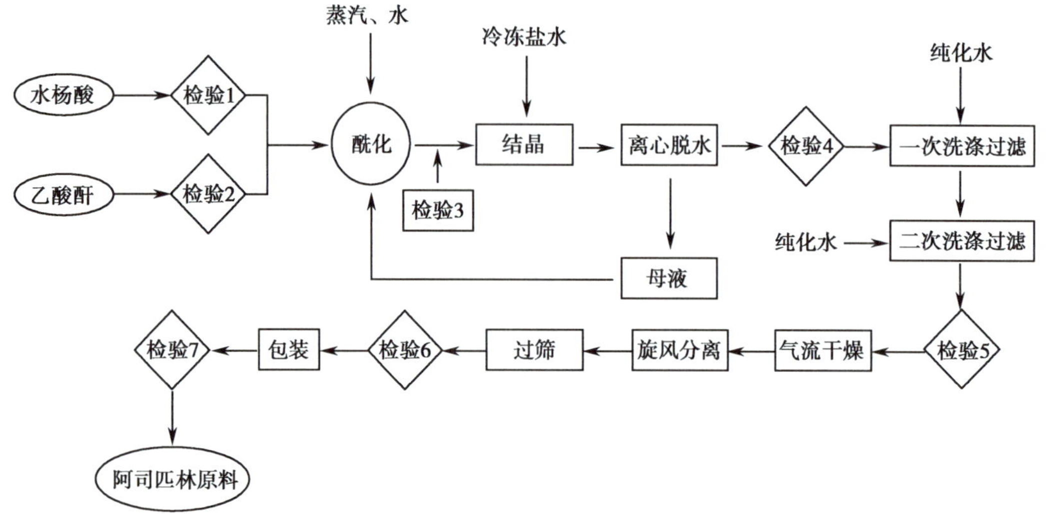

图6-3 阿司匹林原料药生产的检验流程图

对于比较复杂的产品，需要在工艺路线图的基础上编制检验流程图，以明确检验的要求和内容及其与各过程之间的清晰、准确的衔接关系。药品的检验流程图对于不同企业可有不同的形式和表示方法，无须千篇一律。但同一个企业内部的流程图表达方式、图形符号要规范、统一，便于准确理解和执行。

2. 检验流程图的编制过程 首先要熟悉和了解药品的质量标准及有关的质量特性分析，熟悉药品生产的工艺文件，如工艺流程，然后根据工艺流程、工艺规程（作业规范）等工艺文件，设计检验工序的检验点（位置），确定检验工序和作业工序的衔接点及主要的检验方式、方法和内容，再绘制检验流程图。

绘制完的检验流程图，需组织产品设计、工艺、检验、作业管理、过程操作等人员一起对编制的流程图进行合理性、适用性和经济性评审，提出改进意见，并进行修改。修订后的流程图最后需经企业的技术领导人或质量的最高管理者（如总工程师或质量保证经理）批准。

（三）检验站的设置

1. 涵义 检验站是根据生产作业分布（工艺布置）及检验流程设计确定的作业过程中最小的检验实体，其作用是通过对产品的检测，履行产品检验和监督的职能，防止所辖区域不合格品流入下一作业过程或交付。

2. 检验站设置的基本原则 检验站是检验人员进行检验活动的场所，合理设置检验站可以更好地保证检验工作的质量，提高检验效率。检验站的设置通常遵循以下基本原则。

（1）要重点考虑设在质量控制的关键部位和控制点：例如，一般在外购物料的进货处、成品的放行和交付处、生产组织的接口（如车间之间）、中间产品和成品完成入库之前应设立检验站；在产品的关键物料、关键工序之后或生产线的最后工序终端，也必须设立检验站。由此，加强检测站的质量把关作用，保证下一工序的顺利进行和用户的利益。

（2）需满足生产过程需要并与生产节拍同步和衔接：在流水生产线和自动生产线中，检验通常是工艺链中的有机组成部分，因此在某些重要过程之后，及生产线某些分段的交接处，应设置必要的检验站。

（3）需有适宜的工作环境：包括便于检验的活动空间（如检验工具、设备和待检产品的存放），方便检验人员和操作人员的联系，操作人员送取检验样品的行走路线应最佳，应保证检验人员有较广的视域，以便能够观察到操作人员的作业活动情况。

（4）需考虑节约检验成本和提高工作效率：检验站的数量和检验人员、检测设备、场地面积都要适应作业和检验的需要，检验工作要有适当的负荷。

（5）检验站的设置可根据生产工艺的需要做适时适当和必要的调整。

3. 检验站设置的特点和要求 检验站可按产品类别、生产作业组织或工艺流程顺序等设置。现对按工艺流程顺序设置的主要检验站进行简要介绍。

（1）进货检验站：主要负责对外购原料、辅料、包装材料及其他物料等的进厂检验和试验。进货检验有两种方式，即在供方或需求方进行检验。对于药品生产企业来讲，较普遍的形式是物料进厂后由设在需求方的进货检验站根据规定进行接收检验，合格品接收入库，不合格品退回供货单位或另作处理。但对某些性质稳定、需求量大、运输较困难的物料也可采取在供货方进行检验，以方便检测后的处置。

（2）过程检验站：它设置在作业组织的各生产过程，也有两种不同形式，一种是分散的，即按工艺顺序分散在生产流程中；第二种是集中式的，即多种有关联的工序完成后，都送同一检验站进行检验。分散式的检验站多用于大批量生产的企业，而集中式的检验站多用于单件、小批量生产的企业。

（3）完工检验站：是指对药品的包装材料等组成部分或成品的完工检验，也指药品生产的某一过程、环节或全部工序完成以后的检验。对于药品的组成部分来说，完工检验可能是入库前的检验，也可能是直接放行进入装配前的检验；对于成品来说，可能是交付前检验，也可能是进入成品库以前的检验。其检验站可按照以下三种形式组织。

1）开环分类式检验站：它的作用是把合格品和不合格品分开，以防止不合格品流入下一生产环节或流入用户手中。

2）开环处理式检验站：它的特点是对于一次检查后被拒收的不合格品，进行重新审查。审查后能使用的，按规定程序批准后例外放行交付使用，能返工返修的就进行返工返修，返工返修后再重新检验，并做出拒收或接收的决定。

3）闭环处理式检验站：它的特点是对一次检测后拒收的产品进行认真分析，查出不合格的原因。这种分析不仅决定是否可进行返修处理，而且要分析采用标准的合理性，分析过程中存在的问题，并根据分析的结果采取改进措施，反馈到生产中去，防止重新出现已出现过的不合格。

显然，上述三种检验站中，闭环处理式检验站对生产来说具有明显的优越性。但是一般检验站都是开环形式，不进行不合格的原因分析。

（四）检验手册和检验规程（检验指导书）

1. 检验手册 它是质量检验活动的管理规定和技术规范的文件集合，是检验工作的指导性文件。检验手册对专职检验部门的质量检验工作进行了详细描述，是质量检验人员和管理人员的工作指南，也是质量管理体系文件的组成部分，对加强药品生产全过程的检验工作，使质量检验的业务活动标准化、规范化、科学化具有重要意义。

检验手册一般由程序性和技术性两方面内容组成，具体常包括：①质量检验体系和机构，包括机构框图和机构职能的规定；②质量检验的管理制度和工作制度；③进货检验程序；④过程检验程序；⑤成品检验程序；⑥计量控制程序（包括通用仪器设备及计量器具的检定、校验周期表）；⑦检验有关的原始记录表格格式、样张及必要的文字说明；⑧不合格产品审核和鉴别程序；⑨检验标志的发放和控制程序，检验结果和质量状况反馈及纠正程序；⑩经检验确认不符合规定质量要求的物料、中间产品和成品的处理程序。

不同产品和过程的检验手册不同，但主要内容均包括：①不合格严重性分级的原则、规定及分级表；②抽样检验的原则和抽样方案的规定；③材料部分，有各种材料的规格及其主要性能和标准；④过程部分，有工艺规程、质量控制标准；⑤产品部分，有产品的规格、性能及有关技术资料，产品的样品和图片等；⑥检验部分，有检验规程、细则及标准；⑦索引、术语等。

编制检验手册是专职检验部门的工作，由熟悉产品质量检验管理和检测技术的人员编写。检验手册中首先要说明质量检验工作的宗旨、合法性和目的性，并经授权的负责人批准签字后生效，并按规定程序发布实施。

2. 检验规程（检验指导书）

（1）概念：检验规程是具体规定检验操作要求的技术文件，又称检验指导书或检验卡片。它是产品生产过程中，用以指导检验人员规范、正确地实施产品和过程完成的检查、测量、试验的技术文件。

它是检验计划的一个重要组成部分，也是质量管理体系文件中的一种技术作业指导性文件，又可作为检验手册中的技术性文件，具有很强的技术性、专业性、可操作性，其目的是为重要产品及其组成部分和关键工艺过程的检验活动提供具体操作上的指导。它要求文字表述明确、准确，操作方法说明清楚、易于理解，过程简便易行，以使检验操作统一规范。

（2）编制要求：一般地，对药品成品及其关键重要的原辅料的检验都应编制检验规程。在检验规程上应明确规定需要检验的质量特性及其技术要求，规定检验方法、检验基准、检测量具、取样大小以及检验示意图等内容，以使检验人员按检验规程规定的内容、方法、要求和程序进行检验，保证检验工作的规范性，有效防止错检、漏检等现象发生。为此，编制检验规程的主要要求如下。

1）应全部列出该过程作业控制的所有质量特性，对其技术要求要表述明确、具体，用语规范，使操作和检验人员容易掌握和理解。此外，还可能包括不合格严重性分级、尺寸公差、检测顺序、检测频率、样本大小等有关内容。

2）针对质量特性和不同精度等级的要求，应合理选择适用的测量工具或仪表，并在检验规程中标明它们的型号、规格和编号，甚至说明其使用方法。

3）当采用抽样检验时，应正确选择并说明抽样方案。根据具体情况及不合格严重性分级，确定可接受质量水平（acceptance quality limit，AQL）的值，正确选择检查水平；根据产品抽样检验的目的、性质、特点，选用适用的抽样方案。

（3）检验规程的内容：包括①检测对象，如受检产品名称、型号、图号、工序名称及编号；

②质量特性值，如按药品质量要求转化的技术要求，规定检验的项目；③检验方法，如规定检测的基准、检验的程序和方法、有关计算（换算）方法、检测频次、抽样检验时有关规定和数据；④检测手段，检测使用的计量器具、仪器、仪表及设备、工装卡具的名称和编号；⑤检验判定，如规定数据处理和判定比较的方法，判定的准则；⑥记录和报告，如规定记录的事项、方法和表格，规定报告的内容与方式、程序与时间；⑦其他说明。

检验规程的格式应根据生产组织的不同生产类型、不同作业工种等具体情况进行设计。

四、质量特性分析和不合格严重性分级

（一）质量特性分析表

1. 概念 质量特性分析表是分析产品实现过程中产品及其组成部分的重要特性与产品适用性的关系，及主要影响这些特性的过程因素的技术文件。

药品设计开发人员为使药品满足顾客及相关方的需求，将各项需求转化为产品的各项技术性能和质量特性。检验人员也应了解药品的技术性能，熟悉重要的质量特性以及这些特性和药品质量的内在联系，掌握药品质量控制的关键和质量检验的重点。质量特性分析表应由药品的设计和技术部门编制，供检验人员及其他与药品生产过程有关人员（如生产管理人员等）参考和使用，并作为编制检验规程的依据，以指导检验技术活动。

2. 编制的依据 编制质量特性分析表所依据的主要技术资料有：①产品图纸或设计文件；②工艺路线及工艺规程；③作业管理点明细表；④用户或下一作业过程要求的变更质量指标的资料。药品质量特性分析表的示例如表6-1。

表6-1 枳实提取物（10%）的重要质量特性分析表

车间：提取车间	产品名称：10% 枳实提取物	指定日期：					
部门：生产部	名称：枳实水提液 编号：（RK-ZS10-03）	影响因素					备注
工序	项目	操作者	设备	材料	方法	环境	
10 破碎及过筛	（1）枳实来源、产地及成分组成 （2）枳实粉末中辛弗林的含量 （3）粒度	−	+	+	+	−	
20 提取	（1）枳实提取液的比重 （2）枳实提取液中辛弗林的含量	+	+	+	+	+	
30 放料	放料时间	±	+	+	+		
40 离心	（1）离心液的比重 （2）离心液的澄清度 （3）离心液的颜色	−	+	+	−	−	
50 储罐/醇沉罐	（1）枳实水提液固形物含量 （2）枳实水提液中辛弗林的含量 （3）枳实中辛弗林的转移率	+	+	−	−	+	

注："+"表示有影响；"±"表示有时候有影响，有时候无影响；"−"表示无明显影响。

（二）不合格的严重性分级

1. 不合格的概念 不合格就是不符合要求。在药品检验中，不合格是指药品的任一质量特性不符合规定的要求。它是由药品生产过程中影响药品质量的基本因素（如5M1E）的波动和变化造成的。

2. 不合格分级 不合格是质量偏离规定要求的表现，而这种偏离因其质量特性的重要程度不同和偏离规定的程度不同，对产品适应性的影响也就不同。不合格严重性分级，就是将产品质量可能出现的不合格，按其对产品适用性影响的不同进行分级，列出具体的分级表，据此实施管理。

对不合格进行分级，具有如下作用：①可以明确检验的重点，便于检验人员在检验活动中更好地把握产品质量的关键和提高检验效率；②有利于选择更好的验收抽样方案，以确定可接受质量水平的AQL值，判定和处理不合格批；③便于综合评价产品质量，使评价更科学、细致，同时有利于评价相对质量水平，并为保证和提高产品质量建立激励机制的评定提供依据；④有利于发挥质量综合管理和质量检验职能的有效性；⑤为质量风险管理中风险的严重性评价提供依据。

3. 不合格严重性分级的原则 不合格严重性分级的原则如下。

（1）质量特性的重要程度：高等级质量特性发生不合格的严重性高。

（2）质量特性对产品适用性的影响程度：不合格严重性分级还要综合考虑质量特性对产品使用、安全、经济和市场占有份额等多方面的影响来决定。

（3）用户可能反映不满意的强烈程度：用户反映越不满意的质量特性的严重性越大。

（4）不合格严重性分级：除考虑功能性质量特性外，还必须包括外观、包装等非功能性的影响因素。

（5）不合格对下一作业过程的影响程度。

例如，表6-2所示为机械设备的不合格严重性分级原则的共同模式。目前尚未见药品质量特性的不合格严重性分级原则的共同模式，企业可针对药品质量特性的实际情况，依据药物的安全性、有效性、均一性、稳定性及其药物使用的患者顺应性等方面，科学合理地制订不合格严重性分级的原则。类似的有食品不合格严重性分级的综合原则，如表6-3所示。

表6-2 机械设备不合格严重性分级的原则（共同模式）

不合格严重性级别	不合格值	造成人身伤害事故	造成运转失灵	造成现场难以确定位置的间歇性运转故障	造成次于标准的运转故障	导致增加保养次数或减短寿命	造成顾客安装上的困难	外形、涂层或工艺上的缺陷
A	100	易	必然*	必然				
B	50		必然# 大概会		必然	必然	大大增加	
C	10		可能会		可能会	可能会	增加减少	大
D	1		不会		不会	不会		小

注：*现场难以纠正；#现场容易纠正。

表6-3 食品不合格严重性分级的综合原则

不合格严重性分级	对顾客安全的影响	对使用的影响	与顾客的关系	公司的损失	对符合政府规定的影响
关键性的	必然会使顾客遭受伤害或疾病	使产品完全不适用	由于气味、外观等等会伤害到顾客的感觉	失去顾客并造成大大超过产品价值的损失	不符合有关纯度、毒性和鉴定方面的规定
主要的A	不大可能造成人身伤害或疾病	可能会导致产品不适用，并可能会被顾客拒绝	可能为顾客觉察，降低了产品的销售性	可能会失去顾客，并造成大大超过产品价值的损失；或将显著减少生产产量	不符合有关重量、体积或批量控制方面的规定
主要的B	不会造成人身伤害和疾病	导致产品比较难以使用，例如难于从包装中取出或需要用户做临时处理；或影响外形、整洁	可能会为某些顾客所觉察，如被觉察会引起顾客的不快	不大会失去顾客，可能需要更换产品；可能造成与产品价值相当的损失	与有关重量、体积或批量控制的规定稍有不符，例如在文件资料的完整性上
次要的	不会造成人身伤害和疾病	不会影响产品的使用性；可能会影响外形、整洁	不大会为顾客所觉察，即使觉察也无大影响	不大会造成损失	完全符合规定

4. 不合格严重性分级的级别 不合格严重性分级的等级划分不宜太细，划分越细，级别之间的差异就越难区分。我国国家标准推荐，将不合格分为3个等级，代号分别为A、B、C；我国某些行业则分为四级，代号分别为A、B、C、D。

（1）三级不合格：①A类不合格，单位产品的极重要的质量特性不符合规定，或单位产品的质量特性极严重不符合规定；②B类不合格，单位产品的重要质量特性不符合规定，或单位产品的质量特性严重不符合规定；③C类不合格，单位产品的一般质量特性不符合规定，或单位产品的质量特性轻微不符合规定。

从以上分级可知：不合格分级的级别既与质量特性的重要程度有关，又与不合格的严重程度有关。

（2）四级不合格：①A级，表示非常严重，不合格分值100分；②B级，表示严重，不合格分值50分；③C级，表示中等严重，不合格分值10分；④D级，表示不严重，不合格分值1分。同三级不合格一样，四级不合格既要考虑质量特性的重要程度，又要考虑不合格的严重程度。

5. 产品不合格严重性分级表 前面所述的产品不合格严重性分级原则是生产者的一种管理规范性文件，可编入企业管理标准，但不是某种产品检验计划的构成文件，而某产品的不合格严重性分级表才是该产品检验计划的组成部分。

不合格严重性分级表是根据不合格严重性分级的原则，针对具体产品可能出现的质量特性不合格对其严重性进行的分级，是不合格严重性分级原则对特定产品的具体化。分级表应明确列出不合格的项目、状况及其严重性级别。

掌握产品不合格严重性分级表就可以掌握某项产品检验工作的关键，确定采取的检验方式，知晓哪些质量特性项目需要专检，哪些可以自检、互检；确定检验的频次和检验的数量；确定哪些项目需要编制检验规程等。因此，掌握和用好分级表不仅对提高检验工作的质量和效率，还是降低检验费用都具有重要意义，而且对产品形成过程的设计、检验工作的策划、有关检验文件的编制（如检验规程）也有直接的指导作用。

第三节　抽样与检验

在产品的制造过程中，为了保证产品质量符合规定的标准，防止不合格品出厂或进入下道工序，最好能对产品进行全数检验。但受人力、物力、财力和时间等限制，在很多情况下全数检验是不现实的，尤其是破坏性检验。此时，投入成本较低、检验时间较短并适用于破坏性检验场合的抽样检验是一种有效且可行的方法，并因其优点在企业的质量管理活动中有着广泛的应用。

抽样检验是指按照数理统计的原理，从待检产品中随机抽取一定数量的样本，并对样本进行全数检验，再根据样本的检验结果来判定待检产品质量状况的过程。由此可知，抽样检验必须借助数理统计的方法，才能实现其通过样本的抽取、检验及对结果的分析，判断总体产品或过程质量的功能。但其前提条件是抽取的样本必须具有代表性，能反映总体的质量状况。这首先要求待抽取的总体必须真实、均匀，其次就是怎么抽样和抽多少的问题。也就是说只有保证总体的真实和均匀，才可能采取科学、合理的手段与方法，获取能反映总体且具有代表性的样本，并通过对样本的检验及其结果分析，判断总体的质量状况。

按照数理统计的原理，要通过样本检验结果实现对总体质量的估计，并做出合格与否的判定，必须给出科学合理的抽样方案，也即确定怎么抽，抽多少的问题。一般地，抽取的样本数必须达到一定的水平，如不少于 50 个（件）或 100 个（件），样本数太少则通过样本所得到的检验结果往往不能反映总体的质量特性。需要明确的是，抽样检验判定为合格的总体，不等于总体中每个产品都合格；判定为不合格的总体，也不等于总体中的全部产品都不合格。其判断错误的概率取决于估计时所设定的显著性水平，即犯两类错误的概率。

一、基本涵义

（一）概念

抽样检验主要涉及的名词术语如下。

1. 单位产品　抽样检验中划分的单位体或单位量。对于按件制造的产品来说，一件产品就是一个单位产品，具有可数的特点，如一片药片、一粒胶囊。而有些产品的单位产品划分不明确，具有不可数的特点，这时必须人为地规定一个单位量，如一千克提取物或一千克药粉等。

2. 计数检验　根据给定的技术标准，将单位产品判定为合格品或不合格品的检验，或统计出单位产品中不合格的检验，前者称为“计件检验”，对应于可数的单位产品；后者称为“计点检验”，对应于不可数的单位产品。它可把多种质量特性作为一个整体质量标准，以进行单位产品合格与否的判定。

3. 计量检验　根据给定的技术标准，将单位产品的质量特性（如重量、强度等）用尺度测量其具体的数值，并与标准对比，以判断批产品是否可接收的检验。它不能把多种计量特性合并起来作为一个整体质量标准，但当给出了单位产品某个计量特性合格与不合格的规格限时，则可把计量抽检转变为计数抽检。因此，药品的抽样检验大多可采用计数抽样检验，故本教材仅讲述计数抽样检验，对计量抽样检验不做介绍。

4. 检验批　它是作为检验对象而汇集起来的一批产品，有时也称交检批。一个检验批应由一定时间内在制造条件基本相同的情况下制造出来的同种单位产品组成。对于药品而言，我国 GMP（2010 年修订）对批的定义为：经一个或若干加工过程生产的、具有预期均一质量和特性的一定数量的原辅料、包装材料或成品。例如：口服或外用的固体、半固体制剂在成型或分装前使用同一台混合设备一次混合所生产的均质产品为一批；口服或外用的液体制剂以灌装（封）前经最后混合的药液所生产的均质产品为一批。

5. 批量　它是指检验批中单位产品的数量，用符号 N 表示。

6. 不合格与不合格品　在抽样检验中，不合格是指单位产品的任何一个质量特性不符合规定要求。有一个或一个以上不合格的单位产品，称为不合格品。

7. 抽样方案　规定了每批应检验的单位产品数（即样本量）和有关批接收准则（包括接受数、拒收数、接收常数和判断规则等）的一个具体方案。与所使用抽样方案有关的抽取样本的程序，称为抽样程序。

（二）产品批质量的表示方法

计数抽样检验的批质量表示方法有不合格品率、不合格品百分数和每百单位产品不合格数，前两种方法主要用于计件抽样检验，而第三种方法主要用于计点检验。

1. 不合格品率和批不合格品率　是指总体中不合格品数目除以总体中单位产品的总数，常用符号 p 表示。不合格品率乘以 100，即为不合格品百分数（$100p$），在抽检方法标准中常用。若总体为批，不合格品率即为批不合格品率，不合格品百分数即为批不合格品百分数。

2. 不合格率和批不合格率　指总体中不合格项数目除以总体中单位产品的总数，也常用符号 p 表示。同样，不合格率乘以 100，即为每百单位产品不合格数（$100p$）。若总体为批，不合格率即为批不合格率，每百单位产品不合格数即为批每百单位产品不合格数。

（三）产品批质量的抽样验收

产品批质量抽样验收的判断依据是抽样方案，为此首先必须先科学合理地制订一个抽样方案。在最简单的计数检验抽样方案中，常需确定抽取的样本量 n 和产品批接收准则（包括接收数 A、拒收数 R 和判断规则）。其中，批合格判断数或接收数（A）是指批接收时样本中不合格品或不合格的最大允许数；批不合格判断数或拒收数（R）是指批拒收时样本中不合格或不合格品的最小数。

对产品批质量验收判断的程序如图 6-4 所示：从批量 N 中随机抽取容量为 n 的样本，检验测量样本中全部产品，记下其中的不合格品数（或不合格数）d。如果 $d \leqslant A$，则认为该批产品质量合格，予以接收；如果 $d \geqslant R$，则认为该批产品质量不合格，予以拒收。

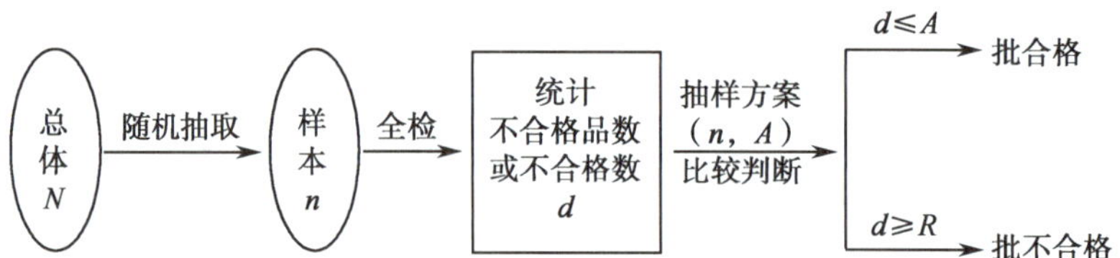

图 6-4　一次性抽样批的合格性判定程序

（四）接收概率与 OC 曲线

1. 接收概率　接收概率是指按确定的抽样方案（n, A）对给定质量水平（p）的批（N）进行验收时被接收的概率。其中，n 为样本量；A 为批合格判定数；检验批（批量 N 和批质量 p）判断为合格被接收的概率记为 $L(p)$。对于同一抽样方案而言，交验批的不合格品率越大，接收概率就越小。

对于计件抽检的接收概率，无限总体可采用二项分布计算法，有限总体可采用超几何分布计算法。一般地，当 $n \leqslant 0.1N$，有限总体计件抽检的接收概率也可采用无限总体的二项式分布计算法近似计算，即按公式（6-1）计算。

$$L(p)=\sum_{d=0}^{A}\binom{n}{d}p^{d}(1-p)^{n-d} \qquad \text{式(6-1)}$$

当 $n \leqslant 30$，$p < 0.5$ 时，也可以通过二项分布累积概率值表（附表 1）查得接收概率。例如：一批 N=3 000 的产品提交做外观检验，若按抽样方案（20，1），当批质量 p=1% 时，按公式（6-1）计算，接收概率 $L(p)$为 0.983 1，此值也可由附表 1 查得。

对于计点抽检的接收概率，可采用泊松分布计算法，按公式（6-2）算得。

$$L(p)=\sum_{d=0}^{A}\frac{(np)^{d}}{d!}e^{-np}(e=2.718\,28\cdots\cdots) \qquad \text{式(6-2)}$$

2. OC 曲线　按照确定的抽样方案（n, A），批接收概率 $L(p)$随批质量 p 变化的曲线，称为抽检特性曲线（operating characteristic curve），简称 OC 曲线（OC curve）。OC 曲线是对应于给定总体的特定抽样方案，即对应于给定的总体，一个抽样方案对应一条 OC 曲线。如图 6-5 所示为批量 N=2 000 的总体，按抽样方案（50，1）抽检的 OC 曲线。

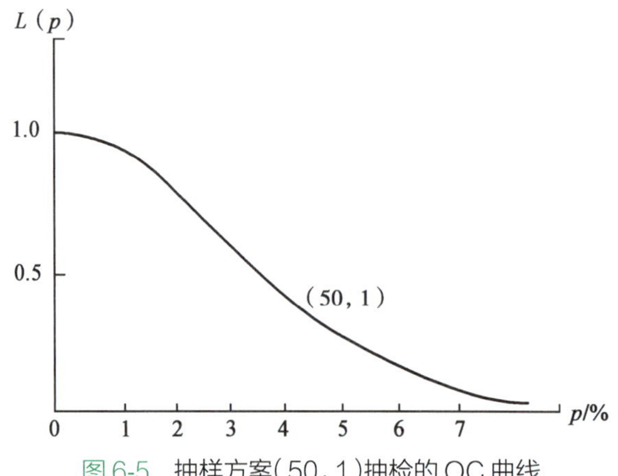

图 6-5　抽样方案（50，1）抽检的 OC 曲线

从 OC 曲线可知，对于特定的抽样方案，随着批不合格品率的不断增加，批接收概率不断减小。但对于给定的总体来说，不同的抽样方案其 OC 曲线不同，反映出对总体质量的辨识力也不同，即同一不合格品率下不同抽样方案的批接收概率不同。

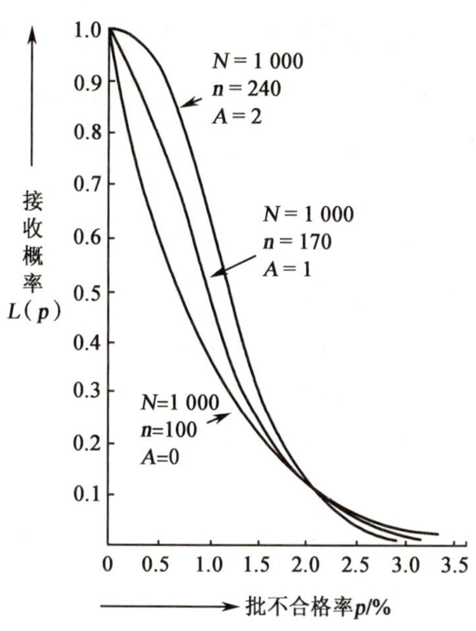

图 6-6　三种抽样方案（A=0、1、2）的 OC 曲线比较

那么，到底采取什么样的抽样方案较好呢，图 6-6 为同一批产品（N=1 000）采用三种抽样方案所得 OC 曲线的比较。

同一批产品的批不合格品率 p 相同，从图 6-6 可知，抽样检查时，当 $p \leqslant 2.2\%$ 时，若增加抽取的样本量 n，可在较大的批合格判定数 A 下，获得同样或较大的批接收概率，由此既保证了对批质量的辨识，又保护了生产方的效益。所以，人们常认为样本中不出现不合格品，即采用 A=0 的抽样方案，看似最严格、最让人放心，但在实际操作中并非最佳方案。

而对于 A 都规定为 0，无论产品批量（N）如何，均按同一百分比进行抽样的百分比抽样方案（$n=aN$, 0）更不合理。因为该方案在检验批 N 大时提高了验收标准，而对检验批 N 小时却降低了验收标准。所以，不应当使用。

二、计数标准型抽样检验

（一）基本涵义

计数标准型抽样检验是同时规定对生产方的质量要求和使用方的质量保护的抽样检验过程。即：对于给定的抽样方案，使用方希望不合格品率为 p_1 的批尽量不合格，设其接收概率 $L(p_1)=\beta$；生产方希望不合格品率为 p_0 的批尽量合格，设其拒收概率 $1-L(p_0)=\alpha$。一般规定 $\alpha=0.05$，$\beta=0.10$。给定抽样方案的 OC 曲线如图 6-7 所示。

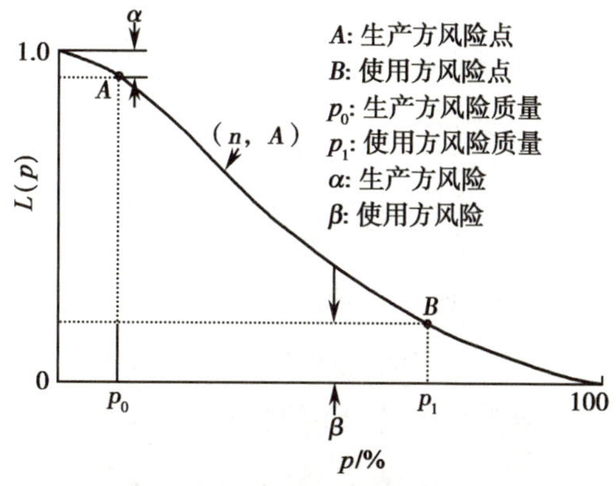

图 6-7　计数标准型抽样检验的 OC 曲线

1. 生产方风险 α　对于给定的抽样方案，在指定不合格品率 p_0 时，生产方承担合格质量批被拒收的风险，即拒真错误。p_0 为生产方风险质量水平，即与规定的生产方风险相对应的质量水平。OC 曲线上 A 对应于规定生产方风险质量和生产方风险的点，即生产方风险点。

2. 使用方风险 β　对于给定的抽样方案，在指定不合格品率 p_1 时，使用方承担不合格质量批被接收的风险，即取伪错误。p_1 为使用方风险质量水平，即与规定的使用方风险相对应的质量水平；也认为是极限质量水平（limiting quality level，LQL），即对于连续批系列，认为不满意过程平均的最高质量水平。OC 曲线上 B 对应于规定使用方风险质量和使用方风险的点，即使用方风险点。

由上可知，p_0 和 p_1 是计数标准型抽样方案的两个重要质量参数。在对孤立批进行抽样检验时，一个抽样方案如果把 A、B 点指示的两个质量水平控制住了，就既保护了生产方的经济利益，又保证了使用方对产品批的质量要求。

（二）抽样程序

计数标准型抽样检验常用于使用方对每批产品质量要求严或对供应方产品质量的状况不了解的情况，它不需要了解产品质量的历史资料。我国发布的相关国家标准中，当批量 $N>250$，且 $n<0.1N$ 时，采用 GB/T 13262—2008《不合格品百分数的计数标准型一次抽样检验程序及抽样表》方法进行抽样检验；当批量 $10\leqslant N\leqslant 250$ 或 $n\geqslant 0.1N$ 时，采用 GB/T 13264—2008《不合格品百分数的小批计数抽样检验程序及抽样表》。下面对两种抽样检验的程序作简要介绍。

1. GB/T 13262—2008 推荐的抽样方案 该方案适合于最终产品、原材料、在制品、库存品、维修操作、管理程序等的抽样检验。

（1）确定质量标准：规定单位产品需抽查的质量特性以及合格与否的判定准则。

（2）规定质量特性不合格的分类与不合格品的分类：通常根据单位产品质量特性的重要程度或质量特性不符合的严重程度将不合格区分为 A、B、C 三种类别；按照产品质量特性不合格的分类分别划分不合格品的类别。

（3）确定生产方风险质量 p_0 和使用方风险质量 p_1 值：确定 p_0 和 p_1 值要综合考虑生产能力、制造成本、质量要求和检验费用等因素，由供需双方协商决定。一般地，p_0 应等于合格质量水平；对于直接关系到人们生命健康和安全的药品出厂检验，应尽可能地保护使用方的需求。

规定 $\alpha=0.05$，$\beta=0.10$，p_0 和 p_1 值的确定可考虑以下方面：①确定 p_0 时，应考虑不合格或不合格品类别，对药品而言，应根据药品本身的安全性，考虑用药的安全性风险，因此 p_0 宜适当小；②选取 p_1 时，应保证 p_1 和 p_0 拉开一定的距离，即 $p_1/p_0>1$，但不能过大（>20），否则会放松对质量的要求。尤其是，对药品的抽样检验，应尽可能考虑对患者的保护，一般 p_1/p_0 宜在 1.5～10 之间。

（4）检验批的组成：如何组成检验批对于质量保证有很大的影响。组成检验批的基本原则是：同批内的产品应当是由同一种类、同一规格型号，且工艺条件和生产时间基本相同的单位产品组成。一般按包装条件及贸易习惯组成的批，不能直接作为检验批。另外，批量越大，单位产品所占的检验费用的比例越小；然而，批量过大，一旦优质批被错判为不合格，或劣质批被错判为合格，都将使全数挑选的工作量大大增加。

（5）抽样方案的检索：根据确定的 p_0 和 p_1 值，检索附表 2，确定抽样方案（n，A）。

（6）样本的抽取：抽取样本的关键是尽量做到“随机化”，保证样本的代表性。随机抽样的方法很多，可按 GB/T 10111—2008《随机数的产生及其在产品质量抽样检验中的应用程序》中规定的方法进行抽样。对于药品出厂检验的抽样原则在《中国药典》（2020 年版）中有详细规定，需遵照执行。

（7）样本的检验：根据规定的质量标准，测试样本中每个产品的质量特性，判断是否合格，记下样本中不合格品数 d。

（8）批接收与否的判断：$d \leqslant A$，批合格；$d > A$，批不合格。

（9）检验批的处置：判定为合格的批，即可接收；判定为不合格的批，对于药品来说不得出厂；对于药品生产中的中间产品，判定为不合格批的处理方式需按 GB/T 13262—2008 标准及原则综合考虑。

2. GB/T 13264—2008 推荐的抽样方案 该方案适用于批量为 10～250 的计数一次和二次抽样检验，尤其适用于产品检验总费用很高或测试带有破坏性的抽样检验，不仅可用于孤立批的检验，也可用于连续批的检验。

（1）规定产品质量：通过综合考虑生产能力、制造成本、质量要求、检验费用和工时等因素，由生产方和使用方协商确定。对于孤立批，应规定生产方风险质量 p_0 和使用方风险质量 p_1；对于连续批，应规定接收质量限 AQL 的值。

（2）规定抽样方案的类型：一次抽样和二次抽样方案的选用，取决于抽检的难易和平均抽样量等因素。一次抽样方案使用简单，二次抽样方案所需的平均抽样量一般小于一次抽样方案的样本量。

（3）选择抽样方案：孤立批和连续批的抽样方案选择不同，此处仅介绍孤立批的抽样方案。

1）抽样方案表：一次抽样方案中，接收数 A，拒收数 R_e，$R_e=A_c+1$；二次抽样方案的判定数组中，第一接收数 A_{c1}，第一拒收数 R_{e1}，第二接收数 A_{c2}，第二拒收数 R_{e2}。

当已规定批量 N、p_0 和 p_1 时，从该标准的附表中查得符合（或接近）规定的一次抽样方案和二次抽样方案。

当已规定批量 N、样本量 n 和接收数或判定数组时，从该标准的附表中查得与已规定的抽样方案相应的 p_0 和 p_1 值。

2）规定 p_0 和 p_1 值：$p_0=0.05$，即合格质量水平；$p_1=0.10$，即使用方风险质量。

3）一次抽样方案（n，A_c）的选择：根据批量 N、p_0 和 p_1，按照该标准中的检索示例，从附表中检索获得一次抽样方案 n 和 A_c。

4）二次抽样方案的选择：根据批量 N、p_0 和 p_1，按照该标准中的检索示例，从附表中检索获得二次抽样方案的 n_1、n_2 和判定数组。

（4）样本的抽取和检验：与 GB/T 13262—2008 推荐的抽样方案一样，应遵循“随机”原则；对于药品出厂检验的抽样原则在《中国药典》（2020 年版）中有详细规定，需遵照执行。根据规定的质量标准，测试样本中每个产品的质量特性，判断是否合格，记下样本中不合格品数 d。

（5）批接收性的判定：采用一次抽样方案时，根据样本检验的结果，如果 $d \leqslant A_c$ 时，则接收该批；如果 $d \geqslant R_e$，则拒绝该批。

采用二次抽样方案时，根据样本检验的结果，如果第一样本的 $d \leqslant A_{c1}$，则接收该批；$d \geqslant R_{e1}$，则不接收该批；如果在第一样本中 $A_{c1} \leqslant d \leqslant R_{e1}$，则继续抽取第二样本，如果第二样本

的 $d \leqslant A_{c2}$，则接收该批；$d \geqslant R_{e2}$，则拒绝该批。

（6）批的处置：判定为合格的批，即可接收；判定为不合格的批，对于药品来说不得出厂；对于药品生产中的中间产品，判定为不合格批的处理方式需按 GB/T 13264—2008 标准及原则综合考虑。

三、计数调整型抽样检验

（一）概述

调整型抽样检验是根据已检验过的批质量信息，随时按一套规则"调整"检验的严格程度的抽样检验过程。它适用于连续批产品，进厂原材料、工序间在制品交接、出厂成品、库存品复检，工序管理和维修操作，一定条件下的孤立批，等。在制药企业的药品生产过程中应用广泛。

具有代表性的调整型抽样检验标准是由美国、英国和加拿大三国联合制定的抽样标准。国际上更习惯将此标准称为 MIL-SID-105D。1973 年，ISO 在此标准的基础上制定了"计数调整型抽样检验国际标准"，1974 年正式颁布实施，代号为 ISO 2859（1974）。1989 年，将其修订为 ISO 2859-1 标准。1999 年，进一步修订为 ISO 2859-1：1999。

我国在博采众长的基础上，于 1987 年制定了"逐批检查计数调整型抽样程序及抽样表"，代号 GB 2828—87，并于 1988 年 5 月 1 日起实施此抽样检验标准。经修订完善于 2012 年颁布了新标准 GB/T 2828.1—2012，等同采用 ISO 2859-1：1999。

（二）GB/T 2828 系统标准

GB/T 2828 系统标准对一系列计数抽样检验程序和方法进行了标准化，它包括：①GB/T 2828.1—2012《计数抽样检验程序第 1 部分：按接收质量限（AQL）检索的逐批检验抽样计划》；②GB/T 2828.2—2008《计数抽样检验程序第 2 部分：按极限质量（LQ）检索的孤立批检验抽样方案》；③GB/T 2828.3—2008《计数抽样检验程序第 3 部分：跳批抽样程序》；④GB/T 2828.4—2008《计数抽样检验程序第 4 部分：声称质量水平的评定程序》；⑤GB/T 2828.5—2011《计数抽样检验程序第 5 部分：按接收质量限（AQL）检索的逐批序贯抽样检验系统》；⑥GB/T 2828.10—2010《计数抽样检验程序第 10 部分：GB/T 2828 计数抽样检验系列标准导则》；⑦GB/T 2828.11—2008《计数抽样检验程序第 11 部分：小总体声称质量水平的评定程序》。

GB/T 2828 系列的每个标准都是基于某个特定的参数，如 AQL、LQ 或声称质量水平（DQL）等对验收批做出接收与否的判定，其中 GB/T 2828.10—2010 对计数抽样检验系列标准的一般操作程序和使用方法给出了指导性原则，GB/T 2828.1—2012 在制药企业的原材料、物料、中间产品和药品的抽样检验中应用广泛，现对 GB/T 2828.1—2012 抽样系统中涉及的若干要素及其应用中的重要内容加以阐述。

1. 设计原则 抽样系统的设计原则包括以下方面。

（1）可接收质量极限（AQL）是整个抽样系统的基础。抽样系统在考虑过程平均的基础上，确定一个"可接收的质量水平"。

（2）采取了保护供方利益的接收准则。当供方提交等于或优于 AQL 产品质量时，则应当几乎全部接收交检的产品批。

（3）当供方提交的产品批质量低于 AQL 产品质量时，基于 AQL 的接收准则，一般不能对使用方进行令人满意的保护。为了弥补这个不足，在抽样系统中拟定了从正常检验转为加严检验的内容、规则，从而保护了使用方的利益。这是基于 AQL 的整个抽样系统的核心。

（4）不合格分类是整个抽样系统的重要特点。对于 A 类不合格的接收准则，比对于 B 类不合格的接收准则要严格得多。也就是说，对于 A 类不合格，AQL 值可以选得小些，而对于 B 类不合格，AQL 值可以选得大一些。

（5）供方提供产品批的质量一贯好的时候，可以采用放宽检验给使用方带来节约。但是能否放宽，应按转移规则而定。

（6）更多地根据实践经验，而不是单纯依靠数理统计学来确定批量与样本量之间的关系。对于从大批量产品中抽取随机样本的困难，及错判为接收或拒收的一大批产品带来的严重后果，给予了足够的重视。

2. 设计抽样表的目的 设计抽样表的目的是：①通过调整检验的严格程度，促使生产方改进和提高产品质量；②使用方可按质量的优劣选择供应方。

3. GB/T2828 的若干要素及其应用 GB/T2828 包括如下若干要素。

（1）过程平均：是指在规定的时段或生产量内质量水平（不合格品百分数或每百单位产品不合格数）的平均值。在抽样检验中常用的表述为："一系列连续提交批的平均不合格品率""一系列初次提交检验批的平均质量（用每单位产品不合格品数或每百单位产品不合格数表示）"等。过程平均是稳定生产前提下的过程平均不合格品率的简称，其不合格品率难以得到，但它可根据过去抽样检验的数据来估计获得。

过程平均的估计需注明以下问题：①估计过程平均不合格品率是为了估计在正常情况下所提供的产品的不合格品率，所以过程只有处于统计控制状态时，才能用来预测最近将要交检产品的不合格品率；②如果采用二次抽检或多次抽检，在估计过程平均的不合格品率时只能使用第一个样本；③经过返修或挑选后，再次交检的批产品的检验数据，不能用来估计过程平均不合格品率；④当对样本中部分样品的检验结果足以做出接收或拒收决定时，为节省检验工作量而停止检验样本中其余样品的这种截尾检验结果，也不能用来估计过程平均；⑤用于估计过程平均不合格品率的批数，一般不应少于 20 批。如果是新产品，开始时可以用 5～10 批的抽检结果进行初步估计；⑥一般来讲，在生产条件基本稳定的情况下，用于估计过程平均不合格品率的产品批数越多，检验的单位产品数量越大，对产品质量水平的估计越可靠。

（2）不合格的分类：不合格分类是整个计数调整型抽样系统的重要特点。不合格分类的标志是质量特性的重要性或其不符合的严重程度。在 GB/T 2828 抽样系统中，规定不合格可以分成下列三类：①单位产品的极重要的质量特性不符合规定，或单位产品的质量特性极严重不符合规定，称为 A 类不合格；②单位产品的重要质量特性不符合规定，或单位产品的质量特性严重不符合规定，称为 B 类不合格；③单位产品的一般质量特性不符合规定，或单位产品的质量特性轻微不符合规定，称为 C 类不合格。与这三类不合格相对应的有 A、B、C 三类不合格品：①A 类不合格品≥1 个，则 A 类不合格，可有 B 类和 C 类不合格；②B 类不合格品≥1 个，则 B 类不合格，可有 C 类不合格，但没有 A 类不合格；③C 类不合格品≥1 个，则 C 类不合格，但没有 A 类和 B 类不合格。

不同类别的不合格或不合格品，一般采用不同的可接收质量水平，以确保更重要的不合格或不合格品能得到更严格的控制。这对于药品质量的抽样检验尤为重要，对那些关系到安全性方面的质量特性尤其需要严加控制。

（3）接收质量极限（AQL）：在抽样检验中，当一个认为满意的系列连续提交检验批的过程平均上限值。AQL 是计数调整型抽样系统的基础及其抽样表设计的依据。

AQL 是描述过程平均质量的参数，是接收和不可接收的过程平均的分界线，不应把它与描述制造过程的作业水平混同起来。虽然某些质量劣于 AQL 的批可能被接受，但抽样方案能保证绝大部分（95% 以上）被接受批的质量优于 AQL。抽样方案设计的目的是鼓励供方具有比 AQL 一贯地好的过程平均，如果过程平均不比 AQL 一贯地好，就会有转移到加严检验，使接收准则变得更加严厉的风险。一旦进行加严检验，则企业必须采取改进措施对过程质量进行改进，否则可能导致暂停抽样检验的情况发生。而从长远来看，只要生产方的过程平均质量等于或优于 AQL，使用方就会得到平均质量等于或优于 AQL 的产品批。可见，计数调整型抽样检验是把重点放在长期平均质量保证上，而不是针对各个批的质量保证。

AQL 是计数调整型抽样检验的质量指标，也是制订抽样方案的重要参数，可用于抽样方案的检索。所以，AQL 的确定非常重要，它是对生产方进行质量认证时的关键参数。确定 AQL 时，应考虑对生产方的认知程度、使用方的质量要求、产品复杂程度、产品质量不合格类别、检验项目的数量和经济性等因素，可采用的方法有以下几种。

1）根据过程平均确定：根据生产方近期提交的初检产品批的样本检验结果对过程平均的上限值加以估计，与此值相等或稍大的标称值如能被使用方接受，则可以此作为 AQL 值。

2）按不合格类别确定：对不合格类别分别规定不同的 AQL 值，越是重要的检验项目（如涉及药物安全性的质量特性），其质量要求越严格，AQL 值应越小。

3）考虑检验项目数确定：同一类的检验项目有多个（如同属 A 类不合格的检验项有 4 个）时，AQL 值的规定值应比只有 1 个检验项的适当大一些。

4）双方共同确定：规定 AQL 主要考虑的是使用方的要求，尤其是药品应满足患者对安全性和有效性的需求。AQL 又意味着使用方期望得到的质量和能买得起的质量之间的一种折衷质量。从这个意义上来说，为使用户要求的质量同供应方的过程能力和成本协调，双方需要彼此信赖、共同协商，合理确定一个标称的 AQL 值。供需双方共同确定的 AQL，必须写入技术标准或订货合同，并规定其有效期。

应当指出，迄今为止还没有十全十美、能适用于一切不同场合的一种确定 AQL 的方法。在 GB/T 2828 中，AQL（%）提供的系列值都是优先数值。

（4）批量：批量是指提交检验批中单位产品的数量。抽样检验中，大批量的优点是，从大批中抽取大样本是经济的，同时大样本对批质量也有较高的判别力。检验批可以和投产批、销售批、运输批相同或不同。批的组成、批量、提出与识别批的方式，应由供货方与订货方协商确定。

（5）检验水平（inspection level，IL）：检验水平反映了批量（N）和样本量（n）之间的关系。GB/T 2828 中，一般将检验分为Ⅰ、Ⅱ、Ⅲ三个检验水平，检验水平高（如Ⅲ）时，判别优质批与劣质批的能力强，无特殊要求时，均应使用水平Ⅱ。特殊检验规定了 S-1、S-2、S-3 和 S-4 四个检验水平。特殊检验水平抽取的样本较少，仅适用于必须用较小样本且允许有较大风险的情况。

在 GB/T 2828 中，检验水平的设计原则是：如果批量增大，样本量一般也随之增大，大批量中样本量所占的比例比小批量中样本量所占的比例要小。检验水平Ⅰ、Ⅱ、Ⅲ的样本量比率约为 0.4∶1∶1.6。表 6-4 中给出了检验水平的批量与样本量之间的关系。

表 6-4　检验水平的批量与样本量之间的关系（一次正常抽检）

$\frac{n}{N}$%	N						
	Ⅰ	Ⅱ	Ⅲ	S-1	S-2	S-3	S-4
≤50	≥4	≥4	≥10	≥4	≥4	≥4	≥4
≤30	≥7	≥27	≥167	≥7	≥7	≥7	≥7
≤20	≥10	≥160	≥625	≥10	≥10	≥10	≥10
≤10	≥50	≥1 250	≥2 000	≥20	≥20	≥30	≥50
≤5	≥640	≥4 000	≥6 300	≥60	≥60	≥100	≥260
≤1	≥12 500	≥50 000	≥8 000	≥300	≥500	≥1 300	≥3 200

检验水平的变化对使用方风险 β 的影响远比对生产方风险 α 的影响要大。因此，检验水平的确定，对使用方来说是很重要的。对于药品的出厂检验、影响药品质量的关键物料和中间产品等的检验宜选用高检验水平。

（6）检验的严格度与转移规则：检验的严格度是指交检批所接受抽样检验的宽严程度，计数调整型抽样系统有如下三种不同严格度的检验。

1）正常检验：除非负责部门另有规定，检验开始时应采用正常检验。正常检验的设计原则是：当过程质量优于 AQL 时，应以很高的概率接收检验批，且鼓励生产方提供大批量的产品批，以保护生产方的利益。

2）加严检验：只要初次检验中连续 5 批及后续批中有 2 批不接收，则转移到加严检。为保护使用方的利益，加严检验是强制性的。一般地，加严检验的样本量不变，降低合格判定数 A；当 A=0 和 A=1 时，则采用 A 值不变，增大加严检验的样本量。采用加严检验时，如果初次检验的连续 5 批接收，应恢复正常检验。

3）放宽检验：在生产稳定且转移得分≥30 分（见 GB/T 2828.1—2012）时，在负责部门同意的情况下可使用放宽检验。放宽检验是非强制性的，以减少样本量为宜，一般为正常检验样本量的 40%。执行放宽检验时，如果初次检验出一个批不接收，或生产不稳定，或生产过程中断后恢复生产，或有恢复正常检验的其他正当理由时，应恢复正常检验。

4）暂停检验：初次加严检验后，若连续批中不接收批数累计达到 5 批，应暂时停止按照本标准所进行的检验。在暂停检验后，若供货方采取了改进措施，使提交检验批达到或超过所规定的质量要求，则经主管质量部门同意后，可恢复检验，并从使用加严检验开始。

转移规则的重要原则是：检验严格度之间的转移要准确，误转概率要尽量小。即批质量好时，由正常检验误转为加严检验或停止检验的概率，以及当批质量变坏时，由正常检验转为放宽检验，或由加严检验转为正常检验的概率要尽量小。GB/T 2828 的转移规则如图 6-8 所示，其中 L_R 为放宽检验界限数，可由附表 3 查得。

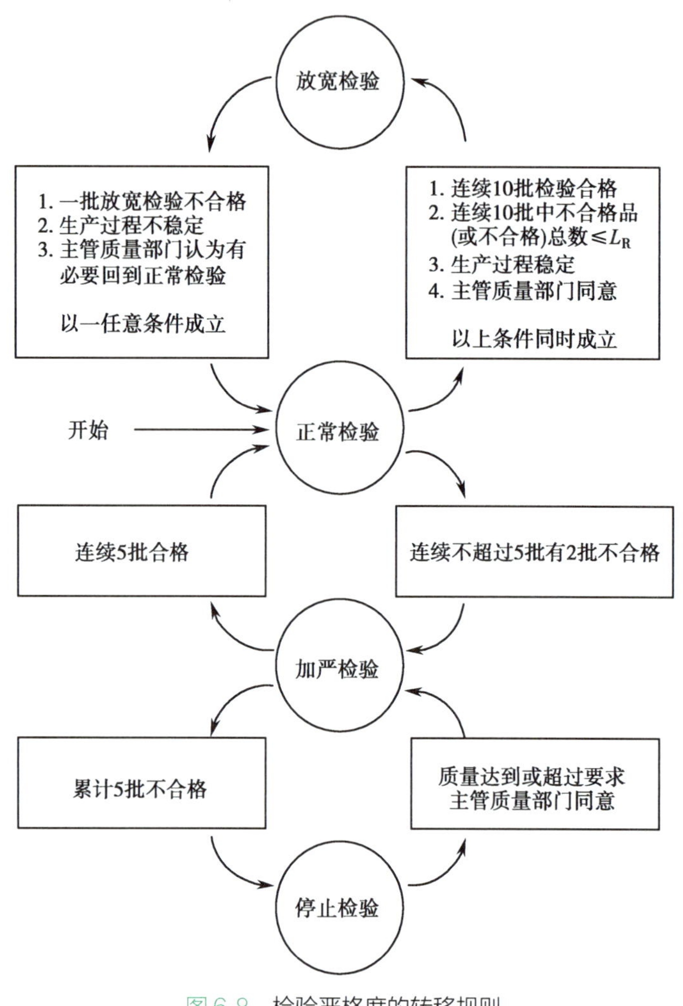

图 6-8　检验严格度的转移规则

（7）抽样方案类型：GB/T 2828.1—2012 中分别规定了一次、二次和多次三种类型的抽样方案。一次抽样方案就是只抽取 1 个样本就应做出“批合格与否”结论的抽样方案，其抽样程序如图 6-9 所示；其中，d 为不合格品数，A 为合格判定数，R 为不合格判定数。二次抽样方案是至多抽取 2 个样本就应做出“批合格与否”结论的抽样方案，其抽样程序如图 6-10 所示，其中，d_1、d_2 分别为第一样本和第二样本中发现的不合格品数，A_1、A_2 分别为第一样本和第二样本的合格判定数，R_1、R_2 分别为第一样本和第二样本的不合格判定数。规定二次和多次抽样方案的目的是节约平均样本量。

对于给定的一组接收质量极限和检验水平，可使用不同类型的抽样方案，但不论使用何种类型的抽样方案进行检验，其对批质量的判别力基本相同。所以，使用者可根据表 6-5 所列各抽样方案的优缺点和自身实际情况决定采用何种抽样方案。

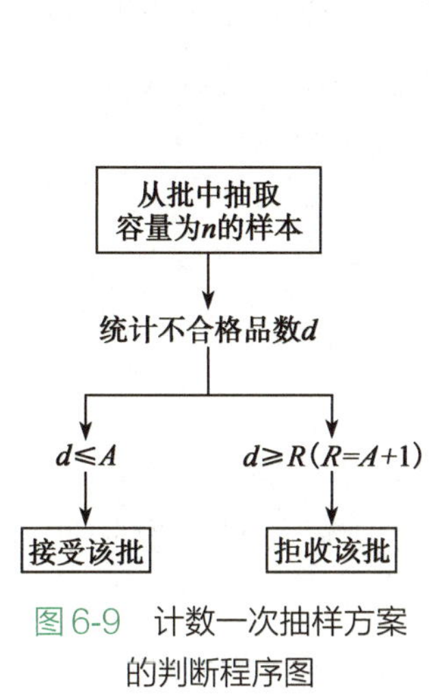

图6-9　计数一次抽样方案的判断程序图

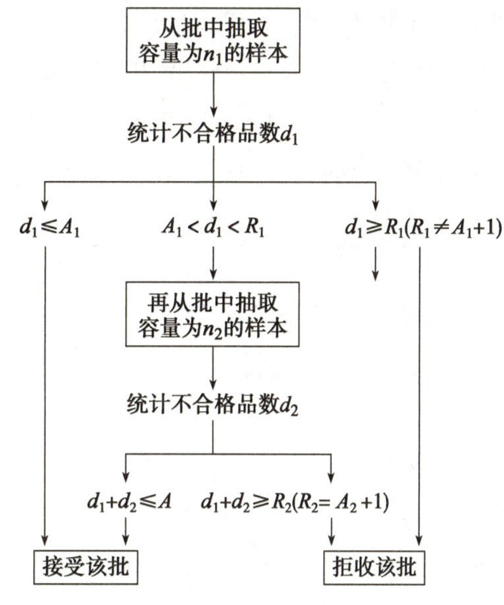

图6-10　计数二次抽样方案的判断程序

表6-5　一次、二次抽样方案的优缺点比较

项目	一次	二次	项目	一次	二次
对产品批的质量保证	基本相同		管理要求	简单	较复杂
对检验人员的抽检知识要求	较低	较高	对供方心理上的影响	较差	较好
对每批产品质量估计的准确性	较好	较差	检验负荷的变异	不变	变动
对过程平均值(数)估计的速度	较快	较慢	行政费用(含人员、培训、记录和抽样等)	较少	较多
检验人员和设备的利用率	较好	较差			
每批平均检验个数(ASN)	较大	较小	总检验费用	较多	较少

(8)平均样本量：平均样本量(average sample number，*ASN*)是做出接收或拒收判定的平均每批抽取的单位产品数。它是计数调整型抽样检验标准中重要的经济指标。一般地，二次正常检验抽样方案的*ASN*值比一次正常检验抽样方案的*ASN*值要小，五次正常检验抽样方案的*ASN*又比二次正常检验抽样方案的*ASN*要小。这表明：在同一质量水平上，抽样方案的抽样次数越多，所需抽取的样本量越小。

(9)抽样方案的检索：根据规定的批量(*N*)、检验水平(IL)、接收质量极限(AQL)、抽样方案类型和检验严格度进行检索。

例1：某制药公司采用GB/T 2828对购进的胶囊进行检验。规定*N*=2 000，AQL=1.5(%)，检验水平IL为Ⅱ，求：*N*=2 000时正常、加严、放宽和特宽检验的一次抽样方案。

解：①从附表4中包含*N*=2 000的行与IL为Ⅱ所在列相交处查得样本大小字码为*K*；②按正常、加严、放宽和特宽检验的严格度从附表5、6、7和8中*K*所在行向右在样本大小栏内分别查得*n*=125、125、50和50，并由*K*所在行与AQL=1.5(%)所在列相交处查得判定数(A_c, R_e)分别为(5，6)、(3，4)、(2，3)、(4，5)。

由此，求得正常、加严、放宽和特宽检验一次抽样方案分别为：n=125，A_c=5，R_e=6；n=125，A_c=3，R_e=4；n=50，A_c=2，R_e=3和n=50，A_c=4，R_e=5。

例 2：某制药公司拟采用 GB/T 2828 二次抽样方案对购进的原材料进行检验。规定：N=1 000，AQL=1.0(%)不合格品，IL=Ⅱ。求：正常检验的二次抽样方案。

解：①从附表 4 中包含 N=1 000 的行与 IL 为Ⅱ所在列相交处查得样本大小字码 J；②从附表 9 中 J 所在行向右在样本大小栏内查得样本大小 $n_1=n_2=50$，并由 J 所在行与 AQL=1.0(%)所在列相交处查得判定数组 $\begin{bmatrix} A_1 & R_1 \\ A_2 & R_2 \end{bmatrix}$ 为 $\begin{bmatrix} 0 & 3 \\ 3 & 4 \end{bmatrix}$。

由此，求得正常检验二次抽样方案为：$n_1=n_2=50$；$A_1=0$，$A_2=3$，$R_1=3$，$R_2=4$。

（10）逐批检验合格性判断：根据检索出的抽样方案进行检验，用下列方法进行批合格与否的判断。

1）用每百单位产品不合格品数表示批质量的情况：一次正常、加严抽样方案的判断与图 6-9 所示程序类似，只需将其中的 A 和 R 换成 A_c 和 R_e；二次正常、加严抽样方案的判断与图 6-10 所示程序相同。

2）用每百单位产品不合格数表示批质量的情况：完全按照上述"1）"的判断程序，只需将其中的"不合格品"换成"不合格"。

3）特殊规定：包括放宽检验的特殊规定和样本量等于或大于批量的规定，不适合制药行业的抽样检验，在此不作介绍。

（11）逐批检验后的处置：判为合格就整批接收，判为不合格的处理方式按 GMP 要求进行相关处理。

四、GB/T 2829 周期检验计数抽样标准的使用

（一）基本涵义

计数抽样标准 GB/T 2829 是由一组抽样方案和从中选取方案准则组成的一个抽样系统，其抽检程序和抽检表主要是为周期检验而设计，适用于对过程稳定性的检验，如检验药品生产的首件检验。现行采用的标准为 GB/T 2829—2002《周期检验计数抽样程序及表(适用于对过程稳定性的检验)》。

周期检验是在规定的周期(如周、月、季、年等)内，从逐批检验合格的某批或几批产品中抽取样本的检验过程。它是一种鉴定性、复核性的抽样检验，其目的是判断生产过程在周期内是否处于稳定状态。周期检验可以用于两种情况：一是生产定型后，用于判断生产过程能否继续成批制造出符合质量要求的产品；二是用于不允许经常进行的试验(如耐久性试验、环境试验、破坏性试验和周期长的试验等)项目。所以，周期检验对企业的质量控制、质量改进和质量保证等方面有着重要的应用。

在实际生产中，如果同时要求周期检验和逐批检验，一般做法是：

（1）当生产定型时，先用 GB/T 2828—2012 对一些批的产品进行逐批检验项目的检验。但这时不能判断生产过程是否稳定，即使是逐批检验合格的批也不能出厂。然后从逐批检验合格的批中抽取周期检验的样本，用 GB/T 2829 进行周期检验，以判断生产过程的稳定性。只有周期检验合格后，逐批检验合格的批才能出厂。

（2）当生产定型和过程稳定后，实行批量生产的过程中，可用 GB 2828 来保证批的合格性，同时用 GB/T 2829 来复核过程的稳定性。由此可见，周期检验是逐批检验的前提，逐批检验是周期检验的补充。

（二）检验程序

GB/T 2829 是通过规定的不合格质量水平 RQL（用每百单位产品不合格品数或不合格数表示）来检索方案的抽样系统。该标准规定了以不合格质量水平为质量指标的一次、二次和五次的抽样方案及抽样程序。其检验程序为：①规定检验周期；②试验项目的选择和试验组的组成；③规定不合格分类和不合格质量水平；④判别水平的选择；⑤抽样方案类型的选择；⑥抽样方案的检索；⑦样本的抽取；⑧样本的检验；⑨周期检验合格或不合格的判断；⑩周期检验后的处置。上述很多程序性内容与 GB/T 2828 的内容相似，故下面选择性地介绍 GB/T 2829—2002 的相关内容，具体内容见标准 GB/T 2829—2002。

1. 规定检验周期 根据产品生产过程稳定的大约持续时间、转试验时间和试验费用，适当规定检验周期，如：每季度、每半年、每年或每两年进行一次。

2. 试验方法和质量特性的规定 在产品技术标准或订货合同中，应针对每个试验项目规定相应的试验方法，并对每个经过试验的样本单位规定技术性能、技术指标、外观等质量特性。

3. 规定不合格质量水平（RQL） 不合格质量水平是指在抽样检验中认为不可接受的批质量的下限值，一般用每百单位产品不合格品（或不合格）数来表示，在产品技术标准或订货合同中，应由订货方与供货方协商确定。原则上按每个试验组分别规定不合格质量水平，也可以考虑在同试验组中针对不同类别不合格再规定不合格质量水平，还可考虑在不同试验组间或不同试验组相同的不合格类别之间再规定不合格质量水平。原则上，A 类不合格规定的不合格质量水平要小于 B 类、C 类的要大于 B 类的。

4. 判别水平的选取 判别水平是识别生产过程稳定性不符合规定要求能力大小的等级，GB/T 2829 中把抽样方案的判别能力分为 3 个不同的等级，其中判别水平Ⅲ的判别能力最强，判别水平Ⅱ的判别能力次之，判别水平Ⅰ的能力最弱。当需要判别力强的周期检验抽样方案，而且经济允许时，可以选择判别水平Ⅲ；当需要判别力强，但经济不允许时，可以选用判别水平Ⅱ；对判别力要求不高，或对判别力要求较高，但经济不允许时，可以选用判别水平Ⅰ。

5. 抽样方案的检索与选择 根据检验的实际情况，选择抽样方案的类型，如一次抽样方案、二次抽样方案或五次抽样方案。当抽样方案类型确定后，根据判别水平和 RQL 检索抽样方案（相关检索表见附表 10～15）。需注意的是，检索的抽样方案一般是一组方案，如何选择还要根据检验的实际情况而定。

6. 样本的抽取 周期检验的样本应从本周期制造的并经逐批检验合格的某个批或若干批中随机抽取。抽取样本的方法要保证所得到的样本能代表本周期的实际技术水平。方便时，最好从本周期各个不同时间里分散抽取样本单位组成周期检验的样本；若必须固定时间集中抽取样本时，也最好在本周期应制造的单位产品数量超过一半之后进行。在使用二次和五次抽样方案时，各个样本要同时取足。

7. 检验样本 周期检验前，应对所有样本单位按逐批检验项目进行检验，如发现有逐批检验项目不合格的样本单位，应以本周期正常制造的单位产品来代替，但不作为判断周期检验合格与否的依据。

在进行周期检验时，应按产品技术标准或订货合同中规定的试验项目、试验方法和顺序分组进行，试验结束后再按技术要求对每个经过试验的样本单位逐个进行检验，最后以试验组为单位分别累计不合格品（或不合格）总数，当不合格分为不同的类别时应分别累计。

8. 周期检验合格性的判断 周期检验可以对不同的试验项目组分别规定判别水平和RQL，建立不同的抽样方案。因此，只有当所有试验项目组抽检合格时，才能判断周期检验合格。如果除了对每个试验项目组规定判定水平和RQL外，还规定了总的RQL，则除各项试验项目抽检合格外，总抽样方案也合格时才能判为合格。

9. 周期检验后处置 经过周期检验合格后，该周期内的产品经逐批检验的合格批才能允许出厂。如果周期检验不合格，并且不合格原因是设备故障或操作错误造成的；或不合格的根源能立即纠正；或造成周期检验不合格的产品能经过筛选剔除或可修复时，才允许在纠正不合格原因后重新进行周期检验。如果不合格的原因不在此范围内，该周期检验所包括的产品应暂停逐批检验，经过逐批检验已出厂或入库的批，原则上全部退回供货方或供需双方协商解决，并且暂停正常的批量生产。

第四节 统计过程控制

药品的设计质量必须通过制造过程来实现，那么药品的生产过程能否保证生产的药品达到预先的设计质量，满足由患者需求转化而来的药品技术标准，就必须回答药品生产过程中的两个问题：其一是药品生产的过程运行状态是否稳定，即是否能保证药品生产质量的稳定和均匀；其二是药品生产的过程能力是否充分，即是否可以保证生产药品的质量满足规定的技术标准。只有运行状态稳定受控、生产药品的质量满足规定的技术标准，才可能通过制造过程实现药品的设计质量。而回答这些问题、采取预防和纠正措施等就涉及药品生产的统计过程控制。

一、概述

所有的产品和服务都是过程的结果。统计过程控制（statistical process control，SPC），又称统计质量控制（statistical quality control，SQC），是指根据产品质量的统计特点，运用数理统计方法对生产制造过程和服务过程的数据加以收集、整理和分析，从而了解、预测和监控过程的运行状态和水平。它是一种以预防为主的质量控制方法，体现了现代质量管理贯彻预防的原则，是企业质量管理体系的重要组成部分。质量管理体系中的过程控制、数据分析、纠正与预防措施等很多工作的完成与统计技术的应用有关。若没有统计技术的运用，企业的质量管理体系很难达到有效和完善的状态。只有统计过程控制的有效实施，企业才能长期、稳定地生产出优质产品。

统计过程控制主要解决两个问题，即回答过程运行状态是否稳定和过程能力是否充足。在解决两个问题的过程中，运用的统计技术和工具常涉及本教材前面章节所述数理统计学的许多分支，而 SPC 则主要是利用过程控制理论和控制图，获悉过程运行是否稳定和受控；同时，通过过程能力分析，获知过程能力是否充足。

SPC 最初由美国休哈特（Walter A. Shewhart）提出，是一种通过监控制造过程来确保产品质量的方法，利用它有助于提高产品的质量和生产能力。使用 SPC 技术对生产过程进行控制可以使生产过程尽快达到稳定状态，避免生产过程出现失控状况。当生产过程处于稳态后，又可通过过程能力指数的计算了解过程能力。如果过程能力指数不足，则可对影响过程的 5M1E 等因素进行分析，找出要因，然后针对要因采取措施，改进生产加工过程。如果过程能力足够，则采用控制用控制图监控生产加工过程。因此，SPC 对保障药品设计质量的实现和药品生产质量的稳定具有重要的应用价值。

SPC 的应用具有如下特点：①与全面质量管理相同，它强调全员参加，而不是只依靠少数质量管理人员；②它强调应用统计方法来保证预防原则的实现；③它不是用来解决个别过程采用什么控制图的问题，而是强调从整个过程和体系出发来解决问题，其重点在于"过程"。

SPC 可以判断过程的异常，并及时告警。但 SPC 也有其局限性，它不能告知导致过程异常的原因，发生于何处，即不能进行诊断。而这是在现场迫切需要解决的问题，否则即使想要纠正异常，也无从下手。由此，基于 SPC 的统计过程诊断（statistical process diagnosis，SPD）在 20 世纪 80 年代酝酿而生。SPD 不但具有 SPC 及时告警进行控制的功能，而且还具有 SPC 所没有的诊断功能，故 SPD 是 SPC 进一步发展的新阶段。SPD 就是利用统计技术对过程中的各个阶段进行监控与诊断，从而达到缩短诊断异常的时间，以便迅速采取纠正措施，从而达到减少损失、降低成本和保证产品质量的目的。SPD 可以查明质量系统发生异常的原因，并指出改进的方向、途径和措施，但若需要针对异常的原因制订并实施对策，则需要应用到统计质量调整（statistical quality adjustment，SPA）。

二、控制图

控制图（control chart）是对过程质量特性值进行测定、记录、评估，从而监察过程是否处于控制状态的一种用统计方法设计的图。如图 3-11 所示，图上有中心线（central line，CL）、上控制限（upper control limit，UCL）和下控制限（lower control limit，LCL），并有按时间顺序抽取的样本统计量数值的描点序列。UCL、CL 与 LCL 统称为控制线。若控制图中的描点落在 UCL 与 LCL 之外，或描点在 UCL 与 LCL 之间的排列不随机，则表明过程异常。控制图的优点是在图中将所描绘的点与控制界限或规范界限相比较，就可直观地看到产品或服务的质量及其是否异常。

控制图是 SPC 与 SPD 贯彻预防原则的重要工具，可直接控制与诊断过程，故为质量管理七个工具（因果图、排列图、直方图、散布图、控制图、分层法、检查表）的核心。在某种意义上，企业中使用控制图的张数反映了管理现代化的程度，对控制图的调查也可获知 SPC 与

SPD 工程在企业的推行情况。

（一）控制图的原理

在理解控制图的原理之前，首先须了解产品质量的统计学观点。产品质量的统计观点是现代质量管理的基本观点之一，即认为：①产品的质量具有变异性，公差制度的建立就是对产品质量具有变异性的承认；②产品质量的变异具有统计规律，即产品质量的变异是随机现象，但可通过统计获知其规律，如变异的幅度及变异幅度的可能性。

随机现象常用分布（distribution）描述，常见有以下情况：①对于计量特性值，如长度、重量、时间、纯度、成分、收率等连续性数据，常呈正态分布；②对于计件特性值，如合格、不合格两种情形的离散性数据，常呈二项分布；③对于计点特性值，如药片上的疵点数、不合格数等离散性数据，常呈泊松分布。计件特性值与计点特性值又统称计数值，可以 1 个、2 个……这样数下去的数据。掌握这些数据的统计规律可以保证和提高产品质量。

1. 正态分布 连续性数据常呈正态分布 $N(\mu, \sigma)$（图 6-11），它可用两个参数对其进行整体描述，即平均值（μ）和标准差（σ）。其中，σ 它可反映产品质量的分散程度，即 σ 越大，产品质量的波动越大。

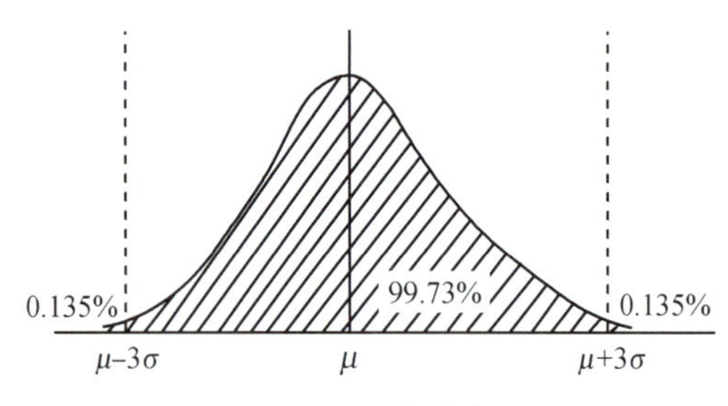

图 6-11 正态分布图

正态分布的两个参数 μ 和 σ 是互相独立的，σ 决定图形的形状，μ 决定数据的对称中心。不论 μ 如何变化都不会改变正态分布的形状，即 σ 不变；反之，不论正态分布的形状即 σ 如何变化，也决不会影响数据的对称中心即平均值 μ。但二项分布和泊松分布的两个参数平均值（μ）与标准差（σ）就不是独立的。

在质量管理中，连续数据呈正态分布反映的产品质量有个结论，即不论 μ 与 σ 取值为何，通过数学计算可获知，产品质量特性值落在 $[\mu-3\sigma, \mu+3\sigma]$ 范围内的概率为 99.73%。也就是说，落在此范围外的概率为 0.27%，落在此范围外单侧的概率为 1.35‰，约为 1‰。基于这一理论休哈特发明了控制图，即把图 6-11 按顺时钟方向转 90°，再上下翻转 180°，就得到如图 6-12 所示的控制图。图中 $UCL=\mu+3\sigma$ 为上控制限，$CL=\mu$ 为中心线，$LCL=\mu-3\sigma$ 为下控制限。

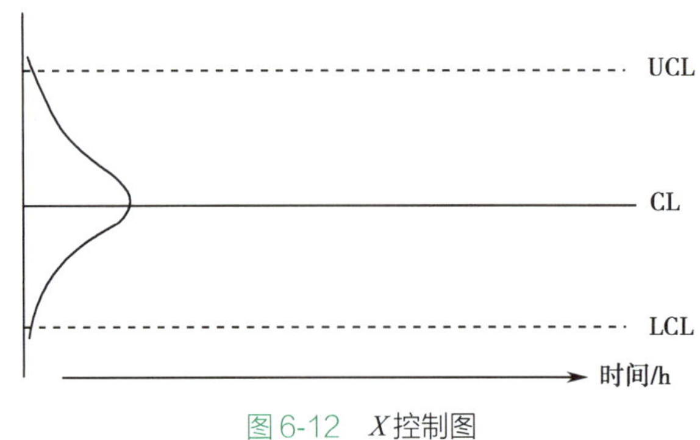

图 6-12 X 控制图

2. 控制图原理的解释 可从以下方面对控制图进行理解。

（1）过程异常与统计概率：基于统计学原理，小概率事件（如发生概率小于 1% 的事件）

是不会发生的，若发生即判定为过程异常。那么，①若过程正常，即产品质量的分布不变，则描点在UCL上或LCL下的概率只有1‰左右；②若过程异常，如设备的磨损等系统原因导致产品质量μ的上移或下移，则面点在UCL上或LCL下的概率将大为增加，可能为1‰的几十倍乃至几百倍。所以，情形②发生的概率远比情形①大，由此可得出结论：描点出界就认为是过程异常。换句话说，控制图就是统计假设检验在图上的作业方法，控制图上每描一个点就作一次统计假设检图。

（2）过程异常与质量波动因素：根据来源的不同，影响质量的因素可分为人、机、料、法、测、环等方面。但这些因素又可归结为偶然因素和系统因素两类，偶然因素是过程固有的、随机的、始终存在的，它可引起质量的偶然波动，难以除去；系统因素则是非过程固有的，有时存在，有时不存在的，它可引起质量的异动波动，但可以除去。

质量的偶然波动是不可避免的，但对质量的影响微小，常把它看作背景噪声。异常波动对质量的影响大，在过程中一旦发现，就应立即查找造成异常波动的原因，采取有效措施加以消除，并纳入标准化，保证它不再出现。

因此，应用统计学原理设计出控制图相应的控制界限，当过程发生异常波动时，描点就会落在界外，而描点频频出界就表明过程存在异常波动。控制图上的控制界限就是区分过程中偶然波动和异常波动的界限。需注意的是，其他的控制图，如选控图，就并非如此。

（二）稳态与控制图的预防作用

1. 稳态 所有的技术控制都有一个标准作为基准，若过程不处于此基准的状态，则必须立即采取措施，将其恢复到此基准。统计过程控制也是一种控制，所以它也要采取一种标准（统计标准）作为其基准，这就是统计控制状态，或称稳态。

统计控制状态，简称控制状态，是指过程中只有偶然因素而无异常原因引起变异的状态。这是企业生产追求的目标，因为在控制状态下，有如下益处：①产品质量完全可靠（通常，至少有99.73%的产品是合格品）；②生产最经济（控制状态下所产生的不合格品最少）；③过程的变异最小。

2. 控制图的预防作用 过程是否达到稳态，需要利用分析用控制图对生产过程进行分析。达到稳态后需要利用控制用控制图对生产过程进行监控，并及时告警。发现异常后，必须立即按照“20字方针”（查出异因，采取措施，加以消除，不再出现，纳入标准）进行处理。这要求现场的工程技术人员把推行SPC与SPD作为日常工作的一部分，而质量管理人员则应起到组织、协调、监督、鉴定与当好领导的参谋作用，从而体现全面质量管理的全员参与特点。

过程达到控制状态即为稳定过程，全部过程都达到控制状态则称全稳生产线，以此为基础保证SPC实现全过程的预防。

3. 两种错误与3σ方式 控制图对过程进行监控是通过抽样来进行的，虽然很经济，但同样可能犯统计学常见的两种错误。

（1）两种错误：第一种错误是虚发警报，即生产正常而点出界，犯该错的概率为α，它可造成寻找根本不存在的异常原因的损失；第二种错误是漏发警报，即过程异常而点在控制限内，犯此错的概率为β，它可造成废次品增加的损失。

因此，对控制图中上下限的确定，将直接影响犯两类错误的概率。那么，根据两种错误造成的总损失最小原则可以确定UCL与LCL二者之间的最优间隔距离。经验证明：休哈特所提出的3σ方式较好，在不少情况下，3σ方式都接近最优间隔距离。

（2）3σ方式：即规定$UCL=\mu+3\sigma$为上控制限，$CL=\mu$为中心线，$LCL=\mu-3\sigma$为下控制限。其中，μ和σ是统计量的总体参数，需要通过对总体参数的估计获得，所以休哈特控制图总公式的真正应用需根据具体的情况才能有效实施。

（三）控制图的类型和判断准则

1. 控制图的类型 根据使用目的和生产所处阶段的不同，控制图可分为分析用控制图与控制用控制图。控制用控制图必须在生产过程达到稳态后，才能有效地用于生产过程的监控。所以，过程开始时需要知道分析的过程是否达到稳态，这时可利用分析用控制图对生产过程进行分析和调整，等到过程调整到稳态后，才能延长分析用控制图的控制线作为控制用控制图。

（1）分析用控制图：分析用控制图应用的主要目的是：①分析过程是否统计控制状态；②过程的过程能力指数（C_p）是否满足要求。过程能力指数满足要求，称作技术控制状态，又称技术稳态。

生产过程的理想状态是达到统计控制状态和技术控制状态，最不理想的是两种稳态均没达到。从不理想状态调整到理想状态的过程就是分析用控制图的调整过程，也是质量不断改进的过程。一般地，在生产线的最后过程以同时保持统计稳态和技术状态为宜。需注意的是，在过程处于稳态的情况下C_p值才能有效计算，故一般须先将过程调整到统计稳态，然后再调整到技术稳态。

（2）控制用控制图：当生产过程达到统计稳态后，就可将分析用控制图的控制线延长作为控制用控制图。由于控制用控制图相当于企业生产中的立法，故分析用控制图转为控制用控制图时应有正式的交接手续，这就需要用到判断稳态的准则，即判稳准则；在稳定之前还要用到判断异常的准则，即判异准则。因此，从统计学角度看，分析用控制图的阶段就是过程参数未知的阶段，而控制用控制图的阶段则是过程参数已知的阶段。

进入日常管理后，关键是保持所确定的状态。经过一个阶段后，生产又可能出现异常，这时应按继续采用“20字方针”恢复所确定的状态。

2. 判稳准则 判稳准则的思路和判定如下。

（1）判稳准则的思路：控制图中，点出界即可判异，很可靠。但打出一点未出界是否可判稳呢，有可能过程是稳定的，也有可能过程是不稳定的，即漏报（由于α小，所以β大），所以打点未出界不能立即判稳。同时，接连打很多点都在控制界内，则即使有个别点出界，过程仍可能看作是稳态。这就是判稳准则的思路。

（2）判稳准则的判定：在点子随机排列的情况下，符合下列条件之一即可判稳。①连续25个点，界外点数$d=0$；②连续35个点，界外点数$d\leqslant 1$；③连续100个点，界外点数$d\leqslant 2$。当然，即使在判稳时，对于界外点也必须按照“20字方针”去做。

3. 判异准则 判异准则及常见识别模式如下。

（1）判异准则：判异准则有两类，①点出界就判异；②界内点排列不随机判异。其中，后者的判异模式比较模糊，具体的识别模式可参照 GB/T 17989.2—2020《控制图第 2 部分：常规控制图》所述的判异准则。

（2）常规控制图的国标 GB/T 17989.2—2020 的判异准则：该标准将 3σ 由上线 UCL 或下线 LCL 向中心线 CL 按每 σ 分区，依次分别为 A、B、C 三区。如图 6-13 所示。

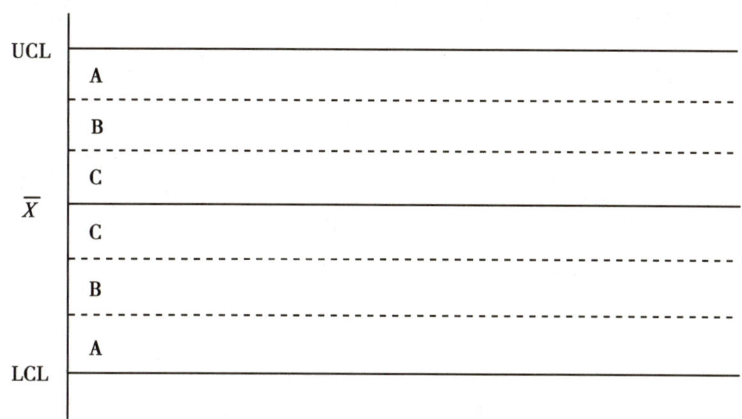

图 6-13　准则的 A、B、C 分区

1）准则 1：一点落在 A 区以外。在很多情况下，此准则是唯一的判异准则。

2）准则 2：连续 9 点落在中心线同侧。此情况表明分布的 μ 偏离中心线。

3）准则 3：连续 6 点递增或递减。产生趋势性变化的原因可能与设备的逐渐磨损、操作人员技能的逐渐提高等有关。

4）准则 4：连续 14 点中相邻点上下交替。此情况是因为轮流使用两台设备或由两位操作人员轮流进行操作而引起的系统效应。实际上，这就是数据分层不够的问题。

5）准则 5：连续 3 点中有 2 点落在中心线同侧的 B 区以外。此情况反映过程平均值的变化，表明分布的参数 μ 发生了变化。

6）准则 6：连续 5 点中有 4 点落在中心线同侧的 C 区以外。此情况也是因为分布的参数 μ 发生了变化。

7）准则 7：连续 15 点在 C 区中心线上下。此情况是由于参数 σ 变小，产生的原因可能是数据虚假或数据分层不够等。若非此原因，则可以总结现场减少标准差 σ 的先进经验。

8）准则 8：连续 8 点在中心线两侧，但无一点在 C 区中。此情况主要原因是数据分层不够。

4. 局部问题对策与系统改进　通过控制图分析和控制，发现质量异常波动后，需查找原因，采取相关的处理措施。

（1）局部问题对策：由异常因素造成的质量变异是局部问题，可用控制图发现，常由过程人员负责处理。这类问题约占过程问题的 15%。

（2）系统改进：由偶然因素造成的质量变异可通过分析过程能力发现，但其改善往往耗费大量资金，须由高一级管理人员决定，系统改进。这类问题约占过程问题的 85%。

虽然局部问题只占 15%，但是过程的早期问题却往往是局部问题。这一点与可靠性理论中的浴盆曲线类似。

（四）常用的控制图

1. 常用控制图的种类及其用途　GB/T 17989《控制图》系列标准包括 GB/T 17989.1—2020《控制图第 1 部分：通用指南》、GB/T 17989.2—2020《控制图第 2 部分：常规控制图》、GB/T 17989.3—2020《控制图第 3 部分：验收控制图》和 GB/T 17989.4—2020《控制图第 4 部分：累积和控制图》四部分。其中，常规的控制图如表 6-6 所示，具体内容可查阅国标 GB/T 17989.2—2020（ISO7870-2：2013，MOD），在此不作详细介绍。

表 6-6　常规控制图

数据	分布	控制图	控制图简写	备注
计量数据	正态分布	均值 - 极差控制图	$\overline{X}-R$ 控制图	1. 正态分布的两个参数 μ 与 σ 互相独立，分别对应控制 μ 和控制 σ 的控制图。二项分布与泊松分布则不同
		均值 - 标准差控制图	$\overline{X}-s$ 控制图	2. $\overline{X}-R$ 图可由 $\overline{X}-s$ 图代替
		中位数 - 极差控制图	$\widetilde{X}-R$ 控制图	3. $\widetilde{X}-R$ 图已被淘汰
		单值 - 移动极差控制图	$X-R_s$ 控制图	
计件数据	二项分布	不合格品率控制图	p 控制图	两图可用通用不合格品数 np_T 图代替
		不合格品数控制图	np 控制图	
计点数据	泊松分布	单位不合格数控制图	u 控制图	两图可用通用不合格数 c_T 图代替
		不合格数控制图	c 控制图	

注：计件控制图和计点控制图均为计数控制图。

表 6-6 中，$\widetilde{X}-R$ 控制图（中位数 - 极差控制图）的应用很少；$\overline{X}-R$ 控制图（均值 - 极差控制图）可被 $\overline{X}-s$ 控制图（均值 - 标准差控制图）完全替代；当样本量变化时，计件控制图 p 图、np 图和计点控制图 u 图、c 图变得较为复杂，无法判异判稳。故常用通用不合格品数 np_T 控制图和不合格数 c_T 控制图取代。故表 6-6 中实用的控制图主要是 $\overline{X}-s$ 控制图、$X-R_s$ 控制图、np_T 控制图和 c_T 控制图四种。现对相关控制图的用途说明如下。

（1）$\overline{X}-s$ 控制图（均值 - 标准差控制图）：是计量数据最常用、最基本的控制图，用于长度、重量、强度、纯度、时间、收率和生产量等计量值的控制。$\overline{X}$ 控制图主要用于观察正态分布的均值的变化，s 控制图用于观察正态分布的离散情况的变化，$\overline{X}-s$ 控制图则是将二者联合运用，用于观察正态分布的变化。应用非常广泛。

（2）$X-R_s$ 控制图（单值 - 移动极差控制图）：是计量数据的控制图，对每一个产品都进行检验，采用自动化检查和测量的情况，如化工、制药等气体与液体流程式过程、在线无损检测等。它判断过程变化的灵敏度要差些。

（3）np_T 控制图（通用不合格品数控制图）：用于不合格品数等计数指标的控制，在根据多种检查项目综合起来确定不合格品率时，控制图显示异常后难以找出异常的原因。因此，使用 np_T 控制图时，应选择重要的检查项目作为判断不合格品的依据。

（4）c_T 控制图（通用不合格数控制图）：用于一部机器、一定的面积、或任何一定的单位中所出现的不合格数目等计数指标的控制，如布匹上的疵点数、铸件上的砂眼数、每页印刷错误数、办公室的差错次数等。

2. 控制图应用需考虑的问题

（1）控制图的适用情况：理论上讲，需要对质量进行控制的任何过程都可应用控制图，但还要求控制对象可定量测量（计量控制图）或定性描述（计数控制图），所控制的过程必须具有重复性，即具有统计规律。计量控制图的优点是灵敏度高，常在造成不合格品之前就能及时发现异常，采取纠正措施；同时，计量控制图所需要的样本量要比计数控制图小得多，这点对于破坏性检验场合尤其重要。当然只能定性描述，而无法定量的场合就只能应用计数值控制图。国标 GB/T 17989.2—2020 中给出了给定条件下控制图的选择方法，如图 6-14 所示。

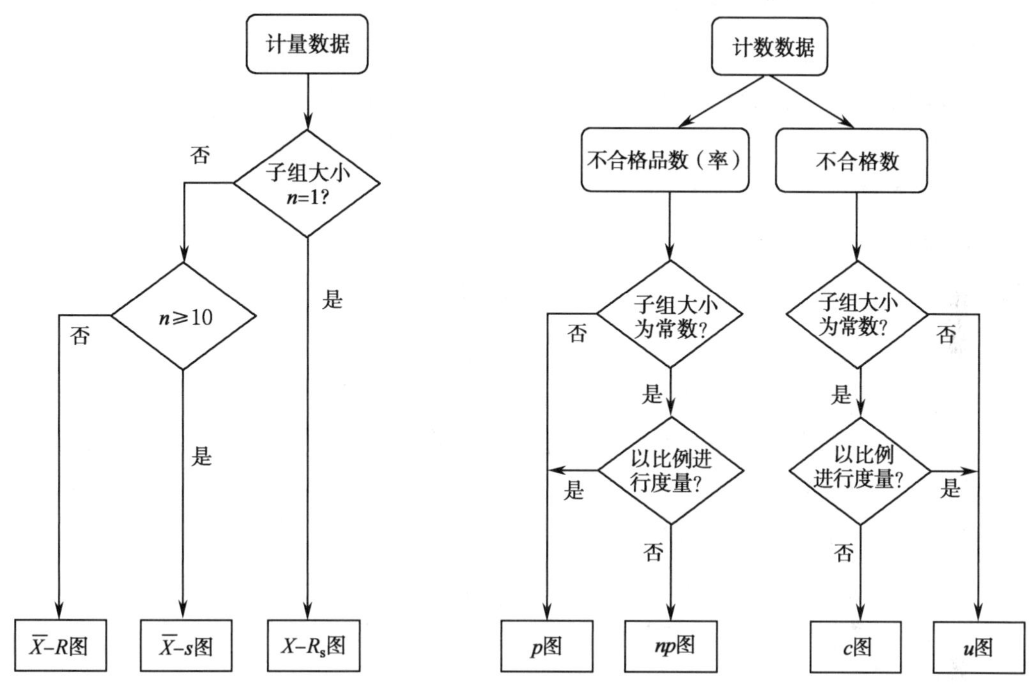

图 6-14　控制图的类型选择

（2）控制对象的选择：一个过程往往具有各种各样的特性，应选择那些能真正代表过程的主要指标作为控制对象。

（3）控制图的选择：首先根据所控制质量指标的数据性质来进行控制图的选择，如数据为连续值的可选择$\overline{X}-s$，数据为计件值的可选择 np_T 控制图，数据为计点值的可选择 c_T 控制图。其次还需要考虑其他要求，如检出力大小，抽取样品和取得数据的难易，是否经济，等等。

（4）控制图的分析：控制图中点子出界和未出界，均需同时考虑点子的排列是否随机，据此判断过程是否处于稳态；对刚开始应用控制图的工作人员来说，即使在控制图上点子出界，也应该先检查样品的取法是否随机，测量有无差错，数字的读取是否正确，计算有无错误，描点有无差错，然后再来调查过程方面的原因，经验证明这点非常重要。

（5）点子出界或违反其他判异、判稳准则：若点子出界或界内点非随机性排列，应按“20字方针”立即追查原因，并采取措施防止它再次出现。一般来说，控制图只起告警作用，不能告知造成异常的原因。此时，需根据生产和管理方面的技术与经验，并应用两种质量诊断理论和两种质量多因素诊断理论对过程进行诊断。

（6）控制图的重新制订：控制图是根据特定稳态条件下制订的，影响质量的因素 5M1E

发生变化，如操作人员更换、操作水平显著提高、新物料新工艺或环境改变等，则控制图需重新制订。由于控制图是科学管理生产过程的重要依据，所以经过一段时间的使用后，应重新抽取数据，进行判稳判异，并根据情况做出调整或重新制订。

（7）控制界限与公差界限的关系：将$\overline{X}$图（均值）的控制界限与公差界限比较没有意义，因为$\overline{X}$图反映的是特性值的均值，一个超出 UCL 与另一个超出 LCL 的样品特性值的均值可得到一个正好位于公差界限内的$\overline{X}$值。所以，休哈特图中只有 X 控制图（单值控制图）与公差界限比较才有意义。

（8）控制图的保管问题：控制图的计算以及日常记录都应作为技术资料加以妥善保管；对点子出界或界内点排列非随机的异常情况，以及当时的处理情况都应予以记录，以为后续出现可能异常情况的原因查找提供重要参考资料。有了长期保存的记录，便能对该过程的质量水平有清楚的了解，从而为今后的产品设计和规范制订提供参考和依据。

（五）通用控制图

当样本大小 n 变化时，计数控制图的控制线呈凹凸状，作图难，且无法判异、判稳。故我国学者张公绪与阎音苏在 1981 年提出通用控制图（np_T、c_T），于 1986 年发布为国标 GB/T 6381—1986。该国标 2005 年作废，其核心内容编入 GB/T 17989.2—2020，np_T 控制图描述为标准化 p 控制图，而对 c 控制图未加描述，但实质上也就对应有标准化 c 控制图。鉴于两者对计数资料过程控制的重要性和现场管理的实用，而 GB/T 17989.2—2020 未详加描述，故在此做简单介绍，详细内容可参考 GB/T 6381—1986。

通用图控制图主要有 2 个要点：①标准变换及通用图的获得；②直接打点法。

1. 标准变换及通用图 将计数资料的统计量进行变换，以便于制作通用图，其过程如下。

（1）标准变换：将计数资料的统计量 X 按公式 $X_T=(X-\mu)/\sigma$ 变换后，X_T 的平均值 μ_T 和标准差 σ_T 分别为 0 和 1，下标 T 表示通用的“通”。

（2）通用图：将标准变换应用于 3σ 方式即可得到通用图的中心线和上下限，即 UCL=3，CL=0，LCL=−3。这样，中心线和上、下控制限为定值，与样本量的大小无关，所得通用控制图如图 6-15 所示。通用图的优点是与样本量变化时 p 控制图、np 控制图、c 控制图相比，控制线是直线，便于作图以及判异、判稳；缺点是在图中所打的点子必须先经过标准变换，比较麻烦。而与后文的直接打点法相结合，则可弥补此不足，并节省大量管理费用。

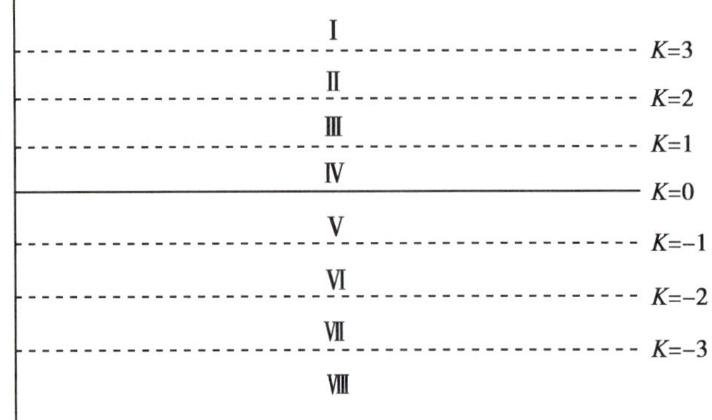

图 6-15　通用控制图

在通用图上，用上述变换的公式可知：$p_T=np_T$，$c_T=u_T$，无论样本量如何变化，控制图 np_T、c_T 均可用，故称为通用控制图。

2. 直接打点法 直接打点法是指在现场将数据直接在通用图上打点，而不需要计算，非常省时、方便。

（1）方法思路：判异准则是点出界或界内点的排列非随机，前者对于点的位置要求严格，后者如链、趋势等则只要求其位置相对严格即可。因此，对于界内点只须打到大致位置就行。由此，结合判异准则的 A、B、C 三区的划分，在通用控制图的中心线和上下限内再加上 $K=\pm1$、±2 四条线，即可把整个通用图划分成 8 个区域，这样很方便界内点的描点。

（2）现场标杆数据：为迅速找出界内点在通用图上的打点位置，可计算出通用图上 $K=0$、±1、±2、±3 时七条线对应的数据，即得现场标杆数据。当得到现场数据后，将它与现场标杆数据比较，即可迅速知该数据在通用图上的打点位置，这就是直接打点法。

现场标杆数据可由标准变换的公式直接导出，得到直接打点公式。

对于 np_T 控制图，现场标杆数据 $d_{k,n}=\mu_{np}+K\sigma_{np}=n\bar{p}+K\sqrt{n\bar{p}(1-\bar{p})}$，$K=0$、$\pm1$、$\pm2$、$\pm3$。其中，$p$ 为平均样品不合格率。

对于 c_T 控制图，现场标杆数据 $d_{k,n}=\mu_c+K\sigma_c=\bar{c}+K\sqrt{\bar{c}}$，$K=0$、$\pm1$、$\pm2$、$\pm3$。其中，$c$ 为平均样品不合格数。

三、过程能力分析

在产品制造过程中，过程是保证产品质量的最基本环节。过程能力（以往称工序能力）是指过程的加工质量满足技术标准的能力，也即过程在一定时间里处于标准作业且稳定状态（统计控制状态）下的实际加工能力。它可衡量过程加工的内在一致性，是稳态下的最小波动。我们常说的生产能力则是指加工数量方面的能力，二者不可混淆。

过程能力分析就是考虑过程中人的操作、设备、材料、工艺、测量工具与方法以及环境对过程质量指标要求的适合程度。过程能力分析是质量管理工程的一项重要技术工作。它有助于掌握各道工序的质量保证能力，为产品设计、工艺、工装设计、设备维修、调整、更新、改造提供必要的资料和依据。计算过程能力和过程能力指数是过程能力分析的两个重要内容。

1. 过程能力计算 如前所述，当过程处于稳态时，产品的计量质量特性值有 99.73% 落在 $\mu\pm3\sigma$ 的范围内（其中 μ 为质量特性值的总体均值，σ 为质量特性值的总体标准差），也即有 99.73% 的产品落在上述 6σ 范围内，几乎包括了全部产品。故通常用 6 倍标准差（6σ）表示过程能力，它的数值越小表明过程加工的一致性越强。

2. 过程能力指数 以往称工序能力指数，是指过程能力满足规格要求的程度，通常用 C_p 表示。规格要求（质量标准）是指过程加工产品必须达到的质量要求，通常用公差（允许范围）来衡量，一般用符号 T 表示。现对双侧公差情形的过程能力指数、单侧公差情形的过程能力指数、有偏离情形的过程能力指数的计算等内容分别叙述如下：

（1）双侧公差情形的过程能力指数的计算：对于双侧公差情况，过程能力指数 C_p 的计算公式如下为：

$$C_p = T/6\sigma \approx (T_U - T_L)/6\sigma \quad 式(6\text{-}3)$$

式中，T 为技术公差的幅度，T_U、T_L 分别为上、下公差界限，σ 为质量特性值分布的总体标准差。

由于 σ 为总体参数，故必须在稳态下进行估计，这点很重要。所以，对尚未推行统计过程控制（SPC）与统计过程诊断（SPD）的企业而言，是没有条件去计算过程能力指数的。但如果客户迫切要求给出 C_p 值，企业就需要尽快推行 SPC 与 SPD。

在上述过程能力指数中，T 反映对产品的技术要求，而 σ 则反映过程加工的一致性，所以在过程能力指数 C_p 中将 6σ 与 T 比较，就可反映过程加工质量满足产品技术要求的程度。C_p 越大，表明加工质量越高，但这时对设备和操作人员的要求也高，加工成本也越大，所以对于 C_p 值的选择应根据技术与经济的综合分析来决定。

一般情况下，过程能力指数 C_p 值对应过程能力的评价可参考表 6-7。

表 6-7　过程能力指数 C_p 值对应过程能力的评价表

C_p 值范围	级别	过程能力评价
$C_p \geqslant 1.67$	Ⅰ	过程能力过高（应从质量要求、技术和经济等具体情况综合分析而定）
$1.33 \leqslant C_p < 1.67$	Ⅱ	过程能力充分，表示技术管理能力已很好，应继续维持
$1.0 \leqslant C_p < 1.33$	Ⅲ	过程能力勉强，表示技术管理能力较勉强，应设法提高为Ⅱ级
$0.67 \leqslant C_p < 1.0$	Ⅳ	过程能力不足，表示技术管理能力已很差，应采取措施立即改善
$C_p < 0.67$	Ⅴ	过程能力严重不足，表示应采取紧急措施和全面检查，必要时可停工整顿

从表面上看，当 C_p=1 时既满足了技术要求又非常经济，但考虑到过程的波动，通常认为 $C_p \geqslant 1.33$ 时过程能力充分满足质量要求。故常规控制图的国标 GB/T 17989.2—2020 也有如此要求。随着时代的进步，高质量、高可靠性的“6σ 控制原则”的情况下要求 $C_p \geqslant 2.0$，所以对 $C_p \geqslant 1.67$ 时认为过程能力过高的说法应视具体情况而定。图 6-16 给出了过程能力指数与不合格品率一一对应的关系。

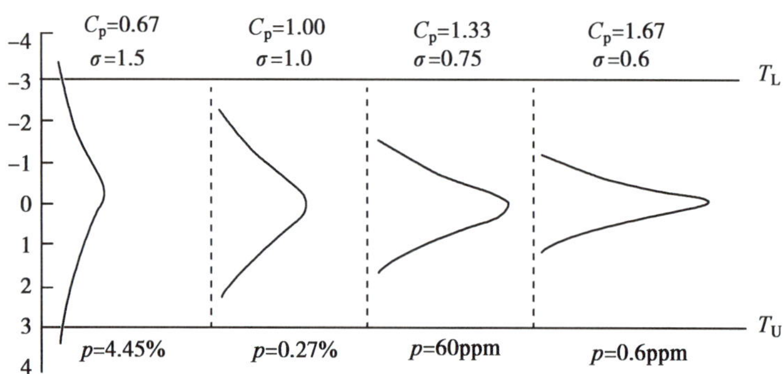

图 6-16　过程能力指数、质量特性值正态分布与不合格品率的对应关系

（2）单侧公差情形的过程能力指数：若只有上限要求，而对下限没有要求，则过程能力指数计算如下：

$$C_{pU} \approx (T_U - \overline{X})/3\sigma (\overline{X} \leqslant T_U) \qquad 式（6-4）$$

式中，C_{pU} C 为上单侧过程能力指数。

反之，若只有下限要求，而对上限没有要求，则过程能力指数计算如下：

$$C_{pL} \approx (\overline{X} - T_L)/3\sigma (\overline{X} \geqslant T_L) \qquad 式（6-5）$$

式中，C_{pL} C 为下单侧过程能力指数。

（3）有偏离情形的过程能力指数：当产品质量特性值分布的均值 μ 与公差中心 M 不重合（即有偏移时），显然不合格率增大，也即实际 C_p 值将降低，故式（6-3）所计算的过程能力指数不能反映有偏移的实际情况，需要加以修正。

现定义分布中心 μ 与公差中心 M 的偏移 $\varepsilon=|M-\mu|$，则 μ 与公差中心 M 的偏移度 K 为：

$$K = \frac{\varepsilon}{T/2} = \frac{2\varepsilon}{T} (0<K<1) \qquad 式（6-6）$$

则式（6-3）的过程能力指数修正为：

$$C_{pK} = (1-K)C_p \approx (1-K)\frac{T}{6\sigma} \qquad 式（6-7）$$

上式中，当 $\mu=M$（即分布中心与公差中心重合，无偏移）时，$K=0$，则 $C_{pK}=C_p$。注意，C_{pK} 也必须在稳态下求得。

（4）C_{pK} 和 C_p 的比较与说明：根据上述无偏移情况的 C_p 表示过程加工的一致性（即“质量能力”）；C_p 越大，则质量特性值的分布越“苗条”，质量能力越强；而有偏移情况的 C_{pK} 表示过程中心 μ 与公差中心 M 的偏移情况。C_{pK} 越大，则二者偏离越小，也即过程中心越“对准”公差中心，是过程的“质量能力”与“管理能力”二者综合的结果。故 C_p 和 C_{pK} 二者的侧重点不同，需要同时加以考虑，将 C_p 和 C_{pK} 二数值联合使用，可更全面的了解产品质量（表 6-8）。

表 6-8　C_p 和 C_{pK} 联合评价其所代表样本的合格品率

C_{pK}	C_p					
	0.33	0.67	1.00	1.33	1.67	2.00
0.33	66.368%	84.000%	84.134%	84.134%	84.134 47%	84.134 47%
0.67		95.450%	97.722%	97.725%	97.724 99%	97.724 99%
1.00			99.730%	99.865%	99.865 01%	99.865 01%
1.33				99.994%	99.996 83%	99.996 83%
1.67					99.999 94%	99.999 97%
2.00						99.999 999 8%

当需要进行过程能力分析的计量数据呈非正态分布时，直接按上述过程能力分析的方法处理会有很大的风险。一般解决方案的原则有两大类：①一类是设法将非正态数据转换成正

态数据(如:采用 Box-Cox 变换法和 Johnson 变换法),然后按上述方法进行分析;②另一类是以非参数统计方法为基础,推导出一套新的计算方法进行分析。

ER6-3　第六章　目标测试

(钟　敏　胡学雷)

ER7-1 第七章 质量改进(课件)

第七章 质量改进

质量管理活动的三大活动：质量策划、质量控制和质量改进。质量控制是维持现有质量的管理活动，而质量改进则是主动采取方法和措施，对目前质量及质量管理进行改进的活动，是在原有质量基础上的突破性提高。它通过采取各种措施，消除系统性问题，提高组织活动和过程的效果、效率，旨在对现有质量及质量管理水平在控制基础上加以提高，使质量和质量管理达到一个新水平、新高度，以向本组织及其顾客提供增值效益。持续的质量改进不仅是质量管理的基本特点，也是质量管理的七项基本原则之一。制药企业提供药品和服务质量的好坏，决定了患者及相关方的满意程度，而要提高满足患者及相关方满意程度的能力，就必须不断进行质量改进，采取纠正措施，及时解决质量问题；寻找改进的机会，提前预防问题的出现。

第一节 概述

质量改进是一个过程，要按照一定的规则进行，否则会影响改进的成效，甚至会徒劳无功。质量改进的基本过程是 PDCA 循环，任何一个质量改进活动都要遵循 PDCA 循环的原则，即策划(plan)、实施(do)、检查(check)、处置(act)，详见第三章第三节。根据质量改进涉及层面的不同，实施质量改进的组织又可分为质量管理委员会(管理层)和质量改进团队(实施层)，前者涉及为企业整体资源的调动，常适合于跳跃式策略的质量改进；后者又称为质量改进 QC 小组，涉及具体工作项目的开展，常适合于递增式策略的质量改进。

一、质量改进的内容

质量改进的过程遵循 PDCA 循环原则，可分为四个阶段、七个步骤，包括：①选择课题；②掌握现状；③分析问题原因；④拟定对策并实施；⑤确认效果；⑥防止再发生和标准化；⑦总结。

(一) 选择课题

企业需要改进的问题很多，总体来说主要包括质量(quality)、成本(cost)、交货期(delivery)、安全(safety)、激励(motivation)、环境(environment)六方面，亦称 QCDSME。由此，选择课题也常是围绕这六个方面来考虑，如降低不合格品率、降低成本、保证交货期等。

1. 活动内容 该步骤包括以下内容：①明确所要解决的问题为什么比其他问题重要；

②明确问题的背景是什么，以及到目前为止问题的状况是怎样的；③将不尽如人意的结果用语言和数据表现出来，具体有什么损失，并说明希望改进到什么程度；④选定课题和目标值，如果课题过大，可将其分解成若干小课题，逐一进行解决；⑤正式选定任务的责任人，如果是质量改进小组就确定组长和组员；⑥如必要，对质量改进活动的费用做出预算；⑦拟定改进活动的时间表，初步制订改进计划。

2. 注意事项 活动中应注意以下方面。

（1）选择课题是质量改进的起始，制药企业应综合考虑国家和行业的相关政策、企业的长远发展方向与规划、方针和目标、药品的市场要求、企业内部运行存在的瓶颈等，在面临的众多问题中确定轻重缓急、先后主次，最大限度地灵活运用现有数据，采用各种质量工具和质量管理工具，如亲和图、排列图、矩阵图等，识别和确定主要问题，并说明理由，保证所选定的课题得到解决后可最大限度地给企业、患者、相关方和/或社会带来效益增值。

（2）选定课题后，需向有关人员说明清楚解决该问题的必要性及相关意义，否则会影响解决问题的有效性，甚至半途而废、劳而无功。

（3）设定的目标值应合理，依据必须充分。合理的目标值应是经济上的合理和技术上的可行。目标值的设定既要具有挑战性，又能通过质量改进达到，并由此还可增强质量改进小组的信心，提高小组成员的积极性。

（4）制订改进计划，务必要明确解决问题的期限。预计效果再好，如果不拟定具体时间往往会被拖延，被那些所谓"更重要、更紧急"的问题代替。

（二）掌握现状

质量改进课题确定后，需要进一步把握当前问题的现状，为后续的问题分析提供依据。

1. 活动内容 该步骤包括如下内容：①抓住问题的特征需要调查若干要点，如时间、地点、问题种类、问题的特征等；②解决质量问题需从人（man）、机（machine）、料（material）、法（method）、测（measurement）、环（environment）等不同方面进行调查；③去现场收集数据中没有包含的信息。

2. 注意事项 活动中应注意如下方面。

（1）解决问题的突破口就在问题内部。根据事物的因果关系，质量特性值的波动太大，其影响因素中的某个或某几个也必然存在大的波动，这是把握问题的主要影响因素及原因的有效方法。观察问题的角度常因问题的不同而不同，企业可采用各种质量工具，如调查表、分层法等，把握问题的现状。但是不管什么问题，通常都会从时间、地点、种类、特征等四方面开展调查。同时，调查者应深入现场，以尽可能地获取数据中未包含的信息，而这些信息常可为解决问题提供灵感，找出思路，并最终找到问题的突破口。以提高产品合格率的问题为例。

1）从时间角度分析：可从每天的早、中、晚，每星期的星期一至星期五（双休日工作制），每年的不同月份、不同季度、不同季节等时间角度，选用不合格品原因调查表开展调查，对调查表中的数据进行分层，观察不合格品率有什么差异。

2）从不合格产品的生产设备出发：对不同设备生产同一产品的不合格品进行调查，把握现状。

3）从种类的不同进行调查：对同工厂生产的不同产品，同产品的不同生产时间、生产标准或等级等进行调查，考察其不合格品率有无明显差异。

4）从特征考虑：以产品不合格品项目如针孔（细小的气孔）为例，针孔的形状是圆的、椭圆的、带角的，还是其他形状；针孔的排列有无特征，是笔直的还是弯曲的，是连续的还是间断的；针孔的大小在不同的情况下是否会发生变化及发生怎样的变化；针孔附近有无异样的颜色或异物存在；等等。

（2）不管什么问题，对上述四个方面的调查是必要但不充分的，要把握好问题现状，经常还需要调查其他方面。例如：不同使用环境下，产品故障率有什么差异等。

（3）一般来说，解决问题应尽量以数据为依据，其他信息供参考。但在没有数据的情况下，就应充分发挥其他信息的作用。

（三）分析问题原因

分析问题原因是一个设立假说和验证假说的过程。

1. 活动内容 主要包括以下两方面内容。

（1）设立假说（选择可能的原因）：①搜集关于可能原因的全部资料；②运用"掌握现状"阶段掌握的信息，剔除已确认的无关因素，重新整理剩下的因素。

（2）验证假说（从已设定因素中找出主要原因）：①搜集新的数据或证据，制订计划确认原因对问题的影响；②综合调查到的全部信息，确定主要影响及其原因；③如果条件允许，可以将问题再现一次。

2. 注意事项 考虑原因时，通常需讨论其理由，并应用数据或去现场来验证假说的正确性，以科学地确定原因。验证假说时，不能用建立假说的材料，而要重新收集验证假说的数据或材料，有计划、有依据地通过各种实验（试验）和数理统计方法进行验证，有时候还需直接到现场进行验证。

（1）充分采用因果图建立假说：因果图是建立假说的有效工具，建立假设的因果图应遵循从大到小的过程，即初始的因果图应尽可能地全面，图中各影响因素应尽可能写得具体，所有因素都应被假设为问题的原因，这样才不会导致问题原因的遗漏。但在对可能的原因进行调查验证时，必须根据现场调查和收集的数据，结合"掌握现状"阶段中分析过的信息，将与结果波动无关的因素舍去，以提高效率。因此，最终的因果图越小（即影响因素越少），往往越有效。

另外，因果图中各因素引起质量问题的可能性往往不同。故必要时应根据"掌握现状"阶段得到的信息进一步分析，对各因素引起质量问题的可能性大小及重要度进行排序。

（2）验证假说必须根据重新实验（试验）和调查获得的数据有计划地开展。

1）验证假说就是核实原因和结果之间是否存在关系以及关系是否密切，常用方法包括排列图、相关及回归分析、方差分析等统计方法。值得注意的是，通过大家讨论由多数意见决定是一种民主的方法，但缺乏科学性。许多事实最终表明，当初全员一致同意的意见有时可是错误的。

2）要首先验证影响问题的主要原因：以提高产品的质量为例，导致产品质量问题出现的主要原因可能只有一个或几个，对所有影响因素都采取措施既不现实，也无必要，所以应首先对主要因素采取对策。

3）利用质量问题的再现性实验（试验）来验证影响原因要缜密谨慎：有意识地再现质量问题是验证假说的有效手段，但需设置合理的对照和重复，考虑到人力、时间、经济性等多方面的制约条件；需与“掌握现状”时查明的问题一致或具有同样的特征，做到理论与实际一致，从实践中来，到实践中去。

（四）拟定对策并实施

原因分析完成后，需要制订对策并予以实施。

1. 活动内容 主要包括：①严格区分现象去除（应急对策）与原因消除（永久对策）；②准备若干对策方案，调查获悉各种方案的利弊，最终选择参加者都能接受的方案；③实施对策。

2. 注意事项 上述活动中应注意以下方面。

（1）科学合理地采取相应对策：对于出现的质量问题，采取的对策有两种，即应急对策和永久对策。应急对策是一种临时措施，是在问题发生的根本原因尚未找到之前，为消除该问题而采取的临时应急措施，相当于“对症治疗”；而永久对策是通过现象观察、数据分析等一系列手段，找到问题产生的根本原因之后所采取的对策，相当于“对因治疗”。所以，当不合格品出现后，首先可采取应急对策，将其返修好。随后应采取永久对策，以消除产生问题的具体原因，防止不合格产品的再次出现。当原因无法消除或难以消除时，可采取隔断因果关系的方法，防止不合格品的出现。

（2）质量或过程的许多特性都是相互关联的，采取对策解决了目标问题后，有时会产生新的问题。因此，企业必须从多角度对措施、对策进行彻底而广泛的评价，采取的对策应尽量不要引起新的质量问题（副作用），否则应考虑更换一种对策，或消除对策实施所产生的新的质量问题。

（3）采取对策常涉及许多工序的调整和变化，应多听取有关人员的意见和想法。当同时存在几个经济合理、技术可行的方案时，可通过民主讨论的方式来促使各方达成共识，确定最终方案。实施对策时，有关人员必须通力合作。

（五）确认效果

质量改进的效果需进行确认，以比较改进前后的实际效果，为后续的持续改进或标准化提供依据，同时质量改进的良好成果还可提高员工持续改进的积极性。值得注意的是，效果确认的失误将会导致问题的再次发生，故效果确认需全面、谨慎。

1. 活动内容 主要包括：①使用同一种图表（如排列图、调查表等）将采取对策前后的质量特性值、成本、交货期等指标进行比较；②如果改进的目的是降低不合格率或降低成本，则要将质量特性值换算成金额，并与目标值比较；③如果有其他效果，不管大小都要列举出来。

2. 注意事项 上述活动中应注意如下方面。

（1）确认效果应获悉在何种程度上做到了防止质量问题的再次发生，由此用于改进前后比较的图表最好前后一致。如果现状分析用的是排列图，确认效果时最好也用排列图，这样会更加直观，且具有可比性。

（2）将质量改进的成果换算成金额，通过改进前后的比较，会让企业经营者更清楚地认识到该项改进活动的重要性。

（3）采取对策后没有达到预期效果时，首先应确认对策是否严格按照计划实施。例如是否存在对改进的必要性认识不足，对计划的传达或理解有误，没有经过必要的教育培训或未达到培训教育的目的，实施过程中的组织与协调不够、资源不足。如果以上情况存在，就意味着对策失败，则需重新回到“掌握现状”阶段。其次要考虑计划是否有问题，例如是否存在对现状把握不稳，计划阶段的信息有误和 / 或知识不够导致对策有误，对实施效果的测算有误，不了解实际拥有的能力。

（六）防止再发生和标准化

质量改进的有效措施要标准化，纳入质量文件，以防止同样的问题再发生。

1. 活动内容 主要包括：①为改进工作，应再次确认 5W1H，即 what（做什么）、why（为什么做）、who（谁做）、where（哪里做）、when（何时做）、how（如何做），并将其标准化，制定成工作标准；②进行有关标准的准备、宣传和贯彻；③实施教育培训和考核；④建立保证严格遵守标准的质量责任制。

2. 注意事项 为防止同样的问题再发生，纠正措施必须标准化，其主要原因有：①没有标准，问题会再次发生；②没有明确的标准，新员工在作业中很容易出现以前发生的问题；③贯彻实施标准前，必须对员工进行相关知识和技术的教育、培训和考核，并使标准成为员工的新习惯。同时，还需要注意以下方面。

（1）作业层次的标准是表示作业顺序的一种方法。how（如何做）规定的有关内容可认为是标准，如果还含有 4W1H（不包括 why）则是非常完全的标准。但对于完成作业的方法，没有“为什么”也许是可以接受的，但对于员工却是不可缺少的内容，因为他们需要了解为什么要这么做。这有益于提高员工贯彻实施标准的顺应性，发挥员工作业的能动性，促进他们之间的相互交流。

（2）导入新标准时有时会引起混乱，其主要原因是标准实施前没有充分准备和宣贯。实施新标准意味着作业方法将发生改变，尤其对于将工作划分成许多具体操作且系统性很强的作业现场，如果一部分工作做了调整，而另一部分未做相应调整，就会引起一些细小的差错。因此，导入新标准前，要将原标准撤出作业现场，并向员工进行新标准的宣贯。

（3）反复、充分的教育培训对标准的顺利实施是必要的。企业一定要对新标准的内容和有关技能进行教育培训、考核，否则即使标准再完备也无法保证其得到严格遵守，无法防止同样的问题再次出现。

（七）总结

对改进效果不显著或未达到预期效果的措施，及改进实施过程中出现的问题要予以总结，为开展新一轮质量改进活动提供依据。

1. 活动内容 主要包括：①总结质量改进活动中，哪些问题得到了顺利解决，哪些问题尚未解决；②找出遗留问题，考虑下一步该怎么做来解决这些问题。

2. 注意事项 上述活动中应注意如下方面：①质量改进活动要长期持久地开展；②企业在质量改进活动中，开始时可设立目标和期限，分阶段进行，按期总结，哪些完成了，哪些未完成，完成到什么程度，然后再进入下一轮的质量改进活动；③对质量改进活动中的遗留问题，应制订下一步行动方案和初步计划。

二、质量改进的必要性

产品(或服务)的质量是企业的生命，一个企业从诞生到逐步壮大，过硬的产品质量是其在激烈的市场竞争中得以生存的关键。从企业发展的战略角度来讲，优良的产品质量是企业生存与发展的前提和先决条件，以质量作保证才是企业赖以生存的根本途径。

药品作为一种特殊的商品，产品质量直接关系到人们生命健康和社会和谐，药品生产企业首先必须保证药品的质量，以满足患者及相关方的要求。同时，随着生活水平的提高和健康理念的转变，人们对药品质量在安全、有效和其他方面的要求不断提高，制药企业更需持续不断地开展质量改进，增强满足患者及相关方要求的能力，提高患者及相关方的满意程度，不断降低药品生产成本，增强市场竞争力，以求得在激烈的市场竞争中不断发展。而从研发、生产和技术的角度来看，质量改进的必要性则体现在以下方面。

1. 患者需求和市场要求 药品的质量源于设计，而药品的设计质量是在特定知识和技术条件下的特定产物。随着知识的不断更新，科技的不断发展，新技术和新方法在药品研发中的不断应用，药品上市后应用的各种反馈，特定时期下药品设计质量的不足将会逐渐显现。起初被证明是安全、有效、患者顺应性良好的药品，可能会被发现存在安全性方面的不足、隐患或问题，有效性也将发现可以被继续提高，患者的顺应性也可能需进一步改善提高。此时，药品研发和生产企业如不主动解决这些问题，提升药品的设计质量，满足患者不断增长的需求，提升企业的竞争力，很可能会在市场竞争中处于劣势，甚至被淘汰。

(1)安全性方面：特定时期下，药物分子本身存在而未被发现的安全性问题，在药品上市后将会很快显现，甚至带来相关药害事件的发生。历史上的“反应停”事件就是最好的例证，而药品安全性问题的发生极有可能会给药品生产企业带来生存危机。

(2)有效性方面：随着药物生物学作用研究的不断深入和制剂技术的不断发展，很多药物的有效性可以得到更进一步的提高。例如：①药物分子的某一光学异构体将可能被发现不仅药效更强，而且更安全，如埃索美拉唑；②新型制剂技术的开发，既可降低药物的不良反应，又可提高药物的有效性，例如脂质体技术的应用使得毒性较大的两性霉素 B 既可获得较好的疗效，又可降低其应用的毒性；另外，还有生物导弹、缓控释制剂等技术的开发和应用。

(3)顺应性方面：这包括药品研发当初设计质量对患者顺应性考虑的不足、社会变化带来患者用药习惯和要求的变化等。如长效制剂、口腔速溶片等可大大提高患者的顺应性，满足患者及相关方的需求。

在激烈的市场竞争中，谁主动作为，谁优先满足患者及相关方的需求，谁就能在市场竞争中处于优势。所以，患者需求和市场要求将迫使企业必须持续地开展质量改进。在我国制药行业快速发展的当今，上述这些来自患者需求和市场要求的药品质量改进动力在国家政策和企业作为等方面表现得越来越强烈，例如：国家新药对一类新药的最新定义，药品的再评价，中药的二次开发，药物分子的优化(me-better, me-best)，新型制剂技术的广泛开发和应用，等等。

2. 企业降低成本和资源匹配的要求 制药企业在满足患者及相关方需求的同时，常需降低生产成本和管理成本，以获得更大的效益和在市场中保持竞争优势。因此，需对现有技术、生产和管理进行持续地改进。例如：①新技术、新方法、新工艺和新材料的发展，对原有的药品生产技术提出了改进要求；②随着社会的发展，药品的生产可能涉及多家企业、企业内部多个部门，由此其采用技术与不同企业、企业内部的各种资源之间的最佳匹配问题，要求各企业及部门不断改进技术，以增强企业与企业、企业内部各部门之间技术的匹配性，保证药品目标质量的顺利实现；③工程技术人员也需不断学习新知识、新方法和新技术，以增加对过程中一系列因果关系的了解，促进持续改进工作的开展，更好地达到期望的改进效果；④工艺和技术的改进，同样会带来生产设备、工艺装备、检测装置等不同方面的改进需求；⑤技术再先进，方法不当，程序不对，管理不到位，也无法实现预期目的，由此要求企业不断改进工作方法和管理，重视人力资源的管理，在员工中树立持续改进的理念，日积月累，方可取得意想不到的效果。

三、质量改进的意义

质量改进是质量管理的重要内容，涉及企业的方方面面，在生产经营的各个阶段、环节、职能层次都需要进行改进。企业通过持续的质量改进，可以提高企业员工的质量意识，使其认识到过程对于产品质量的重要性。同时，企业通过持续的质量改进，不仅可获得丰厚的收益，而且可以端正企业经营者的价值取向，使其真正认识到提高质量与降低成本并不矛盾，高质量并不等于高成本，从而促进企业经营者对质量改进的主动作为。药品的质量源于设计，通过制造过程实现。只有通过生产过程的持续改进，才能最终实现药品的目标质量，满足顾客及相关方的需求，增强企业的信誉，提升竞争力，在竞争的环境中获得更多的利益，实现企业、患者及相关方和社会的共赢。

持续质量改进的重要意义，具体体现在以下方面：①质量改进具有很高的投资收益率；②可以促进新产品开发，改进产品性能，延长产品的寿命周期；③通过对产品设计和生产工艺的改进，更加合理、有效地使用资金和技术力量，充分挖掘组织的潜力；④可以提高产品的制造质量，减少不合格品的出现，实现增产增效的目的；⑤可以通过提高产品的适应性，提高组织产品的市场竞争力；⑥有利于发挥各部门的质量职能，提高工作质量，为产品质量提供强有力的保证。

第二节　质量改进的实施

一、质量改进的组织形式

质量改进的组织形式可分为正式的和非正式的，具体采用哪种方式，主要取决于改进项目的规模，涉及哪些部门及主要部门。例如：提高青霉素的产量涉及发酵车间、分离车间等多部门，可由工厂经理指导组织，并实施诊断；阿莫西林胶囊装量差异的不合格，仅涉及制剂车间，可成立 QC 小组（质量管理小组），开展质量改进，解决阿莫西林胶囊的装量差异问题。

相对于非正式的质量改进，有组织的质量改进更正规。在有组织的质量改进工作中，依据工作主体，可分为员工个人的改进和团队的改进。

1. 员工个人的改进 在员工个人的质量改进工作中，最典型的就是合理化建议和技术革新，推进的方式是自下而上。两者均可以激励基层员工发挥聪明才智，提高产品质量，是对企业都广泛适用的质量改进工作的组织形式。

2. 团队的改进 在团队改进中，最典型的是 QC 小组活动和六西格玛团队。其中，QC 小组有职能部门内部的，也有跨职能的，推进的方式是自下而上；而六西格玛团队大多是跨职能的，推进的方式是自上而下的。

合理化建议、技术革新、QC 小组活动等质量改进为群众性的质量改进活动，而六西格玛管理属于管理层推动的质量改进活动。企业可根据实际情况，充分利用多种形式，组织员工开展各种质量改进活动，解决各种质量问题，营造上下互动、全员参与的良好改进氛围。

二、质量改进的组织

质量改进的组织分为两个层次：一个是从整体的角度为改进项目配备资源，这是管理层，即质量委员会；另一个是为了具体地实施改进项目，这是实施层，即质量改进团队，或称为质量改进小组、QC 小组。

（一）质量委员会

质量改进组织工作的第一步是成立公司的质量委员会或其他类似机构，其基本职责是推动、协调质量改进工作并使其制度化。质量委员会通常由高级管理层的部分成员组成，上层管理者亲自担任质量委员会的领导或成员时，委员会的工作推进最为有效。在较大的公司中，除公司的质量委员会外，分公司设置下一级质量委员会也很普遍。当公司设有多个委员会时，各委员会之间一般是相互关联的，通常上一级委员会的成员担任下一级委员会的领导。

质量委员会的主要职责包括：①制订质量改进方针；②参与质量改进；③为质量改进团队配备资源；④对主要的质量改进成绩进行评估并给予公开认可。

（二）质量改进团队

质量改进团队不在公司的组织结构图中，是一个临时性组织，团队没有固定的领导。尽管质量改进团队在不同国家有不同的名称，如质量改进小组、QC 小组、提案活动小组等等，但其基本的组织结构通常包括组长和成员，活动方式也大致相同。其中，组长常由质量委员会或其他监督小组指定，或经批准由团队自己选举。

组长的职责包括：①与其他成员一起完成质量改进任务；②保证会议准时开始、结束；③做好会议日程、备忘录、报告等准备工作和公布；④与质量委员会保持联系；⑤编写质量改进成果报告。

小组成员的职责包括：①分析问题原因并提出纠正措施；②对其他团队成员提出的原因和纠正措施提出建设性建议；③防止质量问题发生，提出预防措施；④将纠正和预防措施标准化；⑤准时参加各种活动。

三、质量改进的障碍

尽管质量改进可使企业获得高收益，特定情况下实施的质量改进也可取得可见的成果，但由于质量改进意味着改变或革新，由此带来多方面的障碍和影响，致使不少企业质量改进的成果并不尽如人意，持续改进的主观意愿不强，常见的障碍和影响因素如下。

1. 对自身质量水平的错误认识 有些企业，尤其是质量管理做得较好的企业，往往认为自己的产品质量已经足够好，不需要进行质量改进。即便进行质量改进，投入和产出比也太小，没有必要开展。但实际上，这些企业与国际上质量管理好的企业相比，无论是产品质量水平还是质量管理水平都存在着巨大差距，这种错误认识是企业质量改进的最大障碍，思想认识的不足非常危险。

2. 对失败缺乏正确的认识 有些人认为质量改进活动的某些内在因素决定了改进注定会失败，这种看法不仅忽视了那些质量改进成功的企业所取得的成果，而且也难以吸取那些企业进行质量改进的成功经验和失败教训。

3. “高质量意味着高成本”的错误认识 有些管理人员，甚至企业经营者认为提高质量要以成本增加为代价，如增强检验、使用价格更昂贵的原材料或依靠精度更高的设备。他们往往忽视产品质量提高带来的综合收益的提高，如企业声誉的提高、市场的扩大、故障成本的降低、预防成本的减少等。同时，质量的提高如果是基于长期浪费的减少、管理的不善等，则质量改进的风险将更小，较小的质量改进投入极有可能显著降低产品的生产和管理成本，提高企业的收益，获得预期的质量改进成果。

4. 对权力下放的错误理解 在质量改进上，部分企业对权力下放的把握不够。某些企业的管理者将其在质量改进方面应该承担的职责全部交给下属来做，而部分企业的管理者则对下级或基层员工的能力信任度不够，在质量改进的支持和资源保障方面缺乏力度，使质量改进活动难以正常进行。

质量改进活动中，上层管理者不仅要负责改进的决策工作，参与质量改进活动，参与意识教育、制订目标，还不宜将自身应该承担的职责下放给下属，这些职责包括：①参与质量委员会的工作，这是上层管理者最基本的参与质量改进的方式；②批准质量方针和目标；③为质量改进提供必要的资源，包括人、工作条件、环境等，以保证质量改进的顺利实施；④予以表彰，这是体现管理者对质量改进工作支持的重要方式；⑤修改工资及奖励制度，将质量改进活动纳入到企业的工资和奖励办法中有助于提高员工参与的积极性和能动性，提升质量改进的效果和成功率。

5. 员工的顾虑 质量改进是一种革新，它将打破了企业原有的平静，给企业带来深远的影响，如增添新工种，岗位责任中增添新内容，企业管理中增添团队精神，质量的重要性得到承认，其他工作的重要性相对降低，等等。同时，为顺利实施上述改变，公司员工需要进行培训。

这一系列变化将需要员工付出额外的时间适应，还可能威胁到他们的工作和地位，甚至会失去工作，从而产生各种顾虑，甚至抵触情绪。然而，持续的质量改进是企业保持竞争力的关键所在。因此，企业在实施质量改进前，应与员工充分沟通，了解他们的顾虑，解释为什么要进行质量改进，质量改进后可带来怎样可能的变化，并考虑解决他们的后顾之忧。

四、持续的质量改进

质量改进不是一次性工作，也不可能一蹴而就，企业要取得成功就需要持续地进行质量改进，这也是质量管理的七大原则之一。而要持续地进行质量改进必须做好以下工作。

1. 使质量改进制度化 要使公司的质量改进活动制度化，需将质量改进目标纳入公司的年度计划，使质量改进成为员工岗位职责的一部分；要实施管理评审，使质量改进进度和效果成为审核内容之一；应修改技术评定、工资和奖励制度，使其与质量改进的成绩挂钩。

2. 检查 上层管理者按计划、定期对质量改进成果进行检查是持续进行质量改进的一个重要内容。

（1）检查结果：根据项目的重要程度和实施结果，可采取不同的检查方式，做到全面涵盖、重点突出。

（2）检查内容：进度检查的大部分数据来自质量改进团队的报告，所以，质量改进成果报告应明确：①改进前的废品或其他如时间、效率的损失总量；②如果项目成功，预计可取得的成果；③实际取得的成果；④资本投入及利润；⑤其他如学习成果、团队凝聚力、工作满意度等方面的收获。

（3）检查目的：检查的目的之一是完成对成绩的评定，这种评定除针对项目外，还包括个人。在组织的较高层次，评定范围还应扩大到主管和经理，此时评定必须将多个项目的成果考虑进来。

3. 表彰 通过表彰可使被表彰的员工感受到自己的努力得到了认可和赞赏，并使他们可以以此为荣，获得他人的尊重，从而进一步提高员工参与或推进质量改进的积极性和能动性。

4. 报酬 持续的质量改进对公司保持其竞争力至关重要，不是一种短期行为。因此，报酬必须在岗位职责、工资及奖励制度中体现，同时员工工作表现的评定必须考虑其对持续质量改进活动目标的贡献。否则，持续的质量改进将因得不到足够的重视而受挫。

5. 培训 质量改进是一种革新，质量改进及其质量改进活动的开展涉及很多新知识、新技术、新任务，所有员工面对的都是新事物。所以，要成功开展质量改进活动就需要大量的知识和技能储备，因此要对员工开展各种相关的培训。

第三节　质量改进的技术与工具

在质量改进过程中，经常要用到试验设计技术，如正交试验设计、均匀试验设计、响应面法试验设计等。同样，也常需借助质量管理工程的质量工具和质量管理工具来完成质量改进活动。

一、实验设计

药品的质量源于设计，通过过程制造实现。因此，制药企业不仅要在新药研发阶段尽可能地提高设计质量，而且需要通过对不同过程的各种工艺参数及其空间进行持续优化，使药品的设计质量得以真正实现。所以，药品的质量改进常常涉及药品生产各过程的优化，例如从影响药品质量的各种因素中寻找较好的原料、更优的工艺参数等，这便需要进行试验的设计和实施。

面对需要考察的影响因素及水平，通常会想到将全部影响因素的各种水平进行全面组合开展试验，即采用析因设计的方法。但当项目的影响因素及其水平较多时，若采取全面试验的方法，则所需的试验次级将非常大，几乎不大可能完成。此时，就需要引入数理统计学的方法，通过少量具有代表性的试验来获得全面试验的结果。那么究竟选择哪些因数及其水平，怎样设计少数具有代表性的试验，这些就需要通过试验设计来解答。

试验设计（design of experiments，DOE）是通过最少的试验次数，找出影响性能指标的因素的最佳水平组合，然后把影响性能指标的因素控制在这种最佳水平上进行生产，则可提高中间产品或产品的成品率和质量等，并最终降低产品的制造成本。从 20 世纪 20 年代费希尔（R. A. Fisher）在农业生产中使用 DOE 方法以来，DOE 方法已得到深入的发展，统计学家们发现了很多非常有效的试验设计技术，如析因设计、正交试验设计、均匀试验设计、响应面法试验设计等。通过试验设计常可达到以下作用：①提高产量；②提高产品质量，减少质量波动；③缩短新产品试验周期；④降低成本；⑤延长产品寿命；等等。

另外，由于仪器设备、人员、时间等均可能影响试验结果，所以，在实验过程中应按照试验设计安排实验，遵循平行、重复的原则，严格按照实验程序和仪器设备的操作规程进行实验，科学测量数据，以尽可能地减少和消除仪器设备、人员、时间等带来的影响，并采用数理统计学方法，对数据进行分析，得出结论。

（一）析因设计

析因设计（factorial design，FD）是研究多因素对试验指标的影响，探求各因素对试验指标影响的大小、因素间交互作用，并获得最佳试验方案的一种实验设计方法。

析因设计，又称全因子实验设计，试验中所涉及全部因素不同水平全面组合形成不同的实验方案，每个实验方案进行两次或两次以上的独立重复实验。所以，析因设计的最大优点是获得的信息量很多，它不仅可准确地获悉各因素不同水平的效应大小和主次，还可获知各因素间的交互作用，找出最优试验方案或实验中各因素的最佳水平组合。但缺点是试验次数多，当考察的试验因素和水平较多时，研究者很难承受。一般地，因素数不要超过 6 个，水平数为 2 个或 3 个。

析因设计主要用于新产品开发、产品或过程的改进、以及安装服务，目的是通过较少的试验次数，找到优质、高产、低耗的因素组合，达到改进的目的。例如若干因素对产品质量的影响。

（二）正交试验设计

正交试验设计是研究与处理多因素试验的一种科学方法。它利用“正交表”中试验点在空间上的均匀分散特点及其统计分析时的整齐可比性，安排影响因素及其水平，选择代表性的试验条件进行试验，并对试验结果进行分析，从而通过较少的试验次数，结合各影响因素及其水平的实际情况，找出最优或满意的试验方案。正交试验设计主要用于研究多个因素（或某些特性）对整个系统（产品或过程）某些特性的影响，识别系统中哪个因素影响更大及其影响的大小，以及这些因素间可能存在的相互关系，以促进产品的设计开发、过程的优化和控制或改进现有的系统或产品。正交试验设计的过程包括试验方案的设计、进行试验并记录结果、数据分析、验证结果四个阶段。

1. 正交表 正交表用 $L_n(q^m)$ 表示，L 代表正交表，n 为实验次数（正交表的行数），q 为因素的水平数，m 为因素数（正交表的列数，包括交互作用和误差等）。正交表可分为两类，第一类为标准正交表，满足 $n=m(q-1)+1$，如 $L_4(2^3)$（表 7-1）、$L_8(2^7)$、$L_9(3^4)$，这类正交表不仅可考察各因素对试验指标的影响，还可考察因素之间交互作用的影响。第二类是非标准正交表，不满足 $n=m(q-1)+1$，如 $L_{12}(2^{11})$、$L_{20}(2^{19})$、$L_{18}(3^7)$；还包括混合正交表，如 $L_{36}(2^3\times3^{13})$表示 3 因素 2 水平和 13 因素 3 水平。正交表及交互作用表常可通过正交设计的相关软件根据需要设计生成。

表 7-1　$L_4(2^3)$正交表

试验号	列号		
	1	2	3
1	1	1	1
2	1	2	2
3	2	1	2
4	2	2	1

正交设计（orthogonal design）具有均匀分散的特点，各试验点（试验方案）最具有代表性，通过试验及其对结果的分析，可推断各因素对指标特性影响的重要程度，得出试验的最优方案。同时，正交设计还具有整齐可比的特点，各试验点排列规则整齐，各因素同等重要，各因素的不同水平之间具有可比性，可分析各因素对指标特性的影响。正交表的这两个特点为试验结果的统计分析带来了便利。当各因素之间存在交互作用时，还需结合相应的交互作用表使用。下面以无交互作用的正交试验设计与数据分析为例，对整个过程进行简要介绍，有交互作用的正交试验设计基本步骤和思路相同，可参考有关数理统计学书籍，在此不做介绍。

2. 正交试验方案的设计 正交表在安排试验时，一般应注意以下方面。

（1）明确试验目的：根据研究的对象，结合已有的经验，通过文献查阅和全面调研，提出需要解决的问题。

（2）确定试验指标：根据需解决的问题，确定可用来判断试验方案优劣的试验指标，且试验指标应能量化。

（3）确定因素及其水平：根据相应的专业知识，结合单因素实验结果，从众多可能的影响因素中，选出对试验指标影响较大的因素作为正交试验的因素，并确定其考察的水平。

（4）表头设计和试验方案的确定：选用合适的正交表，进行表头设计，把待考察的因素安排在列上，再将列中的数字换成相应因素的待考察水平，即可获得各种试验方案。值得注意的是，在安排因素和交互作用时，尽可能选择较小的正交表，以减少实验次数。表头设计时，如果不考虑因素之间的交互作用，各因素可随机安排在列上；如果有交互作用时，就应严格安排各因素，防止交互作用的混杂。

在工艺研究中，经常以得率或产量等为试验指标，结合对起始物料选择、杂质和副产物生成的综合考虑，研究化学反应条件（温度、压力、配料比、溶剂、催化剂等）或培养条件（培养基、pH、溶解氧、温度、搅拌速度等）等关键工艺参数对产品得率或产量的影响。

3. 进行试验和记录结果 根据正交设计的实验方案进行实验，并按要求记录试验结果。试验中应注意：①为避免产生可能的系统误差，试验的次序应随机化；②试验时常需对每个试验方案进行重复，这样既可获悉试验的稳定性，又可对试验误差的方差进行估计，但当正交表上留有空白列时，为节约成本和时间等，也可只进行一次试验；③试验中应尽可能使考察因素以外的其他因素固定，以尽量避免因操作人员、仪器设备等的不同引起系统误差，在不能避免的情况时，可以增加一个“区组因子”，将其放在正交表的空白列上。

4. 数据分析 将试验结果的指标值填入正交表，即可基于这些数据，对试验结果进行分析。数据分析常包括直观分析和方差分析。

（1）直观分析：通过某因素不同水平所得实验指标的平均值可判断该因素的最优水平；根据各因素的最优水平，可确定各因素的最优水平组合，即找到最佳的试验方案。通过各因素不同水平所得试验指标的极差，可获知各因素对试验指标影响程度的大小及影响主次，极差越大的因素对试验指标的影响越大，是主要的影响因素；反之，影响就越小，是次要的影响因素。

（2）方差分析：在数据的直观分析中通过极差的大小可评价各因素对试验指标影响的大小，那么极差小到什么程度时可认为该因素水平的变化对试验指标无明显影响；或者说，实验数据的波动不是由各因素的不同水平引起的，而是由实验误差引起的。这些必须采用数理统计学的方差分析，才能得出科学的结论。

方差分析的基本过程是：①计算各因素的偏差平方和（$SS_{因}$）、误差的偏差平方和（SS_e），构成了总偏差平方和（SS_T）；②计算各因素的自由度（$f_{因}$）和误差的自由度（f_e），构成了总自由度（f_T）；③再根据①和②计算各因素的方差（$MS_{因}$）和误差的方差（MS_e）；④最后，计算 F 值（即各因素的方差 $MS_{因}$除以误差方差 MS_e）。设定显著水平 α 分别为 0.05 或 0.01，进行假设检验。若 F 值大于临界值 $F_{0.95}(f_{因},f_e)$或 $F_{0.99}(f_{因},f_e)$，则表明该因素对试验指标的影响具有显著性或极显著意义。或者说，该因素对试验指标影响显著或极显著，也即试验数据的波动是由该因素的不同水平造成的；反之，试验数据的波动是由误差引起的。

值得注意的是，方差分析的前提是每次试验是独立的，且每个试验方案所得的试验指标值符合正态分布。当试验指标值不符合正态分布时，进行方差分析的依据就不够充足，此时可通过比较各因素的贡献率，来衡量各因素对试验指标影响的大小。各因素的贡献率为各因素的纯偏差平方和（$SS_{因}-f_{因}\times MS_e$）除以总偏差平方和（SS_T）的百分值。再根据各因素与误差对试验指标值的贡献率的比较，得出各因素影响的重要性。

对试验结果进行方差分析的目的之一是找出最佳条件或各因素的最佳水平组合。对影响显著的因素应选择最好的水平，而对影响不显著的因素，则可根据降低成本、操作方便等，结合生产实际，综合考虑其水平的选择。

5. 验证试验 结合实际情况，上述确定的最佳条件不一定会在试验中出现，为此通常需要进行验证试验，确定它是否真的符合要求。所以在实际中验证试验是必不可少的，即使是分析所得的最佳条件在试验方案中出现，也需要通过验证试验来考察其是否稳定，以得出可靠的结论。

6. 注意事项 正交试验设计得出的结论仅限于所考查的因素及水平，超出这些范围时，得到的结论不一定正确，尤其是有交互作用的情况。所以，正交试验前，各因素及水平的确定至关重要，需要根据实际情况，开展充分的调研和前期实验，包括单因素实验等。另外，确定最佳条件时，一定要综合考虑实际情况，全面考虑成本和收益。

（三）均匀设计

均匀设计（uniform design）是一种通过将数论与多元统计相结合，重点考虑试验点在试验范围内充分均匀散布的试验设计方法。它由我国数学家方开泰和王元共同提出，为我国独创的一种科学试验方法。均匀设计的特点是尽量使试验点充分均匀分散，使每个试验点都具有良好的代表性，同时不考虑整齐可比的要求，以减少试验的次数，最后通过多元统计方法来弥补这一缺陷，使试验结论同样具有可靠性。均匀设计的优点是试验次数少（试验次数等于因素的水平数），操作简单，结论可靠。该方法适合于多因素多水平试验，尤其是按正交设计试验次数很多，或难以完成很多次试验的情况。

1. 均匀设计表 与正交设计表类似，均匀设计表记为 $U_n(q^m)$ 或 $U_n^*(q^m)$，U 代表均匀设计表，n 为总实验次数，m 为因素数（列数），q 为水平数，如 $U_7(7^4)$ 均匀设计表（表 7-2）。不同的是，每个均匀表都附有相应的使用表，如表 7-3 为 $U_7(7^4)$ 均匀设计表的使用表，它指示我们如何从设计表中选用适当的列，以及由这些列组成试验方案的均匀度。均匀度越好，其偏差（discrepancy）值越小。如根据表 7-3 可知，$U_7(7^4)$ 中选择列 1 和列 3 的均匀度最好。

表 7-2 $U_7(7^4)$ 均匀设计表

试验号	列号			
	1	2	3	4
1	1	2	3	6
2	2	4	6	5
3	3	6	2	4
4	4	1	5	3
5	5	3	1	2
6	6	5	4	1
7	7	7	7	7

表 7-3　$U_7(7^4)$均匀设计表的使用表

因素	列号				D
	1	2	3	4	
2	1		3		0.239 8
3	1	2	3		0.372 1
4	1	2	3	4	0.476 0

U 的右上角加“*”和不加“*”代表两种不同类型的均匀设计表，加“*”的均匀设计表有更好的均匀度，应优先选用。事实上，所有的 U_n^* 表都可由 U_{n+1} 表划去最后一行得到，所以 U_{n+1} 表比 U_n^* 表能安排更多的因素。因此，当需要安排的因素较多且超过 U_n^* 表的使用范围时，可使用 U_n 表。

混合水平的均匀设计：若在一个试验中，各因素的水平不尽相同，则需要使用混合均匀设计表。如：$U_6(3^2×2^1)$（表 7-4）、$U_{12}(12^1×6^1×4^1×3^2)$。

表 7-4　混合均匀设计表 $U_6(3^2×2^1)$

试验号	列号		
	1	2	3
1	(1)1	(2)1	(3)1
2	(2)1	(4)2	(6)2
3	(3)2	(6)3	(2)1
4	(4)2	(1)1	(5)2
5	(5)3	(3)2	(1)1
6	(6)3	(5)3	(3)2

2. 均匀试验的设计与实施　与正交试验设计相似，均匀设计的步骤也包括：①明确试验目的，确定试验指标，若有多个试验指标则需要对指标进行综合分析；②根据专业知识和实践经验，选择试验因素；③根据前期试验结果和实践经验，确定各因素的取值范围及水平；④根据因素数及其水平数选择合适的均匀设计表及其使用表，从使用表中选出列号，将因素安排到列上，然后在各因素列上安排其不同的水平，即完成实验方案的设计；⑤明确试验方案，进行试验、检测和分析，并记录实验数据。

3. 试验的结果分析　均匀设计的试验结果不能采用方差分析，一般利用相关的计算机软件，如 SPSS、均匀设计专业软件等数据处理系统，对数据进行多元回归分析，以获得因素与试验指标之间的回归方程，并由此求得理论的最佳试验方案。另外，也可采用关联度分析，找到主要因素及其最佳值。

4. 验证试验　通过回归分析求得的最优试验方案，均需要通过验证试验确定。

5. 注意事项　均匀试验设计的诞生是应国防科研实践的需求，由我国科学家潜心研究开发的，其来自实践，又应用于实践，已在我国许多研究领域中广泛应用，并取得了重大成效。应用时须注意以下方面。

（1）均匀设计的优点是试验次数少，适合于因素和水平较多的情况，但不可过分追求少的试验次数，除非有很好的前期工作基础和丰富经验，否则可能导致无法建立有效的回归模型，从而不能对问题进行深入的研究和分析，并最终使试验和研究停留在表面化的水平上（直接观察法选择最佳结果），难以得出可靠的结论。一般建议试验次数最好为因素数的3～5倍。

（2）应优先选用带“*”的均匀设计表进行试验设计，因为带“*”的均匀设计表试验点的分布更均匀，代表性更强，更容易揭示试验的规律。

（3）优化试验方案的评价和确定，不仅要考虑试验指标结果的好坏，还要考虑试验方案是否合理可行、符合实际，要全面权衡利弊，力求达到用最小的付出获得最大收益的效果。

（四）响应面法试验设计

响应面法（response surface methodology，RSM）是一种结合数学建模、试验设计和统计分析，从合理的试验设计中得到可靠的试验数据，再对因素和试验指标值（响应值）之间的函数关系进行拟合，建立多元二次回归方程，并绘制成图形，最后找到最佳的优化区域和工艺参数的一种统计方法。其优点是有直观的图形，通常可信度高。

响应面法试验设计包括以下几个步骤。

（1）Plackett-Burman设计试验：快速有效地从众多的考察因素中筛选出对试验指标影响显著的几个重要因素。

（2）最陡爬坡试验：在PB试验结果的基础上，根据重要因素对试验指标值影响的大小，设定步长、变化方向和适宜组数，进行试验，以找到最佳响应区域和中心点。

（3）Box-Behnken设计（Box-Behnken design，BBD）或中心组合设计（central composite design，CCD）：根据最陡爬坡试验结果找到的中心点，进行Box-Behnken设计及试验，试验数据采用相关软件，如Design-Expert 7.0，进行回归分析，并绘制响应面分析的直观图。

（4）确定各因素的最佳水平和最佳的试验方案。

（5）验证试验：同其他实验设计一样，响应面试验设计获得的最优试验方案，也需要通过验证试验确定。

近年来，随着统计学方法和软件处理数据的不断改进，以及数学建模在各个领域中的进一步拓展，越来越多的学者将响应面法试验设计应用于工程学、生物学、生物制药学、医学、食品学、生态学等诸多领域，并取得了显著的成效。

二、质量改进的工具

质量改进活动常需借助的工具包括七套七种质量工具和质量管理工具。其中，常用的因果图、排列图、直方图、系统图（树图）、过程决策图、网络图（箭条图）、矩阵图、亲和图等已在本教材第三章第四节讲述，此处主要介绍头脑风暴法、流程图和水平对比法。

（一）头脑风暴法

1. 概念 头脑风暴（brain storm）法，简称“BS法”，又称畅谈法或集思法，它是采用会议的方式，利用集体的思考，引导每个参加会议的人围绕某个中心议题（如质量问题）广开言路、激发灵感，在各自的头脑中掀起风暴、毫无顾忌、畅所欲言地发表独立见解的一种创造性思维。该方法由美国奥斯本(Alex F. Osborn)博士于1941年提出，是当今极负盛名且实用的一种集体式创造性解决问题的方法。

2. 用途 头脑风暴法在质量改进活动中的用途很大，它不仅可用来识别存在的质量问题，并寻求其解决的办法；还可用来识别潜在的质量改进机会。因果图、亲和图、树图的绘制过程中，也常用到头脑风暴方法，以找出可能的原因，确定收集哪些材料，等等。

头脑风暴法最主要的作用是围绕某一特殊需求或问题，引导小组成员创造性地思考，产生和澄清大量观点、问题、议题或可选择方案，助力问题的解决。同时，它产生的主意和设想可以是问题(目标)、方法、解答和标准等，但并不只限于寻求解答。因此，头脑风暴法的问题必须是开放性的。

3. 类型及特点 头脑风暴法可分为结构化和非结构化的类型。

(1) 结构化的头脑风暴：由会议主持人提出问题，参会人员接龙式地提出自己的见解，每人每次只能提一个，所有主意都记录在白纸板上。当某成员再也没有新的主意时，可以跳过。这种方式要求成员在规定的时间内将自己的主意安静地写在小纸片上。当时间到时，所有的小纸片都交到主持人手上，并粘贴或写到大白板上。所以，这种类型适用于比较敏感的主题。其优点是不能在他人的基础上发挥，成员强迫参与，不易被某人主导过程等；缺点是不易在他人的基础上再发挥，不利于团队集体智慧的充分发挥等。

(2) 非结构化的头脑风暴：参会人员可自由地提出自己的见解和意见，鼓励成员任意地贡献出尽可能多的主意，直至没有人提出新的主意为止。此方法的优点是可在他人的基础上发挥，氛围轻松自然，获得创造性意见的可能性较大等；缺点是容易偏离问题的讨论方向，且易被外向型成员主导等。

4. 应用步骤 头脑风暴的应用步骤可分为三个阶段。

(1) 准备阶段。此阶段的工作包括：①准备会场，安排时间；②确定会议组织者，明确会议议题和目的，成立5～8名不同岗位、不同学科人员组成的小组，确定1名记录员；③会议组织者事先对议题进行调查，将相关内容制成说明资料，会议前一天应把相关问题的阐述和背景信息发给参会人员，让他们清楚问题的内容，明确问题的范围，并有充裕的时间思考；④准备必要的用具，如大白板、不同颜色的签字笔、记录用纸等，以便在开会时将大家的创意要点迅速记录下来。

(2) 创造性思维的引发和产生阶段。此阶段会议组织者应首先重温头脑风暴法的意义、精神实质和做法，阐明会议的目的和原则，并将讨论的问题和注意事项清晰地写在黑板或活动挂图上，组织与会者讨论、产生创意思维，确保会议不偏离主题、按照规则程序执行等。同时，会议中应注意下列几点：①与会者人人平等，可依次提出自己的观点和意见；②提倡奔放无羁的创意，欢迎有不同角度的想法，因为脱离习惯的想法，很可能是突出的创意；③成员可以相互补充各自和他人的观点，鼓励借鉴他人的想法，提出尽可能多的想法，但不能讨论、评论，更不能批驳别人的观点，创意或发言内容的正误、好坏也完全不要去批评，会上如有批评者，组织者要暗示制止；④记录员应当场把每个人的观点毫无遗漏地记录在黑板或活动挂图上，即使是重复的，并保证清晰可见；⑤会议持续到无人发表意见为止。

(3) 整理阶段。此阶段包括以下工作：①将每个人的观点重述一遍，去掉重复观点，并确认记录无误，同时让参加者知道全部观点的内容；②确定并按照选择方案的标准，如可行性、成本和相关性等，对各种观点和见解进行评价、论证；③最后集思广益，按所提出的观点进行分组归类，提出方案，所有资料一并提交管理层。评价、论证归纳时要注意以下几点：①是否还有更好、更有效的方法，更完善的改进；②创意常会有相似之处，是否可借用过去相似的创意；③新的创意提出后，其中某部分可否用其他创意的一部分来代替；④同样的功能，有没有其他更简单、成本更低的代用品，如果有，就值得尝试。

（二）流程图

1. 概念 流程图是将一个过程（如工艺过程、检验过程、质量改进过程等）从输入到输出的各步骤用图的形式表示出来的一种图示技术，如工艺流程图和检验流程图等。流程图可用于从原材料直至销售和售后服务全过程的所有方面，它不仅可用来描述现有的过程，亦可用来设计一个新的过程，在质量改进活动中有着广泛的用途。通过对某个过程的流程图中各步骤之间的关系研究，可发现故障存在的潜在原因，知道哪些环节需要进行质量改进。

2. 特点 流程图的特点有：①它采用一系列标准的图形符号对过程进行描述，最常用的流程图图形符号及其用途如表 7-5 所示；②流程图用“开始”和“结束”符界定了所研究的过程，其描述的过程可大可小，也可层层展开至需要的详略程度；③流程图可展示过程的输入和输出，也可展示过程中所有活动以及各个活动之间的逻辑顺序、相互关系和与其他过程的接口。如图 7-1 所示为产品报修的典型流程图。

表 7-5 流程图常用的图形符号

图形符号	含义	用途
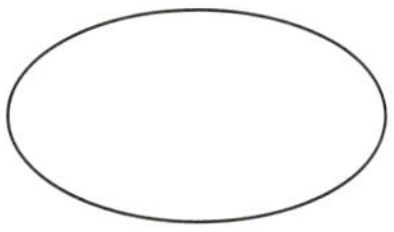 （椭圆）	开始或结束	表示过程的开始或终结，起点或终点标注在符号中
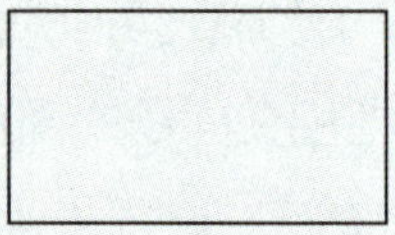 （矩形）	过程或活动	表示过程或过程中的活动，过程或活动的描述写在方框内
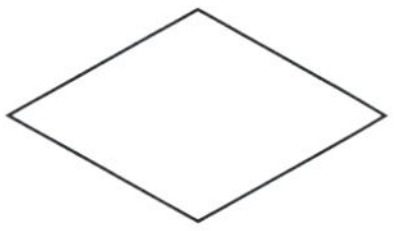 （菱形）	决策	表示需要决策的点，将需要决策的问题写入符号，对每一项决策结果的路径都要标注出来
 →	流程线	表示各个过程、活动间的连接及其流向
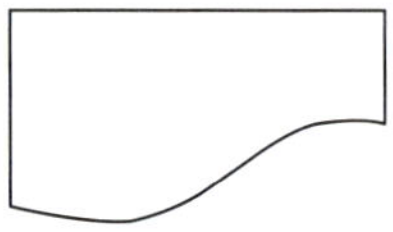 （文件符号）	文件	表示需要形成文件的信息，文件名称写在符号中
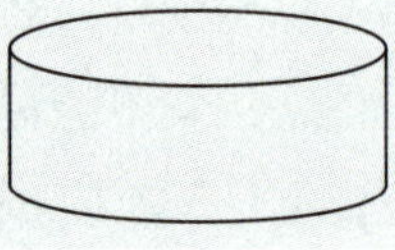 （圆柱）	数据库	表示以电子形式储存的过程，信息数据库的名称标注在符号中
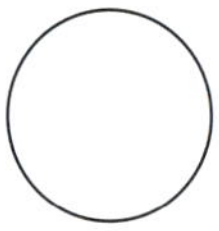 （圆）	连接	表示不同流程图之间是如何连接的，圆圈中标有字母或数字表示与另一流程图同样符号的连接关系

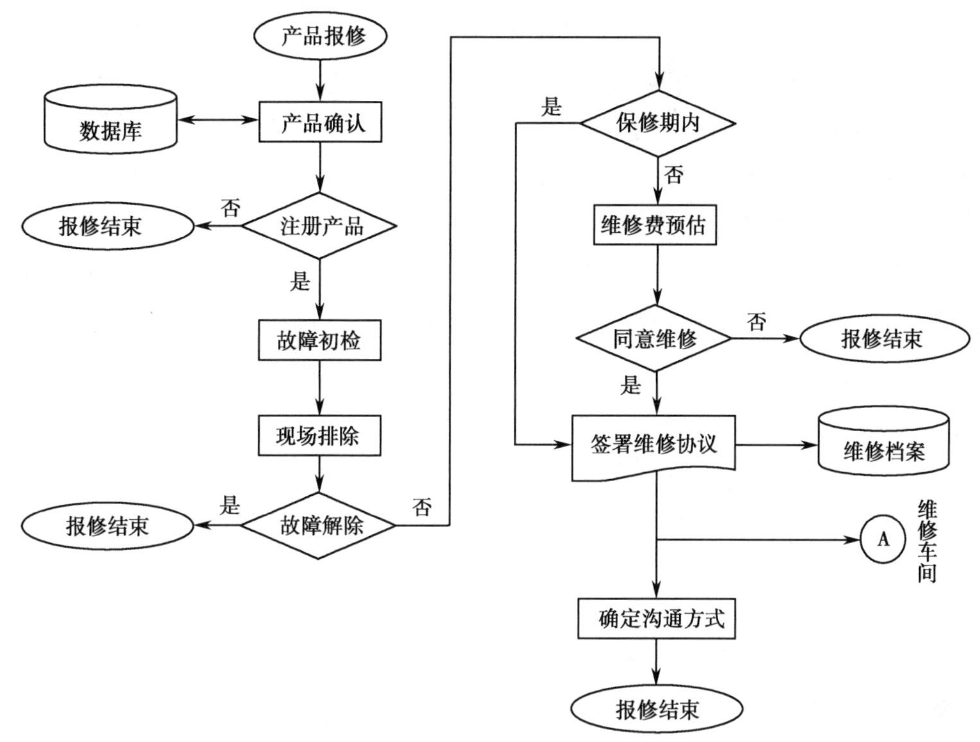

图 7-1　产品报修的典型流程图

3. 绘制步骤　流程图的绘制步骤如下。

（1）识别和确定过程的开始和结束，并设想、观察或判断从开始到结束的整个过程。

（2）识别和确定过程中的输入、活动、判断、决策和输出等步骤，注意不应忽视诸如返工、报废等不增值的过程。

（3）按照选定的详略程度，选择合理的逻辑顺序，用规定图形绘制出表示该过程的流程图草图，并与该过程的有关人员共同评审该草图。然后，根据评审结果，改进流程图草图。

（4）与实际过程比较，验证改进后的流程图。

（5）注明正式流程图的形成日期，以备将来使用和参考。

4. 流程图的应用与分析　流程图可用作过程实际运作的记录，亦可用来判别质量改进的程度和机会，分析时主要考虑以下几点：①过程输出的缺陷或问题的重点关注区域在哪个环节或步骤上；②流程中的非增值步骤或缓解在何处；③流程中是否存在“瓶颈”，即某点的工作负荷太大，以致超过此处的处理能力，而可能导致整个工作进度的延缓；④流程中是否有缺失、冗余或错误的步骤。

5. 流程图绘制及应用的注意事项　流程图不仅可用来作为过程实际运作的参考，更重要的是可以利用流程图对过程进行分析，以识别过程中不合理或可改进之处，并发现故障存在的原因和质量改进的机会等。所以，流程图不能画得太粗略，应反映出关键环节、瓶颈过程和非增值活动等，以达到其用于过程分析的功能。另外，流程图不仅可用于过程分析，它也是质量管理各个环节中一个有效的基础性工具，要充分利用，并适时改进。

（三）水平对比法

1. 概念　水平对比法（benchmarking）是组织将自己的产品和服务的过程、性能与公认的领先对手进行比较，以识别质量改进的机会的方法，是组织为进行改进，以持续的、系统化的过程，对一些认定为最佳作业典范的组织的产品、服务和工作流程进行评估，从而发现自身的优势和不足，识别质量改进的机会，进而通过技术的运用和人力资源所做的创新，实现顾客、同行业和社会认可的绩效。根据水平对比法使用频率的不同，其通常可分为单独的、定期的和连续的。

2. 作用 使用水平对比法有助于组织认清目标、确定计划编制的优先顺序，以使自己在市场竞争中处于有利地位。换句话说，使用水平对比法可让组织认清自己的优势和不足，然后通过调查和研究，明确自己应该怎样做，并激励自己去做，同时还要做得更好。

3. 应用步骤 水平对比法通常可按以下步骤进行。

（1）选择进行水平比较的项目或课题：组织应明确自己的产品或服务的过程、性能在哪些方面与领先对手相比，在满足顾客需求方面存在着差距，然后从影响产品或服务的关键特性中选择进行水平比较的项目或课题，以确保改进后组织的产品或服务质量、经营表现和竞争力等显著提升。

应注意的是，选择的项目或课题不能过于庞大，且组织应有实施改进的能力和资源，不然最后会导致改进无法实施，这样不仅达不到改进的效果，还会损害员工进行改进的积极性。

（2）确定比较项目的评价指标：评价指标应与顾客的期望和要求关联。

（3）确定比较的对象：水平比较的对象可能是竞争对手，也可能不是，但在对比的项目上一定要是公认的领先者。

（4）收集数据：比较项目的组织内部水平的数据可以通过对过程的直接观察和对内部材料的研究获取。外部水平的数据则需通过直接接触、考察、访问、人员调查或公开出版物等途径，获取“领先者”有关的过程和性能等方面的数据和顾客需求方面的数据；必要时，可组成小组、做好分工进行数据的收集，收集的方法包括直接进行现场调查和问卷调查，开展市场分析和文献调研，咨询专家、参加会议和进行经验交流等。

（5）归纳对比分析数据：将获得的数据进行分析对比，明确自己与领先者的差距，针对项目制订最佳的实施目标。

（6）实施改进：根据顾客的需求和领先者的绩效，识别和确定改进的机会，制订改进计划，并予以实施。

第四节　质量管理小组活动

一、概述

（一）质量管理小组

1. 概念 质量管理小组，又称 QC 小组（quality control circle），是由生产、服务和管理等工作岗位的员工自愿结合，围绕组织的经营战略、方针目标和现场存在的问题，以改进质量、降低消耗、改善环境、提高人的素质和经济效益为目的组织起来，运用质量管理理论和方法开展活动的小组。

QC小组是企业中群众性质量管理活动的一种有效的组织形式，它是员工参加企业民主管理的经验与现代科学管理方法相结合的产物。与企业的基层行政组织不同，QC小组通常是根据活动课题涉及的范围，按照兴趣感情，自下而上或上下结合方式组建的群众性组织，带有非正式组织的特性；其组织形式多样，参与者可跨班组、跨车间甚至跨部门，活动目的在于提高员工的素质、改进质量、降低消耗和提高经济效益等。与传统意义上侧重于专业技术攻关的技术革新小组也有所不同，QC小组不仅在活动的选题方面比技术革新小组要广泛得多，而且在活动中强调运用全面质量管理的理论和方法，强调活动程序的科学化。

2. QC小组的特点 从QC小组活动的实践来看，它具有以下特点。

（1）明显的自主性：QC小组以职工自愿参加为基础，实行小组自主管理，自我教育，互相启发，共同提高；同时，充分发挥小组成员的聪明才智、积极性和创造性。

（2）广泛的群众性：QC小组是吸引广大职工群众积极参与质量管理的有效组织形式，它不仅包括领导人员、管理人员和技术人员，而且更注重吸引在生产、服务工作的一线操作者参与，分析问题和解决问题群策群力，具有全面质量管理的全员参与的特点。

（3）高度的民主性：QC小组的组长是小组内民主推选出来的，可以由QC小组成员轮流担任。在改进活动中，无论职务和技术等级高低，小组成员人人平等，高度发扬民主，各抒己见，相互启发，集思广益。

（4）严密的科学性：QC小组在活动中遵循科学的工作程序，深入地分析问题和解决问题；坚持用数据和事实说话，重视质量管理理论与方法的运用，科学地做出决定，而不是想当然或凭经验。

3. QC小组的分类 为便于对QC小组的活动进行指导，以及在成果发表交流和评选优秀QC小组时便于管理，按照小组参与人员和活动课题的特点，QC小组分可为“现场型”、“管理型”、“服务型”和“攻关型”四种类型。但这种分类不能绝对化，除此之外，有的还有第五种类型“创新型”。

（1）现场型QC小组：它是以现场的班组或操作员工为主体组成，以稳定操作流程、改进产品质量、降低消耗、改善生产环境为目的，活动的范围主要是一线现场。这类小组一般选择的活动课题较少、难度不大，且是小组成员力所能及的，活动周期较短，比较容易出成果，但经济效益不一定大。

（2）服务型QC小组：它是由专门从事服务工作的职工员工组成，以推动服务工作的标准化、程序化、科学化，提高服务质量、经济效益和社会效益为目的，活动范围主要是在服务现场。这类小组与现场型QC小组相似，一般活动课题较少，围绕身边存在的问题进行改善，活动时间不长，见效较快。虽然这类成果经济效益不一定大，但社会效益往往比较明显。

（3）攻关型QC小组：攻关型QC小组通常是由领导干部、技术人员和操作人员结合组成，它以解决关键技术为目的，课题难度较大，活动周期较长，需要投入较多，通常技术成果显著。

（4）管理型QC小组：它是由管理人员组成的，以提高业务工作质量，解决管理中存在的问题，提高管理水平为目的。这类小组的选题有大有小，如只涉及本部门具体管理业务工作方法的改进，可能较小；而涉及全企业各部门之间的协调的课题，就会较大；课题难度也不相同，效果也差别较大。

（二）QC 小组活动的作用

QC 小组活动的作用已得到广泛认可，通常可以归纳为以下方面：①有利于开发智力资源，发掘人的潜能，提高人的素质；②有利于预防质量问题和改进质量；③有利于实现全员参与管理；④有利于沟通，改善人际关系，增强团队协作精神；⑤有利于改善和加强管理工作，促进管理水平的提升；⑥有助于提高员工的科学思维能力、组织协调能力、分析与解决问题的能力，促进职工岗位成才；⑦有利于提高顾客满意程度。

另外，QC 小组充分体现了全面质量管理的全员参与和持续改进的特点，其活动过程遵循 PDCA 循环的科学程序，并能运用统计方法和其他科学方法来分析问题、解决问题。所以，QC 小组是实施全面质量管理的有效手段，是全面质量管理的群众基础和活力源泉。

（三）我国 QC 小组活动的发展

我国的群众性质量管理活动源远流长。中华人民共和国成立初期，闻名全国的机械工业界的“马恒昌小组”、纺织工业的“郝建秀小组”等优秀的基层组织，在班组长的带领下，充分发挥全体组员的能动性，以主人翁的责任感，提高工效，完成生产任务，为我国当时广泛开展民主管理活动、加强基层班组建设，提供了学习的榜样和宝贵的经验。

随着国民经济的发展，20 世纪 60 年代我国在“鞍钢宪法”中提出了“两参一改三结合”，即干部参加劳动，工人参加管理；改革不合理的规章制度；领导干部、技术人员和工人群众三结合。明确了工人要参加各级管理，并使其具体化和制度化。这些不仅把班组建设提高到了新水平，为我国国民经济的发展产生了巨大的推动作用，同时也进一步促进了群众性管理活动的蓬勃发展，为其后来管理小组活动的开展提供了丰富的经验，奠定了坚实的基础。

改革开放后，我国引进了全面质量管理的理论和方法，QC 小组活动也随即在一些工业企业同步开展起来。1978 年 9 月，原北京内燃机总厂诞生了我国的第一个 QC 小组。此后，质量管理小组活动如雨后春笋般蓬勃发展，从制造业扩大到邮电、商业、服务等领域。在 1979 年第一届全国 QC 小组代表会议上，中国质量协会宣告成立，并先后于 1997 年和 2007 年承办了国际质量管理小组大会。到 2017 年，全国 QC 小组累计注册已达 4 086 万个，创造可计算经济效益累计达 9 570 亿元，为提升企业员工素质，促进我国经济建设发挥了重要作用。同时，在中国医药质量管理协会的网站上也设有“QC 小组”专栏。为更好地在全国推进 QC 小组活动，促进企业员工参与质量改进与创新工作，中国质量协会于 2016 年制定并发布了《质量管理小组活动准则》（T/CAQ 10201—2016）团体标准，以促进 QC 小组活动更加深入、有效、持久、稳定、健康地开展，为质量提升做出新的贡献。目前，该标准被 2020 年 3 月修订发布的《质量管理小组活动准则》（T/CAQ 10201—2020）团体标准替代。

在中国质量协会成立后，中国医药质量管理协会相继成立，并每年召开全国医药行业的质量管理（QC）小组成果交流会，至 2021 年已成功召开 42 次。通过对来自全国医药行业

QC 小组活动的成功经验的交流，推动了我国医药行业 QC 小组活动的不断完善和发展，有力地促进了医药行业产品和服务质量的提升。目前，QC 小组活动在我国很多制药企业中得到了领导的十分重视，成效不断显现，发展十分迅速，对我国制药行业的药品质量提升起到了重要作用。

二、活动的启动和推进

（一）QC 小组活动的启动

1. 组建 QC 小组的原则 组建 QC 小组是启动 QC 小组活动的第一步。QC 小组的质量将直接影响其活动的效果。为做好 QC 小组的组建工作，一般应遵循“自愿参加，上下结合”与“实事求是，灵活多样”的原则。

（1）自愿参加与上下结合的原则：“自愿参加”是指在组建 QC 小组时，小组成员对 QC 小组活动的宗旨有比较深刻的理解和共识后，产生了自觉参与质量管理，自愿结合在一起，自主开展活动的要求，进而期望通过自我学习、相互启发和共同研究，解决共同关心的问题，实现自我控制和自我提高。这样组建起来的 QC 小组在开展活动中有利于员工的积极性、主动性和创造性的充分发挥。

强调自愿参加，并不是说企业的管理者可以放弃指导与领导的职责。“上下结合”是把上面管理者的组织、引导与启发职工群众的自觉自愿相结合，组建本企业的 QC 小组。广大职工群众的自觉自愿与企业管理者的引导启发和必要的组织，对于 QC 小组的成功组建及质量都是非常重要的。

（2）实事求是且灵活多样的原则：组建 QC 小组时，应根据企业的实际情况出发，实事求是地筹划 QC 小组的组建，既要以解决企业的实际问题为出发点，又要根据企业员工的实际情况。一般地，首先应向员工做好 QC 小组及活动相关知识的教育和培训，让广大职工对其有一定的理论认识。然后，启发少数人的自觉自愿，组建少量的 QC 小组，指导他们开展活动，并取得显著成果，为广大职工参加 QC 小组活动起到典型的示范作用，增加他们对 QC 小组活动宗旨的感性认识，加深理解，逐步诱发其参与 QC 小组活动的愿望，使企业 QC 小组像滚雪球一样地扩展开来。同时，从解决企业的实际问题出发，灵活多样地组成适宜类型的 QC 小组，解决企业出现的不同场合、不同层面和不同性质的问题。

2. 组建 QC 小组的程序 为了激发员工自主参与的积极性，组建的程序显得很重要。一般可包括以下步骤。

（1）了解其他 QC 小组的活动情况：可以向企业内其他小组学习，也可以组织到其他开展得比较好的企业去参观，或者参加相关培训班、成果发表会或经验交流会。

（2）阅读有关 QC 小组的出版物：购买有关 QC 小组活动的书籍和杂志，或从网络上获取相关的信息；了解 QC 小组如何开展活动，对 QC 小组活动有一个总体的印象和理论认识。

（3）与有关领导交谈沟通：有关领导和管理者要主动与希望成立 QC 小组的员工进行交谈，解释有关的规定和制度，做好引导和启发，以调动员工参与小组活动的积极性。

（4）确定 QC 小组的组长：可由小组成员自己选举，也可以轮流担当。除攻关型的小组外，一般不需要由上级指定。

（5）小组成员：一般控制在 10 名以内，人数太多可分为几个小组，彼此分工协作或选择不同题目。

（6）小组命名：QC 小组的命名没有要求，可不拘一格。

3. QC 小组的注册登记 为了便于管理，组建 QC 小组应认真做好注册登记工作，注册登记表由企业 QC 小组活动主管部门负责发放、登记编号和统一保管。QC 小组的注册登记每年进行一次，以便确认该 QC 小组是否还存在或有什么变动。而 QC 小组活动的注册登记，则应是每选定一个活动课题，在开展活动之前就要进行一次课题的注册登记。两者不可混淆。在 QC 小组注册登记时，如果上一年度的活动课题没有结束，还不能注册登记新课题时，应向主管部门书面说明情况。

（二）QC 小组活动的推进

1. QC 小组的组长及其职责 QC 小组的组长可由小组成员共同推举，也可自荐并经小组成员认可。组长是 QC 小组活动的最主要的推进者，一个 QC 小组能否有效地开展活动，组长起着重要的作用。所以，QC 小组组长应是推行全面质量管理的热心人，具有较丰富的业务知识，可带动组员不断提高技术业务素质；同时，应具有一定的组织能力，能调动组员的积极性和创造性，善于集思广益，团结全体组员有效地开展 QC 小组活动。

QC 小组的基本职责就是组织领导小组有效地开展活动，具体可概括为以下方面。

（1）抓好 QC 小组的质量教育：QC 小组组长应全程抓好小组的质量教育，以增强全体组员的质量意识、问题意识、改进意识和参与意识，加深对 QC 小组活动宗旨的理解，使组员正确理解开展 QC 小组活动的科学程序和有效方法，并能结合活动实际灵活运用。教育的形式多样，包括听课、成果交流、活动实践等，需不间断地进行，以使教育成果不断巩固，教育内容不断深化，从而不断提高小组活动的水平和小组活动的有效性。

（2）制订活动计划并按计划组织小组活动：QC 小组组长应制订 QC 小组活动计划，并注意使活动内容与形式多样化，既有共同的学习研讨活动，又有分头的改进与改善活动，还可将文体娱乐和交往活动穿插其间，为组员创造一个宽松愉快的工作环境。在按计划组织小组的活动中，应注意检查活动的实施情况，发现偏差，及时与组员一起研究补充纠正措施，以保证预定目标的实现。必要时，可修订原计划，报主管部门批准后实施。

（3）做好 QC 小组的日常管理工作：QC 小组组长要按照企业制订的 QC 小组活动管理制度，经常组织全体组员开展 QC 小组活动，做好活动记录、出勤考核，组织好活动成果报告的整理与发表，并注意组织活动的总结，以不断改进小组活动的方式，提高活动的有效性。

2. 组织推进 QC 小组活动的工作 组织应该明确 QC 小组活动在质量管理中的定位，设立或归属相应的组织机构，对 QC 小组活动的成果进行评价、交流，采取形式多样的引导和激励措施，推进 QC 小组活动持续有效地开展。为此，管理者应抓好以下方面的工作。

（1）自始至终抓好质量教育：推进QC小组活动的质量教育，应结合实际反复强调并详细说明QC小组活动的目的和理念，以及开展QC小组活动的科学思路和方法；应从正、反两个方面讲明活动中应注意的问题。教育的方式可以灵活多样；内容要具有较强的针对性；时间不定，但要有实效。

（2）制订QC小组活动推进的年度方针与计划：制订的年度方针和计划，需明确本年度QC小组活动推进的力度和重点，QC小组数量的发展，QC小组成员的质量教育，企业内QC小组成果发表与经验交流，以及小组成员外出学习、交流等计划安排，从而循序渐进地推进企业QC小组活动的发展。

（3）提供开展活动的环境条件：组织应根据QC小组活动的年度推进计划，为QC小组开展活动提供必要的时间、场所及相关资源等，以保障QC小组活动正常推进的必要资源。

（4）建立健全企业QC小组活动的管理方法：企业应根据自己的实际情况，制订并逐步完善企业QC小组活动的管理办法，管理办法应按照小组和课题注册登记、活动记录、成果报告与发表、成果评价与奖励以及小组活动的基本程序等各个管理环节提出明确要求，制订具体可行的做法，以推动企业QC小组活动逐步做到规范化、科学化、经常化。

（5）对QC小组活动给予具体指导：组织应设有专兼职QC小组活动的推进者。在活动初始阶段，应对QC小组的选题予以关注，确认课题是否符合QC小组的实际情况，是不是小组力所能及的；必要时，可提出课题或成员的调整建议。在小组活动过程中，如果改进活动出现问题或遇到困难，应帮助他们分析原因，并给予必要的协调，使活动能够继续开展下去。在QC小组活动进行到成果总结阶段时，应及时听取其成果报告，并给予具体的评价和鼓励；必要时，可对其成果报告的整理给予一定的指导。

（6）激励机制的完善和领导参与：管理者的认可和激励是QC小组活动持续发展的关键性支撑条件，因此，企业应建立和健全QC小组活动的激励机制，为QC小组提供并创造“自我启发，相互学习”的平台和机会，支持QC小组成员外出学习交流，对成效明显的改进活动应及时表彰和推广。另外，企业领导与管理者对QC小组活动要多宣传，多关心，多指导，多鼓励，不要求全责备，要千方百计保护群众开展活动的积极性，激发群众的创造性和主动性；对活动中的问题与不足，要实事求是地认真对待，给予及时的分析指导，使问题得到逐步的解决。

三、活动的程序与实施

QC小组活动的基本特征是持续不断地进行质量改进，这涉及专业技术和管理技术的运用，而不同QC小组活动要解决的课题不同，其涉及的专业技术也不同，但管理技术则是共性的。所以，管理技术是每个QC小组都需了解、掌握和应用的。

QC小组解决课题涉及的管理技术主要有三个方面：①活动应遵循PDCA循环；②活动中需搜集大量资料数据，并综合运用各种管理技术和方法，同时坚持以事实为依据，用数据说话；③活动中应采用统计学方法，通过对样本的质量状况分析，获得总体的质量水平信息；或以最少的试验次数，获得参数的最佳组合等。

（一）QC 小组活动的程序

QC 小组活动是一个过程，其具体程序同样遵循 PDCA 循环，共计有 10 个步骤，分别为选择课题、现状调查、设定目标、分析原因、确定主要原因、制订对策、实施对策、检查效果、制订巩固措施、总结和打算。值得注意的是，不同的组织可能有不同的描述，也有的把 QC 小组活动的具体程序简化为 8 个步骤，即选择课题、现状调查、设定目标、分析原因、制订对策、实施对策、检查效果、总结巩固。

为了更好理解 QC 小组活动的具体程序的各步骤和内容，表 7-6 对 QC 小组活动具体程序中的 10 个步骤采用通俗语言与质量术语进行对比描述。

表 7-6　QC 小组活动具体程序中 10 个步骤的通俗语言与质量术语对比

常用语言	质量术语
1. 谁关注？他们关注什么？我们需要做什么？	确认顾客和顾客需求，选择课题
2. 我们正在做什么？我们做得怎么样？	现状调查
3. 我们需要达到什么目标？想取得什么结果？	确定目标
4. 我们哪些方面做得不够？为什么这样？原因在哪里？	分析原因
5. 主要的原因在哪里？	确定主要原因
6. 为了做得更好，我们需要做什么？怎样去做？	制订对策
7. 按计划或措施采取行动。	按照对策实施
8. 我们做得怎么样？如果不奏效，再试一次。	检查效果
9. 如果有效，如何使成功有效的方法重复使用？	制订巩固措施、标准化
10. 我们完成了目标没有？我们学到了什么？	项目总结和打算

（二）QC 小组的实施

1. 选择课题　课题主要来源有以下几个方面。

（1）指令性课题：即由上级主管部门根据企业（或部门）的实际需要，向 QC 小组下达的课题，这种课题通常是企业生产经营活动中迫切需要解决的重要技术攻关性课题。

（2）指导性课题：通常由企业的质量管理部门根据企业在实现经营战略和方针目标方面的需要，推荐并公布的可供各 QC 小组选择的课题，每个小组可根据自身的条件选择力所能及的课题开展活动。

（3）自行选择的课题：选择课题的考虑主要有①针对上级方针目标在本部门落实的关键点来选题；②从现场或小组本身存在的问题方面选题；③从顾客（或下道工序）不满意的问题中去选题。

2. 现状调查　课题确定后，小组成员应对现状进行认真调查，采用质量改进的各种工具，对收集的数据和信息进行整理、分类和分析，把问题的症结找出来，为目标的设定提供依据，为原因分析和课题的解决打下扎实的基础。因此，对问题现状的调查和把握非常重要，在整个 QC 小组活动程序中起到承上启下的作用。现状调查要注意以下方面。

（1）用数据说话：用数据来反映事实非常重要，但应注意数据收集的客观性，避免只收集对自己有利的数据，或从收集的数据中只挑选对自己有利的数据，收集的数据应具有可比性，且讲究时限性。

（2）现场调查：收集数据的同时，更应亲自到现场去观察、测量和跟踪，以便掌握第一手资料，掌握问题的实质。

3. 设定目标 活动目标一般分指令性目标和小组设定目标，设定目标要注意：①制订目标要有依据；②目标要与问题相对应；③目标要能量化，以便检查。

4. 分析原因 QC 小组成员应广开思路、充分设想，从所有可能的角度，分析可能产生问题的全部原因。同时，应注意：①要针对存在的问题分析原因；②分析原因时要展示问题的全貌，从 5M1E 等多角度展开全面彻底的分析；③要正确、恰当地运用统计学方法和各种质量改进工具，分析问题，查找原因。

5. 确定主要原因 利用质量改进工具对诸多原因进行分析，确定影响问题的主要原因，以便为制订对策提供依据。具体步骤如下：①把因果图、系统图或关联图中的末端因素收集起来，因为末端因素是问题的根源，所以主要原因要在末端因素中选取；②剔除末端因素中可能包括的不可抗拒因素；③对剩余末端因素进行逐条分析和确认，以找出影响问题的主要原因。

6. 制订对策 原因确定后，就需分别针对所确定的每条主要原因制订对策，其过程包括提出对策，研究和确定所采取的对策，制订对策表。对策表是整个改进措施的计划和实施对策的依据，必须保证对策清楚、目标明确、责任落实，常按“5W1H”来制订，即明确对策（what）、目标（why）、负责人（who）、时间（when）、地点（where）、措施（how）等六方面。

7. 实施对策 小组成员严格按照对策表列出的改进措施计划加以实施。在实施过程中，组长除了完成自己负责的对策外，还必须做好组织协调工作，并定期检查实施的进程。在实施过程中如遇到困难无法进行下去时，应及时在小组内讨论，如果确实无法克服，可以修改对策，再按新对策实施。每条对策实施完毕后，要再次收集数据，并与对策表中所定的目标比较，以检查是否已彻底实施并达到了改进目标。在实施过程中应做好活动记录，把每条对策的具体实施时间、参加人员和活动地点，具体怎么做的，遇到了什么困难，如何克服的，花了多少费用都要记录，以便为最后成果报告的整理提供依据。

8. 检查效果 完成对策表中所有对策的实施后，即可按改进后的情况进行试生产，并从试生产中收集数据，检查所取得的成果，这包括：①把对策实施后的数据与对策实施前的现状，以及设定目标进行比较；②计算经济效益。

9. 制订巩固措施 为防止问题的再发生，需对取得显著成效的改进标准化，这包括：①把对策表中通过实施已证明有效的措施，如变更的工作方法、操作标准、有关参数、图纸、资料、规章制度等，纳入班组的作业指导书、管理办法或制度；如有可能，应初步纳入有关标准，并报有关主管部门批准；②现场确认是否按新的方法操作，执行了新的标准、办法和制度；③在取得效果后的巩固期内要做好记录，进行统计，用数据说明成果的巩固状况，巩固期的长短以实际运行中的效果稳定为依据。

10. 总结和打算 课题完成后，小组成员要认真总结，以不断提高。

QC 小组实施过程中常用的质量改进工具和方法，如表 7-7 所示。

表 7-7　QC 小组实施过程中常用的质量改进工具和方法

序号	程序	方法																			
		老 QC 七种工具							新 QC 七种工具							其他方法					
		分层法	调查表	排列图	因果图	直方图	控制图	散布图	系统图	关联图	亲和图	矩阵图	矢线图	PDPC 法	矩阵数据分析	简易图表	水平对比	头脑风暴	正交试验设计	优选法	流程图
1	选题	▲	▲	▲			△	△			△	△				▲	△	▲			
2	现状调查	▲	▲	▲		△	△	△								▲	△				△
3	设定目标		△													▲	▲				
4	分析原因				▲													▲			
5	确定主要原因		△	▲		△	△	▲	▲	▲						▲					
6 7	制订对策 按对策实施	△				△			▲			△	△	▲		△		▲	△	△	△
8	检查效果		△	△		△	△	△								▲	△				
9	制订巩固措施		△				△									▲		△			
10	总结和打算															▲					

注：1. ▲表示特别有效；△表示有效。

2. 简易图表包括折线图、柱状图、甘特图、雷达图、饼分图等。

四、活动成果的评审和发表

为了肯定 QC 小组活动取得的成绩，总结成功的经验，指出活动的不足，以不断提高 QC 小组活动的水平；同时为表彰先进，落实奖励，使 QC 小组活动持续开展下去，均需对 QC 小组活动的成果进行客观评价与审核。2000 年，中国质量管理协会组织制定并颁布了 QC 小组活动成果的评审标准，评审标准由现场评审和发表评审两个部分组成。把现场评审和发表评审两项综合起来，就是对 QC 小组活动成果评审的总成绩。需要注意的是，企业评审的重心应放在审核成果的真实性及有效性上，因此，现场评审的成绩以占总成绩的 60% 为宜。

（一）质量管理小组活动成果的评审

1. QC 小组活动成果的现场评审 现场是 QC 小组活动最真实的体现，对现场的评审是 QC 小组活动成果评审的重要方面。QC 小组取得成果并申报后，企业主管部门应组织熟悉 QC 小组活动的有关人员组成评审组（至少五人），深入 QC 小组的活动现场，参照 ER7-2“QC 小组活动成果现场评审表”的参考项目及内容进行评审。同时，通过现场评审也可了解 QC 小组活动过程的详细情况，体现企业领导对 QC 小组活动的关心和支持。

ER 7-2 QC 小组活动成果现场评审表

现场评审的时间一般安排在小组取得成果后两个月左右为宜。相隔时间太短，难以很好地看出效果的维持和巩固情况；相隔时间太长，则不利于更好地调动小组成员的积极性。

2. 发表评审 为相互启发、学习交流、肯定成绩、指出不足以及评选优秀 QC 小组，在 QC 小组活动成果发表时，企业主管部门应聘请熟悉 QC 小组活动的有关人员组成评审组（至少五人），参照 ER7-3 所示“QC 小组活动成果发表评审表”的项目及内容，对成果进行发表评审。

ER 7-3 QC 小组活动成果发表评审表

发表评审可在企业举办的 QC 小组成果发表会上进行。在企业开展 QC 小组活动的不同阶段，每个项目的分值可以做适当调整，以突出不同阶段的重点。

（二）质量管理小组活动成果的发表

QC 小组活动成果的发表与交流，是全企业推广 QC 小组活动的有效方法，可促进企业 QC 小组活动持续有效地发展，参加成果发表会的人员不应仅限于是 QC 小组成员，要包括企业领导者和管理部门在内的全体员工。

1. 成果发表的作用 具体表现在如下方面。

（1）通过成果发表，各 QC 小组可交流经验、互谈体会、取长补短；通过提问答辩，可相互学习、相互启发、共同探讨，从而达到共同提高的目的。

（2）发表活动的成果，并获得领导、专家和广大职工的承认，可增强 QC 小组的自信心和荣誉感，达到进一步鼓舞士气的作用。

（3）QC 小组成员活动的现身说话及取得的成果，可有效消除广大职工对 QC 小组活动的疑虑和困惑，吸引更多职工自觉自愿地参加 QC 小组活动。

（4）可使优秀 QC 小组和优秀成果的评选具有广泛的群众基础。

（5）可提高QC小组成员科学总结成果的能力。

2. 成果发表的注意事项 为了更好地发挥成果发表的作用，促进QC小组的持续有效发展，成果发表应注意以下几点。

（1）结合小组实际和成果特点，目的明确，重点突出，形式灵活多样。

（2）主持人要积极启发、倡导听众对发表成果的提问，以及与发表人答辩的互动，以达到相互学习交流、共同探讨、共同提高的作用。

（3）担任评委的专家应对发表的成果给予客观评价，针对成果的不足和问题，应给出可能的改进方法、措施和建议。

（4）组织者应邀请高层管理层人员参会，听取成果发表后即席讲话，为发表成果的QC小组鼓劲，并号召大家向他们学习。如有可能，请领导人为获奖的优秀QC小组颁奖，并与发表成果的小组合影留念等。

3. QC小组的激励 企业可根据职工的实际需要与企业的实际情况，采取恰当的方式对通过活动取得成果的QC小组进行激励。这不仅可以鼓舞其继续开展QC小组活动的热情，而且还可吸引更多的职工参加QC小组活动。激励的手段和方法很多，总体说来，包括表7-8所示的物质激励和精神激励。

表7-8 对QC小组的激励措施

激励方式		激励措施
物质激励		颁发奖金、加薪、增加福利等，通常与成果取得的效益挂钩
精神激励	荣誉激励	授予荣誉称号、荣誉证书等；邀请贡献突出者参加高层酒会等
	培训激励	系统的知识培训，参加国内外高层次的发表交流活动等，以满足员工提升自我和发展的需求
	组织激励	提拔升职，调至更重要的岗位工作，参与重要组织决策活动等
	关怀激励	关注员工的家庭和生活困难，亲临支持或指导QC小组活动及其成果发表会，为优秀QC小组颁奖，与优秀QC小组合影留念等

第五节 六西格玛管理法

一、基本涵义

六西格玛（简称6σ）管理法是一种统计评估法，核心是追求生产产品的零缺陷，防范产品责任风险，降低成本，提高生产率和市场占有率，提高顾客满意度和忠诚度。6σ管理既着眼于产品或服务的质量，又关注过程的改进。如前所述，质量管理中获得的连续数据呈正态分布，通过计算可知，若控制在3σ水平，产品质量均值无偏移的合格率不低于99.73%；若控制在6σ水平，则产品质量均值无偏移的不合格率为2ppb。即使考虑到实际加工过程中，质量特性指标的分布中心（均值）常会偏离规范中心1.5σ左右，不合格率也仅为3.4ppm，也即该过程每生产 100 万个产品的不合格数不会超过 3.4 个，约为 3σ 控制水平的 20 000 倍，可谓超严格质量要求。

6σ 管理关注过程，特别是企业为市场和顾客提供价值的核心过程。实践经验表明，大多数企业的生产过程在 3σ～4σ 间运转，考虑均值偏移 1.5σ 后其产品的不合格率在 6 210～66 807ppm 之间，这些缺陷要求经营者以销售额 15%～30% 的资金进行事后的弥补或修正。而若能做到过程在 6σ 水平运转，则事后弥补的资金将降低到约为销售额的 5%。所以，6σ 管理在世界许多顶级企业内甚为推崇，它可使企业与顾客的利益达到高度统一。

6σ 管理法流程包括 6σ 改进程序 DMAIC 和 6σ 设计程序 DMADV。

二、六西格玛改进程序

1. 基本涵义和流程 企业实施 6σ 管理的初期应从 6σ 改进入手，采用渐近式改进方法，6σ 管理改进程序为 DMAIC，它遵循过程的 PDCA 循环原则，包括界定或定义 D(define)、测量 M(measure)、分析 A(analysis)、改进 I(improve)和控制 C(control)。各阶段的工作内容如图 7-2 所示。

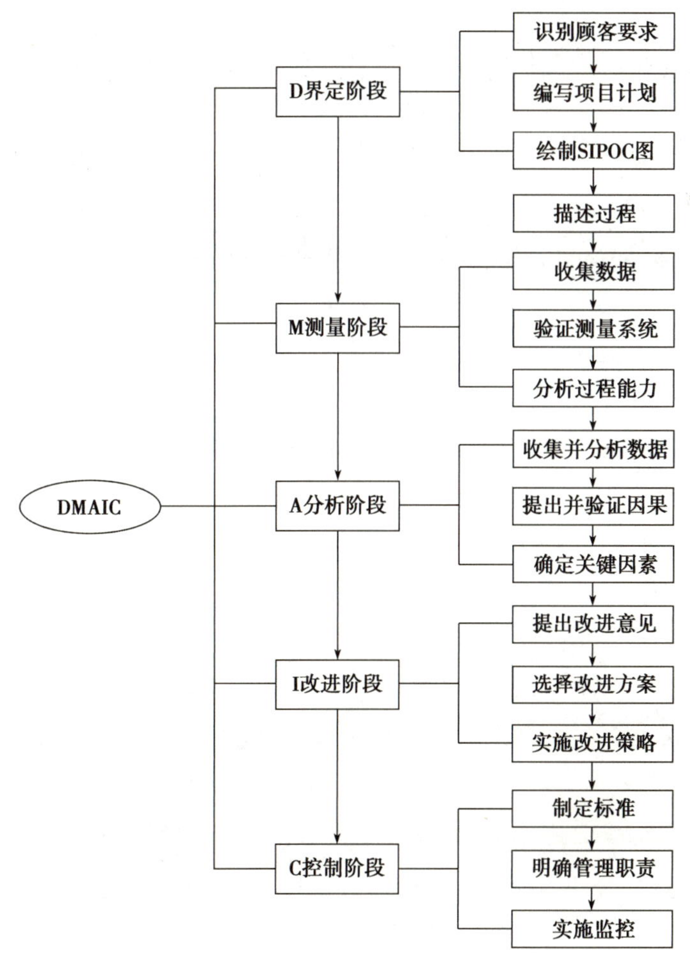

图 7-2 6σ 改进程序 DMAIC

（1）阶段 D：此阶段需确定顾客的关键需求，识别需要改进的产品或与产品形成相关的过程，并将改进项目界定在合理的范围内。

6σ 管理是一种以追求顾客满意为驱动的管理方法，为达到甚至超过顾客满意，必须识别顾客需求，尤其是顾客的关键需求。顾客的关键需求，也即顾客心声（voice of customer，VOC），是顾客对产品在功能、性能、外观、操作等方面的要求或潜在要求。这些均与产品及其形成的相关过程密切相关；同时顾客心声的满足程度又与企业对利润的追求有关。因此，此阶段需要从顾客对产品的反馈意见、产品的市场占有率、竞争对手的策略和行动计划、企业内部的质量分析报告、财务分析报告和企业计划、方针、目标的执行报告等方面，发现或找到产品及其形成过程的薄弱环节，选择改进的产品或与产品形成相关的过程，同时将与此相关的顾客心声转化为产品或过程的技术要求，进而确定产品的关键质量特性或过程的关键物料属性、关键工艺参数。

此外，该阶段应对界定的项目应进行描述，并以文件化的形式予以表达，使领导层和项目中的所有成员都能了解项目的背景、关键问题、预期的目标、团队成员的职责等。其中，SIPOC 图是描述项目的一个非常有用的工具，常可作为识别核心过程的首选方法。它以简洁直观的形式描述一个流程的结构和概况，即从物料供应商（supplier）- 输入（input）- 过程（process）- 输出（output）- 顾客（customer）等五方面对过程进行简洁描述。该工具说明了信息和物料来自何处，谁是供应商，供应商会向你提供什么，所提供的物料对生产过程和关键质量特性有什么影响，包括哪些主要处理过程，过程的结果是什么，谁是这个过程的顾客。需要注意的是，这里所说的顾客可能是最终顾客也可能是下一道工序。

（2）阶段 M：此阶段需对现有过程进行测量，并对测量系统的有效性进行评价，然后根据获得的数据计算反映现实的质量水平，确定过程的基线以及期望达到的目标。

为获得正确的测量数据，一方面，需要对数据的测量和收集进行策划，包括数据收集的要求、测量对象、测量指标、测量装置及方法等；策划的结果应形成文件，并发放给有关人员，使测量和记录人员有章可循，同时也有助于保持记录和测量结果的一致性。另一方面，需对测量系统的有效性进行评价，这包括分辨率、准确度和精密度等。

（3）阶段 A：此阶段需识别影响过程输出 Y（即所考察的质量特性）的输入 X，通过采用逻辑分析法、访谈法、观察法等方法，分析确定其中的关键输入 X，即确定过程的关键影响因素。

该阶段主要是综合应用各种质量管理方法和工具，特别是统计分析工具，分析造成质量欠缺的原因，找出影响产品或过程质量水平的关键因素（X）。同时，为确保找到的关键因素是正确的，还需利用质量工具和统计学分析来确认 Y 与 X 之间的相关程度，并通过假设检验或方差分析验证找出的关键因素 X 是否真的对所考察的质量特性 Y 有重大影响。

（4）阶段 I：此阶段需针对阶段 A 分析确定的关键问题，拟定多种可供选择的改进方案，通过讨论并多方面征求意见，挑选出最理想的改进方案，并付诸实施。需注意的是，6σ 改进可是原有流程的局部改进，也可是重新设计新的流程，或推出新的业务流程。

该阶段需要通过试验设计，对拟定的多种改进方案进行试验与分析，确定 Y 达到最优时

的 X 水平，即确定改进的最优方案。随后，采取强制措施推行确定的改进方案。这包括确定要达到的具体目标、实施的具体内容、行动计划、资源配置、时间要求等。另外，还可利用网络图法确定各项作业的先后关系、时间进度，并找出关键路径，进而从质量、费用、时间、资源等方面优化 6σ 项目计划。

（5）阶段 C：此阶段需根据改进方案中预先确定的控制标准，评估改进效果，并及时解决出现的各种问题，使其过程不偏离预先确定的轨道，以免发生较大的失误。

该阶段需从统计学角度，对改进前后质量特性数据的分布进行分析比较，证实改进成果的真实性。另外，还要从经济学的角度，验证 6σ 项目投资回报的显著性，并在评估报告中说明由于减少缺陷而带来浪费减少、质量成本下降、效率提高等创造的直接和间接效益。

为了确保 6σ 管理的信度和权威，还应结合企业具体情况，建立有关 6σ 改进项目实施情况的评价与检查制度，以定期评审 6σ 改进项目的进展情况；对证实的成果，建立保持成果的管理、技术和工程措施，使其文件化、标准化和制度化，并将改进结果应用到类似项目中。另外，还应在整个公司范围内发布 6σ 改进项目的成果，在物质和精神方面奖励为 6σ 改进项目做出突出贡献的人员。

2. 因子漏斗效应 影响产品质量或过程的因素很多，常可围绕人、机、料、法、测、环等因素，采用各种质量工具和管理工具，分析查找各种原因；同时，不同原因对产品质量的影响及程度并不相同，而通过 6σ 改进程序 DMAIC 的实施后，即可找到需要控制的关键因素。一般地，各阶段的影响因素（变量）数量和常采用的分析工具如图 7-3 所示。因其形状像漏斗，故称为 DMAIC 6σ 改进的因子漏斗效应。

3. 常用的工具和技术 在实施 6σ 改进程序 DMAIC 改进过程中，常需采用各种统计技术和质量工具，解决过程中所遇到的各种问题，主要的统计技术和质量分析工具如表 7-9 所示。

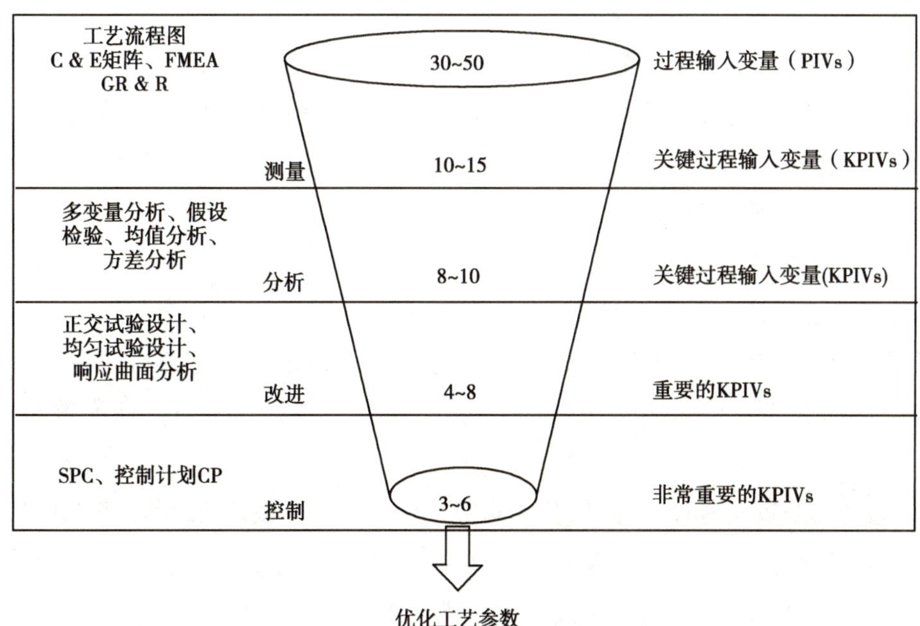

图 7-3 改进程序 DMAIC 中因素的漏斗效应

表 7-9　实施 6σ 改进程序 DMAIC 中常用的工具和技术

阶段	主要活动	常用工具和技术
D	项目启动，寻找 $y=f(x)$，将改进项目界定在合理范围	顾客之声、头脑风暴法、因果图、树图、亲和图、流程图、SIPOC 图、劣质成本分析等
M	确定基准及目标，测量 y、x，评价测量系统的有效性	散布图、趋势图、排列图、因果图、直方图、流程图、测量系统分析、调查表、水平对比法、抽样、过程能力分析、失效模式分析等
A	识别重要影响因素，确定关键影响因 x，确定 $y=f(x)$	头脑风暴法、水平对比法、因果图、抽样、回归分析、方差分析、假设检验、试验设计、多变量分析图等
I	消除要因，优化 $y=f(x)$，降低过程缺陷或变异	测量系统分析、试验设计、三次设计、响应曲面法、过程改进等
C	更新 $y=f(x)$，保持成果，过程程序化和有效监控	控制图、过程能力分析、过程文件控制、标准化操作程序、防差错方法等

三、六西格玛设计程序

产品的质量源于设计，6σ 管理改进模式 DMAIC 的最大限度是实现产品的设计质量，而要实现质量的突破，就必须在设计方面加以考虑，由此产生了 6σ 设计。

6σ 设计的程序为 DMADV，包括：界定或定义 D（define）、测量 M（measure）、分析 A（analysis）、设计 D（design）和验证 V（verify）。各阶段的工作内容如图 7-4 所示。

实践表明：6σ 设计提供了能迅速、准确达到目的的方法论（如质量功能展开、试验设计等）、程序和工具，及所需的团队合作精神。由此为新药的开发和二次开发提供了满足患者需求和期望、提升患者满意度的重要途径。

6σ 管理委员会是企业实施 6σ 管理的最高领导机构，执行负责人应由一位副总裁以上的高层领导担任。6σ 团队包括绿带、黑带、业务负责人和项目倡导者等。其中，绿带是跨职能的员工团队，工作是兼职的，经过培训后，将负责一些难度较小的项目小组，或成为其他项目小组的成员；黑带是指那些具有技艺精湛和本领高强的人，担任项目小组负责人，领导项目小组实施流程变革，同时负责培训绿带；黑带的候选人应该具备大学数学和定量分析方面的知识基础，需要具有较为丰富的工作经验。

在新药开始设计和重新设计之前，6σ 团队首先要考虑以下几个问题：①是否愿意花较长的时间，来完成重新设计；②是否有必须的人力和物力资源；③高层管理人员对重新设计是否给予足够的关注；④团队和管理层是否愿意承担设计或重新设计的风险。

重新设计需要较长的时间，为吸引或保持顾客、缩短重新设计的时间、降低重新设计的成本，重新设计之前企业可开展必要的 DMAIC 改进。设计和重新设计涉及顾客需求的调查、各类人员的调度和协调，还可能会失败，所以黑带和相应层面的管理人员应有足够的决心、准备和投入，发挥领导的关键作用。

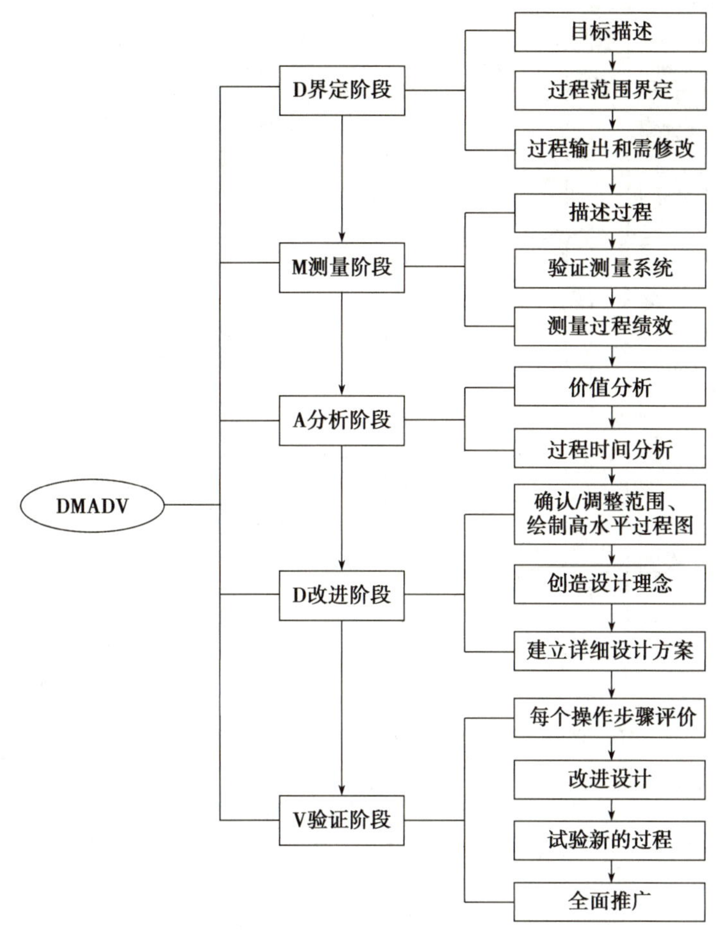

图 7-4　6σ 设计的工作程序 DMADV

四、质量改进项目实施模式的比较

质量管理工程中涉及第二章讲述的各种方法和工具的运用。在实际使用中，太多没必要，单薄又不充分。但不管多还是少，相同之处在于每种工具均能完成其特定的功能，各有其优点，如长于记录、善于分析、方便决策等，但又有其各自的不足。通常，问题的解决需要多种工具的配套使用，从而逐渐形成解决问题的程序和方法的模板。同时，为了使经验教训易于记录和共享，减少问题重复发生的概率，通常特定的企业或行业会形成大家共同认可、行之有效且标准化的解决问题的模式。其中包括本章所述的 QC 小组和 6σ 方法，另外还有 8D 问题求解法等，这些均是目前质量管理工程实践中应用较多的组织模式。事实上，它们的本质都一样，都遵循过程改进的 PDCA 循环原则，如图 7-5 所示。

虽然这三种主要质量改进项目的实践模式在基本原理上相同，但它们的详细实施过程各有区别。其中，8D 问题求解法一般适用于过程中偶发问题或特殊原因导致的变异问题的解决，常在采取纠正措施并预防之前先进行围堵。因此，现对前述的 QC 小组和 6σ 方法的主要不同点进行比较，如表 7-10 所示。

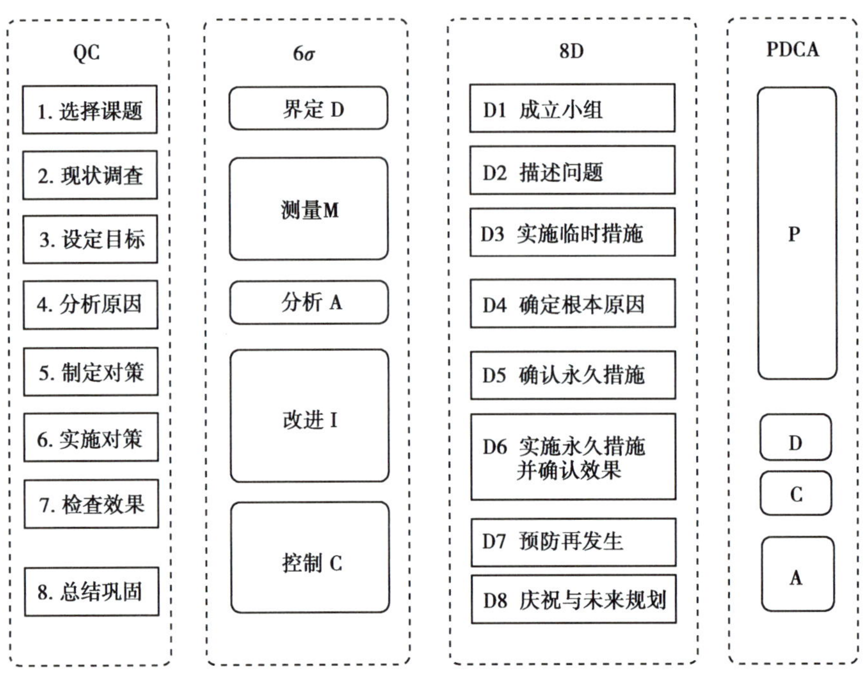

图 7-5 三种主要质量改进项目的实践模式

表 7-10 质量改进项目的实践模式 QC 小组和 6σ 方法的不同点

不同点	QC 小组	6σ 方法
课题	从小事和身边事做起，强调"小活实新"的特点	要求优先解决关键问题、优化核心过程，强调抓重点
方式	自主参与、自下而上和上下结合	领导推进、自上而下；纲举目张，强调领导参与
定位	群众性	精英性（要求精确求解）
参与人员	通常都是同一部门人员组成 QC 小组	跨部门人员组成质量改进团队
成本	较低	较高（包括培训成本等）

第六节 药品质量改进的实例

质量改进是质量管理体系的重要组成部分，持续改进是质量管理的七大原则之一。药品生产企业需对其生产的药品进行持续改进，以不断增强其满足患者及相关方需求的能力。为进一步加深对质量改进活动基本程序及其遵循的 PDCA 循环原则的理解，本节以质量管理小组活动的形式对质量改进的具体过程进行介绍。

某药企阿司匹林片剂市场前景广阔，临床疗效确切，但在生产中常常出现一些质量问题，导致该片剂关键工序一次合格率较低（70% 左右）。为提高效益，需要企业组织生产、技术、质监等相关部门组成质量攻关小组，完成该片剂生产的质量改进任务，提高其关键工序的一次性合格率，并最终提高该产品的质量。

1. 质量管理活动小组 为完成企业要求的质量改进，需要由生产、技术、质监等相关部门选派人员组成质量管理活动小组，所有人员均应属在岗人员。人员要求如下：①顾问，1～2名，具有高级专业技术职称；②组长，1～2名，具有中级以上专业技术职称；③组员，3～5名，具有各级专业技术职称（结合所要求的岗位）。小组成员应具有与本课题相关的专业经历及学历；小组应在相应的质量管理部门进行注册，并取得相应的攻关资格。

2. 现状调查 根据生产原始记录和检验报告，小组对2021年1月至12月生产的阿司匹林片剂逐批进行了调查分析，发现共有7种因素在444个批号中反复出现365次，投入产出一次合格率为70.1%。具体调查统计的结果如表7-11所示。

表7-11 影响阿司匹林片剂质量的因素调查表

序号	因素	频数	累计频数	频率/%	累计频率/%
1	崩解超标	200	200	54.8	54.8
2	片差超标	139	339	38.1	92.9
3	菌检超限	10	349	2.7	95.6
4	含量超标	6	355	1.6	97.5
5	叠片	4	359	1.0	98.4
6	松片	4	363	1.0	99.5
7	外观	2	365	0.5	100
合计		365		100	

基于表7-11的调查数据，利用质量工具排列图绘得图7-6，由此获悉，片剂崩解时限超标、片重差异超标是造成一次合格率低的主要问题（此两项占比92.9%）；同时，该排列图也为进一步分析原因提供了依据。

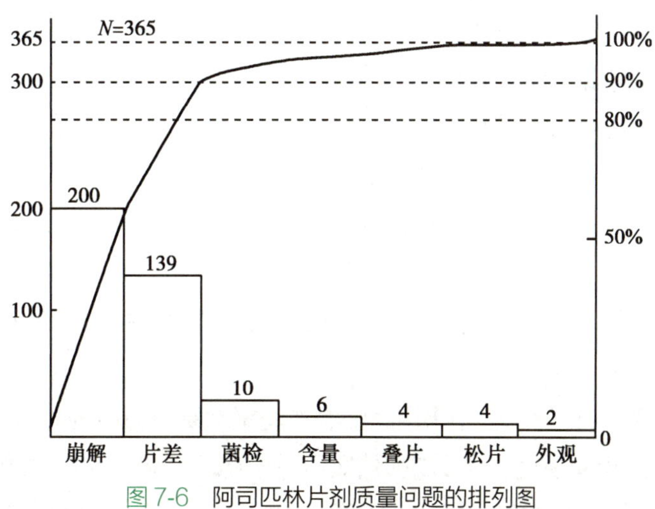

图7-6 阿司匹林片剂质量问题的排列图

为明确影响片剂崩解时限和片重差异的关键工序，小组将阿司匹林片的生产过程分为：混合—制软材—颗粒干燥—批混—压片—凉片—洗瓶干燥—包装等8个阶段，并将其与影响片剂质量的7个因素（表7-11）的关联强度进行分析，见表7-12。

表 7-12 影响阿司匹林片剂质量关键工序的矩阵分析

问题 \ 因素		R 1 混合	R 2 制软材	R 3 颗粒干燥	R 4 批混	R 5 压片	R 6 凉片	R 7 洗瓶干燥	R 8 包装	● 强关联	△ 弱关联	○ 不关联
L 1	崩解超标	●	●	●	○	○	○	○	△	3	1	4
L 2	片差超标	●	●	●	○	●	○	○	○	4	0	4
L 3	菌检超限	●	●	○	△	○	●	●	●	5	1	2
L 4	含量超标	●	●	●	△	○	○	○	○	3	1	4
L 5	叠片	●	○	●	○	●	○	○	○	3	0	5
L 6	松片	○	●	●	○	●	△	○	○	2	2	4
L 7	外观	○	●	●	○	△	△	○	△	2	3	3
相关次数	强关联	5	6	6	0	3	1	1	1			
相关次数	弱关联	0	0	0	2	1	2	0	2			
相关次数	不关联	2	1	1	5	3	4	6	4			

由表 7-12 可知，因素 R_1 与问题 L_1～L_7 中的 5 个强相关，因素 R_2 与问题 L_1～L_7 中的 6 个强相关，因素 R_3 与问题 L_1～L_7 中的 6 个强相关；也即表中所示的 23 个强相关中有 17 个发生在混合、制软材、颗粒干燥工序上。因此，通过排列图和矩阵分析，小组发现，崩解超标和片重差异超标是造成一次合格率较低的主要问题，且造成此两问题的主要原因是颗粒的质量，涉及关键工序为颗粒混合、制软材、颗粒干燥。

3. 设定目标 通过对 2022 年 1—3 月间的颗粒质量观察分析，发现近于圆形、分布正态的颗粒流动性好、可压性强、片重差异小、硬度适中、崩解快。因此，小组把提高颗粒质量，加强压片的过程管理作为本次改进活动的主攻方向，通过采用新材料、新方法，创造独特的制粒工艺，改进片重差异和崩解时限两个指标，将该片剂关键工序的一次合格率由 70% 左右提高到 90% 以上，预期活动完成时间为 2022 年 12 月。

4. 原因分析 上述调查表明崩解超标、片重差异超标是造成关键工序一次合格率较大的主要问题。因此，小组采用因果图对影响崩解超标和片重差异超标的原因进行全面分析，分别如图 7-7、图 7-8 所示。

通过上述两个主要问题的原因分析，小组在制粒和压片等关键工序上查找原因，认为主要原因如下。

（1）黏合剂选择不当：原工艺中采用蒸馏水作润湿剂制粒，意在减小颗粒硬度，降低崩解时限。但由于蒸馏水没有黏性，导致制成的颗粒过于疏松、粒度不够、细粉过多、流动性差，压片时片重差异超标、可压性差。因此，压片成型时压力较大，致使片子内聚力加大、崩解困难。

（2）崩解剂选择不当：阿司匹林片的两种原料氢氧化铝和三硅酸镁都是难溶于水的粉末状结晶，由于其水溶性差，压成片后，水对药片的润湿性差，且氢氧化铝在水中易形成氢氧化

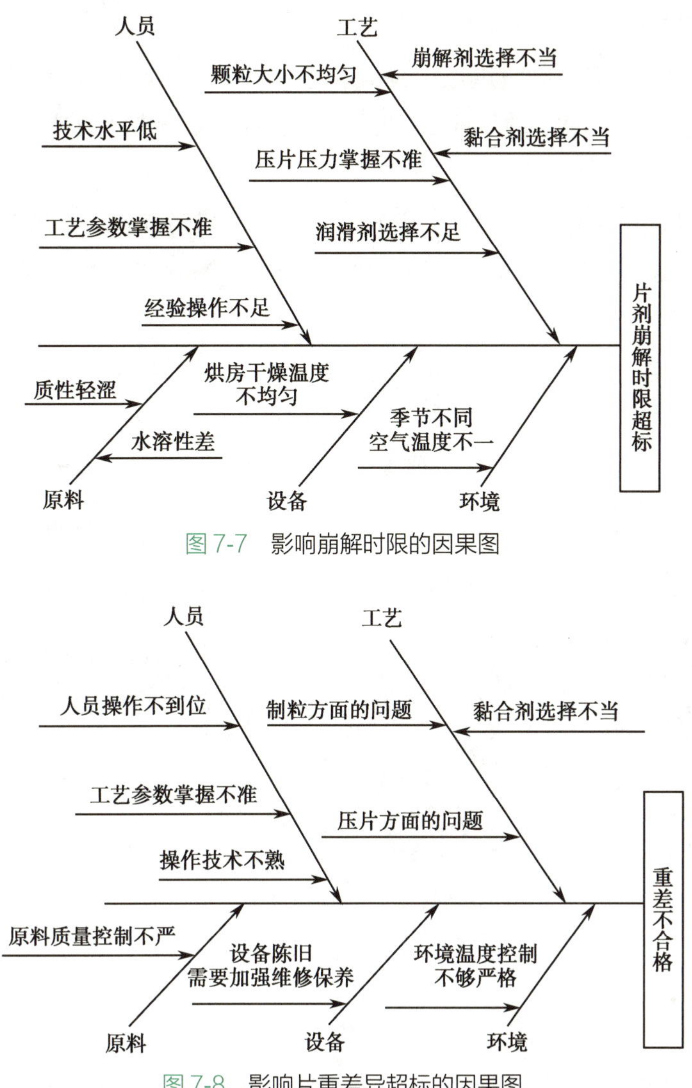

图 7-7　影响崩解时限的因果图

图 7-8　影响片重差异超标的因果图

铝凝胶，从而阻止了药片被深度润湿。另外，从膨胀学说分析，氢氧化铝凝胶的内聚力大于片芯的膨胀力可能使崩解困难；从毛细学说讲，凝胶的形成和原料本身的润湿性差可能使毛细管作用很难发挥，从而导致崩解困难。由此可见，原工艺只用淀粉作崩解剂很难达到理想的效果。

（3）润滑剂的用量对崩解度和增加颗粒流动性的矛盾：原工艺中规定每 10 万片量中加入 0.5kg 硬脂酸镁作为润滑剂，但由于颗粒疏松，细粉比例过高，从而导致颗粒流动性欠佳，设备损耗严重，片重不稳定。为改变这种状况，工艺增加了硬脂酸镁的用量，但又导致了硬度的增加，使崩解更难，形成了恶性循环。

（4）颗粒的均匀度对片重差异的影响：虽然说模孔的表面容积相同，但大颗粒与小颗粒所占的比例不同会改变每一模孔的填充重量。因为生产采用的是盘式烘房干燥法，这往往会导致一部分颗粒在干燥过程中结块，干燥后会出现大量细粉，从而使粉末与颗粒（大颗粒与小颗粒）的比例失调，影响片重。

（5）颗粒流动性对片重差异的影响：当颗粒流动性差时，物料通过饲料框架时时断时续，导致某些模孔填充不完全。造成流动性差的原因主要有：①颗粒的形状不规则；②颗粒的均匀度不够；③润滑剂的用量不足。

（6）人为因素的影响：制粒过程中有不规范的操作，搅拌时间不一致导致颗粒软硬度不一致；压片时责任心不强，压力调节不准，不能及时称量检查片重等，都直接影响着产品质量。

5. 对策措施 通过问题分析和原因查找，小组针对质量问题的主要原因制订如表 7-13 所示的对策，拟从降低片剂的崩解时限和稳定片重差异的两方面采取相应的措施。

表 7-13 对策表

<table>
<tr><th>序号</th><th colspan="2">要因项目</th><th>计划项目</th><th>对策措施</th></tr>
<tr><td>1</td><td colspan="2">职工素质差、技术水平低</td><td>定期培训，加强教育，达到标准化，规范操作</td><td>加强质量意识教育，作好思想政治工作，请技术人员和操作骨干现场指导，实现标准化工作</td></tr>
<tr><td rowspan="4">2</td><td rowspan="4">颗粒质量差</td><td>黏合剂选用不当</td><td>选用适宜黏合剂，使颗粒硬度适中，粒度均匀</td><td rowspan="4">拟定、选用淀粉浆作黏合剂，新型增溶剂 Tween-80 作崩解剂，适当增加润滑剂用量，用正交试验设计法，优选制粒的新工艺</td></tr>
<tr><td>崩解剂选用不当</td><td>选择新型崩解剂</td></tr>
<tr><td>颗粒均匀度差</td><td>通过改进工艺使颗粒粒度趋于正态分布</td></tr>
<tr><td>颗粒流动性差</td><td>通过控制颗粒形状，合理使用润滑剂，使流动性适于压片</td></tr>
<tr><td>3</td><td colspan="2">压片操作不规范</td><td>定时测定片重，缩小控制范围，达到内控标准</td><td>每 15 分钟检查一次片重，用打点法记录片重，应用控制图控制片重</td></tr>
</table>

6. 实施过程 按以下步骤实施对策。

（1）为进一步提高职工的质量意识，提高其技术水平，小组先后利用质量分析会、QC 小组活动会等组织学习《药品生产质量管理规范》与《岗位操作法》等，并组织职工进行了片剂知识大奖赛和质量知识问答活动，组织操作骨干和技术人员现场指导标准化、规范化操作，提高了职工的质量意识和技术水平。

（2）重新修订了《岗位操作法》，并将操作情况以及各工序质量完成情况与职工分配挂钩，进一步深化、细化了质量否决制度。

（3）设计新工艺方案，包括将原工艺蒸馏水作润湿剂制粒更改为淀粉浆作黏合剂制粒，以解决片重差异和崩解时限问题；在原工艺中增加增溶剂 Tween-80 作崩解剂；调整制粒投料量，为保证搅拌充分，改 10 万片一次制粒为 5 万片；颗粒干燥时，湿颗粒装盘不厚于 2.5cm，烘干温度在 70～80℃。

（4）最佳工艺试验：选用正交试验设计表 $L_9(3^4)$ 对改进制粒工艺中的三个主要影响因素（淀粉浆的浓度、增溶剂 Tween-80 的用量、硬脂酸镁用量）进行正交试验，设定三个水平，以半成品全项指标为评价标准进行综合评分。试验中由技术员跟班，现场指导操作，仅 7 天时间完成了全部 9 次试验。相关设计及试验结果如表 7-14～表 7-16 所示。

表 7-14　因素及水平设计表

因数位数	淀粉浆的浓度(A)	增溶剂用量(B)	硬脂酸用量(C)	综合评分(D)
1	3%	40ml/10 万片	0.5kg/10 万片	达不到标准 0 分
2	5%	60ml/10 万片	0.75kg/10 万片	达合格标准 5 分
3	8%	80ml/10 万片	1.0kg/10 万片	达内控标准 10 分

表 7-15　$L_9(3^4)$正交试验安排与评分表

试验号	A	B	C	综合评分
1	1	1	1	30
2	1	2	2	35
3	1	3	3	40
4	2	1	2	55
5	2	2	3	65
6	2	3	1	70
7	3	1	3	75
8	3	2	1	80
9	3	3	2	95
K_1	105	160	180	545
K_2	190	180	185	
K_3	250	205	170	
R	145	45	5	

表 7-16　综合评分考核项目表

项目 试验号	形状	分布	流动性	可压性	硬度	水分	崩解度	片差	外观	含量	溶出度	综合评分
1	0	0	0	0	0	5	0	5	5	10	5	30
2	0	0	5	5	0	5	0	5	5	5	5	35
3	0	0	5	5	0	5	5	0	10	5	5	40
4	5	5	0	5	5	5	0	5	10	10	5	55
5	5	5	10	5	5	5	0	5	10	10	5	65
6	5	5	5	5	5	5	10	10	10	5	5	70
7	10	10	10	5	10	5	0	5	10	5	5	75
8	10	10	5	10	10	5	5	5	10	5	5	80
9	10	10	10	10	10	5	10	10	10	10	5	95
合计	45	45	50	50	45	50	30	45	80	60	45	

试验结果分析：采用直观分析，因素三个水平的极差显示，因素对产品质量影响的大小顺序为 A>B>C，即制粒工艺中因素影响产品质量的主次依次为淀粉浆的浓度、增溶剂用量、硬脂酸用量。第 9 号试验结果的综合评分最好，即最佳工艺条件为 $A_3B_3C_2$。

试验验证：根据最佳工艺方案，经小批量生产6次，结果评价均很满意，其直观指标分析如表7-17、表7-18所示。

表7-17　颗粒的质量分析（内控）

项目	标准		以前生产	试验生产	试验结果
	过去	现在			
水分	5%～8%	3%～5%	5%～8%	3%～5%	合格
粒度分布	无	12～60目	10～100目	12～60目	合格
颗粒形状	无	类圆形	不规则	类圆形	合格
流动性	无	α=25°	α=30°～35°	α=20°～25°	合格
收率	100%	100%	99.1%	99.8%	合格

表7-18　半成品考核指标分析（内控）

项目	内控标准	以前生产	试验产生	试验结论
平均片重	0.475g	0.446 8g	0.447 2g	合格
片差	±4%	±（3%～5%）	±4%	合格
崩解度	13′	12′～40′	5′～8′	合格
外观	缺陷片<3%	部分毛边	符合规定	合格
含量		符合规定	符合规定	合格

成品稳定性观察对比：将包装后的成品置于各种人工制造的环境中观察，1个月时间相当于自然环境的一年，其外观、崩解度、硬度均无变化。

最后确定以8%的淀粉浆作黏合剂、每10万片加增溶剂Tween-80 80ml作崩解剂、硬脂酸镁由每10万片0.5kg提高到0.75kg，制得产品的质量最好。

7. 效果检查　通过运用系统方法改进工艺，全面完成了预定目标。

（1）内控标准：按新工艺生产片剂50 000万片，产品质量各指标均达到或超过企业内控标准，结果如表7-19。

表7-19　按新工艺生产抽样20批的质量检查情况

批号	片重		崩解度	外观	含量	质量评价
	平均片重	差异范围	<15′	总缺陷不超过3%		
	0.447 5	±4%				
20230203	0.447 6	0.439 6～0.464 7	6′	符合规定	符合规定	合格
20230205	0.448 2	0.429 9～0.459 1	6′			
20230210	0.449 1	0.429 1～0.495 5	5′			
20230220	0.447 6	0.437 6～0.458 8	9′			
20230301	0.446 7	0.432 1～0.452 1	8′			
20230302	0.448 1	0.449 9～0.463 1	6′			
20230306	0.445 9	0.432 1～0.462 2	6′			

续表

批号	片重		崩解度	外观	含量	质量评价
	平均片重	差异范围	<15′	总缺陷不超过3%		
	0.447 5	±4%				
20230307	0.447 9	0.437 4～0.453 6	5′	符合规定	符合规定	合格
60090308	0.449 2	0.429 8～0.451 1	7′			
20230309	0.449 6	0.433 1～0.462 1	6′			
20230311	0.449 8	0.432 7～0.460 5	8′			
20230312	0.447 5	0.432 2～0.460 1	6′			
20230315	0.447 2	0.429 0～0.458 7	6′			
20230319	0.449 1	0.431 1～0.457 7	5′			
20230322	0.449 5	0.429 9～0.461 1	6′			
20230401	0.446 6	0.430 7～0.450 1	5′			
20230402	0.449 2	0.430 6～0.464 4	7′			
20230403	0.445 3	0.430 8～0.450 6	8′			
20230406	0.447 7	0.439 6～04612	5′			
20230408	0.449 6	0.429 7～0.455 4	6′			

同时，关键工序一次合格率由改进前的 70.7% 上升为改进后 93.2% 的平均水平，超过预定的 90% 目标。

（2）工艺技术方面：在技术方面，改进后的生产工艺采用了新辅料，创造了独特的制粒工艺，打破了公司片剂辅料几十年一贯制的老路。改进前后的工艺流程如图 7-9。

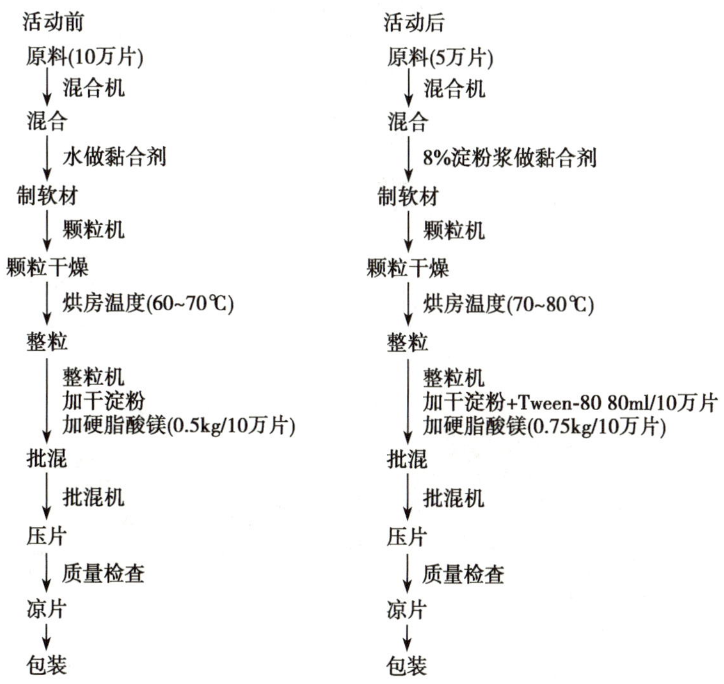

图 7-9 改进前后的工艺流程

（3）经济效益方面：改进工艺后生产效率明显提高，半成品返工损失降低，取得了一定的经济效益。按已生产的50 000万片计算，结果如表7-20所示。

表7-20　经济效益折算表

节约项目		节约数	折合人民币
生产效率高，节约工时费	活动前32万片/工日；活动后40万片/工日	312.5个工日（按每个工日100元工资计算）	312.5×100=31 250元
节约返工工时费	活动前：一次合格率70.7%，返工29.3%；活动后：一次合格率93.2%，返工率6.8%	差额：22.5%×50 000万片＝11 250万片 按返工数40万片/工日计，共需281.25个工日	281.25×100=28 125元
节约能源动力费	按29.3%的返工率计算	返工14 650万片	约10 000元
提高成品率价值	活动前成品率97.8%；活动后成品率99.1%，提高1.3%	50 000万片×1.3%=650万片，合6.5万瓶	6.5万瓶×8.5元=55.25万元

8. 巩固措施　对小组取得的上述改进成绩进行巩固和标准化，包括但不限于以下方面。

（1）将试验选择并经批量生产验证的制粒工艺 $A_3B_3C_2$ 正式纳入阿司匹林片的生产工艺流程。

（2）加强中间体和半成品的质量管理，建立颗粒剂的中间检测站、强化管理，认真推行质量否决制。

（3）进一步加强质量第一的质量意识教育，严格执行新的颗粒质量标准，严把质量关，并将指标细则化，其检验方法定量化。

（4）本次活动是小组在采取新辅料、新工艺方面的一次尝试，小组准备将其成功经验通过实验，推广到其他品种的生产，使其产生更好的效果。

ER 7-4　第七章　目标测试

（刘艳飞　杨岩涛）

ER 8-1　第八章 可靠性工程与验证（课件）

第八章　可靠性工程与验证

药品的设计质量需要通过制造实现，而制造系统能否满足实现药品预期质量的能力，且这种能力持续的时间有多久，这就涉及药品生产中整个制造系统的可靠性问题。可靠性是一门综合了系统工程、管理工程、价值工程、人机工程、电子机械、计算机技术、产品测试技术以及概率统计等多种学科成果的应用科学。可靠性工程起源于20世纪50年代初的军事领域，现已成为一门涉及面非常广泛、以提高产品质量为目的的重要工程技术学科。可靠性工程是为达到产品的可靠性要求所进行的一系列技术和管理活动。为有效地提高产品可靠性，必须把可靠性管理工作的开展与实施贯彻到整个产品寿命周期内，尤其在产品的设计与开发阶段。同时，利用可靠性工程技术，对其进行严格监控，才能达到预期的可靠性目标。例如通过环境应力筛选及可靠性强化试验来暴露产品故障，进而获悉并提高产品的可靠性。

第一节　可靠性基础知识

一、基本涵义

（一）可靠性定义

1. 可靠性（reliability） 是指产品在规定的条件下和规定的时间内完成规定功能的能力。其中，定义中的产品包括硬件、流程性材料等有形产品和软件等无形产品。它既包括生产药品的设备、工艺、方法和系统等软硬件，也包括药品生产的原辅料、中间产品及药品本身等。与之相关的，产品在规定的条件下和规定的时间内，完成不了规定的功能称为故障；度量可靠性的概率称可靠度。深入理解可靠性概念可从其定义的“三个规定”展开。

（1）规定条件：包括使用时的工作条件和环境条件。产品的可靠性和它的运行条件及环境密切相关，同一产品在不同条件下工作的可靠性水平不一。一般地，相对于仪器、设备、设施等最适合的运行环境，环境条件越恶劣，产品可靠性越低。

（2）规定时间：产品的工作时间越长，可靠性水平越低，并与时间呈现递减的函数关系。此处所述时间为广义的时间，根据产品用途的不同，可以是周期、里程、次数等。一般情况下，同一制药设备在相同的环境和功能下，运行时间越久、运行次数越多，其发生故障的情况越多。

（3）规定的功能：指产品规格书中给出的正常工作的性能指标。

由此可知，在给出产品可靠性指标时，一定要明确其规定的条件、时间和功能，否则产品的可靠性就不能科学、合理地确定，也无法进行验证。另外，产品的可靠性水平是相对于故障而言的，故障的产生意味着产品的可靠性降低，即输出结果的可靠性减弱。所以，定义产品的可靠性时，一定要给出故障判断的依据。

2. 可靠性分类 产品的可靠性可分为固有可靠性和使用可靠性。产品固有可靠性是产品在设计和制造中赋予的，是产品固有的一种特性。而产品使用可靠性则是产品在实际使用时表现出来的一种保持性能能力的特性，它不仅与固有可靠性有关，又与产品安装、使用、操作和维修等多方面因素有关。

产品可靠性还可分为基本可靠性和任务可靠性。基本可靠性是产品在规定条件下无故障的持续时间或概率，它可作为产品维修对人力要求的评价依据。因此，评定产品基本可靠性时需统计产品的所有寿命单位和所有故障。任务可靠性是产品在规定的任务内完成规定功能的能力。评定产品任务可靠性时仅考虑在任务期间发生的影响任务完成的故障，因此要明确任务故障的判断依据。提高任务可靠性可采用代替工作模式等，如计算机的安全模式。但这将增加产品的复杂性，从而可能降低产品的基本可靠性。因此，产品设计时需根据故障发生后的风险进行两者之间的平衡。

（二）相关概念

1. 故障及其分类 产品或产品的一部分，不能或将不能完成预定功能的事件或状态称为故障。故障也即丧失了规定的功能，对于不可维修的产品也称失效。故障的表现形式，称为故障模式；引起故障的物理和化学变化等内在原因称为故障机理。

产品的故障分类有多种，了解故障的分类，有助于预测和防止故障的发生，熟悉故障发生后的风险和对相关任务的影响，并最终有利于保证药品生产的安全及药品质量。按故障的规律，故障可分为偶然故障和耗损故障。偶然故障是偶然因素引起的，只能通过概率统计来预测。耗损故障是产品的规定性能随时间增加而逐渐衰退引起的，它可通过事前检测、监测或预测到。耗损故障可以通过预防维修防止故障的发生，延长产品的使用寿命。按故障引起的后果可分为致命性故障和非致命性故障。致命性故障会使产品不能完成规定的任务或可能导致人或物的重大损失；非致命性故障不影响任务的完成，但会导致非计划的维修。按故障的统计特性又可分为独立故障和从属故障。值得注意的是，在评价产品可靠性时只统计独立故障。

2. 维修性 产品在规定条件下和规定时间内，按规定的程序和方法进行维修时，保持或恢复其规定状态的能力。规定条件是指维修的机构和场所及相应的人员与设备、设施、工具、备件、技术资料等。规定的程序和方法指的是按技术文件规定采用的维修工作类型、步骤、方法等。

维修性是产品质量的一种固有特性，随着使用或存放时间的延长，产品总会出现故障。与产品的可靠性密切相关，维修性也是产品的重要设计特性。因此，在产品论证时，就可提出可靠性与维修性的要求，并在产品的开发中同时开展可靠性与维修性的设计、分析、试验、评定等活动，把维修性要求落实到产品的设计中。

二、可靠性与产品质量的关系

产品质量是产品的一组固有特性满足顾客和其他相关方要求的能力。顾客对产品固有特性的要求是多方面的，包括性能特性、专门特性、时间性、适应性等。这些特性中很多可以通过指标测试或直观判断得出结论，如性能特性、时间性和适应性，而且这些指标在同类或同品牌产品的相似性也很大。而质量特性中唯独专门特性是难以直接判断的，也常是顾客最关心的，其中包括可靠性、维修性和保障性等。高质量的前提和核心是高可靠性，与“看得见，测得到”的性能特性不同，可靠性是不确定性概念，事先“看不见，测不到”，并且产品故障也是偶然的或随机的，无法通过简单测试就知道。只有通过同品牌产品大量试验和使用，经统计分析和评估才能获得该品牌产品的可靠性。

因此，长时间保持产品性能，不出故障或出了故障能很快修复是产品重要的质量特性。而要保证或提高产品的可靠性和维修性，就要在产品开发中开展可靠性和维修性的设计、试验与管理工作。同时要根据产品的使用要求，在产品使用之前对产品的可靠性进行验证和确认。

三、可靠性的度量参数

可靠性的度量参数主要有可靠度、故障率、寿命特性、储存寿命等。

（一）可靠度

可靠度是指产品在规定条件和规定时间内完成规定功能的概率。显然，随着时间的推移，一批产品的失效产品数将逐渐增加，能正常工作的产品件数将逐渐减少。因此，产品的可靠度是时间的函数，一般用 $R(t)$ 表示产品在规定时间 t 内的可靠度。相反地，规定时间内的不可靠度用 $F(t)$ 表示，$F(t)=1-R(t)$。

（二）故障率

1. 定义 失效率是指工作到某时刻尚未发生故障的产品，在该时刻之后单位时间内发生故障的概率。它也是时间 t 的函数，一般用 $\lambda(t)$ 表示。故障率是度量产品可靠性常用的指标之一，在工程实践中常取平均故障率表示产品的这一特性。

2. 浴盆曲线 实践证明，大多数产品投入后到报废时的故障率随时间的变化曲线形似浴盆，故将此曲线称为浴盆曲线，如图 8-1 所示。

由图 8-1 可知，不同产品的故障机理虽然不同，但其故障率随时间的变化呈明显的阶段性特征，均可分为三个阶段：早期故障期、偶然故障期和耗损故障期。

（1）早期故障期：该阶段为产品投入使用的初期，产品的故障率较高，且存在迅速下降的特征。这主要是产品设计与制造中的缺陷在产品投入使用后，很容易快速暴露出来，如设计不当、材料缺陷、加工缺陷、安装调整不当等。由此，可以通过加强产品的质量设计和制造过程中的质量管理及采用筛选等办法来减少，甚至消除早期故障。

（2）偶然故障期：该阶段为产品投入使用一段时间后，产品的故障率可降到较低的水平，且基本平稳，可近似为常数。这个阶段为产品工作的主要阶段，其故障主要是由偶然因素引起的。

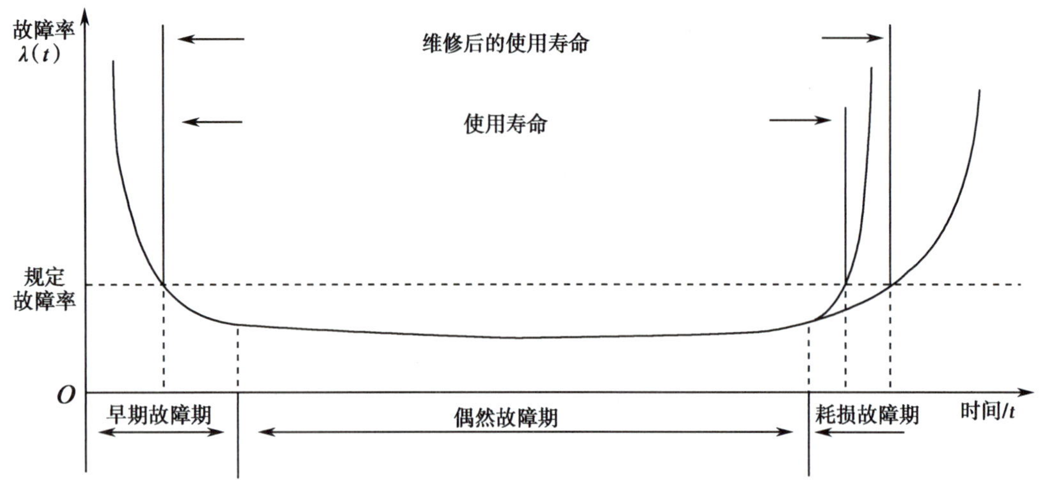

图 8-1　故障率曲线

（3）耗损故障期：产品投入使用相当长的时间后，故障率迅速上升，并很快出现产品故障大量增加或报废的现象。这阶段产品的故障主要是由于产品的老化、疲劳、磨损、腐蚀等耗损性因素引起的。

值得注意的是，由于产品质量的不同，并非所有产品的故障率曲线都可以分出明显的三个阶段。高质量产品的故障率曲线可在寿命期内基本呈一条平稳的直线。而质量低劣的产品可能出现大量的早期故障或很快进入耗损故障期。耗损故障起始点的确定可通过试验数据分析获得，当耗损起始点到来之前，可以通过对耗损零部件予以维修和更换的方式，降低产品的故障率，延长产品的使用寿命。

（三）寿命特性

在寿命特性中最重要的是平均寿命。它是指产品寿命的平均值。根据产品故障的可修复与否，常可用平均故障前时间（mean time to failure，MTTF）和平均故障间隔时间（mean time between failures，MTBF）指示寿命特性。

（1）MTTF：是指产品失效前工作时间的平均值，用于表示不可修复产品的平均寿命。

（2）MTBF：是指相邻两次故障期工作时间的平均值，用于表示可修复产品的平均寿命。

当产品的寿命服从指数分布时，产品的故障率为常数，记为 λ，则 $MTTF=MTBF=1/\lambda$。

（四）储存寿命

产品在规定的条件下储存时，能够满足规定质量要求的时间长度称为储存寿命。产品出厂后，即使不工作，在规定的条件下储存，也有一个非工作状态的偶然故障率，非工作的偶然故障率比工作的故障率小得多，但储存产品的可靠性同样在不断下降。因此，储存寿命是产品储存可靠性的一种度量参数。

第二节　可靠性工程的研究内容

产品的可靠性是设计、生产和管理出来的。可靠性工程是为达到系统可靠性要求而进行的有关设计、生产、管理和试验等一系列工作的总和，它与系统整个寿命周期内的全部可靠性活动有关。

产品在需求分析、设计、工程研制、生产制造阶段都需开展可靠性设计、分析、管理和试验工作。利用可靠性工程技术手段，能够快速、准确地确定产品（如制药设备、设施和系统）的薄弱环节，并给出改进措施和改进后对系统可靠性的影响。任何组织在系统地开展可靠性活动时，都需要按照可靠性模型建立与分析、可靠性预计、可靠性分配、故障模式、效应与危害性分析（FMECA）及故障树分析（FTA）的常规流程来逐步构建系统的可靠性管理活动。

因此，实施可靠性工程是产品高可靠性的必要条件；可靠性设计分析是可靠性工程的基础，可靠性设计水平的高低直接关系到产品的可靠性；可靠性的设计需要可靠性管理，可靠性管理是开展可靠性设计的技术管理和组织保证；设计生产产品的可靠性又需通过试验进行分析、评价和改进等。

一、可靠性设计

产品的可靠性设计与分析在产品开发过程中具有很重要的地位，其可靠性设计的水平对产品固有的可靠性影响重大。可靠性设计的主要内容有以下方面。

（一）可靠性要求的规定

可靠性指标是可靠性要求的定性与定量规定，它是可靠性设计的目标及其工作的动力，也是产品开发中可靠性审核的对象。最常用的可靠性指标是平均故障间隔时间（MTBF）。

（二）可靠性模型的建立

建立产品系统级、分系统级或设备级的可靠性模型，可用于定量分配、估计和评价产品的可靠性。可靠性模型包括可靠性方框图和可靠性数学模型两种形式。产品典型的可靠性模型有串联模型和并联模型。串联模型是指组成产品的任一单元发生故障都会导致整个产品故障的模型；并联模型是指组成产品的所有单元同时工作时，只要有一个单元不发生故障，产品就不会发生故障的模型，亦称工作储备模型。

（三）可靠性分配

可靠性分配是将产品总的可靠性定量要求分配到规定的产品层次。可靠性分配有等分配法、评分分配法、比例组合法、动态规划法等方法。评分分配法是一种常用的分配方法。在产品可靠性数据缺乏的情况下，可以请熟悉产品且有工程实践经验的专家，按照影响产品可靠性的几种主要因素（如复杂度、技术成熟度、重要度、环境条件）进行评分，然后根据评分的结果，给各分系统或部件分配可靠性指标。

（四）可靠性预计

可靠性预计是指在设计阶段对系统的可靠性进行定量的估计，它根据相似产品的可靠性数据、系统的构成和结构特点、系统的工作环境等因素估计系统及组成部件的可靠性。系统的可靠性预计是根据组成系统的元件和部件的可靠性来估计的，常采用的方法有元器件计数法、应力分析法、上下限法等。

（五）可靠性设计准则

可靠性设计准则是把已有的、相似产品的工程经验总结起来，使其条理化、系统化、科学化，成为设计人员进行可靠性设计所遵循的原则和应满足的要求。可靠性设计准则一般应根据产品类型、重要程度、可靠性要求、使用特点和相似产品可靠性设计的经验及有关的标准、规范来制订。

可靠性设计准则一般都是针对某个产品的，但也可把各产品的可靠性设计准则的共性内容，综合成某种类型的可靠性设计准则。当然，这些共性的可靠性设计准则又可经剪裁、增补后成为具体产品的可靠性设计准则。

（六）耐环境设计

使用环境对产品的可靠性影响十分明显。因此，产品开发时应开展抗振动、抗冲击、抗噪音、防潮、防霉、防腐和热设计等。

（七）元器件选用与控制

电子元器件是电子产品可靠性的基础。严格选用和控制所用的电子元器件是保证产品可靠性极为重要的一项工作。制订并实施元器件大纲是控制元器件的选择和使用的有效途径。

（八）电磁兼容性设计

电子产品需开展静电抗扰性、浪涌及雷击抗扰性、电源波动及瞬间跌落抗扰性、射频电磁场辐射抗扰性等电磁兼容设计。

（九）降额设计与热设计

元器件、零部件的故障率是与其承受的应力紧密相关的，降低其承受的应力可以提高其使用时的可靠性。因此，设计时应将其工作应力设计为其规定的额定值之下。

周围环境的温度过高是造成产品特别是电子产品故障率增大的重要原因。因此，应利用热传导、对流、热辐射等原理进行合理的热设计，以降低其周围的环境温度。

除上述可靠性设计外，根据产品的用途、使用的环境、安全性及特点等，还有许多设计内容。掌握可靠性设计的常见内容，有助于掌握制药设备、设施和系统的潜在可靠性信息和故障发生的规律，从而能更好地掌握它们对药品生产、药品质量及生产安全性的影响和预期。

二、可靠性分析

常用的可靠性分析有：故障模式、影响与危害性分析（FMECA）和故障树分析（FTA）两种。其中，FTA 在本教材第五章“药品质量源于设计”中已作讲述，这里主要介绍 FMECA 方法。FMECA 是针对产品所有可能的故障，并根据对故障模式的分析，确定每种故障模式对产品工作的影响，找出单点故障，并按故障模式的严重度及发生概率确定其危害性。所谓单点故障是指可引起产品故障，且没有冗余或替代的工作程序作为补救的局部故障。

FMECA 包括故障模式与影响分析（FMEA）和危害度分析（criticality analysis，CA）。FMEA 是在产品的设计过程中，通过对产品各组成单元潜在的各种故障模式及其对产品功能的影响进行分析，提出可能采取的预防改进措施，以提高产品可靠性的一种设计方法。其内容已在教材的第四章第三节介绍。危害性分析（CA）是把FMECA中确定的每一种故障模式按其严重程度类别及发生概率的综合影响加以分类，以便全面地评价各种可能出现的故障模式的影响。根据产品的结构及可靠性数据的获得情况，CA可以是定性分析也可以是定量分析。

FMECA可用于整个系统到零部件的任意一级，一般根据要求和可能在规定的产品层次上进行。故障模式是指元器件或产品故障的一种表现形式，一般是能被观察到的一种故障现象，如断裂、接触不良、短路、腐蚀、裂片等。故障影响是指该故障模式会造成对安全性、产品功能的影响，一般分为对局部、高一层次及最终的影响三个等级。

严重度是指某种故障模式影响的严重程度。一般分为四类：Ⅰ类（灾难性故障），它是一种会造成人员死亡或系统毁坏的故障；Ⅱ类（致命性故障），它是一种可导致人员严重受伤，器材或系统严重损坏，进而使任务失败的故障；Ⅲ类（严重故障），它可使人员轻度受伤，器材及系统轻度损坏，进而导致任务推迟执行、任务降级或系统不能起作用；Ⅳ（轻度故障），这类故障的严重程度不足以造成人员受伤，器材或系统损坏，但需要维修。

第三节　可靠性管理

产品的可靠性需通过一系列设计、制造和管理等工程活动实现，而这些活动需要恰当的组织和管理。可靠性管理就是从系统的观点出发，通过制订和实施一项科学计划，去组织、控制和监督可靠性活动的开展，以保证用最少的资源满足用户对产品可靠性的要求。

（一）遵循的基本原则

1. 从头开始　可靠性工作必须从产品开发就开始，综合权衡产品的可靠性、维修性、进度、费用等，同步进行产品的性能设计与可靠性维修性设计，以最低的寿命周期费用获得最佳的产品效能。

2. 保证所需费用　产品的可靠性管理是产品系统工程管理的重要组成部分，可靠性工作必须与产品的设计、研制、生产、试验等全面协调开展，所需费用应予以统一保证。

3. 预防为主　将可靠性维修性设计、元器件、原材料和工艺等方面缺陷的预防、发现和纠正作为工作的重点，采用成熟、稳健的设计、分析和试验技术，以保证和提高产品的固有可靠性。

4. 监控与改进并重　重视和加强故障报告、分析、纠正措施系统和可靠性信息工作，并充分有效地利用可靠性维修性信息和可靠性试验结果改进和完善设计。

5. 合标合法　贯彻可靠性维修性的有关标准和法规，制订并实施产品开发的可靠性保证大纲，使各项可靠性工作按规定有效地开展。

6. 严格技术状态管理　包括制订技术状态的控制办法，明确技术状态的更改程序，提高技术状态管理的规范化和程序化水平，保证技术状态的一致性和可追踪性。对产品技术状态和文件的更改，必须有严格的审批程序。

7. 坚持产品可靠性的零缺陷思想　把需要进行的工作考虑周全，尽可能减少缺陷和疏漏，以免留下隐患。

8. 严格可靠性评审 坚持阶段可靠性评审不通过则不能转入下一阶段的原则，利用同行专家的经验，严格可靠性评审，以尽早发现设计和工艺的缺陷，及时采取措施予以纠正。

（二）基本职能和方法

管理的基本职能是计划、组织、协调、监督、控制和指导。可靠性管理的对象是产品开发、生产和使用过程中与可靠性维修性有关的全部活动。它贯穿于产品开发、生产和使用的全过程，但重点是产品开发阶段的设计和试验活动；同时，需要全面的可靠性策划，并特别重视关键的薄弱环节，以提高可靠性系统工程工作的有效性。

管理工作是运用反馈控制原理去建立和运行一个管理系统，通过这个管理系统的有效运转，保证可靠性维修性要求的实现。管理的基本方法如下。

（1）计划：分析和确定目标，制订工作实施的具体要求和所需资源，确定完成的时间和负责人。

（2）组织：确定总负责人，建立管理机构，并进行必要的培训和考核。

（3）监督：对内采用报告、检查、评审、鉴定和认证等活动，对外利用转承制合同、订购合同、现场考察、参加评审和产品验收等方法，监督计划的执行。

（4）控制：制订或建立各种标准、规范和程序，设立一系列检查和控制点，以指导和控制各项可靠性活动的开展，使开发过程处于受控状态，并通过可靠性信息系统及时分析和评价产品的可靠性状况，以制订改进措施，实施有效监控。

（三）故障报告、分析和纠正措施系统

产品的可靠性常用故障率作为度量参数，因此产品的可靠性分析、评价和改进均与故障信息有关。建立故障报告、分析和纠正措施系统（failure reporting, analysis and corrective action system, FRACAS）的目的就是保证故障信息的正确性和完整性，并及时利用故障信息对产品进行分析、评价和改进，实现产品的可靠性增长。

1. 故障报告 产品的任何级别功能在规定的检验和试验期间发生的故障均应向规定级别的管理部门报告。故障报告工作要及时正确，应以故障卡片或文件等书面形式进行，以便审查和存档，使其具有良好的可追踪性。

2. 故障分析 故障发生后，应尽可能保持故障状态，不破坏故障现场，以便对故障进行调查和核实。随后，对故障产品进行测试、试验、观察和分析，以确定故障部位，判断缺陷的性质，弄清故障产生的机理。另外，还需收集同类产品的生产数量、试验、使用时间和已产生的故障数，统计分析出该类故障出现的频率。通过故障分析，查明故障原因和责任，以便采取针对性的纠正措施。

3. 故障纠正 故障的纠正措施需经过分析、计算和必要的试验验证，证明其可行有效，并评审通过后，方可实施。故障纠正活动完成后，应编写故障分析报告，以汇集故障分析和纠正过程中的各种数据和资料，并立案归档。

对故障件应妥善保管，以便进一步的研究分析；对未能查明原因的故障和虽查明原因但未做处理的故障，应说明理由，并立案归档，以便追查和做进一步的工作。

由此可知，FRACAS 是一个闭环系统，如图 8-2 所示。

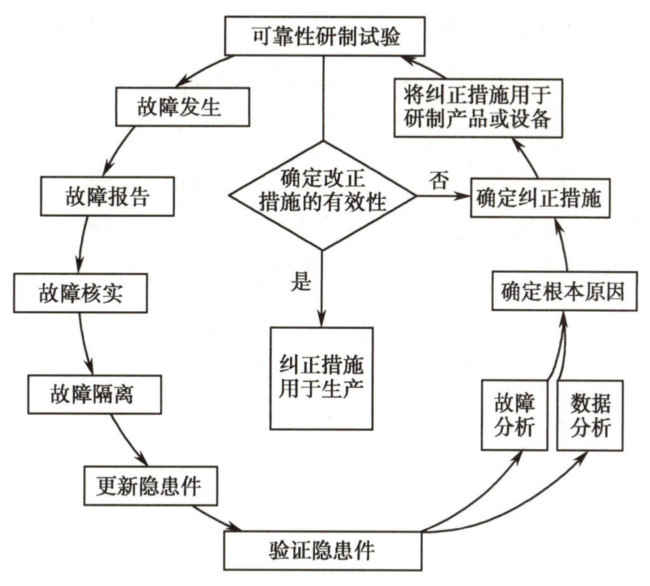

图 8-2　故障报告、分析和纠正措施系统

（四）可靠性评审

可靠性评审是运用及早告警原理和同行评议原则，对可靠性设计等有关可靠性工作进行监控的一种管理手段。它通过在产品开发过程中设置若干关键控制节点，组织非直接参加设计的同行专家和有关方面代表，对准备评审的各项可靠性工作进行详细审查，尽早发现潜在的设计缺陷，以加速设计的成熟，降低决策的风险。

可靠性设计评审是其中最重要的一种评审，它可以：①评价产品设计是否满足合同规定的要求，是否符合设计规范及有关标准和准则；②发现和确定产品设计的薄弱环节和可靠性风险较高的区域，研讨并提出改进建议；③为研制、开发、监督、检查及保障资源是否恰当提供参考结论；④检查可靠性保证大纲的全面实施情况；⑤减少设计更改，缩短开发周期，降低全寿命周期费用。

设计评审是有计划、有组织、有结论的一种正规审查程序，评审结论具有严肃性和权威性，应引起设计决策者的足够重视和充分注意，但没有强迫性。对采纳的改进意见，应制订计划，由有关部门实施，并由管理部门监督跟踪；对改进意见中限于条件不能实施的也要做出说明。可靠性评审应分阶段进行，如果设计评审不能通过，原则上不能转入下一阶段的工作。

第四节　可靠性试验

可靠性试验是对产品的可靠性进行调查、分析和评价的一种手段。它是基于产品的可靠性需求与目标开展的一系列试验，试验的数据可说明产品是否符合可靠性的定量要求，做出接收与拒收、合格与不合格等的判断；同时，还可发现产品设计、元器件、零部件、原材料和工艺方面的缺陷，以采取有效的纠正措施，使产品的可靠性增长。可靠性试验包括工程试验和统计试验两大类，前者如环境应力筛选试验、可靠性增长试验、加速寿命试验等；后者如可靠性测定试验、可靠性验收试验、可靠性鉴定试验等。需要注意的是，可靠性试验本身并不能提高产品的可靠性，只有采取了有效的纠正措施来防止故障的重现，才能提高产品的可靠性。

可靠性试验可以在实验室进行，也可以在使用现场所进行，即现场试验。产品在不同环境下使用就可得出不同的可靠性，因此，无论何种试验方式都必须明确其特定的试验环境和条件。如现场试验必须记录试验现场的环境条件、维修、以及测量等各种因素的影响；实验室试验必须在规定的受控条件下进行试验，并记录。实验室试验可以模拟现场条件，也可以不模拟现场条件。但一般情况下，实验室试验应以各种已知方式与产品的实际使用条件建立起相关关系，从而确定典型的试验剖面或试验条件。

一、工程试验

（一）环境应力筛选试验

环境应力筛选试验是通过在产品上施加一定的环境应力，以剔除不良元器件、零部件或工艺缺陷引起的产品早期故障，或预测产品可靠性可保持的时间的一种可靠性试验方法。这种可靠性试验有以下特点：①这种早期故障用常规的方法和目视检查等通常是无法发现的；②环境应力不必准确模拟真实的环境条件，但不应超过设计能耐受的极限；③对电子产品施加环境应力最有效的是温度循环应力和随机振动。

（二）可靠性增长

可靠性增长试验是在规定的环境应力下，为暴露产品的薄弱环节，并证明改进措施能防止薄弱环节再现而进行的试验。

可靠性增长试验是通过发现故障、分析和纠正故障以及对纠正措施的有效性进行验证以提高产品可靠性水平的过程，也即试验—分析—改进的过程。它包括对产品性能的监测、故障检测和故障分析、以及为减少故障再现而设计改进措施的检验。

产品开发和生产过程中都应促进自身可靠性的增长，并有相应的增长目标。如药物制剂在处方设计和工艺改进中就可通过可靠性增长试验不断提高药物制剂质量的可靠性。

（三）加速寿命试验

加速寿命试验是指通过提高工作环境的应力水平来加速产品的失效，以尽快暴露产品设计过程中的缺陷，发现故障模式。加速寿命试验常可分为以下几种。

1. 恒定应力加速寿命试验 依据失效机理选定一组逐渐升高的应力水平，直到每个应力水平均有一定数量的样品出现失效为止。

2. 步进应力加速寿命试验 在选定加速应力水平下，由低向高逐步提高应力水平，应力的提高是跳跃式的。每个水平上进行规定时间长度的寿命试验。一般原则是要在不同加速应力水平上有一定量的累积失效样品。

3. 序进应力加速寿命试验 原理同“步进应力加速寿命试验”，但应力的改变是随时间连续变化的而非跳跃式增加。

二、统计实验

（一）可靠性测定试验

可靠性测定试验的目的是通过试验测定产品的可靠性水平。它可分为定时截尾试验和定数截尾试验。

1. 定时截尾试验 测定试验是从 t=0 时刻起，投入若干产品进行寿命试验，累计试验到规定的时间达到 T^* 时停止试验，即先设定累计工作时间 T^*，到 T^* 时统计故障数 r。值得注意的是，当 T^* 时，若产品没坏或全坏，则表明 T^* 的选择不合适。

2. 定数截尾试验 测定试验是从 t=0 时刻起，投入若干产品进行寿命试验，试验中出现的故障数到规定的故障数 r 时停止试验，即先规定故障数 r，再统计累计工作时间 T^*。

（二）可靠性鉴定试验

可靠性鉴定试验是指为了验证开发产品的可靠性是否与规定的可靠性要求一致，而用其具有代表性的产品在规定条件下所作的试验叫可靠性鉴定试验，并以此作为是否满足要求的依据。

可靠性鉴定试验是一种验证试验。它是一种以与时间有关的参数作为产品质量特性中可靠性指标的抽样检验程序。如常以平均故障间隔时间（MTBF）作为可靠性指标。因此，其验证的原理是建立在一定寿命分布基础上的假设检验。

目前使用最多的是产品寿命服从指数分布假设情况下的统计试验方案。寿命服从指数分布的定时截尾可靠性鉴定试验有标准的试验方案，如我国军用标准 GJB 899A—2009《可靠性鉴定和验收试验》、美国军标 MIL-STD-781D 等。

（三）可靠性验收试验

可靠性验收试验是用已交付或可交付的产品在规定条件下所做的试验，以验证产品的可靠性不随生产期间工艺、工装、工作流程、零部件质量的变化而降低，其目的是确定产品是否符合规定的可靠性要求。

验收试验也是一种统计试验，可采用序贯试验方案、定时截尾试验方案或定数截尾试验方案。所采用的试验条件需与可靠性鉴定试验中使用的综合环境相同，所用的试验样品要能代表生产批，同时应定义批量大小。可靠性试验开始前应在标准的环境条件下进行详细的性能检测。

三、药物制剂的稳定性研究

药品生产中生产设备、设施、系统的验收和验证，药品生产工艺验证，药品稳定性研究等均涉及可靠性试验及相关知识。现对药物制剂稳定性研究的相关内容作简单介绍，详细内容可参考新药研发或药物分析等相关书籍或教材。

药物制剂的稳定性研究首先应查阅药物稳定性有关资料，特别了解温度、湿度、光线等对原料药物稳定性的影响，并在处方筛选与工艺设计过程中，根据主药与辅料性质，进行影响因素试验、加速试验与长期试验。

1. 影响因素试验　药物制剂进行此项试验的目的是考察制剂处方的合理性、生产工艺和包装条件等。将样品如片剂、胶囊剂、注射剂，除去外包装，进行高温试验、高湿试验和强光照射等试验，对于需冷冻保存的中间产物或药物制剂，应验证其在多次反复冻融条件下产品质量的变化情况。

2. 加速试验　此项试验是在加速条件下进行，其目的是通过加速药物制剂的化学或物理变化，探讨药物制剂的稳定性，为处方设计、工艺改进、质量研究、包装改进、运输、贮存等提供参考资料和依据。例如：样品在温度 40℃±2℃、相对湿度 75%±5% 的条件下放置 6 个月，考察不同时间节点的质量指标。

3. 长期试验　长期试验在接近药品的实际贮存条件下进行，其目的是为制订药品的有效期提供依据。例如：样品在温度 25℃±2℃、相对湿度 60%±5% 的条件下放置 12 个月，或在温度 30℃±2℃、相对湿度 65%±5% 的条件下放置 12 个月。

通过上述实验设计，制订出药品的存放条件和有效期，确保产品在储存、流通和使用过程中其质量处于稳定可控的状态。

第五节　确认与验证

如可靠性定义所述，产品包括硬件、流程性材料等有形产品和软件等无形产品。在药品的生产过程中，它既包括药品生产的原辅料、中间产品及药品本身，又包括生产药品的设备、设施、系统、工艺、方法等软硬件。只有当这些要素的可靠性得到保证后，才有可能生产出符合预期设计质量的药品。因此，药品生产前必须对各种设备、设施、系统、工艺、方法、程序等产品的可靠性进行确认与验证。确认与验证是一个涉及药品生产全过程的系统工程，涉及 GMP 实施的各要素和环节，并在 GMP 实施的原则中得到具体充分的体现和科学系统的运用。同时，确认与验证也是实施 GMP 的重要组成部分。本章主要介绍确认与验证的相关内容和药品生产中影响药品质量的重要要素的确认与验证。

一、概述

（一）基本涵义

1. 验证（validation）　我国 GMP（2010 年修订）中“验证”的含义为：证明任何操作规程（或方法）、生产工艺或系统能够达到预期结果的一系列活动。欧盟 GMP 中“验证”的含义为：按照 GMP 的原则，证明任何程序、工艺、设备、物料、活动或系统确实能达到预期结果的一系列活动。WHO-GMP 中“验证”的含义为：证明和记录任何工艺、程序或方法确实且能始终如一地达到预期结果的活动。

虽然上述各种 GMP 对验证含义的表述不一，但其实质均为广义产品的可靠性问题，即验证的对象既包括设备、设施或系统（包括计算机系统）、工艺、方法（操作规程、检验方法、清洁方法等）等软硬件，也包括药品生产的物料（原辅料、包装材料）、中间产品及成品等。

2. 确认（qualification） 我国GMP（2010年修订）中“确认”的含义为：证明厂房、设施、设备能正确运行并可达到预期结果的一系列活动。欧盟GMP中“确认”的含义为：证明任何设备正确运行并能确实达到预期结果的活动。

虽然上述各种“确认”含义的表述不一，但可知：确认的对象主要是设备、设施、系统（包括计算机系统的软硬件），如厂房、空气净化系统、制药用水系统、生产和清洁设备、以及用于质量控制的监测设备和分析仪器等。而验证的对象更广，它不仅包括设备、设施、系统，还包括工艺、方法、物料、中间产品及产品。所以，确认可认为是验证的一部分。

（二）目的和意义

药品生产的厂房、设施、设备、工艺和方法均可直接或间接影响产品的质量，只有对药品生产过程的上述各个环节进行系统的验证，并对其重要变更进行确认和验证，才能保证药品生产过程的始终受控，生产出符合预期质量要求的药品。这不仅是药品生产企业实施GMP的基础，也是GMP的重要组成部分。

1. 目的 确认和验证的目的就是证明有关操作的关键要素能够得到有效控制，以真实数据证实厂房设施、设备、硬件、操作规程（或方法）、生产工艺或系统达到标准和预定目标，如厂房、设施和设备的建造与安装是否符合设计标准，运行是否正常且符合设计标准，正常操作方法和工艺条件下能否持续符合标准；厂房、设施、设备、工艺和检验方法的运行是否能达到预期用途和GMP规范，生产的产品是否符合预期的质量要求等。由此证明药品生产过程的稳定性和可靠性，可生产出符合预期质量的药品。另外，设备、设施和系统的确认对药品生产的安全和高效也起着至关重要的作用。

2. 意义 确认和验证不仅是药品生产中极其重要的要素，也是制药企业建立药品质量体系（pharmaceutical quality system，PQS）的重要组成部分，更是GMP实施的基石。可以说，没有确认和验证，也就没有GMP的有效实施。

为保证过程始终如一地生产出符合客户要求的产品质量，药厂完成土建后，就要进行验证工作，包括厂房、设施和设备的安装确认、运行确认、性能确认，以及模拟性生产及试生产性的产品验证；当影响产品质量的重要因素，如工艺、质量控制方法、主要原辅料、主要生产设备等发生改变时，以及生产一定周期后，应进行再验证。由于生产经过一定周期后，原已验证过的平衡状态可能发生偏移，检查已验证过的状态是否出现偏移，并通过再验证来建立新的验证状态是再验证的使命。概括起来，药品生产企业实施确认和验证，具有以下四个方面的意义：①可提高工作质量，保证产品质量；②保证厂房设施、设备、物料、程序、生产过程或系统始终处于最佳状态；③保证新项目及其厂房设施、设备、工艺、物料、规程、生产过程、检验方法或系统等变更后的可靠性；④有利于消除隐患，降低质量风险。

（三）验证的原则与要求

为达到验证的目的和有效性，验证须遵循一定的原则和要求，这也体现在世界各国GMP对验证的原则性要求上。

实施验证的基本原则是对工艺或系统等进行挑战，即在“最坏情况”的条件下进行验证。验证时可以考虑对产品或工艺进行分组。当“最坏情况”不能被模拟时，则应当要确定所做分组的理由；对于所有还未到达“最坏情况”的验证都要进行理由说明。

总体性的要求如下：①验证应按照预定的规程进行，起到加强 GMP 的作用；②验证的结果和结论应有记录，并以此为工艺规程和操作规程等的确定提供依据；③新的生产处方或生产工艺需通过验证才能进行常规生产，检验方法需经过验证才能用于产品的质量检验；④对产品质量可能造成实质性影响的生产工艺、设备设施、物料包材、检验方法等的变更，都必须进行确认和验证，如生产工艺中超出批准的工艺参数设计空间的变更；⑤首次确认或验证后，应当根据产品质量回顾分析情况进行再确认或再验证，关键生产工艺和操作规程应当定期进行再验证，确保其仍可达到预期结果；⑥验证应能证明在使用指定物料和设备时，预定的生产工艺能够持续稳定地生产出符合质量要求的产品。

（四）验证的特点

验证应当根据正式批准的标准工作程序、管理程序和验证活动的特点，进行精心细致的准备和安排，开展与验证有关的所有工作。验证活动有以下特点。

（1）多学科交叉和多方法并用：验证活动需要药剂、工艺、计量、分析、生物技术、工程等各方面专家的协同合作。

（2）严格的时间要求：什么情况需验证，什么时候要验证，验证后什么时候再验证，都有具体的要求，以确保验证对象持续满足预定的工作结果、状态或产出。例如新工艺在进行商业化生产之前必须经过验证。

（3）高成本：验证需要足够的时间和各方面的专业人员，综合各种工程技术，并在验证方案中予以足够详细的描述。所以验证是高成本的活动。

二、验证分类和方法

依据所处的生产进程，验证可分为前验证、同步验证、回顾性验证和再验证。验证是一个技术性很强的工作，人员的素质及设备条件将直接影响验证的结果及其可靠性。采用何种验证须根据实际情况做出合理适当的选择。重要的问题是在制订验证方案并实施验证时，应当特别注意这种验证方式的先决条件，分析主客观的情况，并预计验证结果对保证质量可靠性的风险程度。

1. 前验证（prospective validation） 指厂房、设备、设施、系统、工艺、物料、产品和检验等在投入使用前，必须完成并证明确实能达到预期效果和要求的有文件记录的质量活动。

（1）前验证的对象：前验证的成功是实现新工艺、新产品从开发部门向生产部门转移的必要条件，它是新工艺和新产品开发计划的终点，也是常规生产的起点。如果没有充分的理由，任何工艺、过程、设备或物料必须进行前验证。

新工艺、新产品、新处方、新设备或新系统，对产品质量可能存在较大影响的主要原辅料变更，关键工艺（过程）及其设备（如灭菌、无菌灌装等）和它们的变更，必须进行前验证。产品质量要求高，靠生产控制及成品检查不足以确保重现性及产品质量的工艺或过程必须进行前验证。例如，无菌产品生产中所采用的灭菌工艺，必须通过前验证，以确保产品满足无菌的要求，因为如不能保证无菌产品的无菌要求，将可能导致严重质量风险和重大药害事件的发生，而药品的无菌不能仅依据最终成品的无菌检查来判断，必须通过生产该产品的无菌化工艺及其相关工艺、方法、物料、设备和设施等的可靠性和稳定性来保证。另外，对没有或缺乏历史资料，难以进行回顾性验证的工艺或过程，产品的重要生产工艺或过程，均应进行前验证。

（2）前验证的先决条件：前验证的目的主要是考察并确认工艺的重现性及可靠性，而不是优选工艺条件，更不是优选处方。因此，验证前必须有比较充分和完整的产品和工艺的开发资料，应能确信：①配方的设计、筛选及优选确已完成；②中试生产已经完成，关键的工艺及工艺变量已经确定，相应参数的控制限已明确，最好确定参数的设计空间；③已有生产工艺方面的详细技术资料，包括有文件记载的产品稳定性考察资料；④即使是比较简单的工艺，也必须至少完成一个批号的试生产；⑤从中试放大至试生产中应无明显的"数据漂移"或"工艺过程发生因果关系的畸变"现象。

前验证是一项技术性很强的工作，实施前验证的人员应当清楚地熟悉所需验证的工艺及其要求。为此，在前验证之前应对验证的人员进行必要的培训，以使参与人员获悉影响产品质量的重要因素，验证的具体方案，判定验证结果的各项指标和合格标准。否则，前验证就难以获得可靠的结论，甚至有可能流于形式，这可能会严重影响后续生产药品质量的可靠性和稳定性，甚至带来潜在的安全风险。

（3）前验证的流程与内容：前验证是最全面、最复杂的一种验证，包括设计确认、安装确认、运行确认、性能确认和产品验证 5 个阶段，其流程见图 8-3。

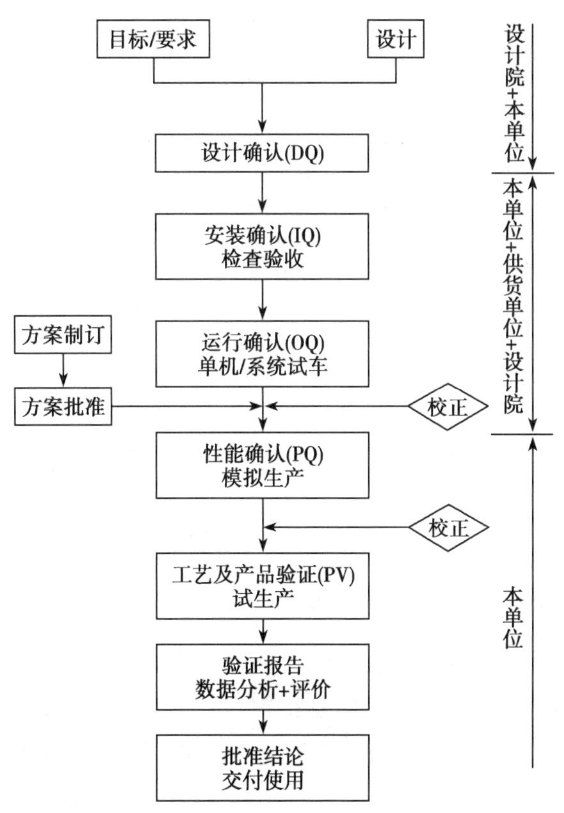

图 8-3　前验证流程图

确认与验证属同一范畴，验证在概念上包括确认，其对象较确认更广；确认的主要对象是设备、设施、系统及其性能，而这些又属于设备的前期管理，故本教材将在第九章第三节"设备管理”将对设备的设计确认、安装确认、运行确认和性能确认进行详细介绍，而本节后续内容将对厂房设施、工艺等验证作详细介绍。所以，此处仅对图 8-3 所示确认和验证作简要介绍。

1）设计确认：是指对设备、设施和系统的设计是否符合预期目标进行确认所做的各种查证活动及文件记录。其中，预期目标包括对法律法规和生产工艺的适用性及用户的其他需求。质量源于设计，所以设计确认是验证和确认的关键环节，设计方面的失误将可能造成事后难以弥补的先天性缺陷。设计确认常由设计和咨询单位的专家、本企业高层领导和专业技术人员参加。

2）安装确认：是指对安装或改造后的设备、设施和系统是否符合批准的设计、标准及制造商建议进行确认所做的各种查证活动及文件记录。安装确认必须在工艺验证前完成，常由工程部门根据工程设计图、管路图和在项目规划阶段开发的工厂功能标准来组织核查。安装确认应包括对所有系统元件、管路和仪表的标识及所有安装好的设备是否符合既定要求的书面记录。另外，安装确认还应对设备、设施、系统的维护和清洗要求进行确认。

3）运行确认：是指为确认已安装或改造后的设备、设施和系统能在预期的操作范围内正常运行而做的运行试验、查证活动及文件记录，以确认设备、设施或系统的各项技术参数能否达到设定的要求，运行的各项参数是否稳定，各环节的功能与标准是否一致，仪表是否可靠，运行的安全性能否得到保证等。企业应利用运行确认对企业进行人员培训和考核，补充、修改并最终确定设备及其清洗、维护和校验的标准操作规程，提出维护、校验和维修计划。运行确认前，使用的设备和仪表应经过校准且在有效期内，影响产品质量的偏差已关闭，运行确认方案已批准；确认中，应按有关标准及技术说明书所列标准对每一项功能及安全性进行检查，并包括有“最差条件”下的测试。

4）性能确认：是确认所有可能影响产品质量的设备、设施和系统的各方面都满足可接受标准，并满足产品生产过程或相关运行的整体协调性。性能确认应确保整合了操作规程、人员、设备和物料，所使用的仪器仪表应经过校准且在有效期内；应具有经批准的确认方案，并制订了详细的记录方案。就生产设备而言，性能确认是指通过生产过程中设备、设施和系统的整体运行，考察工艺设备、设施和系统运行的可靠性和整体协调性、主要运行参数的稳定性和运行结果的重现性的一系列活动，即模拟生产。通常，模拟生产至少须重复 3 次。对于比较简单、运行较稳定且在人员已有一定同类设备实际运行经验的情况下，经风险评估确定风险不大的生产线，通常可跳过模拟生产直接进行试生产。

5）工艺验证：是证明与产品生产有关的工艺或过程在设定参数范围内能有效、稳定地运行，并能生产出符合预定质量标准和质量特性产品的验证活动。由于工艺验证常需依托各种设备、设施和系统才能开展，工艺验证之前这些设备、设施和系统必须经过设计确认、安装确认、运行确认和性能确认；而运行确认和性能确认又常需借助适宜的物料和工艺才能确定。所以，除清洁验证、无菌操作的培养基灌装等试验外，许多工艺验证常与工艺设备确认等一起完成。

6）产品验证：是指在产品生产中各工艺验证合格的基础上进行产品生产的全工艺过程验证，以确定通过生产的全过程能否获得符合预定质量标准的产品。产品验证就是在特定监控条件下的试生产，产品验证应按品种进行，且至少需进行连续 3 批的试生产，以确定工艺的重现性。在试生产期间，为了在正式投入常规生产时能确有把握地控制生产工艺，往往需要抽取较多的样品，包括半成品及环境监控（必要时）的样品，并需对试生产获得的产品进行必要的稳定性考察。只有产品验证通过，且获得最终批准后，质量管理部门才有权批准通过稳定性考察，并批准将符合法定标准的产品投放市场。

2. 同步验证（concurrent validation） 同步验证是指系统或工艺等在常规运行的同时进行的验证，即从系统或工艺实际运行的过程中获得数据进行分析和评价，并建立文件化证据，以证明系统或工艺达到预计要求的活动。以泡腾片的生产为例，泡腾片的生产往往需要低于 20% 的相对湿度，而相对湿度受外界温度及湿度的影响，空调净化系统是否符合设定的要求，需要经过雨季的考验。这种条件下，同步验证就是理性的选择。

如果同步验证的方式用于某种非无菌制剂生产工艺的验证，通常有以下先决条件：①应有完善的取样计划，即生产及工艺条件的监控比较充分；②有经过验证的检验方法，方法的灵敏度及选样性等较好；③对所验证的产品或工艺已有相当的经验及把握。在这种情况下，工艺验证实际上也就是特殊监控条件下的试生产，而在试生产性的工艺验证过程中，既可以获得合格的产品，又可以获得验证的结果，即获得工艺重现性和可靠性的证据。验证的客观结果应能证实工艺条件的控制达到了预计的要求。

这种方式的验证应慎重使用，因为使用不当可能会给产品带来质量风险。例如，对环境要求严格的无菌制剂的生产工艺的验证，口服制剂中生产工艺较为复杂的新产品及新工艺的验证，采用同步验证则可能存在较大的质量风险。验证是一个技术性很强的工作，人员的素质及设备条件将直接影响验证的结果和可靠性。所以，企业应根据自己的实际情况选择科学合理、符合法规要求的验证方式进行验证。值得注意的是，在制订验证方案并实施验证时，应当特别注意这种验证方式的先决条件，详细分析主客观的情况，并评估验证结果对保证质量可靠性方面的风险程度。

3. 回顾验证（retrospective validation） 是指收集现有的历史数据和证据，并进行统计分析，得出结论，以考察正常生产的工艺条件、设备、设施、系统、生产过程、物料的适用性和可靠性，证明其可达到预期要求的活动。同前验证的少数批、短时间运行获得的数据相比，借助大量丰富的历史资料和数据进行的回顾性验证更能反映工艺控制状况的全貌，因而其可靠性更好。

回顾性验证也应具备若干必要的条件，这些条件包括：

（1）通常需要有 20 个连续批号的数据，如回顾性验证的批次少于 20 批，应有充分理由并对进行回顾性验证的有效性做出评价。

（2）检验方法经过验证，检验的结果可以用数值表示，并可用于统计分析。

（3）批记录符合 GMP 的要求，记录中有明确的工艺条件。没有明确工艺条件下的数据无法用作回顾性验证。例如，物料混合时，如果没有设定转速，没有记录混合的时间，那么相应批的检验结果就无统计分析的对象，自然无法进行回顾性分析。又如，成品的结果出现明显偏差，但批记录中没有任何对偏差的调查及说明，这类缺乏可追溯性的检验结果也无法进行回顾性验证。

（4）有关的工艺变量必须是标准化的，并一直处于控制状态。如原料标准、生产工艺的洁净级别、分析方法和微生物控制等。

回顾验证常用于非无菌工艺的验证，适应范围较宽，可用于辅助系统及生产系统的很多工艺或过程，但验证前需确定好工艺或过程；且除操作失误或设备故障外，未出现过设备适应性之外的原因造成值得关注的生产过程或产品的不合格；同时，近期内产品的成分、原辅料、设施、设备或系统未进行过变更。用于回顾验证的各种历史数据和资料常包括：①批成品检验的结果；②批生产记录中的各种偏差的说明；③中间控制检查的结果；④各种偏差的调查报告，甚至包括产品或中间体不合格的数据等。

回顾性工艺验证通常不需要预先制订验证方案，但需要一个比较完整的生产及质量监控计划，以便能够收集足够的资料和数据对生产和质量进行回顾性总结。另外，系统的回顾及趋势分析常可通过“最差条件”的工艺运行，预示可能的故障模式；回顾性工艺验证还可能引导“再验证”方案的制订及实施。

4. 再验证（revalidation） 指验证通过的产品生产的工艺、关键设备设施和系统或物料在生产运行一定周期后进行的重新验证，以确认其“验证状态”是否发生漂移，是否仍然可以达到预期的运行要求与结果。对药品质量有着重要影响的设备设施、系统或工艺应定期进行再验证，如药品生产中的关键工艺、关键设备，以持续保证其运行的可靠性和稳定性，保证生产的药品长期符合预期的质量目标。反过来，通过对药品质量的回顾分析，又可发现关键工艺、设备设施等再验证的时机。

根据再验证的原因，可以将再验证分为下述三种类型。

（1）强制性再验证：该类再验证至少包括下述几种情况。①无菌操作的培养基灌装试验；②计量器具的强制检定，包括计量标准，用于贸易结算、医疗卫生、安全防护和环境监测方面且列入国家强制检定目录的工作计量器具；③一年一次的高效过滤器的检漏。

（2）变更性再验证：药品生产过程中，由于各种主观和客观的原因，需要对设备、设施、系统、原辅料、包装材料、工艺和方法等作某种变更。因这些变更可能对产品质量造成重要的影响，所以，需要对变更后的情况进行再验证。例如：①原辅料、包装材料的质量标准发生变更，或产品的包装形式发生改变（如将铝塑包装改为瓶装）；②工艺参数的改变或工艺路线的变更，尤其是超出工艺参数设计空间的变更；③设备的改变；④生产处方的修改或批量发生数量级的改变；⑤常规检测表明系统有引起药品质量变迁的因素存在。

上述条件下，企业应根据运行和变更情况以及对药品质量影响的大小确定再验证的对象，并对原来的验证方案进行回顾和修订，以确定再验证的范围、项目及合格标准等。某些情况下，重大变更条件下的再验证犹如前验证，不同之处是它有现成的验证资料可供参考。

（3）定期再验证：有些关键设备和关键工艺对产品的质量和安全性起着决定性的作用，如无菌药品生产过程中使用的灭菌设备、关键洁净区的空调净化系统等。为尽可能地避免重大质量风险和药害事件的发生，即使在设备及规程没有变更的情况下也应定期进行再验证。

三、验证的组织机构

验证是企业产品生产及质量可靠性工程的一项重要的经常性工作，企业应根据自身情况及验证的需要建立适当的组织机构。该组织机构由负责生产、技术、质量管理的副总经理或总工负责分管，下设专职机构或职能部门负责验证的日常管理，该机构常设在质量管理部门内，机构的主管最好由具有仪表、计算机、制药、微生物学和数理统计等知识，并有一定药品生产质量管理经验的人员担任，以适应验证管理工作的特殊需要；主管验证的专职人员应当是熟悉工艺和设备的管理人员，应有相当的实际工作经验。

药品生产企业验证专职机构的职能应包括：①负责确认和验证的日常管理与工作，包括确认和验证所需的培训；②根据不同的验证对象，负责组建由各有关专业部门组成的验证小组，指导和检查验证小组的确认和验证工作；③制订和修订有关确认和验证的管理标准、操作规程；④制订验证计划、审核验证方案，并负责、指导、监督确认和验证的实施，以及验证计划的变更；⑤确认和验证报告及文件的准备、审批、管理和控制。

常设的验证职能机构一般能够适应验证日常管理的需要，但对于一个全新的制药工厂或车间，或者一个大型的技术改进项目，因有大量的验证工作需在较短时间内完成，这时就需要成立一个临时性的验证组织机构——验证委员会，该验证委员会的架构见图 8-4。

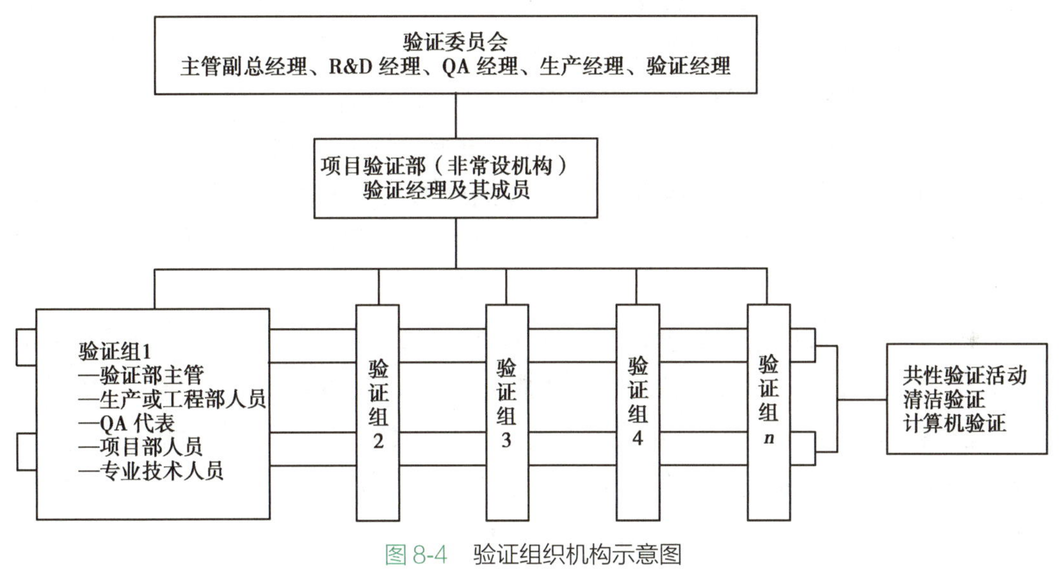

图 8-4　验证组织机构示意图

验证委员会主要负责验证的总体策划与协调、验证文件的审核批准，并为验证提供足够的资源。

项目验证部应设验证经理，在验证过程中负责掌握验证进度和所有验证工作的协调。项目验证经理以及来自各职能部门的代表组成验证部，负责验证文件的制订以及验证活动的协调。

项目的验证由数个不同的验证小组共同实施完成，验证小组承担验证项目的具体实施工作，组长由验证经理指定验证部的某一成员担任，其他组员则来自各相关职能部门，主要来自被验证对象的使用部门。不同的验证小组负责不同的子验证，其基本原则是验证对象的接受者（或使用者）必须在质量管理部门的指导下直接参与甚至主管该验证对象的前验证，以便在验证完成后有足够的能力来管理好验证对象的运行。

企业如不设验证的专职机构，则需明确验证的日常工作由哪个职能部门主管，哪些部门协助，应有适当的管理程序阐明验证的组织及实施办法，以使验证这一重要的基础管理工作落到实处。

四、验证的程序

为保证验证的有效与可靠，验证过程包括必不可少的一些关键步骤，这些步骤包括：验证项目的提出、验证方案的制订和审批、验证方案的实施、验证执行的回顾和原始数据收集整理、验证报告的编写、最终验证报告的批准。

1. 验证项目的提出 药品生产企业首先须根据法律法规的强制性验证要求，制订一个总验证计划，以确定待验证的对象、范围、时间、进度和所需资源等。同时，根据影响产品质量的各种变更、产品质量回顾性分析的结果、产品质量波动的情况等，验证项目还可由生产、技术、质量控制等有关部门或验证小组提出，验证总负责人批准后立项。

验证的项目一般可分为四大类：①厂房、设备、设施和系统（包括计算机系统）；②物料、包装材料和产品；③生产工艺、过程和方法；④检验和计量。每大类还可再细分，同时软件的验证贯穿于整个验证过程，也可单独作为一个验证项目。

2. 验证方案的制订与审批 验证方案相当于整个验证的设计，方案的正确性、严谨性、合法合规性及完善与否等，对验证实施性的可行性和验证结果的可靠性至关重要，所以制订后的验证方案必须经过审核批准后方可实施。经批准的验证方案在执行过程中或执行前发现与实际情况不符或需要变更的，应按程序将变更内容提交给方案审核人审核，并最终批准后执行。

验证方案可委托外单位起草，经验证委员会讨论、修订，并审核批准制订；也可由本企业具体的使用部门起草，经质量保证部门及有关部门会签，并经验证委员会审批制订。

验证方案的内容主要包括：①验证的文件号、对象、目的、目标和范围；②验证的要求、内容、程序和时间进度；③验证所需的条件、验证合格依据的标准和测试方法；④验证的参考文件、原始记录要求和各种表格；⑤验证相关方的职责；⑥验证试验的批次数。

3. 验证方案的实施 验证方案的实施必须严格按照审批方案中确定的程序和方法执行。为有效地实施批准的验证方案，验证前必须对有关生产和管理人员进行必要的培训，以使参与验证的人员清楚地了解验证的工艺及其要求；同时还应做好验证的各项准备工作。方案执行过程中产生的原始数据应在第一时间客观、准确、详细地记录，保持数据资料的原始性，产生的数据图表等应明确时间和日期，并经方案执行人签字确认。

任何测试结果不符合预定的可接受标准时，方案执行人均应列出不符合项目或偏差。任何偏差都应有文件记录，且必须找出偏差产生的原因，并及时解决。

4. 验证报告的撰写及批准 为客观、准确地评价验证的结果，保证验证对象的可靠性，验证过程中收集的所有记录、数据、测试结果都要审核其准确性，并经过复核后，由有资格的人员签字确认。所有支持验证结果的数据均应收集，并经有资格的人员签字确认后，作为附件附在最终的验证报告中。

验证方案实施完成后，各相关部门应将结果整理汇总，撰写小组报告。验证负责人收到全部验证小组的报告后，要与总负责人检查验证是否按照计划进行，审阅方案执行以及工作表、偏差表、附件表和测试数据表中记录的数据的完整性，并审查各份报告，分析验证结果，把验证的实际结果和可接受标准的预定结果进行逐一比较，做出是否有效、可行的判断，是否满足预设标准的结论。最后，在此基础上撰写完整的验证报告。

最终的验证报告需经报告封面确定的相关人员审核，经验证总负责人签字批准。随后，由质量保证部门根据验证报告的结论，决定是否对验证对象进行释放，最后由验证总负责人签发验证证书。只有验证合格的验证对象才能交付正常使用。

五、验证文件

验证文件是验证活动的基础、依据和指导性文件，也是完成验证、确立生产运行各种标准的客观证据。

验证文件是有关验证的信息及其承载媒体，须按企业建立的质量管理体系对文件的要求进行编制、记录和管理等。验证文件的主要组成为：验证总计划、验证计划、验证方案、验证原始记录、验证报告、验证小结、项目验证总结、相关文档或资料等。验证文件的内容既包括验证前已经按照验证管理要求制订好的标准类和记录类文件，也包括在验证过程中形成的一系列相关文件和数据。

验证文件是企业质量管理体系的重要文件，它直接关系到验证活动的科学性、有效性以及产品的质量水平。因此，必须得到企业验证最高管理机构负责人的认可和批准。

六、验证状态的维护

为给生产药品的质量提供持续的可靠性保障，维护验证状态，使设备、设施、系统、工艺和方法等始终处于“验证的”和“受控的”状态是非常关键的，这也是 GMP 所要求的。因此，必须采用有效的变更控制和支持性程序来维护系统的验证状态，如 GMP 中已批准的与变更控制、校准、预防性维护和培训等相关的规程。同时，应定期对这些规程进行审查和更新，以保证所有的设备、设施、系统、工艺和方法等始终处于验证的受控状态，为生产药品的质量提供可靠性保障。

第六节　制药企业的常见验证项目

可靠性的定义和验证对象表明：药品生产企业中涉及的重要验证项目包括生产药品的设备、设施、系统、工艺、方法、物料和产品等。具体地说，制药企业的验证和确认包括以下方面。

（1）厂房设施确认：该部分包含药品生产所需要的生产厂房和公辅系统，例如空调净化系统、制药用水系统、压缩空气系统等。

（2）设备确认：该部分包含药品生产加工和检验所需要的生产设备、检验仪器等。例如配液系统、洗瓶机、胶塞清洗机、除热原烘箱、灌装机、冻干机、制粒机、压片机、胶囊充填机、包衣机、高效液相色谱仪和气相色谱仪等。

（3）工艺验证：该部分包含药品生产所必需的生产工艺、清洁工艺等的验证。例如灭菌工艺验证、生产工艺验证、包装系统密封性验证、清洁验证等。

（4）分析方法验证：该部分包含药品生产过程中使用的检验方法的验证。例如含量测定法、微生物计数法、细菌内毒素检查法和无菌检查法等。

（5）自动化与计算机化系统验证：该部分包含药品生产过程中使用的自动化与计算机化系统。例如实验室信息管理系统（LIMS）、数据采集与监视控制系统（SCADA）、企业资源规划（ERP）、临床试验监控系统、药物不良反应系统（ADR）、色谱数据系统（CDS）、电子文档管理系统（EDMS）等。

（6）其他确认：包括药品生产过程中可能给药品生产及药品质量带来潜在影响的项目确认，例如更衣确认、运输确认等。对运输有特殊要求的物料和产品应符合相应的批准文件、质量标准中规定的或企业/供应商的要求。

其中，分析检验方法的验证即方法学考察可参考《药物分析》等相关教材，设备验证将在第九章第三节"设备管理"进行介绍，此处重点介绍其他主要项目的验证。

一、厂房设施验证

药品生产企业的厂房设施是指制剂、原料药、药用辅料和直接接触药品的药用包装材料生产中所需的生产厂房以及与工艺配套的空气调节、水处理等公辅系统。厂房设施是药品生产的基本条件，制药企业必须具备与其生产相适应、符合相关法规和标准且经验证的厂房设施。

厂房设施的验证是药品生产质量的前提保障，也是设备、系统、工艺、方法等验证的基础。现对厂房设施的设计、安装和运行确认作总体性的介绍，再分别介绍涉及面广且直接对药品质量有着重要影响的空调净化系统、制药用水系统（纯水和注射用水）的验证。

（一）厂房设施的设计确认

厂房设施的设计确认应在建设项目施工设计完成之后、施工开始之前进行。设计确认的目的是检查并证明厂房中各种结构、系统的建设都符合现行 GMP 和各种技术法规条款的要求。我国与药品生产企业厂房设施有关的设计技术法规和标准主要有《洁净厂房设计规范》《建筑设计防火规范》《厂矿道路设计规范》《工业企业设计卫生标准》《采暖通风空调设计规范》《采光设计标准》《照明设计标准》《给水、排水设计规范》等，并且还在不断修订、更新。国际上比较权威的技术标准有洁净室系列国际标准 ISO14644。

设计确认的重点是审核设计过程中的各种文件资料。审核的范围至少应包括药品生产企业提供的用户需求说明、施工单位提供的设计文件、详细的施工图设计文件。一般应进行以下方面的确认：①厂区选址规划是否合理；②厂区是否按生产、行政、生活和辅助区划区布局，布局是否合理；③厂区总体规划是否考虑风向，尽可能地减少污染和交叉污染；④厂区内的人流、物流是否明确分开；⑤是否有保持厂区清洁卫生的设计考虑。

（二）厂房设施的安装确认

厂房设施的安装确认应在建设项目竣工验收之后进行，其目的是检查并证明厂房中各种结构、系统的建设和安装都符合设计确认中规定的各项指标。确认的内容应该包括：①是否对各种系统、设备的建造和施工的合格证书进行整理、归纳、存档；②对厂房设施的各种组件进行检查，检查组件的型号、规格、生产厂家、安装位置是否与用户需求说明和施工设计文件一致，以及施工建设所用的材料、方法和最终质量是否符合预定标准；③确认厂房设施各种组件是否都按照设计文件进行建造，竣工后的平面布局是否与设计文件一致。

检查的项目包括但不限于：洁净区房间的布局、洁净区房门的开向、洁净灯具的布局、电源插座的布局、水池及地漏的布局等方面。

洁净区内表面及密封性的检查包括以下方面：①洁净区内表面（天棚、墙壁、地面）应当平整光滑、接口严密、无裂缝、无颗粒物脱落，以避免积尘、便于有效清洁与消毒；②各种管道、照明设施、风口和其他公用设施的设计和安装应当避免出现不易清洁的部位，其维护尽可能在生产区的外部；③排水设施应当大小适宜，并安装有防止倒灌的装置，同时应尽可能避免明沟排水，不可避免时明沟宜浅，以便清洁和消毒。

安装过程中任何针对规定指标的设计变更均应有经批准的变更文件，且必须有设计确认的有关设计人员的签名。同时，设计变更文件的内容应包括变更的内容、必要性、依据、费用及其对总体设计的影响等，从而为药品生产企业提供从设计确认到实际建设过程中设计变更的详细过程，以供其审计和验证使用。

（三）厂房设施的运行确认

运行确认应在安装确认完成，且没有未关闭的偏差，或存在的偏差不影响运行确认之后进行。

运行确认应从以下方面开展。

（1）文件检查：检查洁净室运行确认所需的SOP及测试用仪器仪表的SOP是否都存在，并确认其处于已批准状态。

（2）测试用仪器仪表的校准检查：测试过程中所使用的所有仪器仪表均有校准报告，且在有效期内。

（3）互锁门功能检查：洁净室同一房间的多扇房门应具备互锁功能，即当任意一扇房门打开时该房间其他的房门都不能打开，以防止污染和交叉污染。

（4）房间内照度测试：药品生产企业在编制用户需求说明时，应根据工艺操作的需求明确提出房间内的照度需求。如无特殊要求，主要工作室宜为300lx；辅助工作室、走廊、气闸室、人员净化和物料净化室宜为200lx；照度要求高的部位可增加局部照明。

（5）房间内噪声测试：噪声标准应参考国家标准的相关规定，由药品生产企业和施工单位协商确定。

（四）空调净化系统验证

1. 概述　空调净化系统是一个能够通过控制温度、相对湿度、气流和空气质量（包括新鲜空气、微粒和气体）来调节环境的系统的总称。制药企业的空调净化系统为药品生产提供相应的环境要求，对生产药品的质量有着直接和重要影响，其可靠性必须通过严格的验证和确认，方可投入商业化生产运行。相对其他普通空调系统，制药企业的空调净化系统不仅对空气的温度、湿度和风速有严格要求，还对空气中所含的悬浮粒子和微生物浓度等有明确限制，同时还需控制不同等级区域间的压差，以保证内部的洁净空气不被污染。

空调净化系统由空气处理单元、送回排风管路、风管附件、终端过滤装置等组件组成，通过它们的协同运转和对温湿度、风量、换气次数和压差等关键参数的控制，提供与药品生产要求相适应的温度、相对湿度、空气质量（包括对尘埃粒子和微生物的控制要求）等环境条件。空调净化系统的验证和确认包括设计确认、安装确认、运行确认和性能确认。其中，安装确认和运行确认是对各组件本身的确认，性能确认是对各组间协同运转形成的洁净环境进行确认。

2. 设计确认 空调系统的良好设计是洁净环境的基础保证。设计确认是提供书面化的证据证明供应商提供的设备和设施能够达到预定目标所做的各种查证及文件记录。设计确认应包括以下方面：①设计确认需要的文件，包括用户需求说明，详细的设计文件，风量平衡计算表，空气处理计算表和计划采用的各组件说明资料等；②设计确认的要点，包括对功能、技术参数、工艺、操作控制、环境消毒、环境监测、GMP、EHS（环境、健康、安全）、文件资料和建造等的需求确认，以满足工艺和人员安全的要求。

设计确认应该持续整个设计阶段，从概念设计到采购、施工。确认过程中，供应商和设计单位应对用户需求说明中的各项逐一核对，对不合理或者不安全的要求应进行协商。设计确认的形式多样，会议记录、参数计算书、技术交流记录、邮件等都是设计确认的证明文件，但必须有设计确认方案，并最终要将以上资料整理汇总且进行评价。

设计确认是一个动态的过程，应随着设计文件的不断澄清和细化逐渐深入。为避免确认的工作量过于繁重，设计确认过程中应注意：①应对设计内容进行筛选，选择关键内容进行确认；②每一次设计变更或深化设计后，应重点关注关键参数的改变情况；③如设计内容发生较大的改变，应尽可能地将设计分为几个层次清晰的小阶段分段进行。

3. 安装确认 安装确认应在空调系统安装或改造之后进行，其目的是检查并证明空调净化系统中各组件自身及其装配关系、装配结果符合用户需求说明和施工设计文件的规定。

安装确认需要的文件包括暖通设计类文件和暖通竣工文件包，所有文件资料应齐全、适用。安装确认的要点包括材料参数确认、空调机组装配确认、风管的布局确认、高效过滤器的安装确认和共用系统连接确认。其中，空调系统各组件的材料、参数及质量，是确保空调系统能正常运行，并符合用户需求说明（user requirement specification，URS）和 GMP 性能要求的重要指标。为确保空调系统的正常运行，且性能符合用户需求，其安装及空调机组的装配须与设计图纸和设计要求一致。

安装确认应当证明空调净化系统的安装符合设计标准。安装过程中任何针对规定指标的设计变更应有相应的批准文件，且必须有设计确认的有关设计人员的签名；同时，设计变更文件的内容应包括变更的内容、必要性、依据、费用及其对总体设计的影响等。从而为药品生产企业提供从设计确认到实际建设过程中设计变更的详细过程，以供其审计和验证使用。

4. 运行确认 空调净化系统的运行确认包括风量、风速、压差、温湿度、高效过滤器的完整性、气流流型和自净化时间等的确认。运行确认之前应确保安装确认已完成，且没有未关闭的偏差，或存在的偏差不影响运行确认的进行。

（1）风量和风速确认：洁净区（室）的送风量是单位时间内从末端过滤器或风管送入洁净室内的体积空气量。对于同一洁净区（室）来说，送风量不足，换气次数将偏低，洁净区（室）环境中的悬浮粒子可能得不到应有的净化，悬浮粒子和微生物参数将可能超标。因此，必须对风量和换气次数进行确认。非单向流洁净室系统的实际送风量和设计送风量之间的允许偏差为0～20%，而单向流设备的风速一般应满足A级洁净区对风速的要求（0.36～0.54m/s）。

（2）压差确认：洁净区与洁净区之间、相邻两个不同洁净级别间的压差是保证药品生产过程中避免污染和交叉污染的有效措施。因此，每个房间和外界的压差以及相邻房间之间的压差必须确认，并满足设计和GMP的要求。确认过程中，需确保房间门处于关闭状态，并采用经过校准的压差计进行测试。

（3）温湿度确认：满足生产环境要求的温湿度不仅是药品生产的需要，也可使操作人员感觉舒适，降低差错发生的概率。因此，必须对空调机组的温湿度控制能力进行确认，确认结果应满足设计要求。

（4）高效过滤器的完整性确认：过滤器主体、框架以及安装边框必须密封完好，以防止任何颗粒通过旁路泄漏，保证洁净区的空气质量符合预定的要求，由此减少可能污染和交叉污染带来对药品质量的影响。

（5）气流流型确认：气流方向和气流均匀性要与设计要求和性能要求相符合。单向流设备的气流流型应能明确显示出单向流的形状，其气流方向应呈直线型，各点风速均匀，没有死区或逆流。乱流洁净室的气流流型应能明确标识出房间的气流从送风口进入，通过乱流形式，最终从回风口离开房间的整体趋势。

（6）自净化时间确认：房间自净化时间应满足要求。采用100：1自净化时间测试法，洁净区房间的自净化时间应小于20分钟。

5. 性能确认 空调净化系统的性能确认应在洁净区完成消毒并进行一次日常清洁消毒处理后进行。

（1）性能确认的不同阶段：性能确认可分为静态测试、动态测试和日常检测三个阶段。

静态是指所有生产设备均已安装就绪，但没有生产活动且无操作人员在场的状态。静态测试中，除和空调系统连锁启动运行的设备外，其他洁净区内的所有生产及辅助设备均不得开启。

动态测试是指生产设备按预定的工艺模式运行，并有规定数量的操作人员在现场操作的状态。“生产设备按预定的工艺模式运行”可理解为工艺设备在按照预定的工艺参数进行试生产或模拟生产活动。因此，除有特殊要求不得开启的设备外，动态测试过程中，其他洁净区内的所有生产及辅助设备均应全部开启，洁净室内所有人员的一般行为应遵从洁净区人员SOP中的规定，操作人员应按照产品生产操作规程中的规定进行试生产操作或模拟生产操作，操作行为应尽可能地还原正常生产状态。

日常检测应根据已批准的SOP对生产环境进行日常监控，以证明系统长期的可靠性能，并评估季节变化对生产环境的影响。当洁净厂房与空调净化系统顺利完成静态测试和动态测试的验证活动后，洁净厂房与空调净化系统可投入正常的商业化生产。在日常监测过程中，应周期性的对历史监测数据进行分析总结，及时查找和排除影响洁净室与空调系统运行的各种不稳定因素，使生产环境得到持续的保持和改善。

（2）性能确认的测试项目：空调净化系统的性能确认应包括压差、温湿度、悬浮粒和微生物等测试，所有的测试均应满足设计要求。其中，微生物的监测方法有沉降菌法、定量空气浮游菌采样法、表面取样法（如棉签擦拭法和接触碟法）等，可接受标准如表 8-1 所示。

表 8-1 微生物测试的可接受标准

洁净度级别	浮游菌/（cfu/m³）	沉降菌（直径 90mm）/（cfu/4h）	表面微生物	
			接触碟（直径 55mm）/（cfu/碟）	5 指手套/（cfu/手指）
A 级	<1	<1	<1	<1
B 级	10	5	5	5
C 级	100	50	25	—
D 级	200	100	50	—

微生物取样使用的培养基应根据不同的菌种和检测方法进行确定，取样后应按照规定的培养方法进行培养，使样品中的微生物生长至肉眼可见；培养结束后，应通过计数确定样品中的微生物数量。值得注意的是，动态取样应当避免对洁净区造成不良影响。

空调净化系统的性能确认从根本上来说是生产环境的性能确认，生产环境的保持需要洁净室、局部单向流、传递窗、空调自控系统和环境监测系统等的共同作用。所以，空调净化系统的性能确认应在以上系统完成运行确认测试，且各系统不存在偏差，或存在的偏差不影响性能确认测试的前提下进行。同时，性能确认的测试过程也是对以上系统的综合性能的确认。

（五）制药用水系统的验证

制药过程离不开水，制药用水有很多种类。药品生产中不同种类的水用途不同，其质量要求也不同。与原辅料和中间产品直接接触，甚至作为药物制剂组成的水对药品质量的影响尤为突出。因此，制药用水系统必须通过验证，以确保其可靠性，证明其能制备出符合预期生产要求和质量属性的不同种类的水。制药用水系统的验证工作包括制水系统的设计、安装确认、设备/系统清洗、消毒、灭菌的验证、系统检测和控制的验证、管道材质和阀门等附件的选择、管道的安装、分配系统的验证、以及水质取样检验等。

1. **概述** 《中国药典》（2020 年版）通则中规定，药品生产企业的用水包括以下几种。

（1）饮用水：是指天然水经净化处理所得的水，其质量必须符合我国现行国家标准（《生活饮用水卫生标准》）。饮用水可作为药材净制时的漂洗用水、制药用具的粗洗用水。除另有规定外，也可作为中药饮片的提取溶剂。

（2）纯化水：是指饮用水经蒸馏法、离子交换法、反渗透法或其他适宜的方法制备的制药用水。不含任何添加剂，其质量应符合纯化水项下的规定。纯化水可作为配制普通药物制剂的溶剂或试验用水，也可作为中药注射剂、滴眼剂等灭菌制剂所用饮片的提取溶剂，口服、外用制剂配制用溶剂或稀释剂，非灭菌制剂用器具的精洗用水，还可用作非灭菌制剂所用饮片的提取溶剂。纯化水不得用于注射剂的配制与稀释。

（3）注射用水：为纯化水经蒸馏所得的水，应符合细菌内毒素试验要求。注射用水必须在防止细菌内毒素产生的设计条件下生产、贮藏及分装。其质量应符合注射用水项下的规定。为保证注射用水的质量，应减少原水中的细菌内毒素，监控蒸馏法制备注射用水的各生产环节，并防止微生物的污染。应定期清洗与消毒注射用水系统。注射用水的储存方式与静态储存期限应经过验证，以确保水质符合质量要求，例如，可以在80℃以上保温，或70℃以上保温循环，或4℃以下的状态下存放。

（4）灭菌注射用水：为注射用水按照注射剂生产工艺制备所得，不含任何添加剂。主要用于注射用灭菌粉末的溶剂或注射剂的稀释剂，其质量应符合灭菌注射用水项下的规定。灭菌注射用水的灌装规格应与临床需要相适应，避免大规格、多次使用造成的污染。

通常来说，药品生产企业的制水系统可以分为四个单元，分别为生产制备单元、储存／循环单元、分配系统单元以及各个使用单元。图8-5为纯化水制备系统流程图。

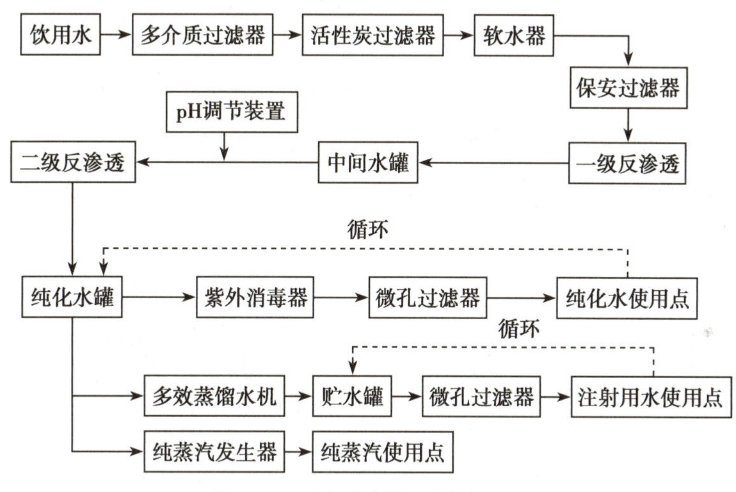

图8-5　纯化水制备系统流程图

制药用水的化学成分含量主要由纯化水制备阶段决定，其中微生物含量的考虑涵盖从设计、运行到监测的整个过程。制水系统微生物污染的主要来源有原料水、外源性污染和内源性污染。制药用水的储存和分配系统所涉及的微生物控制主要是控制外源性污染和内源性污染。外源性污染主要指来自水系统外部原因对系统造成的污染，例如系统未与外界空气隔绝，管道的连接泄漏，储罐上的呼吸口未使用过滤器或呼吸过滤器有泄漏，倒流污染，维护和维修后未清理干净的污染源。内源性污染是指制水系统的各设备单元本身造成的微生物污染，如过滤器膜、活性炭、离子交换树脂等介质，以及设备、管道、阀门内表面的微生物附着及其形成的生物膜。

制药用水在制药企业的广泛应用及其自身的复杂多样和与药品质量的密切相关性，要求制药企业对制药用水的评价不应局限于最终水质的检测结果，而应将整个制水系统作为重要的质量保证项目进行管理，强调对其从设计、确认及持续稳定运行等全生命周期的管理与维护，以保证制药用水能达到规定的质量标准。

2. 设计确认 根据生产需求和厂房条件，设计、选取符合预定用途的制水系统是验证工作的先决条件与基础。确认方案中应列举能证明制水系统可持续生产出预定用途的水质所需的技术参数和相关文件，包括制水系统的完整描述、规定的运行参数和限度，以及水流、设备布局的示意图。设计确认的方案应当尽可能地完整详尽，以便后期的安装和运行，以及维修和维护人员都能了解设备的运作目的和运行能力。

为达到可持续生产出符合预定用途的水质的目的，避免因水质问题对生产的药品质量产生不利影响，制水系统和分配系统的设计、选型应满足以下基本要求。

（1）总体要求：①兼顾经济、适用的原则；②操作简单、安全可靠；③节水、节能、不破坏环境；④满足用水量和生产所需的最大用量。

（2）储水罐：①纯化水储罐应采用无毒、耐腐蚀材料制造，注射用水储罐应采用优质低碳的不锈钢制造，系统设计应便于拆卸、清洗，部件与部件、部件与罐体直接接触的密封材料应具有安全无毒、无析出物、耐高温、不易脱落的特点；②注射用水、纯化水的储水罐应设置排污口，排污口应设置在罐体结构的最低处，且不得出现会导致水滞留的结构或部件，储罐应配套有计量装置，且装置自身不得影响水质；③储水罐的通气口，应设置过滤器，在循环过程中能有效地释放罐体压力。

（3）输水泵：纯化水、注射用水的输水泵应采用不锈钢材质的泵体，用于注射用水的输水泵，其扬程和流量应该确保水在输送系统中呈湍流状态。

（4）分配系统：分配系统应设有防止水质受污染和微生物滋生的措施，且应设置成单向，并保持持续正压的分配系统。

（5）管道：设计应符合下列要求：①水路管道的设计应避免出现死角和盲管；②管道的布置、设计应当便于安装、操作、维修和维护；③管道宜布置在技术夹层或技术夹道内，并确保管道系统的独立性，同时不同水质的管路应无交叉污染的风险；④管道的材料应能在系统规定的压力和温度下具备足够的机械强度和耐腐蚀性能；⑤用于纯化水、注射用水的输送管道，需采用无毒、耐腐蚀，且内壁抛光的优质不锈钢材料或其他能够保证水质的材质。

（6）其他：分配系统和储罐都应设置清洗、消毒和灭菌措施，同时应具备在线监测和报警功能。

3. 安装确认 安装确认是对设备正确安装和装备过程的确认过程，确认设备安装后的每一个部件与设计中规定的一致，并对设备进行检验，确定其运作功能特性满足预定的使用用途。制水系统的安装确认不仅是设备的安装确认，同时还包括设备资料的确认、安装后的评价以及对安装是否符合设计确认要求的确认。

安装确认可以通过检查表的形式，确认设备的安装部件以及关键细节，如材质、管道安装、设备清单等，明确系统安装后与设计确认的一致性。安装确认需要按照质量部门批准后的方案来执行，通常包括以下几个方面。

（1）核对资料：核对设计流程图、系统描述、设计参数；记录安装调试过程的操作，校验、检定系统附带的仪器、仪表。检查复核设备的操作手册、说明书，以及厂家提供的设备操作规程和维修操作规程。

（2）检查部件安装：检查部件的型号、安装位置、安装方法是否按照设计图纸和安装说明进行安装，测试仪表有无进行校验。如检查分配系统换热器、机械过滤器、活性炭过滤器、反渗透膜、输水泵、储罐等的安装方法，反渗透膜的型号和安装方法，取样阀的安装位置，隔膜阀的安装角度，储罐呼吸器的完整性测试、纯蒸汽系统的疏水装置的安装，同时还应检查其他电器、蒸汽、压缩空气等设备管道的连接情况。

（3）检查分配系统：包括检查管道和阀门的材质，管道的连接和试压，管道内壁的光滑要求；检查焊接质量，记录焊接接头的数量，检查有无渗漏；检查管路有无死角和盲管，管道的清洗、钝化和消毒；同时，检查储罐安装的各类空气过滤器的完整性测试。

4. 运行确认 完成制水系统的安装确认后，即可开展其运行确认。制水系统的运行确认是证明其在规定的参数内能够稳定运行的一系列活动，确认过程中应结合日常用水量、温度和压力控制、流量、权限管理等。确认前应确保制水系统的运行环境已得到清洁，安装过程产生的建筑垃圾已彻底清除，以减少运行环境对制水系统的污染。

制水系统的运行确认时，应当把每个工作单元视为一个独立的系统来进行确认。运行确认的工作应包括以下几方面：①逐一检查系统的操作参数及各个组件的运行情况，检查设备操作系统和 PLC（可编程逻辑控制器）界面的运作情况；②通过检测分析组件进出口水质的电导率、流量、pH 等关键指标和参数，确定设备的运行效果、效率和产量；③确认报警系统是否能够正常运行，尤其注意公用系统失效时的报警及其效果；④确认纯化水和注射用水储罐呼吸器的电加热功能（如果有）是否有效，冷凝水是否能够顺利排放等；⑤检测水质的仪器是否经过校验，并在有效期内；⑥制水系统的各设备是否能根据设定的参数正常稳定运行；⑦检查管路、输水泵、分配系统、储水罐温控设备的运行情况；⑧检查消毒、灭菌规程是否符合要求，分配系统的消毒是否能够成功完成，是否存在消毒死角，温度能否达到要求等；⑨检查不同等级用户密码的可靠性和相应等级操作的权限是否符合设计要求，系统在各种运行状态中的紧急停机是否有效，紧急停机后系统是否处于安全状态，存储的数据是否丢失；⑩检查正常循环状态时分配系统是否存在异常，在线循环参数如流速、电导率、总有机碳（total organic carbon，TOC）等是否满足所需要求，管网是否存在泄漏等；⑪ 检查分配系统最大用水量时制水系统的供水是否足够，泵的运转状态是否正常，回路压力是否保持正压，管路是否泄漏等。

5. 性能确认 制药用水系统的性能确认是指结合人员和文件证明系统能够持续稳定地生产出符合预定用途的制药用水的系列活动。性能确认须在安装确认和运行确认之后进行，确认过程中需要根据性能确认的方案来制订取样计划，包括取样频率、取样点位等，以确认生产和输送到使用点的水能持续满足质量规范和经批准的标准。

通常，性能确认采取三阶段法的方式进行。

（1）第一阶段：连续取样 2～4 周，按照《中国药典》（2020 年版）检测项目进行全检。目的是证明系统能够持续产生和分配符合要求的纯化水或者注射用水，同时为系统的操作、消毒、维护等 SOP 的更新和批准提供支持。

（2）第二阶段：连续取样 2～4 周，目的是证明系统在按照相应的 SOP 操作后，能持续生产和分配符合要求的纯化水或者注射用水。对于熟知的系统设计，可适当减少取样次数和检测项目。

（3）第三阶段：根据已批准的 SOP 对纯化水或者注射用水系统进行日常监控。测试从第一阶段开始持续一年的水质情况，以证明系统的长期可靠性，并评估季节变化对水质的影响。

制药用水系统经性能确认后，应撰写确认报告，并对系统的运行效果给出明确的判定。确认报告是对确认过程产生数据的收集与总结，也是确认工作的总结与证据，更是使用企业对确认工作的判断与批准。确认过程中出现的异常和偏差，应进行分析描述，查找原因，解决问题或修订 SOP；并根据风险评估的结果，决定是否需要进行再验证。确认结论应包括确认执行过程中发现的任何问题及相应解决方法的文件或记录，以及相关组件和系统的状态评价。最终的确认报告应由经质量部门的负责人审核批准。

二、工艺验证

我国 GMP（2010 年修订）对工艺验证的定义：工艺验证指为证明工艺在设定参数范围内能有效、稳定地运行并生产出符合预定质量标准和质量特性药品的验证活动。工艺验证应当证明一个生产工艺按照规定的工艺参数能够持续生产出符合预定用途和注册要求的产品，所有市售药品或药物中间体的生产过程都需要验证。

药品的生产工艺对药品质量起着至关重要的影响，工艺的可靠性是保证药品质量符合预期目标的基石，故很有必要对药品的生产工艺过程进行有效的验证。工艺验证应贯穿药品生命周期的全过程，如药品研发阶段处方的筛选、工艺的可靠性、重现性和稳定性；批准上市后，为确认生产条件的稳定性、合理性及可控性而进行的周期性工艺确认和工艺核查。企业在药品投入常规生产时经常会出现各种问题，甚至出现无法生产的情况，很多原因是在开发阶段没有进行充分的工艺验证。另外，任何影响药品质量因素的变化，如原辅料供应商的变更、设备型号变更以及工艺条件的变更，都应进行再验证，以证明变更后的药品生产工艺能够持续稳定地生产出符合预定质量要求的药品。

（一）工艺验证的先决条件

开展工艺验证前，必须具备某些先决条件，否则工艺验证结果的可靠性将得不到保证。这些先决条件包括但不限于：①工艺验证拟使用的设施、设备和系统已通过确认，如空气净化系统、制药用水系统、公用工程系统已经过验证合格，生产设备的仪器仪表已经过校正，设备已完成安装确认、运行确认，甚至性能确认（特殊情况下，工艺验证可与性能确认同步开展）；②用于工艺验证的检验方法已通过验证和确认；③用于工艺验证的原辅料、内包装材料、外包装材料已通过评估放行，供应商已通过质量审计和关联验证；④标准操作规程已建立；⑤药品生产工艺中涉及可能影响最终产品质量的因素已确定；⑥参与验证的人员应经过适当的培训等。

（二）工艺验证的原则

企业应充分加强产品质量和工艺之间的理解，并依据质量风险的管理原则，不断提升物料属性、工艺及其参数对目标产品质量概况（QTPP）和关键质量属性影响的认识，以准确确定关键物料属性、关键工艺参数及设计空间对产品质量的影响及影响的概率和严重程度。同时，遵循以下工艺验证的主要原则。

（1）企业采用新生产处方或工艺进行的首次工艺验证应当涵盖该产品的所有规格；后续

的工艺验证可依据质量风险评估的结果，采用科学有效、简略可靠的方式，如选择具有代表性的产品规格或最差工艺条件等进行工艺验证。

（2）企业应当依据质量风险管理的原则确定工艺验证的批次数和取样计划，以获得充分的数据来评价产品质量。例如，首次工艺验证应至少进行连续三批次成功的工艺验证，而对产品生命周期中后续商业生产批次获得的信息和数据可进行持续的工艺确认。

（3）工艺验证中应有书面文件确定产品的关键质量属性、关键物料属性、关键工艺参数及其设计空间，并对产品和工艺知识的理解进行持续更新。

（4）如涉及生产工艺的变更或特定条件可能导致生产工艺变更的行为，企业应进行质量风险评估，以决定是否进行工艺的重新验证。

（5）工艺验证批的批量应当与预定的商业化批量一致。

（三）工艺验证的阶段

工艺验证应以企业对产品与工艺的理解为基础，贯穿于产品的全生命周期，以证明生产工艺及其变更改进能够持续且经济有效地生产出符合预期质量要求的产品。根据对产品与工艺的理解程度和验证内容的不同，工艺验证活动可描述为三个阶段。

1. 工艺设计 该阶段主要是通过工艺的开发和放大试验活动，获得对产品和工艺的知识与理解，确定商业制造的生产工艺。按照质量源于设计的理念，该阶段对产品与工艺理解的充分程度对于产品的生产、质量和成本，甚至企业的长远发展等有着至关重要的影响。

该阶段可采用质量功能展开的方法，将患者对药品的需求转化为药品的技术要求，并基于充分的科学知识和质量风险管理，结合对产品的理解和先验知识，定义药品的目标产品质量概况（QTPP），确定药品的关键质量属性；然后借助产品与工艺的理解和不断深入，及充分的质量风险评估，围绕药品的关键质量属性，通过工艺的开发和设计试验，发现药品生产的关键物料属性、关键步骤和工艺参数；再采用试验设计等方法，对关键工艺参数的空间进行研究和开发，以确定工艺参数的设计空间，并建立适当的控制策略。其详细的开发过程可参考本教材的第五章“药品质量源于设计”的相关内容，此处仅对其流程进行说明和相关补充。

工艺设计阶段依据的充分科学知识来源但不限于以下方面：①富有药学和相关学科经验的专家建议；②临床活动和经验中对产品和工艺的理解；③先前类似的工艺经验；④出版文献；⑤工艺开发与特征研究；⑥临床药品的生产；⑦工程学方法。

目标产品质量概况（QTPP）是生产工艺进行验证及持续保持的最终目标，即通过验证证明生产工艺具有保持其长期持续提供满足预期药品质量的能力，这个预期药品质量就体现在产品的 QTPP。QTPP 涉及的相关特征包括：①临床预定用途，如剂型、剂量、给药途径和释药系统等；②适合于待开发药品制剂的药用物质的质量属性，如物理、化学和生物学属性等；③适合于预期上市药品的质量属性，如纯度 / 杂质、稳定性、无菌、物理和化学性质；④影响药代动力学特征的制剂属性，如溶出度、崩解时限和溶散时限等；⑤影响工艺能力、药物和制剂的稳定性、药品生物学效应的辅料和包装材料的质量属性，如药物与辅料的相容性、药物与容器的相容性。

根据产品的 QTPP，基于充分的科学知识、预实验研究和风险识别，可确定药品的关键质量属性，如某些物理或化学性质、生物学和微生物学特性、重金属和农药残留等，及其可能的限度、范围或分布。

采用试验设计，进行实验室小试水平的制剂开发，对制剂的处方进行筛选和工艺探索，尽可能地找出影响药品关键质量属性的所有可能变量（包括物料属性和工艺参数）及初步范围。随后，尽可能地采用与将来大生产设备相同和相似的设备进行中试放大，中试放大阶段应对小试确定的变量及初步范围进行最差条件试验、极限试验和挑战性试验等，并结合不少于3个月的加速稳定性试验和室温条件下的留样考察试验，确定关键物料属性、关键工艺参数及其范围，并建立关键工艺参数的控制范围，即关键工艺参数设计空间。同时，在小试和中试放大的过程中，不断增进产品与工艺的理解，为药品的商业化生产积累足够的数据和知识，以支持后期药品上市的放行。

临床试验样品的中试生产工艺不需按照商业化生产进行完整的工艺验证，但应尽可能地考虑趋向将来商业化的生产工艺。例如，对试制工艺实施适当的验证，考虑临床试制样品的质量可控、均一和稳定，按照相关要求进行数据和文件的记录。同时，药品生产企业应尤其注意保护受试者的安全性，并确保在临床研究中生产数据的可靠性和稳健性。

2. 工艺确认 该阶段即为传统方法的“工艺验证”，以证明工艺能够重复生产出符合预期质量要求的商业化产品。

工艺确认前，企业需完成以下先决条件：①影响产品关键质量属性的关键物料属性、关键工艺步骤、关键工艺参数、常规生产和工艺控制中关键工艺参数的范围必须明确和证实；②厂房和所有影响验证产品质量的生产设备、设施、系统已完成确认和验证；③相关的标准操作规程已验证生效；④检验和分析方法及其相关的分析仪器已确认和验证；⑤工艺验证中使用的关键仪器和控制设备必须经过校准并且在校准有效期内；⑥验证用生产批档案和生产指导已获批准。

工艺验证应以充分可靠的科学知识、企业对产品和工艺的理解以及企业可验证的控制的总体水平为基础，结合工艺设计的成果，制订工艺确认方案。该方案应规定生产条件、控制、检测和预期结果，并对如下要素进行描述：①生产工艺描述；②关键质量的概述及可接受限度；③关键工艺参数的概述及其范围；④应当进行验证的其他质量属性和工艺参数的概述；⑤待收集数据以及何时、何地对其进行评估；⑥重要工艺步骤需开展的检测及可接受标准；⑦科学合理的取样方案，包括取样点、样品数和取样频率；⑧基于科学和风险的决策标准及工艺性能指标用于评估生产优质产品的能力；⑨工艺、加工对象和产品的分析测定方法的验证状态；⑩相应部门及质量部门对方案的审核和批准。

需要注意的是，工艺确认批次应在正常条件下由日常生产操作人员进行操作；比较复杂的制造部分的工艺在验证前已确定；验证时不强制进行挑战试验；工艺确定报告应用文件记录和评价其遵守工艺确认方案的情况；应基于批准的工艺及从工艺设计到工艺确认阶段获得的所有知识和信息得出报告结论，报告结论同时也是按照该工艺生产的产品被放行进入市场的理由和依据。

3. 持续工艺确认 该阶段的目标是在药品的商业化生产期间保证生产工艺持续处于受控状态（即验证的状态），以保证工艺持续生产出符合预期质量要求的药品。

持续工艺确认通过建立一个持续和不断发展的监测程序，收集、分析和评估生产药品的质量信息和数据，并采用质量工具（如控制图），对工艺的过程能力（保持验证状态的能力）进行持续跟踪；同时，根据工艺的趋势和漂移情况，提前预见或识别工艺的变异和漂移，并及时发现问题产生的原因，确定是否采取措施，防止工艺因偏移而失去控制，从而使工艺持续地保持受控状态。持续工艺确认中所搜集的产品信息应能证明产品的关键质量属性在整个工艺过程处于受控状态。

工艺设计和工艺确认阶段收集的大量信息和数据（包括失效工艺的信息和数据）为日常的生产控制策略和持续工艺确认提供了必要的基础。同样，持续的工艺确认也应当有批准的方案，并在完成后有相应的报告。同时，企业应考虑其对工艺的理解和工艺性能控制水平的变化，周期性地审核和调整持续工艺确认的范围和频数，尤其要考虑工艺出现趋势性变化时的分析评估及相应措施的采取。

（1）持续工艺确认计划的文件编制：产品特定的持续工艺确认计划应至少包括以下要素。①明确各职能小组的角色和职责，以有效收集、分析或评估持续工艺确认获得的信息和数据；②科学有效的取样和测试策略，以用充足可靠的数据来确定工艺参数制订的合理性和工艺过程控制的稳定性；③恰当数据分析方法的选择和应用，以通过质量工具和过程控制工具的科学采用，如控制图、排列图等，预示和及时发现工艺中出现的渐进性趋势变化；④建立可接受标准，以识别和确保工艺的受控状态；⑤超出趋势（out of tendency，OOT）和超出标准（out of specification，OOS）异常结果的处理策略；⑥质量体系内定期审核的要求；⑦确定哪些工艺变更 / 趋势要求追溯至工艺设计和 / 或工艺确认阶段的机制；⑧持续工艺确认计划的审核和评估时间表。

（2）基于事件的审核系统：进入商业生产阶段后，除了建立持续的监测程序对工艺趋势进行分析描述外，还需要一个基于事件的审核系统，以通过对产品投诉的分析评价，偏差 / 变更的调查，工艺偏离、生产率差异、引入原材料及不良事件的报告，厂房设施 / 系统设备的日常监测 / 维护 / 校准等，及时探测和识别工艺的漂移和变异。同时，将审核结果与生产、质量、药政利益相关者进行沟通，再视情况确定控制策略是否需要修改，并协调可能的整改措施和后续行动，进而形成一个反复的反馈机制。

（3）持续工艺确认数据的审核与报告：持续工艺确认计划应包括数据的采集机制及质量体系信息的审核频率。不同工艺水平的审核间期差异可能很大，这取决于相关的风险水平以及控制的复杂性。随着更多生产数据的获得和对工艺理解的加深，对控制的证明可能会更加容易，这相应地可导致审核时间的缩短或审核强度的降低。持续工艺确认数据的审核总结报告可为年度产品质量回顾提供充足的数据支持，进而有助于增加生产商行为的主动性。持续工艺确认报告 / 文件应包括但不限于：①关键质量属性和关键工艺参数的评估与确定；②数据分析与趋势；③物料与产品质量分析；④OOS、OOT、偏差和变更的分析报告；⑤厂房和设备设施的日常监测、校准和维护情况分析；⑥持续工艺确认报告汇总与整体分析。

（四）工艺的再验证

当生产要素发生改变或生产工艺需要改进时，应对相应的变更和改进需求进行评估，通过风险评估定义再验证的必要性和验证范围。这包括但不限于以下情况：①主料变更；②辅料变更；③生产工艺参数变更；④关键参数空间变更；⑤设备变更；⑥设施变更；⑦产品质量指标异常或异常趋势；⑧产品技术转移。此外，若需要进行再验证，则再验证的设计和执行应符合生产工艺验证的一般要求。

工艺的再验证目的是保证商业化生产阶段的工艺始终如一地生产出满足质量要求且质量稳定的产品。这要求任何批次的产品完成生产但尚出厂前，制药企业应在生产工艺性能方面取得可靠性和高度一致性保证。

三、清洁验证

药品的质量源于设计，通过制造实现。在药品的生产过程中防止污染和交叉污染是实现药品设计质量的一个关键问题，而生产设备清洁和环境洁净的可靠性是避免药品在生产中发生污染和交叉污染的先决条件。因此，必须对清洁规程进行验证，以保证其按照规程清洁后可达到防止污染和交叉污染的预期效果，这也是全球各国 GMP 的要求。

（一）概述

1. 清洁验证 清洁验证是用文件和记录证明所批准的清洁规程能使设备符合药品生产要求的试验及相关活动。

清洗是清除设备、容器和管道等生产环境中的残留物（包括微生物），以保证它们对下一步的产品生产不产生污染和交叉污染。清洁是清洗的结果和目的，清洗是清洁的前提和过程。在制药企业中，清洁是上批药品在生产设备中的残留物的量不影响下批药品预期质量的状态。一般地，设备的清洁程度取决于残留物的性质、设备的结构和材质、清洗的方法，而对于特定的设备和产品，清洁效果取决于清洗的方法。

清洁规程就是书面确定且能达到清洁要求的清洗方法。它包括清洗方法的所有方面，如清洗前的设备拆卸，清洁剂的种类和浓度，清洗的次序、温度和压力等各种参数。为确保清洁规程的效力，必须进行清洁验证，以通过从目视、化学、微生物限度试验的验证，证明按规定的清洗方法清洗后设备中的残留物及微生物指标能始终如一地达到预定的清洁要求或可接受限度，从而避免产生污染和交叉污染。清洁验证是一个单独和特殊的验证项目，涉及对生产后设备表面或生产区域的清洁、消毒、产品残留、清洁剂残留和微生物污染的确认。

2. 清洁验证的范围 清洁验证的范围包括：①直接与产品接触的设备，如反应罐、物料桶等；②在生产中使用且间接或偶然与产品接触的设备，有可能导致污染或交叉污染，需根据风险评估的结果决定是否需要清洁验证；③在生产中使用，但不与产品接触的设备，通常不需要清洁验证；④连续生产一定批数或一定时间后进行的大清洁应进行清洁验证；⑤生产商业批或验证批产品时需要进行清洁验证。值得注意的是，清洁用设备和在线清洁系统的安装和性能应在设备的安装确认和运行确认中体现。

3. 清洁验证的通用要求 为防止产品的污染和交叉污染，企业需建立专门的清洁验证总计划，或将清洁验证作为验证总计划的一部分。清洁验证前，用于验证的化学或微生物检测方法都应经过方法学验证和确认。清洁验证应采用风险评估的方法进行多方位的评估，包括最坏条件、取样点、验证状态的维护等。基于对工艺的理解和风险评估，清洁验证考虑的残留检测物可能包括活性成分、辅料、工艺助剂、清洁剂、微生物负载、内毒素和降解物等。另外，清洁验证是为确保设备清洗规程能持续有效地去除生产设备的产品、清洗剂、微生物残留而提供的文字性证明，故对于特定设备的清洗规程要经过连续三批成功的验证。

4. 清洁验证的工作阶段 清洁验证实际上是一种特殊的工艺验证，只是其目标是证明按照清洁规程的方法使生产的设备或生产区域能始终如一地达到预定的清洁要求，而不是持续生产符合预定质量要求的产品。因此，清洁验证的基本过程类似于工艺验证，可按以下工作阶段依次进行。

（1）开发阶段：根据产品性质、生产设备的特点、生产工艺及所使用的原辅料等因素，结合清洁经验，进行实验室模拟，拟定清洁方法，制订清洁规程，对清洁人员进行操作培训。

（2）验证方案的制订阶段：通过最难清洁的设备（部位）的取样，最难清除物质、最大允许残留限度及相应的检验方法和合格标准等的确定，制订并批准验证方案。

（3）验证方案的实施阶段：实施前对相关人员进行培训，并按批准的验证方案开展试验，获取数据，评价结果，得出结论。如验证的结果表明拟定的清洁规程无法达到预定的合格标准，则需查找原因，改进清洁程序并重新验证，直至最终达到合格标准，确定清洁规程。

（4）监控及再验证阶段：对已验证清洁规程进行监控，获取生产活动中清洁规程能达到的实际效果，并引入质量风险管理，确定再验证周期，进行再验证。另外，对清洁方法的变更需按变更管理的程序，确定是否需要进行再验证。

（二）清洁验证方案的准备

1. 清洁验证的合格标准 清洁验证方案中最关键的技术问题是如何选定最难清洁物质、确定最难清洁部位和取样点、允许残留量限度（allowable residue limit，ARL）和相应的检测方法。

（1）最难清洁物质：最难清洁物质作为清洁验证的合格标准之一的基本思路是，最难清洁物质都被去除至达到要求了，则不必担心其他较容易清洁物质或组分达不到清洁要求。

一般地，药品都由活性成分（药品中代表药效的物质）和辅料组成。在生产设备和区域的清洁中，所有这些物质的残留必须去除。但对所有残留物都制订限度标准并检测是不切实际的，这时就需要寻找合适的残留“参照物质”来评价清洁的效果。在药品所含的组分中，活性成分一般是最能影响下一批药品质量（包括安全性和有效性等）的物质，因此活性成分的残留限度必须作为验证的合格标准之一。

复方制剂含有多个活性成分，这时就需要根据质量风险评估确定最难清洁物质。通常，将质量风险最大（如毒副作用最大或药效最强）、溶解度最差的活性成分作为最难清洁物质。溶解度的大小与清洗方法中所用的清洗剂和溶媒等有关，所以在确定最难溶解物质时，需考虑所用的清洗方法，注意其具有相对性。

另外，如果辅料的溶解度非常小，则应根据具体情况决定是否也应将该辅料列为最难清洁物质进行考察。

（2）最难清洁部位和取样点：最难清洁部位作为清洁验证的合格标准之一的基本思路是，最难清洁部位的洁净状况都达到要求了，则不必担心其他较容易清洁部位达不到要求。而要真实反映最难清洁部位的洁净状况，其取样点的设置和取样方案至关重要。

最难清洁的部位常有：①一些设备的死角；②清洁剂不易接触的部位，如带密封垫圈的管道连接处；③容易吸附残留物的部位，如内表面不光滑处；④流动为层流的部位；⑤压力和流速迅速变化的部位等。取样点应包括这些最难清洁的部位，并注意取样的科学性和代表性。

（3）残留物限度的确定：理论上，上批药品的残留是不可能通过简单的清洁完全去除的，但只要不影响药品的质量（包括安全性、有效性、均一性和稳定性）及质量的稳定性，即可认为是可以接受的。一般地，残留物限度可接受的标准有以下情况。

1）肉眼观察限度：不得有可见的残留物（即目视干净）。常用于验证后的日常监控，这是清洁状态的必要不充分条件。

2）残留物浓度限度：10mg/kg（10ppm）为残留物限度。常用于残留物易溶于水的液体制剂生产时的清洁验证，因为其残留物较容易均匀分配到下一批产品，且是收集清洁程序最后一步淋洗结束时的水样进行残留浓度检测。应注意的是，检测方法对残留物检测的灵敏度（最低定量限）一定要小于10ppm。

3）生物活性的限度：最低日治疗剂量的1/1 000为残留物限度。实际生产中存在某些特殊表面的残留物溶解后并不能均匀分散到整个批中，这时残留物浓度限度就不适用了，而以最低日治疗剂量为基础的生物学活性的限度则是药品生产企业普遍采用的方法。它不仅适用于一般治疗性药品，也适合于高活性、高敏感性药物的残留检测。最低日治疗剂量数据来自药物安全评价部门对大量临床与动物试验的统计资料。另外，还可用允许日接触量、可接受日暴露量或半数致死量等来确定残留物限度。

4）特殊情况下的限度要求：残留物浓度限度和生物活性的限度均集中于药品的活性成分或最难清洁的物质，要求其残留量低于规定的限度。在实际清洗过程中和清洗结束后，残留物常常充分暴露在水分、氧气和通常较高的温度下，因此存在活性成分降解成其他物质的情况。这可能使得以活性成分为对象建立的检验方法无法真实地反映实际的清洁效果。更重要的是，有些药品的活性成分可降解为对人体有更大毒副作用的化学成分，包括可引起过敏的物质，其残留将可能严重影响到下批药品的质量，尤其是药品的安全性。此时，制订残留物的限度必须考虑这类杂质对下批产品带来的不利影响。

（4）微生物的残留限度：微生物通过自身的繁殖、死亡和对药品中各种成分的降解转化可产生对人体的有害物质（包括可能的内毒素、致敏原和有毒化合物等），从而对药品质量，尤其是安全性造成严重影响。因此，残留的微生物水平应满足生产和质量控制的要求，制订科学合理的限度。一般地，各国GMP均对生产各步的微生物污染水平控制有明确要求，尤其是对无菌制剂、产品最终灭菌或除菌过滤前的微生物污染水平必须严格控制。

如果设备清洁后立即投入下批生产，则设备中的微生物污染水平必须足够低，以免产品配制完成后微生物项目超标。微生物在一定的环境条件下可迅速繁殖，数量急剧增加，同时空气中的微生物也能通过各种途径污染已清洁的设备。因此，设备清洗后存放的时间越长，被微生物污染的概率越大。由此，企业应综合考虑其生产的实际情况和需求，自行制订微生物污染水平应控制的限度，并对设备使用后至清洁的时间及清洁后到下次生产的最长贮存期限进行验证。如果可能则应对设备连续生产同一品种的最长时间进行验证。

一般地，对非无菌生产设备，采用表面取样法，微生物的残留限度为 1～2CFU/cm^2 或 100～200CFU/100cm^2；采用淋洗样计数，残留限度为 100CFU/ml。对无菌生产设备，若采用注射用水进行最终淋洗，残留限度通常设为 10CFU/100ml。采用擦拭法取样，A/B 洁净区的微生物限度应小于 1CFU/25cm^2；C 级洁净区的微生物限度应小于 25CFU/25cm^2；D 级洁净区的微生物限度应小于 50CFU/25cm^2。

（5）内毒素的残留限度：凡有内毒素限度要求的药品，如清洁设备后续工艺中无去除内毒素的过程，则清洁验证中都需要考虑内毒素的残留限度。通常，最终淋洗水样中内毒素的残留限度为 0.25EU/ml。

2. 取样与检验方法 取样方法有擦拭法和淋洗法，两者各有其优缺点，企业可根据具体情况综合采用。无论哪种方法，由于残留物在设备表面的分布并不均匀，因此取样点应考虑最差条件，即在各类最难清洁的部位或材质或最难干燥的部位进行取样。最难清洁的部位包括死角、清洁剂不易接触的部位、歧管或岔管处、管径由小变大处、不容易形成湍流的部位、内表面不光滑容易吸附残留物的部位等。

（1）擦拭取样：擦拭取样是通过选择适当的擦拭溶剂、擦拭工具和擦拭方法，将清洗过程中未溶解的、已“干结”在设备表面或溶解度很小的物质擦拭下来的取样方法。擦拭取样的优点是能对最难清洁部位直接取样，检验结果能直接反映出各取样点的清洁状况，可有效弥补淋洗取样在某些情况下难以反映真实情况的缺点，并可为清洁规程的优化提供依据。缺点是很多情况下须拆卸设备后方能接触到取样部位，比较复杂，对取样的工具、溶剂和取样人员的操作等有一定要求。

擦拭取样时应注意擦拭工具和溶剂对检验的干扰。常用的擦拭工具为药签，一般应不被有机溶剂溶解。使用前应将棉签用取样的溶剂预先清洗，以防止棉签上的纤维遗留在取样表面。擦拭用溶剂应能容易溶解残留物，并能容易将吸附在擦拭工具上的残留物完全萃取出来，即有较高的回收率。擦拭工具与擦拭和萃取的溶剂相兼容，且不对检测产生干扰。擦拭和萃取的溶剂可以相同，也可以不同，一般为水、有机溶剂或两者的混合物。值得注意的是，擦拭溶剂不得在设备上遗留有毒物质，用于微生物限度检查取样的擦拭溶剂不得对微生物有杀灭作用。

（2）最终淋洗水取样：最终淋洗水取样为大面积取样方法，其优点是适合于不易或不宜接触的表面、不便拆卸或不宜经常拆卸的设备的取样，尤其适用于设备表面平坦、管道多且长的液体制剂的生产设备。这种取样的先决条件是产品对冲淋介质有良好的溶解性（可进行溶解性测试），设备表面对冲淋介质有完全的润湿性，残留物易从设备表面冲洗去除。因此，该方法的缺点是当溶剂不能在设备表面形成湍流进而有效地溶解残留物时，或者残留物不溶于水或干结在设备表面时，淋洗水就难以反映清洁效果的真实情况；另外，也不适用于堵塞在设备中难以冲洗的残留物的清洁效果评价与验证。

淋洗水取样的方法为：根据淋洗水流经设备的线路，选择淋洗线路相对最下游的一个或几个排水口作为取样口，分别按照微生物检验和化学检验的取样规程收集清洁程序最后一步淋洗即将结束时的水样。也可在清洁完成后在设备中加入一定量的工艺用水，用量必须小于最小生产批量，使其在系统内循环后在相应的位置取样，这种方法的取样更可靠，尤其适合于清洁验证。

对淋洗水样一般应同时检查残留物浓度和微生物污染水平。如果生产有澄明度或不溶性微粒要求的制剂，通常淋洗水还应符合相应剂型对不溶性微粒和澄明度的要求。

（3）检验方法：检验方法对待检测物质应有足够的专属性和灵敏度，应经过包括精密度、最低定量限、线性范围和回收率试验等方法学验证。

（4）取样验证：为保证取样的科学性和代表性，以反映清洁的真实状态和效果，取样过程需通过回收率试验进行验证，以确保取样过程中设备清洁状态传递的完整性（回收率）和重现性（回收率的相对标准偏差）。取样过程的验证实际上是对取样工具、溶剂、取样人员操作、残留物转移到药签及又被萃取和溶出过程的全面考察。一般地，回收率要求不低于 50%，多次取样回收率的相对标准偏差要求不大于 20%。

取样人员的取样操作方式是产生较大相对标准偏差的主要原因，应尽可能固定操作人员，采用固定的力度、擦拭速度和线路。取样人员可根据擦拭棒弯曲的程度来估算加在擦拭表面的压力。

3. 清洁方法的优化　实际生产中，一台（组）设备用于多种产品的生产是非常普遍的现象。有时各种产品的物理、化学性质差异很大，理论上针对性地制订清洁规程更能起到理想的清洁效果，但实践表明为一台（组）设备制订多个清洁规程不仅验证工作过于庞大，而且很容易造成混淆和差错。比较可行的方法是将多个理化性质相似的产品进行分组，以减少为每个产品制订清洁规程进行验证带来的工作量，然后在组内选择最难清洁的产品 / 原料作为参照产品，以组内所有产品 / 原料中允许残留量最低的限度为标准（类似于最差条件），优化设计以建立该组产品 / 原料能达到残留量限度要求的清洁规程。验证该清洁规程，只要证明其能达到预定的要求，则该清洁规程适用于组内所有产品的清洁。值得注意的是，此处的组内产品可以是使用同一台或一组设备的全部产品，也可以是全部产品按理化性质分成的各小组。另外，也可以将多种材质结构相似的设备进行分组，采用相同的规程进行验证。

（1）选择最难清洁的产品为参照产品。参照产品的选择及清洁方法的设计原则如下：①兼顾考察的所有产品，根据科学知识（尤其是相似相溶原理）、实践经验和产品的理化性质，拟定各产品适当的清洁剂种类；②将所有产品根据清洁剂的种类进行分组，在组内选择溶解度最小的产品作为参照产品（最难清洁产品）；③计算各产品的残留量限度，选择残留量限度最小的数值作为验证方案的残留物限度标准；④将参照产品对应的清洁剂确定为组内清洁方法使用的清洁剂；⑤根据设备的情况、已确定的清洁剂和残留限度，设计清洗方法。

根据经测试和完善的清洗方法制订清洁规程，并进行至少连续三批的清洁验证，结果应符合预定标准。如出现个别化验结果超标的情况，必须详细调查原因。如果有证据表明结果超标是取样、化验失误等造成的，可将此数据从统计表中删除；否则，应判为验证失败。验证失败意味着清洁规程存在缺陷，应当根据化验结果提供的线索修改清洁规程，随后再开展新一轮的验证试验。

（2）同设备生产多个产品的分组。将多个产品分组，组内采用相同的清洁规程。分组原则如下：①产品的毒性类似；②产品的处方类似；③在清洗剂中产品有类似的溶解特性；④产品的管理方法和危险水平类似。

（3）同产品多种生产设备的分组。将多种设备分组，组内采用相同的清洁规程，分组原则如下：①设备的几何形状相同；②设备的构造相同；③设备的材料构成相同；④设备的尺寸不同。

（三）清洁验证方案及其实施

1. 验证方案 清洁验证方案的形式多种，但都必须具有其科学性。一般地，应包含如下内容。

（1）验证目的：明确待验证的设备和清洁规程。

（2）清洁规程：验证开始前应确定待验证的清洁规程，并在验证方案中明确列出。

（3）验证人员：应列出参加验证的人员名单，并说明参加者所属的部门和各自的职责，及对相关操作人员的培训要求。

（4）产品及规格。

（5）参照产品（最难清洁的产品）及合格标准：应详细阐述确定参照产品的依据，确定合格标准的计算过程和结果。

（6）取样：应说明取样工具和溶剂，并用示意图、文字等指明取样的位置、方法及其验证情况等。

（7）检验方法：应说明主要检验仪器、取样方法及其验证情况等。

（8）漏项及偏差处理方法。

（9）可靠性判断标准：应规定验证试验的重复次数（一般至少连续三次），并有对待验证的清洁规程做出可靠性判定的依据（即所有数据都应符合限度标准方可判定为验证成功）及其附件。

2. 验证的实施 验证的实施应严格按照批准的方案执行。与其他项目的验证一样，验证前参与验证的人员应进行相关培训。验证过程中，应及时、准确地填写清洁规程执行记录，保证清洁过程完全按照规程进行。验证试验的人员应当是将来正式操作的人员，方案设计或其他技术人员可在旁观察验证的执行情况，以便及时发现偏差并予以纠正。取样应按照验证的取样方案由经过专门培训并通过取样验证的人员进行。检验应按照验证的方法进行，所用的试剂、对照品、仪器等都应符合预定要求，检验机构出具的化验报告及其原始记录都应作为验证报告的内容或附件。

验证过程中出现的偏差均应记录在案，由专门人员讨论并判断偏差的性质，确定是否对验证结果产生实质影响。如果检验结果超出限度，经证明并非检验和操作误差所致时，则表明验证失败。此时应对偏差产生的原因进行调查，确定原因后，采取必要措施对清洁规程予以修订改进，再重新验证。验证结论应是在审核了所有清洁作业记录、检验原始记录、检验报告、偏差记录后做出的。其结果只有合格或不合格两种，不可模棱两可。

验证实施后写出验证报告，其内容至少包括：①清洁规程执行情况的描述，并附原始的清洁作业记录；②检验结果及其评价，并附检验原始记录和检验报告；③偏差说明，并附偏差记录与调查；④验证结论。

（四）清洁规程的监控与再验证

同工艺验证一样，清洁规程经验证后即进入监控与再验证阶段，从而以实际的生产运行结果进一步考核清洁规程的科学性和合理性。

1. 日常监控 对清洁规程的实际运行效果进行日常监控的目的是进一步考察清洁规程的可靠性。清洁验证过程中的试验往往是有限的，无法包括实际生产中各种可能的特殊情况，验证后的监控恰好可以弥补这方面的不足。这点对手工清洗规程来说尤为重要，因为其重现性可在经过培训的不同操作人员中得到进一步验证。同时，通过对清洁规程的日常监控和监控数据的回顾分析，还可为进一步改进和完善清洁规程提供数据支撑和科学依据，确定是否需要对现有清洁规程进行再验证，或变更优化后再验证，并可确定再验证的周期。

2. 变更管理 对已验证的设备和清洁规程的任何变更，以及因产品处方改变和新产品增加等导致清洁规程或设备的变更，应进行变更申请，并经审核后确定是否需要进行再验证。企业应有变更管理的 SOP 以统一规范所有的变更行为。

当发生下列情形之一时，须进行清洁规程的再验证：①清洁剂改变或对清洁程序做重要修改；②增加相对更难清洁产品的生产；③设备有重大变更；④清洁规程有定期再验证的要求。

四、自动化与计算机系统验证

随着科学技术的不断发展进步，质量源于设计（QbD）和过程分析技术（PAT）等新理念、新方法在药物研发及生产中的不断推广和应用，计算机化系统在医药领域的使用越来越广泛，其以多种多样的方式被运用到药物研发、生产、储存、实验室和信息管理的各方面。由此，计算机化系统的准确性和可靠性将直接影响药品的质量及患者的用药安全。因此，计算机化系统的验证也越来越受到药品生产企业的高度关注。

（一）概述

1. 定义 我国 GMP（2010 年修订）第十四章附则中对“计算机化系统”的定义为：用于报告或自动控制的集成系统，包括数据输入、电子处理和信息输出。

PIC/S（国际药品认证合作组织）PI 011-3 指南对计算机化系统的定义为：计算机化系统由计算机系统和被其控制的功能或流程组成。

制药企业药品生产中使用计算机化系统的目的是代替人工操作，提高生产效率，规范操作，降低成本，并减少人员因素引起的质量波动。但计算机化系统复杂，出现问题不易感知，且制药企业中相关的计算机化系统功能繁多、影响复杂。因此，企业必须对计算机化系统进行有效管理和必要验证，以确保其能持续提供预期的用途和功能，且不对药品生产和质量造成负面影响，不产生安全风险。

2. 系统的分类 计算机化系统有硬件和软件组成，其各自分类如下。

（1）硬件：计算机化系统的硬件包括标准硬件组件和定制的内置硬件组件等。前者即商业化标准组件，如标准的可编程逻辑控制器（programmable logic controller，PLC）系统。后者一般为特别需求的组件，如合成特定工艺控制系统。

（2）软件：计算机化系统的软件复杂繁多、专业性强，企业可根据其自身需要进行选择配置。常见软件包括：①基础设施软件，它包括分层式软件（作为搭建应用程序的基础）和用户管理操作环境的软件，如操作系统、数据库引擎、编程语言、电子制表软件、网络监控软件等；②不可配置软件，这类软件可以输入并储存运行参数，但不能对软件进行配置以适合业务流程，如商用现成产品软件（COTS）、仪器仪表（HPLC、UV 等）等；③可配置软件，该类软件通常非常复杂，可以由用户来进行配置（组态）以满足业务流程的特殊需求，其编码不能更改，如实验室信息管理系统（LIMS）、数据采集与监视控制系统（SCADA）、企业资源规划（ERP）、生产资源规划（MRPII）、临床试验监控系统、药物不良反应系统（ADR）、色谱数据系统（CDS）、电子文档管理系统（EDMS）、简单的人机交互界面（HMI）等；④定制应用软件，包括设计定制程序和编制源代码以使其适应用户业务流程的软件，如内部和外部开发的 IT 应用程序、内部和外部开发的流程控制应用软件、定制梯级逻辑软件、电子制表软件等。

3. 计算机化系统生命周期 主要包括以下阶段。

（1）计划阶段：根据业务需求和收益来考虑是否要实现某一个或多个业务流程的自动化。此阶段要求从技术和经济等方面系统地研究，并论证开发或变更计算机系统的可行性。

（2）开发阶段：即需求定义阶段，应提出计算机化系统所期望达到的详细的、可衡量的需求，所有需求将用来确定系统的设计标准。需求定义阶段主要是提供用户需求说明（URS）。用户需求说明由系统用户和系统项目专家制订，详细说明计算机系统的基本业务需求、期望及性能指标。

（3）系统使用及维护阶段：计算机化系统通过系统的调试和验证合格，具备使用条件后放行，投入使用及维护阶段。此阶段应制订计算机系统化的管理措施，以确保系统始终保持已验证状态，并满足用户需求。该阶段应一直持续到系统引退。

（4）退役阶段：当系统无法满足当前使用需求或各 / 某良好规范（good practices for x, GxP）要求时，该系统就可从实际使用中引退。此阶段的目标是要消除对原系统的依赖，并提供一个如何从原系统中取回相关数据的方法。

（二）GxP 监管的计算机化系统的识别

GxP 是 GMP、GLP、GCP、GSP 等一系列规范的泛称。越来越多的计算机化系统参与到药品研发、生产、销售、使用等环节。其中，GxP 监管的计算机化系统，如实验室信息管理系统（LIMS）、临床试验监控系统、药物不良反应系统（ADR）、色谱数据系统（CDS）等应当进行验证。而非 GxP 监管的计算机化系统可按照良好工程规范要求进行调试，以确保系统满足预期的使用要求，如提供办公区舒适环境的空调系统。因此，需要选择合适的工具或策略对计算机化系统进行分类，将 GxP 监管的计算机化系统与其他计算机化系统区别开来。

GxP 监管的计算机化系统的识别规则如下：①系统是否用于生成、处理或控制用于支持达到法规要求的安全和有效申报的数据；②系统是否控制用于药品临床研究、开发和生产方面的关键参数或数据；③系统是否用于控制或提供用于产品发布的数据；④系统是否用于控制在产品召回时需要使用的数据；⑤系统是否用于控制不良反应时间、投诉记录或者报告；⑥系统是否用于支持药物警戒管理。当计算机化系统用于上述一项或者多项用途时，该系统即是 GxP 监管的计算机化系统。

（三）计算机化系统的验证

我国 GMP（2010 年修订）对计算机化系统的验证进行了详细的规定和要求。企业应当建立包含药品生产质量管理过程中涉及的所有计算机化系统清单，标明与药品生产质量管理相关的功能，且清单应当及时更新。

计算机化系统验证包括应用程序的验证和基础架构的确认，其范围与程度应当基于科学的风险评估，风险评估应当充分考虑计算机化系统的使用范围和用途。同时，应当指定专人对通用的商业化计算机软件进行审核，确认其满足用户需求，并在计算机化系统的生命周期中保持其验证状态。当数据转换格式或迁移时，应当确认数据的数值及含义没有改变。

1. 用户需求说明 用户需求说明（URS）是需求定义阶段的主要任务，由系统用户和系统项目专家制订，应详细说明计算机系统的基本业务需求、期望及性能指标，所有需求将用来确定系统的设计标准。计算机化系统的 URS 要求同设备的 URS 要求基本一致。

2. 设计审查 设计审查也称设计确认。系统设计可分为控制系统配置图设计、硬件设计和软件设计，其文件一般由供应商制订，但必须经过用户审核及认可后方可实施。因此，设计确认包括对控制系统配置图设计、硬件设计和软件设计三方面的确认。控制系统配置图设计的确认包括对系统的 PID（管路及仪表布置图）、I/O（输入 / 输出）接线图、控制器件排列图等的审查；硬件设计的确认包括对所有的 I/O（输入 / 输出）接口模板及型号、CPU、通讯模板、人机界面控制器、选择显示屏、中间继电器、内存、打印机、辅助电源、电子组件 / 电线 / 电缆、其他器件等的审查；软件设计的确认包括对系统软件、应用软件和数据的审查。

3. 配置测试 配置测试又称为安装确认，目的是保证系统的安装符合设计标准，并保证所需技术资料齐全。具体确认内容包括：①各种标准清单；②各种标准操作规程（SOP）；③配置图，即控制系统的概图；④硬件和软件手册；⑤硬件配置清单；⑥软件清单和源代码的复制件；⑦输入 / 输出（I/O）清单及连续性检查；⑧环境和公用工程测试；⑨结构测试（白盒法），主要为源代码的结构测试；⑩确认整个安装过程符合操作手册的要求。

4. 功能测试 功能测试又称为运行确认。系统运行确认的目的是保证系统和运作符合需求标准。系统运行确认应在一个与正常工作环境隔离的测试环境下实施，但应模拟生产环境。具体包括：①系统安全性测试；②操作人员接口测试；③报警和互锁功能测试；④数据的采集及存贮功能确认；⑤数据处理能力确认；⑥定时器和定序器测试；⑦功能性测试（黑盒法），测试应在最高特定条件下进行；⑧断电 / 修复测试；⑨灾难恢复测试；⑩制订系统的标准操作规程。

运行确认结果合格后，即证明系统具备能够在正式生产环境下使用的条件，可以在正常生产环境下进行进一步确认。

5. 需求测试 需求测试又称为性能确认，其目的是确认系统运行过程的有效性和稳定性，测试应在正常生产环境下进行。测试项目依据对系统运行希望达到的整体效果而定，例如对生产药品的各项质量特性进行测试，测试应在正常生产环境下（相同条件下）重复三次以上。当计算机化系统取代人工系统时，可以进行平行的验证试验。

ER 8-2　第八章　目标测试

（赵思江　钟　敏）

第九章　药品生产质量的过程管理

ER9-1　第九章药品生产质量的过程管理（课件）

药品的质量源于设计，而设计质量的形成和实现必须通过过程制造实现。所以，生产药品的质量能否达到或实现其设计质量，满足患者及相关方的需求，在很大程度上是由生产过程的过程能力决定的；而过程能力又取决于影响过程的各种因素，其中主要包括 5M1E（人 man、机 machine、料 material、法 method、测 measurement、环 environment）等因素，为此，本章将围绕上述因素对影响药品生产质量的过程管理分别进行讲述。

第一节　概述

生产过程是一个从投入、经转换、至产出的过程，它包括从产品投产前的一系列生产技术组织工作开始，直到把合格产品生产出来的全部过程。

生产过程有三个基本要素，即投入、转换、产出。其中，"投入"是指生产运作所需要的各种资源，包括人力、财力、设备、技术、信息、能源、专利、土地和政策等有形和无形资源；"转换"就是制造产品和提供服务的过程，即将生产运作要素变成有形产品或无形服务的过程；"产出"则是指生产运作的结果，包括有形产品和无形产品。生产的目的在于将投入、经转化、以产品和服务的形式提供给顾客，达到或超过顾客的满意，并实现经济效益。为确保实现预期的产出，需要对生产过程的各个阶段实施监控，并比较执行结果和事先制定的标准，以决定是否采取纠正措施，从而形成了生产过程的反馈机制。引入了反馈机制、致力于实现增值的生产过程即构成了完整的生产系统，如图 9-1 所示。

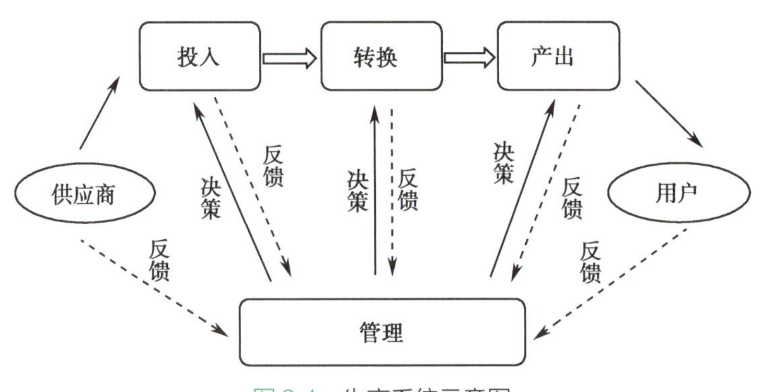

图 9-1　生产系统示意图

生产系统实现的增值可从投入成本和产出价值之间的差值得到体现，而产出价值由顾客愿意为该组织的产品或服务所支付的价格来衡量。与其他产品不同，药品的终端顾客是患者，患者是否愿意为组织的药品支付相应的价格，首要考虑因素是药品的安全性和有效性，而药品的均一性、稳定性等质量特性又无不与其安全性和有效性相关。也就是说，患者对药品的支付意愿在很大程度上取决于药品安全性和有效性等质量特性对患者的满足情况。所以，相对于其他商品，生产系统要实现药品的增值，其产出药品的质量显得尤为重要。

药品的质量好坏直接关系到人们的健康和生命，如前所述药品的质量源于设计，但预期的设计质量必须通过生产过程才可能实现。因此，为获得药品的设计质量，必须对药品的生产过程进行严格管理，尤其是生产中与质量相关的过程、环境及其因素按要求进行严格管控。为确保药品的质量和人们的用药安全，在长期的药品生产和使用实践与经验总结中，世界卫生组织在 20 世纪 60 年代制定了药品 GMP，我国于 1988 年颁布了适合我国国情的药品 GMP。随后，根据我国药品生产和使用实践的实际情况，结合世界各国 GMP 的不断修订和人用药品技术要求国际协调理事会 ICH Q 系列质量管理体系的不断完善，我国药品 GMP 的内容不断更新。与此同时，我国药品监管部门也相继颁布了《中华人民共和国药品管理法》和《中华人民共和国药品管理法实施条例》，并不断完善修订。为进一步和更具针对性地加强药品生产的监督管理，根据《中华人民共和国药品管理法》和《中华人民共和国药品管理法实施条例》，《药品生产监督管理办法》由国家市场监督管理总局于 2020 年颁布实施。上述法律和条例均要求我国药品生产企业应建立生产和质量管理机构，建立健全企业的药品生产质量管理体系。

第二节　人员管理

企业的生产活动离不开人员的活动，生产管理的核心是对人员的管理。作为生产要素中的主体，人既是制药企业生产中软硬件系统的制订者和执行者，又是药品生产过程中一切事故的肇事者，也是生产中产生混淆和污染的关键。在影响药品质量的主要因素 5M1E 中，人是最活跃和最关键的因素，所以，涉及药品生产及其管理的所有人员必须进行严格的管理，对相应的人员赋予相应的责任与权限，并要求不同岗位的人员具备相应的素养。药品生产企业不仅要有善于管理、熟悉技术的厂长、总工程师，还需要有新产品开发、生产、质量管理等环节上具备相应技术、技能、素养要求的专业技术和操作人员，并以科学合理的结构组织相关人员。

一、组织机构与管理职责

（一）组织机构

1. 组织机构　建立质量责任制是企业开展全面质量管理的一项基础性工作，也是企业建立质量体系中不可缺少的内容。它要求明确规定企业各部门、各环节以及每个人在质量工作上的具体任务、责任、要求和权利。实践证明，为了使所有影响质量的活动受到恰当而连续的控制，且能迅速查明实际或潜在的质量问题，并能及时采取纠正和预防措施，必须建立和实施质量责任制度。由此显示，质量责任制的建立必须基于企业的组织机构，而企业的组织机构及各部门的设置又必须考虑药品生产质量管理及企业药品质量管理体系的建立。因此，GMP 对制药企业的组织机构的原则性要求是既要适应现代化的生产及企业的经营战略，又要适应质量保证与 GMP 工作的实施，有健全的组织和明确的职责，并建立一个独立而权威的质量管理部门，但未对企业的组织机构作详细的要求。制药企业在满足上述要求的情况下，可根据自身发展规模及其复杂程度建立具有本企业特点的组织机构，并形成书面文件。某制药企业的组织机构如图 9-2 所示。

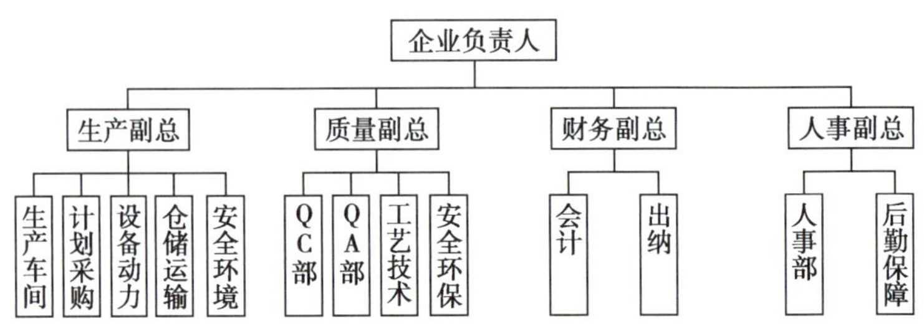

图 9-2　某制药企业的组织机构图

2. 部门职能　通常，无论其规模大小，一家制药企业要建立有效的质量管理体系，其组织结构至少需要包括质量管理部门、生产管理部门、物料管理部门和工程管理部门，并赋予各部门相应的职责和功能。各制药企业可以根据其发展规模及其复杂程度在上述基本的组织机构上进行增减。

（1）质量管理部门：为保证对产品质量及质量相关问题进行独立抉择，企业应设立独立、权威的质量管理部门，并保证质量管理部门运作的快速有效，以实现其被赋予的质量保证和质量控制职能。另外，根据企业的实际情况，质量管理部门可以分别设立质量保证部门和质量控制部门，常见企业质量管理部门的组织结构设置如图 9-3 所示。

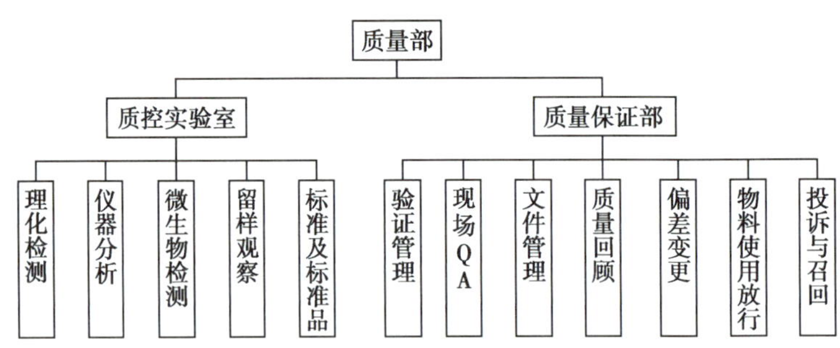

图 9-3　某制药企业质量管理部的组织机构

质量部的职责涉及质量保证、质量控制、质量监督和 GMP 管理等，主要包括：①制订质量管理和检验人员的职责；②负责文件的管控，确保各部门使用的文件是现行版文件，批准质量标准、工艺规程、与质量相关的标准操作规程（standard operation procedure，SOP），制订取样和留样制度，检验设备、仪器试剂、对照品或标准品、实验动物等的管理办法，不合格品的处理程序；③对原材料、物料、中间产品、包装材料和产品进行取样、检验、留样，并出具检验报告，决定物料、中间产品的放行或拒绝，审核成品发放前的批生产记录和批检验记录，决定成品的放行或拒绝；④负责原料、中间产品和产品的质量稳定性试验及留样考察，为物料储存期和药品有效期的确定提供依据；⑤负责产品质量回顾，确保所有的偏差、投诉、检验结果不合格或异常趋势得到调查和解决；⑥确保所有正在使用的设备、仪表经过校验并在有效期内，负责工艺用水、公用介质、洁净环境的日常监控；⑦负责员工的 GMP 培训及考核，企业的 GMP 自检；⑧确保所有的变更得到控制、审核、批准或拒绝；⑨审核、批准各类验证方案、报告；⑩组织供应商、合同生产商、合同实验室的审计，批准或拒绝。

需注意的是，药品的质量是设计赋予，通过制造实现，并经检验把关的。由此可见，要保证生产药品的质量，不能仅仅依靠质量管理部门，必须调动企业员工的积极性、全员参与到质量管理中来，做到"质量管理、人人有责"，这也是实施全面质量管理的基础。

（2）生产管理部门：药品的设计质量需要通过生产来制造实现，所以药品的生产过程是决定药品质量最关键的环节。药品生产过程中有时候会遇到生产任务重、交货时间紧和品种更换多等压力，以及提高收率和节约能源等降本增效要求。因此，药品的生产过程也是药品质量形成中最复杂的环节。那么，如何保证生产药品的质量不受这些因素的影响，达到预期的质量，这不仅需要生产、质量、物料、工程等部门全面协作，克服困难，还需要直接负责药品生产的管理部门科学合理地设置其组织结构，赋予相关的职责，保证生产管理部门内的合作分工、协调有序和高效运行。图 9-4 为某制药企业生产管理系统的组织机构图。

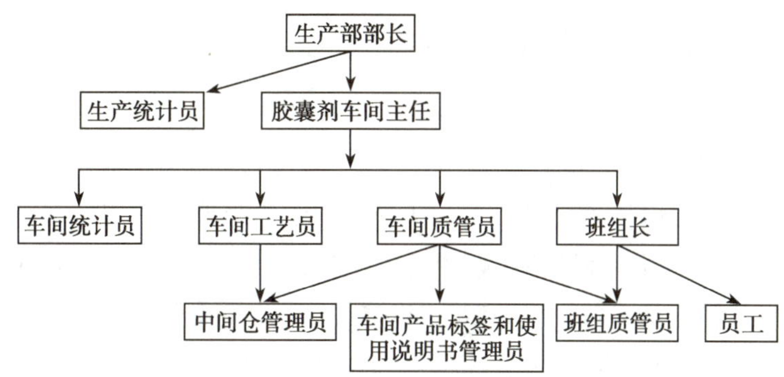

图 9-4　某制药企业生产管理系统的组织机构图

生产管理部主要职责是确保生产按照预定的生产方法和其他相关规程进行作业，以保证持续稳定地生产出符合预定用途和注册要求的药品，具体包括：①起草与生产相关的标准操作程序；②根据批准的工艺规程、标准操作程序或岗位操作规程组织生产；③及时、准确地做好生产记录，并经主管审核，及时上交给 QA 人员；④报告所有生产的偏差，组织或参与偏差的调查；⑤确保验证方案和报告得到审核和批准，生产环境、设施或设备的清洁和符合药品生产要求，厂房和设备得到维护；⑥确保生产设备的仪表得到校准并在有效期内；⑦评估有关产品、工艺和设备的变更申请，确保新的、变更后的厂房和设备得到确认。

药品的设计质量是通过生产制造实现的，而药品生产过程中涉及很多与药品质量相关的生产管理和技术管理，其原则性要求在 GMP 中均有所体现，故生产管理部应加强对员工的 GMP 培训；同时，药品生产又涉及很多专业性很强的技术、技能和操作，所以生产管理部还要加强岗位培训、专业技能和操作的培训，并将 GMP、岗位和专业技能等的培训作为部门的重要职责。另外，还需注意提高生产管理部门员工中技术人员的比例和总体素养。

（3）物料管理部门：物料管理部门的主要职责是保证为药品生产提供符合质量标准的足够的物料，将合格的药品发运给用户。该部门要把好生产用物料的质量关，与物料供应商签订质量协议，在协议中要求明确双方所承担的质量责任；获知与物料供应商和生产商的关键变更部分，如预先通知时间、标签和包装材料等的变更，以此有效地减少此类变更在药品生产过程中给企业带来的影响。

物料管理部门的主要职责包括：①筛选供货商，报质量部门审核、批准；②根据销售需求、生产能力和检验周期制订生产计划；③制订物料采购计划，采购物料；④对物料和成品进行仓储管理，保证正确、合格、足够的原辅料投入生产；⑤监控与维持仓储的环境和条件；⑥将合格的产品准确无误地发送给客户。

一般地，药品和大部分物料均有一定的质量保质期，物料管理部门既要确保物料和药品的质量、避免过多流动资金的积压，以尽可能地减少物料和产品库存；又要有合理的库存量，以免失去良好的商机。同时，用于生产的物料必须经检验合格才能用于生产，发放的药品必须通过批生产记录和批检验记录的审核、批准。另外，对批准采购的供应商和相关物料，应建立适当的控制系统，以此保证原辅料与包装材料的采购和使用正确无误。

（4）工程管理部门：设施、设备是药品生产必须的硬件，科学合理的设备设计与选型，符合要求的设备制造、设备安装、设备调试和设备验证是确保生产药品质量的基础。因此，企业应具备相应措施对这些硬件进行控制和管理，以确保它们始终处于稳定的受控状态，且满足特定药品制造的需要。为此，工程管理部门应确保对硬件设施的合理计划、采购、安装、测试、操作、维护、管理、变更等，并对使用设备的人员进行培训。

工程管理部门的主要职责涵盖：①制订、完善并贯彻落实各项设备管理的规章制度；②编制和审批公司项目施工计划，定期总结分析项目施工任务完成情况，及时解决项目施工活动中遇到的问题；③及时、高效地诊断并解决设备故障，以保证生产的顺利进行并做到预防为主；④设备的日常维护工作；⑤负责定期对工程部人员的调配和管理，做好技术培训等工作。

由此可见，工程管理部门的工作是生产有效运行和稳定受控的保障，它不仅影响到生产的正常开展、安全、时间、成本和效益等，还会对药品质量及生产质量的稳定产生直接影响。

（二）关键人员

人是一切生产和质量活动的关键因素，在制药企业中有一部分人对药品质量及药品质量管起着举足轻重的作用，这部分人员就是“关键人员”。“关键人员”应当为企业的全职人员，至少应包括企业负责人、生产管理负责人、质量管理负责人和质量受权人。

“关键人员”对制药企业的药品生产质量起关键作用、负主要责任，为保证生产药品的质量，对他们的管理有特殊和严格的要求。总体上来说，应对他们的职责应做出具体、明确的规定，相关联的职责不冲突、连贯，关键职责不得有空缺，每个人所承担的职责不应过多，以免导致质量风险。我国 GMP（2010 年修订）规定：质量管理负责人和生产管理负责人不得互相兼任，质量管理负责人和质量受权人可以兼任；企业应当制订操作规程确保质量受权人独立履行职责，不受企业负责人和其他人员的干扰。

药品的生产及其质量管理具有很强的专业性和技术性，需要具有专业资质和背景的人员才能有效完成这些工作。所以，我国 GMP（2010 年修订）除规定企业负责人是药品质量的主要责任人，全面负责企业日常管理，并提供必要的资源，合理计划、组织和协调，以保证质量管理部门独立履行其职责外，对关键人员中的其他人员，均需有专业资质资历和实践经验的要求，并规定相应的主要职责。

二、人力资源管理

人力资源管理是指在经济学与人本思想指导下，通过招聘、甄选、培训、报酬等管理形式对组织内外相关人力资源进行有效运用，满足组织当前及未来发展的需要，保证组织目标实现与成员发展的最大化的一系列活动的总称。

药品的生产和质量活动离不开人员的活动，生产管理的核心是对人员的管理。根据现代企业人力资源管理的理论，企业的全体员工都是人力资源管理的对象。对于制药企业来说，员工的专业素养、思维活动和行为性格等与特定岗位的匹配性将直接影响到岗位的工作质量，并由此影响关系到人们生命健康和安全的药品的生产和质量。所以，制药企业更应加强对人力资源部的管理，根据岗位的性质、特点和要求，安排合适的人员，对岗位员工进行培训、激励和考核，促进其发展。此处仅对人力资源管理中与药品生产及其质量直接相关的部分内容进行介绍。

（一）人力资源的吸引与选拔

企业的人力资源管理常需结合企业的长期发展规划，分析生产、经营和管理的人力资源需求，制订企业自身的人力资源发展计划，再进行人力资源的吸引与选拔。这主要包括：分析和确认企业各岗位的工作要求，决定这些工作所需的人数及技术要求；对有资格的申请人提供均等的录用机会；根据工作岗位的特点和要求，确定最合适的人选，包括从企业外面招聘员工和企业内部人员岗位的变动或更替。选拔人力时，不仅要注意人员的专业素养，还应注意其思维活动、团队合作精神、行为特征等与岗位性质和特点的匹配性，因为这将可能直接影响到药品的生产及质量。

（二）人力资源的绩效评估

现代企业人力资源绩效评估是对员工在工作岗位上的行为表现和绩效进行测量、分析和评估的过程，以形成客观公正的人事决策。

绩效评估的结果将影响员工的思想、行为及发展，所以评估必须客观公正，要根据评估工作的要点制订客观化、定量化的判断标准，且严格按照一定的程序来进行，以有效发现地人才及其最适合的岗位，充分发挥其对药品生产和质量的作用，做到人尽其才，更为员工的岗位培训和变动、绩效激励等提供依据。

需注意的是：①评估一定要考虑到员工专业技术、思维活动和行为特点与特定岗位性质、特点和技术要求的吻合性对员工绩效的影响；②评估结果要与员工沟通，使其了解自己的工作情况。对绩效评估中发现的问题，要积极引导，与被评估者制订绩效改进计划，使绩效评估工作落到实处，促进员工的提升和发展；③主管人员要根据绩效改进计划经常对下属的工作和绩效改进进行具体指导，并一直持续到下次绩效评估为止。

为达到绩效评估的目的，评估要做到以下几个要求：①每个单位的考评标准都应体现本单位的特性；②准确地测评出每个员工的工作业绩和行为特征；③明确识别每一个员工的缺点和不足；④能有效地激励员工发展，改进不足；⑤及时给予员工测评结果的反馈，加强透明度；⑥有一个连续性、跟踪性的记录，以便于员工的发展、晋升和调动。

（三）人力资源的激励

人力资源的激励是指通过各种有效的激励手段，激发人们的需要、动机、欲望，形成某一特定目标，并在追求这一目标过程中保持高昂的情绪和持续的积极状态，最大限度地发挥潜力，以达到预期目标的手段。

任何企业，其工作成果和效益都是靠人创造出来的。所以，制药企业不仅要有一流的工作人员，而且还要使每个工作人员都保持良好的工作状态，提高员工的工作积极性和效能，保证药品生产的过程质量；同时，充分发挥员工的创造性和能动性，持续改进药品生产的质量，以最终获得药品生产过程的质量保证和生产药品的优质，而这些需要通过激励才能获得。

激励的方式有多种，能否建立、健全激励机制，能否有效地激励每个员工，将直接关系到企业的发展。为此，企业要根据不同对象、不同阶段和不同情况，选用具有针对性的激励方式，制订合理的激励方案，同时满足企业和员工的发展需要，以保持激励的持久性和生命力。如果不加分析地采取激励手段，则其激励效果可能不会很好，有时甚至起到负面效果。常见的激励方式有以下几种。

（1）信念激励：企业管理者要培养员工与企业共存亡的信念，让员工充分意识和深刻体会到个人的发展和企业的事业紧密相连、荣辱与共，员工的持续努力可实现企业的不断发展，企业的持续发展可使员工获得不断的进步与成就，从而充分调动员工的内在潜力。

（2）目标激励：目标的实现往往可带来个人成就感的获得，企业管理者要不断地为员工提供切实可行的奋斗目标，满足员工对成就感的需求，鼓舞和激励员工，使其在工作中时刻把自己的行动与这些目标联系起来。

（3）尊重激励：尊重各级员工的价值取向和独立人格，尤其尊重企业的基层和一线员工，可激发员工严格药品生产的主观能动性，减少差错的产生，起到事半功倍的效果。

（4）情感激励：企业管理者要通过情感沟通，关心员工的工作和生活，了解其对工作、生活和个人发展的想法与需求，帮助其解决生活和工作中的困难，增强员工的归属感和认同感，建立企业与员工之间良好的沟通基础与合作精神。

（5）物质激励：保证员工基本的生活所需是激励的基础，所以物质激励是最基本的激励，但物质激励应该适当，要有比较明确的标准，对有突出贡献的予以重奖，对造成巨大损失的予以重罚。通过各种有效的激励手段，达到激励员工、促进共同发展的良好效果。

激励通过满足员工的需求，激发人的内在潜力，增加员工自觉努力工作的责任感。但员工的需求是多方面的，每个人都对成就感及驾驭工作的权利感充满渴望，每个人都希望自己能够自主，希望自己的能力得以施展，希望自己受到人们认可，希望自己的工作富有意义。因此，企业应根据员工需求的多样性、多层次性、动机的复杂性，综合运用各种激励方式，调动人的积极性，力求真正体现“以人为本、团队协作”的经营文化，使全体员工的积极性和创造性充分发挥，并与企业的发展高度融合，达到最佳状态，以充分发挥各级员工在制药企业发展和药品生产质量管理中的关键作用。

（四）人力资源的发展

人力资源的发展是指保证企业内每个人能相对平等地运用自己的技能与能力进行其工作的活动。这些活动涉及内容广泛，既有基层员工的工作训练与培训，也有管理人员的长期发展，主要包括：①改善工作，即培训与发展具体的工作技能与能力，如职业培训与教育；②职业计划，即根据企业的发展规划，着重考虑个人的进取与发展；③人才连续计划，即根据企业的战略规划要求，保证连续不断地提供充足人才，以达到未来的目标。

现代企业人力资源管理的内容在不同层次（作业层、管理层、战略层）上是有区别的。在作业层面，人力的吸引与选拔侧重于人事与招聘的年度计划，发展工作侧重于具体工作技能的培训；在管理层面，人力的吸引与选拔侧重于中长期的人力资源计划，发展工作侧重于全面管理的人员发展项目；在战略层面，人力的吸引与选拔注重于在长期战略中企业管理的最佳人选，发展注重于规划管理业务人才的发展方案。

三、人员培训

在药品质量的形成过程中，人是最为关键因素。药品生产工艺的开发、转移和生产，原辅料、中间产品和产品的检验检测放行，生产设备的选型、安装、调试、验证与使用，各类文件的制订与执行等均需要具有相关专业知识背景和技能的人来完成，员工的质量意识、专业素养和技能等对药品生产的质量好坏起着决定性的作用，因此企业应根据员工的工作岗位和发展，对其学历和工作经验做出相应的基本要求，同时，还必须根据企业和岗位的实际情况，对员工进行不断的、全面性和针对性的培训，以满足员工岗位工作的要求、个人发展的需要。

制药企业对各岗位员工的基本要求在我国GMP（2010年修订）中有具体规定，这些要求是员工从事各岗位工作、保证药品正常生产、生产药品质量满足要求的必要而不充分条件。换句话说，GMP培训及对培训内容的规定是制药企业员工培训的基本要求。如教材第二章第一节所述，制药企业需不断开展质量教育，并把质量教育工作视为质量管理的首要任务，全面提升员工的质量意识、质量知识与专业素养，为药品生产质量管理各项工作的有序推进提供基础性保障。现对直接涉及药品生产过程的专业技术培训进行更详细的介绍。

（一）培训需求的识别

培训需求的识别是人员培训的前提，不同岗位和工种需掌握的知识和技能不一样，如对一线员工，应加强基本技能的训练，熟悉产品的质量特性和工艺，不断提高操作水平；对管理层面，除应掌握专业技术外，还应掌握管理技能。同样是一线员工，对生产一线员工要掌握生产设备的操作和清洁等技能，而对质量控制一线的员工，则倾向于掌握分析仪器的使用、分析和维护等技能。因此，企业及部门负责人和培训专员应根据企业正常生产和质量改进等实际情况，识别培训的需求及对象，根据培训的需求制订相应的培训计划，组织需要培训的员工进行相关的培训，并对培训的效果进行评价和总结。如此根据企业的实际情况和日益更新的知识和系统，不断识别、培训和提升员工的专业技术和技能。

（二）培训的原则

培训的内容多样，培训的对象各异，为较好地完成培训需求、兼顾培训效果，企业在培训中一般要把握以下原则。

1. 系统性原则 制药企业需对企业、企业文化、企业质量文化、行业相关法律法规、企业管理、文件、卫生和安全等对员工进行系统性培训，培训对象一般涉及企业全体员工。

2. 制度化原则 药品生产企业的员工培训应形成制度化，按照企业的发展和年度计划制订企业的年度培训计划，其内容应包括培训日期、培训内容、培训对象、人数、授课人、课时安排、考核形式、经费预算及负责部门等。培训计划应经过生产管理负责人或质量管理负责人等相关人员批准。培训内容需要由培训负责部门根据识别的培训需求确定。

3. 适用性原则 培训的方式多样、内容各异，但需适用企业和受训人的具体情况，选择适当的培训方式实施培训，以保证培训的效果。可选用的培训方式包括：讲座授课、岗位操作的现场学习、团队学习、企业制订的 SOP 学习、专业机构的专项培训、研讨会和报告会、模式训练、案例讨论、自学等。

4. 针对性原则 即针对生产工艺、投诉和召回、分析方法、仪器操作、特种作业、质量改进成果、法律变化、工艺变更等对特定员工或随机培训需求开展的培训。

（三）培训实施与效果评价

1. 培训实施 企业应积极建立至少能满足药品 GMP 基本培训的师资队伍，根据培训需求，切实开展各方面的培训，同时还要积极参加外部培训，或者聘请外单位专家来企业进行培训。

培训讲师分为内部讲师和外部讲师，制药企业的质量管理部门应对培训讲师的资质进行审核，同时意识到培训讲师的水平和经验直接关系到培训的效果。一般地，内部讲师应审核其教育经历、工作经验、受培训经历等，外部讲师应审核其讲师来源、培训机构资质、与培训主题相关的证书、经历等。

对于各种培训，都应尽量在理论培训后开展实践培训。实践培训应最大限度地还原生产质量管理实践中的真实场景，提供充足的案例。通过实践培训，当员工在正式的药品生产质量管理活动中准备采取某种行为时，应能从已接受的培训中发现一个可供对照的标准行为。

2. 效果评价 培训实施后应对其实际效果进行评价，以考察员工的培训是否达到了既定的目标，取得了预期的效果；同时，对培训情况进行定期总结，以促进员工培训水平的不断提升，并为后续可能的措施提供依据。由此，我国 GMP（2010 年修订）对培训也做出了相应的规定和要求。

培训效果的评价，应先建立相关、可靠的测量尺度（如业绩对比、不断总结）；其次，在培训过程中应听取意见，了解培训过程和内容（如发放问卷、各种测试、访谈等）；再次，培训结束后应在一段时间内对受训人的工作表现、知识和技能、管理能力、行为改进、合作精神等进行跟踪，并进行综合考察。

（四）培训注意事项

一般地，由操作人员造成操作误差的主要原因有：质量意识差，操作时粗心大意，不遵守操作规程，操作技能低，技术不熟练，以及由于工作简单重复而产生厌烦情绪等。因此，企业对员工进行培训时，不仅要培养员工的专业技术和技能，更要注重员工质量意识、职业道德、心理素养和合作团队精神等非专业技术技能的培训和提升。另外，可以广泛开展 QC 小组活动，以促进员工的自我提高和自我改进。

四、人员健康和卫生管理

人是药品的生产者，也是质量的控制者，但药品的生产过程中，直接或间接地与药物接触最多也是人。即使非常整洁、健康的人也在不时地向周围环境释放污染物，产生和传播微生物、微粒和尘埃等。所以，人也是药品生产中最大的污染源和污染传播的最主要媒介，加强人员健康、卫生的管理和监督是防止药品受到人为污染的有效措施和保证药品质量的重要环节。因此，药品生产企业的员工均应接受卫生要求的培训，建立人员卫生操作规程，定期进行健康体检，养成良好的卫生习惯。

为防止人员因素对药品质量产生的不良影响，采取的措施和相关规定如下。

1. 人员录用　制药企业应建立药品生产岗位的健康要求，招聘时对应聘人员应进行健康体检，只有符合岗位要求的人员方可被录用，对录用人员应建立健康档案。

2. 健康体检　药品生产企业直接接触药品的生产人员，上岗前必须进行健康体检，以后定期进行健康检查；患有传染病或者其他可能污染药品的疾病的，不得从事直接接触药品的工作。

3. 人员卫生管理制度　企业应建立生产人员的卫生管理制度，减少和防止人员对原辅料、中间产品和药品的污染。如对个人健康、卫生习惯、人员着装的制度规定，及其与之相关的工作纪律、行为习惯、生活习惯等。

4. 人员卫生操作规程　企业应建立相应的人员卫生操作规程，且采取措施确保其规程的执行；生产区和质量控制区的人员应当理解相关的人员卫生操作规程，进入工作区域时，应严格按照相应的规程执行。

5. 卫生方面的培训　定期对相关人员进行卫生和微生物学等方面的基础知识培训与考核，清洁作业的现场培训与考核。

第三节　设备管理

药品的质量源于设计，通过过程制造实现，而药品的过程制造必须通过各种各样的设备才能完成。因此，药品的设计质量能否按照确定的生产工艺实现，生产制造所用的设备性能及其运行状态非常关键。设备对药品质量形成的影响主要体现在两方面：一方面，设备的性能是否能满足生产工艺的需要以实现药品的预期质量，保证满足生产要求的设备性能维持的时间有多长，这涉及设备的设计、制造、安装、调试、验证、使用、维修和退出等，而这些又与设备的可靠性相关，其中设备的使用和维修还与延长设备的使用寿命，确保设备经济效益的最大化相关；另一方面，设备与药品生产的原辅料、中间产品和成品等直接接触，容易造成药品生产的污染、交叉污染和差错。所以，必须对药品的生产设备进行有效管理，以保证通过过程制造实现药品的预期质量。管理的原则就是如何保证设备的性能符合药品生产的要求，并维持其性能在用于生产时间内和过程中的稳定；如何防止药品生产因设备带来的差错和污染。

一、概述

（一）设备与设备管理

设备是指人类生产活动或其他活动中长期使用，并在反复使用中基本保持原有实物形态及其功能的生产资料和物质资料的总称，如各种机器、装置和运输工具等。

从原辅料到成品的药品生产全过程都离不开各种性能设备的参与，设备状态的好坏，直接影响药品生产企业的生产能力、生产效率、产品质量、生产计划、生产周期、生产成本、生产安全和环境保护等。因此，设备管理作为药品生产企业管理中的重要环节，它不仅直接影响到药品的质量，还会对企业的生存和竞争有着重大影响。

设备管理是指企业依据其生产经营目标，通过一系列的技术、经济和组织措施，对设备寿命周期内的所有物质运动形态和价值活动形态进行综合管理。药品生产企业的制药设备管理涵盖设备的设计、选型、制造、安装、调试、验收、使用、维护、改造、报废等，其中设备的设计至验收为前期管理阶段，后期管理阶段为投入运行设备的正确使用、精心维护保养、及时检修和可能的更新改造。设备管理的目的是通过全面规划、合理配制、正确使用、精心维护以使设备在使用寿命周期内最经济、设备综合性能最高。

（二）设备管理理念的发展

随着设备管理的不断实践和发展，设备管理的理念经历了事后修理、预防维修、生产维修、维修预防和综合管理等阶段。

1. 事后修理阶段 是指设备发生故障后再进行修理的设备管理模式。目前，这种事后修理的设备管理模式除仅在不重要、对生产过程影响小的设备中采用外，已被其他设备管理模式取代。

2. 预防维修阶段 为减少设备修理对生产计划和交货期的影响，减少停工修理时间，20 世纪 20 年代一些发达国家提出了预防维修的概念，设备管理模式由事后修理向定期预防维修模式转变。定期预防维修模式强调设备管理以预防为主，注重设备使用过程中的维护、保养和检查，并依据设备磨损的规律和检查结果，在设备发生故障之前进行有计划的维护和修理，从而保证了设备的正常运行，提高了设备的利用率，并有效延长了设备的使用寿命。但有时会使维修工作量增多，造成过分保养，于是在 1954 年又提出了生产维修。生产维修的设备管理模式引入了设备的经济性思想，其特点是以生产为中心，根据设备在生产中的重要程度采用不同的维护和保养方法，从而可以集中力量做好重要设备的维修保养工作，同时又可以节省维修费用。但人们在设备的维修中发现，设备本身的质量对设备的使用和维修往往有着决定性的作用。因此，维修预防的思想又随之被提出，它旨在从根本上防止故障和事故的发生，减少和避免维修，提出在设备的设计和制造阶段就应考虑设备的可靠性和易维修性，以便在设备的使用中最大可能地减少故障的发生，即使发生也能较顺利地维修。设备也是一种产品，维修预防的理念实质类同于质量源于设计的理念，这是设备管理理念上的突破，为以后出现的设备综合管理奠定了思想基础。

3. 综合管理阶段 20 世纪 70 年代，设备管理吸收了系统论、控制论、信息论的基本原理和行为科学等的原理和思想，形成了设备综合管理理论，提出了设备综合工程学和全员生产维修的理论与方法。

设备综合工程学将设备的整个生命周期作为管理和研究的对象，对设备的设计、制造、使用、维修、改造以至更新等各个阶段进行全面综合的技术和经济管理。在技术上，设备综合工程学认为设备的设计阶段对设备的性能、效率、精度、维修性、可靠性、环保性、节能性等具有决定性作用。在经济管理上，设备综合工程学追求最大限度地降低设备在整个生命周期内发生的全部费用。

全员生产维修特别强调“全员参与”，即凡是和设备的规划、设计、制造、调试、验收、使用、维护等有关的部门和人员，从企业的最高领导到一线工人都要参与到设备管理中来；同时，通过加强生产维修保养的思想教育，开展班组自主活动，来推广生产维修。

因此，设备综合管理具有系统性强、综合性强、群众性强的特点，是现代设备管理渐趋成熟的一个标志。

（三）GMP 对设备管理的要求

设备是影响药品质量的重要因素，其主要体现在设备既要具有充分的技术性，以满足药品生产的需要；又要具有足够的经济性，以实现其最大经济效益；更要防止设备给药品生产带来可能的污染等方面。因此，在设备管理中必须采取相应的措施，才能尽可能在保证药品质量形成的过程中减少药品的污染或差错。为此，我国 GMP（2010 年修订）对设备管理也做出了相应的原则性规定和要求。如：①设备的设计、选型、安装、改造和维护必须符合预定用途，应当尽可能降低产生污染、交叉污染、混淆和差错的风险，便于操作、清洁、维护，以及必要时进行的消毒或灭菌；②应当建立设备使用、清洁、维护和维修的操作规程，并保存相应的操作记录；③应当建立并保存设备采购、安装、确认的文件和记录。这些规定和要求与药品生产企业设备管理的目的完全吻合。

因此，为保证通过过程制造实现药品的目标质量，药品生产企业在进行设备管理时，既要根据药品生产和质量管理的行业特点，遵循 GMP 对设备管理的基本要求；又应借鉴现代设备综合管理的理论和方法，突出设备设计与选型或选择在设备管理中的关键作用，加强设备全寿命周期的管理，并有效贯彻全员生产维修的理念。

二、前期管理

企业的设备投资常包括新建厂房时的设备投资和运行中的新增设备投资，前者具有全局性和综合性，需根据药品生产企业的长远发展规划、生产规模、生产方式、工艺过程和技术水平确定；后者往往是局部性的或提高性的，以适应生产技术的发展和变更，提高生产效率、产品质量及其控制水平，改善环保、节能、安全等。

设备的前期管理包括设备的设计、选型（或选择）、制造、安装、调试、验收等，设备综合管理模式的维修预防思想认为设备的设计阶段对设备管理起着关键性的作用，而药品的目标质量只有通过设备才能实现，所以设备的设计与选型或选择对药品质量的形成至关重要，设备的前期管理对药品生产和质量管理具有十分重要的意义。

教材第五章已从药品质量源于设计的角度对设备设计与选型的总体要求进行了介绍，现对设备的设计确认、安装调试和设备确认（验收）进行具体介绍。

（一）设备的选择和设计确认

设备的选择和设计确认是设备综合管理的首要环节，也是最重要的环节。设备一经选择和购买，若不能持续满足生产工艺和产品质量等对设备的需求，不符合安全生产、节能环保等法律法规要求，就可能带来不可弥补的损失。所以，此项工作的开展一定要基于质量源于设计和风险管理的理念，尽可能在设备的选择和设计阶段对可能影响生产、质量、安全、效率等因素进行全面综合的评估。

1. 设备的选择 制药设备在药品质量的形成中，最主要是满足经过设备可以达到预期的生产目的，或获得预期质量的中间产品或成品。在药品生产中最主要的是持续满足生产工艺要求的性能、尽可能避免污染和差错的产生。当然也不能排除对设备在生产效率、安全性、节能性、耐用性、易维修性、环保性、配套性、灵活性和经济性等方面的重要考虑。所以，设备的选择应结合企业的长远发展规划，满足药品生产工艺和生产实际的需要全面考虑。对于直接参与药品生产的制药设备，为尽可能避免污染和差错的产生，必须达到 GMP 对制药设备所作的原则性规定和基本要求。

依据不同的药品和药品生产工艺等，对药品质量影响较大的生产设备，如喷雾干燥设备、压片机、纯化水系统和空调系统等，供货商常有各种性能和参数的设备供企业选择，企业也可根据生产的需要自行设计定制，但一般均需对设备的设计和相关文件进行严格确认，包括用户需求说明书、设备设计和设计确认等，以在设备综合管理的初期保证设备满足制药企业的需求和预期。

2. 设备的设计确认 制药企业需根据药品的生产实际、关键质量特性、关键工艺参数及空间等，对设备提出详细的性能、技术指标和运行参数等方面的需求和期望，并形成正式的文件“用户需求说明”（user requirement specification，URS）。URS 是设备生命周期的源头，需全面考虑生产实际（如药品生产工艺、质量控制、设备操作、安全环保、设备维修、生产效率）、投资成本、技术能力、设备可靠性、法律法规和 GMP 的要求等，由企业工程部门牵头，贯彻质量源于设计、风险管理和全员生产维修的设备管理理念，会同生产部门、质量保证部门以及设备使用部门等进行反复论证。URS 文件贯彻设备的全生命周期，是设备性能确认和设备验收的最终依据。

设备供货商根据制药企业的 URS 文件要求，对设备进行客户化的设计和配置，并将具体内容形成“设计说明”（design specification，DS）和“功能说明”（functional specification，FS）等设计文件。设计文件包括 DS、FS、管道及仪表流程图（piping and instrumentation diagram，P&ID）、布局图、安装手册、操作维护手册、说明书等，可证明供货商的设备设计是否满足购买方 URS 文件的要求，需交设备购买方确认批准，确认的过程即为设计确认（design qualification，DQ）。

在供货商的整个设计阶段，购买方需对供货方提供的设备 / 系统的设计文件与 URS 等进行反复比较，尤其是直接影响药品生产和药品质量的设计文件，直至与设备 / 系统的所有设计文件均满足 URS 和 GMP 的要求。一旦被双方批准后，设计确认即完成，相关的设计文件也就成为日后交货和性能验证的依据。

值得说明的是，标准设备的设计确认主要是选型，核对供货商的参数表，确定直接影响药品质量的关键性技术指标等，并最终确认设备设计是否符合 URS；而非标设备的设计确认则需对供货商提供的各种设计文件，包括技术参数、DS、FS、图纸（P&ID 图、设备平面图等）等，与 URS 的适应性和符合性进行严格比对和审查。

（二）设备确认

设备购买完成之后便进入设备确认阶段，设备确认包括设备的安装确认、运行确认和性能确认等阶段性活动，三者之间应严格按照逻辑顺序执行，只有上一阶段对下一阶段确认活动的影响经评估无重大影响时，上下两个确认活动方可有条件的批准同时开展。另外，确认方案必须有详细的、可操作性的测试步骤，每项测试的目的、方法和可接受标准均需在确认方案中明确，所有测试的内容均需要转化为能够准确反映所执行测试及其结果的测试页。

1. 安装确认 安装确认（installation qualification，IQ）是对供货商提供设备的技术资料检查、备品备件检查、设备安装检查及相应的文件编号归档和配件入库等，以确保设备安装符合用户要求说明书、设计确认和 GMP 要求的一系列活动。至少应包括：①根据最新的工程图纸和技术要求，检查设备、管道、公用设施和仪器的安装是否符合设计标准；②收集、整理、归档供货商提供的操作指南、维护保养手册等；③仪器仪表的必要校准。

设备安装能否满足 URS 的要求，对设备的后期管理影响很大，需对其进行有效管理。一般地，设备安装需根据设备及厂房的实际情况，满足：①生产工艺和 GMP 的要求；②设备对通过或运行的空间要求（如厂房跨度、设备运动部件的极限位置等）；③设备维修清洁、配套工件存放清理的方便要求；④设备安装、维修及操作的安全性要求；⑤动力供应和劳动保护的要求；等等。

为尽可能避免污染、交叉污染和差错的发生，满足生产工艺和 GMP 的要求，安装确认应包括与原辅料、中间产品和药品直接接触的设备表面材质的确认，确保生产设备直接接触物料和药品表面的平整、光洁、易清洗、易消毒和耐腐蚀等，不得与物料和药品发生化学反应、吸附药品、向辅料和药品中释放物质。

2. 运行确认 运行确认（operational qualification，OQ）是按照拟定的标准作业程序对单机或系统进行运行试验（试车），并采用文件的形式证明设备 / 系统的各项功能指标和技术参数是否达到用户需求说明和设计确认中所述设计标准的一系列活动。

运行确认应根据设备 / 系统的具体功能，从工艺、设备和系统的知识和设计标准出发，制订运行的测试项目，以确定设备 / 系统能否按照设计运行。在各种测试项目中，设备的功能测试必须关注影响产品质量的关键参数，测试应证实设备的功能满足预期产品质量的运行范围。

运行确认前，需在测试方案中明确关键参数和可接受标准。运行确认过程中需对设备运行的各项参数及其稳定性，各环节的功能与标准的一致性，仪表的可靠性，运行的安全性等进行考察；需对设备运行的最高限和最低限进行测试，并通过测试确定设备稳定、可靠运行的上下限，必要时可挑战设备运行的“最差条件”。同时，还应考察草拟设备 / 系统的标准操作规程是否适用，必要时应做出相应的补充和修改。运行确认完成后，应当建立必要的清洁、校准和预防性维修保养的操作规程，并对相关人员进行培训。

3. 性能确认 性能确认（performance qualification，PQ）是用文件来证明影响产品质量的设备 / 系统，按照运行确认期间制订的标准操作规程操作，在设备设计的工作参数内负载运行，设备能稳定、可靠地满足批准的工艺规程的要求，并生产出符合预定质量标准的产品而进行的一系列检测和试验等活动。

性能确认是设备确认的最终目的，它旨在证明厂房、设备 / 系统在正常操作方法和工艺条件下能持续符合 URS 和设备设计的标准，以确保设备、工艺及参数、公用系统、原料、中间体和标准操作规程可达到预设的生产和质量要求。性能确认应根据确定的生产工艺、设施设备的相关知识制订确认方案，且使用生产物料、适当的替代品或模拟产品来进行试验和测试活动。性能确认方案中需明确取样频率、生产的关键工艺参数及其可接受范围或容差，并分别在正常运行条件和最差条件下进行测试。性能确认的项目需根据设备的功能、预定生产工艺和预期产品质量的要求来确定，但开展确认工作前需对标准操作规程进行签批确认，并确认使用的生产物料、替代品或模拟物料检验合格。

性能确认可作为一个单独的活动进行，常在 IQ 和 OQ 完成之后、工艺验证之前执行，但有些情况下性能确认也可与运行确认结合进行。同时，性能确认和工艺验证的工作范围大部分重叠类似，所以在某些情况下，性能确认又可和工艺验证结合开展。在设备正式使用前，应根据其对生产工艺和产品质量的影响开展相应的性能确认；对工艺设备而言，则必须进行工艺验证后，才能用于产品的正式生产。

值得一提的是，从工程项目管理的流程讲，设备确认有工厂验收测试（factory acceptance test，FAT）和现场验收测试（site acceptance test，SAT）。FAT 是指在设备制造商处进行验收所做的测试，适合于设计复杂、存在制造安装风险的设备。有些设备的某些项目在制造后无法进行测试；或是有些设备制造后若在购买方安装现场发现不合格，所采取的补救措施将严重影响项目的进度或造成制造成本的急剧上升。此时，为控制验收风险，可采用 FAT 方式验收。FAT 的内容与 IQ 内容有些重复，有些项目如果 FAT 已完成测试，且设备的运输和安装过程对这些项目也不会产生影响时，IQ 可直接引用 FAT 对这些项目的测试结果，而不必重复测试。

除此之外，多数情况可采用 SAT 方式验收，SAT 是指在设备使用者处进行验收所做的测试。SAT 的测试范围涵盖 IQ、OQ 和 PQ 等内容，不同的是它是工程管理的流程，是供货商与设备购买方的约定，两者最终的目的一致。如果 SAT 完成的测试项目，在符合测试要求的情况下，IQ 和 OQ 可直接引用；反之亦然。

三、后期管理

（一）设备的使用和清洁

设备确认完成后即可以正常使用，但对工艺设备而言，则必须进行工艺验证后，才能用于正式的生产。在设备的使用和清洁环节上，关键是如何正确使用设备、保持设备的清洁，以保证生产的正常运行及产品的预期质量，并尽可能地避免生产过程中的污染、交叉污染、混淆和差错的产生；同时，结合设备的合理使用，减轻设备的磨损、降低设备的故障率和维修率，使设备保持良好的性能和应有的精度，充分发挥设备正常的生产效率，尽量延长设备的使用寿命和充分挖掘设备的经济性。为达到此目的，现对设备使用和清洁中的重点关注内容和注意事项进行介绍。

1. 设备的使用 设备的使用可由人或自动化系统来完成，但最终仍需人来完成，要保证设备的正确和合理使用，首先需要对设备的专业操作、管理知识和 GMP 对设备使用的相关要求等组织相关人员进行培训；其次，需按照设备的标准操作规程进行操作；同时为尽可能地避免污染、交叉污染和混淆的产生，应明确设备的状态。

（1）人员培训：设备的性能确认中，包括对相关人员进行培训，但培训的内容、范围相对局限，侧重于设备的 SOP 和常规的维护保养。但设备正式使用时，很有必要结合药品的生产工艺，对相关人员进行内容和对象更广、专业性更强的相关知识培训，目的是将具体的设备运行与专业性操作、生产工艺实际和 GMP 要求等有机融合。培训的内容包括但不限于：①设备的结构、特点、性能、工作范围和维护保养技术；②设备的工作环境，如温度、湿度、防尘和防震等条件；③设备的标准操作规程；④产品的生产工艺规程；⑤设备的清洗和防控污染混淆的措施等；⑥设备运行的安全防护等；⑦设备操作过程、运行记录和运行结果的记录。

（2）标准操作规程：设备使用过程中，操作人员应严格按照标准操作规程进行生产操作，以规范操作流程，尽可能地减少或避免同一操作人员不同时间、不同操作人员操作技能和水平差异带来对药品质量的影响，便于设备的有效管理和管理的规范化；同时，设备运行记录的完整和 SOP 化，便于随时掌握设备的状态，从而可合理安排生产任务。

（3）设备卡和设备状态标识：每台设备都有设备卡，卡上的信息主要有设备名称、型号、生产厂家、编号和负责人（或使用人），从设备卡可以提供追溯设备全生命周期的管理信息。

设备一旦投入生产，不同时间设备所处的状态就可能不一样。设备的状态有清洁、使用、备用、维修和待修等状态，如果不对设备的状态进行标识，则容易引起污染、交叉污染、混淆和差错的产生，尤其操作人员换班后。设备的状态改变后，应及时悬挂或更换状态标识；状态标识应悬挂在明显的位置，用不同的颜色进行区分。例如，“生产中”、“运行中”或“已清洁”使用绿色，“待清洁”、“待修”、“维修中”或“试机”使用黄色，“停用”或“备用”使用红色。设备在使用前，首先应该检查设备的状态标识，是否处于备用状态，是否与生产工艺相符。设备使用时，应标明所生产的品种、规格、批号、生产日期、操作人等信息。

另外，与设备相连的主要固定管道应标明管道内物料的名称，用箭头标明物料的流向，或用标准化的不同颜色进行喷涂以示区别。

（4）设备使用日志：用于药品生产或检验的设备和仪器应当有使用日志，以便于设备整个寿命周期的有效管理，追溯药品的生产和质量问题。企业应制订设备使用日志的管理规程，使用日志应记录设备的使用、清洁、维护和维修情况，以及日期、时间、所生产 / 检验的药品名称、规格和批号等。

（5）校准：对于安装有计量器具和仪表的设备、系统和仪器而言，随着使用时间的延长，计量器具和仪表等的准确度常会产生偏移，并超出允许的范围。此时，为保证测量数据的准确、工艺参数的准确控制和生产的安全等，常需校准后方可重新使用。否则将影响获取的数据的可靠性，影响药品的生产和质量，甚至导致安全事故的发生等。因此设备使用中，应当确保生产和检验使用的关键衡器、量具、仪表、记录和控制设备以及仪器经过校准，所得出的数据准确、可靠；同时，应按照企业制订的校准规程和校准计划，定期对生产 / 检验用衡器、量具、仪表、记录和控制设备、以及仪器进行校准和检查，并保存相关记录。

校准应使用标准计量器具进行，且所用标准计量器具有可溯源到国际或国家标准器具的计量合格证明，校准记录应标明所用标准计量器具的名称、编号、校准有效期和计量合格证明编号，确保记录的可追溯性。校准时，应特别注意校准的量程范围应当涵盖实际生产和检验的使用范围。校准后的衡器、量具、仪表、记录和控制的设备以及仪器应有明确标明其校准的有效期；超出校准有效期的衡器、量具、仪表、记录和控制的设备以及仪器不得使用。

2. 设备的清洁 为尽可能避免药品生产的污染和交叉污染，保证药品的质量，设备运行完毕后应及时清洁。设备清洁是药品生产企业实施 GMP 的重要环节，它不仅是保证药品质量的重要措施，也有利于提高设备的使用效率，延长设备的使用寿命。设备清洗是一项经常性的工作，对设备的清洁方法要进行验证，即清洁验证。在设备安装和维修后，更换生产品种或生产批号时，均需按照清洁规程进行设备的清洁工作。

GMP（2010 年修订）规定："生产设备清洁的操作规程应当规定具体而完整的清洁方法、清洁用设备或工具、清洁剂的名称和配制方法、去除前一批次标识的方法、保护已清洁设备在使用前免受污染的方法、已清洁设备最长的保存时限、使用前检查设备清洁状况的方法，使操作者能以可重现的、有效的方式对各类设备进行清洁。如需拆装设备，还应规定设备拆装的顺序和方法；如需对设备消毒或灭菌，还应当规定消毒、灭菌的具体方法，消毒剂的名称和配制方法；必要时，还应当规定设备生产结束至清洁前的最长间隔时限。"

设备清洁一般包括清洗、消毒、灭菌、干燥等工作。为保证设备清洁达到预期的效果，企业应制订设备清洁的标准操作规程，使清洁工作制度化和规范化。制订设备清洁标准操作规程的主要依据是生产工艺要求和设备的类型、结构、材料、用途、所加工物料和生产药品的理化性质、使用环境的洁净级别与要求清洁的内容和方式等，并保证清洁的重现性及清洁验证结果的可靠性。已清洁的生产设备应在清洁、干燥的条件下存放。

（二）设备的维护

设备的后期管理中，为维持厂房设施、设备、系统始终按照它们的设计标准稳定运行，降低设备的故障率，确保设备可以持续生产出预期质量的产品，除要求操作人员正确使用设备外，还需要对设备进行有效的维护。良好的设备维护体系的有效运作，不仅有益于保证药品的质量，防止设备故障或污染对药品安全性、有效性、均一性等造成影响，还可提高生产效率，并可延长设备的使用寿命，延缓投资，进一步增加设备投资带来的企业收益。相反，忽视设备维护，将无法保证生产药品的预期质量，不利于企业的长久发展，或将可能给企业带来重大质量风险和安全风险。因此，企业很有必要建立完善的设备维护体系。

设备维护的分类不一，但总体均可归结为故障发生前的预防性维护和发生后的故障维修。设备的预防性维护必须按照制订批准的预防性维修计划周期，依据维护操作的标准操作规程（SOP）实施。预防性维护的项目和频率应根据供货商的建议（包括用户手册和维护要求等）、设备故障磨损和故障的规律、设备使用的实际状态、经验、用途、风险分析（包括安全风险和产品质量风险等）等确定。设备的维护应有相应的记录；对涉及与物料直接接触部分的维护，维护后应及时对设备进行清洁；经改造或重大维修的设备应当进行再确认，符合生产要求后方可用于生产。

为了做好设备维护，首先必须掌握设备磨损和故障规律，才能准确地判断设备发生故障的原因，并根据设备故障规律，做好预防性维护，合理安排生产和维修时间。引起设备磨损的因素很多，如机械磨损、冲击性损坏和变形、原辅料附着和尘埃污染、仪表精度下降、电子设备老化、人为损坏等。其中，设备磨损是造成设备故障的主要原因。

设备使用初期各部件之间的磨合尚未到位，同时操作人员可能对机器性能尚不完全了解，使用不熟练，故常可造成设备故障率的上升。设备初期的磨合对设备的寿命和故障率的发生影响较大，故需倍加关注。

磨合期过后，在定期维护的基础上，应加强视情维护的管理。视情维护是一种以设备的技术状态为基础的维修方式，它需根据设备的日常重点检查、定期检查、状态监测和诊断的信息，经统计分析、处理，来判断设备的劣化程度，并在故障发生前加以维修。视情维护不但能保持设备的完好状态，而且能充分利用零件的寿命。

（三）设备的处置

设备在使用过程中，会发生有形的物质磨损或无形的设备贬值。当现有设备无法满足生产要求或实现预期药品质量时，或设备故障造成的损失和本身的维修费用已超出其带来的收益时，或潜在重大安全风险时等，企业应根据上述影响的严重程度，对设备做出改造、更新和报废的处理。

当设备的磨损或性能的下降是局部性的，或受制于企业财务状况不具备进行设备更新的条件，且不存在安全风险时，可以通过设备的改造，在保证不影响药品的生产和预期质量的基础上，对原有设备的结构、零部件、装置进行变革，以提升原有设备的技术性能和生产效率。设备改造的方案应由设备、质量和工程部门批准，改造完成后应重新进行设备验证，使用部门也应重新修订 SOP，并进行相应的培训。

当设备 / 系统需要更新时，可考虑购买与原有设备同一型号的设备，也可考虑用结构、性能、效率更好的新型设备来替代原有设备。但后者应考虑设备 / 系统在整个系统 / 大系统中的匹配性和其更新带来的收益（包括对药品生产效率和药品质量提升的影响）。无论何种更新，均需要重新进行设备确认。

当设备 / 系统需考虑报废时，应进行验证状态评估，包含根据需要对即将报废的设备 / 系统进行最后一次校准，以证实待退役设备 / 系统报废前的验证状态。设备 / 系统报废后，应将其从设备清单、系统影响评估清单及设备维护保养管理清单中移除，并应尽可能移出生产区。如果确实不能移出，应悬挂“停用”标识，已报废的设备/系统不得用于出厂药品的生产。

四、其他管理

（一）设备的资产管理

为了掌握设备的技术状况和变动情况，合理使用设备，最大限度地发挥资金的利用效率，企业必须建立设备的资产管理制度。其内容主要包括建立设备资产台账和设备的处置等。

1. 建立台账 建立台账是设备管理的首要工作，因为它是掌握企业设备资产状态，反映设备变动的主要依据。同时，建立台账中设备登记的内容包括设备名称、型号、规格、用途、使用地点等基本信息，所以，它也是关联设备相关信息的纽带。企业应建立自己的设备编号系统，不同设备的编号应是唯一的。

2. 闲置设备的处理 随着科技的不断发展和市场的变化，企业常会对生产计划做出调整、工艺流程进行改进、性能不合格设备进行处置等，由此产生闲置设备。闲置三个月以上的设备应进行封存。对于不合格的设备，必须及时搬出生产区域，未搬出前应有明显的标识。

3. 设备的报废 设备由于磨损或其他原因无法继续使用时，对设备进行报废。设备报废由使用部门提出申请，经设备、工艺、安全、环保、质量、财务等部门批准后才能实施。批准报废的设备应及时进行固定资产的注销。

（二）技术资料的管理

设备的技术资料种类很多，涉及设备全生命周期形成的各种资料，如图纸、说明书、证书、记录，甚至包括声像资料。这些资料既反映了设备整个生命周期的历程，也是使用和维护设备的重要参考资料。企业应设置专人负责的档案室。设备的技术资料应进行分类、编号，做到统一规范，保管时应分类存放，建立目录。查阅资料时应进行登记，资料一般不外借，确需外借的资料应规定归还时间并定期索要。

（三）备品备件的管理

设备备品备件管理是设备维护体系中的重要环节，其好坏直接关系到设备的正常运行和维护计划的顺利实施。企业应根据其药品生产的实际情况制订备件备品的分类办法及其管理策略，对不同级别的备品备件进行分类管理，以便有选择性地对其库存进行管控，在保证维修需求的同时减轻备品备件库存的资金占用压力。备品备件的管理应建立一个主账目，内容包括名称、型号、供货商信息、库存数量、安全库存量、价格等信息，并定期更新。库存数量应根据历史使用量进行合理设定，数量不足会影响生产和维修，数量过多将占用资金，造成浪费。

此外，备品备件管理人员应每月检查库存情况，根据采购周期的长短及时提出采购申请。使用人员如有临时应急的采购要求，应充分和备件管理人员与采购人员沟通。对于涉及较高专业技术要求的采购应有专业人员把关，以保证其性能和质量。

（四）计算机化系统的管理

随着计算机化系统在药品生产领域的不断普及，制药行业很多设备的操控和管理也已逐渐从传统方式向自动化发展。为确保计算机化系统不对生产药品的质量、过程控制和质量保证水平造成负面影响，不增加总体风险，除第八章第六节讲述的需要对计算机化系统进行确认和验证外，在药品生产过程中还必须对计算机化系统进行有效管理。主要包括以下方面。

1. 原始数据 在标准操作规程中，定义设备仪器的原始数据应以纸质或电子数据为准，具体情况可以根据原始数据存储的方式来确定。如限制性存储的设备仪器，由于无法长期存储数据或存储数据的元数据有缺失，可导致无法输出支持合规管理的电子数据，故其原始数据应采用纸质（打印件）为准；非限制性存储的设备仪器，因为可以完整地存储相关数据，且存储容量和存储器（单元）支持大量的存储，所以其原始数据可以采用电子数据为准。

2. 方法 / 程序 在标准操作规程中，应描述配置的操作过程、谁能执行配置操作以及该设备仪器的方法 / 程序清单。若增加或删除方法 / 程序，应更新这份清单。在具备相应功能的情况下，还应对方法 / 程序配置的增加、删除、修改及使用记录的查询方式进行描述。如注射用水制备系统的周期性循环管路的灭菌程序，应在标准操作规程中描述其灭菌程序的配置步骤、配置参数等内容，且在系统有审计追踪功能的情况下，还应定期检查该方法是否有修改、删除等情况。

3. 数据处理 在标准操作规程中，应对数据处理的设置方法、设置要求、使用步骤进行描述。在具备相应功能情况下，还应对数据处理设置的增加、删除、修改及使用记录的查询方式进行描述。另外，还应规定可以进行数据处理操作的情况及相应的审核人。如通过光谱仪器的检测元件，在按照设置的积分参数获取峰面积的情况下，需要在标准操作规程中对积分参数的设置步骤、设置权限、具体参数进行规定，若需要额外的积分参数对峰面积进行调整，还需要规定何种情况能执行额外的数据处理，且在系统有审计追踪功能情况下，还应定期检查积分参数是否有修改、删除等情况。

4. 权限 在设备仪器的标准操作规程中，需列举具体的权限清单（需包涵所有权限）及用户组 / 角色。在管理标准操作规程中，应有描述授权机制或分配原则，如果权限为可配置，则需明确哪些功能仅限于授权给与数据无相关利益的用户。分配权限原则应考虑数据所有者、数据管理员、系统所有者等角色的区分，如操作员、主管、QA、维修保养人员、工程师等。

5. 存储 应梳理仪器设备的存储内容、存储路径、存储格式、存储容量等信息，并在标准操作规程中进行描述和规定。

6. 备份 一般地，企业及其部门应建立需要进行备份的设备仪器清单。另外，还需要依据存储方式和存储内容来确定设备仪器是否支持备份。支持备份的，需要对备份内容（结果数据、方法 / 程序数据、审计追踪记录 / 日志或其他内容）进行说明，对备份路径（即存储路径）、备份周期、备份方式（手动或自动）、使用的备份介质进行描述。例如，对纯化水制备系统的电导率运行监控数据进行备份时，需要明确电导率数据文件存储的路径，以及备份的周期、备份执行人员、备份介质名称与编号、备份目的地等。

7. 日志 / 审计追踪 若具备该功能模块，则首先需要定义该设备仪器的哪些关键操作需要进行审计追踪，例如对数据的删除和修改，流程的起停、意外终止和强制终止，安全策略的配置、账户权限的授权与禁止等。此外，还需要描述与明确进行审核的周期及其审核人。

在大数据时代，随着计算机化系统验证的推行和相关法规的要求，制药企业需不断加强药品生产的自动化和信息化。同时，在利用计算机化系统进行药品生产的过程中，企业既要结合自身的实际情况，提高生产效率、降低质量风险和运营成本，又要保证药品生产全过程的合规，还要确保药品进入流通环节的持续跟踪，以充分确保药品的质量。另外，制药企业需对计算机化系统进行不断的完善和持续改进，以充分发挥其在药品生产及其质量管理中的优越作用，从而保证企业生产药品的质量。

第四节　物料与产品管理

物料是药品生产的物质基础，绝大部分物料都会在药品生产的成品中或多或少的有所体现，并对药品的安全性、有效性和稳定性等产生直接的影响，所以，物料的质量得不到保证就不可能生产出目标质量的药品。同时，药品生产过程是物料流转过程，没有物料流转过程的有效管理，就可能导致污染、交叉污染、混淆和差错的产生，同样难以生产出符合质量标准的药品。所以，物料管理的重心在于保证物料的质量，尽可能防止污染、交叉污染、混淆和差错的产生，并确保适合的贮存条件，以最终达到保证药品质量的目的。

一、概述

物料是药品生产的基本要素，保证物料的质量是生产出符合目标质量药品的基本保障。要保证物料的质量，就必须从物料生产至成品药的各个环节对物料的采购、入库、储存、发放等各方面加以严格把控，有的甚至需要通过与供应商的协商和约定熟悉关键物料的起始原料和基本制造过程等；同时，做到管理有章可循、把关有标可依、记录有据可查、追溯“从终至始”，以确保物料质量及其在生产各环节流转的依规受控。

（一）物料和产品的概念

1. 物料　药品生产所用的物料包括原料、辅料和包装材料等。除包装材料之外，药品生产中使用的任何物料均可称为原辅料。

化学药品的原料是指药物活性成分（active pharmaceutical ingredient，API），又称原料药；中药制剂的原料是指中药材、中药饮片和外购的中药提取物；生物制品的原料是指原材料。原料药的原料是指用于原料药生产的除包装材料以外的其他物料，如化学药品原料药的原料有合成起始物料、试剂、溶媒和催化剂等。

辅料是指生产药品和调配处方时所用的赋形剂和附加剂，如稀释剂、润滑剂、崩解剂等，更明确的说是药物制剂中除活性成分以外物质，亦包括工艺用水和工艺用气等，且这些物质的安全性及对药品质量的影响等已得到了科学合理的评估。

包装材料包括与药品直接接触的包装材料和容器（如药用塑料瓶、药用铝箔、输液瓶等）、印刷包装材料，但不包括发运用的外包装材料。印刷包装材料是指具有特定式样和印刷内容的包装材料，如印字铝箔、标签、说明书、纸盒等。

2. 产品 药品生产中所述的产品包括中间产品、待包装产品和成品。中间产品是指完成部分加工步骤的产品，还需进一步加工方可成为待包装产品。待包装产品是指尚未进行包装，但已完成所有加工工序的产品。成品是指完成全部加工工序，并完成包装的产品。

（二）物料管理系统

药品生产从物料输入到成品输出存在着物流和信息流两种运动过程。从某种意义上说，质量管理就是对物流和信息流的管理，而信息流则总是伴随物流产生的。因此，质量管理的主线就是物流，而物流的核心是物料，所以物料和产品的管理是制药企业质量管理的重要内容，对药品的质量产生直接的影响，企业应做到整个物流过程全程可追溯。

物料和产品的管理包括采购、接收、发放、储存和使用等过程。为防止污染、交叉污染、混淆和差错的产生，现阶段对各种物料和产品接收和放行等流转的重要依据是其抽样检验结果是否符合相应的质量标准。而物料和产品的质量标准是在确认的生产环境、工艺过程及储存等条件下，以产品的质量属性为目标制订的；受制订标准时专业知识、科学技术等限制，其质量标准及其检测方法很可能存在一定的局限性，加上抽样等因素的影响，有时候得出的结论并不一定都正确，尤其是从非确认条件及过程条件下获得的物料。

由于药品生产使用的原辅料和包装材料大部分不是制药企业本身生产的，如果不对供应商提供原辅料的生产环境和工艺过程等进行足够的了解，仅凭双方约定的质量标准作为采购接受的依据，实践表明这很难保证原辅料的质量，并可能给企业生产的药品带来很大的质量风险，产生重大药害事件。因此，为更好地保证物料的质量，物料的管理应延伸至供应商，甚至整个供应链。

二、物料的质量标准

物料的质量标准是基于风险管理思维，对物料的性质、来源、生产工艺、储存和使用等影响产品质量因素进行研究的基础上制订的，在供应商处于受控状态下，用以检查其质量是否达到规定要求的技术文件，它规定了物料的检测项目、方法、指标、限度和范围等，是标准物料处置的依据。因此，物料质量标准的制订，不能单纯地使用法定标准，而必须结合供应商的质量体系水平、物料的生产工艺及其对产品质量的影响进行综合考虑。否则，即使满足法定质量标准的物料也不一定能满足合格产品的生产要求。更重要的，为确保供应商物料的质量，制药企业应将质量管理作为一个系统工程，追求企业、供应商等都能从优质的质量与绩效中获益，以建立其与供应商的密切联系，实现两者的充分沟通和信息分享。这样，供应商将全面清楚企业的需求，确保潜在问题在变得严重前得到解决，并协商或事先将物料生产的相关信息（如生产工艺、生产原料等）及变更反馈给企业；企业也能获悉供应商的质量体系水平、生产的相关信息及变更，并提前预知由此给药品生产及质量带来的可能影响，做出对物料质量标准的协商变更。

物料质量标准制订的目的是确保按照既定的生产工艺获得符合预期质量的成品，其检测项目应综合文献资料、物料质量特性、生产工艺过程等研究结果确定；其指标要求不仅要符合物料的质量特性要求，还应考虑其在后续工艺过程、储存和使用过程的实际情况；其检测方法应准确、精密、灵敏、简便、快速，并经方法学验证。一般来说，物料质量标准包括物料名称及代码，质量标准的依据，检测项目及要求，取样、检验方法和相关操作规程编号，储存条件、有效期或复验期，注意事项，印刷包装材料的试样或样稿，经批准的供应商。

在制订物料的质量标准时，企业可根据物料的预定用途和类别，结合药品生产工艺的特点，制订该物料最基本的质量标准。对于关键物料的质量控制，可在此基础上结合供应商或潜在供应商的质量体系水平、物料生产工艺和产品质量特征，协商制订针对特定供应商的物料采购标准，即针对特定供应商的物料的质量标准。企业内检验放行的物料质量标准和物料采购的协议质量标准等均应由质量管理部门批准。

物料质量对生产工艺和药品质量的影响是多方面的，需要在药品生产过程中通过对生产工艺的不断理解，才能逐步获知。因此，随着生产经验的积累和对药品生产工艺理解的提升，企业对物料质量影响药品生产和质量方面的了解也不断深入。为此，企业应定期回顾物料的质量标准，并判断是否需要进行改进，以更好地保证生产药品的质量。同时，当法定的药品质量标准发生改变或影响到药品质量的注册文件变更后，企业应对相应物料在药品生产和质量形成中的作用及机制进行重新分析，评估可能的风险，以对物料的质量标准做出相应的修改，包括标准提升、测定项目的改变或增减、测定方法的变更等，这些改变均需进行再确认或验证。

三、物料供应商的管理

绝大部分物料都会成为成品药的组成部分，所以物料的质量将对药品的安全性、有效性和稳定性等产生直接的影响。物料质量的复杂性及其真实世界的不确定性，决定物料的供应商不仅应具备相应的资质要求，还必须进行严格的程序性审计批准，尤其是对关键物料供应商的审计非常重要。药品生产企业必须保证所用物料的合法性，不得从非法或无资质的厂家购买物料，且要求生产药品的物料必须符合相关要求。

（一）物料的风险分级管理

根据物料对药品生产及质量影响的风险程度，对物料进行风险分级管理，可使企业集中有限的财力和人力重点管理好关键物料，在保证药品生产及其质量的同时，有助于提高资源利用率和管理效率。通常情况下，依据物料对药品生产及质量的影响程度，可将物料分为 A、B、C 三级。

（1）A 级物料：是指其质量波动对药品生产及其质量有重要影响的物料。它可为药品的组成成分、工艺辅助剂或直接接触药品的包装材料。这些物料是关键物料，为高风险物料，对它们的质量需严格控制，其供应商需进行资质审查和现场审计。首次选用的供应商还需对样品进行检验，由受权人根据质量管理部门出具书面意见进行确定并批准；物料管理部门只能在受权人同意的供货商中选购该物料；若需变更供货商，必须重新对拟定的物料供应商进行重新审计和批准。

（2）B 级物料：是指其质量波动对药品质量有影响，但影响程度非常有限的物料，不会导致药品不合格的物料。这些物料是中等风险的物料，它们可为制剂辅料、直接接触药品的包装材料等。企业需在对其进行全面的风险分析后，根据物料对产品质量的风险程度决定是否需要进行现场审计。

（3）C级物料：是指其质量波动对药品质量基本没有影响的物料。这些物料是低风险的物料，它们可为非直接接触药品的包装材料、托盘等，其供货商一般只进行资质考察，只要适用，均可批准为供货商。除非其对药品的外观、生产效率或其他方面有特殊的不良影响，供货商才需经受权人批准。

（二）物料供应商的评估与确定

物料的供应商包括生产商和经销商，是物料的提供者，对药品的生产及质量保证起着非常重要的作用。因此，物料供应商需按照严格的程序性评估确定。同时，为确保物料的质量，企业与供应商的关系不仅仅是简单的采购关系，而应与物料的供应商，尤其是关键物料的供应商，建立互信共赢的长期合作关系，共享相关信息，使企业和供应商都能从优质药品质量与绩效中获益。

企业对物料供应商评估主要是审核供货商是否符合行业的适用法规，具有法定的供应资质，评估供货商是否具有持续提供满足企业需求产品的能力。前者涉及的是供应商的资质，这是能否成为供货商的基础和前提；后者评估的是供货商的质量管理体系及其运行状况。此外，企业还应对供应商的其他方面进行综合考虑。例如，供应商的行业及背景，供应商的信誉和合作历史，企业与供应商是否具有长期合作的意愿和可能，供应商的产品发展方向是否与企业的长期需求一致，供应商的生产能力和成长空间能否满足企业长远发展的需要，等等。

对供应商实施评估时，企业应先组建由多职能部门参与的评估团队，建立物料供应商评估和批准的操作规程，根据物料的风险级别，明确供应商选择的依据和标准，具体涉及供应商的资质，质量评估的方式和评估标准，质量审计内容，供应商质量管理体系评估的人员组成，现场质量设计的周期，物料供应商的批准程序，质量部门对不符合要求的供应商行使否决权等。如质量评估需采用现场质量审计的，还应当明确审计内容、周期、审计人员的组成及资质。需采用样品小批量试生产的，还应当明确生产批量、生产工艺、产品质量标准、稳定性考察方案。

一般地，对关键物料供应商的评估与确定常包括供应商的资质审核，现场审计（首次评估的供应商应先进行样品检验），供应商的试用、确定和定期质量评估。

（1）资质审核：供应商应优先考虑生产商，以减少因供应链的复杂性给物料质量带来的风险。企业物流管理部门可根据企业产品特点和生产需求向有意向的供应商进行资质审核和初筛，可以是具有合作关系的供应商，也可以是新的供应商。同时，应注意供应链的安全性、稳定性、可溯源性和合法合规等。

（2）样品检验：符合资质要求的供应商需提供3倍全检量的样品，并附自检报告书。其中，原料和内包材需提供三个批号的样品，外包材只需提供一个批号的样品。企业的质控部门根据该物料的采购标准对样品进行检验，并出具检验报告。

（3）现场审计：现场质量审计主要是核实供应商资质证明文件和检验报告的真实性，核实其是否具备生产能力和检验条件，对其人员机构、厂房设施和设备、物料管理、生产工艺流程和生产管理、质量控制实验室的设备、仪器、文件管理等进行检查，以全面评估供货商的质量管理体系，并出具审计报告。现场审计有助于企业有效评估供应商的生产能力及物料的质量风险，识别物料生产和质量的潜在风险。负责质量审计和质量评估的人员应具有相关的法律法规知识和专业知识，具有足够的质量审计和评估的实践经验。

（4）供应商试用和批准：质量管理部门在对相关文件进行审核后，符合供应商确认标准的，即可批准为试用供应商。试用期内，企业可从该供应商处采购物料进行试生产三批，试生产的药品质量全部合格后，即可批准为合格的供应商。此时，质量管理部门应当向物料管理部门分发经批准的合格供应商名单，该名单内容至少包括物料名称、规格、质量标准、生产商名称和地址、经销商（如有）名称等，并及时更新。

（5）定期质量评估：质量管理部门对合格物料供应商定期进行评估或现场质量审计，回顾分析物料的质量检验结果、物料用户的质量投诉和不合格处理记录，对持续保证企业的药品生产及质量，防止重大药品质量事件的发生非常重要。企业的质量管理部门应会同车间、仓库、供应部门每年对供应商定期考核，并根据考核结果做出维持、降级警告、降级和终止采购的决定和相应措施。同时，当物料出现质量问题，或生产条件、工艺、质量标准和检验方法等可能影响到物料质量的关键因素发生重大改变时，还应当尽快进行相关的现场质量审计。

另外，对确定好的物料供应商，质量管理部门应当与其签订质量保证协议，并明确双方的质量责任。同时，企业应建立每家物料供应商的质量档案，内容应包括供应商的资质证明文件、质量协议、质量标准、样品检验数据和报告、供应商的检验报告、现场质量审计报告、产品稳定性考察报告、定期的质量回顾分析报告等。

（三）物料供应商的变更

物料供应商确定后不宜轻易改变，但有时候出于各种可能的考虑，物料供应商需要变更物料的生产工艺、生产条件、生产地址或关键的生产设备/设施等。由于这些变更常可影响到物料的质量，给药品质量带来潜在的风险，所以，药品生产企业应采取措施，以尽早获知物料供应商对可能影响到物料质量做出的相关变更，如在质量协议中规定相关变更提前通知的时间，以有效减少这些变更给企业药品生产及质量带来的影响和风险。

企业获知供应商物料生产的相关变更后，应对其变更给物料质量带来的影响进行评估；并运用风险管理思维，评估其对药品生产和质量带来的潜在风险，然后采取相应的措施。如有必要，可再次组织对供应商质量管理体系的现场审计。如需改变物料的供应商，则应当对新的供应商进行重新确认。

另外，药品生产企业也可能出于提高药品质量和/或经济效益等考虑，对药品的生产工艺、关键设备/设施等进行变更，经药品再注册审批后，也可能对需求物料的质量发生变更需求，此时也可能带来物料供应商的变更，或协助原有物料供应商对物料的生产和/或质量进行变更与提升，根据变更的实际情况，此时也可能需要重新组织对供应商质量管理体系的现场审计。

四、物料流转的过程管理

物料从合格的供货商采购后，需要通过各种设备/系统的系列加工，以实现药品的生产和质量的形成，但这必须保证各种物料符合相应的质量要求，并且在不同加工环节之间无差错、无混淆、无污染的有序流转。所以，企业可在遵循 GMP 要求的基础上，建立符合企业自身实际的物料流转的过程管理制度，以做到物料的规范流转、合理储存、控制放行和有效追溯，确保各物料符合相应的质量要求，同时防止物料在流转和储存时污染、交叉污染、混淆和差错的产生。其过程一般包括物料的接收、检验、储存、发放等环节。

（一）物料接收

物料接收是物料储存管理的关键环节，其管理的目的是确保入库物料的质量合格，防止物料的混淆和差错。所以，物控部门应对其质量和数量进行逐批核查，严格检查和验收。

1. 接收过程 物料的接收包括审查书面凭证、外观检查和填写接收记录。

（1）审查书面凭证：物料到货后，验收人员应对其供应商的合格性进行核实，确定为合格供应商后，再对与货物相关的书面凭证，如合同、订单、发票、产品合格证等进行逐项核查，确定这些单据的真实性和规范性，以及它们与所到货物的一致性。对于特殊环境要求或特殊管理要求的物料，需严格检查运输条件或按国家的相关法律法规进行验收，并采取相应的措施严格控制。

（2）外观检查：逐项逐件核查货物的物料名称、供应商、生产商（如有）、批号、总量、总件数、包装规格和包装形式等与书面凭证的一致性；检查包装有无破损和异常，原辅料是否受污染、受潮、水渍、渗漏等情况，以大致判断货物的品质。当发现可能影响到物料质量的情况时，应记录并及时向质量管理部门报告，开展调查。如采购合同有到货验收的检查标准，则物料的入库前检查应包含合同规定的内容及标准。

（3）填写接收记录：物料接收时，应及时、真实、准确地记录交货单和保证容器上注明的物料名称、规格，供应商的名称、地址及其标识的物料批号，企业内部所用的物料名称和代码；接收日期，接收总量和件数；接收后企业指定的批号或流水号、储存期；外观检查的总体情况等。记录文件上有接收人和负责人的签名。

为防止各种物料间的混淆和差错，经验收的物料都应当有适当的标识加以区分，同时能为物料的可追溯性提供文件支持。通常，物料的标识应由名称、代码及批号组成。物料的名称力求规范化，可采用《中国药典》规定的通用名称或化学名称作为物料的标准名称。同一名称的物料经常会有不同的规格，对应不同的用途及质量标准，如用于细胞发酵的乳糖和用于药物制剂的乳糖的质量标准是不一样的，所以物料的代码宜与物料特定的用途和质量标准对应，一般可采用物料类别加序列号如 ××-××× 的方式表示。批号的确定可参照成品批号的相应方法。对物料的标识应定期检查，防止脱落或模糊。

2. 暂存待验 经接收的物料，无论合格与否，仓库管理员均应根据物料储存条件和要求将物料放入相应的仓库或区域内，做好待检标识（常为黄色标签），并填写货位卡，货位卡是用于标识一个货位单批物料的名称、规格、批号、数量和来源去向的卡片，是识别货垛的依据，能记录和追溯货物的来源和去向。

物料入库暂存后即处于待检隔离状态，需按照待验管理，直至放行。待检隔离的目的是防止物料在放行前进入企业物料流转过程。隔离方法可以根据企业物料管理的实际情况安排，可采用物理隔离区域或计算机控制物料系统。同时，仓储部门应及时填写请验单，送交质量管理部门。

（二）物料的标识

在物料的流转过程中，为防止物料的混淆和差错，避免物料的污染与交叉污染，需使用相应的物料标识，表明其所处的状态，确保物料处于受控状态。

1. 物料信息的标识要求 物料标识通常要求能体现物料的身份信息，反应物料的质量状态，具有可追溯性特点。

（1）原辅料的标识要求：验收入库的物料必须进行标识，其内容至少包括指定的物料名称和企业内部的物料代码，企业接收时设定的批号，物料的质量状态（如待验、合格、不合格、已取样），有效期或复验期，生产商和供应商。

物料从仓储领用进入生产环节，在符合其储存条件下存放时，也需要做好标识，其内容至少包括物料名称、企业内部的物料代码、批号、数量或重量。

（2）包装材料的标识要求：每批或每次发放的与药品直接接触的包装材料或印刷包装材料均应当有标识，标明所用包装材料的名称和批号。

（3）中间产品和待包装产品的标识要求：中间产品和待包装产品在符合其储存的条件下存放时，标识要清晰，且内容至少包括产品名称和企业内部的产品代码；产品批号；生产工序（必要时）；数量或重量；产品质量状态（必要时，如待验合格、不合格、已取样）；有效期或复验期。

2. 物料信息标识的种类 物料信息标识的种类通常有以下两种分类模式。

（1）按质量状态标识：通常包括①待验标识，通常为黄色标识，表明所指示的物料和产品处于待验状态；②不合格标识，通常为红色标识，表明所指示的物料和产品为不合格品；③合格标识，通常为绿色标识，表明所指示的物料和产品为合格品；④已取样标识，表明所指示的物料和产品已经被取样，但未完成检验；⑤限制性放行标识，通常以绿底为标识，但与正常合格标识有显著差异。限制性放行标识不用于正常商业批生产，而用于其他使用目的。例如，物料没有完成全检；或已经完成工厂内部检验，但官方的进口检验报告还没有拿到，此时可进行限制性放行标识。

（2）按类型状态标识：通常包括①物料周转标签，标明品名、批号、重量与容器数，适用于车间内物料的周转，待转移岗位的生产操作结束后，物料周转容器上的标签要全部揭下并附到批生产记录中；②物料标签，标明此物料的名称、批号、数量、供应商、生产日期、有效期等物料身份的信息，用于来料接收；③中间产品标签；④成品标签，粘贴于最终包装容器上；⑤成品零箱标签，表明此包装大箱中装有产品但不为满箱，应与整箱标签有明显的区别；⑥退货标签，表明产品为退货，与正常的产品有明显区分；⑦剩余物料标签，表明此物料为生产过程中相关工序完成后剩余的物料，可继续使用。

3. 批号 是指用于识别一个特定批的具有唯一性的数字和/或字母的组合。产品批号由企业生产部门按批号编制规程统一进行编制，各级生产人员应严格遵守，未经批准不得随意更改给定的产品批号。

一批，是指经一个或若干加工过程生产的、具有预期均一质量和特性的一定数量的原辅料、包装材料或成品。由此表明，一个特定批的物料质量和特性具有预期均一性的特点。实际生产中不同原辅料、包装材料和成品的批定义可遵循GMP（2010年修订）的相关规定。

用于记述每批药品生产、质量检验和放行审核的所有文件和记录称为批记录，通过它可以追溯所有与成品质量有关的历史信息。

（三）物料检验

企业质量检验部门接到通知后，应立即派人员按规定的操作规程与方法进行取样检验。为防止取样时给物料带来污染和交叉污染，产生差错和混淆，企业应采取相应的控制措施，控制取样风险，如遵循我国GMP（2010年修订）附录9《取样》中的规则规范取样，取样区的空气洁净度级别应不低于被取样物料的生产环境，预防因敞口操作与其他环境、人员、物料和产品造成的污染及交叉污染，方便取样操作，便于清洁等。同时，取样过程中注意对取样人员的保护。

样品经检验后，质量检验部门将检验结果报质量管理部门审核。质量管理部门对物料初验、取样、检验及结果等相关信息进行综合考虑，合格的生产物料，由质量管理部门发放检验合格报告书、合格标签和物料放行单，并将结果通知仓储部门。仓储部门根据结果对物料进行处理，除去原来的标签和标识。对合格的物料将物料状态由"待检"变为"合格"，挂上绿色标识，移送至合格品区储存；对不合格的物料将物料状态由"待检"变为"不合格"，挂上红色标识，移送至不合格品区，按规定程序进行处理。

（四）物料储存与日常养护

仓储部门应根据物料的物理化学特性、使用目的及相互间的影响进行评估，确定储存条件。合适的储存条件、正确的储存养护可保证物料的存储安全和在有效期内的质量稳定。

1. 物料的储存 物料的储存应保证物料的储存安全，尽量减少对物料质量的影响，以及防止物料的混淆和差错。常采取的措施如下。

（1）根据物料的种类和特性，尽可能选择分类分库存放。如可分为室外储罐区、化工原料库、制剂原辅料库、包材库、标签库、成品库、特殊药品库、不合格品库和成品退货库等。

（2）根据物料性质、储存条件等对各类库区分设子库区。如不同温度和湿度的分设库区；固体与液体分设库区；危险品、特殊药品、贵重药品分设库区，并按照相应规定管理，配有明显的标识；等等。

（3）中间产品可存放在生产现场，但必须根据其性质确定存放条件，以保证产品的适宜性；相互之间易起反应的物料不宜存放在一个仓库或区域内。

（4）确定存放区域后，一个货位上只能存放同品种、同规格、同批号和同状态的物料。库内要保持清洁、通风、干燥和通道畅通。

（5）原辅料和包装材料除按规定条件储存外，为防止相互间的混淆和差错，常可按以下原则储存：①分品种、规格、批号存放；②各货位间保持一定距离，每个货盘应标明品名、规格、批号、收货人、收货日期等，并标明留检或合格状态；③标签和说明书应专库专人管理。

2. 日常养护 日常养护对确保储存物料质量的稳定非常重要。养护组织或养护人员在质量管理部门的指导下具体负责物料储存中的养护和质量检查工作，具体包括：①根据"以防为主"的原则制订符合企业实际的养护方案；②根据物料的理化性质，对物料采取相应的避光、温控、湿控、防火和防爆措施；③采取各种防治鼠害和虫害的措施；④定期检查储存的物料状态和质量，如堆放是否合规，包装是否破损，外观是否正常，储存环境和条件是否合适等；⑤制订储存期限，期满后复验物料的质量；⑥建立定期的复验制度，以确保物料仍适用于预定用途，并对复验结果采取相应的措施；⑦重点物料应建立相应的养护档案，及时填写台账，并确保档案与物料的一致性。

（五）物料发放

1. 物料发放原则 物料发放时，首先要对有关凭证进行“三查”，即核查生产或领用部门、领料凭证或批生产指令、领用器具是否符合要求；然后对凭证与实物进行“六对”，即核对品名、批号、规格、单位、数量、包装是否相符。其次应遵循以下原则。

（1）“先进先出”按批发放的原则：以减少物料的储存时间，若一批次数量不够，则应尽可能减少混合的批次数，以便于日后质量追踪。

（2）“零头先发”和“整包发放”的原则：“零头先发”，即上一次产品生产结束后，退回仓库的剩余物料（即零头）在下一次生产时应首先使用，以防止零头积累，避免开封物料长时间储存可能带来的质量风险。“整包发放”，即根据生产指令或生产订单的要求进行整件 / 整包发放所需的物料，但每种物料的发放总量应大于生产指令或生产订单中的所需量。

2. 物料发放的程序 生产车间按照生产需要填“领料单”送仓库；物料保管员核对并按照“出库单”上注明的物料品名、规格、数量等将所需物料备齐，置备料区；在备料区内，领料人和物料管理员逐件核对所备物料，领料人在“出库单”上签字确认后，将物料送到车间指定位置。物料发放的操作规程可依据我国 GMP（2010 年修订）制定。

五、产品的管理

产品包括药品生产过程中的中间产品、待包装产品和成品，其管理的理念、程序与物料管理基本相同。不同的是物料不合格可以拒收，而制药企业内发生的产品不合格则必须采取的相应措施。

（一）产品的返工、重新加工和回收管理

产品不合格的原因很多，为保证药品质量，是采取返工、重新加工，还是其他措施，取决于采取的措施对药品质量的影响，需进行质量风险评估，依据经批准的相应操作规程执行。

1. 返工 返工是指将某生产工序生产的不符合质量标准的一批中间产品、待包装产品或成品的一部分或全部返回到之前的工序，采用相同的生产工艺进行再加工，以符合预定的质量标准。

产品的质量达不到预期质量要求的原因很多，返工产品虽可能达到相应的质量标准，但与一次性生产合格的产品比较，其质量的真实内涵肯定会有差别，所以，不合格的中间产品、待包装产品和成品一般不得进行返工。只有按照经批准的程序对相关风险进行充分评估后，确定返工处理不会给产品质量带来不利影响，才允许按照预定、经批准的操作规程进行返工处理，且处理后的产品质量应符合相应的质量标准。例如，颗粒剂在制粒的生产过程中，主药含量发生重大偏差时，就不得返工；但若是某些情况下的水分含量超标，则可以返工。

2. 重新加工 重新加工是指将某生产工序生产的不符合质量标准的一批中间产品或待

包装产品的一部分或全部，采用不同的生产工艺进行再加工，以符合预定的质量标准。

若允许，不合格产品的重新加工一般是采取与之前相同的生产工艺再加工不能达到预定质量标准，而只有采取不同的生产工艺进行再加工才可能达到预定质量标准的情况下，采取的一种经济合理的补救措施。由于采用了新的生产工艺，重新加工的产品虽可能达到相应的质量标准，但同样与一次性生产合格的产品比较，其质量的真实内涵肯定会有较大差别。所以，应考虑将重新加工后产品与之前生产工艺产品的杂质分布进行比较，比较时有必要可采用新的检验方法；只有在不影响产品质量，符合相应质量标准，且根据预定、经批准的操作规程以及对相关风险进行充分评估后，才允许进行；同时，质量风险评估显示有必要的情况下，重新加工的生产工艺必须经过验证。另外，制剂产品不得进行重新加工。

3. 回收 回收是指在某特定的生产阶段，将以前生产的一批或数批符合相应质量要求的产品的一部分或全部，加至另一批次中的操作。

产品的回收需经过先批准，并对相关的质量风险进行充分评估，根据评估结论决定是否回收。回收应当按照预定的操作规程进行，并进行相应的记录。回收处理的产品应当按照回收处理中最早批次产品的生产日期确定有效期。

另外，对返工或重新加工或回收合并后生产的成品，质量管理部门应当考虑需要进行额外相关项目的检验和稳定性考察。同时，为保证药品质量的可追溯性，不合格产品的返工和重新加工、产品的回收均应有相应记录。

（二）不合格产品、退货产品和废品的管理

为防止不合格药品进入市场，给人民生命健康带来危害，制药企业应对不合格产品、退货产品和废品按照严格的操作程序，进行质量风险评估，采取相应的管控和处理措施。

1. 不合格产品 通常情况下，不合格产品的处理流程依次为不合格品的标识、存放和处置。不合格产品的每个包装容器上均应有清晰醒目的标识，并存放在有明确标识的隔离区域；人员的进出和不合格品的出库均应严格遵守相应的流程规范操作。不合格品的处置应由质量管理部批准，并做处置记录。

2. 退货产品 退货是将药品退还给企业的活动。企业应建立药品退货的操作规程，并有相应的记录，内容包括名称、批号、规格、数量、退货单位和地址、退货原因和日期、最终处理意见。同一产品同一批号不同渠道的退货应当分别记录、存放和处理。

退货接收后，应立即单独隔离存放在符合储存条件的退货区域，并标识为待验状态，直到经质量管理部门评估、确定处理意见后进行处理。期间的储存同常规的产品一样进行管理。

只有经过检查、检验和调查，有证据证明退货产品质量未受影响，且经质量管理门根据操作规程评价后，方可考虑将退货重新包装，重新发运销售。评估的因素至少包括药品的性质、所需的储存条件及药品的现状、历史及发运与退货之间的时间等因素。

不符合质量标准及储存和运输要求的退货，应在质量管理部门监督下予以销毁。对退货产品的质量有怀疑时，不得重新发运。除有证据证明退货产品的质量未受影响外，因质量原因退货和召回的产品，均应当按照规定监督销毁。对退货进行回收处理的，回收后的产品应当符合预定的质量标准和 GMP（2010 年修订）的相关规定。退货处理的过程和结果应当有相应记录。

3. 废品 药品生产企业的废品可来源于不同的部门，废品的处置影响企业生产的环保和安全，也可能影响到药品的质量。企业应根据自身情况建立适合的处理体系，防止废品对物料和药品的污染和交叉污染，避免废品对生产环境、地域环境、生产安全和地域安全带来的影响和破坏。

通常，企业可根据废品的来源、性质、及对人身健康、环境和安全的影响等进行分开收集，并清楚明确地进行标识；同时，及时转移至相对独立的区域，与其他物料和产品分库存放，及时处置。

废品的处置主要可分为回收与销毁。可回收的一般为废弃的纸质包装材料和包装容器、废弃金属、废弃塑料。需销毁的一般为含药品的废弃物、实验室的废弃物、工程的废弃物等。另外，企业应尽可能少废品的产生，同时通过对产生废品的回收实现资源在其他领域的再利用，从而达到清洁生产。

第五节　文件管理

药品的质量源于设计，但需通过制造过程实现。本章前述三节已介绍药品制造过程涉及的人员、设备和物料，而要完成药品的过程制造，必须按照批准后经验证的生产工艺进行生产，将各种物料通过设备 / 系统转化为药品，并实现药品的预期质量。生产中要保证药品质量及质量的均一性，防止污染、交叉污染、混淆和差错，就必须保证生产过程中各种生产指令、工艺过程和操作流程等的一致性、规范化和标准化，并且全程可追溯。而这些就需要通过文件的表述、规定和记录等得以实现。因此，药品制造过程不仅需要优良的生产工艺，还需企业建立良好的文件管理系统。一方面，以文件的形式规范和标准化生产过程、设备操作和人员行为等；另一方面，建立管理文件的操作规程，即系统地设计、制订、审核、批准和发放文件。良好文件管理系统的有效运行也是质量保证体系的重要组成部分和实施 GMP 的基本要求。

一、概述

在质量管理体系中，文件是以文字或图示描述业务和管理内容，通过规定的程序由权利人签署发布，要求接受者据此做出规范反应的电子文档或纸质文档。所以药品生产质量管理体系中的文件是规范药品生产及其质量管理活动的具体书面表述，是质量保证系统的基本要素，必须对文件进行有效管理，以保证一切活动有章可循、运行稳定、权责明确、记录可追溯，减少人为因素对药品生产和质量的不利影响。因此，GMP 原则性要求生产活动中涉及药品质量的每一行为都应有文件加以规定，其结果必须有文件记录。

药品生产企业中质量管理体系运行的文件，按管理的层面可分为政策性文件、指导性文件、操作规程和记录表格。其中，政策性文件是公司最高管理层批准的文件，涉及企业运行的基本原则、方针和目标等，如质量手册、质量目标、工作职责说明书。指导性文件是基于政策内容由相关管理人员负责编写的文件，涉及企业通用性要求、程序和职责等。如设备管理、确认和验证、变更管理、偏差管理、质量标准等。操作规程是基于指导文件的内容由相关的操作部门负责编写的文件，涉及企业通用性工艺的详细说明和标准操作等，如操作规程、操作要求等。记录文件是基于规程内容编订的用于记录药品生产及质量管理活动的相关文件。

药品生产企业中质量管理体系运行的文件，按文件的类型又可分为标准类文件和记录类文件。标准类文件又可分为标准管理规程（standard management procedure，SMP）、标准技术规程（standard technical procedure，STP）、标准操作规程（standard operating procedure，SOP）等三类。

二、标准类文件

（一）标准管理规程

标准管理规程是指企业为规范生产计划、指挥、控制等管理职能而制订的制度、规定、标准、办法等书面要求。标准管理规程以工作为对象，它强调“应该”怎么做，其目的是明确管理职能、划清工作范围和权限、规范过程。常见的该类文件有生产管理类文件、质量管理类文件、物流管理类文件、工程维护类文件、卫生管理类文件、验证管理类文件等。

生产管理类文件，如生产计划的编制与实施、生产批号、不合格中间产品和成品、生产过程质量控制点监测等的管理制度。质量管理类文件，如成品放行审核、制造过程监控、质量否决权、取样、产品留样观察、偏差处理等的管理制度。物流管理类文件，如物料采购、原辅料验收入库、成品贮存复验、仓储状态标识等的管理制度。工程维护类文件，如设备选型与购置、设备维护保养、设备状态标志等的管理制度。卫生管理文件包括厂房、设施及设备的卫生管理制度和操作人员的卫生管理制度。验证管理类文件，如验证计划、验证组织机构及职责、验证及验证文件等的管理制度。

（二）标准技术规程

标准技术规程指生产及质量管理所需遵循的含有技术指标的文件，包括由国家地方、行业或企业所颁布和制订的技术性规范、准则、规定、办法、标准规程和程序等书面文件。它通过规范化和标准化的过程文件使原辅料和包装材料按照既定的生产工艺实现药品目标质量的形成。这些文件包括工艺规程和质量标准等。

1. 工艺规程　生产工艺规程是指为生产特定数量的成品而制订的一个或一套文件，包括生产处方、生产操作要求和包装操作要求，规定原辅料和包装材料的数量、工艺参数和条件、加工说明（包括中间控制）、注意事项等内容。工艺规程可以理解为药品生产的蓝图，它是药品设计和工艺设计的结果，以保证原辅料和包装材料通过规范化的商业生产过程实现药品制造及预期质量的形成，且保持药品生产质量的稳定，尽可能减少药品生产质量的批间差异。

药品的生产工艺规程应以国家药品注册批准文件中的生产工艺和质量控制部分为依据，结合生产企业的实际情况，并经过工艺、系统、设备等方面验证和企业批准后方能最终确立。它是药品设计、质量标准及生产、技术和质量管理的汇总，是企业组织和指导生产的主要依据和技术管理工作的基础，是生产操作规程、质量管理规程和内控标准等文件制订的核心依据。

（1）生产工艺规程要求及内容：所有工艺规程必须经过工艺验证，合格后方可用于正式生产，不得任意更改。如需更改，应当按照国家或企业相关的变更控制等操作规程进行修订、审核、批准。同一药品的不同生产批量均应当有经企业批准的工艺规程，不同药品规格的每种包装均应当有各自的包装操作规程。生产工艺规程的制订应当以药品注册批准的工艺为依据，包括如下主要内容：①产品名称、企业内部编号，剂型、规格、标准批量，规程依据、批准人签章、生效日期，版本号等基本信息；②生产处方，需列出生产所用全部原辅料和包装材料的名称、企业内部编号，原辅料的用量、质量标准和检验发放号，产品的理论收率等；③操作过程及工艺条件，包括主要生产设备的名称和型号，详细的生产步骤说明（如物料的核对、加入顺序、数量、操作温度、时间、设备主要操作参数等），生产场所条件有明确要求的说明（如洁净度、温湿度、压差等），中间产品、成品的质量标准、理论收率和储存条件，中间产品的检查方法和控制标准，成品的包装器材，包装操作步骤。

（2）原料药的生产工艺规程：包括产品概述，原辅料、包装材料的规格和质量标准，中间产品和成品的质量标准，化学反应过程及生产流程图，生产工艺过程和质量控制检查，物料平衡，原材料、动力消耗定额和技术经济指标，“三废”的综合利用与治理，技术安全与防火，操作工时与生产周期，劳动组织与岗位定员，设备一览表及主要设备的生产能力，附录或附页等。

（3）制剂的生产工艺规程：包括原辅料、包装材料、中间产品、待包装产品和成品的质量标准，处方及依据，生产工艺流程和质量控制检查，操作过程及工艺条件，包装要求、标签、说明书与储存方法，技术经济指标的计算，消耗定额及技术指标，设备一览表及主要设备的生产能力，技术安全、工艺卫生及劳动保护，附录或附页等。

（4）中成药的生产工艺规程：包括产品概述，处方及依据，工艺流程图，原材料的整理和炮制，制剂操作规程及工艺条件、工艺卫生要求，原辅料规格、质量标准和检查方法，中间产品、待包装产品和成品的质量标准和检查方法，包装的材料、规格和质量标准，说明书、产品包装文字说明和标识，设备一览表及主要设备的生产能力，劳动组织、岗位定员、工时定额与产品生产周期，技术安全及劳动保护，附录或附页等。

2. 质量标准 药品质量标准是指明确规定药品质量特性的技术参数和指标、药品质量规格及检验方法等形成的技术文件。它包括原辅料、包装材料、中间产品、成品等质量标准文件。

药品生产企业所制订的这些质量标准必须符合现行版《中国药典》、《部颁药品标准》、《局颁药品标准》、《中国生物制品规程》、药品注册标准、包装材料标准或其他法定标准和行业标准。质量标准是保证产品质量的重要文件，物料、中间产品和成品均应有经批准的现行质量标准，必要时待包装产品也应有质量标准。药品生产以《中国药典》为准，未收入《中国药典》的药品以注册标准为准，无法定标准和达不到法定标准的药品不准生产和销售。

（三）标准操作规程

标准操作规程是指经批准用来指导设备操作、维护与清洁、验证、环境控制、取样和检验等药品生产活动的通用性文件。这类文件以特定的操作员工、工作岗位或所要操作的设备等为对象，对其工作职责和工作的具体内容做出的规定。它们是各类技术标准与管理标准具体细化和实施的产物，涉及生产、质量、物流、工程维护等各部门。例如制粒机标准操作规程、内包装材料取样标准操作规程、空调净化系统清洁与维护保养规程等。

根据药品生产企业的实际制订完整、科学、实用的标准操作规程是药品生产企业搞好质量管理工作的基础。标准操作规程应突出 GMP 管理的要素，其指令应清晰明确，关键内容应足够详细，语言应通俗易懂，以详细地指导人们如何完成一项特定的工作，并确保过程受控及文件的可追溯性。一份好的标准操作规程，应当是通俗易懂、指令明确且易于执行；只要执行者经过适当的培训，严格按其操作，就能准确无误地达到预定结果的效果。

三、记录类文件

各类工作和管理标准是行为的准则，记录是行为过程和结果的证据。制订标准的目的是在生产实践中实施这些标准，而记录类文件就是记载实际生产活动中执行标准情况和实施结果的书面信息与凭证，它可反映了所生产每批产品的生产过程及质量与各类标准执行的一致性和偏离情况。因此，记录是质量追溯、持续改进及改进结果的直接依据，质量风险分析和纠偏的基础；是体现质量管理体系运行情况的最重要的文件。

（一）记录类文件分类

药品生产及质量管理的所有环节都要有记录，且记录必须真实、完整，严禁捏造和造假。按内容和形式，记录通常可分为过程记录、台账记录和凭证等三类。

（1）过程记录：是指记载药品生产及质量保证和质量管理过程中所有已完成活动的过程、结果及相关信息的文件。它包括质量管理记录、批生产记录、检验记录和验证记录等。

（2）台账记录：是指依时间顺序记载物料、产品流转、管理活动及结果等相关信息的文件。它包括台账、编码表、定额表等。

（3）凭证：是指记载生产活动和质量监控活动等相关信息的文件。它包括物料、设备、实施、房间等状态的单、证、卡、牌等。

（二）批生产记录

批记录是用于描述每批药品生产、质量检验和放行审核的所有文件和记录。企业生产的每批药品均必须有相应的批生产记录，通过批生产记录可追溯该批产品的生产历史以及与质量有关的情况。

批生产记录应根据工艺规程和标准操作规程，针对每个规格的产品进行内容设计，并对每批药品生产作业过程完成后对相关信息进行全面、及时、真实、客观的填写。它一方面通过对所有生产活动每个步骤操作的指令性规定，确保整个生产过程处于受控状态；同时，又通过对全部作业情况的如实反映，确保药品生产过程的可追溯性。因此，批生产记录是每批药品评价的重要依据，也可作为企业质量追溯调查及质量改进的依据，更是药监管理部门检查以及药品质量投诉调查的重要依据。

按我国 GMP（2010 年修订）的要求，批生产记录应对药品生产的所有环节，即从原辅材料配料直至成品入库，包括该批生产中的工艺管理、设备运行、人员操作、偏差处理等情况均需记录。其内容一般应包括：①产品名称、规格、批号；②生产以及中间工序开始、结束的日期和时间；③每一生产工序的负责人签名；④生产步骤操作人员的签名，必要时还应当有操作

（如称量）复核人员的签名；⑤每一原辅料的批号以及实际称量的数量（包括投入的回收或返工处理产品的批号及数量）；⑥相关生产操作或活动、工艺参数及控制范围，以及所用主要生产设备的编号；⑦中间控制结果的记录以及操作人员的签名；⑧不同生产工序所得产量及必要时的物料平衡计算；⑨对特殊问题或异常事件的记录，包括对偏离工艺规程的偏差情况的详细说明或调查报告，并经签字批准。

值得注意的是，操作人员应按要求认真填写记录，做到字迹清楚、内容真实、数据完整，不得任意撕毁和涂改。需要更改错误时，应在原错误的地方画一条横线，使原来的内容可以辨认，同时更改人应在更改处签名。记录表格有未填写的部分时，应在该项中画一条斜线以示空白处。

（三）电子系统记录

电子系统记录指依赖计算机系统对文字、图标、数据、声音、图像以及其他以电子形式存在的信息组合进行的创建、修改、维护、存档、找回或发送等，包括电子签名。

随着自动化控制系统在药品生产中的不断应用，手工记录已逐渐难以满足各方面的要求。在某些情况下，电子系统记录替代手工记录可防止污染风险的产生，如无菌制剂的生产；同时，与传成手工记录系统相比，电子系统记录在很多方面更完整、更经济、更安全，更易于汇总统计和分析，更便于数据记录及处理结果的检索。但是电子系统记录在丢失后不易补救，存在潜在风险。

伴随自动化及网络应用技术的发展，计算机系统已广泛应用于药品生产及质量管理的各个环节，将计算机系统与 GMP 记录结合，同时加强电子系统记录的有效管理，有利于企业质量管理体系运行和 GMP 实施的稳定和高效。如使用电子数据处理系统、照相技术或其他可靠方式记录数据资料，所用的系统应当有操作规程；记录的准确性应当经过核对。使用电子数据处理系统的，只有经授权的人员方可输入或更改数据，但更改和删除情况应当有记录；系统的登录需采用密码或其他方式来控制；关键数据输入后，应当由他人独立进行复核。用电子方法保存的批记录，应当采用磁带、缩微胶卷、纸质副本或其他方法进行备份，以确保记录的安全，且便于数据资料在保存期内查阅。

四、文件的编制

文件是质量保证系统的基本要素，企业必须有内容正确的质量标准、生产处方和工艺规程操作规程以及记录等书面文件，内容正确、形式实用的文件离不开科学系统的文件编制工作。

（一）文件设计

文件系统的设计要以 GMP 的要求为依据，符合企业的实际情况，既满足生产与质量管理的需要，又不流于形式。文件系统的设计与制订要在企业质量管理负责人的指导下，由经过严格 GMP 培训并考核合格的人员进行，制订的程序要符合文件管理规范。同时，文件的设计应合理，题目能清楚说明文件的性质，各类文件有便于识别的编号系统，格式要统一。

（二）文件编码

文件编码是文件系统形成的重要组成部分，应在文件分类的基础上，遵循系统性、准确性、可追溯性、稳定性、可发展性及相关文件一致性的原则进行编码，做到一文一码，且唯一对应。文件编码一旦确定，不得随意变动，以确保文件系统的稳定性。文件修订后必须给予新的文件编码，同时对与该文件相关的文件编码进行修订。

文件编码的方法，为方便有效地对企业的文件进行管理，企业可根据生产品种的特点及文件体系的要求，合理编码文件，避免差错产生。例如，标准管理规程类文件的编码格式可为部门代码 - 文件分类代码 - 文件顺序号 - 版本号；记录文件编码的格式可为部门代号 - 文件分类代号 - 记录分类代号 - 文件顺序号 - 版本号。文件分类的代码常可用英文缩写表示，序号和版本号可用阿拉伯数字表示，常见的文件代码如下。

1. 部门代码 常有质量部（Q）、质量保证部（QA）、质量控制部（QC）、生产部（P）、物料部（M）、设备部（E）、营销部（S）、行政部（A），等。

2. 文件性质分类代码 常有标准技术规程文件（STP）、标准管理规程文件（SMP）、标准操作规程（SOP）、记录（R）。这些文件类型还应细分如下。

（1）标准技术规程文件（STP）分类代码：常有工艺规程（PS）、质量标准（QS）、验证方案（V）。

（2）标准管理规程文件（SMP）分类代码：常有生产技术管理（P）、质量管理（QM）、设备管理（E）、安环管理（EHS）、物料管理（M）、机构和人员管理（HR）、清洁卫生管理（C）、文件管理（D）、验证管理（V）、注册管理（R）、销售管理（S）等。

（3）标准操作规程（SOP）分类代码：生产管理规程（P）、岗位标准操作规程（PP）、质量管理规程（QM）、设备操作规程（E）、物料管理规程（M）、卫生清洁规程（C）等。

（三）文件编制

药品生产企业需编制的文件应覆盖企业药品生产与质量管理的各个方面，编制文件应结合企业的实际情况，遵循内容系统、表达明确、条理清晰、格式统一的原则，注重真实性、可靠性、科学性、完整性，使每个操作只有一个标准，做到“查有据、行有迹、追有踪”。同时，还要注意保证文件编制活动本身的质量，即对文件本身的起草、修订、审查、批准、生效、修改和废除有“法定”程序，并严格遵守执行。

1. 文件正文编写的内容 主要包括：①制订该文件的目的；②该文件适用的范围或应用领域；③执行该文件的部门或人员，以及对执行该文件负有监督检查责任的部门或人员；④阐述管理或操作的详细内容、方法或步骤，并对可能发生的意外或特殊情况加以说明；⑤文件引用的现行标准和其他文件。在文件起草的过程中，还应保证其内容与药品生产许可和药品注册批准的相关要求一致。

2. 主要编制的文件 药品生产企业主要编制的文件如下。

（1）文件管理制度文件：文件的编码规定，文件的起草、审核、批准程序，文件的发放、登记、收回和归档程序，文件的培训规程，文件的执行与检查制度，文件的变更管理程序等。

（2）质量管理文件：各级人员质量责任制，质量管理部门职责与权限，质量管理和检验人员职责，产品质量档案管理制度，留样观察制度，质量分析制度，质量统计报告制度，质量信息反馈制度，质量事故分析报告制度；质量奖惩制度，用户访问制度，质量投诉处理规程，自检规程，药品不良反应监察报告制度，库存物料复验规程，标签说明书设计、校对、印刷管理规程；供应商质量审计程序，成品放行前审核程序，取样规程，工序质量控制，用户投诉处理程序，不合格品处理程序，退货和收回程序等。

（3）人员管理文件：部门职责，人员岗位责任制，人员培训制度及计划、考核、档案，人员健康管理制度及档案等。

（4）设备管理文件：设备管理制度，操作规程，清洁规程，维修保养规程，档案、台账、记录表、状态卡。

（5）物料管理文件：物料入库、贮存、发放管理程序，物料分类编号规定，取样室管理规程，不合格品管理程序，销毁程序，化学危险品管理程序，成品销售管理程序，标识物管理规定，退货产品管理规程，货位卡，请检单，成品销售记录，仓库温湿度监控记录等。

（6）生产管理文件：工艺规程，岗位标准操作规程，清场管理，生产工艺查证管理，物料消耗定额规定，生产指令，物料平衡检查程序，偏差分析处理程序，批号编制与划分规定，可利用物料管理规程，拼箱管理规定，批生产记录等。

（7）卫生管理文件：卫生管理制度，厂房设备、容器、卫生工具清洁规程，工作服清洗规程，进入清净区的更衣净化程序，对外来人员的指导规定等。

（8）验证工作文件：验证总计划，验证管理制度，验证方案，验证报告，验证原始记录等。

（9）质量控制文件：质量标准，检验操作规程，仪器操作、校验规程，标准溶液管理规程，试剂与试液管理规程，对照品、检定菌管理规程，无菌检验室管理规定，实验动物房管理办法，洁净区环境监测规程，工艺用水质量监控规程，检验记录，检验报告等。

（四）文件制订程序

药品生产企业应当建立文件编制管理的操作规程，系统地设计、制订、审核、批准和发放文件，以规范文件的编制过程。文件制订的一般流程为：设计→起草→会稿（修订）→审核（修订）→批准→分发→生效。制订时，宜采取“谁使用，谁编写”“先起草，后会签”“先试用，后批准”的方式，以发挥全员参与的作用，以增强文件的系统性、可操作性和与实际的吻合性，避免文件的片面性。所编制的文件均应当经质量部门审核。

1. 设计 药品生产企业应成立一个由质量管理部门负责的专门的文件起草领导机构，并在其统一领导和协调下，根据药品相关法律法规要求，结合企业药品生产与质量管理的实际情况，确立文件的总目录、编码、格式和参与人员等，并挑选适当的人员对文件系统、内容与格式等进行精心设计，以确保文件系统的完整性、系统性、一致性和连续性，及文件内容的准确性、适用性和可操作性。

2. 起草 文件的起草是文件形成的第一步，也是最重要、最基础的一个环节。企业应从文件的使用部门挑选适当的人员，对其加以相关法律法规和专业知识的系统培训，并在不断地指导、沟通和交流中，让他们根据相关法律法规，结合企业药品生产和质量管理的实际情况，编写自己所负责领域的文件。同时，让他们深刻理解盲目照搬对药品生产和质量管理的不利影响。

3. 会稿 文件起草后，一般应在起草人员所在的部门（使用部门）或车间组织会稿，在充分协商、沟通和修订后，将原起草文件和会稿文件一起交给质量管理部门。

4. 审核 质量管理部门应组织各部门的专业技术人员对文件进行审核和再次修订。审核的要点是与国家法律法规和企业质量管理体系的要求是否吻合；各文件间的相互衔接情况；含义和解释的唯一确定性；内容的可行性；语言是否简练、易懂、确切等。涉及多个部门的文件，需要由质量管理部门组织对文件进行会审，审核后将"文件会审单"和原始文件一起返回原制订人员，原制订人员根据会审的意见进行修改，直至符合要求。

5. 批准和生效 所有文件经质量管理部进行统一审核后，提交企业负责人进行批准，按规定的日期宣布生效。文件的起草、修订、审核、批准均应当由适当的人员签名并注明日期。

6. 修订和废除 文件的修订是指不改变文件的题目，只对文件的内容进行的修改。企业修订文件时，应在文件的变更历史中写明版本号、变更原因和内容、生效日期。

文件的废除是指改变文件的题目或文件由于设备更换而撤销，此时不论文件内容是否改变，原文件都应废除。文件废除后，质量管理部门应收回废除的文件，使其不得在生产现场出现。

五、文件的使用

文件制订的目的规范和标准化生产过程、设备操作和人员行为等，要达到这些目的，就必须对文件的使用环节进行有效管理，以确保文件使用的质量。文件的使用包括文件的分发、培训、执行、归档、定期回顾和变更等环节。

（一）文件的培训

无论新文件还是更改后的文件，为保证文件得到正确的执行，文件一经批准，在文件批准日期到生效日期前应由文件起草或审核部门对使用文件的人员进行培训，并经考核合格。

完善的文件系统是质量管理体系有效运行的基础，而文件培训对于员工正确执行文件的内容至关重要。培训工作由质量管理部门统一安排进行，其目的是使生效的文件得到严格、有效的实施。所有文件都要根据不同的实施者进行针对性的培训，所有员工都必须接受他所实施的文件及相关文件的培训。

文件培训的前提是员工具备基本技能和专业知识，熟悉 GMP 的基本要求。只有这样才能在培训时融会贯通地理解各种文件的内容和要求，使文件培训收到实效。

文件培训可以由行政人事部门会同相关部门编制培训计划，编写人、审核人、批准人进行培训，并做好培训记录，以保证每个文件使用者都能正确使用文件。培训时，不但要组织学习各项管理制度，而且要组织各个操作规程的学习，还要进行考核和考试，以保证培训的效果。文件培训可采用起草人主讲的方式进行，由起草人对文件起草的背景、相关联的专业知识、文件的执行要点、与之相关的文件内容、执行文件的检查考核、以及执行文件时可能出现的问题和解决方法作详细讲解。员工培训要分次分批地进行，只有认认真真、扎扎实实地进行人员的培训，才能保证文件使用者清楚何时使用该文件、怎样使用该文件，并真正有效地执行该文件。

（二）文件的执行

文件批准生效后，各部门应当立即执行文件的有关规定。文件执行的初始阶段，质量管理部门应注意加强监督检查，并对执行结果进行必要的评估，以保证文件执行的有效性；根据文件执行的评估结果，如有必要文件应及时进行复核修订。

（三）文件的归档

文件的归档包括书面文件的归档和电子版本的归档，文件经签发批准后应立即将原文件交由质量管理部门归档管理。质量管理部门作为文件的管理部门，应有专人负责文件的归档管理，质量管理部门的档案室中必须留有一份完整的书面文件和电子版本。

现行文件样本及原件应统一归档，更新时应有记录并归档，旧文件收回应集中归档；文件应当分类存放、条理分明、便于查阅。质量标准、工艺规程、操作规程、稳定性考察、确认、验证、变更等重要文件应当长期保存。各种归档的文件应建立台账登记，以方便查阅和借用。

（四）定期回顾

随着药品生产的不断进行、实践经验与专业知识的不断沟通，企业一线员工和基层管理者对药品生产各环节，尤其是生产工艺、设备运行、质量标准和关键质量控制点等的理解不断深入；与此同时，产品和工艺知识、管理与法律法规知识的不断更新。使得文件更新的需求逐渐突出，为更好地保证药品的生产及预期质量，企业文件应当定期回顾、修订，质量管理部应每年组织对现行质量管理体系的文件进行定期评审，各部门结合文件的使用情况进行适时评审，必要时按文件管理规程进行变更和修订。

（五）文件的变更

文件的变更应由使用者或管理者提出，并说明变更的理由和内容。原文件的批准人对变更的可行性进行评价，并审批。文件的使用者按照审批意见执行变更，同时检查相关文件的变更，变更应有相应的记录。

第六节　生产过程的质量控制

药品的设计质量通过过程制造实现，检验起到了重要的把关作用。各种物料按照确定的工艺规程通过设备制成成品时，生产过程分析必不可少。除了生产过程中的安全分析和成本分析外，涉及5M1E因素中“测”的生产过程质量分析，对药品质量的形成和保障药品的质量具有重要的把关和预警作用。生产过程质量分析包括在线检测和离线分析，在线检测常采用过程分析技术，离线检测常为抽样检验（质量控制实验室或检验站完成）。而要保障这些检验检测数据的可靠性，离不开对仪器仪表的有效管理，尤其是仪器仪表的校准等计量工作，这些在本章第三节设备管理、第二章计量工作和第六章抽样检验已进行了介绍。因此，本节主要对离线的实验室质量控制和在线的过程质量分析进行介绍。

一、概述

生产过程是一个输入、转化、输出的过程，常包括工艺过程、检验过程、运输过程、自然过程、加工等待过程和辅助服务过程等。其中，工艺过程是直接改变加工对象的性质、尺寸、几何形状的过程，即加工对象产生物理和化学变化的过程，也是产生主要价值的过程。生产过程质量分析主要涉及工艺过程和检验过程。

制药生产过程质量分析是对药品生产的物料、中间产品或成品的各项质量指标是否符合各项标准或是否有趋势变化所做的技术分析。其目的是更好地了解和掌握药品的质量情况和质量变化的规律，确保药品生产中物料、中间产品和成品的质量符合预期的质量标准，并为药品生产中相应改进措施的实施和药品质量提升计划的制订提供重要依据。

制药生产过程的质量分析一般包含两类，一类是常规质量数据的分析，例如片剂压片工序中片重的趋势变化情况、原料药生产中活性药物成分含量的变化等，通过这类过程数据的分析比较，摸索生产过程质量控制的水平，如有必要时采取相关措施以控制质量向“好”的方面发展；二是生产过程质量异常的问题分析，偏离已批准的程序（指导文件）或标准的任何情况。后者涉及药品生产的全过程和各种相关影响因素，如药品检验、环境监测/校验等超标，过程控制缺陷/工艺参数漂移，物料平衡超限，混淆、污染和人为差错，物料和产品的储存异常，与已批准的标准、程序、指令不相符等问题事件，即“偏差”。在过程质量分析时需确保任何与产品质量有关的偏差均得到有效的调查和评估，并采取及时有效的纠正和预防措施，进而防止类似偏差的再次发生，控制偏差造成风险和损失，并最终保证药品质量的安全性、有效性以及质量的可控性。

另外，由于研发阶段获取的药品稳定性数据存在局限性，当药品进入商业化生产后，需要开展针对上市药品的持续稳定性研究，以证明其在有效期内的稳定性。而药品生产过程中厂房、系统、设备/设施或工艺状态等的各种变更，则需要评估其变更对药品质量的影响，包括对药品安全性、有效性和质量可控性的风险和影响程度等，并按照《药品注册管理办法》等法律法规的要求，开展相应研究，进行可能的变更审批、备案和报告，以保持药品质量的持续稳定性。同时，企业需按照操作规程定期对所生产药品的质量进行回顾性分析，以确保药品工艺的稳定性、长期符合质量标准的要求，并为药品质量的持续改进提供依据。

二、质量控制实验室的管理及运行

药品生产过程中，质量控制实验室的管理及运行对确保各种物料、中间产品和产品等符合批准的质量标准和规定要求中起着重要的把关、指示和预警作用。建立、实施并维护一个有效的实验室管理体系能够有效支持企业整体质量管理体系的有效实施，确保生产的药品持续稳定地符合预期质量要求，以满足企业、患者及相关方的需求。

实验室管理就是按照规定方法和相关规程，对物料、中间产品、待包装产品和成品的取样、留样、检验、记录、出具报告等检验流程的各环节进行风险控制和规范管理，以确保检测的数据可靠、准确、真实和完整，证明检测对象符合其已批准确定的质量标准。

设计质量是通过制造过程实现的，若生产过程完全处于技术受控状态和生产受控状态时，理论上药品质量与质量控制实验室的工作无直接关系，仅对药品生产中各种物料、中间产品和成品等的质量起到把关作用，阻止不合格品流入下一道工序和销售市场。但作为药品生产的辅助过程，一旦生产过程中相关活动的开展和措施的实施是基于质量控制实验室工作的检验数据时，其工作就会影响到药品的生产及其质量。具体表现在其不仅会影响药品生产中各种物料、中间产品和成品等质量的判断，而且会引导药品生产中各种活动的开展和措施的实施，从而最终影响药品的质量。因此，质量控制实验室工作的核心目标就是确保其检验数据的完整、真实、准确、可靠。由此必须对质量控制实验室工作进行有效管理，对影响检测数据质量的潜在风险进行严格管控，并持续改进管控的有效性，以避免质量控制实验室工作环节给药品生产及质量带来的不利影响，保证其工作目标的实现。

质量控制实验室对药品生产及质量的支撑作用，主要体现在以下方面：①评判各个阶段产物和最终药品的正确性和质量符合性，其检验数据为合格生产物料、中间产品和最终成品的放行提供重要的质量依据；②依据检测对象的检验结果，及时放行合格的生产物料至下一道生产工序，对合格药品生产的各环节及最终产品的形成起到重要的把关作用；③通过稳定性试验数据和趋势分析，指导企业确定药品的有效期、合适的包装材料、合理的运输和储存条件等，以确保药品在流通和使用环节始终处于预期的质量状态；④通过质量控制实验室的有效管理，有效监控药品生产的过程能力、水平和产品质量，使药品质量管理体系始终处于受控状态，并为生产过程的持续改进指明方向和提供依据。

（一）实验室布局与组织机构

1. 实验室布局 实验室的设计和布局，应科学合理，以确保其预定功能的发挥和质量检验工作有序高效地开展，减少和避免样品的污染、交叉污染、混淆和差错，保证检测仪器设备运行的稳定性，增强其检测数据的可靠性。

通常，质量控制实验室应与生产区分开，可按功能划分为理化实验室、微生物实验室、生物检定实验室（包括实验动物房）等区域，各功能区域应彼此分开；必要时，应设置专门的仪器室，使灵敏度高的仪器免受静电、震动、电磁波、潮湿等因素的干扰，以保证仪器运行的稳定可靠。微生物实验中无菌检查、微生物限度检查和阳性菌株等微生物培养应设立独立的洁净区或隔离系统，防止污染和交叉污染。另外，还需留有足够的区域用于样品处置、留样、稳定性考察样品存放以及记录的保存；设有专门区域或房间保证玻璃仪器的清洗、相关实验器材的存放，并且具有良好的废水废液收集系统。化学试剂、试药和特殊试药等需有符合国家相关法律法规要求的存放区域和保管条件。

2. 组织机构 实验室的工作内容主要涉及取样、留样、稳定性考察，检验和原始数据的管理，试剂及试液的管理，标准品及对照品的管理，仪器的确认、校准与维护，分析方法的验证及确认，检验结果偏差（OOS）调查等多个方面。

与工作职能对应的，企业可以根据自身的生产规模，设立一个或多个实验室，例如微生物实验室、仪器分析实验室、理化实验室、原辅料实验室、包装材料实验室、车间中间控制实验室等。质量控制部门的负责人必须由具有足够的管理实验室的资质和经验的人员担任，可以管理企业的一个或多个实验室。实验室应配备足够数量且具备岗位工作要求的相关教育背景、专业知识和经验技能的检验人员，并经过与相应岗位操作及其相关工作的实践培训且通过考核。

（二）文件系统

质量控制实验室的文件是实验室开展各项工作的规程和要求，其目的是保证检测数据的可靠性，避免各种因素对检验数据可靠性的影响，以有效监控药品生产过程物料、中间产品和产品的质量，防止不合格产品流入下一道工序和销售市场。同时，保证质量控制实验室管理符合国家相关法律法规和对安全生产的要求。

作为企业文件管理的一部分，质量控制实验室的文件系统应符合 GMP 的文件管理要求。常包括下列文件：质量标准及分析方法；取样操作规程和记录；实验室样品的管理规程；检验操作规程、记录、原始数据、超标结果的处理；检验报告或证书；必要的环境监测操作规程和记录报告；检验方法的验证方案及记录报告；生产用水的检测操作规程和记录；实验室分析仪器的使用、校准和维护的操作规程及记录；实验室分析仪器的确认方案及报告；实验室试剂的管理规程及配置、使用记录；标准品的管理规程及标定、使用记录；菌毒种的管理规程及记录；实验室剧毒物品、易制毒品的管理规程及记录。

总体来说，质量控制实验室的取样或检验等任何操作都应该有相应的操作规程，并有相关的记录，以备复核及追溯。生产出的每批药品，包括中间产品和待包装产品，都要按照批准实施的操作规程进行质量控制检验，并有相关的完整检验记录，以便追溯该批药品所有相关的质量。

（三）取样

质量控制实验室的核心工作是质量检验，通过质量检验判断药品生产过程中物料、中间产品和药品等是否符合相应的质量标准。其中，取样是质量检验的关键环节，如果所取的样品不能代表被取样的总体，即取样没有代表性，不能反映被取样总体的质量特性，那么即使检测分析的结果非常准确、完全可靠，也不能获得整批产品质量的准确结论，还可能会导致质控后续过程处于可疑状态，甚至可能造成不合格产品流入下道工序或销售市场。因此，企业应非常重视质量检验的取样环节，结合物料、中间产品和药品的特性，科学合理地制订取样操作规程，针对性地制订好取样方案，并做好取样记录。

要保证取样样品的代表性，首先要防止取样时样品的污染或交叉污染，如设置取样间，取样前应对取样间进行彻底清洁，使取样区域的空气洁净度级别与待取样产品的生产环境一致；取样器具一般应易于取样操作，便于清洁灭菌、密封转移与储存；取样前取样器具应消毒，微生物检验样品或无菌产品应灭菌，取样完后应尽快清洁、干燥、保存。

其次，企业应结合物料的特性特征，制订物料、中间产品、成品以及工艺用水等的取样操作规程。取样操作规程应当详细规定：①经授权的取样人；②取样方法；③所用器具；④样品量；⑤分样的方法；⑥存放样品容器的类型和状态；⑦取样后剩余部分及样品的处置和标识；⑧取样注意事项，包括防止取样过程的污染、交叉污染，操作安全和人员保护等；⑨储存条件；⑩取样器具的清洁方法和储存要求。

要实现取样样品的代表性，首先应保证取样对象（待取样的总体）的均一性；其次是取样方案和取样方法的科学性和合理性。药品生产的各个环节都有可能需要取样进行质量检查，正常生产取样包括：物料（包括活性成分、辅料和包装材料）、中间产品、中间过程控制的取样，成品（包括留样的取样）的取样，工艺验证、清洁验证和环境监测等相关的取样。《中国药典》（2020 年版）四部对药材和饮片取样法进行了详细规定，而本教材第六章第三节对抽样检验中的抽样方案等进行了详细介绍，企业可根据其药品生产实际，遵循国家相关法律法规和技术标准的基础上，针对各种可能的取样制订相应的取样方案和取样方法。

为尽量避免取样过程中被取样对象及取样样品的污染、交叉污染、混淆和差错，防止取样过程中安全事件的产生，并尽可能在取样过程中获取非检测性质量信息，授权取样人员常为 QA 人员或 QC 人员，身体应无传染疾病、无暴露伤口，具有良好的视力和辨色能力。同时，应持续接受相应的专业和技能培训，了解取样过程中的安全知识和职业卫生要求，熟悉取样方案和取样流程，并严格按取样规程操作。此外，取样人员最好具有通过取样过程中的观察获取潜在或额外质量信息的能力。

（四）检验

药品检验是指依据药品质量标准规定的各项指标，运用一定的检验方法和技术，对药品质量进行综合评定的过程，又称药品质量检验。严格按照批准的方法，对药品生产过程中的物料、中间产品、待保值产品和成品等进行检验，并完整记录，以防止不合格物料和中间产品流入下一道工序，杜绝不合格药品的出厂销售，并保证其过程的可追溯性，是药品检验的基本工作和核心任务。

如何确保检验数据和结果的准确可靠，可从影响检验过程的人、机、料、法、环五个环节进行有效管控。例如，从事检验工作的人员应经过培训和通过考核；应保持检验人员的良好工作环境，满足仪器设备运行的环境要求；确保仪器设备的稳定运行和可靠，严格计量管理，使用的仪器设备和量器具应经过确认和 / 或校准；检测所用的试剂试液、标准品或对照品、培养基以及检定菌等应严格按要求有针对性的管理，确保其质量的可靠；检测对象应有科学合理和经批准的质量标准，检验方法必须是经验证或确认批准的现行文本，检验操作规程的内容应与经确认或验证的检验方法一致；等等。

1. 质量标准的提升 质量标准是在特定的生产工艺基础上建立起来的，在某些情况下由于对药品真实质量世界的了解不够，所以存在一定的局限性，导致即使检验合格的药品也可能蕴含潜在的质量风险，甚至可能造成药害事件的发生。因此，随着对药品和生产工艺理解的不断深入，企业应根据实际情况按照相应的规程及时提升药品的质量标准。

2. 检验方法的验证和确认 检验方法的验证是指根据检测项目的要求，科学合理地设置相关的验证内容，并按验证内容的要求设计试验来验证所采用的分析方法能否符合检测项目的要求。物料、中间体和成品等检验采用的检验方法需与注册批准的方法一致。由于检验方法在确保检验数据和结果准确可靠方面的重要性，为确保检验方法的可靠性，当采用新的检验方法，检验方法需变更，采用《中国药典》及其他法定标准未收载的检验方法，或法规规定其他需要验证的检验方法时，样品检验前应当按照现行版《中国药典》药品质量标准分析方法验证指导原则的要求对所采用的检验方法进行验证。如采用药典收载的检验方法或注册批准的方法，则不需要再次验证，但需对检验方法进行确认，以确保检验数据的准确可靠。如需变更成品检验方法，应按照变更控制规程进行验证和申报。

3. 药品标准物质、试剂试液　对药品检验过程中各种标准物质或对照物质、试剂试液、培养基以及检定菌等的有效管理，是保障检验结果准确可靠的基本工作和必要控制环节。实验室应对药品标准物质、试剂试液进行严格管理，有包括供应商管理、接收、使用即废弃处理等详细的管理规程；注明厂家明示的有效期，并建立开封后的有效期；应建有单独试剂室和各种储存条件来储存标准物质和试剂试液；剧毒和易制毒试剂的储存和使用需符合国家公安机关的相关规定。

（1）试剂试液：试剂又称化学试剂或试药。除另有规定外，检验用的试剂均应根据《中国药典》附录试药项下规定，选用不同等级并符合国家标准或国务院有关行政主管部门规定的试剂标准。试液、缓冲液、指示剂和指示液等应是按照规定方法配制的溶液，且均应符合《中国药典》附录的规定或按照附录的规定制备。

根据检测项目、方法、对象和指标等的不同，试药或试剂、实验用水、实验耗材的选用要求和级别也不同，企业应在检验方法和相关规程中给予必要的明确或规定。一般地，标定滴定液用基准试剂；制备滴定液可采用分析纯或化学纯试剂，但不经标定直接按称重计算浓度者，则应采用基准试剂；制备杂质限度检查用的标准溶液，采用优级纯或分析纯试剂；制备试液与缓冲液等可采用分析纯或化学纯试剂。

为确保试剂具有可靠的质量、符合预期的用途，试剂应从经过资质机构认可的厂家或供应商采购；必要时应与物料供应商的管理类似，对供应商进行评估。试剂应有接收记录，特殊情况下，在接收或使用前，应对试剂进行鉴别或其他检验。试剂、试液应有相应的标识，试剂的首次开启者应将开启日期同时标注于试剂标签上并签名；实验室配制试液的应有配制记录，配制的容器上应贴上标签，标签上应标明试剂名称、储存条件以及试剂配制人和配制日期。

试剂、试液必须按照规定和要求的相应条件储存，如密闭、避光、干燥、适宜的温度和湿度等，以确保试剂、试液在有效期内能满足预期的用途；如果没有特别规定，则默认为室温保存。实验室所用的试剂都应有合理的有效期，且不得超过生产厂家规定的有效期；配制的试剂试液，应根据其性状制订合理的存储条件和有效期；对不稳定的试剂试液，应当通过试验数据科学合理地确定其有效期和储存条件。对于超过有效期的试剂试药，实验室应根据不同试剂的特性和相应的法规要求，制订相应的试剂报废处理流程。

（2）药品标准物质：药品标准物质是指供药品标准中理化分析及生物方法测试用，具有确定特性量值，用于校准设备、评价测量方法、或给供试药品赋值的材料或物质。药品标准物质常包括标准品、对照品、对照提取物、对照药材和参考品等。

药品标准物质是一类特殊的试药，所以试剂试药的管理要求同样适应于药品标准物质，但药品标准物质的管理一般更侧重于其标准性和基准性。它由中国食品药品检定研究院负责发售。药品标准物质的使用、储存、处置和分发应有标准操作规程，规程中需规定它们的使用注意事项，如称量使用前是否需要干燥，是否需要重新测定标准、对照品的干燥失重等。从标准品稳定性角度来说，标准品和对照品的最好储存方法是将其分装成合适的小包装单独标识、储存。原则上，药品标准物质溶液在临用前现配，不推荐保存标准物质溶液，除非使用者证明其适用性，并规定有效期。

（五）留样、稳定性考察和持续稳定性考察

1. 留样 指企业按规定保存的、用于药品质量追溯或调查的物料和产品样品。用于产品稳定性考察的样品不属于留样。用于药品生产的原料药、辅料（不包括生产过程所用的溶剂、气体和制药用水）、包装材料和成品均需要留样。由于留样的目的是质量追溯和调查，故留样应当按照操作规程进行管理，有相应的留样记录，且用于留样的样品要能代表被取样批次的物料或产品的质量，同时留样的存放条件应与产品规定的储存条件一致。一般情况下，留样仅在有特殊目的时才能使用，例如异常结果调查、投诉和不良反应。

2. 稳定性考察 药品的稳定性是指原料药及其制剂保持其物理、化学、生物学和微生物学性质的能力。稳定性研究是基于对原料药物、制剂及其生产工艺等的系统理解，通过特定试验了解和认识原料药物或制剂的质量特性在不同环境因素（如温度、湿度、光照等）的影响下随时间的变化规律。其目的是为药品的处方、工艺、生产、包装、贮藏、运输等条件的确定提供科学依据，并以此建立药品的有效期和复检期，保障临床用药的安全有效。

稳定性研究是新药研发的重要内容，包括影响因素试验、加速试验和长期试验，对药品质量研究和质量标准的建立紧密相关，贯穿于原料药、中间产品及其制剂等药品研发的全过程。稳定性试验可参照现行版《中国药典》四部的原料药物与制剂稳定性试验指导原则（通则9001）和生物制品稳定性试验指导原则（通则9402）进行。研究时，应重视降解产物的检查；主要活性成分的测定和有关物质的检查需采用专属性强、灵敏度高、精密准确的分析方法，并经方法学验证，以保证药物稳定性试验结果的可靠性。

3. 持续稳定性考察 由于在产品研发阶段获取的药品稳定性数据存在局限性，因此，药品商业化生产后仍需对其稳定性进行持续的考察。持续稳定性考察是针对上市药品的稳定性研究，主要包括市售包装药品，同时兼顾待包装产品和储存时间较长的中间产品。持续稳定性考察的目的是在有效期内监控已上市药品的质量，以发现与生产相关的药品稳定性问题（如杂质含量或溶出度特性的变化），并确定药品能够在标示的储存条件下，符合质量标准的各项要求。

持续稳定性考察应当有考察方案，考察结果应有报告，并定期审核总结报告；考察所用的设备应按照要求确认和维护；考察批次数和检验频次应当能够获得供趋势分析用的足够数据，必要时，应当额外增加批次数，如重大变更，或生产和包装有重大偏差的药品；考察的时间应当涵盖药品有效期；对不符合质量标准异常结果或重要的异常趋势应当进行调查；关键人员，尤其是质量受权人，应当了解持续稳定性考察的结果。

4. 三者的区别 留样、稳定性考察和持续稳定性考察的对比见表9-1。

表 9-1　留样、稳定性考察和持续稳定性考察的对比

项目	留样	稳定性考察	持续稳定性考察
考察目的	用于药品质量追溯或调查物料、产品	考察原料药或药物制剂在温度、湿度、光线的影响下随时间变化的规律，为药品的生产、包装、贮存运输等条件的确定提供科学依据，同时通过试验建立药品的有效期	在有效期内监控已上市药品的质量，以发现药品与生产相关的稳定性问题（如杂质含量或溶出度特性的变化），并确定药品能够在标示的贮存条件下，符合质量标准的要求
考察对象	主要针对每批生产的市售产品和工艺中涉及的物料	产品研发阶段需要进行影响因素试验（无包装）、加速试验（市售包装）、长期稳定性研究试验（市售包装）；产品批准上市后首次投产前三批进行长期稳定性试验；产品生产过程中如发生重大变更或生产工艺、包装材料发生变更时需要进行稳定性考察；重新加工返工或回收工艺考察时应进行稳定性考察；需要对中间产品的稳定性进行考察，以确定中间产品的贮存期限和贮存条件	主要针对市售包装产品，也需兼顾待包装产品；按照产品规格、批量、包装形式不同分别进行持续稳定性考察
考察环境	与产品标签上贮存条件一致	影响因素试验（高温、高湿、强光照射）；加速试验（隔水式电热恒温培养箱）；长期稳定性考察试验应接近药物的实际贮存条件进行，应考虑药物销售不同地区温湿度对产品的影响	贮存条件应采用与药品标示贮存条件相对应的现行版《中国药典》规定的长期稳定性试验
考察批次	每批产品及用于制剂生产的原辅料每批均需有留样	除影响因素试验为 1 批产品外，其他考察均需要进行 3 批产品的稳定性考察	至少每年应考察 1 个批次，除非当年没有生产
考察项目	目检观察或对物料进行鉴别	对质量标准中的重点项目进行考察，与质量标准的项目可以不完全一致，参照现行版《中国药典》稳定性考察的内容	与稳定性考察选择的考察项目类似
考察频次	每年 1 次，成品留样的时间为药品有效期后 1 年；原辅料为产品放行后 2 年	按现行版《中国药典》要求执行；长期稳定性考察的时间点为 0、3、6、9、12、18、24、36 个月，以此确定药品的有效期	与长期稳定性考察的频次类似
考察需量	全检 2 倍量（无菌检查和热原检查除外）	按照取样频次、考察项目所需的检验量、产品批准上市前预先确定的有效期，确定稳定性考察所需的供试品量	与长期稳定性考察类似

（六）异常检验结果的处理

1. 异常检验结果　大多数情况下，检验结果都会在标准范围之内，但某些情况下也会出现检验结果超出标准（out of specification，OOS）或超出趋势（out of trends，OOT）。

超出标准（OOS）是指检验结果超出设定的质量标准（超标）。其质量标准包括注册标准和企业内控标准。

超出趋势（OOT）是指检验结果虽在质量标准之内，但是比较反常，与长时期观察到的趋

势或者预期结果不一致。

OOS 和 OOT 都属于异常结果，对于所有分析结果都须对照相应的质量标准和历史趋势进行评判，以断定检验结果是否异常。对异常结果的判定可结合教材第六章第四节统计过程控制的相关内容，由企业结合药品质量的实际情况确定。具体到特定环节，例如根据稳定性试验数据，检验结果超出历史批次实验结果回顾总结的平均值 $\pm 3\sigma$ 范围，可判断检验结果异常。

所有在质量控制实验室进行的物料、中间产品和成品检验，一旦发现检验结果异常，都需要进行实验室调查，以便确认结果是否有效。即使已经判定为不合格品时，仍需进行调查以找出确切或可能的不合格原因，并采取相应纠正、预防和改进措施；同时，还应评估该产品其他批次是否同样受到受该超标原因的影响。

2. 异常结果的调查 质量控制实验室应当建立检验结果异常调查的操作规程，任何异常结果的调查都必须按照操作规程进行完整的调查，并有相应的记录。检验异常结果的调查可分为实验室调查和全面调查前后两个阶段。实验室调查是确认检验结果的异常是否由实验室错误造成的，即是否源于实验室检验过程中出现的偏差。若不能判定检验结果的异常是由实验室错误引起的，则应采用预先确定的程序进行全面调查。

药品生产过程中物料、中间产品和成品等检验时，发现检验结果异常，启动调查。检验人员应立即停止实验，保留检验所用的各种试液试剂。实验室负责人可根据实验记录，及时与检验人员对药品检验过程中所有的检验程序、检验方法、实验操作与步骤、仪器设备、实验材料、实验条件、实验数据及其分析和处理等逐一进行客观彻底的审核、评估和分析。必要时，可结合在原检测条件下对样品的复检，来分析或确定结果异常是否为实验室错误导致的，并查明结果异常的原因。如果检验结果的异常是由实验室错误引起的，即可针对原因采取相应的纠正和预防措施，防止异常检验结果的再次发生。

实验室调查后仍不能判定结果异常的原因时，则应启动全面调查，包括对生产的审核和评估，取样环节的回顾和重新取样复检，且经常包括附加的实验室检验；同时，还需评估异常检验结果对已销售批次的影响。这样的调查在工作上拥有最高的优先权，其目的是判定 OOS 或 OOT 异常结果产生的根源，从而采取相应的纠正与预防措施，以保证药品的正常生产及其质量符合目标质量。

3. 注意事项 对检验结果异常的理解和调查时，应注意与 ICH 定义的偏差（deviation）的区别。偏差是指任何对批准指令（生产工艺规程、岗位操作法和标准操作程序等）或现定标准的偏离。所以实验室也存在偏差。如人员差错、仪器故障、试液污染等。

实验室偏差是指在实验过程中出现偏离实验要求的情况，如人员差错、仪器故障、试液污染等；而 OOS/OOT 异常结果则是整个实验过程中没有出现明显的实验室偏差，但最终检验结果超出了标准或趋势。OOS/OOT 最终调查的结论可能是由于实验室偏差产生的，也有可能是由于非实验室偏差导致的。

尽管实验室偏差与生产偏差均是偏差，但两者对于物料和产品质量的影响差别较大。生产偏差发生在产品的生产过程，不可避免地会对物料和产品的质量产生直接影响，因此生产偏差的调查和处理需仔细评估相关影响。而实验室偏差发生在实验室，在大多数情况下对物料和产品质量没有影响，因此实验室偏差的调查和处理不需要评估对于物料和产品的影响，且为提高实验室的工作效率，处理流程可以相对简化。

三、过程在线质量分析

药品的质量是在生产过程中形成的，质量控制实验室和检测站开展的质量分析产生了更多的过程环节，引入了更多的影响因素，且检测时间相对滞后。随着科学技术的发展，特别是各种传感器和计算机技术的发展，过程分析技术（process analytical technology，PAT）在包括药品生产的许多工业生产领域得到了广泛的应用。2004 年 9 月，美国 FDA 颁布了 PAT 的工业指南《PAT——创新药物研发生产和质量保证的框架》，将 PAT 定义为：一个通过即时测量原料和过程中物料的性能及过程本身的关键参数和质量指标来实现设计、分析和控制药品生产过程的技术和手段。其技术的核心是及时获取生产过程中间体的关键质量数据和工艺过程的各项数据，掌握中间体或物料的质量，跟踪工艺过程的状态，并对工艺过程进行监控，使产品质量向预期的方向发展，以此降低生产过程造成的产品质量差异，尽可能地达到药品的设计质量。

（一）PAT 技术在药品生产质量控制中的作用

PAT 是包括化学、物理学、微生物学、数学和风险分析在内的多学科综合分析技术，它是将过程的分析化学方法、反馈控制策略、信息管理工具、产品（过程）优化策略等集成为一种设计、分析和控制生产的系统。它以一个连续在线的产品质量控制和评价平台方式用于产品生产，以实时监测原材料、中间体和生产过程的关键质量和性能特征。目前，国际上常用的 PAT 工具包括过程分析仪器、多变量分析工具、过程控制工具、持续改善 / 知识管理 / 信息管理系统等。

PAT 技术可利用自动取样和样品预处理装置等，将分析仪器与生产过程直接联系起来，对原辅料、中间体、中间产品直至成品的质量进行实时、连续、自动的监测，并以此根据工艺参数的设计空间，自动设计、分析和控制药物制备的各个环节，确保药品生产过程得到有效控制和药品设计质量的实现。

PAT 技术的实施，可尽可能减少药品生产过程和质量控制中不利环节和影响因素的引入，减少药品生产中的污染、交叉污染和差错，并降低药品质量的波动，确保药品质量的均一性和稳定性。同时，还可降低生产成本、生产风险、节约能源、提高管理效率，更好地保证生产安全。

PAT 技术的实施，有助于提高员工对生产过程和产品的理解，促进和提高对于产品生产过程的控制，深刻理会药品的质量源于设计、通过制造实现、检验起到了重要的把关作用的深刻内涵，从而可充分发挥员工的主观能动性，确保药品生产的质量保证能力和药品设计质量的实现。

（二）制药过程在线分析的特点

与离线分析相比，制药过程在线分析具有以下的特点。

1. 分析对象的复杂性 药品及其生产工艺的复杂性，决定制药过程分析对象的复杂性，这包括药物化学结构和制剂处方的多样性，原料药制备工艺（合成、提取、发酵）和药物制剂工艺的复杂性，样品物理性状、过程参数和参数空间的多样性和复杂性等。

2. 样品检测环境的苛刻性 药品生产过程中的物料所处的环境条件复杂苛刻，如酸碱度大、温度高、压力大、黏度大、高速运动、需密封等，从而对所采用的过程分析方法和要求提出了各方面的挑战。

3. 分析的快速性 过程在线分析要求对处于生产状态中的物料进行快速分析，动态监测药物生产工艺过程，以显示过程、物料及产品质量的状况，并及时将结果反馈回生产线以便有效控制药品的生产过程。因此，制药过程对在线质量分析与监测的第一要求是"快速"。

4. 监测的动态性和连续性 任何生产都是持续一定时间的过程。生产过程中，分析对象的性质、组成和含量等均会随时间而变化，动态、连续的监测不仅要求分析设备具有长时间工作的稳定性，还要求其对检测对象（如浓度、温度）响应正常的范围广。

5. 化学计量学的重要性 由于过程分析检测对象的复杂性，离线分析方法的专属性要求常在过程分析中受到限制；同时，由于过程分析要求速度快，常常也无法在分析系统中设置复杂、费时的样品预处理装置，所以对检测得到的信号进行解析，提取有用的信息在过程分析中显得尤为重要。而化学计量学则可通过对大量检测信号的提取和解析，建立相应状态的模型，再以此模型将过程的动态检测信号转变为检测结果，并根据检测结果对过程进行调控，以达到过程控制的目的。所以化学计量学（chemometrics）是 PAT 建立和发展的重要基础，它是过程检测和过程控制的软件系统的理论基础。在制药过程控制中常用的方法包括主成分分析、主成分回归、多变量统计过程控制、偏最小二乘法、聚类分析和人工神经元网络等。

6. 分析方法和仪器设备与制药过程在线分析的匹配性 基于制药过程在线分析的特点，其采用的分析方法和仪器设备常需符合以下要求：①具有自动取样和简捷的样品预处理系统；②具有全自动化控制系统；③工作环境下的稳定性好，使用寿命长、易维护，能耐受高温、高湿、腐蚀振动、噪声等工作环境，根据具体情况可选择原位在线分析或非接触在线分析；④分析过程需快速，分析结果重现性好、精密度好，准确度可以根据实际情况在允许限度内适当放宽。

（三）过程在线分析的分类

根据实施方式的不同，过程分析可以分为离线（off-line）分析和在线（on-line）分析。离线分析即采样后在实验室或检测站进行的分析检测，具有影响因素较多、效率较低、结果相对滞后的特点，难以满足生产过程快速监控的要求。在线分析即是利用自动取样和样品处理系统，将分析仪器与生产过程直接联系起来，在生产过程中对被控物料的特性量值进行连续或间歇连续的自动分析，以与生产进程同步或几乎同步的方式给出分析结果，并真实地反映生产过程的变化；同时，通过反馈线路，对生产过程进行控制和最优化。

在线分析是生产过程控制分析的发展方向，它又可根据检测的连续性分为间歇式和连续式在线分析，根据与样品接触与否分为接触式和非接触在线分析。

1. 间歇式（intermittent）在线分析 在工艺主流程中引出一个支线，通过自动取样系统，定时将部分样品送入测量系统，直接进行检测。常用仪器有过程气相色谱仪、过程液相色谱仪、流动注射分析仪等。例如，有人利用谷氨酸氧化酶共价耦联于硅烷化铂丝表面构建了一种简单的微酶电极，并进而建立谷氨酸含量测量的流动注射分析系统。

2. 连续式（continuous）在线分析 样品经过取样专用支线连续通过测量系统而被检测。所用仪器大部分是光学式分析仪器，如傅里叶变换红外光谱仪、近红外光谱仪、紫外可见分光光度计等。

3. 接触式（contact）在线分析 将化学传感器直接安装在工艺流程中实时进行检测。所用仪器有光导纤维化学传感器、传感器阵列、超微型光度计等。

4. 非接触（non-contact）在线分析 或称非破坏性（noninvasive）分析，即通过不与样品接触的敏感元件把被测物料的物理及化学性质转换为电信号进行检测。非接触在线分析是一种理想的分析形式，特别适用于工艺条件苛刻样品的在线监测或远距离连续监测，如酸碱度大、温度高、压力大、黏度大、高速运动或需保证密封和无菌的情况。用于非接触在线分析的仪器有近红外光谱、红外光谱、X射线光谱分析、超声波分析等。

（四）制药过程在线分析的方法技术

在PAT技术中，除过程分析的工业pH计、流量计、压力表、黏度计、电导率计、温度计、氧分析仪等仪表外，目前比较成功应用于在线分析的方法技术有紫外—可见吸收光谱法、近红外光谱法、红外光谱法、拉曼光谱法、流动注射分析法、过程色谱分析法、电化学法等。其中，光谱学方法易实现连续、非接触分析，更具有快速、简便的特点。现就常用的方法作简要介绍。

1. 近红外光谱分析法 近红外（near infrared，NIR）技术是光谱测量技术和化学计量学紧密结合的一门崭新的分析技术。近红外吸收光谱主要由有机分子中的含氢基团（C—H、N—H、O—H和S—H等）基频振动的倍频吸收和合频吸收产生，其吸收波长范围为780～2 500nm。与中红外（MIR）光谱比较，吸收频率高，易于获取和处理；信息丰富，但吸收强度较弱、峰较宽且重叠严重，同时受物质颗粒大小、共存物质等多种因素影响。因此，近红外技术无法像中红外光谱技术那样直接进行官能团的定性分析，也无法像紫外可见分光光度法那样容易进行定量分析，而必须利用计算机结合相关的化学计量学对所采集的NIR数据进行经验证的数学方法处理后，才能对被测物质进行定性定量分析。

通过化学计量学的运用，近红外光谱法可获得丰富的物料信息，包括化学组成、物质结构、密度、粒度、纤维直径、大分子聚合度、晶型、水分和纯度等理化参数。同时，近红外光谱法具有许多优点，如无须对样品进行预处理，可直接分析颗粒状、固体状、糊状和不透明的样品，操作简便、分析速度快等，使得其非常适合于快速分析及制药过程的在线分析。

在线NIR分析系统一般由硬件、软件和模型三部分组成，其分析工作的基本流程和工作原理如图9-5和图9-6所示。

2. 拉曼光谱法 拉曼光谱（Raman spectrum）是建立在拉曼散射基础上的光谱分析法，主要用于物质鉴别、分子结构及定量分析。拉曼光谱法可对样品进行无损检测，操作简便，具有测量波段宽、热效应小、检测精度及灵敏度高等优点。在过程在线分析中，拉曼光谱法通过大量采集样品的拉曼光谱，结合计算机分析和管理技术，建立相应状态的定性和定量模型，然后利用该模型对药品生产过程的样品进行定性和定量分析，以实现其对药物的实时分析和在线监测功能。

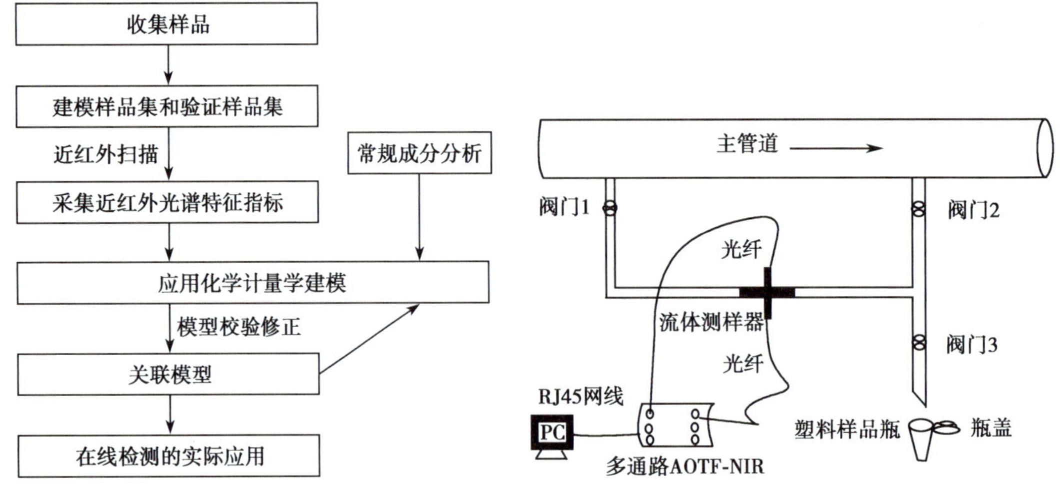

图 9-5　NIR 分析工作的基本流程图

图 9-6　AOTF 近红外光谱仪旁路检测示意图

3. 紫外-可见分光光度法　用于过程分析的紫外-可见分光光度计只需将普通仪器的样品池改为流通池，即可用自动采样器从生产工艺流程中取样进行检测。若需进行显色反应，只需在取样器和分光光度计之间增加一个反应池。在线分析时，自动进样器采样，样品进行预处理后，即可进入反应池，再依法加入相应的试剂如显色剂反应后，流入流通池进行测量。本法适用于有紫外-可见光吸收或经反应后有紫外-可见光吸收、且无其他干扰的液体样品。由于该方法的灵敏度高，若结合化学计量学，能同时检测多个分析对象，则其优势非常明显。

4. 过程色谱分析法　用于工业生产过程分析的色谱，一般称为工业色谱（industrial chromatography）或过程色谱（process chromatography）。与在线光谱法借助化学计量学实现其对信号的提取分离不同，在线色谱法本身具有对混合物进行分离的特点。但其优点也带来了其应用的不足，即必须耗费一定的时间进行自动采样、预处理和色谱分离等，所以过程在线色谱法一般不能进行连续分析，而常见于间歇式或循环式分析，通常循环周期为几分钟到几十分钟。相对于过程液相色谱法应用时受样品捕集和在线预处理等问题的限制，过程气相色谱法应用较为广泛。

过程色谱系统主要由取样与样品处理系统、分析系统和程序控制系统等组成，典型的过程在线色谱分析系统如图 9-7 所示。过程色谱在中药提取分离、药物合成、发酵过程、反应废液分析、易挥发性成分分析、生物药物分离纯化等方面都有较好的应用。

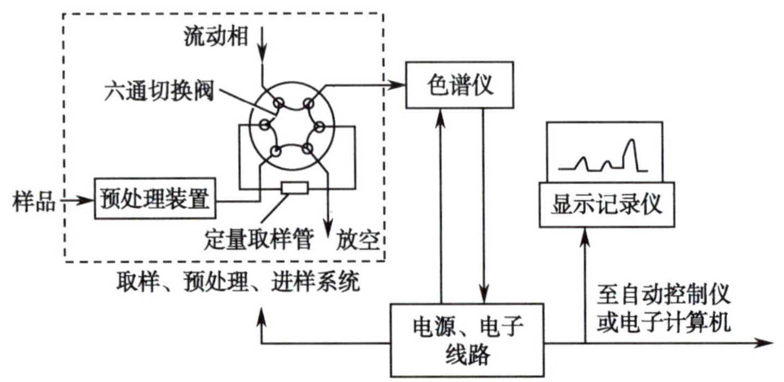

图 9-7　在线色谱系统的结构示意图

5. **流动注射分析法** 流动注射分析法（flow injection analysis，FIA）可将吸光分析法、荧光分析法、原子吸收分光光度法、比浊法和离子选择电极分析法等分析流程管道化，除去了原来分析中大量而烦琐的手工操作，并由间歇式流程过渡到连续自动分析，避免了在操作中人为的差错。流动注射分析法与其他分析技术结合，极大地推动了自动化分析和仪器的发展，成为一门新型的微量、高速和自动化的分析技术，在中药提取分离、化药合成、生物发酵等过程的检测和废水中废弃物的监测等方面的在线分析应用广泛。例如反应废水中总磷的在线监测，水中氰化物异烟酸吡唑酮的检测等。

6. **光纤维传感技术** 传感器（sensor）是一种能接收被测定信息，并将其按一定规律转换成电信号或其他可识别信息输出的检测装置。通常分为物理传感器和化学传感器，前者如药物生产过程中的温度、压力传感器等；后者主要是由分子识别原件（感受器）和转换部分（换能器）组成。感受器用来识别被测对象，并通过引起某些光、热等物理或化学变化以及直接诱导产生电信号，然后再利用电学测量方法进行检测和控制。

光纤传感器具有以下特点：①可以同时获得多元多维信息，并通过波长、相位、衰减分布、偏振和强度调制、时间分辨、收集瞬时信息等加以分辨，实现多通道光谱分析和复合传感器阵列的设计，达到对复杂混合物中目标物的检测；②光线的长距离传输还可实现生产过程的快速在线遥测或多点同时检测，如近红外光谱仪器可以在线检测 100m 以外的样品；③其灵活性使其易于制成便携式仪器，通过光纤探头，可直接插入生产装置的非正直、狭小的空间中，进行原位、实时、无损定位分析，同时还可在困难或危险环境中采样分析。

20 世纪中叶以来，自动控制系统及自动控制技术发展迅速，并在药品生产中得到了广泛应用。上述过程在线分析的方法技术与自动化控制系统和技术的结合，不仅可加速药品生产和质量控制的自动化，还可解决人工控制的局限性与生产要求复杂性之间的矛盾，提高劳动生产率，降低生产成本，节约能源消耗，减少环境污染等，更能提高药品的质量，保证药品质量的均一性。

四、偏差处理

在药品的生产、检验、包装、储存、发运等所有活动中经常会发生偏离批准的规程和确立的标准等情况。这些偏差的发生可能会导致药品的生产和质量风险，甚至会危及操作人员和患者的健康与安全，需要建立相应的管理程序对其进行有效管控。

（一）偏差的概念

根据 ICH Q7 的定义，偏差（deviation）是指对批准指令（如生产工艺规程、岗位操作法和标准操作规程）或规定标准的偏离。与统计学中数值上的偏差不同，制药企业中所指的偏差强调的是人、机、料、测、环等要素中对规程和标准的偏离。

偏差管理是指对生产、检验等活动中出现或怀疑存在的可能会影响药品质量的偏差进行处理的程序。其实质就是，依据现场、现物、现实，发现问题，查找原因，制订相应的纠正和预防措施，并通过 PDCA 循环来改进药品的生产，以确保药品的质量符合预期要求。

企业药品的生产过程中，常见的偏差可来源于：①物料管理方面，如缺少必需的随货证明文件，物料储存环境超标，物料不合质量标准要求等；②生产控制方面，如未按注册工艺生产，工艺参数偏离验证注册的范围，未监控规定的工艺参数，区域清洁状态已超过清洁有效期仍在使用，未遵守用于防止无菌药品微生物污染的程序，无菌生产过程存在较高风险等；③质量管理方面，如数据记录不符合数据可靠性的要求，未进行充分的偏差调查等；④厂房设施设备管理方面，如未根据书面程序来进行设备的日常维护保养，使用的仪器设备超过规定的计量范围，用于生产的设备和系统未验证，验证结果不符合验证方案中规定的标准，验证方案设计不合理等；⑤质量控制方面，如未按规定程序进行取样，取样方法不够科学合理，检验方法未经验证或确认，检测仪器未打开或故意关闭审计追踪功能等。

（二）偏差的分类及原则性措施

目前制药行业对偏差分类方法没有强制规定，而偏差管理的目的是防止偏差对药品生产和质量造成的不利影响。所以，企业可按照风险管理的程序和相关知识，根据偏差对药品生产和质量潜在影响的程度，将偏差分为微小偏差、主要偏差和重大偏差三个不同的等级。

（1）微小偏差：指对法规程序或标准的偏离微小，且不足以影响药品生产及质量的偏差。微小偏差不会对生产人员（或环境）和患者造成不利影响，原因通常比较明确，无须进行深入调查，但必须立刻采取相应措施予以纠正，并立即记录在批生产记录或其他 GMP 受控文件中。例如，生产车间不够清洁和整齐。

（2）主要偏差：指对法规程序或标准的偏离较大，且已经或可能给药品生产及质量带来实际或潜在影响的偏差。主要偏差可能会对生产人员（或环境）和患者造成不利影响，必须进行深入调查，查明原因，采取纠正措施进行整改，并保留调查资料和记录以备追溯。例如，投料量错误，进行无菌测试的人员未经过充分的培训，显示工艺参数的控制仪表未经校准或已超过校准周期。

（3）重大偏差：指对法规程序或标准的偏离重大，且极可能给药品生产及质量带来严重后果，或可能导致药品报废的偏差。重大偏差极有可能会对生产人员（或环境）和患者造成严重不利影响，甚至危及生命，必须按规定的程序进行深入调查，查明原因。除必须采取措施予以纠正外，还必须建立长期的预防性措施。例如，生产使用的原料未经质量部门放行，无菌灌装工艺中所用产品接触材料的灭菌记录不存在或不合格。

出现偏差并不意味着产品要立即报废或返工，而是要按照偏差管理程序，对偏差进行调查，查明原因，判断偏差的严重程度，是否会影响药品的生产和质量，影响程度如何，然后再决定产品的处理方式。而重要的是需在此基础上提出整改和预防措施，以避免再出现同样或类似的偏差。

没有任何偏差发生的企业是不正常的，防止偏差的发生需要企业加强质量文化建设，加强对员工的有效培训，提高员工的质量意识和专业水平，提高文件的规范性和可操作性，避免一线操作人员违反文件规定随意操作。同时，企业应坚持始终以预防为主，确保所有人员正确执行生产工艺、质量标准、检验方法和操作规程等，防止偏差的产生；对发生过的偏差，应采取预防措施，有效防止同样或类似偏差的再次发生。

（三）偏差处理的流程

发现偏差后，应按规定的管理程序，进行报告、评估、调查与处理。主要流程如下。

（1）偏差事件的报告：偏差发生后，发现者应立即停止有关操作，及时客观记录偏差，并向直接主管领导报告偏差情况，部门内部应进行最初的风险评估，并立即采取应急处理措施，以减少偏差给药品生产带来的不良影响。同时，部门主管和相关人员应撰写偏差报告，并确定偏差的跟踪编号。

（2）偏差事件的评估：部门负责人将偏差事件上报给质量保证人员，质量保证人员通过与偏差发生的部门主管及相关人员沟通后进行偏差确认，评估和批准最初的风险评估及采取的应急处理措施，确认偏差涉及物料或产品的隔离方式，避免发生偏差的物料或产品被混淆或误用，并对偏差做进一步确认。

质量部门需评估过去一个月中是否发生过类似偏差事件。如发生过，应有偏差事件的记录和编号。如发现当前事件在一定时间内多次发生，则应对该事件进行评估以确认是否需要深入调查。

（3）偏差事件报告的批准：质量部门应将事件报告分类，并利用质量分析工具审核并评估事件报告，确认偏差问题得到了充分和适当的评估，结论合乎逻辑并有调查资料支持，确定了根本原因，建议的行动得到落实后，在规定的工作日内完成事件报告的评估和批准。

（4）主要偏差和重大偏差的调查：调查组由涉及偏差的部门人员组成，常包括技术部门、工程部门、生产部门和质量部门等，调查组应拥有足够的知识实施调查。重大偏差应当由质量管理部门会同其他部门进行彻底调查，并有调查报告。偏差调查报告应当由质量管理部门的指定人员审核并签字。

偏差调查是查找偏差产生的根本原因的必须过程，应紧密围绕人、机、料、法、测、环等六大影响因素，充分利用质量工具（如鱼骨图）和 5Why 分析法等对药品生产的各环节进行逐一排查。

（5）根本原因分析及纠正预防措施的制订：依据充分的理由，通过排查确定不可能原因，以逐步缩小范围，找出最可能的根本原因，并针对性地提出解决方案和纠正预防措施。调查报告应附有确定和排除某些原因的相应文件和收集到的资料；如果原因不确定，需要记录所有可能的原因并进行趋势分析。

（6）调查报告的审阅批准及采取措施的有效性评估：相关部门负责人应审阅调查报告，质量管理部门应指定人员审核并签字，质量受权人负责主要偏差和重大偏差的最后审阅和批准。

偏差调查有两种可能的结果：一种是发现明确的原因，另一种是发现可能的原因。对于明确的原因要采取纠正与预防措施，对于可能的原因也应采取纠正与预防措施并在后期的质量管理中予以回顾评估。

五、变更控制

为确保药品质量的稳定，企业采用的生产工艺必须通过验证，以确定其可控、且能持续稳定地生产出符合预定质量标准的药品。但随着生产实践的不断进行，企业对产品和工艺的理解不断深入，同时科学技术和专业知识不断更新，企业常会做出各种可能的变更，以持续改进药品生产及其管理，提高药品质量水平。但如果这种变更得不到有效的管理控制，则不仅难以达到改进的目标，甚至可能给药品质量带来不利影响。因此，企业应当建立变更控制系统，对所有影响产品质量的变更进行评估和管理，以确保变更不会引入新的生产及质量风险；另外，必要时需经药品监督管理部门批准后方可实施。

（一）变更的控制的概念

变更控制是指当药品生产、质量控制、物料管理、厂房设施等系统的运行方式或条件需要改变时，企业对这些变化在药品生产、药品质量及其可控性等方面可能产生的影响进行评估和管理，并由此采取相应的措施，以确保药品的质量和变更的法规符合性。

在药品生产企业，变更涉及药品全生命周期的各个阶段，包括药品研发、技术转移、商业化生产和产品终止等阶段。其中，商业化生产阶段的变更如下。

（1）质量控制系统的变更：常有质量标准的变更、检验方法和条件的变更、稳定性试验方案的变更等。

（2）厂房设施和设备系统的变更：包括厂房平面布置和设施 / 系统的变更。其中，设备 / 系统的变更常有关键设备部件、工艺用水系统、计算机系统、空调系统、管路系统、设备改造或更换等的变更。

（3）物料系统的变更：常有原辅料的品种、规格等级的变更、供应商的变更、药品储存和发运条件的变更、药品有效期的变更等。

（4）生产系统的变更：常有工艺处方的变更、工艺参数的变更、工艺流程的变更、生产批量的变更、清洁和消毒方法的变更等。

（5）包装和标识系统的变更：常有包装规格和包装材料的变更、标签的设计及内容的变更等。

（6）其他变更：包括制药企业关键人员的变更、公司产品适用的法律法规和指导原则等改变引起的变更、药品生产企业名称的变更等。

（二）变更的分类

变更有不同的分类方法，但均强调依据变更对药品质量潜在的影响程度进行分类，常见的分类方式如下。

（1）微小变更：指对药品安全性、有效性和质量可控性基本不产生影响，如料外包装标签的变更、经批准的参数空间内的工艺参数变更。

（2）中等变更：对药品的安全性、有效性和质量可控性可能具有中等程度的影响，需要通过相应的研究证明其变更对药品的安全性、有效性和质量可控性没有产生不利影响。这类变更对药品的关键质量属性可能存在潜在影响，有一定风险，需通过验证 / 确认证明变更对药品质量没有产生负面影响。例如，变更原料药起始物料的质量标准，但并未导致原料药质量标准的降低。

（3）重大变更：对药品的安全性、有效性和质量可控性很可能产生显著影响，需要通过系列的研究证明其变更对药品的安全性、有效性和质量可控性没有产生不利影响。这类变更对药品的关键质量属性可能存在重大影响，由于对可能存在的风险认识不清或难以预知，风险较大，需要通过系列研究证明变更对药品质量没有产生不利影响。例如中药浸膏提取方式的变更，如回流提取变更为超声波提取或动态连续提取。

需要注意的是，在评估变更的风险时，应充分考虑变更带来相关联的变更。例如，变更生产处方中的药用辅料，有可能会伴随着药品质量标准的变更和设备清洁程序的变更。同时，正因为变更可能带来对药品质量的潜在影响，其风险评估有时候难以在短时间内获得全面评估，所以，国家药品监督管理部门对变更控制颁布了相关的技术指南，企业需遵照执行。

（三）变更控制的程序

为确保变更不会给药品质量带来不利的影响，企业应建立变更控制程序，以规范变更的申请和审批流程等，在有效地持续改进过程中，确保所有可能影响药品质量的变更处于受控状态，把变更给药品质量带来的潜在影响控制在可接受的程度，保证其药品质量管理体系的法规符合性。

变更控制可能涉及药品生产企业内部的所有部门，包括生产部、质量部、工程部、研发部、注册部、物流部市场部和销售部等。其基本流程如下。

（1）变更申请：变更申请可由企业各职能部门的任何员工提出，变更申请提出时，应结合风险管理，详细说明变更的理由或需求。

（2）变更控制申请的编号：质量管理部门在接到各职能部门提交的变更申请后，变更控制专人应对申请的变更类型进行界定，并给出变更编号。

（3）变更申请的评估和审核：一般由提出变更申请的部门负责人召集变更所涉及部门的负责人进行评估和审核，其中质量管理部门必须派人参与。评估和审核的内容至少应包括对变更申请的客观评价，本部门的实施计划，实施变更的成本及实施后药品的成本变化，变更是否需要备案和批准。

必要时，质量管理部门应组织相关专家和部门负责人，从变更对药品质量的影响、实施的成本与效益等方面，对变更项目的必要性和可能导致的风险等进行全面评估。对评估通过的变更项目，应根据变更的类型、范围和要求等，提出具体要求和实施计划，并做好变更前的研究和准备工作。

（4）变更申请的批准：对审核和评估无异议的变更申请进行批准，对有异议的变更申请，必要时可再次组织评估和审核会议，最终由受权人做出是否批准的结论。

（5）变更实施前的准备工作：对批准的变更项目申请，各相关部门应按照实施计划进行准备工作。这包括：①对变更前后的药品进行研究，以证明变更不会给药品的关键质量特性带来不利影响；②工艺验证研究；③变更后药品的加速稳定性试验研究，包括变更前后的药品稳定性比较；④变更后药品的长期稳定性考察；⑤修订现有的管理制度或制订新的管理制度；⑥对员工进行相关的培训。

（6）变更的备案和批准：根据《药品注册管理办法》和相关法规的要求，包括企业内部的批准、药品监管部门的备案或批准。

（7）变更跟踪、评价和实施：包括①变更控制专人应对各部门实施计划的完成情况进行追踪，各部门的实施计划完成后应将其书面报告提交给质量管理部门；②实施计划完成后由质量管理部门负责人评价是否达到预期效果，并对其影响药品质量或质量管理体系的情况作出评价；③根据质量管理部门对实施效果的评价，经企业内部的受权人批准后，或经药品监督管理部门备案或批准后，企业即可实施变更。

（8）变更的反馈与评估：变更实施后，应对其实施的效果进行评估，并反馈给相关部门和人员。常见的评估方式有：①回顾周期内有无因变更而导致 OOS/OOT 检验结果异常；②大型变更项目实施的经验分享与回顾；③将变更的实际成本与变更后获得的效益进行比较。

（9）变更的归档：所有被批准实施的和被否决的变更文件以及相关资料均由变更控制专人做好归档。

六、质量回顾与分析

药品生产企业即使在某阶段采用经通过验证的工艺和设备等生产出符合质量要求的产品，随着时间的推移，影响药品生产的 5M1E 也会发生各种改变，并由此逐渐对生产的药品质量产生影响。因此，药品生产企业应当按照操作规程定期对所有生产的药品按品种进行产品质量的回顾分析，通过对相关数据的统计分析，以确认工艺和流程的稳定可靠，及原辅料和成品现行质量标准的适用性，并及时发现药品生产中出现的不良趋势，从而确定产品、工艺和控制过程等改进的必要性、方向和方法。

（一）概念

产品质量回顾是指企业针对一系列的生产和质量相关数据的回顾分析，以评价产品生产工艺的一致性及相关物料和产品质量标准的适用性，以对其趋势进行识别并对不良趋势进行控制，从而确保产品工艺稳定可靠，符合质量标准的要求，并为持续改进产品质量提供依据。产品质量回顾分析时，常可借助控制图等质量管理工具。

（二）产品质量回顾的范围

通常，产品质量回顾的范围不仅包括药品生产企业及附属机构生产的所有医药产品以及合同生产的所有医药产品，还涉及由该企业或为该企业生产的所有上市的（国内销售或出口的）原料药、药品以及医疗器械，涉及隔离、暂存和拒收的所有批次。同时药品生产企业也要结合以前的质量回顾结果，确认药品生产的各种趋势，并最终形成书面报告。具体来说，企业至少应当对下列情形进行回顾分析。

（1）产品所用原辅料的所有变更，尤其是来自新供应商的原辅料。

（2）关键中间控制点及成品的检验结果。

（3）所有不符合质量标准的批次及其调查。

（4）所有重大偏差及相关的调查、所采取的整改措施和预防措施的有效性。

（5）生产工艺或检验方法等的所有变更。

（6）已批准或备案的药品注册的所有变更。

（7）稳定性察的结果及任何不良趋势。

（8）所有因质量原因造成的退货、投诉、召回及调查。

（9）与产品工艺或设备相关的纠正措施的执行情况和效果。

（10）新获批准和有变更的药品，按照注册要求上市后应当完成的工作情况。

（11）相关设备和设施，如空调净化系统、水系统、压缩空气等状态的确认。

（12）委托生产或检验的技术合同履行情况。

（三）产品质量回顾的内容

产品质量回顾应至少包括以下内容。

（1）对上一次质量回顾的整改情况进行评估。

（2）对本年度生产的产品及质量情况的概述。

（3）产品所用关键原辅料的质量回顾：包括①所有原辅料是否从经批准的供应商购入；②原辅料检验结果的回顾；③所有供应商的跟踪评估；④不合格项的发生率及评估。

（4）关键过程控制和最终产品检测结果的回顾：包括①最终产品检测结果的回顾，即汇总、整理及分析；②关键工艺参数符合性的回顾；③关键工艺过程中间品控制的检验果的回顾；④关键控制点对产品质量影响的趋势分析和因果关系分析；⑤关键控制点不合格项调查、处理及对产品质量影响的评估。

（5）回顾所有偏差的操作及相关调查：包括①生产过程中偏差情况的回顾；②生过程中所有偏差操作均被调查；③生产过程中偏差的原因调查及评估的回顾；④生产过程偏差产生的预防措施是否有效的回顾；⑤检验过程中偏差产生的原因调查及评估的回顾。

（6）所有异常、偏差、不合格品的回顾：包括①所有异常、偏差、不合格品的名称、批号、规格的汇总；②所有异常、偏差数据的分析；③不合格批次和相关批次的调查情况和处理情况，即所有报废产品的情况，所有返工、重新加工批次的情况；④对不合格品所采取整改和预防性措施或进行再验证的评估。

（7）重大变更（包括工艺、分析方法、相关仪器、设备及原辅料、包装变更）的回顾：包括①变更的依据及合法性；②变更的情况及再验证情况的回顾；③变更前后产品质量影响的回顾及评估；④变更后产品稳定性实验的回顾；⑤分析方法变更对产品检验数据的影响评估。

（8）注册文件符合性、变更的提交批准及拒绝的回顾：包括①现有工艺和质量标准与注册文件符合性的回顾；②所提交注册文件变更、批准及拒绝的回顾。

（9）稳定性试验结果的回顾：包括①所有稳定性试验的留样是否在规定的储存条件下保存；②所有产品是否按要求作了稳定性试验；③产品稳定性试验结果的趋势分析及评估回顾。

（10）所有与产品质量相关的退货、投诉和召回的回顾：包括①所有与产品质量相关的退货、投诉和召回的产品和批次；②所有与产品质量相关的退货调查及处理记录的回顾；③所有用户投诉及不良反应的调查及处理的回顾；④所有召回产品的调查及处理的回顾。

（11）所有工艺用水监测数据的回顾：包括①是否按规定进行监测，并对数据和趋势进行分析的回顾；②出现不合格情况所采取的措施回顾；③出现不合格时所生产的产品和批次是否进行了调查和处理。

（12）所有洁净区监测的回顾：包括①是否按规定进行监测，并对数据和趋势进行分析的回顾；②出现不合格情况所采取的措施回顾；③出现不合格时所生产的产品和批次是否进行了调查和处理。

（13）验证的回顾：包括①所有验证项目，包括工艺用水、净化空调系统等公用设施的验证、工艺验证、设备验证及清洁验证的年度回顾；②变更是否均已作了再验证。

（14）所有仪器设备的维护保养及校验情况的回顾：包括①所有生产、检验用仪器设备的维护、保养情况的回顾；②所有生产、检验用仪器设备的校验情况的回顾。

（15）产品变质、不良反应等重大质量事故的回顾：包括①是否对所有质量事故均进行了回顾；②是否对所有质量事故进行了原因调查及处理的回顾；③是否对所有质量事故实施了预防及改进措施的回顾。

（16）其他回顾：如果企业在质量公告上受到通报，还需对企业在质量公告上的产品及批次进行回顾，同时对质量公告相关批次的质量情况进行调查及实施改进预防措施的回顾。

（四）结果评估

应当对回顾分析的结果进行评估，提出是否需要采取纠正和预防措施，或进行再确认或再验证的评估意见及理由，并及时、有效地完成整改。

七、纠正措施和预防措施

企业活动中，各种影响药品质量问题的发生是不可避免的，建立纠正措施和预防措施系统的目的就是对发生的问题采取措施予以纠正，并避免同样或类似问题的再次发生；对未发现的潜在问题给予关注和预防，防止问题的发生。但从质量源于设计的理念来说，我们如果能在药品研发、生产工艺、厂房设计、设备选型布局、规程标准制订等工作中，就采用预防性的思维，借助各种质量和管理工具（如防差错设计），考虑如何减少或避免问题的发生，则可大大减少企业活动中各种偏差和差错等问题发生的概率。所以，企业很有必要在始终贯彻质量源于设计理念的基础上，建立纠正措施和预防措施系统，以更好地预防偏差和差错等问题的发生，使纠正措施和预防措施起到更好的效果。

（一）概念

纠正措施和预防措施（corrective action and preventive action，CAPA）的概念源于 ISO 9000 系列标准要求，它适合于包括制药行业在内的各行各业。纠正措施是对已经或正在出现的不合格、缺陷或其他不符合情况采取的相应措施和手段，以消除其产生的原因，并使其符合相关要求。预防措施是指针对可能出现的偏离和不符合而采取的措施和手段，以消除诱发其产生的可能原因，防止潜在不合格、缺陷或其他不符合情况的发生。

纠正措施与预防措施的本质区别在于：纠正是用来防止问题事件的再次发生，而预防则是防止问题事件的发生和再次发生。纠正措施和预防措施系统也能增进对产品和工艺的理解，可为产品和工艺的持续改进提供依据，是企业持续改进的有效工具。企业应当建立纠正措施和预防措施系统，对投诉、召回、偏差、自检或外部检查结果、工艺性能和质量监测趋势等进行调查，并采取纠正和预防措施。

（二）实施程序

纠正措施和预防措施是企业持续改进和质量管理的重要内容，药品生产企业应当建立纠正和预防措施的操作规程，并严格实施。既然纠正和预防措施的过程是持续改进的过程，自然也遵循 PDCA 循环的程序。一般地，完整的纠正和预防措施管理程序需经历问题识别、评估、调查和原因分析、制订计划、执行、跟踪确认、关闭或再改进的过程。

1. 问题识别 CAPA需处理的问题来源主要包括：任何异常和偏差、产品质量回顾、OOS/OOT、内部或外部审计检查的缺陷项、药监检查缺陷项、产品召回、退货、投诉和报废等。企业对质量问题的上述可能来源的行进分析，确定已有和潜在的质量问题。必要时，应当采用适当的统计学方法进行分析，以准确地识别问题。同时，按要求记录情况，并报告给质量保证部门。

2. 评估、调查和分析原因 质量保证部门收到报告后，首先应对问题的严重程度和影响范围进行准确评估，确定责任部门并通知相关人员围绕产品、工艺和质量保证系统等相关方面对问题进行调查和分析，调查的深度和形式应当与风险的级别相适应，以确定问题产生的根本原因。

可能的原因主要有：①生产工艺能力不足；②工艺控制和检验问题，包括工艺控制不当，操作不符合程序规定，操作者、检验员不具备相应技能，缺乏培训，检验规程不全面、不明确等；③工艺未被有效验证，或未正确执行工艺验证；④工艺装备、测试设备和环境问题；⑤物料及生产现场管理问题，使用未检验的物料或标识不清造成混料或错料，生产现场状态不清造成混淆等；⑥分析方法不能满足要求或未正确执行操作规程。

3. 措施的制订与实施 发现问题的原因后，企业要及时制订相应的纠正和预防措施，以有效地预防或消除问题产生的根本原因，防止问题的再次发生。拟订的计划要明确问题、总负责人、相关协作人员、实施步骤、预计完成期限、以及执行之后所预期达到的目的。

高层质量管理人员和质量受权人应对计划进行评估和审核，在确保其有效性、合理性和充分性后，批准实施。在实施纠正和预防措施过程中所有发生的变更应当予以记录。

4. 跟踪确认 批准的计划在实施过程中和实施后，应由质量管理部门负责对其可行性、有效性、合理性、充分性和可靠性进行跟踪及确认，以防止缺陷项目的再次发生，确保消除存在的严重缺陷项目，并确认纠正和预防措施的有效性。有效性的判断应基于预定的标准、支撑数据或证据（如文件检查、现场检查等），证明实施后预期目标已达到，且能减少事件的发生或预防事件的再次发生。

5. 关闭或再改进 质量管理部门确认计划实施有效、可靠和充分后，即可宣布纠正和预防措施关闭。对无效或效果不佳的纠正和预防措施，应重新进入下一轮的PDCA循环。

第七节 生产环境管理

生产环境是影响药品质量的重要因素之一。对生产环境进行有效管理的主要目的是防止药品生产过程中污染、交叉污染、差错或混淆的产生。对于因药厂设计、设备、设施和系统等硬件影响药品生产环境和工作条件的相关内容，已在本书第五章第三节（药品生产质量与药厂设计）介绍，人员卫生管理和相关文件管理已在本章人员健康和卫生管理、文件管理等进行了介绍，清洁有效性的验证已在第八章中的清洁验证介绍。本节主要讲述药品生产过程中的设备清洁（内部环境）、清场和生产区域清洁（外部环境）的管理，即如何维护药品生产的良好环境，以持续提供优质药品生产的环境条件。

一、清洁管理

设备，尤其是直接接触原辅料和中间体等设备在药品生产过程中是最容易产生污染和交叉污染的地方。为预防、减少和消除污染和交叉污染的产生，企业必须制订相应的标准操作规程，并据此对设备按要求进行清洁。这也是药品生产企业实施GMP的重要环节，保证药品质量的重要措施。同时，设备清洁也有利于设备使用效率的提高和使用寿命的延长。因此，药品生产企业应按要求对药品生产等设备进行经常性的清洁工作，做到清洁生产。在设备安装、维修等工作后，更换生产品种时，更换生产批号时，更应注意设备的清洁。

1. 清洁程序的制订 要达到有效清洁的目的和效果，不同结构、功能和使用环境的设备，其清洁的程序和方法不同。因此，为有效防止、减少或消除污染和交叉污染的产生，或引入新的污染源，企业必须依据设备的类型、结构、材质和用途，所加工产品（物料）的理化性能、生产工艺要求，使用环境的洁净级别与要求清洁的内容和方式等，制订严格的设备清洁标准操作规程，并按照详细规定的操作规程清洁生产设备。

在生产设备的清洁操作规程中，应当规定具体且完整的清洁方法和清洁周期，清洁所用的设备或工具，清洁剂的名称和配制方法，去除前一批次标识的方法，保护已清洁设备在使用前免受污染的方法，已清洁设备最长的保存时限，使用前检查设备清洁状况的方法，使操作者能以可重现的、有效的方式对各类设备进行清洁。如需安装、拆装设备，还应规定设备的拆装顺序和方法；如需对设备消毒或灭菌，还应规定消毒和灭菌的具体方法，消毒剂的名称和配制方法。必要时，还应规定设备生产结束至清洁前的最长间隔时限。

2. 清洁方式的选择 设备的清洁内容一般包括清洁、消毒灭菌、干燥等。为达到有效清洁的目的和效果，清洁方式的选择应当全面考虑设备的结构和材料、产品的性质和工艺、设备的用途、洁净环境要求及清洁方法能达到的效果等多方面。清洁的方式就清洁地点来看，通常可分为就地清洁、移动清洁和混合清洁；移动清洁又可分为可整机移动清洁和拆卸式移动清洁；混合清洁就是指这两种方式混合进行。清洁方式就清洗的自动程度来分，又可分为自动清洗、人工清洗与混合清洗。

通常，如果设备体积庞大且内表面光滑无死角，生产使用的物料和产品易溶于水或一定的清洁剂，这种情况下比较适合采用自动或半自动的在线清洁方式，如大容量注射剂的配制系统多采用这种方式。如果生产设备死角较多，难以清洁，或生产的产品易黏结在设备表面，易结块，则需要进行一定程度的拆卸，并用人工或专用设备清洗，如大容量注射剂的灌装机、小容量注射剂的灌装机、胶囊填充机、制粒机、压片机等，一般可采用人工清洗方式。

3. 清洁剂的选择 清洁剂的选择应能有效清洁，包括能有效溶解残留物，且本身易被清除，同时不存在引入外来污染的风险。尤其是，清洁剂不能对清洗的设备有腐蚀，且即使有清洁剂残留也不影响药品的质量，不引入潜在的质量风险。

通常，从安全角度考虑，ICH“残留溶剂指南”规定的Ⅰ级、Ⅱ级溶剂不能用作清洁剂，在无法避免时，三级溶剂可作为清洁剂，但其在下批生产中允许的溶剂残留浓度不应超过初始溶剂浓度的0.5%。从成本和环保角度看，清洁剂应廉价，且对环境尽量无害或可被无害化处理。如对于水溶性残留物，水是首选的清洁剂。从验证的角度，不同批号的清洁剂应当有足够的质量稳定性，故不提倡采用一般家用清洁剂，因为其成分复杂、无微生物指标控制、质量波动较大且供应商不公布详细组成。从对清洁剂的残留讲，应尽量选择组成简单、成分确切的清洁剂，以便于证明清洁剂的残留达到了标准。根据待洗涤残留物和设备的性质，企业还可自行配制成分简单、效果确切的清洁剂，如一定浓度的酸溶液、碱溶液等。另外，企业应有足够灵敏的方法检测清洁剂的残留情况，并有能力回收或对废液进行无害化处理。

4. 清洁的其他管理 清洁规程内容特别要明确清洁后的检查与验证方法，清洁记录与记录保存的要求，有洁净要求设备的灭菌要求与灭菌后设备存续（存放）时间要求，设备清洁的实施和复核要有专人。清洁设备、容器、工具、区域应有明确的要求，从清洁设备、工具、容器等的材质和使用，到其自身的清洁、干燥、存放等都应有明确的管理规程。如果生产设备更换品种（药品），设备的清洁操作规程必须重新制订，且需要做清洁验证。

为防止差错和混淆的产生，设备使用后应立即清洁，并在设备上挂上“已清洁”标识，标识上应表明清洁人员、清洁日期和有效期，已清洁的生产设备应在与自身清洁、干燥条件一致的情况下存放。

无菌操作区域的设备，尤其是直接接触药品的部位和部件，清洗后应立即灭菌，灭菌后应存放在无菌区域，存放时间超过规定有效期的需重新按照设备的清洁卫生标准操作规程重新灭菌。

二、清场管理

为防止药品生产过程中污染、交叉污染、差错或混淆的产生，每批产品的每个生产阶段完成后，需要对作业现场进行清理和小结，这是药品生产和质量管理的一项重要工作内容。清场是指在药品生产过程中，每一生产阶段完成后，由生产人员按规定的程序和方法对生产过程中所涉及的设施、设备、仪器、物料和工作场所等进行清理，以确保下一阶段的生产。

1. 清场范围 清场范围应包括生产操作的整个区域和空间，包括生产区和辅助生产区，以及涉及的一切设施、设备、仪器及物料等。值得注意的是，在药品生产过程中，一般较重视生产现场的清场工作，而和本次生产有关的辅助生产区的清理往往容易被忽视或不彻底。

清场工作的内容应包括以下三个方面。

（1）物料清理：应对全部物料（常包括原料、辅料、半成品、中间体、包装材料、成品、剩余物料等）进行相应的清理、退库、储存和销毁工作。

（2）文件清理：生产中所用的各种规程、制度、指令和记录，包括各种状态标志等的清除交还、交接和归档等工作。

（3）清洁卫生：对生产区域和辅助生产区域作清洁、整理和清毒灭菌工作。

2. 清场管理 车间各工序在本批产品生产完毕后，必须及时进行清场，填写清场记录。清场工作由各岗位操作人员严格按照各岗位清场标准操作程序进行。

（1）清场的程序与要求：①地面无积灰，无结垢，门窗、室内照明灯、风管、墙面、开关箱等外壳无积尘，室内不得存放与下次生产无关的物品（包括物料、中间产品、产品、文件、记录等），生产废弃物已处理，地漏、卫生洁具已清洁消毒；②使用的工具、容器已清洁，无异物、无遗留物；③设备内外无生产遗留物，无油垢；④非专用设备、管道、容器、工具已按规定拆洗或消毒；⑤凡直接接触药品的设备、管道、工具、容器应每天或每批清理，同一设备连续加工同一非无菌产品时，其清洗周期可按生产工艺规程及标准操作规程执行；⑥包装工序清场时，多余的标签及使用说明书等包装材料应全部按规定处理。

（2）清场记录：清场操作应有清场记录。记录内容包括工序名称，产品名称、规格和批号，清场日期、清场项目、清场人及检查人等。包装清场记录一式两份，分别纳入本批批包装记录（正本）和下一批批包装记录（副本，复印件）之内，其余工序清场记录纳入本批生产记录。

（3）清场检查：清场结束后先由车间工艺员按清场检查细则进行自检，合格后再由质量管理部门质量管理人员按清场检查细则复检，并填写清场检查记录，必要时应由质检员检验前次生产遗留物是否有残留。

清场检查合格后，由质量管理人员签发清场合格证；清场检查不合格，必须由操作人员重新进行清场，直到清场检查合格后，方可签发清场合格证。清场合格证一式两份（正本和副本），作为一个品种（或同品种不同批号）的生产凭证之一，正本纳入本批生产记录，副本流入下一批生产记录中。清场合格证应规定有效期，超过有效期的应重新进行检查。未取得清场合格证的不得进行另一个品种或同一品种不同批号的生产。生产接班时，应检查清场合格证，在确认无误后方可接班生产。

三、生产区的洁净

生产区域应保持清洁，并符合其划分的洁净级别的要求，所制订的清洁措施也要和相应的清洁区要求相匹配。各洁净区域的清洁程序如表 9-2 所示。

表 9-2　不同洁净区域的清洁程序

区域	每日	每周	每月
一般生产区	①清除并清洗废物桶 ②擦拭地面、室内桌椅柜及设备表面 ③擦去门窗、浴室、厕所、水池及其他设施上的污迹 ④灭除蚊蝇、昆虫	①擦洗门窗、浴室、厕所及其他设施 ②刷洗地面、废物桶、地漏、排水道及墙裙等处	①对墙面、顶棚、照明及其他附属装置除尘 ②全面清洗工作场所及生活设施
D 级	①清除并清洗废物桶 ②擦门窗、墙面、地面、室内用具及设备外表面	①以消毒清洁剂擦拭门窗、墙面、室内用具及设备表面 ②以消毒清洁剂刷洗地面、废物桶、地漏、排水道等处	①全面擦拭工作场所、墙面、顶棚、排风及其他附属装置 ②室内消毒，或根据室内菌检情况决定消毒周期
A 级、B 级和 C 级	①清除、清洗废物桶，并以消毒剂擦洗 ②以消毒清洁剂擦拭门窗、地面、室内用具及设备外表面 ③以消毒清洁剂擦拭墙面及其他附属装置上的污渍	以消毒清洁剂擦拭室内一切表面，包括墙面及顶棚	进行室内熏蒸，或根据室内菌检情况决定消毒周期

不同级区必须配有各自的清洁用具，不能混用。清洁用具必须贮藏在专用的通风房间内，房间应位于相应的级区内，并有明显标记。拖把、擦布等应选用不易脱落纤维与颗粒的材料。清洁用具应制订定期清洗消毒的程序，进入无菌操作区的清洁工具均需灭菌，不能灭菌的材料在缓冲区域进行严格的消毒后才能带入用以清洁。

第八节　生产过程管理

药品生产过程是实现药品设计质量的最复杂和最关键环节，它既是产品的生产过程，又是文件记录的形成过程。为了确保产品满足质量标准要求，除需对涉及生产过程中影响产品质量的 5M1E 等各种因素进行管理和控制外，对药品生产的整体过程（流程）也需加强管理，以保证生产出符合质量标准的产品。

现代企业生产的社会化程度很高，企业内部分工也很细致，需要统一计划和管理来协调企业的生产经营活动。在药品生产的过程管理中，不同的部门承担不同的管理职责。生产工艺部门从技术角度对工艺规程进行审核；生产部门负责参与制订工艺规程，负责实施生产、过程检验及监控；质量保证部门从质量保证角度对工艺规程进行审核并检查其实施情况，参与偏差过程的处理，审核批生产记录及相关记录，负责各类生产文件的控制及批记录存档工作；质量控制部门负责中间体、半成品及成品的检验工作；工程维修部门负责按要求为生产提供所需的生产环境和条件，负责测量设备校验及设备维护和维修管理工作。药品生产的过程管理大致可分为生产前准备、生产过程中、生产结束后、放行检查和药品的批次管理。

一、生产前准备

生产前，生产部门应该按照工艺规程制订每个产品生产前检查确认清单，并对涉及药品生产的生产文件、生产现场及生产中涉及的人、机、料、法、环、测的状态进行检查和确认，并以书面形式经审核批准。其内容包括但不限于：①药品生产的生产文件，如生产计划、生产指令、工艺规程等；②生产现场，如清洁、清场状况、状态标识等；③人员，如人员卫生，必要操作规程培训等；④生产设备，如清洁状态、运行状况、工艺参数的设定、程序控制的识别系统等；⑤原辅料 / 包装材料 / 标签，如品名、规格、批号、状态、数量等，及相应的批生产 / 包装记录，如产品名称、产品规格、生产车间、生产线、产品批号等；⑥计量仪器 / 仪表，如校验有效期、使用前校准等；⑦生产环境，如温度、湿度、风压差等。产品生产前，生产相关人员应该对照检查确认清单对生产现场进行检查，确保上述与药品生产相关要素的状态正常和符合要求。对于采用计算机程序控制的半自动或自动化设备，要确保其程序和运行都处于完好的状态。检查和确认记录应归入该批生产记录中，作为产品放行的依据之一。

二、生产过程中

生产过程中，生产管理人员和生产操作人员应该严格按照制订的产品工艺规程、过程控制程序、标准操作规程及产品批记录文件对整个生产过程进行操作和监控，并记录在产品批记录上。质量管理部门在药品生产过程中应有效地监控生产工艺的执行情况，重点关注工艺控制及各项管理措施的科学性和有效性，保证按规定的工艺进行生产，降低生产中的各种质量风险，确保工艺稳定，以持续地生产出预期质量的药品。同时，还需不断跟踪生产过程参数或指标，按照相关变更管理规定和程序进一步改进和完善生产工艺规程。

另外，对生产过程中发生的偏差情况应完整的记录，并展开充分调查，采取妥善的纠正和预防措施。同时，过程控制需再次对药品生产的生产现场及生产中涉及的人、机、料、法、环等要素的状态进行再次确认，已确保生产条件始终符合生产工艺的要求。

1. 人员 在药品生产过程中，操作人员的质量意识、职业素质、岗位操作技能对药品的质量起到了关键作用。企业应加强对岗位操作人员的相关培训，培训合格后方可上岗操作。关注在岗人员行为的符合性、对岗位操作的熟悉程度及相关记录的规范性，尤其关注新上岗人员的操作和记录。同时不断提高操作人员参与生产管理的积极性，严格规范生产操作，严把质量关，以确保生产出符合预期质量的药品。

2. 设备设施与系统 为确保生产出符合预期质量且质量均一、稳定的药品，除设备清洁状态、运行状况、工艺参数设定、程序控制的识别系统等需要检查和确认外，生产过程控制还应该尽可能考虑采用现代化计算机系统和自动化控制设施 / 设备对生生产工序、物料管理、中控检测、生产现场环境监控等进行管理，以保证药品质量的均一和稳定，尽可能避免人为差错和混淆的产生，提高劳动效率；采用封闭式的、管道化输送的、连续性设计的生产线，以尽可能防止人员或异物对药品造成的污染。

3. 物料 生产的本质是物料输入到产品输出的过程，所以生产过程中对物料的有效控制是保证产品质量的重要环节，它包括从物料状态控制、物料分配、物料接收、投料及物料平衡等整个过程控制。生产过程中的物料控制需保证数量、账、卡和实物一致，检查储存条件是否与物料和产品的要求一致，记录是否完整。同样，为避免人为差错，企业可优先考虑采用现代化的计算机系统和智能控制系统对物料在生产过程中的流通和使用进行控制。例如采用制造执行系统（manufacturing execution system，MES），该系统能够按照工艺规程和处方的要求自动选择目标物料进行生产。

检查和确认生产过程中的物料平衡和收率情况时，如果发现有超出允许范围的偏差情况，必须按照偏差处理程序查明原因，在确认无潜在质量事故后才可按正常产品处理。对于特殊物料（如不合格物料、废料、返回的产品和样品）的管理，必须制订专门的操作程序，严格按照 GMP 的要求进行控制和处置，明确其存放的区域，做好标识和隔离等。同时，按要求完整记录，以使其具有可追溯性。

4. 严遵法则 药品生产过程中应严格按照生产程序、生产要求、工艺操作规程进行生产，并严控生产工艺参数，等等。严格控制生产过程中的工艺参数，需要过程控制人员抽查、复核质量控制点的主要工艺参数、质量标准和设备参数的符合性，检查操作人员是否按照文件规定执行。同时，定期采用过程的 $\overline{X}$-R 控制图（平均值 - 极差控制图），定期对所生的产品质量特性进行检查和监控，检查结果应符合过程控制标准及产品质量标准；对于特殊质量特性（如片重、灌装量等）的波动情况进行监控，以确保生产过程始终处于稳定状态，尤其是同时达到统计控制状态和技术控制状态。另外，还需不定期的计算过程能力指数，以评估过程能力是否充分，即评估按此过程生产产品的质量满足技术标准的能力。

5. 生产现场 现场是企业所有活动的出发点和终结点，不重视现场管理的企业终究是要衰败的。药品生产企业必须加强生产过程的现场管理，要求现场整洁有序、标识完整清晰、记录及时且清晰完整。这包括但不限于：①卫生、清洁、消毒管理的规定、执行和记录情况；②洁具的分类管理和整洁；③设备设施标识管理，完好、运行、待修和停用状态；④生产状态标识，品名、批号、生产开始时间；⑤生产区域状态标识，已清洁、待清洁、相关区域的使用情况。

为有效管理生产现场，企业可采用各种现场管理工具，如6S管理、目视化管理、看板管理、全面生产维护等，以优化生产过程，规范操作人员的操作行为，避免污染、交叉污染、人为差错和混淆的产生。同时，可在潜在质量风险的现场，尤其是潜在重大质量风险的现场，及容易发生差错和混淆现场，安装摄像头，对生产操作过程进行全方位、全时段监控并记录。若发生偏差或异常，还可借助监控记录进行追溯，并快速查找原因；从而采取有针对性的解决措施，避免类似问题的重复发生。

三、生产结束后

为防止交叉污染、混淆和差错的产生，生产结束后，生产部门应按操作规程对设备进行清洁，对生产及相关区域进行清场，将剩余或废弃物料按规定移出生产现场，以确保生产现场没有遗留涉及与本批产品有关的原辅料、中间体、包装材料和标签等，尤其是对于多品种共线生产中产品更换的清场。另外，清场要重点关注容易导致污染、差错和混淆发生的工序，如配灌、灯检、包装等；清洁、清场应有记录，其记录应归入批记录中。

生产结束后，生产部门应将原辅料、中间体、半成品、成品及印有文字包装材料的数量进行物料平衡，结果应符合规定，以及时发现可能的差错和混淆。另外，应关注各工序对特殊物料的处理，特别是对不合格品和尾料的处理等；并根据规定安排样品抽样和质量检验。同时，及时完成批生产记录的填写和相关标签的整理，送交审核，由质量受权人完成批记录的审核，以决定产品的放行与否。

如生产有偏差，应根据程序由生产和质量等相关部门共同完成相关调查，并形成纠正和预防措施，最后形成调查报告送交质量部门。

四、放行检查

药品生产结束后，还应严格执行放行检查，保证药品及其生产符合注册要求和GMP要求。检查至少包括：①产品的生产工艺和检验方法应经过验证；②已完成产品所有必需的检查、检验，并对实际生产条件和生产记录进行综合评估；③所有的生产和质量控制均已完成，必需时应按要求有各级主管人员签名；④如有变更，变更已按相关法律、法规和规程处理完毕，并对变更或偏差已完成所有必要的取样、检查、检验和审核；⑤所有与该批产品有关的偏差均已有明确的解释或说明，或者已经过彻底调查和妥善处理，若偏差还涉及其他批次产品，应当一并处理。

每批产品放行检查完毕，应当有明确的结论。批准放行应当有质量受权人或质量转受权人签名。

五、药品的批次管理

为便于追溯和进行风险管控，确保一定数量药品的质量和特性的均一性，药品生产需进行严格的批次管理。企业按照 GMP 规定无论如何确定和定义批次，药品生产批次划分的最根本的原则就是确保同一批次产品质量和特性的均一性。基于此原则，企业可根据特定品种及其生产的实际情况，将一批产品分成若干亚批，最终合并为一个均一的批。

药品生产批次的确定和定义必须有规范性文件，每批药品均应编制唯一的生产批号。除非另有法定规定外，药品生产日期不得迟于产品成型或灌装（封）前经最后混合的操作日期，不得以产品包装日期作为生产日期，以更科学地保证质量和特性均一药品的内在质量。因此，企业必须按照相关法律法规的要求，建立编制药品生产批号和确定生产日期的操作规程，并对药品的批号编制和生产日期的确定进行严格的管理。

ER9-2　第九章　目标测试

（刘旭海　张军武）

主要参考文献

[1] 国家药典委员会. 中华人民共和国药典: 四部.2020 年版. 北京: 中国医药科技出版社, 2020.
[2] 谢明, 杨悦. 药品生产质量管理. 北京: 人民卫生出版社, 2014.
[3] 宋航. 制药工程导论. 北京: 人民卫生出版社, 2014.
[4] 曾其勇. 质量管理工程导论. 北京: 中国质检出版社, 2018.
[5] 全国质量专业技术人员职业资格考试办公室. 质量专业理论与实务. 北京: 中国人事出版社, 2012.
[6] 国家质量监督检验检疫总局质量管理司. 质量专业理论与实务. 北京: 中国人事出版社, 2002.
[7] 王斌. 制药从业人员伦理学. 哈尔滨: 黑龙江大学出版社, 2011.
[8] 张根保. 现代质量工程.3 版. 北京: 机械工业出版社, 2015.
[9] 刘伟强. 药品生产质量管理工程. 上海: 华东理工大学出版社, 2020.
[10] 翟铁伟, 宋航. 药品生产质量管理. 北京: 科学出版社, 2019.
[11] 罗晓燕, 李晓东. 药品生产质量管理教程. 北京: 化学工业出版社, 2020.
[12] 朱世斌, 曲红梅. 药品生产质量管理工程.2 版. 北京: 化学工业出版社, 2017.
[13] 国家食品药品监督管理局药品认证管理中心.ICH 质量管理文件汇编. 北京: 中国医药科技出版社, 2010.
[14] 鲍江东.ISO 9001: 2015 质量管理体系理论与实践. 南京: 南京大学出版社, 2021.
[15] 卫生部. 药品生产质量管理规范(2010 年修订): 中华人民共和国卫生部令第 79 号.(2011-01-17)[2022-12-25].http: //www.gov.cn/gongbao/content/2011/content_1907093.htm.
[16] 国家食品药品监督管理局药品认证管理中心. 药品 GMP 指南. 北京: 中国医药科技出版社, 2011.
[17] 万融. 商品学概论. 北京: 中国人民大学出版社, 2016.
[18] 王沛. 制药工程实训. 北京: 人民卫生出版社, 2012.
[19] 宋航. 制药工程技术概论.3 版. 北京: 化学工业出版社, 2019.
[20] 赵临襄, 赵广荣. 制药工艺学. 北京: 人民卫生出版社, 2014.
[21] 元英进. 制药工艺学.2 版. 北京: 化学工业出版社, 2017.
[22] 方亮. 药剂学.8 版. 北京: 人民卫生出版社, 2016.
[23] 姚日生. 制药工程原理与设备.2 版. 北京: 高等教育出版社, 2019.
[24] 王沛. 制药工程.2 版. 北京: 人民卫生出版社, 2018.
[25] 郭立玮. 制药分离工程. 北京: 人民卫生出版社, 2014.
[26] 张群. 生产管理.2 版. 北京: 高等教育出版社, 2014.
[27] 饶君凤. 药品生产质量管理. 杭州: 浙江大学出版社, 2015.
[28] 杨世民. 药事管理学.6 版. 北京: 人民卫生出版社, 2016.
[29] 韩永萍. 药物制剂生产设备及车间工艺设计. 北京: 化学工业出版社, 2015.
[30] 姚日生, 边侠玲. 制药过程安全与环保. 北京: 化学工业出版社, 2018.
[31] 王志祥. 制药工程原理与设备.3 版. 北京: 人民卫生出版社, 2016.

[32] 陈小平，马凤余. 新药发现与开发.2 版. 北京：化学工业出版社，2016.
[33] 王沛. 制药设备与车间设计. 北京：人民卫生出版社，2014.
[34] 国家市场监督管理总局，国家标准化委员会. 中华人民共和国国家标准控制图第 2 部分：常规控制图（GB/T 179892—2020）. 北京：中国标准出版社，2020.
[35] 国家质量监督检验检疫总局. 中华人民共和国国家标准周期检验计数抽样程序及表（适用于对过程稳定性的检验）（GB/T 2829—2002）. 北京：中国标准出版社，2003.
[36] 马义岭，郭永学. 制药设备与工艺验证. 北京：化学工业出版社，2019.
[37] 国家住房和城乡建设部. 中华人民共和国国家标准医药工业洁净厂房设计规范（GB 50457—2019）. 北京：中国计划出版社，2019.
[38] 孙铁民. 药物化学. 北京：人民卫生出版社，2014.
[39] 王敏华，曾其勇. 质量数据分析技术. 北京：中国质检出版社，2016.
[40] 张功臣. 制药用水. 北京：化学工业出版社，2021.

附表

附表 1　二项分布累积概率值表

$$P(X \leqslant x) = \sum_{k=0}^{x} \binom{n}{k} p^k (1-p)^{n-k}$$

n	x	P 0.001	0.002	0.003	0.005	0.01	0.02	0.03	0.05	0.10	0.15	0.20	0.25	0.30	0.35	0.40	0.45	0.50
2	0	0.998 0	0.996 0	0.994 0	0.990 0	0.980 1	0.960 4	0.940 9	0.902 5	0.810 0	0.722 5	0.640 0	0.562 5	0.490 0	0.422 5	0.360 0	0.302 5	0.250 0
	1	1.000 0	1.000 0	1.000 0	1.000 0	0.999 9	0.999 6	0.999 1	0.997 5	0.990 0	0.977 5	0.960 0	0.937 5	0.910 0	0.877 5	0.840 0	0.797 5	0.750 0
3	0	0.997 0	0.994 0	0.991 0	0.985 1	0.970 3	0.941 2	0.912 7	0.857 4	0.729 0	0.614 1	0.512 0	0.421 9	0.343 0	0.274 6	0.216 0	0.166 4	0.125 0
	1	1.000 0	1.000 0	1.000 0	0.999 9	0.999 7	0.998 8	0.997 4	0.992 8	0.972 0	0.939 3	0.896 0	0.843 8	0.784 0	0.718 3	0.648 0	0.574 8	0.500 0
	2				1.000 0	1.000 0	1.000 0	1.000 0	0.999 9	0.999 0	0.996 6	0.992 0	0.984 4	0.973 0	0.957 1	0.936 0	0.908 9	0.875 0
4	0	0.996 0	0.992 0	0.988 1	0.980 2	0.960 6	0.922 4	0.885 3	0.814 5	0.656 1	0.522 0	0.409 6	0.316 4	0.240 1	0.178 5	0.129 6	0.091 5	0.062 5
	1	1.000 0	1.000 0	0.999 9	0.999 9	0.999 4	0.997 7	0.994 8	0.986 0	0.947 7	0.890 5	0.819 2	0.738 3	0.651 7	0.563 0	0.475 2	0.391 0	0.312 5
	2							1.000 0	0.999 5	0.996 3	0.988 0	0.972 8	0.949 2	0.916 3	0.873 5	0.820 8	0.758 5	0.687 5
	3								1.000 0	0.999 9	0.999 5	0.998 4	0.996 1	0.991 9	0.985 0	0.974 4	0.959 0	0.937 5
5	0	0.995 0	0.990 0	0.985 1	0.975 2	0.951 0	0.903 9	0.858 7	0.773 8	0.590 9	0.443 7	0.327 7	0.237 3	0.168 1	0.116 0	0.077 8	0.050 3	0.031 3
	1	1.000 0	1.000 0	0.999 9	0.999 8	0.999 0	0.996 2	0.991 5	0.977 4	0.918 5	0.835 2	0.737 3	0.632 8	0.528 2	0.428 4	0.337 0	0.256 2	0.187 5
	2			1.000 0	1.000 0	1.000 0	0.999 9	0.999 7	0.998 8	0.991 4	0.973 4	0.942 1	0.896 5	0.836 9	0.764 8	0.682 6	0.593 1	0.500 0
	3						1.000 0	1.000 0	1.000 0	0.999 5	0.997 8	0.993 3	0.984 4	0.969 2	0.946 0	0.913 0	0.868 8	0.812 5
	4								1.000 0	1.000 0	0.999 9	0.999 7	0.999 0	0.997 6	0.994 7	0.989 8	0.981 5	0.968 8

续表

n	x	P 0.001	0.002	0.003	0.005	0.01	0.02	0.03	0.05	0.10	0.15	0.20	0.25	0.30	0.35	0.40	0.45	0.50
6	0	0.994 0	0.988 1	0.982 1	0.970 4	0.941 5	0.885 8	0.833 0	0.735 1	0.531 4	0.377 2	0.262 1	0.178 0	0.117 6	0.075 4	0.046 7	0.027 7	0.015 6
	1	1.000 0	0.999 9	0.999 9	0.999 6	0.998 5	0.994 3	0.987 5	0.967 2	0.885 7	0.776 5	0.655 4	0.533 9	0.420 2	0.319 1	0.233 3	0.163 6	0.109 4
	2		1.000 0	1.000 0	1.000 0	1.000 0	0.999 8	0.999 5	0.997 8	0.984 2	0.952 7	0.901 1	0.830 6	0.744 3	0.647 1	0.544 3	0.441 5	0.343 8
	3						1.000 0	1.000 0	0.999 9	0.998 7	0.994 1	0.983 0	0.962 4	0.929 5	0.882 6	0.820 8	0.744 7	0.656 3
	4								1.000 0	0.999 9	0.999 6	0.998 4	0.995 4	0.989 1	0.977 7	0.959 0	0.930 8	0.890 6
	5								1.000 0	1.000 0	1.000 0	0.999 9	0.999 8	0.999 3	0.998 2	0.995 9	0.991 7	0.984 4
7	0	0.993 0	0.986 1	0.979 2	0.965 6	0.932 1	0.868 1	0.808 0	0.698 3	0.478 3	0.320 6	0.209 7	0.133 5	0.082 4	0.049 0	0.028 0	0.015 2	0.007 8
	1	1.000 0	0.999 9	0.999 8	0.999 5	0.998 0	0.992 1	0.982 9	0.955 6	0.850 3	0.716 6	0.576 7	0.444 9	0.329 4	0.233 8	0.158 6	0.102 4	0.062 5
	2		1.000 0	1.000 0	1.000 0	1.000 0	0.999 7	0.999 1	0.996 2	0.974 3	0.926 2	0.852 0	0.756 4	0.647 1	0.532 3	0.419 9	0.316 4	0.226 6
	3						1.000 0	1.000 0	0.999 8	0.997 3	0.987 9	0.966 7	0.929 4	0.874 0	0.800 2	0.710 2	0.608 3	0.500 0
	4								1.000 0	0.999 9	0.998 8	0.995 3	0.987 1	0.971 2	0.944 4	0.903 7	0.847 1	0.773 4
	5								1.000 0	1.000 0	0.999 9	0.999 6	0.998 7	0.996 2	0.991 0	0.981 2	0.964 3	0.937 5
	6								1.000 0	1.000 0	1.000 0	1.000 0	0.999 9	0.999 8	0.999 4	0.998 4	0.996 3	0.992 2
8	0	0.992 0	0.984 1	0.976 3	0.960 7	0.922 7	0.850 8	0.783 7	0.663 4	0.430 5	0.272 5	0.167 8	0.100 1	0.057 6	0.031 9	0.016 8	0.008 4	0.003 9
	1	1.000 0	0.999 9	0.999 8	0.999 3	0.997 3	0.989 7	0.977 7	0.942 8	0.813 1	0.657 2	0.503 3	0.367 1	0.255 3	0.169 1	0.106 4	0.063 2	0.035 2
	2		1.000 0	1.000 0	1.000 0	0.999 9	0.999 6	0.998 7	0.994 2	0.961 9	0.894 8	0.796 9	0.678 5	0.551 8	0.427 8	0.315 4	0.220 1	0.144 5
	3					1.000 0	1.000 0	0.999 9	0.999 6	0.995 0	0.978 6	0.943 7	0.886 2	0.805 9	0.706 4	0.594 1	0.477 0	0.363 3
	4							1.000 0	1.000 0	0.999 6	0.997 1	0.989 6	0.972 7	0.942 0	0.893 9	0.826 3	0.739 6	0.636 7
	5								1.000 0	1.000 0	0.999 8	0.998 8	0.995 8	0.988 7	0.974 7	0.950 2	0.911 5	0.855 5
	6								1.000 0	1.000 0	1.000 0	0.999 9	0.999 6	0.998 7	0.996 4	0.991 5	0.981 9	0.964 8
	7								1.000 0	1.000 0	1.000 0	1.000 0	1.000 0	0.999 9	0.999 8	0.999 3	0.998 3	0.996 1

续表

n	x	P 0.001	0.002	0.003	0.005	0.01	0.02	0.03	0.05	0.10	0.15	0.20	0.25	0.30	0.35	0.40	0.45	0.50
9	0	0.991 0	0.982 1	0.973 3	0.955 9	0.913 5	0.833 7	0.760 2	0.630 2	0.387 4	0.231 6	0.134 2	0.075 1	0.040 4	0.020 7	0.010 0	0.004 6	0.002 0
	1	1.000 0	0.999 9	0.999 7	0.999 1	0.996 6	0.986 9	0.971 8	0.928 8	0.774 8	0.599 5	0.436 2	0.300 3	0.196 0	0.121 1	0.070 5	0.038 5	0.019 5
	2		1.000 0	1.000 0	1.000 0	0.999 9	0.999 4	0.998 0	0.991 6	0.947 0	0.859 1	0.738 2	0.600 7	0.462 8	0.337 3	0.231 8	0.149 5	0.089 8
	3					1.000 0	1.000 0	0.999 9	0.999 4	0.991 7	0.966 1	0.914 4	0.834 3	0.729 7	0.608 9	0.482 6	0.361 4	0.253 9
	4							1.000 0	1.000 0	0.999 1	0.994 4	0.980 4	0.951 1	0.901 2	0.828 3	0.733 4	0.621 4	0.500 0
	5								1.000 0	0.999 9	0.999 4	0.996 9	0.990 0	0.974 7	0.946 4	0.900 6	0.834 2	0.746 1
	6								1.000 0	1.000 0	1.000 0	0.999 7	0.998 7	0.995 7	0.988 8	0.975 0	0.950 2	0.910 2
	7								1.000 0	1.000 0	1.000 0	1.000 0	0.999 9	0.999 6	0.998 6	0.996 2	0.990 9	0.980 5
	8								1.000 0	1.000 0	1.000 0	1.000 0	1.000 0	1.000 0	0.999 9	0.999 7	0.999 2	0.998 0
10	0	0.990 0	0.980 2	0.970 4	0.951 1	0.904 4	0.817 1	0.737 4	0.598 7	0.348 7	0.196 9	0.107 4	0.056 3	0.028 2	0.013 5	0.006 0	0.002 5	0.001 0
	1	1.000 0	0.999 8	0.999 6	0.998 9	0.995 7	0.983 8	0.965 5	0.913 9	0.736 1	0.544 3	0.375 8	0.244 0	0.149 3	0.086 0	0.046 4	0.023 3	0.010 7
	2		1.000 0	1.000 0	1.000 0	0.999 9	0.999 1	0.997 2	0.988 5	0.929 8	0.820 2	0.677 8	0.525 6	0.382 8	0.261 6	0.167 3	0.099 6	0.054 7
	3					1.000 0	1.000 0	0.999 9	0.999 0	0.987 2	0.950 0	0.879 1	0.775 9	0.649 6	0.513 8	0.382 3	0.266 0	0.171 9
	4							1.000 0	0.999 9	0.998 4	0.990 1	0.967 2	0.921 9	0.849 7	0.751 5	0.633 1	0.504 4	0.377 0
	5								1.000 0	0.999 9	0.998 6	0.993 6	0.980 3	0.952 7	0.905 1	0.833 8	0.738 4	0.623 0
	6								1.000 0	1.000 0	0.999 9	0.999 1	0.996 5	0.989 4	0.974 0	0.945 2	0.899 0	0.828 1
	7								1.000 0	1.000 0	1.000 0	0.999 9	0.999 6	0.998 4	0.995 2	0.987 7	0.972 6	0.945 3
	8								1.000 0	1.000 0	1.000 0	1.000 0	1.000 0	0.999 9	0.999 5	0.998 3	0.995 5	0.989 3
	9								1.000 0	1.000 0	1.000 0	1.000 0	1.000 0	1.000 0	1.000 0	0.999 9	0.999 7	0.999 0
11	0	0.989 1	0.978 2	0.966 4	0.946 4	0.895 3	0.800 7	0.715 3	0.568 8	0.313 8	0.167 3	0.085 9	0.042 2	0.019 8	0.008 8	0.003 6	0.001 4	0.000 5
	1	0.999 9	0.999 8	0.999 5	0.998 7	0.994 8	0.980 5	0.958 7	0.898 1	0.697 4	0.492 2	0.322 1	0.197 1	0.113 0	0.060 6	0.030 2	0.013 9	0.005 9

续表

n	x	P 0.001	0.002	0.003	0.005	0.01	0.02	0.03	0.05	0.10	0.15	0.20	0.25	0.30	0.35	0.40	0.45	0.50
	2	1.000 0	1.000 0	1.000 0	1.000 0	0.999 8	0.998 8	0.996 3	0.984 8	0.910 4	0.778 8	0.617 4	0.455 2	0.312 7	0.200 1	0.118 9	0.065 2	0.032 7
	3					1.000 0	1.000 0	0.999 8	0.998 4	0.981 5	0.930 6	0.838 9	0.713 3	0.569 6	0.425 6	0.296 3	0.191 1	0.113 3
	4						1.000 0	1.000 0	0.999 9	0.997 2	0.984 1	0.949 6	0.885 4	0.789 7	0.668 3	0.532 8	0.397 1	0.274 4
	5								1.000 0	0.999 7	0.997 3	0.988 3	0.965 7	0.921 8	0.851 3	0.753 5	0.633 1	0.500 0
11	6								1.000 0	1.000 0	0.999 7	0.998 0	0.992 4	0.978 4	0.949 9	0.900 6	0.826 2	0.725 6
	7								1.000 0	1.000 0	1.000 0	0.999 8	0.998 8	0.995 7	0.987 8	0.970 7	0.939 0	0.886 7
	8								1.000 0	1.000 0	1.000 0	1.000 0	0.999 9	0.999 4	0.998 0	0.994 1	0.985 2	0.967 3
	9								1.000 0	1.000 0	1.000 0	1.000 0	1.000 0	1.000 0	0.999 8	0.999 3	0.997 8	0.994 1
	10								1.000 0	1.000 0	1.000 0	1.000 0	1.000 0	1.000 0	1.000 0	1.000 0	0.999 8	0.999 5
	0	0.988 1	0.976 3	0.964 6	0.941 6	0.886 4	0.784 7	0.693 8	0.540 3	0.282 4	0.142 2	0.068 7	0.031 7	0.013 8	0.005 7	0.002 2	0.000 8	0.000 2
	1	0.999 9	0.999 7	0.999 4	0.998 4	0.993 8	0.976 9	0.951 4	0.881 6	0.659 0	0.443 5	0.274 9	0.158 4	0.085 0	0.042 4	0.019 6	0.008 3	0.003 2
	2	1.000 0	1.000 0	1.000 0	1.000 0	0.999 8	0.998 5	0.995 2	0.980 4	0.889 1	0.735 8	0.558 3	0.390 7	0.252 8	0.151 3	0.083 4	0.042 1	0.019 3
	3					1.000 0	0.999 9	0.999 7	0.997 8	0.974 4	0.907 8	0.794 6	0.648 8	0.492 5	0.346 7	0.225 3	0.134 5	0.073 0
	4						1.000 0	1.000 0	0.999 8	0.995 7	0.976 1	0.927 4	0.842 4	0.723 7	0.583 3	0.438 2	0.304 4	0.193 8
	5								1.000 0	0.999 5	0.995 4	0.980 6	0.945 6	0.882 2	0.787 3	0.665 2	0.526 9	0.387 2
12	6								1.000 0	0.999 9	0.999 3	0.996 1	0.985 7	0.961 4	0.915 4	0.841 4	0.739 3	0.612 8
	7								1.000 0	1.000 0	0.999 9	0.999 4	0.997 2	0.990 5	0.974 5	0.942 7	0.888 3	0.806 2
	8								1.000 0	1.000 0	1.000 0	0.999 9	0.999 6	0.998 3	0.994 4	0.984 7	0.964 4	0.927 0
	9								1.000 0	1.000 0	1.000 0	1.000 0	1.000 0	0.999 8	0.999 2	0.997 2	0.992 1	0.980 7
	10								1.000 0	1.000 0	1.000 0	1.000 0	1.000 0	1.000 0	0.999 9	0.999 7	0.998 9	0.996 8
	11								1.000 0	1.000 0	1.000 0	1.000 0	1.000 0	1.000 0	1.000 0	1.000 0	0.999 9	0.999 8

续表

n	x	P																
		0.001	0.002	0.003	0.005	0.01	0.02	0.03	0.05	0.10	0.15	0.20	0.25	0.30	0.35	0.40	0.45	0.50
13	0	0.987 1	0.974 3	0.961 7	0.936 9	0.877 5	0.769 0	0.673 0	0.513 3	0.254 2	0.120 9	0.055 0	0.023 8	0.009 7	0.003 7	0.001 3	0.000 4	0.000 1
	1	0.999 9	0.999 7	0.999 3	0.998 1	0.992 8	0.973 0	0.943 6	0.864 6	0.621 3	0.398 3	0.233 6	0.126 7	0.063 7	0.029 6	0.012 6	0.004 9	0.001 7
	2	1.000 0	1.000 0	1.000 0	1.000 0	0.999 7	0.998 0	0.993 8	0.975 5	0.866 1	0.692 0	0.501 7	0.332 6	0.202 5	0.113 2	0.057 9	0.026 9	0.011 2
	3					1.000 0	0.999 9	0.999 5	0.996 9	0.965 8	0.882 0	0.747 3	0.584 3	0.420 6	0.278 3	0.168 6	0.092 9	0.046 1
	4						1.000 0	1.000 0	0.999 7	0.993 5	0.965 8	0.900 9	0.794 0	0.654 3	0.500 5	0.353 0	0.227 9	0.133 4
	5								1.000 0	0.999 1	0.992 5	0.970 0	0.919 8	0.834 6	0.715 9	0.574 4	0.426 8	0.290 5
	6								1.000 0	0.999 9	0.998 7	0.993 0	0.975 7	0.937 6	0.870 5	0.771 2	0.643 7	0.500 0
	7								1.000 0	1.000 0	0.999 8	0.998 8	0.994 4	0.981 8	0.953 8	0.902 3	0.821 2	0.709 5
	8								1.000 0	1.000 0	1.000 0	0.999 8	0.999 0	0.996 0	0.987 4	0.967 9	0.930 2	0.866 6
	9								1.000 0	1.000 0	1.000 0	1.000 0	0.999 9	0.999 3	0.997 5	0.992 2	0.979 7	0.953 9
	10								1.000 0	1.000 0	1.000 0	1.000 0	1.000 0	0.999 9	0.999 7	0.998 7	0.995 9	0.988 8
	11								1.000 0	1.000 0	1.000 0	1.000 0	1.000 0	1.000 0	1.000 0	0.999 9	0.999 5	0.998 3
	12								1.000 0	1.000 0	1.000 0	1.000 0	1.000 0	1.000 0	1.000 0	1.000 0	1.000 0	0.999 9
14	0	0.986 1	0.972 4	0.958 8	0.932 2	0.868 7	0.753 6	0.652 8	0.487 7	0.228 8	0.102 8	0.044 0	0.017 8	0.006 8	0.002 4	0.000 8	0.000 2	0.000 1
	1	0.999 9	0.999 6	0.999 2	0.997 8	0.991 6	0.969 0	0.935 5	0.847 0	0.584 6	0.356 7	0.197 9	0.101 0	0.047 5	0.020 5	0.008 1	0.002 9	0.000 9
	2	1.000 0	1.000 0	1.000 0	1.000 0	0.999 7	0.997 5	0.992 3	0.969 9	0.841 6	0.647 9	0.448 1	0.281 1	0.160 8	0.083 9	0.039 8	0.017 0	0.006 5
	3					1.000 0	0.999 9	0.999 4	0.995 8	0.955 9	0.853 5	0.698 2	0.521 3	0.355 2	0.220 5	0.124 3	0.063 2	0.028 7
	4						1.000 0	1.000 0	0.999 6	0.990 8	0.953 3	0.870 2	0.741 5	0.584 2	0.422 7	0.279 3	0.167 2	0.042 6
	5								1.000 0	0.998 5	0.988 5	0.956 1	0.888 3	0.780 5	0.640 5	0.485 9	0.337 3	0.212 0
	6								1.000 0	0.999 8	0.997 8	0.988 4	0.961 7	0.906 7	0.816 4	0.692 5	0.546 1	0.395 3
	7								1.000 0	1.000 0	0.999 7	0.997 6	0.989 7	0.968 5	0.924 7	0.849 9	0.741 4	0.604 7

续表

n	x	0.001	0.002	0.003	0.005	0.01	0.02	0.03	0.05	0.10	0.15	0.20	0.25	0.30	0.35	0.40	0.45	0.50
		P																
14	8								1.000 0	1.000 0	1.000 0	0.999 6	0.997 8	0.991 7	0.975 7	0.941 7	0.881 1	0.788 0
	9								1.000 0	1.000 0	1.000 0	1.000 0	0.999 7	0.998 3	0.994 0	0.982 5	0.957 4	0.910 2
	10								1.000 0	1.000 0	1.000 0	1.000 0	1.000 0	0.999 8	0.998 9	0.996 1	0.988 6	0.971 3
	11								1.000 0	1.000 0	1.000 0	1.000 0	1.000 0	1.000 0	0.999 9	0.999 4	0.997 8	0.993 5
	12								1.000 0	1.000 0	1.000 0	1.000 0	1.000 0	1.000 0	1.000 0	0.999 9	0.999 7	0.999 1
	13								1.000 0	1.000 0	1.000 0	1.000 0	1.000 0	1.000 0	1.000 0	1.000 0	1.000 0	0.999 9
15	0	0.985 1	0.970 4	0.955 9	0.927 6	0.860 1	0.738 6	0.633 3	0.463 3	0.205 9	0.087 4	0.035 2	0.013 4	0.004 7	0.001 6	0.000 5	0.000 1	0.000 0
	1	0.999 9	0.999 6	0.999 1	0.997 5	0.990 4	0.964 7	0.927 0	0.829 0	0.549 0	0.318 6	0.167 1	0.080 2	0.035 3	0.014 2	0.005 2	0.001 7	0.000 5
	2	1.000 0	1.000 0	1.000 0	0.999 9	0.999 6	0.997 0	0.990 6	0.963 8	0.815 9	0.602 4	0.398 0	0.236 1	0.126 8	0.061 7	0.027 1	0.010 7	0.003 7
	3				1.000 0	1.000 0	0.999 8	0.999 2	0.994 5	0.944 4	0.822 7	0.648 2	0.461 3	0.296 9	0.172 7	0.090 5	0.042 4	0.017 6
	4						1.000 0	0.999 9	0.999 4	0.987 3	0.938 3	0.835 8	0.686 5	0.515 5	0.351 9	0.217 3	0.120 4	0.059 2
	5							1.000 0	0.999 9	0.997 8	0.983 2	0.938 9	0.851 6	0.721 6	0.564 3	0.403 2	0.260 8	0.150 9
	6								1.000 0	0.999 7	0.996 4	0.981 9	0.943 4	0.868 9	0.754 8	0.609 8	0.452 2	0.303 6
	7								1.000 0	1.000 0	0.999 4	0.995 8	0.982 7	0.950 0	0.886 8	0.786 9	0.653 5	0.500 0
	8								1.000 0	1.000 0	0.999 9	0.999 2	0.995 8	0.984 8	0.957 8	0.905 0	0.818 2	0.696 4
	9								1.000 0	1.000 0	1.000 0	0.999 9	0.999 2	0.996 3	0.987 6	0.966 2	0.923 1	0.849 1
	10								1.000 0	1.000 0	1.000 0	1.000 0	0.999 9	0.999 3	0.997 2	0.990 7	0.974 5	0.940 8
	11								1.000 0	1.000 0	1.000 0	1.000 0	1.000 0	0.999 9	0.999 5	0.998 1	0.993 7	0.982 4
	12								1.000 0	1.000 0	1.000 0	1.000 0	1.000 0	1.000 0	0.999 9	0.999 7	0.998 9	0.996 3
	13								1.000 0	1.000 0	1.000 0	1.000 0	1.000 0	1.000 0	1.000 0	1.000 0	0.999 9	0.999 5
	14								1.000 0	1.000 0	1.000 0	1.000 0	1.000 0	1.000 0	1.000 0	1.000 0	1.000 0	1.000 0

续表

n	x	P: 0.001	0.002	0.003	0.005	0.01	0.02	0.03	0.05	0.10	0.15	0.20	0.25	0.30	0.35	0.40	0.45	0.50
16	0	0.984 1	0.968 5	0.953 1	0.922 9	0.851 5	0.723 8	0.614 3	0.440 1	0.185 3	0.074 3	0.028 1	0.010 0	0.003 3	0.001 0	0.000 3	0.000 1	0.000 0
	1	0.999 9	0.999 5	0.999 0	0.997 1	0.989 1	0.960 1	0.918 2	0.810 8	0.514 7	0.283 9	0.140 7	0.063 5	0.026 1	0.009 8	0.003 3	0.001 0	0.000 3
	2	1.000 0	1.000 0	1.000 0	0.999 9	0.999 5	0.996 3	0.988 7	0.957 1	0.789 2	0.561 4	0.351 8	0.197 1	0.099 4	0.045 1	0.018 3	0.006 6	0.002 1
	3				1.000 0	1.000 0	0.999 8	0.998 9	0.993 0	0.931 6	0.789 9	0.598 1	0.405 0	0.245 9	0.133 9	0.065 1	0.028 1	0.010 6
	4						1.000 0	0.999 9	0.999 1	0.983 0	0.920 9	0.798 2	0.630 2	0.449 9	0.289 2	0.166 6	0.085 3	0.038 4
	5							1.000 0	0.999 9	0.996 7	0.975 6	0.918 3	0.810 3	0.659 8	0.490 0	0.328 8	0.197 6	0.105 1
	6								1.000 0	0.999 5	0.994 4	0.973 3	0.920 4	0.824 7	0.688 1	0.527 2	0.366 0	0.227 2
	7								1.000 0	0.999 9	0.998 9	0.993 0	0.972 9	0.925 6	0.840 6	0.716 1	0.562 9	0.401 8
	8								1.000 0	1.000 0	0.999 8	0.998 5	0.992 5	0.974 3	0.932 9	0.857 7	0.744 1	0.598 2
	9								1.000 0	1.000 0	1.000 0	0.999 8	0.998 4	0.992 9	0.977 1	0.941 7	0.875 9	0.772 8
	10								1.000 0	1.000 0	1.000 0	1.000 0	0.999 7	0.998 4	0.993 8	0.980 9	0.951 4	0.894 9
	11								1.000 0	1.000 0	1.000 0	1.000 0	1.000 0	0.999 7	0.998 7	0.995 1	0.985 1	0.961 6
	12								1.000 0	1.000 0	1.000 0	1.000 0	1.000 0	1.000 0	0.999 8	0.999 1	0.996 5	0.989 4
	13								1.000 0	1.000 0	1.000 0	1.000 0	1.000 0	1.000 0	1.000 0	0.999 9	0.999 4	0.997 9
	14								1.000 0	1.000 0	1.000 0	1.000 0	1.000 0	1.000 0	1.000 0	1.000 0	0.999 9	0.999 7
	15								1.000 0	1.000 0	1.000 0	1.000 0	1.000 0	1.000 0	1.000 0	1.000 0	1.000 0	1.000 0
17	0	0.983 1	0.966 5	0.950 2	0.918 3	0.842 9	0.709 3	0.595 8	0.418 1	0.166 8	0.063 1	0.022 5	0.007 5	0.002 3	0.000 7	0.000 2	0.000 0	0.000 0
	1	0.999 9	0.999 5	0.998 8	0.996 8	0.987 7	0.955 4	0.909 1	0.792 2	0.481 8	0.252 5	0.118 2	0.050 1	0.019 3	0.006 7	0.002 1	0.000 6	0.000 1
	2	1.000 0	1.000 0	1.000 0	0.999 9	0.999 4	0.995 6	0.986 6	0.949 7	0.761 8	0.519 8	0.309 6	0.163 7	0.077 4	0.032 7	0.012 3	0.004 1	0.001 2
	3				1.000 0	1.000 0	0.999 7	0.998 6	0.991 2	0.917 4	0.755 6	0.548 9	0.353 0	0.201 9	0.102 8	0.046 4	0.018 4	0.006 4
	4						1.000 0	0.999 9	0.998 8	0.977 9	0.901 3	0.758 2	0.573 9	0.388 7	0.234 8	0.126 0	0.059 2	0.024 5

续表

n	x	P 0.001	0.002	0.003	0.005	0.01	0.02	0.03	0.05	0.10	0.15	0.20	0.25	0.30	0.35	0.40	0.45	0.50
17	5							1.000 0	0.999 9	0.995 3	0.968 1	0.894 3	0.765 3	0.596 8	0.419 7	0.263 9	0.147 1	0.071 7
	6								1.000 0	0.999 2	0.991 7	0.962 3	0.892 9	0.775 2	0.618 8	0.447 8	0.290 2	0.166 2
	7								1.000 0	0.999 9	0.998 3	0.989 1	0.959 8	0.895 4	0.787 2	0.640 5	0.474 3	0.314 5
	8								1.000 0	1.000 0	0.999 7	0.997 4	0.987 6	0.959 7	0.900 6	0.801 1	0.662 6	0.500 0
	9								1.000 0	1.000 0	1.000 0	0.999 5	0.996 9	0.987 3	0.961 7	0.908 1	0.816 6	0.685 5
	10								1.000 0	1.000 0	1.000 0	0.999 9	0.999 4	0.996 8	0.988 0	0.965 2	0.917 4	0.833 8
	11								1.000 0	1.000 0	1.000 0	1.000 0	0.999 9	0.999 3	0.997 0	0.989 4	0.969 9	0.928 3
	12								1.000 0	1.000 0	1.000 0	1.000 0	1.000 0	0.999 9	0.999 4	0.997 5	0.991 4	0.975 5
	13								1.000 0	1.000 0	1.000 0	1.000 0	1.000 0	1.000 0	0.999 9	0.999 5	0.998 1	0.993 6
	14								1.000 0	1.000 0	1.000 0	1.000 0	1.000 0	1.000 0	1.000 0	0.999 9	0.999 7	0.998 8
	15								1.000 0	1.000 0	1.000 0	1.000 0	1.000 0	1.000 0	1.000 0	1.000 0	1.000 0	0.999 9
	16								1.000 0	1.000 0	1.000 0	1.000 0	1.000 0	1.000 0	1.000 0	1.000 0	1.000 0	1.000 0
18	0	0.982 2	0.964 6	0.947 4	0.913 7	0.834 5	0.695 1	0.578 0	0.397 2	0.150 1	0.053 6	0.018 0	0.005 6	0.001 6	0.000 4	0.000 1	0.000 0	0.000 0
	1	0.999 8	0.999 4	0.998 7	0.996 4	0.986 2	0.950 5	0.899 7	0.773 5	0.450 3	0.224 1	0.099 1	0.039 5	0.014 2	0.004 6	0.001 3	0.000 3	0.000 1
	2	1.000 0	1.000 0	1.000 0	0.999 9	0.999 3	0.994 8	0.984 3	0.941 9	0.733 8	0.479 7	0.271 3	0.135 3	0.060 0	0.023 6	0.008 2	0.002 5	0.000 7
	3				1.000 0	1.000 0	0.999 6	0.998 2	0.989 1	0.901 8	0.720 2	0.501 0	0.305 7	0.164 6	0.078 3	0.032 8	0.012 0	0.003 8
	4						1.000 0	0.999 9	0.998 5	0.971 8	0.879 4	0.716 4	0.518 7	0.332 7	0.188 6	0.094 2	0.041 1	0.015 4
	5							1.000 0	0.999 8	0.993 6	0.958 1	0.867 1	0.717 5	0.534 4	0.355 0	0.208 8	0.107 7	0.048 1
	6								1.000 0	0.998 8	0.988 2	0.948 7	0.861 0	0.721 7	0.549 1	0.374 3	0.225 8	0.118 9
	7								1.000 0	0.999 8	0.997 3	0.983 7	0.943 1	0.859 3	0.728 3	0.563 4	0.391 5	0.240 3
	8								1.000 0	1.000 0	0.999 5	0.995 7	0.980 7	0.940 4	0.860 9	0.736 8	0.577 8	0.407 3

续表

n	x	P 0.001	0.002	0.003	0.005	0.01	0.02	0.03	0.05	0.10	0.15	0.20	0.25	0.30	0.35	0.40	0.45	0.50
	9								1.000 0	1.000 0	0.999 9	0.999 1	0.994 6	0.979 0	0.940 3	0.865 3	0.747 3	0.592 7
	10								1.000 0	1.000 0	1.000 0	0.999 8	0.998 8	0.993 9	0.978 8	0.942 4	0.872 0	0.759 7
	11								1.000 0	1.000 0	1.000 0	1.000 0	0.999 8	0.998 6	0.993 8	0.979 7	0.946 3	0.881 1
	12								1.000 0	1.000 0	1.000 0	1.000 0	1.000 0	0.999 7	0.998 6	0.994 2	0.981 7	0.951 9
18	13								1.000 0	1.000 0	1.000 0	1.000 0	1.000 0	1.000 0	0.999 7	0.998 7	0.995 1	0.984 6
	14								1.000 0	1.000 0	1.000 0	1.000 0	1.000 0	1.000 0	1.000 0	0.999 8	0.999 0	0.996 2
	15								1.000 0	1.000 0	1.000 0	1.000 0	1.000 0	1.000 0	1.000 0	1.000 0	0.999 9	0.999 3
	16								1.000 0	1.000 0	1.000 0	1.000 0	1.000 0	1.000 0	1.000 0	1.000 0	1.000 0	0.999 9
	17								1.000 0	1.000 0	1.000 0	1.000 0	1.000 0	1.000 0	1.000 0	1.000 0	1.000 0	1.000 0
	0	0.981 2	0.962 7	0.944 5	0.909 2	0.826 2	0.681 2	0.560 6	0.377 4	0.135 1	0.045 6	0.014 4	0.004 2	0.001 1	0.000 3	0.000 1	0.000 0	0.000 0
	1	0.999 8	0.999 3	0.998 5	0.996 0	0.984 7	0.945 4	0.890 0	0.754 7	0.420 3	0.198 5	0.082 9	0.031 0	0.010 4	0.003 1	0.000 8	0.000 2	0.000 0
	2	1.000 0	1.000 0	1.000 0	0.999 9	0.999 1	0.993 9	0.981 7	0.933 5	0.705 4	0.441 3	0.236 9	0.111 3	0.046 2	0.017 0	0.005 5	0.001 5	0.000 4
	3				1.000 0	1.000 0	0.999 5	0.997 8	0.986 8	0.885 0	0.684 2	0.455 1	0.263 1	0.133 2	0.059 1	0.023 0	0.007 7	0.002 2
	4						1.000 0	0.999 8	0.998 0	0.964 8	0.855 6	0.673 3	0.465 4	0.262 2	0.150 0	0.069 6	0.028 0	0.009 6
19	5							1.000 0	0.999 8	0.991 4	0.946 3	0.836 9	0.667 8	0.473 9	0.296 8	0.162 9	0.077 7	0.031 8
	6								1.000 0	0.998 3	0.983 7	0.932 4	0.825 1	0.665 5	0.481 2	0.308 1	0.172 7	0.085 3
	7								1.000 0	0.999 7	0.995 9	0.976 7	0.922 5	0.818 0	0.665 6	0.487 8	0.316 9	0.179 6
	8								1.000 0	1.000 0	0.999 2	0.993 3	0.971 3	0.916 1	0.814 5	0.667 5	0.494 0	0.323 8
	9								1.000 0	1.000 0	0.999 9	0.998 4	0.991 1	0.967 4	0.912 5	0.813 9	0.671 0	0.500 0
	10								1.000 0	1.000 0	1.000 0	0.999 7	0.997 7	0.989 5	0.965 3	0.911 5	0.815 9	0.676 2

续表

n	x	P																
		0.001	0.002	0.003	0.005	0.01	0.02	0.03	0.05	0.10	0.15	0.20	0.25	0.30	0.35	0.40	0.45	0.50
19	11								1.000 0	1.000 0	1.000 0	1.000 0	0.999 5	0.997 2	0.988 6	0.964 8	0.912 9	0.820 4
	12								1.000 0	1.000 0	1.000 0	1.000 0	0.999 9	0.999 4	0.996 9	0.988 4	0.965 8	0.916 5
	13								1.000 0	1.000 0	1.000 0	1.000 0	1.000 0	0.999 9	0.999 3	0.996 9	0.989 1	0.968 2
	14								1.000 0	1.000 0	1.000 0	1.000 0	1.000 0	1.000 0	0.999 9	0.999 4	0.997 2	0.990 4
	15								1.000 0	1.000 0	1.000 0	1.000 0	1.000 0	1.000 0	1.000 0	0.999 9	0.999 5	0.997 8
	16								1.000 0	1.000 0	1.000 0	1.000 0	1.000 0	1.000 0	1.000 0	1.000 0	0.999 9	0.999 6
	17								1.000 0	1.000 0	1.000 0	1.000 0	1.000 0	1.000 0	1.000 0	1.000 0	1.000 0	1.000 0
	18								1.000 0	1.000 0	1.000 0	1.000 0	1.000 0	1.000 0	1.000 0	1.000 0	1.000 0	1.000 0
20	0	0.980 2	0.960 8	0.941 7	0.904 6	0.817 9	0.667 6	0.543 8	0.358 5	0.121 6	0.038 8	0.001 5	0.003 2	0.000 8	0.000 2	0.000 0	0.000 0	0.000 0
	1	0.999 8	0.999 3	0.998 4	0.995 5	0.983 1	0.940 1	0.880 2	0.735 8	0.391 7	0.175 6	0.069 2	0.024 3	0.007 6	0.002 1	0.000 5	0.000 1	0.000 0
	2	1.000 0	1.000 0	1.000 0	0.999 9	0.999 9	0.992 9	0.979 0	0.924 5	0.676 9	0.404 9	0.206 1	0.091 3	0.035 5	0.012 1	0.003 6	0.000 9	0.000 2
	3				1.000 0	1.000 0	0.999 4	0.997 3	0.984 1	0.867 0	0.647 7	0.411 4	0.225 2	0.107 1	0.044 4	0.016 0	0.004 9	0.001 3
	4						1.000 0	0.999 7	0.997 4	0.956 8	0.829 8	0.629 6	0.414 8	0.237 5	0.118 2	0.051 0	0.018 9	0.005 9
	5							1.000 0	0.999 7	0.988 7	0.932 7	0.804 2	0.617 2	0.416 4	0.245 4	0.125 6	0.055 3	0.020 7
	6								1.000 0	0.997 6	0.978 1	0.913 3	0.785 8	0.608 0	0.416 6	0.250 0	0.129 9	0.057 7
	7								1.000 0	0.999 6	0.994 1	0.967 6	0.898 2	0.772 3	0.601 0	0.415 9	0.252 0	0.131 6
	8								1.000 0	0.999 9	0.998 7	0.990 0	0.959 1	0.886 7	0.762 4	0.595 6	0.414 3	0.251 7
	9								1.000 0	1.000 0	0.999 8	0.997 4	0.986 1	0.952 0	0.878 2	0.755 3	0.591 4	0.411 9
	10								1.000 0	1.000 0	1.000 0	0.999 4	0.996 1	0.982 9	0.946 8	0.872 5	0.750 7	0.588 1
	11								1.000 0	1.000 0	1.000 0	0.999 9	0.999 1	0.994 9	0.980 4	0.943 5	0.869 2	0.748 3
	12								1.000 0	1.000 0	1.000 0	1.000 0	0.999 8	0.998 7	0.994 0	0.979 0	0.942 0	0.868 4

续表

n	x	P 0.001	0.002	0.003	0.005	0.01	0.02	0.03	0.05	0.10	0.15	0.20	0.25	0.30	0.35	0.40	0.45	0.50
	13								1.000 0	1.000 0	1.000 0	1.000 0	1.000 0	0.999 7	0.998 5	0.993 5	0.978 6	0.942 3
	14								1.000 0	1.000 0	1.000 0	1.000 0	1.000 0	1.000 0	0.999 7	0.998 4	0.993 6	0.979 3
	15								1.000 0	1.000 0	1.000 0	1.000 0	1.000 0	1.000 0	1.000 0	0.999 7	0.998 5	0.994 1
20	16								1.000 0	1.000 0	1.000 0	1.000 0	1.000 0	1.000 0	1.000 0	1.000 0	0.999 7	0.998 7
	17								1.000 0	1.000 0	1.000 0	1.000 0	1.000 0	1.000 0	1.000 0	1.000 0	1.000 0	0.999 8
	18								1.000 0	1.000 0	1.000 0	1.000 0	1.000 0	1.000 0	1.000 0	1.000 0	1.000 0	1.000 0
	19								1.000 0	1.000 0	1.000 0	1.000 0	1.000 0	1.000 0	1.000 0	1.000 0	1.000 0	1.000 0

附表 2　不合格品百分数的计数标准型一次抽样检验程序及抽样表(GB/T 13262—2008 节选)

p_1/% \ p_2/%	0.75	0.85	0.95	1.05	1.20	1.30	1.50	1.70	1.90	2.10	2.40	2.60	3.00	3.40	3.80	4.20	4.80	5.30	6.00	p_1/% \ p_2/%
0.095	750, 2	425, 1	395, 1	370, 1	345, 1	315, 1	280, 1	250, 1	225, 1	210, 1	185, 1	160, 1	68, 0	64, 0	58, 0	54, 0	49, 0	45, 0	41, 0	0.091～0.100
0.105	730, 2	665, 2	380, 1	355, 1	330, 1	310, 1	275, 1	250, 1	225, 1	200, 1	185, 1	160, 1	150, 1	60, 1	56, 0	52, 0	48, 0	44, 0	40, 0	0.101～0.112
0.12	700, 2	650, 2	595, 2	340, 1	320, 1	295, 1	275, 1	245, 1	220, 1	200, 1	181, 1	160, 1	150, 1	130, 1	54, 0	40, 0	46, 0	43, 0	39, 0	0.113～0.125
0.13	930, 2	625, 2	580, 2	535, 2	305, 1	285, 1	260, 1	240, 1	220, 1	200, 1	180, 1	160, 1	150, 1	130, 1	115, 1	48, 0	45, 0	41, 0	38, 0	0.126～0.140
0.15	900, 2	820, 3	545, 2	520, 2	475, 2	270, 1	250, 1	230, 1	215, 1	195, 1	175, 1	160, 1	140, 1	130, 1	115, 1	100, 1	43, 0	40, 0	37, 0	0.141～0.160
0.17	1 105, 4	795, 3	740, 3	495, 2	470, 2	430, 2	240, 1	220, 1	205, 1	190, 1	175, 1	160, 1	140, 1	125, 1	115, 1	100, 1	92, 1	38, 0	35, 0	0.161～0.180
0.19	1 295, 5	980, 4	710, 3	665, 3	440, 2	415, 2	370, 2	210, 1	200, 1	185, 1	170, 1	155, 1	140, 1	125, 1	115, 1	100, 1	92, 1	82, 1	34, 0	0.181～0.200
0.21	1 445, 6	1 135, 5	875, 4	635, 3	595, 3	395, 2	365, 2	330, 1	190, 1	175, 1	165, 1	155, 1	140, 1	125, 1	115, 1	100, 1	92, 1	82, 1	72, 1	0.201～0.224
0.24	1 620, 7	1 305, 6	1 015, 5	785, 4	570, 3	525, 3	350, 2	325, 2	300, 2	170, 1	160, 1	145, 1	135, 1	125, 1	115, 1	100, 1	90, 1	82, 1	72, 1	0.225～0.250

续表

p_2/% \ p_1/%	0.75	0.85	0.95	1.05	1.20	1.30	1.50	1.70	1.90	2.10	2.40	2.60	3.00	3.40	3.80	4.20	4.80	5.30	6.00	p_1/% \ p_2/%
0.26	1 750, 8	1 435, 7	1 165, 6	910, 5	705, 4	510, 3	465, 3	310, 2	290, 2	265, 2	150, 1	140, 1	130, 1	120, 1	110, 1	100, 1	90, 1	80, 1	72, 1	0.251～0.280
0.3	2 005, 10	1 545, 8	1 275, 7	1 025, 6	810, 5	625, 4	450, 3	410, 3	275, 2	260, 2	240, 2	135, 1	125, 1	115, 1	110, 1	98, 1	88, 1	80, 1	70, 1	0.281～0.315
0.34		1 820, 10	1 385, 8	1 145, 7	920, 6	725, 5	555, 4	400, 3	365, 3	250, 2	230, 2	210, 2	120, 1	110, 1	105, 1	96, 1	86, 1	80, 1	70, 1	0.316～0.355
0.38			1 630, 10	1 235, 8	1 025, 7	820, 6	640, 5	490, 4	355, 3	330, 3	220, 2	205, 2	190, 2	110, 1	100, 1	92, 1	86, 1	78, 1	70, 1	0.356～0.400
0.42				1 450, 10	1 100, 8	910, 7	725, 6	565, 5	440, 4	315, 3	295, 3	195, 2	180, 2	165, 2	95, 1	88, 1	82, 1	76, 1	68, 1	0.401～0.450
0.48					1 300, 10	985, 8	810, 7	545, 5	505, 5	390, 4	285, 3	260, 3	175, 2	165, 2	150, 2	84, 1	80, 1	74, 1	68, 1	0.451～0.500
0.53						1 165, 10	875, 8	715, 7	495, 5	454, 5	350, 4	255, 3	230, 3	155, 2	145, 2	135, 2	76, 1	70, 1	64, 1	0.501～0.560
0.6							1 035, 10	770, 8	640, 7	435, 5	405, 5	310, 4	225, 3	205, 3	140, 2	125, 2	115, 2	68, 1	62, 1	0.561～0.630
0.67								910, 10	690, 8	570, 7	390, 5	360, 5	275, 4	200, 3	185, 3	125, 2	115, 2	105, 2	59, 1	0.631～0.710
0.75									815, 10	620, 8	510, 7	350, 5	320, 5	250, 4	180, 3	165, 3	110, 2	105, 2	94, 2	0.711～0.800
0.85										725, 10	550, 8	455, 7	310, 5	285, 5	220, 4	160, 3	145, 3	100, 2	90, 2	0.801～0.900
0.95											650, 10	490, 8	405, 5	275, 5	255, 5	195, 4	140, 3	130, 3	86, 2	0.901～1.00
1.05												580, 10	435, 8	360, 7	245, 5	225, 5	175, 4	125, 3	115, 3	1.01～1.12
1.2												715, 13	515, 10	390, 8	280, 6	220, 5	165, 4	155, 4	115, 3	1.13～1.25

续表

p_1/% p_2/%	0.75	0.85	0.95	1.05	1.20	1.30	1.50	1.70	1.90	2.10	2.40	2.60	3.00	3.40	3.80	4.20	4.80	5.30	6.00	p_1/% p_2/%
1.3													635, 13	465, 10	350, 8	250, 6	195, 5	150, 4	135, 4	1.26～1.40
1.5													825, 18	565, 13	410, 10	310, 8	220, 6	175, 5	130, 4	1.41～1.60
1.7														745, 18	505, 13	360, 10	275, 8	195, 6	155, 5	1.61～1.80
1.9															660,18	445,13	325,10	245,8	175, 6	1.81～2.00
2.1																585,18	400,13	290,10	220, 8	2.01～2.24
2.4																	520,18	360,13	260, 10	2.25～2.50
2.6																		470,17	320, 13	2.51～2.80
p_0/% p_1/%	0.71～0.80	0.81～0.90	0.91～1.00	1.01～1.12	1.13～1.25	1.26～1.40	1.41～1.60	1.61～1.80	1.81～2.00	2.01～2.24	2.25～2.50	2.51～2.80	2.81～3.15	3.16～3.55	3.56～4.00	4.01～4.50	4.51～5.00	5.01～5.60	5.61～7.10	p_0/% p_1/%

附表 3 界限数(L_R)

累计样本大小	合格质量水平(AQL)												
	0.010	0.015	0.025	0.040	0.065	0.10	0.15	0.25	0.40	0.65	1.0	1.5	2.5
10～159	+	+	+	+	+	+	+	+	+	+	+	+	+
160～199	+	+	+	+	+	+	+	+	+	+	+	+	+
200～249	+	+	+	+	+	+	+	+	+	+	+	+	+
250～314	+	+	+	+	+	+	+	+	+	+	+	+	0
315～399	+	+	+	+	+	+	+	+	+	+	+	+	1
400～499	+	+	+	+	+	+	+	+	+	+	+	0	2

续表

累计样本大小	合格质量水平（AQL）												
	0.010	0.015	0.025	0.040	0.065	0.10	0.15	0.25	0.40	0.65	1.0	1.5	2.5
500～629	+	+	+	+	+	+	+	+	+	+	+	1	4
630～799	+	+	+	+	+	+	+	+	+	+	0	2	6
800～999	+	+	+	+	+	+	+	+	+	+	1	4	9
1 000～1 249	+	+	+	+	+	+	+	+	+	0	2	6	12
1 250～1 599	+	+	+	+	+	+	+	+	+	1	4	9	15
1 600～1 999	+	+	+	+	+	+	+	+	0	2	6	12	19
2 000～2 499	+	+	+	+	+	+	+	+	1	4	9	15	25
2 500～3 149	+	+	+	+	+	+	+	0	2	6	12	19	31
3 150～3 999	+	+	+	+	+	+	+	1	4	9	15	25	39
4 000～4 999	+	+	+	+	+	+	0	2	6	12	19	31	50
5 000～6 299	+	+	+	+	+	+	1	4	9	15	25	39	63
6 300～7 999	+	+	+	+	+	0	2	6	12	19	31	50	
8 000～9 999	+	+	+	+	+	1	4	9	15	25	39	63	
10 000～12 499	+	+	+	+	0	2	6	12	19	31	50		
12 500～15 999	+	+	+	+	1	4	9	15	25	39	63		
16 000～19 999	+	+	+	0	2	6	12	19	31	50			
20 000～24 999	+	+	+	1	4	9	15	25	39	63			
25 000～31 499	+	+	0										
31 500～39 999	+	+											
40 000～49 999	+	0											
50 000～62 999	+												
≥63 000	0												

续表

累计样本大小	合格质量水平(AQL)												
	4.0	6.5	10	15	25	40	65	100	150	250	400	650	1 000
10～12	+	+	+	+	+	+	0	2	6	12	19	31	50
13～15	+	+	+	+	+	+	1	4	9	15	25	39	63
16～19	+	+	+	+	+	0	2	6	12	19	31	50	79
20～24	+	+	+	+	+	1	4	9	15	25	39	63	99
25～31	+	+	+	+	0	2	6	12	19	31	50	79	126
32～39	+	+	+	+	1	4	9	15	25	39	63	99	158
40～49	+	+	+	0	2	6	12	19	31	50	79	126	
50～62	+	+	+	1	4	9	15	25	39	63	99	158	
63～79	+	+	0	2	6	12	19	31	50	79	126		
80～99	+	+	1	4	9	15	25	39	63	99	158		
100～124	+	0	2	6	12	19	31	50	79	126			
125～159	+	1	4	9	15	25	39	63	99	158			
160～199	0	2	6	12	19	31	50						
200～249	1	4	9	15	25	39	63						
250～314	2	6	12	19	31	50							
315～399	4	9	15	25	39	63							
400～499	6	12	19	31	50								
500～629	9	15	25	39	63								
630～799	12	19	31	50									
800～999	15	25	39	63									
1 000～1 249	19	31	50										
1 250～1 599	25	39	63										
1 600～1 999	31	50											
2 000～2 499	39	63											
2 500～3 149	50												
3 150～3 999	63												
4 000～4 999													
≥5 000													

注：+ 表示对此合格质量水平，累计连续 10 个合格批的样本大小转入放宽检查是不够的，必须接着累计连续合格批的样本大小，直到表中有界限数可比较。如果接着累计时出现一批不合格，则此批以前检查的结果以后不能继续使用。

附表 4　样本大小字码

批量范围	特殊检查水平				一般检查水平		
	S-1	S-2	S-3	S-4	Ⅰ	Ⅱ	Ⅲ
1～8	A	A	A	A	A	A	B
9～15	A	A	A	A	A	B	C
16～25	A	A	B	B	B	C	D
26～50	A	B	B	C	C	D	E
51～90	B	B	C	C	C	E	F
91～150	B	B	C	D	D	F	G
151～280	B	C	D	E	E	G	H
281～500	B	C	D	E	F	H	J
501～1 200	C	C	E	F	G	J	K
1 201～3 200	C	D	E	G	H	K	L
3 201～10 000	C	D	F	G	J	L	M
10 001～35 000	C	D	F	H	K	M	N
35 001～150 000	D	E	G	J	L	N	P
150 001～500 000	D	E	G	J	M	P	Q
≥500 001	D	E	H	K	N	Q	R

附表5　正常检查一次抽样方案

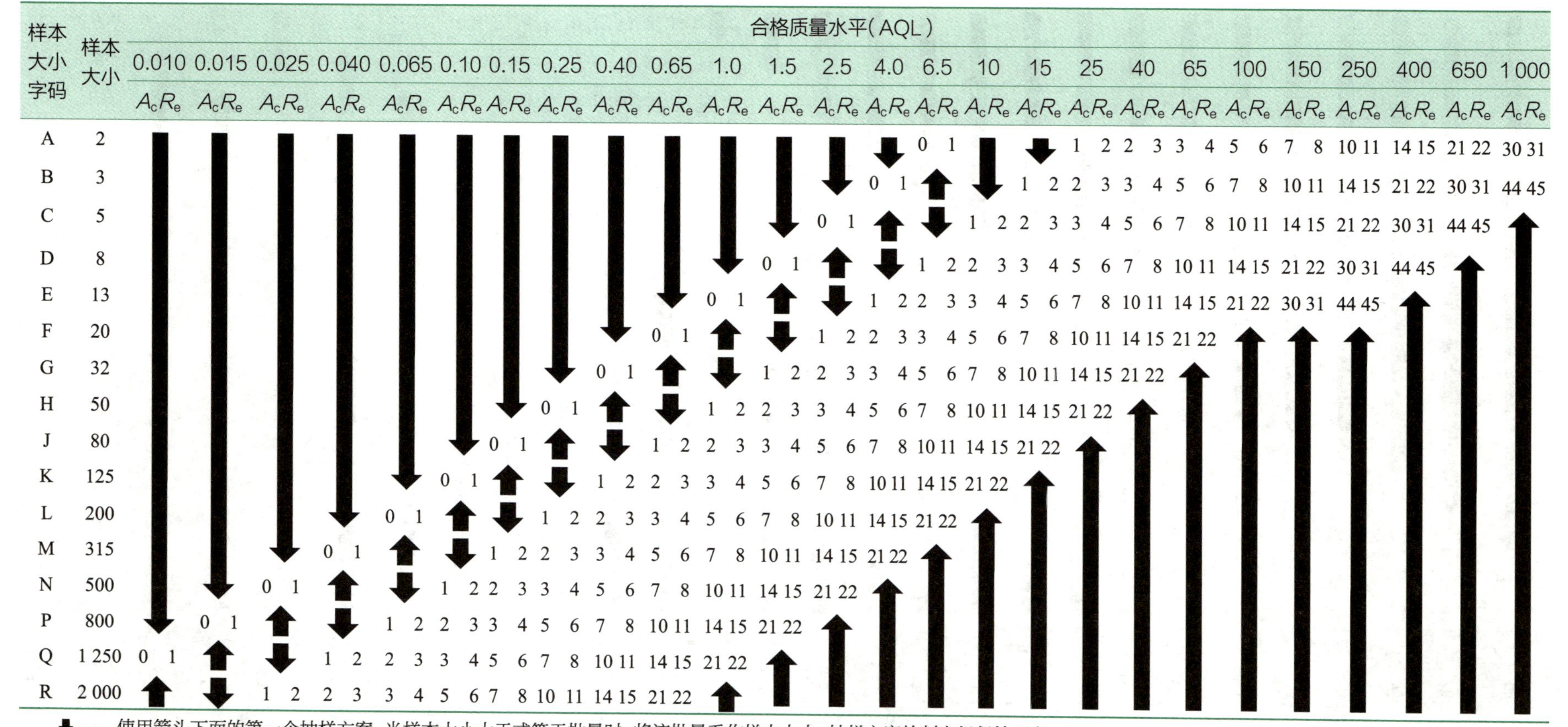

样本大小字码	样本大小	0.010	0.015	0.025	0.040	0.065	0.10	0.15	0.25	0.40	0.65	1.0	1.5	2.5	4.0	6.5	10	15	25	40	65	100	150	250	400	650	1 000
		A_c R_e	A_c R_e	A_c R_e	A_c R_e	A_c R_e	A_c R_e	A_c R_e	A_c R_e	A_c R_e	A_c R_e	A_c R_e	A_c R_e	A_c R_e	A_c R_e	A_c R_e	A_c R_e	A_c R_e	A_c R_e	A_c R_e	A_c R_e	A_c R_e	A_c R_e	A_c R_e	A_c R_e	A_c R_e	A_c R_e
A	2	↓	↓	↓	↓	↓	↓	↓	↓	↓	↓	↓	↓	↓	↓	0 1	↓	↓	1 2	2 3	3 4	5 6	7 8	10 11	14 15	21 22	30 31
B	3	↓	↓	↓	↓	↓	↓	↓	↓	↓	↓	↓	↓	↓	0 1	↑	↓	1 2	2 3	3 4	5 6	7 8	10 11	14 15	21 22	30 31	44 45
C	5	↓	↓	↓	↓	↓	↓	↓	↓	↓	↓	↓	↓	0 1	↑	↓	1 2	2 3	3 4	5 6	7 8	10 11	14 15	21 22	30 31	44 45	↑
D	8	↓	↓	↓	↓	↓	↓	↓	↓	↓	↓	↓	0 1	↑	↓	1 2	2 3	3 4	5 6	7 8	10 11	14 15	21 22	30 31	44 45	↑	↑
E	13	↓	↓	↓	↓	↓	↓	↓	↓	↓	↓	0 1	↑	↓	1 2	2 3	3 4	5 6	7 8	10 11	14 15	21 22	30 31	44 45	↑	↑	↑
F	20	↓	↓	↓	↓	↓	↓	↓	↓	↓	0 1	↑	↓	1 2	2 3	3 4	5 6	7 8	10 11	14 15	21 22	↑	↑	↑	↑	↑	↑
G	32	↓	↓	↓	↓	↓	↓	↓	↓	0 1	↑	↓	1 2	2 3	3 4	5 6	7 8	10 11	14 15	21 22	↑	↑	↑	↑	↑	↑	↑
H	50	↓	↓	↓	↓	↓	↓	↓	0 1	↑	↓	1 2	2 3	3 4	5 6	7 8	10 11	14 15	21 22	↑	↑	↑	↑	↑	↑	↑	↑
J	80	↓	↓	↓	↓	↓	↓	0 1	↑	↓	1 2	2 3	3 4	5 6	7 8	10 11	14 15	21 22	↑	↑	↑	↑	↑	↑	↑	↑	↑
K	125	↓	↓	↓	↓	↓	0 1	↑	↓	1 2	2 3	3 4	5 6	7 8	10 11	14 15	21 22	↑	↑	↑	↑	↑	↑	↑	↑	↑	↑
L	200	↓	↓	↓	↓	0 1	↑	↓	1 2	2 3	3 4	5 6	7 8	10 11	14 15	21 22	↑	↑	↑	↑	↑	↑	↑	↑	↑	↑	↑
M	315	↓	↓	↓	0 1	↑	↓	1 2	2 3	3 4	5 6	7 8	10 11	14 15	21 22	↑	↑	↑	↑	↑	↑	↑	↑	↑	↑	↑	↑
N	500	↓	↓	0 1	↑	↓	1 2	2 3	3 4	5 6	7 8	10 11	14 15	21 22	↑	↑	↑	↑	↑	↑	↑	↑	↑	↑	↑	↑	↑
P	800	↓	0 1	↑	↓	1 2	2 3	3 4	5 6	7 8	10 11	14 15	21 22	↑	↑	↑	↑	↑	↑	↑	↑	↑	↑	↑	↑	↑	↑
Q	1 250	0 1	↑	↓	1 2	2 3	3 4	5 6	7 8	10 11	14 15	21 22	↑	↑	↑	↑	↑	↑	↑	↑	↑	↑	↑	↑	↑	↑	↑
R	2 000	↑	↓	1 2	2 3	3 4	5 6	7 8	10 11	14 15	21 22	↑	↑	↑	↑	↑	↑	↑	↑	↑	↑	↑	↑	↑	↑	↑	↑

注：表头“合格质量水平(AQL)”。

↓——使用箭头下面的第一个抽样方案，当样本大小大于或等于批量时，将该批量看作样本大小，抽样方案的判定组保持不变。

↑——使用箭头上面的第一个抽样方案。

A_c——合格判定数；R_e——不合格判定数。

附表 6 加严检查一次抽样方案

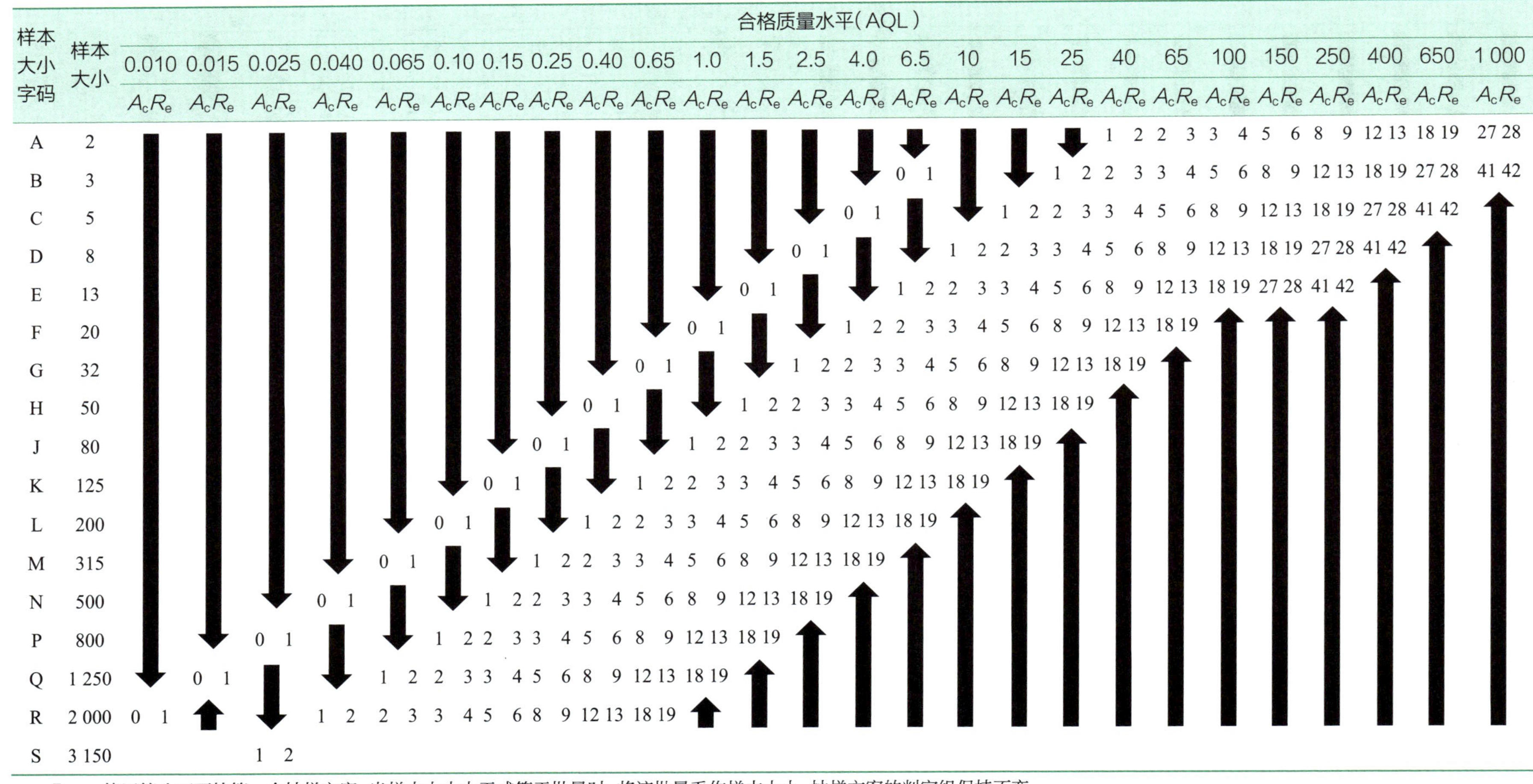

样本大小字码	样本大小	0.010	0.015	0.025	0.040	0.065	0.10	0.15	0.25	0.40	0.65	1.0	1.5	2.5	4.0	6.5	10	15	25	40	65	100	150	250	400	650	1 000
		合格质量水平（AQL）																									
		A_cR_e	A_cR_e	A_cR_e	A_cR_e	A_cR_e	A_cR_e	A_cR_e	A_cR_e	A_cR_e	A_cR_e	A_cR_e	A_cR_e	A_cR_e	A_cR_e	A_cR_e	A_cR_e	A_cR_e	A_cR_e	A_cR_e	A_cR_e	A_cR_e	A_cR_e	A_cR_e	A_cR_e	A_cR_e	A_cR_e
A	2	↓	↓	↓	↓	↓	↓	↓	↓	↓	↓	↓	↓	↓	↓	↓	↓	↓	↓	1 2	2 3	3 4	5 6	8 9	12 13	18 19	27 28
B	3	↓	↓	↓	↓	↓	↓	↓	↓	↓	↓	↓	↓	↓	↓	0 1	↓	↓	1 2	2 3	3 4	5 6	8 9	12 13	18 19	27 28	41 42
C	5	↓	↓	↓	↓	↓	↓	↓	↓	↓	↓	↓	↓	↓	0 1	↓	↓	1 2	2 3	3 4	5 6	8 9	12 13	18 19	27 28	41 42	↑
D	8	↓	↓	↓	↓	↓	↓	↓	↓	↓	↓	↓	↓	0 1	↓	↓	1 2	2 3	3 4	5 6	8 9	12 13	18 19	27 28	41 42	↑	↑
E	13	↓	↓	↓	↓	↓	↓	↓	↓	↓	↓	↓	0 1	↓	↓	1 2	2 3	3 4	5 6	8 9	12 13	18 19	27 28	41 42	↑	↑	↑
F	20	↓	↓	↓	↓	↓	↓	↓	↓	↓	↓	0 1	↓	↓	1 2	2 3	3 4	5 6	8 9	12 13	18 19	↑	↑	↑	↑	↑	↑
G	32	↓	↓	↓	↓	↓	↓	↓	↓	↓	0 1	↓	↓	1 2	2 3	3 4	5 6	8 9	12 13	18 19	↑	↑	↑	↑	↑	↑	↑
H	50	↓	↓	↓	↓	↓	↓	↓	↓	0 1	↓	↓	1 2	2 3	3 4	5 6	8 9	12 13	18 19	↑	↑	↑	↑	↑	↑	↑	↑
J	80	↓	↓	↓	↓	↓	↓	↓	0 1	↓	↓	1 2	2 3	3 4	5 6	8 9	12 13	18 19	↑	↑	↑	↑	↑	↑	↑	↑	↑
K	125	↓	↓	↓	↓	↓	↓	0 1	↓	↓	1 2	2 3	3 4	5 6	8 9	12 13	18 19	↑	↑	↑	↑	↑	↑	↑	↑	↑	↑
L	200	↓	↓	↓	↓	↓	0 1	↓	↓	1 2	2 3	3 4	5 6	8 9	12 13	18 19	↑	↑	↑	↑	↑	↑	↑	↑	↑	↑	↑
M	315	↓	↓	↓	↓	0 1	↓	↓	1 2	2 3	3 4	5 6	8 9	12 13	18 19	↑	↑	↑	↑	↑	↑	↑	↑	↑	↑	↑	↑
N	500	↓	↓	↓	0 1	↓	↓	1 2	2 3	3 4	5 6	8 9	12 13	18 19	↑	↑	↑	↑	↑	↑	↑	↑	↑	↑	↑	↑	↑
P	800	↓	↓	0 1	↓	↓	1 2	2 3	3 4	5 6	8 9	12 13	18 19	↑	↑	↑	↑	↑	↑	↑	↑	↑	↑	↑	↑	↑	↑
Q	1 250	↓	0 1	↓	↓	1 2	2 3	3 4	5 6	8 9	12 13	18 19	↑	↑	↑	↑	↑	↑	↑	↑	↑	↑	↑	↑	↑	↑	↑
R	2 000	0 1	↑	↓	1 2	2 3	3 4	5 6	8 9	12 13	18 19	↑	↑	↑	↑	↑	↑	↑	↑	↑	↑	↑	↑	↑	↑	↑	↑
S	3 150			1 2																							

↓——使用箭头下面的第一个抽样方案，当样本大小大于或等于批量时，将该批量看作样本大小，抽样方案的判定组保持不变。

↑—— 使用箭头上面的第一个抽样方案。

A_c——合格判定数；R_e——不合格判定数。

附表 7　放宽检查一次抽样方案

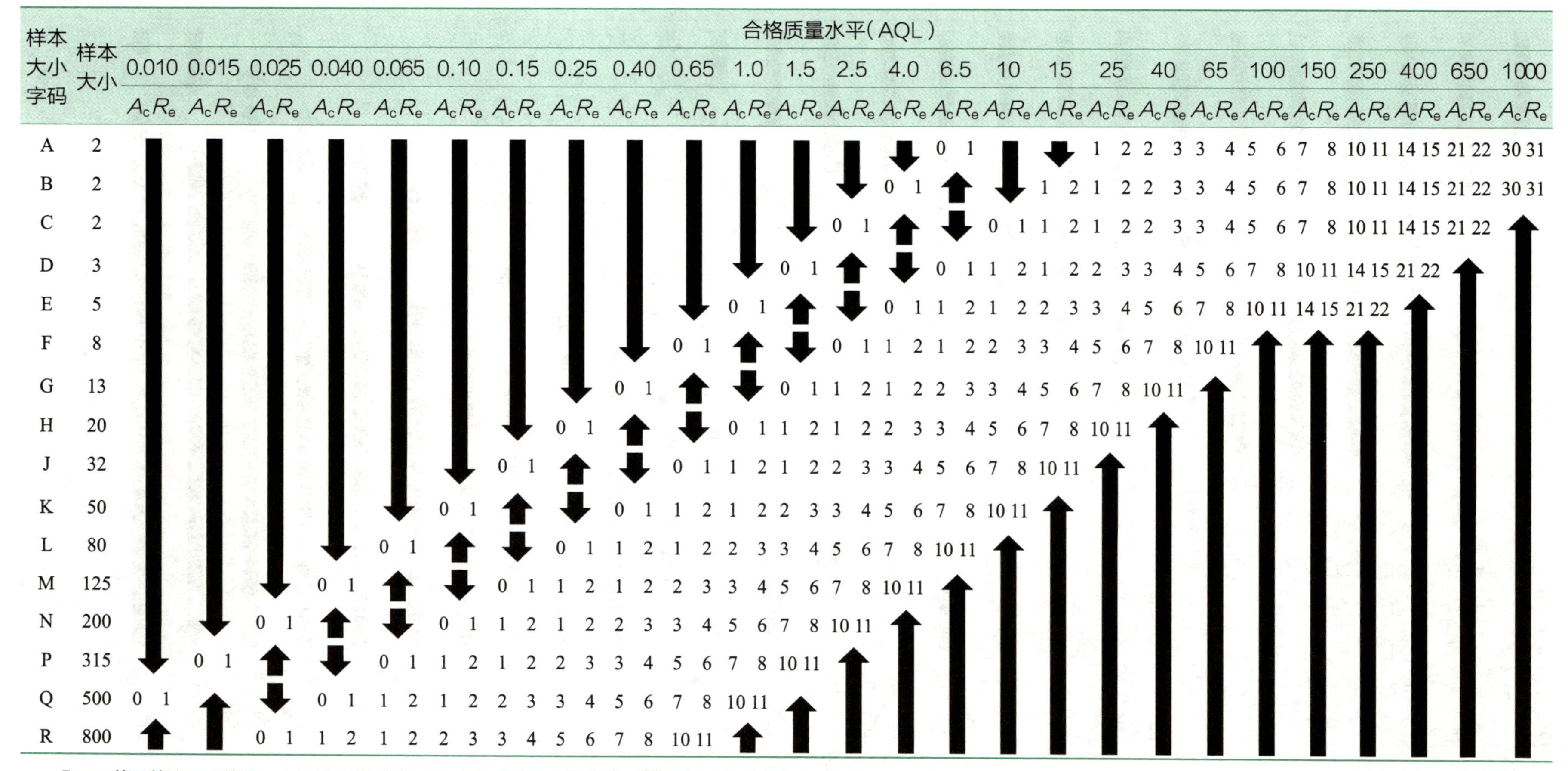

样本大小字码	样本大小	合格质量水平（AQL）																									
		0.010	0.015	0.025	0.040	0.065	0.10	0.15	0.25	0.40	0.65	1.0	1.5	2.5	4.0	6.5	10	15	25	40	65	100	150	250	400	650	1000
		A_c R_e	A_c R_e	A_c R_e	A_c R_e	A_c R_e	A_c R_e	A_c R_e	A_c R_e	A_c R_e	A_c R_e	A_c R_e	A_c R_e	A_c R_e	A_c R_e	A_c R_e	A_c R_e	A_c R_e	A_c R_e	A_c R_e	A_c R_e	A_c R_e	A_c R_e	A_c R_e	A_c R_e	A_c R_e	A_c R_e
A	2	↓	↓	↓	↓	↓	↓	↓	↓	↓	↓	↓	↓	↓	↓	0 1	↓	↓	1 2	2 3	3 4	5 6	7 8	10 11	14 15	21 22	30 31
B	2	↓	↓	↓	↓	↓	↓	↓	↓	↓	↓	↓	↓	↓	0 1	↑	↓	1 2	1 2	2 3	3 4	5 6	7 8	10 11	14 15	21 22	30 31
C	2	↓	↓	↓	↓	↓	↓	↓	↓	↓	↓	↓	↓	0 1	↑	↓	0 1	1 2	1 2	2 3	3 4	5 6	7 8	10 11	14 15	21 22	↑
D	3	↓	↓	↓	↓	↓	↓	↓	↓	↓	↓	↓	0 1	↑	↓	0 1	1 2	1 2	2 3	3 4	5 6	7 8	10 11	14 15	21 22	↑	↑
E	5	↓	↓	↓	↓	↓	↓	↓	↓	↓	↓	0 1	↑	↓	0 1	1 2	1 2	2 3	3 4	5 6	7 8	10 11	14 15	21 22	↑	↑	↑
F	8	↓	↓	↓	↓	↓	↓	↓	↓	↓	0 1	↑	↓	0 1	1 2	1 2	2 3	3 4	5 6	7 8	10 11	↑	↑	↑	↑	↑	↑
G	13	↓	↓	↓	↓	↓	↓	↓	↓	0 1	↑	↓	0 1	1 2	1 2	2 3	3 4	5 6	7 8	10 11	↑	↑	↑	↑	↑	↑	↑
H	20	↓	↓	↓	↓	↓	↓	↓	0 1	↑	↓	0 1	1 2	1 2	2 3	3 4	5 6	7 8	10 11	↑	↑	↑	↑	↑	↑	↑	↑
J	32	↓	↓	↓	↓	↓	↓	0 1	↑	↓	0 1	1 2	1 2	2 3	3 4	5 6	7 8	10 11	↑	↑	↑	↑	↑	↑	↑	↑	↑
K	50	↓	↓	↓	↓	↓	0 1	↑	↓	0 1	1 2	1 2	2 3	3 4	5 6	7 8	10 11	↑	↑	↑	↑	↑	↑	↑	↑	↑	↑
L	80	↓	↓	↓	↓	0 1	↑	↓	0 1	1 2	1 2	2 3	3 4	5 6	7 8	10 11	↑	↑	↑	↑	↑	↑	↑	↑	↑	↑	↑
M	125	↓	↓	↓	0 1	↑	↓	0 1	1 2	1 2	2 3	3 4	5 6	7 8	10 11	↑	↑	↑	↑	↑	↑	↑	↑	↑	↑	↑	↑
N	200	↓	↓	0 1	↑	↓	0 1	1 2	1 2	2 3	3 4	5 6	7 8	10 11	↑	↑	↑	↑	↑	↑	↑	↑	↑	↑	↑	↑	↑
P	315	↓	0 1	↑	↓	0 1	1 2	1 2	2 3	3 4	5 6	7 8	10 11	↑	↑	↑	↑	↑	↑	↑	↑	↑	↑	↑	↑	↑	↑
Q	500	0 1	↑	↓	0 1	1 2	1 2	2 3	3 4	5 6	7 8	10 11	↑	↑	↑	↑	↑	↑	↑	↑	↑	↑	↑	↑	↑	↑	↑
R	800	↑	↑	0 1	1 2	1 2	2 3	3 4	5 6	7 8	10 11	↑	↑	↑	↑	↑	↑	↑	↑	↑	↑	↑	↑	↑	↑	↑	↑

↓——使用箭头下面的第一个抽样方案，当样本大小大于或等于批量时，将该批量看作样本大小，抽样方案的判定组保持不变。

↑——使用箭头上面的第一个抽样方案。

A_c——合格判定数；R_e——不合格判定数。

附表 8 特宽检查一次抽样方案

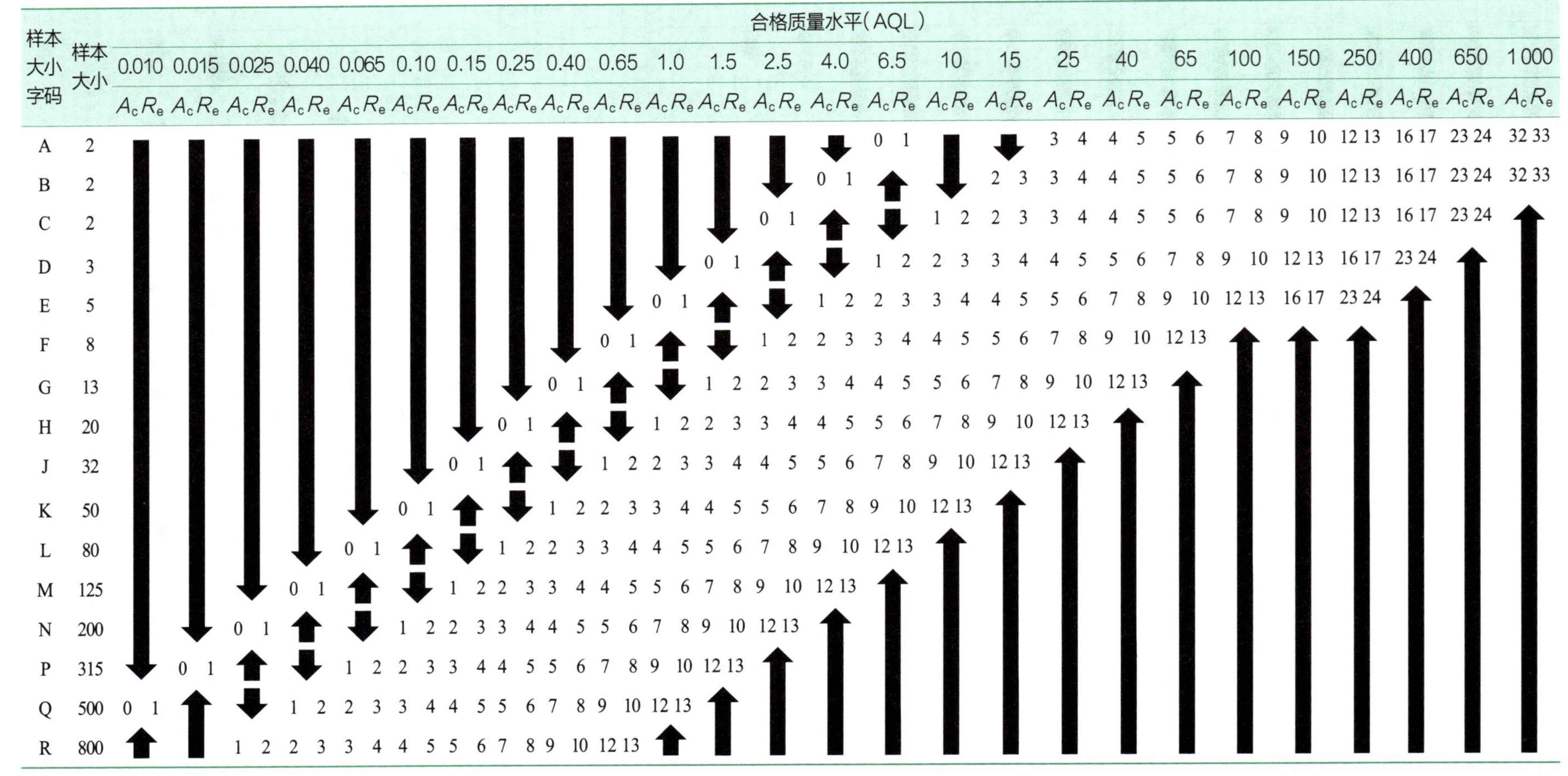

样本大小字码	样本大小	合格质量水平(AQL)																									
		0.010	0.015	0.025	0.040	0.065	0.10	0.15	0.25	0.40	0.65	1.0	1.5	2.5	4.0	6.5	10	15	25	40	65	100	150	250	400	650	1 000
		A_c R_e	A_c R_e	A_c R_e	A_c R_e	A_c R_e	A_c R_e	A_c R_e	A_c R_e	A_c R_e	A_c R_e	A_c R_e	A_c R_e	A_c R_e	A_c R_e	A_c R_e	A_c R_e	A_c R_e	A_c R_e	A_c R_e	A_c R_e	A_c R_e	A_c R_e	A_c R_e	A_c R_e	A_c R_e	A_c R_e
A	2	↓	↓	↓	↓	↓	↓	↓	↓	↓	↓	↓	↓	↓	↓	0 1	↓	↓	3 4	4 5	5 6	7 8	9 10	12 13	16 17	23 24	32 33
B	2	↓	↓	↓	↓	↓	↓	↓	↓	↓	↓	↓	↓	↓	0 1	↑	↓	2 3	3 4	4 5	5 6	7 8	9 10	12 13	16 17	23 24	32 33
C	2	↓	↓	↓	↓	↓	↓	↓	↓	↓	↓	↓	↓	0 1	↑	↓	1 2	2 3	3 4	4 5	5 6	7 8	9 10	12 13	16 17	23 24	↑
D	3	↓	↓	↓	↓	↓	↓	↓	↓	↓	↓	↓	0 1	↑	↓	1 2	2 3	3 4	4 5	5 6	7 8	9 10	12 13	16 17	23 24	↑	↑
E	5	↓	↓	↓	↓	↓	↓	↓	↓	↓	↓	0 1	↑	↓	1 2	2 3	3 4	4 5	5 6	7 8	9 10	12 13	16 17	23 24	↑	↑	↑
F	8	↓	↓	↓	↓	↓	↓	↓	↓	↓	0 1	↑	↓	1 2	2 3	3 4	4 5	5 6	7 8	9 10	12 13	↑	↑	↑	↑	↑	↑
G	13	↓	↓	↓	↓	↓	↓	↓	↓	0 1	↑	↓	1 2	2 3	3 4	4 5	5 6	7 8	9 10	12 13	↑	↑	↑	↑	↑	↑	↑
H	20	↓	↓	↓	↓	↓	↓	↓	0 1	↑	↓	1 2	2 3	3 4	4 5	5 6	7 8	9 10	12 13	↑	↑	↑	↑	↑	↑	↑	↑
J	32	↓	↓	↓	↓	↓	↓	0 1	↑	↓	1 2	2 3	3 4	4 5	5 6	7 8	9 10	12 13	↑	↑	↑	↑	↑	↑	↑	↑	↑
K	50	↓	↓	↓	↓	↓	0 1	↑	↓	1 2	2 3	3 4	4 5	5 6	7 8	9 10	12 13	↑	↑	↑	↑	↑	↑	↑	↑	↑	↑
L	80	↓	↓	↓	↓	0 1	↑	↓	1 2	2 3	3 4	4 5	5 6	7 8	9 10	12 13	↑	↑	↑	↑	↑	↑	↑	↑	↑	↑	↑
M	125	↓	↓	↓	0 1	↑	↓	1 2	2 3	3 4	4 5	5 6	7 8	9 10	12 13	↑	↑	↑	↑	↑	↑	↑	↑	↑	↑	↑	↑
N	200	↓	↓	0 1	↑	↓	1 2	2 3	3 4	4 5	5 6	7 8	9 10	12 13	↑	↑	↑	↑	↑	↑	↑	↑	↑	↑	↑	↑	↑
P	315	↓	0 1	↑	↓	1 2	2 3	3 4	4 5	5 6	7 8	9 10	12 13	↑	↑	↑	↑	↑	↑	↑	↑	↑	↑	↑	↑	↑	↑
Q	500	0 1	↑	↓	1 2	2 3	3 4	4 5	5 6	7 8	9 10	12 13	↑	↑	↑	↑	↑	↑	↑	↑	↑	↑	↑	↑	↑	↑	↑
R	800	↑	↑	1 2	2 3	3 4	4 5	5 6	7 8	9 10	12 13	↑	↑	↑	↑	↑	↑	↑	↑	↑	↑	↑	↑	↑	↑	↑	↑

↓——使用箭头下面的第一个抽样方案，当样本大小大于或等于批量时，将该批量看作样本大小，抽样方案的判定组保持不变。

↑——使用箭头上面的第一个抽样方案。

A_c——合格判定数；R_e——不合格判定数。

附表 9　正常检查二次抽样方案

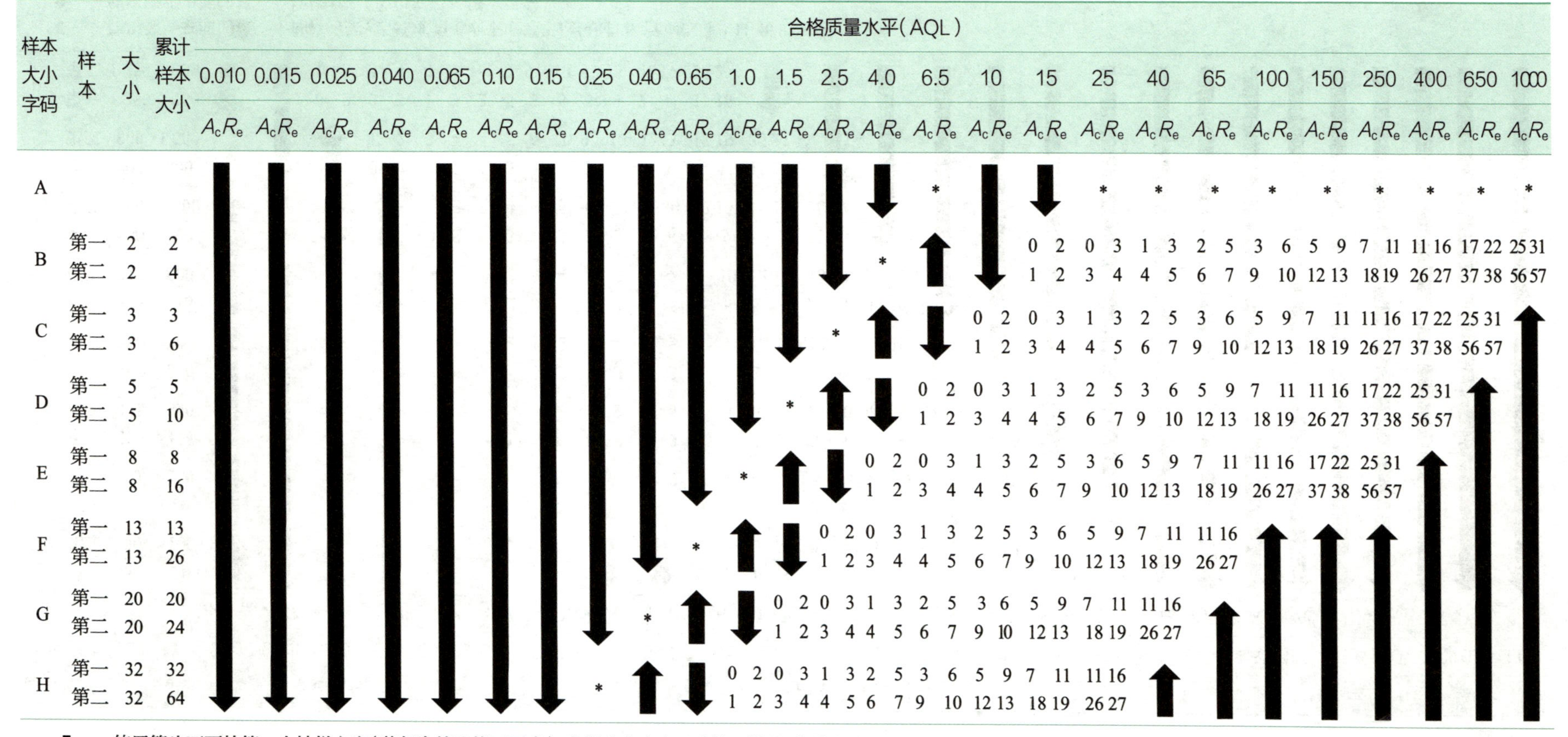

样本大小字码	样本	样本大小	累计样本大小	0.010	0.015	0.025	0.040	0.065	0.10	0.15	0.25	0.40	0.65	1.0	1.5	2.5	4.0	6.5	10	15	25	40	65	100	150	250	400	650	1000
				A_c R_e	A_c R_e	A_c R_e	A_c R_e	A_c R_e	A_c R_e	A_c R_e	A_c R_e	A_c R_e	A_c R_e	A_c R_e	A_c R_e	A_c R_e	A_c R_e	A_c R_e	A_c R_e	A_c R_e	A_c R_e	A_c R_e	A_c R_e	A_c R_e	A_c R_e	A_c R_e	A_c R_e	A_c R_e	A_c R_e
A				↓	↓	↓	↓	↓	↓	↓	↓	↓	↓	↓	↓	↓	↓	*	↓	↓	*	*	*	*	*	*	*	*	*
B	第一	2	2	↓	↓	↓	↓	↓	↓	↓	↓	↓	↓	↓	↓	↓	*	↑	↓	0 2	0 3	1 3	2 5	3 6	5 9	7 11	11 16	17 22	25 31
	第二	2	4																	1 2	3 4	4 5	6 7	9 10	12 13	18 19	26 27	37 38	56 57
C	第一	3	3	↓	↓	↓	↓	↓	↓	↓	↓	↓	↓	↓	↓	*	↑	↓	0 2	0 3	1 3	2 5	3 6	5 9	7 11	11 16	17 22	25 31	↑
	第二	3	6																1 2	3 4	4 5	6 7	9 10	12 13	18 19	26 27	37 38	56 57	
D	第一	5	5	↓	↓	↓	↓	↓	↓	↓	↓	↓	↓	↓	*	↑	↓	0 2	0 3	1 3	2 5	3 6	5 9	7 11	11 16	17 22	25 31	↑	↑
	第二	5	10															1 2	3 4	4 5	6 7	9 10	12 13	18 19	26 27	37 38	56 57		
E	第一	8	8	↓	↓	↓	↓	↓	↓	↓	↓	↓	↓	*	↑	↓	0 2	0 3	1 3	2 5	3 6	5 9	7 11	11 16	17 22	25 31	↑	↑	↑
	第二	8	16														1 2	3 4	4 5	6 7	9 10	12 13	18 19	26 27	37 38	56 57			
F	第一	13	13	↓	↓	↓	↓	↓	↓	↓	↓	↓	*	↑	↓	0 2	0 3	1 3	2 5	3 6	5 9	7 11	11 16	↑	↑	↑	↑	↑	↑
	第二	13	26													1 2	3 4	4 5	6 7	9 10	12 13	18 19	26 27						
G	第一	20	20	↓	↓	↓	↓	↓	↓	↓	↓	*	↑	↓	0 2	0 3	1 3	2 5	3 6	5 9	7 11	11 16	↑	↑	↑	↑	↑	↑	↑
	第二	20	24												1 2	3 4	4 5	6 7	9 10	12 13	18 19	26 27							
H	第一	32	32	↓	↓	↓	↓	↓	↓	↓	*	↑	↓	0 2	0 3	1 3	2 5	3 6	5 9	7 11	11 16	↑	↑	↑	↑	↑	↑	↑	↑
	第二	32	64											1 2	3 4	4 5	6 7	9 10	12 13	18 19	26 27								

↓——使用箭头下面的第一个抽样方案（若仍为箭头接下页表），当样本大小大于或等于批量时，执行本标准 4.11.4b 的规定。

↑——使用箭头上面的第一个抽样方案。

* 使用对应的一次抽样方案或下面适用的二次抽样方案；A_c——合格判定数；R_e——不合格判定数。

续表

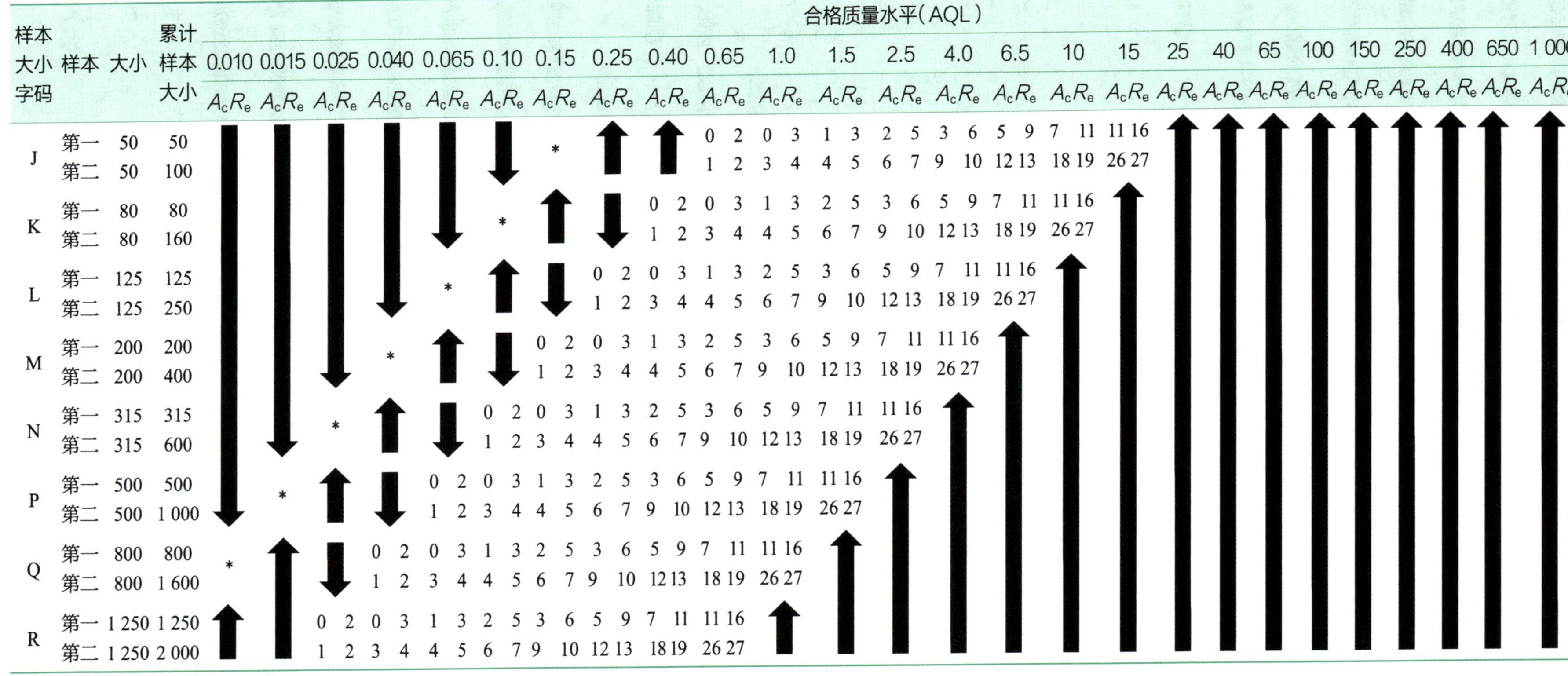

样本大小字码	样本	大小	累计样本大小	0.010	0.015	0.025	0.040	0.065	0.10	0.15	0.25	0.40	0.65	1.0	1.5	2.5	4.0	6.5	10	15	25	40	65	100	150	250	400	650	1 000
				A_c R_e	A_c R_e	A_c R_e	A_c R_e	A_c R_e	A_c R_e	A_c R_e	A_c R_e	A_c R_e	A_c R_e	A_c R_e	A_c R_e	A_c R_e	A_c R_e	A_c R_e	A_c R_e	A_c R_e	A_c R_e	A_c R_e	A_c R_e	A_c R_e	A_c R_e	A_c R_e	A_c R_e	A_c R_e	A_c R_e
J	第一	50	50	↓	↓	↓	↓	↓	↓	*	↑	↑	0 2	0 3	1 3	2 5	3 6	5 9	7 11	11 16	↑	↑	↑	↑	↑	↑	↑	↑	↑
	第二	50	100	↓	↓	↓	↓	↓	↓		↑	↑	1 2	3 4	4 5	6 7	9 10	12 13	18 19	26 27	↑	↑	↑	↑	↑	↑	↑	↑	↑
K	第一	80	80	↓	↓	↓	↓	↓	*	↑	↓	0 2	0 3	1 3	2 5	3 6	5 9	7 11	11 16	↑	↑	↑	↑	↑	↑	↑	↑	↑	↑
	第二	80	160	↓	↓	↓	↓	↓		↑	↓	1 2	3 4	4 5	6 7	9 10	12 13	18 19	26 27	↑	↑	↑	↑	↑	↑	↑	↑	↑	↑
L	第一	125	125	↓	↓	↓	↓	*	↑	↓	0 2	0 3	1 3	2 5	3 6	5 9	7 11	11 16	↑	↑	↑	↑	↑	↑	↑	↑	↑	↑	↑
	第二	125	250	↓	↓	↓	↓		↑	↓	1 2	3 4	4 5	6 7	9 10	12 13	18 19	26 27	↑	↑	↑	↑	↑	↑	↑	↑	↑	↑	↑
M	第一	200	200	↓	↓	↓	*	↑	↓	0 2	0 3	1 3	2 5	3 6	5 9	7 11	11 16	↑	↑	↑	↑	↑	↑	↑	↑	↑	↑	↑	↑
	第二	200	400	↓	↓	↓		↑	↓	1 2	3 4	4 5	6 7	9 10	12 13	18 19	26 27	↑	↑	↑	↑	↑	↑	↑	↑	↑	↑	↑	↑
N	第一	315	315	↓	↓	*	↑	↓	0 2	0 3	1 3	2 5	3 6	5 9	7 11	11 16	↑	↑	↑	↑	↑	↑	↑	↑	↑	↑	↑	↑	↑
	第二	315	600	↓	↓		↑	↓	1 2	3 4	4 5	6 7	9 10	12 13	18 19	26 27	↑	↑	↑	↑	↑	↑	↑	↑	↑	↑	↑	↑	↑
P	第一	500	500	↓	*	↑	↓	0 2	0 3	1 3	2 5	3 6	5 9	7 11	11 16	↑	↑	↑	↑	↑	↑	↑	↑	↑	↑	↑	↑	↑	↑
	第二	500	1 000	↓		↑	↓	1 2	3 4	4 5	6 7	9 10	12 13	18 19	26 27	↑	↑	↑	↑	↑	↑	↑	↑	↑	↑	↑	↑	↑	↑
Q	第一	800	800	*	↑	↓	0 2	0 3	1 3	2 5	3 6	5 9	7 11	11 16	↑	↑	↑	↑	↑	↑	↑	↑	↑	↑	↑	↑	↑	↑	↑
	第二	800	1 600		↑	↓	1 2	3 4	4 5	6 7	9 10	12 13	18 19	26 27	↑	↑	↑	↑	↑	↑	↑	↑	↑	↑	↑	↑	↑	↑	↑
R	第一	1 250	1 250	↑	↑	0 2	0 3	1 3	2 5	3 6	5 9	7 11	11 16	↑	↑	↑	↑	↑	↑	↑	↑	↑	↑	↑	↑	↑	↑	↑	↑
	第二	1 250	2 000	↑	↑	1 2	3 4	4 5	6 7	9 10	12 13	18 19	26 27	↑	↑	↑	↑	↑	↑	↑	↑	↑	↑	↑	↑	↑	↑	↑	↑

↓——使用箭头下面的第一个抽样方案，当样本大小大于或等于批量时，执行本标准 4.11.4b 的规定。

↑——使用箭头上面的第一个抽样方案(若仍为箭头接上页表)。

* 使用对应的一次抽样方案或下面适用的二次抽样方案；A_c——合格判定数；R_e——不合格判定数。

附表 10　判别水平Ⅰ的一次抽样方案

样本大小	不合格质量水平(RQL)																														
	1.0	1.2	1.5	2.0	2.5	3.0	4.0	5.0	6.5	8.0	10	12	15	20	25	30	40	50	65	80	100	120	150	200	250	300	400	500	650	800	1 000
	A_c R_e	A_c R_e	A_c R_e	A_c R_e	A_c R_e	A_c R_e	A_c R_e	A_c R_e	A_c R_e	A_c R_e	A_c R_e	A_c R_e	A_c R_e	A_c R_e	A_c R_e	A_c R_e	A_c R_e	A_c R_e	A_c R_e	A_c R_e	A_c R_e	A_c R_e	A_c R_e	A_c R_e	A_c R_e	A_c R_e	A_c R_e	A_c R_e	A_c R_e	A_c R_e	A_c R_e
1																		0 1			1 2		2 3	3 4	4 5	5 6	6 7	9 10	11 12	14 15	18 19
2																	0 1			1 2		2 3	3 4	4 5	5 6	6 7	9 10	11 12	14 15	18 19	23 24
3																0 1			1 2		2 3	3 4	4 5	5 6	6 7	9 10	11 12	14 15	18 19	23 24	
4															0 1			1 2		2 3	3 4	4 5	5 6	6 7	9 10	11 12	14 15	18 19	23 24		
5														0 1			1 2		2 3	3 4	4 5	5 6	6 7	9 10	11 12	14 15	18 19	23 24			
6													0 1			1 2		2 3	3 4	4 5	5 6	6 7	9 10	11 12	14 15	18 19	23 24				
8												0 1			1 2		2 3	3 4	4 5	5 6	6 7	9 10									
10											0 1			1 2		2 3	3 4	4 5	5 6	6 7											
12										0 1			1 2		2 3	3 4	4 5	5 6	6 7												
16									0 1			1 2		2 3	3 4	4 5	5 6														
20								0 1			1 2		2 3	3 4	4 5	5 6															
25							0 1			1 2		2 3	3 4	4 5	5 6																
32						0 1			1 2		2 3	3 4	4 5	5 6																	
40					0 1			1 2		2 3	3 4	4 5	5 6																		
50				0 1			1 2		2 3	3 4	4 5	5 6																			
65			0 1			1 2		2 3	3 4	4 5	5 6																				
80		0 1			1 2		2 3	3 4	4 5	5 6																					
100	0 1			1 2		2 3	3 4	4 5	5 6																						
125			1 2		2 3	3 4	4 5	5 6																							
160		1 2		2 3	3 4	4 5	5 6																								
200	1 2		2 3	3 4	4 5	5 6																									

A_c——合格判定数；R_e——不合格判定数。

附表 11　判别水平Ⅱ的一次抽样方案

样本大小	不合格质量水平（RQL）																														
	1.0	1.2	1.5	2.0	2.5	3.0	4.0	5.0	6.5	8.0	10	12	15	20	25	30	40	50	65	80	100	120	150	200	250	300	400	500	650	800	1 000
	A_c R_e	A_c R_e	A_c R_e	A_c R_e	A_c R_e	A_c R_e	A_c R_e	A_c R_e	A_c R_e	A_c R_e	A_c R_e	A_c R_e	A_c R_e	A_c R_e	A_c R_e	A_c R_e	A_c R_e	A_c R_e	A_c R_e	A_c R_e	A_c R_e	A_c R_e	A_c R_e	A_c R_e	A_c R_e	A_c R_e	A_c R_e	A_c R_e	A_c R_e	A_c R_e	A_c R_e
1																				0 1			1 2	2 3	3 4	4 5	5 6	7 8	9 10	12 13	16 17
2																			0 1			1 2	2 3	3 4	4 5	5 6	7 8	9 10	12 13	16 17	21 22
3																		0 1			1 2	2 3	3 4	4 5	5 6	7 8	9 10	12 13	16 17	21 22	
4																	0 1			1 2	2 3	3 4	4 5	5 6	7 8	9 10	12 13	16 17	21 22		
5																0 1			1 2	2 3	3 4	4 5	5 6	7 8	9 10	12 13	16 17	21 22			
6															0 1			1 2	2 3	3 4	4 5	5 6	7 8	9 10	12 13	16 17	21 22				
8														0 1			1 2	2 3	3 4	4 5	5 6	7 8									
10													0 1			1 2	2 3	3 4	4 5	5 6	7 8										
12												0 1			1 2	2 3	3 4	4 5	5 6												
16											0 1			1 2	2 3	3 4	4 5	5 6													
20										0 1			1 2	2 3	3 4	4 5	5 6														
25									0 1			1 2	2 3	3 4	4 5	5 6															
32								0 1			1 2	2 3	3 4	4 5	5 6																
40							0 1			1 2	2 3	3 4	4 5	5 6																	
50						0 1			1 2	2 3	3 4	4 5	5 6																		
65					0 1			1 2	2 3	3 4	4 5	5 6																			
80				0 1			1 2	2 3	3 4	4 5	5 6																				
100			0 1			1 2	2 3	3 4	4 5	5 6																					
125		0 1			1 2	2 3	3 4	4 5	5 6																						
160	0 1			1 2	2 3	3 4	4 5	5 6																							
200			1 2	2 3	3 4	4 5	5 6																								

A_c——合格判定数；R_e——不合格判定数。

附表 12　判别水平Ⅲ的一次抽样方案

样本大小	不合格质量水平(RQL)																														
	1.0	1.2	1.5	2.0	2.5	3.0	4.0	5.0	6.5	8.0	10	12	15	20	25	30	40	50	65	80	100	120	150	200	250	300	400	500	650	800	1 000
	$A_c R_e$	$A_c R_e$	$A_c R_e$	$A_c R_e$	$A_c R_e$	$A_c R_e$	$A_c R_e$	$A_c R_e$	$A_c R_e$	$A_c R_e$	$A_c R_e$	$A_c R_e$	$A_c R_e$	$A_c R_e$	$A_c R_e$	$A_c R_e$	$A_c R_e$	$A_c R_e$	$A_c R_e$	$A_c R_e$	$A_c R_e$	$A_c R_e$	$A_c R_e$	$A_c R_e$	$A_c R_e$	$A_c R_e$	$A_c R_e$	$A_c R_e$	$A_c R_e$	$A_c R_e$	$A_c R_e$
1																					0 1			1 2	2 3	3 4	4 5	6 7	8 9	11 12	14 15
2																				0 1			1 2	2 3	3 4	4 5	6 7	8 9	11 12	14 15	19 20
3																			0 1			1 2	2 3	3 4	4 5	6 7	8 9	11 12	14 15	19 20	
4																		0 1			1 2	2 3	3 4	4 5	6 7	8 9	11 12	14 15	19 20		
5																	0 1			1 2	2 3	3 4	4 5	6 7	8 9	11 12	14 15	19 20			
6																0 1			1 2	2 3	3 4	4 5	6 7	8 9	11 12	14 15	19 20				
8															0 1			1 2	2 3	3 4	4 5	6 7	8 9								
10														0 1			1 2	2 3	3 4	4 5	6 7	8 9									
12													0 1			1 2	2 3	3 4	4 5	6 7											
16												0 1			1 2	2 3	3 4	4 5	6 7												
20											0 1			1 2	2 3	3 4	4 5	6 7													
25										0 1			1 2	2 3	3 4	4 5	6 7														
32									0 1			1 2	2 3	3 4	4 5	6 7															
40								0 1			1 2	2 3	3 4	4 5	6 7																
50							0 1			1 2	2 3	3 4	4 5	6 7																	
65						0 1			1 2	2 3	3 4	4 5	6 7																		
80					0 1			1 2	2 3	3 4	4 5	6 7																			
100				0 1			1 2	2 3	3 4	4 5	6 7																				
125			0 1			1 2	2 3	3 4	4 5	6 7																					
160		0 1			1 2	2 3	3 4	4 5	6 7																						
200	0 1			1 2	2 3	3 4	4 5	6 7																							

A_c——合格判定数；R_e——不合格判定数。

附表 13　判别水平 I 的二次抽样方案

样本大小		1.0	1.2	1.5	2.0	2.5	3.0	4.0	5.0	6.5	8.0	10	12	15	20	25	30	40	50	65	80	100	120	150	200	250	300	400	500	650	800	1 000
		A_c R_e	A_c R_e	A_c R_e	A_c R_e	A_c R_e	A_c R_e	A_c R_e	A_c R_e	A_c R_e	A_c R_e	A_c R_e	A_c R_e	A_c R_e	A_c R_e	A_c R_e	A_c R_e	A_c R_e	A_c R_e	A_c R_e	A_c R_e	A_c R_e	A_c R_e	A_c R_e	A_c R_e	A_c R_e	A_c R_e	A_c R_e	A_c R_e	A_c R_e	A_c R_e	A_c R_e
																			*			*		*	*	*	*	*	*	*	*	*
																		*			*		*	*	*	*	*	*	*	*	*	*
																	*			*		*	*	*	*	*	*	*	*	*	*	
第一	2															*			0 2		0 3	1 3	1 5	2 5	3 6	5 8	6 9	7 11	9 14	12 17		
第二	2																		1 2		3 4	4 5	5 6	6 7	7 8	11 12	13 14	18 19	23 24	29 30		
第一	3														*			0 2		0 3	1 3	1 5	2 5	3 6	5 8	6 9	7 11	9 14	12 17			
第二	3																	1 2		3 4	4 5	5 6	6 7	7 8	11 12	13 14	18 19	23 24	29 30			
第一	4													*			0 2		0 3	1 3	1 5	2 5	3 6	5 8	6 9	7 11	9 14	12 17				
第二	4																1 2		3 4	4 5	5 6	6 7	7 8	11 12	13 14	18 19	23 24	29 30				
第一	5												*			0 2		0 3	1 3	1 5	2 5	3 6	5 8									
第二	5															1 2		3 4	4 5	5 6	6 7	7 8	11 12									
第一	6											*			0 2		0 3	1 3	1 5	2 5												
第二	6														1 2		3 4	4 5	5 6	6 7												
第一	8										*			0 2		0 3	1 3	1 5	2 5													
第二	8													1 2		3 4	4 5	5 6	6 7													
第一	10									*			0 2		0 3	1 3	1 5	2 5														
第二	10												1 2		3 4	4 5	5 6	6 7														
第一	12								*			0 2		0 3	1 3	1 5	2 5															
第二	12											1 2		3 4	4 5	5 6	6 7															
第一	16							*			0 2		0 3	1 3	1 5	2 5																
第二	16										1 2		3 4	4 5	5 6	6 7																

注：表头"不合格质量水平(RQL)"横跨 1.0～1 000 各列。

续表

样本大小		不合格质量水平(RQL)																											
		1.0	1.2	1.5	2.0	2.5	3.0	4.0	5.0	6.5	8.0	10	12	15	20	25	30	40	50	65	80	100	120	150	200	250	300	400	500	650	800	1 000
		A_c R_e	A_c R_e	A_c R_e	A_c R_e	A_c R_e	A_c R_e	A_c R_e	A_c R_e	A_c R_e	A_c R_e	A_c R_e	A_c R_e	A_c R_e	A_c R_e	A_c R_e	A_c R_e	A_c R_e	A_c R_e	A_c R_e	A_c R_e	A_c R_e	A_c R_e	A_c R_e	A_c R_e	A_c R_e	A_c R_e	A_c R_e	A_c R_e	A_c R_e	A_c R_e
第一	20						*			0 2		0 3	1 3	1 5	2 5																
第二	20									1 2		3 4	4 5	5 6	6 7																
第一	25					*			0 2		0 3	1 3	1 5	2 5																	
第二	25								1 2		3 4	4 5	5 6	6 7																	
第一	32				*			0 2		0 3	1 3	1 5	2 5																		
第二	32							1 2		3 4	4 5	5 6	6 7																		
第一	40			*			0 2		0 3	1 3	1 5	2 5																			
第二	40						1 2		3 4	4 5	5 6	6 7																			
第一	50		*			0 2		0 3	1 3	1 5	2 5																				
第二	50					1 2		3 4	4 5	5 6	6 7																				
第一	65	*			0 2		0 3	1 3	1 5	2 5																					
第二	65				1 2		3 4	4 5	5 6	6 7																					
第一	80			0 2		0 3	1 3	1 5	2 5																						
第二	80			1 2		3 4	4 5	5 6	6 7																						
第一	100		0 2		0 3	1 3	1 5	2 5																							
第二	100		1 2		3 4	4 5	5 6	6 7																							
第一	125	0 2		0 3	1 3	1 5	2 5																								
第二	125	1 2		3 4	4 5	5 6	6 7																								

*——使用对应的一次抽样方案；A_c——合格判定数；R_e——不合格判定数。

附表 14 判别水平Ⅱ的二次抽样方案

样本大小		不合格质量水平(RQL)																														
		1.0	1.2	1.5	2.0	2.5	3.0	4.0	5.0	6.5	8.0	10	12	15	20	25	30	40	50	65	80	100	120	150	200	250	300	400	500	650	800	1000
		A_c R_e	A_c R_e	A_c R_e	A_c R_e	A_c R_e	A_c R_e	A_c R_e	A_c R_e	A_c R_e	A_c R_e	A_c R_e	A_c R_e	A_c R_e	A_c R_e	A_c R_e	A_c R_e	A_c R_e	A_c R_e	A_c R_e	A_c R_e	A_c R_e	A_c R_e	A_c R_e	A_c R_e	A_c R_e	A_c R_e	A_c R_e	A_c R_e	A_c R_e	A_c R_e	A_c R_e
																					*			*	*	*	*	*	*	*	*	*
																				*			*	*	*	*	*	*	*	*	*	*
																			*			*	*	*	*	*	*	*	*	*	*	
第一	2																	*			0 2	0 3	1 3	1 5	2 5	3 6	5 8	6 10	9 13	11 16		
第二	2																				1 2	3 4	4 5	5 6	6 7	9 10	11 12	15 16	19 20	26 27		
第一	3																*			0 2	0 3	1 3	1 5	2 5	3 6	5 8	6 10	9 13	11 16			
第二	3																			1 2	3 4	4 5	5 6	6 7	9 10	11 12	15 16	19 20	26 27			
第一	4															*			0 2	0 3	1 3	1 5	2 5	3 6	5 8	6 10	9 13	11 16				
第二	4																		1 2	3 4	4 5	5 6	6 7	9 10	11 12	15 16	19 20	26 27				
第一	5														*			0 2	0 3	1 3	1 5	2 5	3 6									
第二	5																	1 2	3 4	4 5	5 6	6 7	9 10									
第一	6													*			0 2	0 3	1 3	1 5	2 5	3 6										
第二	6																1 2	3 4	4 5	5 6	6 7	9 10										
第一	8												*			0 2	0 3	1 3	1 5	2 5												
第二	8															1 2	3 4	4 5	5 6	6 7												
第一	10											*			0 2	0 3	1 3	1 5	2 5													
第二	10														1 2	3 4	4 5	5 6	6 7													
第一	12										*			0 2	0 3	1 3	1 5	2 5														
第二	12													1 2	3 4	4 5	5 6	6 7														
第一	16									*			0 2	0 3	1 3	1 5	2 5															
第二	16												1 2	3 4	4 5	5 6	6 7															

续表

样本大小		不合格质量水平(RQL)																														
		1.0	1.2	1.5	2.0	2.5	3.0	4.0	5.0	6.5	8.0	10	12	15	20	25	30	40	50	65	80	100	120	150	200	250	300	400	500	650	800	1000
		A_c R_e	A_c R_e	A_c R_e	A_c R_e	A_c R_e	A_c R_e	A_c R_e	A_c R_e	A_c R_e	A_c R_e	A_c R_e	A_c R_e	A_c R_e	A_c R_e	A_c R_e	A_c R_e	A_c R_e	A_c R_e	A_c R_e	A_c R_e	A_c R_e	A_c R_e	A_c R_e	A_c R_e	A_c R_e	A_c R_e	A_c R_e	A_c R_e	A_c R_e	A_c R_e	A_c R_e
第一	20								*			0 2	0 3	1 3	1 5	2 5																
第二	20											1 2	3 4	4 5	5 6	6 7																
第一	25							*			0 2	0 3	1 3	1 5	2 5																	
第二	25										1 2	3 4	4 5	5 6	6 7																	
第一	32						*			0 2	0 3	1 3	1 5	2 5																		
第二	32									1 2	3 4	4 5	5 6	6 7																		
第一	40					*			0 2	0 3	1 3	1 5	2 5																			
第二	40								1 2	3 4	4 5	5 6	6 7																			
第一	50				*			0 2	0 3	1 3	1 5	2 5																				
第二	50							1 2	3 4	4 5	5 6	6 7																				
第一	65			*			0 2	0 3	1 3	1 5	2 5																					
第二	65						1 2	3 4	4 5	5 6	6 7																					
第一	80		*			0 2	0 3	1 3	1 5	2 5																						
第二	80					1 2	3 4	4 5	5 6	6 7																						
第一	100	*			0 2	0 3	1 3	1 5	2 5																							
第二	100				1 2	3 4	4 5	5 6	6 7																							
第一	125			0 2	0 3	1 3	1 5	2 5																								
第二	125			1 2	3 4	4 5	5 6	6 7																								

*——使用对应的一次抽样方案；A_c——合格判定数；R_e——不合格判定数。

附表 15 判别水平Ⅲ的二次抽样方案

样本大小		不合格质量水平(RQL)																														
		1.0	1.2	1.5	2.0	2.5	3.0	4.0	5.0	6.5	8.0	10	12	15	20	25	30	40	50	65	80	100	120	150	200	250	300	400	500	650	800	1 000
		A_cR_e	A_cR_e	A_cR_e	A_cR_e	A_cR_e	A_cR_e	A_cR_e	A_cR_e	A_cR_e	A_cR_e	A_cR_e	A_cR_e	A_cR_e	A_cR_e	A_cR_e	A_cR_e	A_cR_e	A_cR_e	A_cR_e	A_cR_e	A_cR_e	A_cR_e	A_cR_e	A_cR_e	A_cR_e	A_cR_e	A_cR_e	A_cR_e	A_cR_e	A_cR_e	A_cR_e
																						*			*	*	*	*	*	*	*	*
																					*			*	*	*	*	*	*	*	*	*
																				*			*	*	*	*	*	*	*	*	*	
第一	2																		*			0 2	0 3	1 3	1 5	3 6	4 7	6 9	7 11	10 15		
第二	2																					1 2	3 4	4 5	5 6	7 8	10 11	13 14	18 19	24 25		
第一	3																	*			0 2	0 3	1 3	1 5	3 6	4 7	6 9	7 11	10 15			
第二	3																				1 2	3 4	4 5	5 6	7 8	10 11	13 14	18 19	24 25			
第一	4																*			0 2	0 3	1 3	1 5	3 6	4 7	6 9	7 11	10 15				
第二	4																			1 2	3 4	4 5	5 6	7 8	10 11	13 14	18 19	24 25				
第一	5															*			0 2	0 3	1 3	1 5	3 6	4 7								
第二	5																		1 2	3 4	4 5	5 6	7 8	10 11								
第一	6														*			0 2	0 3	1 3	1 5	3 6	4 7									
第二	6																	1 2	3 4	4 5	5 6	7 8	10 11									
第一	8													*			0 2	0 3	1 3	1 5	3 6											
第二	8																1 2	3 4	4 5	5 6	7 8											
第一	10												*			0 2	0 3	1 3	1 5	3 6												
第二	10															1 2	3 4	4 5	5 6	7 8												
第一	12											*			0 2	0 3	1 3	1 5	3 6													
第二	12														1 2	3 4	4 5	5 6	7 8													

续表

样本大小		不合格质量水平(RQL)																														
		1.0	1.2	1.5	2.0	2.5	3.0	4.0	5.0	6.5	8.0	10	12	15	20	25	30	40	50	65	80	100	120	150	200	250	300	400	500	650	800	1 000
		A_cR_e	A_cR_e	A_cR_e	A_cR_e	A_cR_e	A_cR_e	A_cR_e	A_cR_e	A_cR_e	A_cR_e	A_cR_e	A_cR_e	A_cR_e	A_cR_e	A_cR_e	A_cR_e	A_cR_e	A_cR_e	A_cR_e	A_cR_e	A_cR_e	A_cR_e	A_cR_e	A_cR_e	A_cR_e	A_cR_e	A_cR_e	A_cR_e	A_cR_e	A_cR_e	A_cR_e
第一	16										*			0 2	0 3	1 3	1 5	3 6														
第二	16													1 2	3 4	4 5	5 6	7 8														
第一	20									*			0 2	0 3	1 3	1 5	3 6															
第二	20												1 2	3 4	4 5	5 6	7 8															
第一	25								*			0 2	0 3	1 3	1 5	3 6																
第二	25											1 2	3 4	4 5	5 6	7 8																
第一	32							*			0 2	0 3	1 3	1 5	3 6																	
第二	32										1 2	3 4	4 5	5 6	7 8																	
第一	40						*			0 2	0 3	1 3	1 5	3 6																		
第二	40									1 2	3 4	4 5	5 6	7 8																		
第一	50					*			0 2	0 3	1 3	1 5	3 6																			
第二	50								1 2	3 4	4 5	5 6	7 8																			
第一	65				*			0 2	0 3	1 3	1 5	3 6																				
第二	65							1 2	3 4	4 5	5 6	7 8																				
第一	80			*			0 2	0 3	1 3	1 5	3 6																					
第二	80						1 2	3 4	4 5	5 6	7 8																					
第一	100		*			0 2	0 3	1 3	1 5	3 6																						
第二	100					1 2	3 4	4 5	5 6	7 8																						
第一	125	*			0 2	0 3	1 3	1 5	3 6																							
第二	125				1 2	3 4	4 5	5 6	7 8																							

*——使用对应的一次抽样方案；A_c——合格判定数；R_e——不合格判定数。